Alexander Schmitz **Jazzgitarristen**

Alexander Schmitz

Jazzgitarristen

Collection Jazz
OREOS

COLLECTION JAZZ
Herausgegeben von Peter Niklas Wilson
und Walter Lachenmann
BAND 19

© 1992, OREOS Verlag GmbH, D–8176 Schaftlach
Buchgestaltung: Niklaus Troxler, Willisau/Schweiz
Druck des Einbands: Yamak Siebdruck, Garching
Einbandstoff: Econolin Chlorfrei von Herzog + Idex, Beimerstetten
Layout: Walter Lachenmann
Satz: OREOS GmbH., Schaftlach
Reproduktionen: Repro-Center Färber & Co. München
Druck: Druckerei Wagner GmbH., Nördlingen
Bindung: Ludwig Auer GmbH., Donauwörth
Printed in Germany
ISBN 3-923657-37-4

Inhalt

Vorbemerkung 9

Danksagung 13

Von Europa nach Amerika, von Afrika nach Amerika:
Einige telegrammatische Voraussetzungen 17

Vom Blues zum Jazz, vom Rag zum Jazz 25
»Was mit 'ner Menge Herz«: Die Roots 25
»Und ließ das Ganze funktionieren«: Lonnie Johnson 29
»Jazzkonzerte auf dem Herrenklo«: Eddie Lang 31

Von den Anfängen bis zu Durham/Christian
oder: Vom Banjo zur Gitarre 37
White, Kress, McDonough, Barnes 37
Bunn, Aleman, Grimes, Condon, Moore 39
Lloyd Ellis, Reuss und Company 43
Etage 1: De Arango, Casey und all die andern 45
Etage 2: Paul, Smith, Collins und die andern 52
Etage 3: Bauer, Ashby 54

Eddie Durham und Charlie Christian 60

Django und seine Vettern 76

Die Bewahrer des Erbes: Die Elektriker 101
Gruppenbild mit Dame 101
Von Butlern, Löwen und Bäckern 104
Mikro-Exkurs: Jimmy Smith und die Gitarristen 107

5

Inhalt

Duran, Salvador, Gourley, Roberts ... 107
»Mit viel Üben auch Akkorde«: Garcia und Spann ... 111
Exkurs: Zwei und noch mehr Unbekannte ... 112
Kurz vor der Halle der Titanen ... 114
Grosz, Garland, Bickert, Benson ... 119
»Stratosphärische Tempi«: Herb Ellis ... 125
»Sowieso schon große Hände«: Tal Farlow ... 128
»Jammin' The Blues«: Barney Kessel ... 131
»Hochwürden Wes«: Wes Montgomery ... 136
»Stella By Starlight«: Jimmy Raney ... 141
»Ich selbst sein«: Kenny Burrell ... 143
»No. 1 Green Street«: Grant Green ... 145
»'Ne Menge Outside-Töne«: Die Jüngeren (1) ... 146
Exkurs: Die Gitarristinnen ... 152
Mit und ohne lyrische Steinsäge: Die Jüngeren (2) ... 155

Die Bewahrer des Erbes: Akustiker, Fingerstilisten ... 162

Marshall, Mastren, Harris und Klugh ... 162
Linsky, Sprague, Postlewate ... 167
Von Shirley bis Schwab – noch ein Überflug ... 170

Die Bewahrer des Erbes: Rhythmusspieler, Akkordsolisten ... 176

»16 Takte Dinah«: Die Rhythmus-Asse ... 176
»Moonlight In Vermont«: Johnny Smith ... 183
»Harmonically Speaking«: George Van Eps ... 184
»Frustriertes Klaviertrio«: Andere 7saiter ... 189

Duos, Trios und mehr ... 195

»Nicht immer gleich ad-libbed«: Die Duos ... 195
»Einfach zuhören«: Die Trios ... 207
»16 Takte unbedingt wie Charlie«: Die Multis ... 210

Die Neuerer: vom Bop zur Fusion ... 217

Noch fünf ältere Herren ... 217
Die Neuen Christianer ... 236
Akustiker vor allen Dingen ... 240

Inhalt

Djangos, Ethnos und Exoten	246
Made in Germany und nebenan (1)	256
Made in Germany (2): Die ECM-Family	264
The Mainstream of Fusion	280
– *Die »Etwas-Mehr-Rocker«*	280
– *Die »Ein-Bißchen-Mehr-Jazzer«*	285
Zwei Synthaxe-Erforscher	291
Exkurs: Pars pro toto – die Synthaxe	295
Zwei (?) Brückenschläger zur Avantgarde	297
Auf dem Weg zu einem neuen Mainstream?	299
Das renovierte Pantheon	303

Die Avantgardisten: free style und Improvisation ... 323

Vater Derek...	323
... einige Söhne...	325
... und jede Menge Enkel	333
Von Williams via Wittwer zu Kropinski...	334
... und dann von Cusak bis zu Kaiser	339

Die Instrumente im Jazz ... 343

Anhang ... 351

Anmerkung zur Auswahl-Diskographie	351
Each his/her own: Auswahl-Diskographie	353
Anmerkungen	375
Bibliographie	387
Videographie	388
Abkürzungsverzeichnis	389
Fotonachweis	389
Register 1: Gitarristen	390
Register 2: Titel der Platten/Stücke	396

Für Harald Winter
»*esprit de cordes*« (M. Hennessy)

Für Phyllis und Barney Kessel
»*If love be not in the house
there is nothing*«

(Ezra Pound, *CANTO CX*)

Vorbemerkung

»In meinem künstlerischen Dasein habe ich viele Krisen gehabt. Das war notwendig. Doch daß es weiter wächst, das ist das Schönste, was wir uns wünschen können. Jeder tritt mit einer eigenen Ausdrucksskala ins Leben. Und diese Skala gilt es zu verwirklichen.«

Wilhelm Kempff

»Es gibt die Gitarre vor Christian und die Gitarre nach Christian, und sie klingen wahrhaftig wie zwei unterschiedliche Instrumente.«

Frederic V. Grundfeld,
The Art and Times of the Guitar [1]

Dieses Vorwort besteht aus zwei Teilen; einer entstand *vor* dem Schreiben des Buches, nachdem aller Stoff gesichtet, gesammelt, ausgesiebt und bereit war, in die Form des Buchtextes gebracht zu werden; der andere wird *danach* geschrieben. Ich glaube, das darf einmal sein; es macht mir das Schreiben – die möglichst ungebrochene Lust am Schreiben – leichter in bezug auf mein Gewissen.

Denn das verlangt nach Ausgeglichenheit im Vorfeld eines Textes, der natürlich nicht ausgeglichen sein wird. Den einen wird der Ragtime zu kurz gekommen sein, den anderen der Blues, dritten wird die historische »Rückrolle« fehlen, der Blick zurück gen Europa, wo die Gitarre schließlich, auf Umwegen, herkam. Wieder anderen wird auffallen, daß der Autor weit mehr auf die Gitarristen in der Erbfolge Charlie Christians einging als, beispielsweise, auf die neue, die Fusion-, Free- und die »improvisierende«, die von manchen gar »post-modern« apostrophierte Gitarre.

Dabei schreibt hier gar kein Ruderer auf dem Fluß der Toten, wie Jean Cocteau einmal von Ezra Pound gesagt hat. Heute wird als »traditionell« im Jazz

Vorbemerkung

bezeichnet, was vor, sagen wir, zehn Jahren noch durchaus unter »modern« rangierte. Ein so großartiger Gitarrist wie der Saarbrücker Heiner Franz müßte sich demnach unter »traditionell« wiederfinden, derweil man einem Jim Hall so zu kommen sich nimmer trauen würde. Und wer zugibt, daß er durch Barney Kessel anno 1963 buchstäblich über Nacht von Duane Eddy zur Jazzerleuchtung kam – das *Working Out*-Album *war* sehr »modern« –, muß sich heute ohne Scham als »trady«, als »Konservativer« rubrizieren lassen. Sei's drum. »In seinem Leben eine großartige Quelle der Inspiration zu finden, kann das wunderbarste Ereignis sein... Jemanden zu finden, der einen zu dieser Quelle hinführt – das ist eine völlig andere Sache... Äußerlichkeiten waren damals sehr wichtig für mich...«, schrieb Steve Khan über Wes Montgomery. Für mich war's das *Working-Out*-Cover.

Aber natürlich hatte auch Volker Kriegel recht, als er mir in aller ihm eigenen Freundlichkeit 1982 vorhielt, ich hätte in meinem »Gitarrenbuch« Pat Metheny so gut wie unterschlagen. *Die* Scharte habe ich sechs Jahre später in »Die Gitarre« auszuwetzen versucht; Volker schien versöhnt, und mir war wohler.

Es ist wie mit den Lektoren in den Verlagen (»Die Verleger sind alle des Teufels. Für sie muß es eine eigene Hölle geben«): Von deren Subjektivität, das ihrem Fachwissen schließlich auch in die Quere kommt, muß der Autor sich – mehr oder minder – ebenso »fremd-bestimmen« lassen wie der arme Leser vom Autor auch.

Was also die thematischen Gewichtungen angeht, seien Vorlieben gar nicht verschwiegen. Gefährlich wäre es nur, schriebe man munter von eindrucksvollen Quellen ab: Auch Norman Mongan hat in seiner großartigen »History of the Guitar in Jazz« Metheny nur ein einziges Mal erwähnt, *1983*. So können unter Umständen Lücken oder Kopflastigkeiten kopiert werden wie Diskettenfehler. Andererseits ist so ein Buch fürchterlich schwer aufzubauen: Soll man die Nylonstring- oder Slidespieler extra behandeln? Die »linearen« gegen die klassisch inspirierten Fingerstilspieler abgrenzen? Soll man hier die Amerikaner, da die Nichtamerikaner abhandeln? Dritterseits (und als Versuch einer sanften Entschuldigung) gab es in den zehn Jahren seit dem »Gitarrenbuch« wieder dermaßen viel zutage zu fördern, was darauf hinwies, daß kaum ein Avantgarde-Spieler nicht auch seine Verehrungen für die einen oder anderen »Traditionellen« mit sich herumträgt: Wer Metheny sagt, sagt Benson; wer Benson sagt, sagt Wes; wer Wes sagt, sagt Christian. Das sind evolutionäre Unumstößlichkeiten – Christian *ist* der Dreh- und Angelpunkt für praktisch *jeden* Gitarristen, der sich unter »Jazz« einordnet; auch für fast jeden derjenigen, die dabei sind, das Wort »Jazz« aus ihrem musikalischen Leben zu streichen als einen Terminus, der an Wert beträchtlich, an Eindeutigkeit in jedem Falle verloren hat.

Die Welt der (Jazz-)Gitarre ist unglaublich kosmopolitisch und pluralistisch geworden, seit Coryell im Quartett Gary Burtons 1966/67 neue Türen aufstieß.

Vorbemerkung

Aber die Historiker fördern als Ausgleich zu allem Neuen immer wieder auch zeitweilig Verschüttetes zutage, *unknowns*, die plötzlich zu verdientem Stellenwert kommen. Wer sich eingedenk all dessen doch an solch ein Thema macht, begegnet der sprichwörtlichen Hydra ständig. Und schneller schreiben, als die Entwicklung der Gitarristik funktioniert, kann keiner. Darum altern solche Bücher schnell. Leonard Feather hat einmal geschrieben, es seien die Gitarristen gewesen, die ihr Instrument eine Evolution haben durchlaufen lassen wie kein einziges Instrument sonst. Aber solche Bücher liefern *auch* Beständigkeiten: Sogar der Trompeter Miles Davis schrieb in seinen Erinnerungen, es sei Charlie Christian gewesen, der in den seligen »Minton's«-Jahren sein Spiel *ganz entscheidend* geprägt habe. Kurzum: Ob Sallis oder Mongan oder andere: Für sie, für uns alle, reicht die »Tradition« sehr lebendig ins Heute hinein. Das weiß auch ein vorsätzlich Ver-Rückter wie Eugene Chadbourne.

Wenn also dieser Autor sich bekennt zu seiner großen Liebe zu all den Gitarristen, wie sie insbesondere Carl Jefferson auf seinem Concord-Label versammelt hat – eine unvergleichliche An-Sammlung höchstkarätiger Spieler in der Christian-Nachfolge von Freddie Green und Remo Palmier über Tal Farlow und Jim Hall bis zu der vor kurzem erst tragisch verstorbenen Emily Remler (die sofort von Jefferson & Co mit zwei *In-memoriam*-CDs geehrt wurde), wie aus der Auswahl-Diskographie unschwer zu ersehen sein wird –, dann kann das natürlich keinen Augenschluß vor der erstaunlichen *gegenwärtigen* geographischen und stilistischen Vielsaitigkeit bedeuten: Gerade die ist ein überaus positives Indiz dafür, daß die Gitarristik sämtlichen verkeyboardeten Unkenrufen zum Trotze noch immer kerngesund ist.

Bei aller persönlichen Leidenschaft für die Concordier, wie sie sich seit Jahr und Tag auch im eigenen Spiel des Autors niedergeschlagen hat: Die beste, altbewährte Hühnerleiter zu dieser, ja, *Bestandsaufnahme* schien mir im wesentlichen die chronologische, wenn diese auch – gezwungenermaßen – öfter mal durchbrochen wurde.

Um die 600 Namen werden Revue passieren, *ohne* geographische Sonderungen. Leider aber wollte mir nicht mehr gelingen, Joan Coates, K. C. Douglas (1914–1976), Englands Rockjazz-NeulingIn Deirdre Cartwright, Jimmy Pratt, Judd Proctor, Joe Carter, das Duo-Album von Ross Traut und Steve Rodby und Meg Tevelian (der Ende 1991 in Wien verstarb) näher *into focus* zu bekommen. Ebenso wenig wollte es mir geraten, in meiner Plattensammlung das unschätzbare Duo-Album Joe Pumas und Chuck Waynes für die Diskographie wiederzufinden (!) oder Genaueres über Harald Haerter, den Mit-Initiator des Intergalactic Maiden Ballet, und den akkordisch ebenso vorzüglichen wie mit dem Byrd-Idiom vertraut scheinenden Akustiker Michael P. O'Neill (einen der beiden derzeitigen Begleiter Rickie Lee Jones') herauszubekommen, was leider auch für Doug Henderson gilt, der gerade in New York im Duo mit der Saxophonistin

Vorbemerkung

Gitta Schäfer eine CD aufnahm, auch für die Amerikanerin Judy Dunaway, den/die Gitarristen der bayerisch-lateinamerikanisch-jazzenden Bensheimer Gruppe BavaRio (!), dann die Tschechen Jaroslav Sindler, I. Jacar und Rudy Linka, den neuen italienischen Gitarristen Beppe Gambetta und für den MECCA-Jazzfestival-Teilnehmer Jeroen Koning gelten muß. Und für eine ganze Reihe neuer deutscher Spieler: den Hamburger Carsten von Stanislawski, den Bremer Peter Apel, der »die Stile der 40er bis 60er Jahre« pflegt; den Darmstädter Axel Müller-Schroth in Bob Mintzers Big Band, den Going-Strange-Mann Klaus Spencker, Lothar Müller bei Blue Rose, der 1989 und 1991 die LAG-Förderpreise gewann, dann noch Alex Gunia aus Bonn, der gerade sein Plattendebüt mit Randy Brecker und Justo Almario vorlegte; Ralph Lange, den Abercrombie-Schüler von 1991, dessen Studium offenbar so erfolgreich war, daß er noch in dem Jahr mit Bob Moses eine Platte aufnehmen durfte, sowie für Günter Weiss in Tübingen in der Gruppe Akt Eins und den Beckumer Gerd Peter in Acoustic Connection. Auch die Neumünsteraner Klaus Sye und Wolfgang Dörner (»Invitation«) hätten mehr verdient als diese Erwähnung. Und überhaupt: Wenn dieses Manuskript ein Buch geworden sein wird, dürften die Löcher schon wieder ein beträchtliches Stück größer sein. Der angebliche »Mut zur Lücke« ist in Wahrheit nichts anderes als der Große Trübsinn angesichts der Fülle des Stoffes und, vor allem, der Unzulänglichkeit seines Erforschers. Indes bin ich fast sicher, daß auch für die Genannten wie für die meisten anderen das gilt, was Jean Sibelius zu dem großen Wilhelm Kempff sagte, als der die Hammerklaviersonate interpretiert hatte: »Sie spielen nicht wie ein Pianist, sondern wie ein *Mensch*.«

NB: Ursprünglich hatte ich »nur« über Barney Kessel schreiben wollen, der nun, wie er mir im Mai 1991 sagte, auch Besitzer eines PC geworden ist und erst seitdem ernsthaft vorhabe, seine eigenen Erinnerungen einzugeben; dann wollte ich wenigstens bei den »Christianern« in den USA thematisch bleiben wollen. Das aber wollte mein Verleger nicht. Er wollte mehr. Jetzt wird er sehen, was er davon hat. Beispielsweise, ob weniger mehr gewesen wäre.

Nach-Vorbemerkung

Das Buch – die schreiberische Arbeit – ist beendet; was folgt, ist Handwerk, das übliche, das graue Haare machen kann. Und natürlich: Da sind immer wieder die Lücken, die unfreiwilligen Unterschlagungen, aber auch die Entdeckung, daß die Zahl deutscher Gitarristen doch beträchtlich gewachsen ist. Das hat nichts nichts mit Nationalismus oder dergleichen seltsamen Anwandlungen zu tun, sondern ist nur eine Feststellung, aus der sich sehr deutlich deduzieren läßt, in welchem Maße das Instrument, speziell im Jazz und in jazzverwandten

Bereichen, Grenzen forträumt. Selbstredend, daß es auch da viele Lücken gibt, geben muß: In der Informationsgesellschaft, in der wir leben, hat die *Aufnahmefähigkeit* ihre ganz eigenen, seltsamen Grenzen. Vor tausend Jahren paßte – bytemäßig – das Wissen über die Welt in 500 Bücher, schrieb Eva Hesse. Heute bräuchte man dafür an die drei Milliarden Bücher, in weiteren fünf Jahren sechs, und so fort. Wie auch immer: Jedem kann man es nie recht machen; ganz so ausgeprägt ist mein Harmoniebedürfnis im übrigen auch nicht. Persönliche Präferenzen sind nichts Ungewöhnliches oder Ehrenrühriges. Jeder hat sie. Und wo die des Autors sich mit denen von Lesern treffen, hat er halt Glück gehabt. Und ich verstehe das nicht als Floskel, wenn ich interessierte Leser an dieser Stelle bitte, mich über den Verlag auf Musiker oder die Jazzgitarre betreffende Aspekte aufmerksam zu machen. Ich danke dafür schon jetzt. Und Verlag wie Autor wünschen sich, daß diese Arbeit trotz aller Mängel Freude machen, auf vielleicht unterhaltsame Weise Information vermitteln möge. Das dröge deutsche Fachbuch hat mich nie interessiert; ich würde es nicht schreiben wollen, wohl auch nicht können. Ich kann mir nicht vorstellen, über Jazzgitarre ausschließlich »vom Kopf her« zu schreiben. So »cool« kann keiner Jazzgitarre spielen, daß seine Kunst nur noch an den Verstand appelliert. Wenn der eine oder andere Funke da überspringen würde, wäre das meine größte Freude.

A. S.

Danksagung

Eine solche Unternehmung wäre natürlich nicht möglich gewesen ohne das themenbezogene Entgegenkommen des Verlegers Walter Lachenmann, der mit viel gutem Stil, ausgeglichenem Temperament und, vor allem, Geduld über so manche Konditionsklippe hinweggeholfen hat. Das gilt ebenso für Lektor Peter Niklas Wilson, der zu jener willkommenen Spezies von Lektoren gehört, die – weil selbst Autoren – nicht vom »grünen Tisch« weg kritisieren. Diesen beiden also den ersten Dank. Und da ist das, schon häufiger hilfsbereit gewesene, Team des *Guitar Player*, dessen Lektüre mir seit über zwanzig Jahren eine unschätzbare Fülle von Informationen geben konnte, durchaus die Kernmasse meines Archivs. Mit ganz besonderer Freude grüße ich die Freunde beim Frankfurter Bellaphon Import Service, aber auch deren früheren Boß Winfried Merkle. Sie wissen sehr wohl, wie sehr ich an dem so wunderbar gitarregeneigten Concord-Katalog hänge; und sie haben meine Nervereien nun auch schon über mehr als 15 Jahre ertragen und mich mit ebenfalls bewundernswerter Geduld mit dem »Stoff« versorgt, nach dem ich so lechze. Fast ähnlich muß der Dank an Gerd Filtgen bei ENJA in München und ans Stuttgarter *Jazz Podium* aussehen. Wäre »unser Gemeindeblatt« (V. Kriegel) nicht, wären der Lücken noch sehr viel mehr. Ich danke einmal mehr dem Hamburger Konzertveranstalter Kar-

Vorbemerkung

sten Jahnke, durch dessen Vermittlung vor nun schon 19 Jahren (!) der Kontakt und später die Freundschaft zu Barney Kessel möglich wurden. Davon läßt sich zehren. Christian Kellersmann, Dr. Rainer Nolden (durch den ich auf Joshua Breakstone stieß) und Gudrun Endress ermöglichten mir – zu einem das Buch betreffenden äußerst glücklichen Zeitpunkt – das Gespräch mit John McLaughlin. Volker Kriegel sei einmal mehr gegrüßt und ebenso Sigi Schwab und Juraj Galan. Und ich erinnere mich mit Freude an das Gespräch mit Toto Blanke und Rudi Dašek ebenso wie an andere Begegnungen, darunter gerade auch die mit Sammy Vomàčka in seinem Bus vor Benis »Canapé«, in dem er abends auf seiner gerade frisch erworbenen, ich glaube herrlich betagten Super 400 (oder L-5?) hinreißenden Solo-Jazz spielte, oder an die mit Peter Finger, der ganz solo ein Publikum ebenso mühelos faszinieren konnte. Besonders glücklich bin ich über den während der Arbeit am Buch zustandegekommenen Kontakt zu Heiner Franz, dem ich für die EJO-Initiative (European Jazz Guitar Orchestra) Anfang 1993 bestes und folgenreiches Gelingen wünsche. Und Andreas Fürbach vom Kölner *Fachblatt Musikmagazin* sei herzlich gedankt dafür, daß er Tony Bacons wirklich hochedles *Ultimate Guitar Book* »spendiert« hat.

Last, not least, sei, ein Stückchen abseits der Musik, Peter Förster und seinem Filius Florian gedankt: Durch sie wurde der – anfangs gar nicht immer amüsante – Weg in die doch so faszinierende, heute längst unverzichtbare Computer-Welt in vielerlei Weise erst möglich und spannend; Peter, strenger Lehrer und diskreter Helfer, weiß schon, wie ich das meine – auch wenn ihm jedes Dankeschön lästig ist: *Le style c'est l'homme*.

Gewidmet, wie vorn zu sehen, ist das Buch meinem lieben Freund und immer anregenden, so überaus sensiblen Gitarrenpartner Harald Winter in Buxtehude, der die ausgewählten Notenbeispiele in seinen Atari hineingebastelt hat, auf daß sie hernach einheitlich druck- und lesbar wurden – eine Heidenarbeit, für nichts als ein bißchen Klampfer-Ehre. A propos: In Berlin hat Klaus Dreymann, mit dem ich vor mehr als 30 Jahren fast gleichzeitig Gitarre zu spielen begann, die Griffdiagramme mit seinem Zeichenprogramm so wunderschön gestaltet – ein Schwermetaller, der einem Jazzer hilft, na klar. *Ihm*, haha, *ist* ja leider nicht zu helfen – mit keinem einzigen noch so gutgemeinten 7/9#/13er oder moll-j7/9er. Aber Steve Vai hat ja auch Earl Klugh geholfen. Daß Barney Kessel, der gerade erst, Ende Januar 1992, wieder geheiratet hat, vier Monate später einen Schlaganfall erlitt, läßt die zweite Widmung ihm und seiner Frau nun vor allem zum höchst besorgten Ausdruck größter Hoffnung auf baldige und vollständige Genesung werden.

Da der Ton hier ohnehin schon etwas privater wird, sollte auch gestattet sein, insbesondere meiner lieben Elke und unseren so souveränen Freunden Hans und Renate Matthies sehr zu danken dafür, daß sie »strategische« Rückzüge meinerseits zugunsten des Buches und die eine oder andere kommunikative »Zicke«, die auch Marlies Spangenberg zu erleiden hatte, als Zeit-,

Danksagung

Leistungs-, Geld- oder psychischer Druck manchmal allzu groß zu werden drohten, mit bewundernswertem Verständnis und viel Geduld toleriert haben – zumal ihnen der Sinn *eigentlich* mehr nach Gardiner mit Mozart oder Peter (»Der Esel, der Esel«) Schmidt mit R'n'R-Keyboard steht. Und – *one book, all books* – ich denke mit großer Zuneigung an meinen alten Kollegen aus Zeiten in der Plattenbranche, Horst Hohenböken, auch so einen jazzgeneigten »*struggler in the desert*«, der mich nicht nur auf Kusnetzov stieß, und an meinen geduldigen Freund & Helfer auch seit jener Zeit, Michael Henkels. Durch den Jazz wurden wir Freunde fürs ganze Leben, so wie Friedrich Conrau durch den Jazz mein Freund wurde. Aber Fritz, »mein« guter, alter Drummer, starb, gerade 48, am 14. April 1992 in den Armen seiner Frau Carmen. So wird also nun doch nichts mehr aus der Wiedergeburt unseres alten Trios mit »Jordu« und »Custard Puff«.

Wie alles, bleibt auch die Danksagung Stückwerk. Ich habe von so vielen Seiten Zuspruch, Ermutigung und Hilfe erfahren – seit meinem ersten Buch zum Thema Gitarre vor genau zehn Jahren, das eng mit dem damaligen Lektor Wolf Kugler verbunden bleibt –, daß sie leider unmöglich alle aufzulisten wären. *Jeder*, der hier meint, sich angesprochen fühlen zu dürfen, tue das gründlichst.

Und nochmals sehr deutlich gesagt: Jeder Fehler, jeder Mangel, jede Lücke sind einzig und allein dem Autor anzulasten. Jede Kritik gelte darum *ausschließlich* ihm.

Oder, milderner Umstand, der gräßlichen – menschlichen? – Imperfektion einer großen Leidenschaft.

A. S.
14. Juni 1992

Von Europa nach Amerika, von Afrika nach Amerika
Einige telegrammatische Voraussetzungen

Es ist nicht zu ändern: auch, was die Jazzgitarre angeht, liegen deren Ursprünge in der Alten Welt, in der ganz alten, notabene in Asien, wo man bekanntlich bereits höchst kultiviert war, als in unseren europäischen Regionen noch das Bärenfell als Lagerstatt herhalten mußte. Wer freilich – Zeitgenossen des *homo tyrolensis* (vulgo: Herrn Similaun) womöglich – auf die poetische Idee gekommen war, das Ende des Bogens, der bislang ausschließlich dem Erlegen von Wildbret und Größerem gedient hatte und den Verdacht nahelegt, daß nicht die Musen, sondern Krieg und Waffenkunst die real existierende Welt zuerst regierten, irgendwann mal in den Mund zu stecken, wie Franz Jahnel in seinem Standardwerk *Die Gitarre und ihr Bau* notierte,[2] muß weiterhin im dunkeln bleiben.

Jedenfalls tat er/sie just dies, zupfte dabei an der Sehne herum und erfuhr zum ersten Male in der Geschichte des *homo erectus* den *thrill* der Vibration und seinen/ihren Kopf als Resonanzkörper für künstlich erzeugte Geräusche, den berühmten *twang*. Buschmänner in der Kalahari-Wüste in Betschuanaland, das hat der unentbehrliche Norman Mongan herausbekommen,[3] machen heute noch auf ebensolche Weise »spannende« Musik. Da der eigene Schädel freilich nicht immerzu für solcherart Vergnügung herhalten konnte, kam besagte/r Vorfahr(in) auf den durchaus genialen Einfall, sich eigens zum Behufe der Musikausübung Resonanzkörper zu basteln. Davon lagen genug herum, leere Panzer toter Schildkröten; und sofern »Ötzis« asiatische Verwandte etwas von Kürbissen gewußt haben sollten, werden sie jene dann und wann zu nämlichem Zwecke entfremdet haben: Die ersten Musikinstrumente der Menschheit waren, keine Diskussion, Saiteninstrumente – echte Kopfgeburten.

Genauso unumstößlich und für alle Verfasser von Büchern über die Gitarre inzwischen verbindlicher Anfang der Geschichte ist Sir Leonard Wooleys 1928er Ausgrabungsfund am Orte der alten Sumererstadt Ur: ein reich verziertes Instrument, heute bekannt als *Königin Shud-Ads Harfe*, die mit wenigen Saiten vermutlich zur Begleitung höfischen Gesangs eingesetzt wurde und gemeinhin gilt als der direkte Vorfahr der babylonischen »Gitarre«. Clou des Geräts:

Harlem, New York, 125. Straße: Professor Six Million begleitet auf dem washtub bass, dem Waschzuber-Baß, den Bluesgitarristen »Satan«.

Von Europa nach Amerika, von Afrika nach Amerika

Im Unterschied zur griechischen Leier — deren Vorfahren die assyrische Proto-Chetarah, die chaldäische Qitra und/oder die hebräische Kinnura gewesen sein werden — mit deren freischwingenden (Bordun-)Saiten ist das nun ein Instrument mit greifbarem Hals, auf dem wenige Saiten durch Herunterdrücken *(fretting)* zu unterschiedlichen Tonhöhen angeregt werden konnten.

Plutarch berichtete dann, kurz nach der Zeitenwende, von einer aus Westasien importieren Kithara oder »Asias«. Aber so recht los mit dem echten *fretting* ging es erst ungefähr 1900 v. Chr. bei den Hethitern. Die waren bereits eine metallverarbeitende Gesellschaft, die sich denn auch den Bundstab erfand. Zu dem gesellte sich die ägyptische Einführung der »chörig« genannten Saitenverdopplung und des Stegs, der die Mensur, also die freischwingende Strecke der Saite, präzise definierte. Um 1500 v. Chr. gab es dann bereits ein Instrument mit Hals, Korpus, drei Saiten und Plektron, und ebenfalls zum Standardrepertoire von Gitarrenschreibern gehört der nachdrückliche Hinweis auf ein Flachrelief am Sphinxentor zu Alaca Hüjük in Inneranatolien: Auf dem ist nämlich ein Musiker zu sehen, der tatsächlich schon so etwas wie eine »Gitarre« hält: Der Korpus ist tailliert, bei genauem Hinsehen erkennt man angedeutete Bünde, und der Hals geht als sogenannter Spießhals voll durch den ganzen Körper hindurch, wie heute durch diverse Typen von Elektrobässen. Und während Gottes eingeborner Sohn in Palästina Wunder vollbrachte, vollzog sich nebenan bei den Kopten das Wunder der evolutionären Fastvollendung des Instruments: Mit dem 8. Jahrhundert n. Chr. hatte der Korpus eine flache Decke bekommen, einen schnurgeraden Hals, der am Körper und ebenda schon mit so etwas wie dem *heel*, der kielförmigen Auflagefläche, endete. Das verbaute Material des Vorfahren war durchweg Holz; dazu gab's Schallöcher und vier Saiten.

Ungefähr zu dieser Zeit kam aus Orient und Nordafrika die *al 'ud*, wenn man so will: die »Laute«, herüber in die maurischen Kolonien in Spanien: Sie ist die unmittelbare Vorfahrin der uns bekannten Gitarre, zu der sie binnen rund fünfhundert Jahren denn auch wird — zur *rasgueado* geschlagenen *guitarra latina* und deren zarterer Schwester, der *single-note-wise* gespielten *guitarra morisca*, der Mohrengitarre. Letztere allerdings überlebt nicht, dafür gedeiht erstere um so behender zu dem, was dann die *vihuela* wird — das triumphierende Instrument der (Vor-)Renaissance-Zeit. Namen wie Luis Milan, Alonso Mudarra oder Luis de Narváez sind hier Legion und mehr als Legende. Und Hernán Cortez' böse Conquistadores nehmen im 16. Jahrhundert einen *toceador de vihuela* mit Namen Ortiz mit hinüber ins spätere Lateinamerika, um nach der täglichen anstrengenden Ausbeuterei heimatlichen Klängen frönen zu können und, klar doch, den heidnischen Einheimischen frommes Christenwort zu rechten Saitentönen ohrenfälliger zu machen.

Was dann kommt, geht natürlich schneller und schneller. 1596 veröffentlicht Juan Carlos y Amat eine der allerersten Schulen für die damals fünf(einzel)saitige *guitarra española*, jenes Instrument, das so gut und leicht spielbar ist, daß es recht rasch Vihuela – und Laute – vom »Markt« fegt und halb Europa erobert: Sonnenkönig Ludwig XIV. immerhin dürfte der berühmteste Zupfer der damaligen Geschichte gewesen sein, ein durchaus talentierter Schüler des großen Robert de Visée. Damals hatten Regenten Zeit für so was.

In Deutschland bekommt die Gitarre im 18. Jahrhundert endlich die sechste Saite; im 19. Jahrhundert ist sie fertig. 1828 kommt gar ein Franzose auf den Trichter mit dem *cutaway:* Er höhlt den diskantseitigen Oberbügel des Korpus etwas aus, damit der Spieler bequemer in die sehr hohen Lagen kommen kann. In Wien sammelt sich ungefähr zu dieser Zeit, was in der Gitarrilla Rang und Namen hat: Giuliani, Legnani & Co. holen aus dem Zupfinstrument alles heraus, was an Salon-Fähigkeit in ihm steckt. Durch einen Zufall entdeckt Emilia, die Tochter Giulianis, das Flageolett, und Beethoven, so wird gern überliefert, nennt die Gitarre »ein Miniaturorchester«. Berlioz schwärmt von der Zupfgeige. Namen von Solisten wie Fernando Sor oder Zani de Ferranti weisen bereits vor der Mitte des letzten Jahrhunderts darauf, was die Gitarre sehr bald werden wird: ein vollkommen emanzipiertes klassisches Soloinstrument. Bis dahin bedarf es freilich zuvörderst noch eines Francisco Tárrega (1852–1909). Der bringt den *apoyando-*, den »ungestützten« Anschlag auf, der die rechte Hand beweglicher macht, und eröffnet dem Instrument alle Chancen, die dann von Andrés Segovia (1893–1987) so fulminant genutzt werden. Der Mann aus Linares stellt Tárrega auf den Kopf und stößt die »Tárregophoren« (Segovia) reihenweise vor den orthodoxen selben: weil er *eigene* statt Tárrega-Transkriptionen spielt, vor allem aber dieserhalb: »Das Schlimmste aber, lieber Pater«, schrieb einer dieser Betonköpfe an einen gleichveranlagten Gottesmann: »Er spielt die Saiten mit den Fingernägeln!« Nur – die liefern dem Spiel entscheidend mehr Volumen: Segovia, der Autodidakt, dem starre Schulregeln schnurz waren, reformiert den Anschlag des Vorgängers und besorgt der Gitarre durch wahlweises Spiel mit Kuppe oder Nagel eine nie dagewesene dynamische Spannweite. Und – er bringt sie endgültig aus den Salons hinaus und in die großen Konzertsäle hinein. Seine erste Überseereise führt ihn triumphal durch Südamerika; und als er zum ersten Male in Paris solo auftritt, in großem Saal, da sitzen etliche Bewunderer von Rang und Namen ihm zu Füßen: Manuel de Falla, Albert Roussel, Vincent d'Indy – Ritterschlag.

Dann geht es ruckzuck. Angeregt hauptsächlich durch Segovia, machen sich daheim in Spanien Komponisten wie Joaquín Turina, Federico Moreno Torroba und andere ans neue Werk fürs neue Instrument. In Italien setzt Mario Castelnuovo-Tedesco neue Töne für sechs Saiten; in Südamerika schreibt Manuel Ponce, in Frankreich der Pole Alexandre Tansman; und 1940 führt der Gitarrist Regino Sainz de la Maza in Madrid auf, was – nicht korrekt – als das erste Konzert für Gitarre und Orchester gilt: Joaquín Rodrigos mittlerweile auch nicht von der Popindustrie (zumindest im 1. Satz) verschontes »Concierto de Aranjuez«.

Von Europa nach Amerika, von Afrika nach Amerika

Ebenfalls in Südamerika schreiben Heitor Villa-Lobos, Agustine Barrios, Antonio Lauro und andere, in England Stephen Dodgson und Benjamin Britten; Namen wie die von Kagel, Petrassi, Boulez und, zunehmend, Henze stehen für die neue Musik, die sich der Gitarre – dank Segovias Initiative seit 1946 mit präzis, d. h. maschinell gefertigten Nylonsaiten bespannt – immer beständiger und anspruchsvoller annimmt; man denkt, pars pro toto, an Peter Maxwell Davis, Malcolm Arnold, Bussoti oder Maderna: Die Gitarre ist da.[4]

Wer freilich denkt, Segovias enorme und nachhaltige Wirkung gerade in Lateinamerika habe unmittelbar Funken gen Norden stieben lassen, muß irren. Hier, in Süd- und Zentralamerika entsteht eine eigenständige Gitarristik. Nur 50 Jahre nach Cortez' Invasion leben in Mexico City bereits 15 000 Spanier, und das bedeutete naturgemäß auch üppigen Saitenschlag. Man holte Literatur und Musiker über den Großen Teich und sorgte bis ins 17. Jahrhundert für gründliche Ausbreitung altweltlicher Musik. Einheimisches wurde »abgewickelt«, notabene: plattgemacht, scheinbar wenigstens.

Lange hielt das nicht. Die folgsamen Indios, die bislang getreulich das gesamte höfische Vihuelenmaterial übernommen und nachgespielt hatten, assimilierten gleichwohl mehr und mehr eigene Elemente, und heraus kam alsbald jene verblüffende kulturelle Synthese, die man mit den »ladinos«, den »mamelucos«, kurzum: den Mestizen assoziiert. Mitte des 18. Jahrhunderts gibt es die erste mexikanische »Tablatura de Vihuela«, die vor allem populäre Tänze des Landes enthält, *folie*, *zarabande*, *cumbeas*, und die europäische Vihuela bekam einen Haufen neuweltlicher Kinder – die kleine *tres* etwa und den riesigen *guitarrón*, auch: *violao-cordos*, den *cavaquinho*, die ebenfalls kleine *jarocha* und den *charango* mit dem Armadillo-Panzer, den *bajo sexto* und die dortige Variante des *requinto*. Und man soll es dem Gitarristen Domingo Prat (1886–1944) schließlich und endlich danken, daß er von Barcelona nach Buenos Aires umsiedelte und unermüdlich warb für die Gitarre, die, als Segovia dann anno 1928 in Südamerika eintraf, längst »in« war. Prat, vorher – 1910 – schon Miguel Llobet und Segovia: Dieser Trias verdankt Lateinamerika bei aller Eigenständigkeit aber dennoch den letztlich »großen« Zugang zur Gitarre – durch deren Anregung zahlloser Komponisten überall in dem Teilkontinent. Sie sind die Vorväter jener Gitarristen, die dann auch dem Jazz bedeutsame Impulse geben werden – Luis Bonfa (*1922), Bola Sete (1928–1987), Antonio Carlos Jobim (*1927), dann Baden Powell (*1937), Sebastiao Tapajós (*1943), vor allem der Doyen dessen, was in einer Synthese aus lateinamerikanischer »E-Musik«, die sich ihrerseits intensiv aus ihrer Folklore nährt, und Elementen des nordamerikanischen Jazz zum sogenannten »Samba-Jazz« werden wird – Laurindo Almeida (*1917): »Ich verließ [Brasilien 1947], weil der neue Harmoniestil von der brasilianischen Öffentlichkeit zu jener Zeit nicht akzeptiert wurde... Viele meiner harmonischen Vorstellungen kamen zum Beispiel vom Klavierspiel Art Tatums her...« (*Frets* 8/84)

Bis dahin aber war zunächst mal noch etwas Zeit, wenn man nun den Fokus auf die Vereinigten Staaten einrichten beginnt. »In den Tagen der Kolonialzeit«, sagt Peter Lang, ein Folk- und Bluesgitarrist und Gitarrenhistoriker, »war die Gitarre so populär, weil keine Klaviere zu kriegen waren. Jeder aber konnte sich eine Gitarre leisten, es gab genügend davon, bequem zu tragen war sie obendrein« – einleuchtend.[5)] Aber das betraf die Provinz, die wie immer und überall weniger Geld hatte als die Städte. In denen war zumal die High Society erpicht auf europäisches Ambiente, zu dem das Klavier gehörte: Die Ostküste tastete und war Ende letzten Jahrhunderts Ragtime-verrückt im Stile eines Scott Joplin, derweil das *back country* weiter zupfte, und zwar hauptsächlich in dem Stil, den in Wien und Paris Giuliani & Co. praktiziert hatten: im *picado* mit wechselschlagenden zwei Fingern, ein Wort, von dem es zum *picking* nicht mehr weit ist.

Aber noch ein anderer Faktor begann Amerikas Musik zu prägen: der afrikanische. Denn westafrikanische Schwarze, mit Sklavenschiffen nach Lateinamerika gehievt und von dort weiter verhökert in den nördlichen Teil des Kontinents, hatten Instrumente mitgebracht, deren Ursprünge meist arabisch, aber auch von portugiesischen Seeleuten und Händlern in den schwarzen Erdteil importiert worden waren – der *rabekin* (oder *rabouquin*, *Ramki* etc.) und dessen Verwandte –, *und* jenes Instrument, über das gar der universal gebildete und emsig Briefe und Tagebücher schreibende nachmalige US-Präsident Thomas Jefferson in seinen *Notes On Virginia* von 1772 schrieb: »Ihr eigentliches Instrument ist das Banjar, das sie aus Afrika mitgebracht hatten, das der Vater der Gitarre ist; seine Saiten entsprechen genau den vier tiefen der Gitarre.« Letzteres stimmt zwar, die Abstammung aber ist eine ganz andere: Sowohl Gitarre als auch Banjo sind zwei völlig unterschiedliche Sprößlinge der alten Laute.

Und je südlicher die nordamerikanische Provinz, desto schwärzer: Schlug man nordwärts die Gitarre mit zwei Fingern – wie später der einflußreiche Merle Travis und sein Kronprinz Chet Atkins (»Travis-picking«) –, so spielten schwarze Berg- und Bahnarbeiter *down south* zunächst noch das Banjo, und zwar ebenfalls im *picado-Stil*, rhythmisierten die überlieferte Musik und machten nach und nach Blues draus: »Die Schwarzen nahmen die Fingerstyle-Gitarrenmusik [des Nordens allmählich] auf und fügten ihre eigenen Einflüsse hinzu, und an diesem Punkt hatten wir Blues und Ragtime«, brachte das Lang auf die Formel. Ein Fingerspieler wie der legendäre Sam McGee (1894–1975) erlernte das Gitarrespiel im Drugstore seines Vaters von durchreisenden Eisenbahnarbeitern, und der weiße Musiker Bill Monroe (*1911) wurde von einem schwarzen Fiddler/Gitarristen namens Arnold Schultz unterwiesen und zum Pionier jener Mixtur aus schwarzem Blues und weißer Hillbilly-Musik, die man – speziell in Kentucky – »Bluegrass« nennt – auf die Gitarre bezogen das intensiv rhythmisierte, nun stärker vom Banjo denn der europäischen Gitarre herstammende *two-finger-picking*.

Von Europa nach Amerika, von Afrika nach Amerika

Im Hinblick auf die Gitarre gibt es Beziehungen, die anders orientierte Jazzhistoriker vermutlich nur zögerlich in Augenschein nehmen würden: »Die Grenze zwischen Jazz und *country* ist so dünn und empfindlich wie die höchste Saite der Gitarre«, schreibt Michael H. Price: »Man schlage diese Saite an und sehe ihr beim Vibrieren zu, und die Schwingung wird eine angemessene Metapher dafür nahelegen, wie substanzlos diese Grenze in Wahrheit ist.«[6]

Das Schlüsselwort dieser Beziehung heißt »Western Swing«, und der ist, jawohl, durchaus so etwas wie »ein legitimer Vorfahr des *fusion jazz*«, wie Price sagt. Manche nannten das vor über fünfzig Jahren auch »Hillbilly Boogie«, »Texas Swing« oder »Cowboy Jazz«, und gemeint damit ist eine oft übersehene, für die Jazzgitarre aber nicht unbedeutende Assimilation weißer und schwarzer ländlicher Einflüsse, seit der Gitarrist **Ocie Stockard** in Bob Wills Band saß und Milton Brown an einem Winterabend 1929/30 einstieg und den »St. Louis Blues« so umfunktionieren ließ, daß die Gitarre mit der Fiddle *solistisch* gleichzog: hier das Spiel der Texas-*fiddlers*, die sich auf den Blues besannen, wie er in Farmgemeinschaften gespielt wurde, an deren Rand sie aufwuchsen, dort Cajun- und kreolische Elemente aus Louisiana, die Polyrhythmen aus schwarzer wie indianischer Tradition und zum dritten die feierlich-traurigen mexikanischen und feierlich-andachtsvollen Erbanteile Europas – das ergab diese oft glatt übersehene Musik. Namen von Orchesterchefs wie Bob Wills oder Spade Cooley weisen auf Galionsfiguren dieser eigenständigen Musik, und die »Gitarre ist für den Western Swing von dreifacher Relevanz«, wie Price schreibt: »Zusätzlich zu den traditionellen Rhythmus- und Solofunktionen der Standardgitarre gibt es die völlig andere Steelgitarre, im wesentlichen ein Soloinstrument, das in sich die Fähigkeiten eines Klaviers oder einer Bläsersektion vereinigt.«[7] Die freilich wird im Jazz eine nur geringe Rolle spielen, und wenn, dann vor allem hinsichtlich der *slide*-Technik, wie sie, von Hawaii her, in der Countrymusik auf Pedalsteel-Gitarren und bisher im Jazz nur von einem einzigen Spieler in Reinkultur praktiziert wird – dem jungen **Dave Tronzo**, der sich im *Guitar Player* 1990 zum ersten Male vorstellte.[8]

Die normal gespielte Gitarre im Western Swing ist dagegen mit Namen wie dem von **Jess Williams** verbunden: »Das *war* Jazz, was wir spielten«, sagte der Gitarrist von Hank Penny, der wie seine Texanischen Saitenkollegen Stockard, **Herman Arnspiger** und **Weldon Gidley** ausschließlich Rhythmus machte: »Wir konnten das bloß nicht so nennen – nicht vor einem Publikum. Das glaubte schließlich, das wär' Honkytonk!« (Price)

Der herausragende Western-Swing-Gitarrist neben dem Pedalsteeler **Buddy Emmons**, vor allem aber neben Hank Garland aus North Carolina (*1930), der mit dem Banjo begann, dann vor allem in Nashville in unzähligen Country-Bands normale E-Gitarre spielte und später – 1960 mit seiner ersten berühmt gewordenen Jazzplatte zusammen mit Gary Burton, Joe Morello und Joe Benjamin – einen kleinen, feinen Sonderplatz unter den Jazzgitarristen einnehmen sollte, bleibt freilich der Texaner **Jimmy Wyble** (*1922), dessen »Kreuzung vom Western Swing eines Bob Wills und Mainstream-Jazz bei Benny Goodman in den sechziger Jahren wahrscheinlich das bekannteste Beispiel ist für die Anerkennung seines bukolischen Vetters durch den Jazz« (Price). Als Wyble 1942 auf Bob Wills traf, war die Zeit der Rhythmus-Restriktion zu Ende. Wyble ist geprägt von Django Reinhardt, Eddie Lang, Bob Dunn und, natürlich, Charlie Christian, und er hatte das Glück, neben **Cameron Hill** an der 2. Gitarre einzusteigen bei Wills' »Texas Playboys«, als denen ihre Bläser fehlten. Hier entstand der *twin-guitars*-Sound, wie Wills ihn nannte, »ein lead-Stil mit dem Reiz eines harmonisierten Vokalsolos und dem Druck einer Bläsersektion.« Durch diese Arbeit lernte Wyble Gitarristenkollegen wie Al Hendrickson (*1920) und George Van Eps (*1911) kennen; er spielte 1953 mit Laurindo Almeida zusammen, traf auf Red Norvo, dem traditionell gitarrenfreundlichen Vibraphonisten, und durch ihn Benny Goodman, der seit seinen Christian-Erfahrungen nicht weniger gitarrengeneigt war.

Drei Jahre nach Hendrickson kam ein Mann zur Welt, der nach seinem Tode 1991 im Nachruf von Rich Kienzle im *Guitar Player* vom Juni des Jahres als »Cowboy-Jazz-Pionier« gewürdigt wurde – **Roy Lanham** aus Kentucky, dem Heimatstaat des Bluegrass, aber auch des aus ihm entstandenen *Jazzgrass* (mit virtuosen jungen Gitarristen wie Tony Rice, dem Auch-Violinisten Mark O'Connor und, vor allem dem Slide/Dobro spielenden Mike Auldrige etwa in der stark jazzharmonisch arbeitenden Gruppe »Seldom Scene«). 1987 noch habe, so Kienzle, Lanham »die Hoffnung ausgedrückt, eines Tages ein Jazzalbum aufnehmen zu können, um diese von ihm wenig bekannte Seite zu erkunden«. Lanham, der übrigens – als fester Gitarrist des Senders WLW in Cincinnati, Ohio – bei Chet Atkins' erster Soloaufnahme mitwirkte, hatte kurz nach dem Kriege in einer Besetzung (wieder-)musiziert, die sich Whippoorwills nannte und in der Roy gemeinsam mit Mandolinist Doug Dalton und Rhythmusgitarrist **Gene Monbeck** jazzhaltiges Instrumentalwerk zu Vokalsätzen in *close harmony* (mit Juanita Vastine) spielte, die schon recht intensiv das enthielten, was später die Hi-Lo's, noch später The Manhattan Transfer und heute Take 6 kultivieren sollten. Lanhams Stilkennzeichen waren eine außerordentliche Technik der rechten Hand und gleichwertige Beherrschung von Legatolinien wie trickreichen, vollen Akkordsoli. In den 50er Jahren tourte er dann mit Roy Rogers, bevor er in Los Angeles in die Studios eintauchte (für Jim Reeves, die Fleetwoods, Dorsey Burnette und verschiedenen anderen). Und während dieser Zeit legte er seine erste Solo-LP vor, *The Most Exciting Guitar*, ein Musterbeispiel für lupenreinen Countryjazz (1961). Dann übernahm er nach Karl Farrs Tod den Gitarristenposten bei den Sons Of The Pioneers und nahm eine zweite LP auf, *The Fabulous Roy Lanham*. Auf beiden Alben spielte er bereits auch eine Fender Strat – ein countrygeprägter Spieler, der vermutlich von allen am nächsten zu Hank Garland gehört.

Auch bei ihm ging es also entschieden um Musik, die sich der Segnungen der Elektrifizierbarkeit nur allzugern und allzu rasch bedient hatte. Elektrisch aber kam die *Jazz*gitarre eher zögernd, während bereits 1937 für den Western-Swing-Gitarristen **Frankie Kinman** die Entdeckung der Verstärkbarkeit 1937 – er (Kinman) war gerade 15 – »ein Gottesgeschenk« war. Denn »so lange sind wir [die Gitarristen] in den Hintergrund gezwungen worden, und da war nun dieses Dingen, das uns *leuchten* ließ. Ich glaube, ein Gitarrist – ich weiß es von mir – holt mehr Feeling aus dem unverstärkten Instrument; aber die Projektion kompensiert die Einbuße an purem Sound.« [9]

Vom Blues zum Jazz, vom Rag zum Jazz

»Was mit 'ner Menge Herz«: Die Roots

Und doch – der Blues, nothing but the Blues. So, wie der deutsche Komponist Johann Christian Graupner anfangs des 19. Jahrhunderts in Amerika begeistert ein Banjo erwarb und aus dem Stand zu spielen verstand, nachdem er eine Gruppe Schwarzer zu Banjobegleitung hatte singen hören und so die Erfahrung der »raggèd time«, des für europäische Ohren faszinierend zerklüfteten Rhythmus jener Musik verinnerlichte – so ging es ganz ähnlich dem Tschechen Anton Dvorák, der um die Jahrhundertwende notierte: »Die Zukunft der Musik dieses Landes [er unterrichtete in den USA Komposition] muß sich gründen auf das, was man Negermusik nennt.«[10] Und die ist der Blues, dieser philologisch so seltsame Begriff, in dem das *to be blue* des Traurigseins steckt, das – sagt beispielsweise der Gitarrist B. B. King – nur in verkehrtem weißen Verständnis schwarzes Privileg sei. Den Blues könnten alle haben, meint der Beale Street Boy, »alle Leute, in allen Mississippis«.[11]

Gleichwohl, seine Ursprünge liegen in den *arhoolies, field* oder *cornfield hollers* der schwarzen Schwerarbeiter in den Cotton Fields, den Plantagen, unter den Tierhäutern und Mühlenwerkern. »Jeder hollerte da vor sich hin«, erinnerte sich Muddy Waters (1915–1983), und Howlin' Wolf (*1910) meint: »Man dachte sich diese Songs [i. e. modale Rufformen] aus, während man da vor sich hinmalochte«,[12] was John Lee Hooker (*1917) auf die Formel brachte, Blues, das sei »also, wenn du dieses Gefühl kriss, dann issn das nich bloß, was *dir* passiert iss – es iss, was deinen *Vorfahrn und annern Leuten* passiert iss«.[12a] Nach und nach schmuggelten sich die *blue* und/oder *dirty notes* mit in den Gesang hinein, sozusagen die Nuklei des Jazz. Aber Blues war und ist immer auch die Kunst des Aus- oder Fortlassens und also nicht der Eloquenz. »Lernt einfach damit aufzuhörn, immer diese komischen Akkorde zu machen und immer diese Riesenmenge Gitarre den ganzen Hals 'runter so echt schnell. Vergeßt die komischen Akkorde und konzentriert euch einfach auf 'nen *funky beat* und was mit 'ner Menge Herz und einfach Gefühl da drin ...«,[13] riet vor wenigen Jahren Hooker noch seinen jüngeren Gitarristenkollegen. »'ne Menge Herz«: Genau das vermochte eben gerade die Gitarre zu vermitteln, deren Vibrato und deren *bendings* mit den gezogenen Saiten der menschlichen Stimme weit näher kamen als, sagen wir, das relativ starre Banjo – ein Unterschied wie der zwischen Konzertflügel und Cembalo. »Blues ist vokalorientiert«, sagt Dan Lambert,

»rhythmisch reich, gewiß; aber das zentrale Element ist das Vokale oder die stimmenähnliche Qualität der Instrumente.«[14]

Die – notierte – Geschichte des Blues als Profi-Kultur fängt im Grunde an mit **Charley Patton** (1887?–1934) aus Mississippi, einem Gitarristen zumal, der das *bottlenecking* pflegte, das er auf den oberen Saiten besorgte, während er die Bässe für den Rhythmus *slide* spielte. Mit dem abgefeilten Flaschenhals konnte er höher hinauf als andere, und mit seinem Talent zum Allround-Entertainer, der in seinen selbstgestrickten Songs gern aktuelle Ereignisse aufspießte, war er ein idealer Botschafter auch für das Instrument, das allerdings sein »Schüler« **Willie Brown** (*1891) mit seinem kräftigeren Rhythmusspiel besser beherrschte als er. 1930 treffen beide **Eddie Son House** (*1902), der 34 Jahre später, beim Newport Festival, dem für den Zeitgeist fälligen Blues-Revival den entscheidenden Kick verpaßt. Son macht Sachen, die Patton nicht konnte: Er spielt nur seine *Melodie* Bottleck, während er den Rhythmus unten *zupft*, und zwar auf einer National-Resonatorgitarre, einem Instrument – allgemein und unpräzise »Dobro« geheißen[15] – fast ganz aus Aluminium, mit zumeist großem, kreisrunden mechanischen Schallverstärker in der Mitte des Körpers, und mit hoher Saitenlage.

Son House, **Jesse Fuller** (1897–1976), **Blind Willie McTell** (1901–1960), dann **Robert Johnson** (1914–1938), die Oldtime-Rhythmiker **Roy Smeck** (*1900) und **Joe Keppard** (1907–1986) und dann **Nehemiah »Skip« James** (1902–1969) mit seinem merkwürdigen *cross-tuning* in e-moll (e-h-e-G-H-E, v.o.n.u.), das er mit dem im I. Bund gegriffenen $g^\#$ als E-Dur spielte; **Bukka White** (alias Booker T. Washington, 1909–1977), **Edward »Noon« Johnson** (*1900), der in einem Trio mit Banjo und zwei Gitarren spielte (*sic!*); der 12saitige **Stonewall Matthews**, **Bob Lyons** (1869–1949), **Charlie Galloway** und vor ihm noch **Jeff »Brock« Mumford** (1870–1937) bei Buddy Bolden, dann **Tom Benton**, **Garfield Akers**, **Johnny Shines** oder **Elmore James** (*1918) mit seinem reichlich unanständigen »Dust My Broom« – das alles sind die bedeutenden Namen der Heraufkunft des häufig slide, also bottleneck gespielten Gitarrenblues, unter denen der von **Blind Lemon Jefferson** (1897–1930) besonders hell aufscheint. »Als der erste Bluesgitarren-Star wurde Blind Lemon Jefferson der berühmteste Bluesmann der Roaring Twenties... Leadbelly [bürgerlich: Huddie Ledbetter, 1885–1949] und Blind Lemon lernten sich in Deep Ellum vor dem Ersten Weltkrieg kennen, und Leadbelly hat belegt, daß sein einstiger Partner ihn Einzelton-Arpeggio-Läufe auf der Gitarre lehrte«, schrieb Jas Obrecht[16]: »Seine Fingerpicking-Technik war nicht immer regiert vom regelmäßigen Baß-Beat und der sorgfältigen Taktstruktur, wie sie für die meisten frühen Blueser allgemein gültig war. Er war ein Meister der offenen pentatonischen Skala, und etliche seiner stärkeren Stücke schichteten einfach nur die 1, b3, 5, b7 und die Oktave.« Für den mittlerweile verstorbenen weißen Bluesspe-

»Was mit 'ner Menge Herz«: Die Roots

zialisten **Mike Bloomfield** (*Super Session*) war Lemon schlicht und ergreifend »ein wirklich großer Spieler, sehr schnell, sehr seltsam. Blind Lemon hat nicht mit einem Beat gespielt – man konnte zu seiner Musik nicht tanzen«,[17] dem Skip James, der mit ihm gespielt hat, dagegenhielt:»Man sagt, Blind Lemon hätte kein Metrum gehabt; dabei er hatte sogar ein phantastisches – er hat die *verses* nur zerdehnt. Das ist 'ne Texas-Geschichte; im Grunde machte er das gleiche wie Lightnin' Hopkins auf seinen Gold-Star-Sachen. Zum Beispiel hatte er manchmal einen Lick, der einen Takt länger war als die 12taktige Struktur verlangte. Manchmal machte er so viele schnelle Singlenote-Linien, wie er wollte, bevor er zu dem Akkord, den er dann durchschlug, zurückkam. Oder er machte ein paar *rolls* à la Blind Blake – er hatte einen gewaltigen Daumen –, und dann durchbrach er sein Baß-*Pattern*...«[18]

A propos **Arthur »Blind« Blake** (1890?–1932). War Blind Lemon in erster Linie der rhythmische Auf-Brecher, so war Blake, der »was raggin' the blues«, weil er seine Blues mit der Ragtime-Synkope verband, während Spieler wie **Frank Stokes** oder **Mississippi John Hurt** (1895–1966) noch dem »bummtschick«-Wechselbaß der linken Ragtime-Pianistenhand fröhnten, vor allem in harmonisch-melodischer Hinsicht ein wesentlicher Jazz-Vorfahr. Spielten orthodoxere Rhythmusleute beispielsweise ihren normalen 12taktigen Blues

$A - D - A - A^7 \mid D - D - A - A \mid E^7 - D - A - A/E^7 \mid$,

so machte Blind Blake daraus ein

$A - D/D^{\#o} - A_{/Ab}/E^7 - A/A^7 \mid D - D^{\#o}/E - A_{/Ab}/E^7 - A/F^{\#7} \mid$
$E^7 - F^{\#o} - A/E^7 - A/E...$

Und nach solcherart harmonischer Einfallsfülle war, sagt Dan Lambert, »*dies* ein weiterer bedeutsamer Schritt: die Idee der Improvisation über eine Anordnung von Akkordwechseln samt der der Veränderung des melodischen Zentrums mit den Akkorden – das sind die Grundpfeiler der Jazzgitarre. Aber Arthur war definitiv ein Bluesspieler. Während seine Akkord*progressions* ein neues Niveau der Verfeinerung erfahren hatten, blieben die Melodien über solche Wechsel zum Großteil bluesige, vokalbeeinflußte Linien.«[19]

Im November 1927 nahm **William Lee Conley Broonzy** aus Scott in Mississippi, später genannt »Big Bill« (1893–1958), seine ersten Stücke auf, mit **John Thomas** an der zweiten Gitarre; und an noch frühere Zeiten erinnerte er sich 1955 in seiner Autobiographie:»Ohne Text, einfach nur die alte 6saitige gespielt. Sowas nenn' ich Gitarrespieln und auf den sechs Saiten Klänge machen – anreißen und sie hoch und runterstoßen und die ersten beiden Saiten weinen lassen, die G und D erzähln und die A und E stöhnen lassen und immer *sliding* den Gitarrenhals rauf und runter. 1910, da haben die Leute ja nicht getanzt. Sie sprangen immer nur hoch und runter und trampelten auf dem Fußboden rum, und wir Gitarrespieler, wir haben *da* die Gitarre zu spielen gelernt.«[20]

Einschub, Broonzys Retro bis 1910 noch ein bißchen weiter nach hinten verlängert: Kaum einer der genannten Bluespioniere hat sie nicht gekannt, nicht mit ihnen gespielt wie einstmals Charley Patton mit der bekanntesten ihrer Zeit, der Chapman Family im Bolton-Gebiet in Mississippi – die »spasm«-Bands, gängiger Name für jene südlichen ländlichen Gemeinschaften, die alleweil zu Tanz und Musik zusammenkamen und im allgemeinen aus Geige, Banjo, selbstgebastelten »Teufelsbässen«, Gitarre und Mandoline bestanden, klassische amerikanische String Bands mithin, deren Repertoire-Ursprünge im Europa des ausgehenden 19. Jahrhunderts zu finden sind – eine zukunftsträchtige, weil enorm ergiebige, polyglotte Melange aus Spirituals, frühen Blues, dem Ragtime-Klavier abgehörten Synkopen, Polkas, Mazurkas, schottischen Reels, kreolischen Mischformen und Walzern. Und der »spasm« bezeichnete im Prinzip kaum etwas anderes als das »Gekrampfe« des zum Teil ekstatischen Tanzens, in das sich jene ethnisch munter gemischten Landschwofer so gern hineinmanövrierten. Mag durchaus sein, daß sich aus dem Wort »spasm« via »jasm« und »jazzin'« der »Jazz« herausgebildet hat, ein vom Bedeutungsursprung her mal wieder recht libidinöses *four-letter-word*, das – wie der spätere Begriff Rock'n'Roll – nichts anderes meinte als die im Tanz erweckte Aufforderung zum Sex.

Erst in Chicago mit dem Beginn der 20er Jahre begann Big Bill Blues zu spielen und, ab 1930, beträchtliche Mengen von Aufnahmen zu machen, instrumental schon auf **Scrapper Blackwell** (1903–1935) weisend – der unter anderem auch eine National Steel verwenden sollte –, mit schier unerschöpflichen Varianten gezogener Saiten, Slides über mehrere Saiten, mit Capodaster verkürzten Saiten, zum Beispiel im Zusammenspiel mit dem Rhythmusmann **Frank Braswell**, mit raffinierten *fill-ins* und zum Teil erstaunlichen Verzierungen. Das einzige, was Broonzy noch mit dem Ragtime verband, war seine Vorliebe für die Tonart C-Dur. Und er sang, mit seiner tiefen, sonoren Stimme, wußte Paul Oliver, »als würde er weinen«[21] Broonzy freilich hätte kaum mehr Raum der Erwähnung verdient als, sagen wir, **Arthur »Big Boy« Crudup** (*1905), der Resonator-Countryblueser **Blind Boy Fuller** (1903–1940), **Reverend Gary Davis** (1896–1972), **Josh White** (1908–1969) oder die ersten urbanen Bluessänger und -spieler wie **Tampa Red**, **Sleepy John Estes** oder **Casey Bill** und etliche andere, die hier nicht mehr genannt sein können, wäre sein Name nicht unmittelbar assoziiert mit einem Trend, der etwa von seltsamen Gitarre-/Klavier-Tandems in St. Louis (der Geburtsstadt übrigens von Ragtime und *hokum*, der Countryblues-Imitation mit städtischem Einschlag) fortführte zu einem anderen Blues, dem in der *Gruppe*, der nun den einzelnen fortzwang vom lockeren Impromptu-Musizieren, hin »to play together real tight«, wie Johnny Shines (*1915) meinte. *Und* wenn er auf den unzähligen Hauspartys, zu denen er zum Spielen eingeladen war, nicht unter anderen auch einen Gitarristen namens Lonnie Johnson kennengelernt hätte...

Lonnie Johnson. Vor der Schlußdekade des letzten Jahrhunderts in New Orleans geboren, gab er der Jazzgitarre, was sie durch Lang an Blues nicht bekam. Lonnie starb 1970 in Kanada, zu einer Zeit, als die Jazzgitarre, deren zweiter Vater er war, ihre zweite – die Christiansche – Revolution bereits 30 Jahre hinter sich hatte

»Und ließ das Ganze funktionieren«: Lonnie Johnson

»Der Gitarrist, der dann tatsächlich am deutlichsten über den Blues/Jazz-Zaun setzte, war **Lonnie Johnson** [1889–1970]«, und zwar in den Duos mit der 9string-Gitarre, die er zuweilen auf »irgendwas zwischen Eb und D herunterstimmte«, schreibt Dan Lambert,[22] und für den französischen Jazzexperten Hugues Panassié war »Lonnie Johnson, im Unterschied zu [dem für den Gitarrenjazz bedeutenden zeitweiligen 6string-Banjoisten/Gitarristen] **Johnny St. Cyr**, ein wundervoller Solist. Seine brillante Instrumentaltechnik ermöglichte ihm, außergewöhnlich flüssig zu spielen. Er ist ein vorzüglicher Bluesspieler; in jedem beliebigen Moment enthalten seine Soli die Ausdruckskraft und das Feeling, das so charakteristisch ist für den Musiker des Südens. Diese Ausdrucksfülle kommt nicht nur in seinen Phrasen zur Geltung, die typisch für den New-

Orleans-Stil sind, sondern mehr noch in seinen kraftvollen und durchgängigen Modulationen, die den Hörer tief bewegen.«[23]

Lonnie hatte 1925 mit Plattenaufnahmen begonnen, zunächst noch mit dem einzigen Überlebenden einer Grippeepidemie, die seine Familie hinweggerafft hatte, seinem Bruder Steady Roll und De Lois Searcy, dann als äußerst gefragter Begleiter für Bluessänger à la Texas Alexander (»Cornbread Blues«, 1927). Sein Spielstil war professionell, »polished«, wie man sagt. Dann gewann er einen Musikerwettbewerb in St. Louis, der ihm einen Sieben-Jahres-Vertrag bei Okeh einbrachte, und der wiederum brachte ihn mit etlichen der Großen seiner Zeit zusammen, darunter Amstrong (1927) und dem Duke, auf dessen 1928er Aufnahme von »Misty Morning« er ein durchaus epochemachendes Solo hat, ähnlich schrittmacherisch wie das zuvor im selben Jahr aufgenommene »Paducah« mit McKinney's Cotton Pickers:

Notenbeispiel 1: »Paducah«

Er beherrscht das Blind-Lemon-Vokabular des Arpeggio-Singlenote-Läufe-Stils ebenso wie den Umgang mit schon recht raffinierten Blockakkorden, die dem Klavier abgelauscht sein konnten, add9er darunter und verminderte, zumeist mit dem Grundton auf der hohen e'-Saite, die er halbtonschrittweise verschiebt, wie hier im »Cornbread Blues«:

e^7 – Aadd9 – E – E^7 – A – A – $C^{\#}°$/B (=H)°/A#°/A° –
(E^7- Achtelrun 6/+5/5/4) – $F^{\#7}$/$C^{\#}°$/E° – A – E/B°/A#°/A° – E

Er »nahm den Blues-Sound und den Jazz-Sound, tat sie zusammen und ließ das Ganze funktionieren«, schreibt Lambert, und Bill Simon ergänzt, Lonnie habe »Singlestring-Obligato-Figuren« entwickelt, »interessante Akkordwechsel und -Voicings und gelegentliche Solo-Passagen«.[24] Es war Lonnie Johnson, der damit zum Urvater für all jene auch späteren Jazzgitarristen wurde, die sich immer wieder – wie beispielsweise Bunn, Reinhardt auch, Kessel und Durham, Pass, Ellis, Burrell, Hall, Grimes und Moore – dem nahezu »reinen« Bluesspiel gewidmet haben, back to the roots.

»Jazzkonzerte auf dem Herrenklo«: Eddie Lang

Enter Salvatore Massaro alias **Eddie Lang** (1892–1933) aus Philadelphia. Und also sprach Joe Venuti: »Wir pflegten da eine Menge Mazurkas und Polkas zu spielen. Nur aus Daffke fingen wir dann mal an, die in 4/4 zu spielen. Ich schätze, wir mochten einfach den Rhythmus der Gitarre. Dann ging ich in irgendeine improvisierte Passage 'rein. Ich ging in irgendwas 'rein, Eddie nahm das auf und machte Variationen drüber. Wir saßen einfach da so 'rum und spielten uns gegenseitig die Ohren ab«, erinnerte sich der Geiger und lebenslange Freund an die seligen Zeiten um '23, als Eddie Lang, Sohn eines italienstämmigen Instrumentenbauers, sowohl Geige als auch, der Zeit voraus wie die »einzigartig schönen Platten, die Venuti Ende der zwanziger Jahre mit dem wunderbar begabten Eddie Lang einspielte«, wie Max Kaminsky in *Jazz-Band: My Life in Jazz* schrieb, das 4- und 6saitige Banjo (das in New Orleans Danny Barker erstmals zu seinem Stamminstrument machte) und dann die 4saitige Gitarre abgelegt und sich die 6saitige zu dem Instrument erkoren hatte, die ihm seine Eintragung ins Große Buch des Jazz sichern sollte. »Wir spielten nie Jazz bei der Arbeit... Wenn, dann gingen wir aufs Klo und spielten ihn da... Man könnte sagen, daß die ersten echten Jazzgitarren-Konzerte auf dem Herrenklo in einem Laden [dem Knickerbocker Hotel] in Atlantic City stattgefunden haben. Rube Bloom, der uns später aufgenommen hat, hat uns da zum ersten Mal gehört. Genauso Red Nichols, der damals den Scout für Musiktalente machte«, erinnerte sich Lang selbst in Richard Hadlocks Buch *Jazz Masters of the Twenties*.[25] Hadlock ergänzte das dann noch durch den kurzen Satz: »Von 1924 an war der Gitarrist gefragter als vielleicht jeder andere Jazzmusiker im Land«, und zitierte aus einem *Down Beat*-Artikel von 1939 Paul Whiteman, in dessen Band Lang nach einem Jahr bei Jean Goldkette und dann Roger Wolfe Kahn 1927 den Gitarristenstuhl besetzte: »Eddie spielte in unserer Band über einen langen Zeitraum, in dem ich weniger Kummer mit dem Rhythmus hatte als zu irgendeiner anderen Zeit... Egal, wie kompliziert das Arrangement war, Eddie spielte es gleich beim ersten Mal fehlerlos, ohne daß er es je zuvor gehört oder die No-

ten gesehen hätte. Es war, als hätte seine musikalische Intuition die Gedanken des Arrangeurs gelesen und wüßte darum schon im voraus alles, was geschehen würde.«
Intuition, die wird er gehabt haben, weiß Gott. Vom Vater hatte er die Liebe zur europäischen Klassik dazugeerbt, was ihn später dazu animierte, Rachmaninoffs »Präludium in Cis« für Sologitarre zu transkribieren (sic!); und etliche seiner Musikerkollegen erinnerten sich, daß Eddie gern mal und mir nichts, dir nichts einen kleinen Debussy ins Programm einflocht und überhaupt für den bereits über Spaniens Grenzen hinaus bekannten Segovia schwärmte. Mit *solfeggio* hat er in der Musik als Knäblein zart wohl angefangen und war damit so was wie ein *musicus doctus* unter seinesgleichen und tatsächlich das erste »gitarristische Studio-As« (Sallis[26]) für Leute wie Ukulule Ike (d.i. Cliff Edwards), Al Jolson, den notorischen »Jazz Singer«, die Gorman Band mit Nichols und Jimmy Dorsey und Bix, Bix Beiderbecke. Lang war einer der seltenen, nicht mehr als zwei oder drei Musiker, mit denen Beiderbecke aufnahm, die Bix musikalisch ebenbürtig waren. Beispielsweise spielt Lang auf der 1925er Okeh-Aufnahme von »Singin' the Blues« nicht nur hinreißend *ensemble* und Kontrapunkt zu Bix' Kornett; er ist auch der einzige in der Band, der den Rhythmus durchhält.[27]

1926 begann das Teaming-up von Lang und Venuti zu den Aufnahmen, die gottlob wieder erhältlich sind und den Schwerpunkt der eigentlichen Lang-*legacy* ausmachen. »Seine unvergeßlichsten Ensemble-Aufnahmen aus den späten Zwanzigern waren die gut siebzig Stücke, die er als Teil von Venutis Blue Four und Blue Five einspielte«, schreibt Steve Calt auf der Cover-Rückseite von *Eddie Lang: Guitar Virtuoso* (Yazoo 1059); »zusammen waren sie die Pioniere eines Mediums, das man später ›Kammerjazz‹ genannt hat.« Und da waren eben vor allem die legendären Duo-Stücke, »Stringin' the Blues« beispielsweise und »Black and Blue Bottom« von 1926. Und denen vorausgegangen waren Eddies erste Solo-Aufnahmen. »Jedes Kennzeichen des Lang'schen Stils ist in den Solostücken manifest«, meint Sallis in seinem »Eddie Lang«-Aufsatz, »die kräftige *attack* und fließende, bluesartige Linien mit fesselndem Gebrauch von *smears*, Glissandi und harfenähnlichen künstlichen Flageoletts; ungewöhnliche Intervalle, insbesondere die pianistische Dezime und Bix-hafte parallele Nonen; Sequenzen übermäßiger Akkorde und Ganztonpassagen; die entspannte, hornähnliche Phrasierung. Obschon in erster Linie Plektrumspieler, barg Lang doch immer wieder sein Plektron in der Handfläche und führte Fingerstyle vor, speziell dann, wenn er Arpeggios und *fills* hinter einer/m Vokalistin/en spielte.« Er nahm »Eddie's Twister«, »April Kisses«, »A Little Love, A Little Kiss«, »Melody Man's Dream«, »Church Street Sobbin' Blues« und andere Titel auf, zum Teil noch mit Arthur Schutt am Piano, dann auch mit Frank Signorelli statt Schutt, alles in allem um die fünfzehn wegweisende Stücke, die Jazzgitarrist Marty Grosz (*1931) später »eine Reise von Neapel nach Lonnie Johnsonville... binnen zweieinhalb Minuten« genannt hat, mit »F. Scott Fitzgeraldischen Akkor-

»Jazzkonzerte auf dem Herrenklo«: Eddie Lang

Eddie Lang (gest. 1933), der Italiener aus Pennsylvania, war der erste Jazzgitarrist, der die Banjoisten seiner Zeit reihenweise zur »Konversion« veranlaßte. Als Blind Willie Dunn spielte er die hochgerühmten Gitarrenduos mit Lonnie Johnson ein

den«... Anders Benny Goodman. Der war, erzählt er in seiner Autobiographie *The Kingdom of Swing*, bei seinem ersten Trip nach Harlem gemeinsam mit Glenn Miller und Harry Greenberg ins »Perroquet« gegangen,

> wo Roger Wolfe Kahn seine Band zu der Zeit hatte, mit Lang, Venuti, Miff, Tommy Gott, Leo McConvell und etlichen anderen guten Leuten. Ich mochte diese Band sehr, weil die Art, in der Eddie Lang Gitarre spielte, zu jener Zeit absolut neu und sein Spielweise des Instruments ein gerüttelt Maß Verantwortung dafür trug, daß es den Platz des alten Banjo einnahm. In all diesen *kid bands*, in denen ich mitgespielt habe und auch noch eine Zeit danach war das Banjo immer *die* Sache. Dann kam Lang auf diesen alten Platten der Mound City Blue Blowers (um 1924–25), und das war etwas so anderes, daß Musikern das sofort auffiel.[28]

Seltsam nur: Was die einen schon von Blind Lemon gemeint hatten, schien für andere nun auch für Eddie Lang zuzutreffen. Nochmal O-Ton Grosz: »Die Jungs in Chicago fanden, daß Eddie nicht richtig swingte, und ich bin geneigt, dem ein ganzes Stück zuzustimmen... Aber ich denke, in diesem Fall darf man das übersehen. Denn auf seine Weise hat er dermaßen viel getan, und es klingt alles so verdammt natürlich und leicht. Und er war der erste; er mußte sich das ganze erst mal selbst ausdenken. Es ist immer schwerer, auf einem Weg ganz vorn zu sein. Darum können Bassisten heute auch locker Ringe um Jimmy Blanton 'rumspielen, aber Blanton war zuerst da und hatte die *soul*. Genauso war es mit Lang.«[29] Und dem sekundierte Joe Vance in einem Artikel in *Stereo Review* so:

> Es ist geäußert worden, Lang hätte nicht »geswingt«, und vielleicht fehlte ihm auch das rhythmische Feeling, das so vielen Jazzmusikern eignet. Aber er hat sich darüber keine unnötigen Gedanken gemacht, und das sollten wir auch nicht. Lang war mehr interessiert am harmonischen und kompositorischen Potential der Gitarre und, in fast atavistischem Sinn, an der *Ehre* des Instruments. Er dachte wie ein Italiener und spielte wie ein Amerikaner, und wenn seine Musik auch womöglich nicht immer »purer Jazz« gewesen sein mag, so war sie doch immer als eine Musik interessant, die Jazz vorausnahm und zugleich transzendiert hat.

Er könne nicht verstehen, wie Django Reinhardt »so hoch gepriesen« werden konnte, außer daß er 25 Jahre länger lebte als Lang, dessen Genius dagegen so verkannt worden sei, sagte der Lang-Schüler Marty Grosz auch noch – eine glänzende, zutreffende Verteidigung, die freilich ihre Krönung erfuhr durch diesen Satz eines anderen: »Eddie konnte Rhythmus und Baßparts machen, genau wie ein Pianist. Er war der feinste Gitarrist, den ich je 1928 und 1929 gehört habe.«

Der das gesagt hatte, war Lonnie Johnson. Die beiden hatten zusammen mit Hoagy Carmichael, King Oliver und Clarence Williams für das Okeh-Label aufgenommen, 1929 war das gewesen, und sich dann zu den ersten Gitarrenduos der Jazzgeschichte zusammengetan, mit Eddie unter dem Pseudonym »Blind Willie Dunn«, die mal als »Gipfel dessen, was zu jener Zeit mit der Jazz-

gitarre getan wurde« (Mongan), mal als »feinste Proben im Bluesidiom« (Sallis) oder mal als »superbe historische Gitarrenduette« (Maurice J. Summerfield)[30] gelobt wurden und zu denen Albert McCarthy schrieb: »Johnson ist im wesentlichen ein Bluesgitarrist, obschon ein außergewöhnlich vollendeter, und wenn sein Spiel auch größere Tiefe im Blues hat, so wird doch, im Vergleich zu Lang, deutlich, daß er begrenzt ist, während Letzterer in den Passagen, in denen er vorn ist, offenkundig ein kreativer Solist ist.«[31] Das stimmt gewiß, und Jazzgitarristen berufen sich immer wieder auf Lang, wo Bluesleute (wie B. B. King) ihre Wurzeln bei Johnson wissen, einem Gitarristen, der, zumeist auf der 12string, buchstäblich alles von akustischem Delta-Blues bis hin zu Chicagoer Rhythm and Blues zu spielen verstand. Die Duette waren wie gesagt stark bluesorientiert, weshalb Lang sich auch merklich zurückhielt, während Lonnie etwa in hohen Lagen ohne Plektron solospielte. Es gibt Leute, die meinen, in Solo-Aufnahmen Langs wie »Melody Man's Dream« oder »Perfect« Johnson-Einfluß zu vernehmen. »Er sagte mir nie, was zu tun sei. Er fragte immer nur«, erinnerte sich Johnson; und Sam Charters in *The Country Blues*: »Lang war der subtilere Musiker und hatte wahrscheinlich ein größeres Wissen der harmonischen Möglichkeiten der Gitarre als irgendein anderer Musiker der Zeit; aber Lonnie hatte ein emotionales Verständnis und eine emotionale Intensität, die Langs Brillanz überdeckte. Ihre Duette waren stets gekennzeichnet von behutsamem Respekt vor den Fähigkeiten des jeweils anderen.«[32]
Lang kehrte dann wieder zu Whiteman zurück. Der zahlte bestens, zum Teil bis $ 30 000 jährlich, und durch den schloß er Freundschaft mit Bing Crosby (und ehelichte eine Freundin von Bings Frau dazu), und als Crosby 1931/32 mit einem 300 000-Dollar-Vertrag für fünf Filme in der Tasche nach Hollywood ging, zog Lang mit und hatte sogar einen kurzen Auftritt in dem Streifen »The Big Broadcast« (1932). Dort nahm er mit dem jazzorientierten Vokaltrio der Boswell Sisters auf, hatte mittlerweile einen »federnden Touch über stabilem Vierviertel-Rhythmus, der die Ankunft der Swingmusik und das Ende der ›Hot‹-Ära signalisierte« (Hadlock) und tat sich 1932 zu seiner einzigen weiteren Gitarrenduo-Konstellation zusammen – mit Carl Kress (1907–1965), zu zwei historischen Aufnahmen: »Pickin' My Way« und »Feelin' My Way« – mit einem Gitarristen zumal, der mehr für die Entwicklung des Gitarrenduos im Jazz tat als jeder andere seiner Zeit, erst mit Dick McDonough (1904–1938) und dann, nach dessen Tod, mit Tony Mottola (*1918). 1933 kam Eddie, der chronisch halskrank war, zu einer routinemäßig durchführbaren Mandeloperation ins Krankenhaus. Er starb an einer Embolie, die in der Narkose entstanden war...

Transition: War das noch Blues oder schon Jazz, was Roy Smeck, der chronisch unterschätzte Rhythmusmann, gespielt hat? Wie war das mit **Elmar Snowdon**, der von Joachim Ernst Berendt 1967 mit seinem *single-note* gespielten Gitarrenbanjo an den Anfang des »Guitar Workshop« bei den Berliner Jazztagen gesetzt wurde? Wo gehören **Bud Scott**, der Ory-Sideman (1890–1949) in Chicago, und **Danny Barker** (*1909) hin, einer dieser anderen New-Orleans-Rhythmiker, die vom Banjo zur Gitarre konvertierten wie **Dave Wilborn** (*1904), der erst bei McKinneys's Cotton Pickers Banjo und dann, in des Altsaxophonisten Don Redmans erster Big Band, im modernen Sinne eine Rhythmusgitarre schrubbte, die den anderen 14 Jungs erst den richtigen Drive lieferte? Und dann **Bernard Addison** (*1905) aus Maryland, der mit seiner akkordischen Kunst Gruppen wie denen von Jelly Roll Morton, Benny Carter, Coleman Hawkins, Red Allen, Sydney Bechet, kurzum von »Armstrong bis Art Tatum« nicht nur rhythmisch Drive eingab, sondern sogar Solo-Linien in Orchestern spielte und mit Lang, Kress und McDonough in spontanen Sessions in New York als Twen mithalf, die Türen zum Jazz aufzustoßen? Und dann war ja da auch der Banjo-Virtuose Fred Van Eps, ohne dessen Kunst die seines Sohnes George Van Eps (*1913) gar nicht recht denkbar wäre...

Und da war, last, not least, **Edwin McIntosh »Snoozer« Quinn** (1906 bis 1952?), der ungehört in Whitemans Orchestern strippte. Warum wurden die 1925 aufgenommenen acht Stücke Quinns nie veröffentlicht? Warum ging die Trio-Aufnahme von »Singin' the Blues« mit Snoozer, Beiderbecke und Trumbauer verloren? Snoozer war dauernd krank, immer wieder in Krankenhäusern, und so auch Anfang der 50er Jahre, als sein alter Kumpel aus Peck Kellys Band, Johnny Wiggs, auf die glorreiche Idee kam, ihn aufzunehmen, um ihn nun doch der Vergessenheit zu entreißen. Und dank des Klarinettisten spielte da der kranke Quinn doch noch »einiges an faszinierender Jazzgitarre«, wie Mongan schreibt. Und typisch ist Snoozer Quinn für das, was wir hier »Transition« nennen: »Stilistisch ist Snoozer so etwas wie das fehlende Glied. Er kann angesiedelt werden zwischen den ersten primitiven Bluessänger-Gitarristen und den frühen Jazzsolisten Lonnie Johnson und Eddie Lang. Snoozer... benutzte die Gitarre im orchestralen Sinn, mit konstant rollendem Baßrhythmus, Akkorden auf den mittleren Saiten und oben Melodie. Aber er war ebenso vertraut mit den mehr linearen Entwicklungen des Singlestring-Stils, wie ihn Johnson und Lang propagierten. Er vermischte diese Elemente, und so hatte sein Stil etwas von Carl Kress' akkordischer Leichtigkeit mit einer Prise Oscar Alemanscher Schärfe.«[33] Aber das *war* Jazz.

Von den Anfängen bis zu Durham/Christian oder: vom Banjo zur Gitarre

White, Kress, McDonough, Barnes

– womit selbstredend die Pioniere eben der *Jazz*gitarre und nicht von deren Vorläuferformen oder Konstituenten wie Blues, Western Swing und so weiter gemeint sind – eine Gruppe von erstaunlicher Buntheit, die zuallererst von den Banjo/Gitarre-Konvertiten bestimmt war, über die zum Teil schon gesprochen wurde. Da war der 1885 geborene **Lorenzo Stall** bei Bolden und dann Kid Ory, alles reines Rhythmusspiel versteht sich, auf sechs statt auf vier Saiten, mit dem legendären »figurine stroke«, einem enorm beweglichen Anschlag, der endlich nicht mehr aus dem Ellenbogen, sondern dem Handgelenk kam; dann **Johnny Dave** (gest. 1949) in Sam Morgans Band, der – wie viele der Banjozunft – dafür zur Legende wurde, daß er oft auf der Bühne einschlief und, jawohl, *im Schlaf* weiterspielte, zumindest von den Handbewegungen her, derweil sein Banjo brav neben ihm auf der Erde stand. In New Orleans gingen die **Marrero-Brüder John** (*1895) und **Lawrence** (*1900) vom Banjo- zum Gitarrenrhythmus über, und **Willie Santiago** »hatte ein Handgelenk wie die Blätter am Baum«, wie es hieß. **Emmanuel Sayles** (*1905) spielte Rhythm bei Fate Marable, und Edward »Noon« Johnson (*1900), schon mit seinem Stringtrio erwähnt und tief aus der »spasm«-Tradition kommend, spielte stark Ragtime-beeinflußte Gitarre. Dann waren da eben noch Bud Scott und Danny Barker, ein später »richtiger« Jazzspieler unter anderem in interessanten Gitarrenduos mit **Doc Souchon**.

Wie sie kam auch **Hy White** (*1915) vom Banjo zur Gitarre und ist bekannt geworden als Rhythmusmann in Woody Hermans Herd von 1939/40. »So peu à peu löste die Gitarre das Banjo ab«, erinnerte Hy sich 1978, und:

> Es war beschlossene Sache in unserer Band, daß ich Banjo spielen sollte – weil alle eins dabeihatten –, und ich hab' mir eins für so was wie acht oder zehn Dollar gekauft; das Akkordbuch machte 35 Cents. Ich muß sagen, obwohl ich vom Spielen nicht viel Ahnung hatte – aber gut aussehn tat ich! Aber dann fing plötzlich jeder Banjoist an, auch Gitarre zu spielen. Wenn irgend 'ne Band einen Walzer oder eine sanfte Ballade spielte, wurde das Banjo ganz typisch gegen eine Gitarre ausgetauscht.[34]

und im *Guitar Player* im selben Jahr mit dieser witzigen Geschichte, die das Leben schrieb:

Von den Anfängen bis zu Durham/Christian

Unser erster Job [bei Woody Herman 1938] war oben in Birmingham, New York, und wir spielten den ersten Set, und Woody ruft einen Blues auf – diese Gruppe hieß auch noch The Band That Plays The Blues. Naja, und ich mit meinem strikten *society-type*-Hintergrund in Sachen Musik, ich hatte keinen *Schimmer*, worum es da eigentlich ging. Egal, die Band fängt einen Blues in B^b an, und die Jungs kriegen alle ihre Chorusse, und ich hörte einfach genau zu, bis ich die *changes* 'raushatte – die natürlich kinderleicht sind – und die traurige, seelenerfüllte Art der Jungs, zu spielen. Aus heiterem Himmel baut Woody das Mikro vor mir auf und gibt mir das Zeichen, daß ich dran bin. Ich hatte die Wechsel da schon drauf, und wenn sich irgendwer da *traurig* gefühlt hat, dann war ich das, weil ich sechs Monate lang nicht gearbeitet hatte und es mir deshalb fast das Herz auseinanderriß. Also fing ich an, den Blues zu spielen – glaub' mir, ich war nervös. Als ich mit dem ersten Chorus durch war, gab mir Woody ein Zeichen, ich sollte noch einen übernehmen, und dann noch einen, und nach sechs Chorussen hörte ich lauten Applaus hinter mir. Ich drehte mich um und sah die ganze Band klatschen. Und da wußte ich, der Job war meiner...[35]

»Big Band guitar« nennt man auch, was Leute wie Hy oder **Charlie Dixon** spielten, bei Fletcher Henderson etwa, wo ihn später **Clarence Holiday** ablöste, Billies Vater, wozu Connoisseurs meinen, daß just daher Billies Feeling für *Harmonien* gestammt habe. Holiday wurde von **Will Johnson** abgelöst (1924), ungefähr zu der Zeit, als **John Trueheart** (1900–1949) bei Chick Webb war und zum Rhythmus-Vorbild für Danny Barker und **Lawrence Lucie** wurde.

Zwei Gitarristen, die ebenfalls vom Banjo herkamen, ihre Basiserfahrungen in großen Gruppen sammelten und dann, intensiv motiviert durch die Pioniertaten Langs und Johnsons, insbesondere für die Geschichte des Jazzgitarre-*Duos* Unschätzbares leisteten, waren die schon erwähnten **Carl Kress** und **Dick McDonough**. Letzterer – auf einem frühen Foto noch mit einer viersaitigen Tenorgitarre – behielt im wesentlichen seine Banjotechniken bei, obwohl er sie insgesamt mehr zurücknahm, mit größerem harmonischen Geschick aufnordete und so, auch was das fließende Spiel angeht, sich dem Vergleich mit Al Casey immer wieder entzog: Er zog sehr niedrige Saitenlagen vor und schuf damit ein bis dato ungewohntes Legato-Vermögen, das er freilich hauptsächlich im Begleitspiel oder in seinen geliebten Akkordsoli demonstrierte. Es stimmt schon: Die Duos mit Kress, in den 30ern aufgezeichnet (wie »Chicken à la Swing«), sind pionierhafte Unternehmungen, dies aber eher in gitarristischer denn Jazz-Hinsicht.

»Rhythmus zu spielen, das war sein *forte*«, sagte sein späterer Duo-Partner George Barnes: »Er benutzte eine spezielle Stimmung, um seine Akkorde noch voller und reicher klingen zu lassen. Seine sechste Saite war auf B gestimmt, die fünfte auf F, die vierte und dritte blieben normal auf D und G, die zweite war auf a und die erste auf d gestimmt. Mit dieser niedrigeren Stimmung konnte er mehr und vollere Baßlinien spielen. Er spielte Soli kaum in Singlenotes, sondern in Akkorden. Es war seine einzigartige Technik, die dann die Entwicklung der 7saitigen Gitarre in Gang brachte.«[36]

Seit den 20er Jahren war Kress, diese akkordische Stimme der neuen Ära, ein begehrter Gitarrist, inspiriert von Red Nichols, Miff Mole und den Dorseys, der mit Bix, Trumbauer, sogar mit Lang und eben mit McDonough aufnahm und sich später 1944, blendend einfügte in die kleinen Konstellationen mit Edmond Hall, cl, und Red Norvo, vib, oder im Duo mit Teddy Wilson. Kress »übt ganz schön Sagovia« [sic!], hat Frank Victor *Metronome* diktiert, meinte damit allerdings, daß Kress die klassische Solotradition im Kopf hatte und von dem Wunsch durchdrungen war, aus dem 32-Takt- und Jam-Session-Korsett auszubrechen – mit raffinierter Chromatik, Arpeggios, *double stops*, *three-part-harmonies*, impressionistisch anmutenden Vierton-Akkorden, Superpositionen von Dreiklängen über offenen Saiten wie Wechseln zwischen Plektrum und Fingern.

1961 trifft er **George Barnes**, und die beiden werden unzertrennlich wie Plisch und Plumm, bis zu Kress' Tod. Barnes (1921–1977) kam aus Chicago, wo er mit grünen 16 Lenzen schon in Klarinettist Jimmy Noones Band spielte. Es folgten Engagements bei Satchmo und Goodman, als Junge hatte er Lonnie Johnson kennen und lieben gelernt. Dann hatte er Django Reinhardt entdeckt, mit 14 sein erstes eigenes Quartett und mit 17 einen festen NBC-Job als Studio-Gitarrist. Er nahm mit Broonzy auf, mit Washboard Sam, Blind John Davis und anderen Bluesern, ging zum Militär und kam, 1951, als geläuterter Jazzer wieder, machte in diversen kleinen und mittelgroßen Gruppen prächtige Jazzaufnahmen, erlebte die Höhepunkte seiner Karriere dann aber im Duo mit Freund Kress (*Town Hall Concert* etc.). Und als Carl gestorben war, tat er sich mit einem anderen hochinteressanten Gitarrero zusammen – John »Bucky« Pizzarelli (*1926), der später als 7stringer im Gefolge George Van Eps' zu Rang kommen sollte. Barnes »spielte mit solcher Sicherheit (ich nannte ihn deshalb Dynamite Dan), und aufgrund seiner feinen Arrangierfähigkeiten wählte er immer die besten Töne aus... Eines abends bemerkte ein Gast in einem Club, daß George kaum seinen kleinen Finger einsetzte. Woraufhin George die Chorusse des folgenden Stückes ausschließlich mit dem kleinen Finger spielte!«, erinnerte sich später Gitarristenkollege Sal Salvador.[37)]

Bunn, Aleman, Grimes, Condon, Moore

Jimmy Noone: Mit ihm spielte nach dem Zweiten Weltkrieg auch der weithin ignorierte oder vergessene **Teddy Bunn** (1909–1978), der vor allem durch seine Arbeit in dem Vokal- und Instrumentaltrio/-quartett The Spirits Of Rhythm, gekonnte voc/g-4/4-Chases mit dem Scat-Meister und Dichter Leo Watson, bekannt wurde (»I'll Be Ready When The Day Comes«) und ungefähr so vom Blues zum Jazz konvertierte wie andere vom Banjo zur Gitarre. Das 6string-

Banjo »sah zwar aus wie ein Banjo, wurde aber gestimmt und gespielt wie eine Gitarre« (Bunn) und war von ihm zum Beispiel bei den Washboard Serenaders (einer »spasm«-Gruppe) aus Gründen des Volumens gewählt worden. Dann kam er, weil dessen Stammgitarrist, der Rhythmiker **Fred Guy** (1899–1971) ausgefallen war, zum Duke und spielte fortan Jazz. Dazu der Komponist Gunther Schuller: »Auf einer dieser Aufnahmen tauchte Gitarrist Teddy Bunn als Solist auf. Sein einfacher, schlanker Stil kontrastierte stark mit dem vollen , mehr und mehr vertikal werdenden Klangbild der Band. In ›Haunted Nights‹ wird dieser Kontrast am deutlichsten. In diesem Stück, offenkundig ein Versuch, den Geist der ›Black and Tan Fantasy‹ aufleben zu lassen, ist einzig Bunns Gitarre fähig, die expressive Einfachheit von Mileys Spiel aufzunehmen«[38] – Bunns »spasm«-Einfluß, der da hörbar wurde und den noch ein *ganz* anderer schätzen lernte:

Ich erzähl' Ihnen 'ne Geschichte, und die ist wahr. Als ich in den 30er Jahren mit den Spirits of Rhythm spielte, da kommt so'n Typ zu mir und sagt, also,wenn er so spielen könnte wie ich, dann hätt' er das aber auch auf jeden Fall gemacht. Nachdem der gegangen war, fragte ich John Kirby – der hatte seine Hausband da –, wer der Typ war. Er erzählt mir, das ist der riesige, riesige Gitarrenspieler Segovia. Ich hatte nie von dem gehört, aber danach hörte ich mir einige seiner Platten an. Ich fand wirklich riesig, was der spielte. Danach kam er noch ein paarmal. Erst blieb er unten und hörte mir zu, und dann ging er nach oben zu Tatum. Art Tatum spielte Klavier. Tatum schmiß ihn jedesmal um.[39]

Und Bunns Daumen schmiß später Wes Montgomery um. Ungefähr 1940 stieg der eingefleischte Akustikspieler Bunn dann doch um auf die verstärkte Gitarre, sagte er Tanner. »Das schien ein guter Schritt zu der Zeit, weil ich immer fürs Experimentieren war und einen harten Stakkatoton wollte. Die Elektrische gab mir mehr Möglichkeiten. Das erste Mal, daß ich elektrisch spielte, war bei Hampton. Danach bin ich nie wieder richtig zur normalen Gitarre zurückgekehrt.« Bunn, sagt Mongan, »war das evolutionäre Glied zwischen Lonnie Johnson und Charlie Christian«.

Verkannt oder übersehen – das gilt in besonders krasser Weise für einen Gitarristen, von dem gerade allenthalben bekannt ist, daß er, im Schlepptau des Tänzers Harry Flemming, Josephine Baker 1932 nach Paris in Freddie »Snakehips« Taylors Sextett folgte und hier sozusagen Tür an Tür mit Django spielte, ohne daß die beiden je viel miteinander zu tun gehabt hätten: **Oscar Aleman** (1910–1980), ein Argentinier, der kaum noch auf Platten zu hören ist. Leonard Feather hat sich beschwert darüber, daß Aleman gerade *durch* Paris ungerechtfertigterweise in Reinhardts Schatten verlorenging, nachdem er im *Melody Maker* vom Februar 1939, unmittelbar nach seiner Rückkehr aus Paris, notiert hatte: »Oscar Aleman, ein argentinischer Indianer, der in Brasilien [sic!] auf der Ukulele begonnen hat, hält sich seit einer Dekade in Europa auf. Aleman ist ein großartiger ›hot‹-Gitarrist, wahrscheinlich der beste in ganz Frankreich. Gegenwärtig leitet er eine seltsame Band in einer altmodischen französischen Tanzdiele, wo Jazz normalerweise von Tango und Rumba verdrängt wird.« Daheim in Buenos Aires hatte er 1925 mit dem Gitarristen **Gaston Bueno** ein erfolgreiches Duo formiert gehabt, dann, im Pariser Chantilly Club, faszinierte er mit einer eigenen Gruppe gar den ansonsten Django-lastigen Kritiker Charles Delaunay:

Ich erinnere mich an Aleman, als er im Chantilly spielte, in der Rue Fontaine, auf einem Barhocker sitzend, leicht vornübergebeugt über seine Gitarre, sich im Rhythmus wiegend, wie er mit seinen beweglichen Fingern die Gitarrensaiten anriß. Er trug Fingerplektren an den Kuppen seiner Daumens und seiner Finger. Oscar war ein winziger kleiner Kerl, kupferfarbene Haut, ein Kreole – so flink und so putzig wie ein Affe – und ständig zu einem Lachen aufgelegt. Er hatte große persönliche Ausstrahlung, und seine bloße Anwesenheit in einer Gruppe wurde unmittelbar spürbar durch die Vitalität und den Swing, die er in die Rhythmusgruppe einbrachte.[40]

Man kann Alemans Qualitäten leicht ausmachen durch einen Vergleich zwischen ihm und Django. Beide spielten »Sweet Sue«, der Amerikaner 1938, das Quintett vom Hot Club fünf Jahre früher, schneller als er, mit einem Reinhardt, der alles reingibt, was er hat, tremolierte Akkorde, maniert »asiatische« Zweiton-Läufe, Flageoletts dazu, viele, viele Noten, Oktaven, Glissandi – Django »läßt raushängen«. Dagegen Oscar, solo, mit wiederholter Intro-Figur, Noten, die verklingen, karger, assoziationsfreudiger, bluesiger insgesamt, verhaltener: ein früher Klassiker der modernen Jazzgitarre...

Sechs Jahre jünger als Aleman und gar nicht Europa-geneigt wie der Argentinier war ein Mann, dessen Name bekannter ist als sein Wirken: **Albert Edwin (Eddie) Condon** aus Goodland, Indiana, einer der Mitbegründer der Chicago School der 20er Jahre. Condon (gest. 1973) könnte in einem Zuge mit Tiny Grimes, aber auch mit Freddie Green genannt werden; denn wie Letzterer spielte er ausschließlich Rhythmus, und wie Grimes spielte er 4saitig. Satchmo-, Red-McKenzie-, Waller- und Beiderbecke-erfahren, gilt Eddie als der Pionier der Tenorgitarre (er nannte seine »pork chop«!), und der frühe McDonough und Jack Bland folgten ihm auf vier Saiten. Gewiß, Condons Spiel – nie so bekannt geworden wie seine organisatorischen Talente als Promotor (offiziell 1939) und späterer Klubbesitzer im Village (seit 1946) oder dann auch schriftstellerischen Fähigkeiten als Verfasser einer außerordentlich witzig zu lesenden Autobiographie – blieb der Zeit entsprechend dem puren Rhythmusspiel verhaftet. Aber, notierte Dick Hadlock auch, diese »Männer hatten eine feine, funktionsfähige Methode kollektiver Improvisation in kleinen Besetzungen gefunden, die die neueren Trends im Jazz aufnahm (solistische Virtuosität, gleichmäßiger Vierviertel-Swing, harmonische Erkundungen über einfache Dreiklänge hinaus, mit zusätzlichen Septen, ein vergrößertes Verantwortungsspektrum für den Drummer) und zugleich einige der guten Dinge im New-Orleans-Jazz bewahrten (den Blues – eine ›vokale‹ Form persönlicher Expression, vereinigter kollektiver

Geist, eine treibende Auf-dem-Beat-Bewegung, die intelligenten Gebrauch vom Understatement machte)«.[41]

Der andere, nein: *Der* andere Fourstringer ist und bleibt **Lloyd G. »Tiny« Grimes** (*1917), der das Glück hatte, 1943 gemeinsam mit Slam Stewart, b, von Tatum durch Trio-Bildung geadelt worden zu sein, eine schlagzeuglose Besetzung, der seit elf Jahren Arts Interesse galt. »Ich sag' den Leuten immer, ich konnte mir die anderen zwei Saiten nicht leisten. Ich bin da drauf [auf der 4string] so geworden, daß ich ganz schön drauf 'rumspringen kann, praktisch mit den gleichen Sachen wie ein Typ mit 6 Saiten«, sagt Grimes[42], und hört man etwa sein Solo in »Stomp Stomp« mit The Cats & The Fiddles (vom Oktober 1941, New York), dann glaubt man das, ohne mit der Wimper zu zucken. Und Grimes mit seiner vergleichsweise hohen Klangfärbung, eigentlich im Idiom von der Coleman-Hawkins-Schule her relativ spät zur Gitarre gekommen, spielt immer feste auf dem Beat, mit voller *attack* und, vor allem, wie Charlie Christian. Noch später, von Philadelphia aus, schätzte man ihn vor allem in Europa, notabene in Frankreich, wo er ausgiebig mit Milt Buckner, p/org, 1970 mit Jay McShann und noch später viel mit Roy Eldridge spielte.

Spricht man vom schlagzeuglosen Trio mit Piano, Baß und Gitarre, dann müßte man eigentlich zuallererst **Oscar Moore** (*1916) nennen, der seit 1934 professionell Gitarre und von 1937 glatte zehn Jahre lang im Trio von Nat »King« Cole spielte, mit Wesley Prince am Baß. Alle drei waren gleichberechtigt, die alte Wasserträger-Funktion des Solisten-Begleitens wurde ad acta gepackt, Moores lange Einzeltonlinien, sehr *legato* dargeboten und insgesamt eher poetisch introvertiert als die Grimes'schen und Christianesken »auf den Punkt« gespielten Achtel, waren ungewöhnlich in ihrer Phrasierung *gegen* den Beat, er war ein Meister der Ballade, des Glissando und *portamento*. »Sein entspannter, harmonisch phantasievoller Stil machte ihn zu einer Galionsfigur unter Non-Boppers«, sagt Mongan.

James Sallis schreibt in seiner Vorbemerkung zu Michael H. Prices »Oscar Moore«-Beitrag in seinen *Jazz Guitars*: »Hier ist meine Liste großer Jazzgitarristen, von denen noch nie jemand etwas gehört hat: Allan Reuss, Snoozer Quinn, Buddy Fite, Bill Harris, Oscar Aleman, Teddy Bunn. Oscar Moore ist nicht unbekannt, aber bekannt ist er auch nicht gerade. ›Er machte schon *comping*, als Charlie Byrd noch klotzte‹, hat Barney Kessel geschrieben, als er betonte, daß Moore beinahe im Alleingang die Rolle für die elektrische Gitarre in kleinen Combos schuf...«[43] In einem Artikel für die März-'45-Ausgabe von *Metronome* komprimierte Barry Ulanov das alles so: »Oscar Moore wird immer ein erstklassiges Solo hervorbringen, manchmal zerbrechlich und lieblich in Geschmack und Ton, manchmal auch lauter und treibend, und immer von musikalischer Vitalität«, und Sal Salvador sagte im *Guitar Player* vom August 1982: »Obwohl wir alle Spaß am *stretching out* haben – die meisten der klassischen

Soli waren nicht lang. Oscar und Charlie Christian verfügten über die Gabe, uns komplette Geschichten in nur einem Chorus zu erzählen. Darauf sollten wir uns alle konzentrieren.«

Lloyd Ellis, Reuss & Company

Ein anderer trio-erfahrener Spieler ist der ebenfalls ignorierte **Lloyd Ellis** (*1920), über den noch 1986 der Bluesmeister **B. B. King** zu sagen wußte, er sei »einfach was *andres*, Mann. Die Sachen, die er spielt, sind unglaublich. Wes Montgomery machte seine eigenen Akkorde, wenn er Solo spielte; so was in der Art macht Lloyd Ellis auch, aber mit *rhythm*. Lloyd, Red Norvo und [Wes' Bruder] Monk Montgomery hatten ein schlagzeugloses Trio, aber Lloyds Rhythmusspiel war so reich, daß man geschworen hätte, da wär' auch ein Drummer mit dabeigewesen.« Und Lloyd fachsimpelt nun auch schon ganz aus der elektrischen Welt heraus, als er ebenfalls 1986 sagt: »Naja, Charlie Christian war so ungeheuer *angesagt* damals; jeder hörte Charlie. Später habe ich dann natür-

B. B. King, der »Beale Street Boy« mit einer seiner legendären »Lucilles«, benannt nach einem kleinen Mädchen, das in einem Hausbrand umkam, weil B. B. – wie er sich einredet – sich aus lauter Sorge um seine Gitarre zu spät um Lucille gekümmert hatte. Die B. B.-King-Standard- und Custom-Modelle sind Varianten der Semi-Hollowbody-Archtops ES-335, -345 und -355

Von den Anfängen bis zu Durham/Christian

lich Leute wie Barney Kessel und Tal Farlow gehört. Auch Bluesspieler wie B. B. King, ein Freund von mir... Hört sie euch alle an, jeden, den ihr könnt. Zum Solospiel benutze ich Akkorde und Singlestring-Passagen, und ich mag die Art, wie Barney Kessel das macht. Ich mag Johnny Smiths Ton sehr. Auch Bucky Pizzarelli hat einen schönen Sound... Ich habe eine originale Johnny Smith, die mit nur einem Volumenregler auf dem Schlagbrett – ein Pickup. Ich habe sie direkt von Johnny gekauft, als ich in Arizona wohnte. An die *box* laß' ich nichts 'ran, also sie ist wirklich akustisch, was einen völlig anderen Sound ergibt...«[44]

Und es gibt andere übersehene, verkannte, vergessene Meister, die man oft vergeblich zumindest in Jazzgitarre-Anthologien sucht. Barney Kessel machte mich aufmerksam auf seine Prägungen, die sich eben nicht nur auf Christian fokussieren.»Wenn du genau hinhörst, hörst du bei mir Count Basie heraus«, sagte er[45] und wies nachdrücklich auf die Kunst eines **Allan Reuss** (*1915) hin, der gottlob auf der mustergültigen *Guitar-Player*-Anthologie *Legends of Guitar Vol. 1* zu hören ist, in Trumbauers historischem »Pickin' for Patsy«. Und wenn man Reuss' Solo gehört hat, kann einen der Kessel-Bezug nicht mehr wundern. Er spielte »die fettesten Saiten, die ich finden konnte« und justierte »die Saitenlage so hoch, daß sie gerade noch spielbar war«. Reuss ist noch akustisch – die Aufnahme stammt von 1939 –, kombiniert aber bereits wie ein Post-Christianer erstaunlich »waghalsig« Singlestring-Spiel mit akkordischem, setzt rasche Arpeggios auch im *up-stroke* vor Einzeltonläufe und nutzt das Griffbrett, in summa, vertikal wie horizontal, mit der leicht »füßigeren« Attack der Chicago-Schule im Gegensatz zu der schwereren aus Kansas City. All das ist um so erstaunlicher, als Reuss allgemein noch als »Big Band«-Gitarrist, sprich: Rhythmiker verstanden wird, wenn er auch die George-Van-Eps-Schule absolviert hat. **Steve Jordan** (*1919), zeitweilig Goodman-Gitarrist und Rhythmiker, oft im selben Atemzug genannt wie der spätere 7saiter Alan Hanlon (*1918) und **Turk Van Lake** (*1918), der Basie, Hampton, Buddy Rich und Sarah Vaughan Arrangements lieferte (und bei ihr zusammen mit Jo Benjamin am Baß fast wie eine Basie-Rhythmusgruppe klang!), war Reuss-Schüler, hielt Freddie Green »für den Gott, was die Akkord-*voicings* und ihren Gebrauch anging« und spielte lange Zeit eine reichlich strapazierte Gibson L-5, deren Saitenlage so hoch war daß sich Jordans kraftvoller Rhythmus-Sound just daraus entwickelte: »Meine *action* war immer tiefer als Freddie Greens«, sagte er, »und das hat immer Spaß gemacht und tut es noch. Single-string-Spieler könnten das nicht machen, aber ich bin ja auch Rhythmus-Mann.«[46]

Reuss gehört in die Familie der akustischen Akkordspieler, sein Schüler in die E-Abteilung. Erstere sollte man der Vollständigkeit halber nicht ausklingen lassen ohne die nochmalige Erwähnung **Frank Victors**, der 1934 mit den Joe Venuti Four spielte, während etwa zur gleichen Zeit Art Ryerson und Tony Guttuso Duette spielten, **Gary McAdams** in Louis Prima's New Orleans Gang stripp-

Etage 1: De Arango, Casey und all die andern

te, an der Westküste **George M. Smith** für akkordsolistisch agierende Sologitarre komponierte und Dave Barbour (1912–1965) in den kleinen Whiteman-Besetzungen saß, aber auch bei Red Norvo, Artie Shaw und Benny Goodman. Und Goodman immer wieder als Schlüssel: Bei ihm spielte, nach Ausflügen in Eddie DeLange/Will Hudsons Casa-Loma-orientierter Band Ende 1935 bis 1937, im November 1939 auch **Bus Etri** (1917–1941), ein Wundermann, der es verstand, die akkordische Spielweise von Kress und McDonough zu kombinieren mit sehr schnellen Singleläufen und fließenden Akkorddurchgängen, die stark an George Van Eps gemahnten. Etri, einer der ersten, die in einer Big Band elektrisch spielten, hatte den Wechsel vom akustischen zum verstärkten Instrument mit bewundernswerter Mühelosigkeit vollzogen, sich dann aber auch größtenteils – man höre ihn in Goodmans »Lovers' Lullabye« – auf das lineare Legatospiel verlegt.

Etage 1: De Arango, Casey und all die andern

Es folgen, der Übersichtlichkeit halber, drei »Etagen« bis zum »Sonic Boom«. Wie zu sehen war, kann man in dem verflochtenen Gewebe der Jazzgitarristik kaum eine Chronologie oder einen Themenzweig konsequent durchhalten. Western Swing und Cowboy-Jazz, das *ist* eben auch elektrisches Spiel; Bluesspieler sind oft dieselben, die hernach ins Jazzlager gehören – die notorische Problematik der Schubladen erweist sich im Thema Jazzgitarre als besonders unangenehm; wer von X spricht, kommt aufs Duo, wer von Y spricht, greift auf Christian vor – hilft nichts.

Wer Teddy Bunn sagt, muß beispielsweise **Leonard Ware** (*1909) erwähnen, den Mann aus Virginia, der erst mit 34 Jahren Gitarre zu spielen begann, nachdem er jahrelang der Oboe zugesprochen hatte. Ware hatte in den 40er Jahren immerhin schon ein gitarregeführtes Trio, womit ein Prieschen Mythos von den Poll Winners mit Barney Kessel genommen sein muß. Und ein anderer, ein *Esquire*-Poll Winner war es 1945, der, unter Leonard Feathers Ägide, den Reigen der Gitarristen in den diversen Besetzungen um Dizzy Gillespie eröffnete, weniger ein Erbwahrer denn ein Pionier seiner Klasse, der auf Dizzys Victor-Platte *New Fifty-Second Street Jazz* – einem »Euphemismus« für den Bebop, den ein Branchenriese wie Victor sich damals nicht auszusprechen traute (!) – sein Debüt gab: **William De Arango** (*1921). Und er schlug ein, mit butterweichen, ungewöhnlich schnellen Läufen von höchster Reinheit, obwohl er eigentlich immer eine harte Attack gewollt hatte, die, wie er meinte, durch die Verstärkung abgemildert wurde. »Bebop«, sagt Bill De Arango, »war reichlich aggressiv und schwer zu spielen. Ich schätze, ich habe immer irgendwie schon so gespielt, obwohl ich niemand anderen so gehört hatte. Es war auch nicht unbedingt genau das, was Parker und Gillespie sich ausgetüftelt hatten. Mein Stil war Christian-beeinflußt –der Sound, die Attack und alles –, aber vielleicht doch noch etwas konzentrierter aufs Lineare. Ich war beeindruckt von Djangos Spiel.« Und:

Ich ging in die 52. Straße, und als ich sie [Ben Webster und seine Gruppe] gehört hatte, dachte ich, ich sollte besser nach Hause gehn. Das war ein richtiger Schock. Jedenfalls bin ich dann doch eingestiegen, bei Don Byas, und wir haben irgendsowas wie »Sweet Georgia Brown« gespielt, aber in einem wahnwitzigen Tempo. Ben war auch da, und als wir fertig waren, fragte er mich, ob ich Lust hätte, mit ihm zu arbeiten, gegenüber im Onyx. Es war ein wunderbares Arbeiten mit Ben, weil er für alle die neuen Sounds ein so offenes Ohr hatte. Den ersten Job, den Charlie Parker auf der 52. Straße hatte, war auch mit Ben. Das war alles reichlich aufregend, weil Ben Leuten immer erlaubte, einfach mit einzusteigen. Miles, der gerade anfing, kam dazu, und Dizzy, die einflußreichste Trompete unter den jungen Musikern, kam regelmäßig.[47)]

Das Klima war zu jener Zeit, jeder weiß das, enorm kreativ und komplex, janusköpfig auch – **John Lee Hooker** (*1917), der spätere Blues-Maestro, der damals das Publikum Boogie-verrückt spielte (»Boogie Chillun«), bereitete sich beispielsweise in Detroit gerade auf seine erste Plattenaufnahme vor und nahm dann, zwischen 1949 und 1953, unter jeder Menge Pseudonymen, mal als Delta John, Johnny Williams, Texas Slim oder gar Birmingham Sam & His Magic Guitar etc. pp bei 24 verschiedenen Plattenfirmen an die 70 Singles auf; **Lightnin' Hopkins** (1913–1982) entwickelte Leadbellys berühmte, den Gesang begleitenden *down-scale-runs* elektrisch weiter; **Aaron »T-Bone« Walker** (1910–1975), für den elektrisch gespielten Blues ungefähr das, was Christian für den Jazz werden sollte, hatte schon Anfang der 40er Jahre eine eigene Gruppe zusammengestellt, deren Besetzung – Gitarre, Piano, Baß, Schlagzeug und dann noch Trompete und Tenorsax dazu – den Grundstein legte für den *modern blues* der großen Städte; und **Muddy Waters**, bürgerlich: McKinley Morganfield (1915–1983),ein Delta-Blueser aus der Son-House-Tradition, antwortete kurz vor seinem Tode auf Johnny Winters Frage nach seinen akustischen Anfängen:

Ja, ich fing mit einer Stella an, und ich hatte eine Silvertone, als ich in den Norden kam. Die erste elektrische, die ich bekam, das war 1944. Da fuhr ich voll drauf ab damals, und der Sound war ganz anders, nicht nur lauter. Ich hatte das Gefühl, sie inzwischen zu mögen – wenn ich nur lernen würde, sie zu spielen... Dieser laute Sound verriet alles, was man gerade machte. Auf der Akustischen konnte man 'ne Menge Zeugs kaputtmachen, und keiner hat gemerkt, daß man danebengetroffen hat... Die Leute in den Chicagoer Kneipen in der Nachbarschaft, in denen ich saß und meine Gitarre zupfte, redeten lauter.

T-Bone Walker mit einer Gibson Barney-Kessel Custom vom Anfang der 60er Jahre. Kessel selbst hat das Double-Cutaway-Instrument nach eigener Aussage auf keiner einzigen Plattenaufnahme gespielt. Der obere Cutaway trägt teilweise der neueren Spieltechnik Rechnung, bei der der Daumen mit auf dem Griffbrett eingesetzt wird

Etage 1: De Arango, Casey und all die andern

Die Leute tranken ihre Buddel und redeten laut, und man konnte seinen Sound nicht 'rüberbringen... Dekaden später freilich sah der alte Bluesrecke auch die Gefahren der (übermäßigen) Elektrifizierung. »Es machte Muddy Sorgen,« zitiert ihn Jas Obrecht, »daß man die Aufnahmen auf der Bühne nicht mehr reproduzieren konnte: ›Wenn du Riesenverstärker und Wah-wahs und Ausrüstung brauchst, um deine Gitarre andere Sachen erzählen zu lassen, tja, zum Teufel, dann kannst du keinen Blues mehr spielen.‹« [48]

Und noch die folgenden Gitarristen gehören in die »erste Etage«, **Everett Barksdale** (*1910), Nappy Lamare (*1907), Bill Jennings (*1915) und Tony Mottola (*1918), Al Casey (*1915) und **Ullysses Livingston** (*1912). Barksdale, ein Detroiter, hatte seine ersten Jazzerfahrungen von 1932 an binnen ungefähr zehn Jahren bei dem Geiger Eddie South gesammelt, bevor er dann in den 40ern u.a. zu Benny Carter stieß. Herausragende Bedeutung aber erlangte er erst 1949, als er für sieben Jahre Mitglied in einer neuen Trio-Besetzung Art Tatums wurde. Dann stieg er aus, managte die Vokalgruppe The Inkspots und kehrte zu Tatum zurück, bei dem er bis zu dessen Tod 1956 blieb.

Anders aber als Bus Etri gehört er gemeinsam mit Livingston, Casey und auch Dave Barbour zu jenen Gitarristen, die den Umstieg vom akustischen zum verstärkten Instrument nicht ganz schmerzlos vollzogen. Als unverstärkte Rhythmusspieler hatten sie sich aus dem Ellenbogen kommende harte Anschläge angewöhnt, das Legatospiel des elektrifizierten Instruments aber verlangte nach kleinerer, aus dem Handgelenk kommender Attack. **Bill Jennings** gehört zu den sehr wenigen Schwarzen, die man bekennende Reinhardtianer nennen könnte – eine ungewöhnliche Assimilation, fürwahr, aber in des Linkshänders Jennings Fall durch seine Bluesherkunft gefördert, die er zum Teil mit Djangos Technik verknüpfte. Er spielte in Louis Jordans Tympany Five, mit dem Bill Davis Trio, aber auch mit Geiger Stuff Smith (mit dem sich zu einer Platte auch Kessel zusammentat), und sein Album *Enough Said* (Prestige LP 7164) wurde damals von *Down Beat*-Kritiker Don de Micheal so charakterisiert:

Jennings ist ein Gitarrist von großem Charme, strenger Einfachheit und unaffektierter Entspanntheit. In einer Zeit brausender Dampfwalzen nimmt sich Jennings' leichte Spielweise erfrischend aus. Abgesehen von seiner Einfachheit und Entspanntheit unterscheidet Jennings sich in noch anderer signifikanter Weise von den heute gängigen Gitarristen: Er stammt mehr von Al Casey als von Christian her. Natürlich war Casey nicht die dominierende Stimme für die Jazzgitarre, in den 30er und frühen 40er Jahren jedoch war er eine bedeutende Figur für sein Instrument. Das heißt nicht, daß Jennings Casey-Aufguß wäre; aber die Ähnlichkeit in dem harten, elektrischen Ton und den einsam klingenden Einfällen ist unverkennbar. [49]

Blueskönig Muddy Waters, hier mit einer im IV. Bund kapodierten akustischen Steelstring Flattop von Martin – der seltene Fall, in dem eine Martin nicht von einem »Folkie« gespielt wurde

Von den Anfängen bis zu Durham/Christian

Albert Aloysius Casey, 1992 noch Gast der 23. Internationalen Jazzwoche Burghausen in der Harlem Blues & Jazz Band, ist, wie sein weniger bekannter Kollege Ullysses Livingston, ein »Nicht-Bopper«, dessen Stellenwert im Sinne einer eigenständigen Stimme ungefähr dem von Teddy Bunn gleichkommt und ein Mann, der von Charlie Byrd, Herb Ellis und Barney Kessel – drei Christianern par excellence – hochgeschätzt wird als bedauerlicherweise chronisch unterschätzter Proteus[50] der frühen elektrischen Jazzgitarre. 1933 zog er von Louisville, Kentucky nach New York, wo Fats Waller ihn, kaum daß er mit der Schule fertig war, auf eine Tournee durch die Südstaaten mitnahm. Durch Waller erwarb Al sich rasch den Ruf eines ungewöhnlichen Swinggitarristen. Er hatte Fats' rechte Hand gründlichst studiert und sich intensiv mit den Aufnahmen Reinhardts beschäftigt und einen unverkennbaren, treibend-intensiven Akkordbegleitungsstil entwickelt, der zwar nicht so sublim war wie der von Kress, Van Eps oder schon McDonough, dafür aber strotzte von springlebendiger Lebensfreude ganz in Wallers Stil. »1941 stellte Waller Casey in ›Buck Jumpin‹ groß heraus« (einem Titel, den Al 1960 für sein bestes, gitarresattestes Album wiederwählte), notiert der Gitarrist Richard Lieberson,

ein riff-intensiver *romp* über Blues-Changes. In der Intro und dann durch das ganze Stück hindurch glänzt Casey mit seinem Faible für bestimmte Neuner- und Dreizehner-Formen ohne *root* [Grundton] auf den oberen vier Saiten, indem er diese Akkorde eine Mollterz oder eine verminderte Quinte über die Dominante legte, die von der Rhythmusgruppe geliefert wurde; diese Spielweise ist typisch für Caseys akkordische Soli bei Fats. Obwohl er hier akustische Gitarre spielt, legt seine Phrasierungsweise nahe, daß Casey bereits vom Charlie-Christian-Virus infiziert war,[51]

– womit er sich aber auch in die Nähe Allan Reuss' begab. Bemerkenswerterweise nannte Al, dieser »Non-Bopper«, der immer auch seine Bewunderung für Bernard Addison kundgetan hat, Charlie Christian »meinen Gott. Er brachte etwas Neues in das hinein, was wir bereits spielten. Ich mochte Django sehr, und vorher hatte ich Lonnie Johnson gehört und mochte den Bluesstil. Teddy Bunn hat mich auch geprägt. Er swingte!«[52] Und Al swingte, und das eben auch in seinen springlebendigen, wirklich »bouncy« Einzeltonsoli, zu denen bereits Waller ihn immer wieder inspiriert hatte. Zur verstärkten Gitarre wechselte Casey freilich erst nach 1943, dem Todesjahr Wallers. Kurz danach gründete er ein Trio. »Das muß 1942 oder 1943 gewesen sein«, sagte er Stanley Dance:

Mit dem ganzen Singlestring-Kram, den ich heute mache, fing ich erst an, als Fats gestorben war. Ich war genervt und eine Weile gar nicht gut zugange, und dann ging ich 'runter zu George's Tavern, so eine kleine Bierpinte im Village, und arbeitete eine Zeitlang mit [Pianist] Clarence Profit und einem Bassisten zusammen. Ich finde, ein Trio dieses Formats hat viel mehr zu bieten als Piano, Baß und Schlagzeug. Und zu dieser Zeit spielte ich verstärkte Gitarre, aber ich mochte sie eigentlich nicht. Ich hatte sie schon in Fats' Big Band gespielt, aber alles, was ich wußte, war, daß sie lauter war..., aber später rüstete ich dann richtig elektrisch auf. Die Gitarre war ganz groß zu der Zeit, weil man in großen Sälen arbeiten konnte und gehört wurde.[53]

Etage 1: De Arango, Casey und all die andern

Nach Aufnahmen mit Hawkins, Barney Bigard und anderen Großen des Jazz, nachdem ihn 1944 *Esquire* zum Nummer-1-Gitarristen gepollt hatte, spielte er in den 50er Rock'n'Roll-Jahren dann sogar – auf einer Solidbody – hinter King Curtis schnurgeraden Rhythm & Blues, bevor er in New York wieder zurückkehrte zu seinem Swing. Aber mit der E-Gitarre war sein Stil linearer geworden, immer flüssiger und – immer christianesker.

Für Casey wie für Livingston und Barksdale gilt es gleichermaßen: Alle drei waren nicht nur bedeutende »Konvertiten« von der akustischen zur elektrischen Gitarre; sie waren, als wäre das eins, zugleich *die* Trias, die den Übergang vom Swing zum Bop am charakteristischsten markiert hat.

Bleiben **Nappy Lamare** (*1907) und Tony Mottola (*1918). Hilton Napoleon Lamare hatte daheim in Louisiana mit 16 das Banjospiel begonnen, an der High School in seiner Geburtstadt New Orleans, wo er auch Trompete blies. Als er die Schule absolviert hatte, bekam er seinen ersten festen Banjo-Job in Billy Lustigs Band im heimischen Little Club, dem etliche weitere, bei Sharkey Bonano, Johnny Bayersdorffer, Monk Hazel und anderen, folgten, noch immer auf dem Banjo, das er um 1930 zugunsten der Gitarre abgelegt hatte, als er einen Stuhl in Ben Pollacks Band bekam. Fünf Jahre später saß der Rhythmusmann in Bob Crosbys Band, die Crosby aus etlichen Ex-Pollack-Leuten rekrutiert hatte. 1942 zog es ihn wie viele andere seiner Profession nach Hollywood, wo er zuerst bei Eddie Miller und von 1948 an bei Jimmy Dorsey spielte. Bis in die 80er Jahre hinein war Nappy ein gefragter »man for all seasons« in Filmstudios, notabene für Disney-Streifen. 1962 hielt ihn ein schwerer Autounfall vom Spielen fern. Dann aber kehrte er in seinen Beruf zurück, tourte mit Ray Bauduc quer durch die Staaten und blieb stets seinem New-Orleans-geprägten Spiel treu, das allerdings solistischer, sprich: singlenotiger geworden war.

Tony Mottola (*1918) ist Hausgitarrist bei CBS, als Dick McDonough an einer durch übermäßigen Alkoholgenuß hervorgerufenen Lungenentzündung stirbt. Tony ist gerade 20, hatte schon mal für McDonough im Duo mit Carl Kress ausgeholfen, wenn Dick mit Verpflichtungen für NBC eingedeckt war, und wurde nach McDonoughs frühem Tod von Kress zu einer neuen Duo-Unternehmung geholt, die sich mit der LP *Fun on the Frets*, ursprünglich Radio-Takes von 1941, ins Geschichtsbuch der Jazzgitarre-Duos fest eingeschrieben hat. Diese Stücke sind, habe ich im »Gitarrenbuch« notiert,

alles in allem etwas leichter gehalten als die Kress/McDonough-Einspielungen, enthalten dennoch aber eine beachtliche Portion Humor, wie die Stücke »Blond On The Loose« und »Sarong Number« zeigen. Die stilistische Bandbreite auf diesen zehn Stücken reicht von schnellen Swingnummern wie »Squeeze Box Swing« über das sanft exotische »Sarong Number« bis zur walzernden »Serenade«, und faszinierend ist es, beim Hören festzustellen, daß Mottola zwar das Gros der Soli hat, Kress aber als erfahrener und älterer Partner trotzdem stets die deutlich dominierende Kraft bleibt.[54]

Von den Anfängen bis zu Durham/Christian

1947 nahmen die beiden das Tête-à-tête noch einmal auf, nun aber verstärkt durch eine Klarinette, Baß und Drums, in einem Jahr, das für die Jazzgitarristik ein seltsames »Loch« bringt: Außer einem kurzen Duo-Techtelmechtel mit dem noch sechssaitig spielenden Bucky Pizzarelli tut sich herzlich wenig auf den vier, sechs oder sieben Saiten...

Etage 2: Paul, Smith, Collins und die andern

Folgt »Etage Nr. 2«, fast ganz allein reserviert für einen Mann, der in Jazzkreisen weit weniger Anerkennung gefunden hat als ihm zustünde, auch wenn er sich selbst dem Jazzlager nicht unbedingt vollinhaltlich verschrieben hat. Aber immerhin ging **Lester William Polfus**, Jahrgang 1916, 1944 mit der Jazz At The Philharmonic-Familie auf große Reise und nahm im selben Jahr mit ihr auf: Les Paul, Erfinder der gleichnamigen Solidbody-Gitarre et al, spielte da jedenfalls mit Nat Cole, und das brachte ihm seinen Logenplatz zwischen all den anderen Nicht-Boppern neben oder »unter« Al Casey ein, mit Bill Jennings beispielsweise.

Paul ist, wie **Chester Atkins**, der das Merle-Travis-Picking mit zwei Fingern und Daumenbaß markant weiterentwickelt hat, unter Gitarristen so was wie ein Hansdampf in vielen Gassen, geliebt von Nostalgikern, die sich seiner Duos mit seiner damaligen Frau Mary Ford von 1937 bis 1946, vor allem aber seine Multitracking-Werke aus zum Teil noch früheren Tagen erinnern; geschätzt von Countryspielern, weil er einst als »Rhubarb Red« C&W pflegte und virtuos spielte; geachtet aber auch in Jazz-Zirkeln: Aus Rhubarb Red wurde, als der Mann aus Wisconsin Ende der 30er Jahre von Chicago nach New York umgesiedelt war, Les Paul, und der spielte dann im eigenen Trio zusammen mit Fred Waring und seinen Pennsylvanians einen Jazz, der diesen beständigen alten Herrn der elektrischen Gitarre spätestens seit Anfang der 40er Jahre und im JATP auswies als den wohl ernsthaftesten Django-Reinhardt-»Schüler« auf weitem amerikanischem Boden. Die formidable 6-LP-Anthologie *The Jazz Guitar* jedenfalls plaziert ihn ganz zu Recht mit einem Solostück, »Deep in the Blues«, und es haben jene recht, die Lester Polfus' Spiel mit dem »happy-go-lucky«-Einschlag der gitarristischen Swing-Ära verbinden. Noch heute ist der alte, immens freundliche, immer offene Herr Woche für Woche zu hören, in New York, im »Fat Tuesdays«: »Das ist phantastisch da, wie so eine jede Woche wiederholte Premiere. Der Baßspieler ist Gary Nazzaroppi, und der [2.] Gitarrist ist **Lou Pallo**. Die sind beide vorzüglich. Die Jungs haben erstklassige *time* und Ohren wie Habichte, weshalb wir da einfach immer mittenmang gehn; wir üben überhaupt nichts. Das Publikum ruft uns die Titel zu, und wir spielen sie nach Gehör. Und am laufenden Band kommen irgendwelche *special guests* und steigen mit ein.

George Benson war hier; Monty Alexander war am Klavier da. Wir hatten Tal Farlow, Herb Ellis, Jimmy Page, Mark Knopfler, Johnny Smith, Eddie Van Halen, Rich Sambora, Al Di Meola und Steve Miller da. Das sind alles tolle Musiker, und wir haben ganz einfach unseren Spaß.« Und, sagt Paul, er fand es »unfaßbar«, George Benson zu hören, als der sagte, er hätte an einem Album ein Jahr lang gearbeitet:

Mein Manager stand im Türrahmen und sagte: ›Ich brauche noch zwei Titel von dir.‹ Ich sagte: ›Wart' mal eben, ich mach' sie schnell.‹... Es war für mich immer leicht, das Tonbandgerät anzustell'n und alle Parts draufzuspielen. Ich mach mich da einfach dran, spiel's und bin wieder weg.«[55]

1992 ehrte die Capitol den kreglen Senior mit einer CD-Box, *Les Paul – The Legend and the Legacy* – ein angemessenes Geschenk für einen Mann, der, für Puristen nicht leicht zu begreifen, für die Gitarre und die Gitarristik soviel getan hat.

Zwei Gitarristen, **Floyd Smith** (1917–1982) und John Collins (*1913) stellen so etwas wie eine Verbindung dar zu »dritten Etage«, die dann zwei »Heavies« vorbehalten bleiben muß. Auch Smith, aus St. Louis stammend, Sohn eines Profischlagzeugers und zeit seines Lebens dem Blues verpflichtet, hatte anfänglich noch das Banjo geschlagen, bei Eddie Johnson's Crackerjacks, dann in der Band von Dewey Jackson und, 1937/38, in den Jeter Pillars und Sunset Royal Orchestras. Eddie Durham hat gesagt, daß er auch Floyd zur elektrischen Gitarre »überredet« hätte, ebenfalls Ende der 30er Jahre, und am 16. März 1939 brach Smith, der zu dieser Zeit bei Andy Kirks Clouds Of Joy spielte, mit seinem berühmt gewordenen »Floyd's Guitar Blues« (auf *Instrumentally Speaking*, Decca DL 9232, wiederveröffentlicht auf der ersten LP der 6erBox *The Jazz Guitar*) dem neuen Instrument auch mit beträchtlicher Breitenwirkung eine Lanze. Von 1942 bis Kriegsende war er Soldat, kehrte dann für ein knappes Jahr zu Kirk zurück und stellte sich dann sein eigenes Trio zusammen, mit dem er aktiven Kontakt bekam zu anderen Größen à la Wild Bill Davis an der Hammondorgel und Chris Columbus, Drums. Das Trio mit Columbus und Davis, denkbar ungewöhnlich in den 50er Jahren, weil der Organist den Part des Bassisten mit übernehmen konnte, erwarb sich dann auch beträchtliche Popularität in Europa – lange vor Jimmy Smith & Co.

»Ich habe Charlie [Christian] nicht kopiert wie manche Leute, zum Beispiel Tiny Grimes das tat, aber ich habe immer über das reine Rhythmusspiel hinausgedacht«, stellt **Johnny Collins**, der »letzte« dieser Gruppe der Nicht-Christianer, klar und erzählt:

Ich bekam meine erste Elektrische, als ich in Kelly's Stables arbeitete. Georgie Auld, der Saxophonist, kam eines Abends an und sagte mir, daß Benny [nach Christians Tod] einen Rhythmusgitarristen suchte – Goodman hatte damals Rhythmus- und Solospieler – und

Von den Anfängen bis zu Durham/Christian

ob ich nicht jemanden wüßte. Ich konnte den Job nicht übernehmen, also empfahl ich Mike Bryan, einen weißen Freund von mir aus Memphis, der ein ausgezeichneter Rhythmusspieler und Notist war. Er war gut befreundet mit Charlie gewesen. So, und zu PR-Zwecken hatte Gibson Charlie eine neue ES-150 mit einem *bar-type* Tonabnehmer [d.i. der legendäre Christian-Pickup] und einen EH-150-Verstärker gegeben, der mit »Flugzeug«-Tuch bespannt war. Charlie gab die Gitarre und den Amp an Mike weiter, und der gab sie mir als Dankeschön für die Vermittlung des Jobs.[56]

Collins spielte »cooler« als Charlie, beherrschter, sozusagen »untendurch« statt »immer drauf«. Seine sehr individuelle Phrasierungsweise ist sein deutlichstes Charakteristikum, dazu die aufsteigenden Improvisationslinien, oft lange Meditationen über ein Thema, gleichwohl ökonomisch in der Tonwahl, und der relativ harte Ton, der immer eher Moore als Christian assoziieren ließ. Er spielte 1951 im Cole-Trio, hatte davor, 1935, ebenfalls mit Tatum gespielt und sich dann zu Roy Eldridge begeben. Ganz vom Bop »verschont« blieb auch er dann freilich nicht – und erspielte sich gar das Renommée, »einer der ersten« gewesen zu sein, »die die Rolle der Gitarre im Bop herauskristallisiert haben«, wie Mongan sagt. Was Wunder: Es muß 1940 gewesen sein, daß Collins bei Lester Young und Dizzy spielte, und Ende des Jahrzehnts saß er dann im Trio von Billy Taylor, durch den er Gelegenheit bekam, mit solchen Alumni wie Cecil Payne, Benny Green und Al Haig zu arbeiten plus der Rhythmusgruppe von Kenny Clarke und Nelson Boyd...

Etage 3: Bauer, Ashby

Zwei »Heavies«, in der Tat, sind Billy Bauer und **Irving Ashby** – Ashby (*1920) als *das* Verbindungsglied zwischen Swing und Charlie Christian, Bauer dagegen als der Pionier einer völlig neuen »Schule«, die auf die intellektuellen Protuberanzen des Bop »cool« reagierte, nicht weniger intellektuell, wenn man so will, aber zurückgenommener, karger insgesamt, fast ein wenig »pointillistisch«, grübelnder, introvertrierter womöglich, alles das weit hinter sich zurücklassend, was einst mit dem Adjektiv »hot« im weitesten Sinne verbunden war – keine sich aufbäumende, revoltierende Kriegsgeneration war das mehr, sondern die erste geschlossene Nachkriegsgeneration, deren Inhalte andere waren. Diese Spieler waren nicht mehr ganz so laut und eloquent, sondern lakonischer, ökonomischer: Der Krieg hatte Menschenleben gekostet, und er hatte Geld gekostet, und die Welt, auch die amerikanische, war insgesamt auch nicht mehr, was sie noch wenige Jahre zuvor gewesen. Der durch den Kopf sublimierten Lebensfreude folgte die besonnene Rückkehr auch zu poetischen Grundlagen der Musik: Der Ausdruck war wichtiger als die Demonstration von Emanzipation.

Zunächst aber Ashby, der bedeutendste Gitarrist in den Nat-Cole-Trios. Der kommt aus dem kleinen Ostküstenstaat Massachussetts aus einer musikalischen Familie. Die Mutter spielte Klavier, sein Bruder viersaitige Gitarre, auf der Irving dann und wann auch schon mal ein bißchen probierte. Immerhin faszinierte ihn das Instrument so sehr, daß er begann, sich für Gitarrenbau zu interessieren, und so kam der Teenager für ein Weilchen sogar als Assistent zu Stromberg, dem Bostoner Erbauer hinreißend schöner und damals schon niederschmetternd teurer Jazzgitarren. Er zog dann aber doch den Umgang mit bereits fertigen Instrumenten vor, jobbte mit 18 in diversen Tanzkapellen herum und suchte einen eigenen Stil. Drauf und dran, sich an der Boston University in den Fächern Kunst und Schreiben zu bilden, ereilte den Freizeitpicker – der ernsthaft genug an die Musik heranging, um sich am New England Conservatory of Music einzuschreiben, was er durfte, weil er den Aufnahmeprüfern mit seiner Interpretation von Rachmaninoffs Cis-moll-Präludium imponiert hatte – der Ruf Lionel Hamptons in dessen Sextett. Dem war nicht zu widerstehen, und sein auch am Konservatorium nicht ausgebügeltes Manko in Sachen Notenlesen (dort gab es zu der Zeit keinen Lehrer im Professorenrang) wußte Irving bestens durch ein exzellentes Ohr zu kompensieren – und durch die geduldige Hilfe des Pianisten Sir Charles Thompson, der sich des Gitarristen annahm, um mit ihm die zum Teil äußerst vertrackten Singlenote-Passagen in einigen der Kompositionen von George »The Fox« Williams durchzugehen: »Ich nahm ihn mit auf die Seite, damit er mir zeigen konnte, wie das ging. Alles was ich zu tun hatte, war, es einmal zu hören, und dann hatte ich's drin. Alle dachten, ich würde Noten lesen.«[57)]

Zu der Zeit – wie gesagt: 1938f – war er bereits mit Charlie C. befreundet und nicht wenig von ihm beeinflußt. Dann mußte er zum Barras, 1947 entlassen, hörte im Radio Coles Trio mit Oscar Moore und sagte sich: »›Manometer‹, denk' ich, ›das muß der glücklichste Gitarrist der Welt sein.‹ Ein paar Minuten, nachdem die Live-Übertragung zu Ende war, klingelt das Telephon, und eine tiefe Stimme sagt: ›Hallo, Irving, hier ist Nat.‹ – ›Wie – Nat!?‹ – ›Nat King Cole, weißt du nicht mehr?‹ Oscar hatte gerade hingeschmissen, und Nat wollte mich in seinem Trio. Ich dachte, ich werde auf der Stelle ohnmächtig.«[58)]

Die Arbeit entpuppte sich dann allerdings als Frust: »Man konnte da mit 'ner Menge genialer Ideen 'rumsitzen, aber man mußte sich dauernd zusammenreißen, was schließlich zu meiner Kündigung führte. Ich war es leid, meine eigene Phantasie zu unterdrücken. Ich mußte alle meine Ideen verstecken. Und – sagen wir's doch ruhig – was man nicht anwendet, verliert man.« Und an diesem Punkt kommt die entscheidende historische Wende: Es ist 1950, der kanadische Pianist Oscar Peterson spielt im Duo mit Ray Brown, b, und hat Cole und Tatum aufgesogen wie ein Schwamm, und zwar so sehr, daß er nicht mehr anders konnte: Auch für ihn war Trio angesagt, spät, aber – wie man weiß – auch mit revolutionären Implikationen. Peterson fragte Ashby, der sagte zu, »und spielte mir den Arsch ab. *Aber* ich machte all die Sachen, von denen ich die ganze Zeit geträumt hatte – mein Instrument wirklich bis zur n-ten Potenz auszuspielen; und jeden einzelnen musikalischen Tropfen 'rauszupressen«. Und: So was wie ein Buch gab es nicht, alles war dem Gedächtnis überlassen. Sie hatten eine Kiste mit zehn Tonbändern, auf denen die meisten ihrer Stücke warn. Wir fingen oben in Oregon an, und jeden Morgen auf ihrem Weg zum Golfplatz schauten sie in meinem Hotelzimmer vorbei und sagten mir, ich sollte ein bestimmtes Band 'raussuchen, weil da die Stücke drauf wären, die am selben Abend gespielt werden würden. Dann sagten sie: »Viel Spaß, Mann.« Und ich verbrachte den ganzen Tag mit diesen Bändern und der Gitarre. Aber – ich hatte keinen Grund, mich zu beklagen, weil Oscar wohl genug von mir hielt, um spezielle Bänder zu machen. Da auf dem Band, sagte er, »okay, halt' an. Paß auf, was jetzt kommt, da möcht' ich, daß du mit mir unisono spielst, nur eine Oktave tiefer.« Mann, die Sachen auf diesen Bändern, das waren *Schädelspalter*.

Ashby ist in dem Gespräch mit Siders außerordentlich explizit. So sagt er dann auch:

Mein *comping*[59] habe ich mit bläsersektionsartigen Licks gemacht. Man konnte Oscar ja nicht die Freddie-Green-Behandlung geben, weil diese »chomps« immerzu im Weg gewesen wären. Man mußte die Lücken mit *call-and-response*-Sachen auffüllen. Schwer, das auszudrücken, aber man mußte machen, was sich naturgemäß anbot. Das ist das, wovon Herb Ellis eine Menge gelernt hat – von den Fehlern, die ich und Barney [Kessel; beide spielten auch mit O.P. im Trio] gemacht haben. Seine musikalischen Anforderungen waren horrend. Wenn irgendwas, was ich spielte, mit irgend etwas kollidierte von dem, was Oscar spielte, war er zu sehr Gentleman, um irgendwas zu sagen. Aber ich wußte es, und es wurde erwartet, daß ich's nie wieder tat. Später hörte ich, daß Herb Ellis regelmäßig Brechreiz bekam bei dem Gedanken, in Kürze wieder auf die Bühne und diesem »Monster« am Klavier in die Augen sehen zu müssen.

Ashby war eine Synthese: Er trieb sich in den geheiligten Tagen des Minton's just dort herum; er spielte Blues, als wäre *das* seine ursprüngliche Musik; bei Peterson war er Christian am nächsten; und swingorientiertes Material fiel ihm ganz offenkundig doch am leichtesten – ein außerordentlich typischer Fall für jene Jahre, ein *melting-pot* der Stile.

Dagegen **William Henry Bauer** (1915–1991): *der* Geburtshelfer des Cool Jazz für die Gitarre. Und wie Ashby für das Cole-Trio, so »automatisch« erfolgt bei »Billy Bauer« die Tristano-Assoziation. Lennie Tristano. Dieser blinde Pianist aus Chicago kam 1946 nach New York, um dort seine »New School of Music« ins Leben zu rufen, die der Reaktion auf Bop, Bebop, Hardbop ihre theoretischen Fundamente liefern sollte. Der Schule gehörten Leute an wie Lee Konitz, wie Warne Marsh und – eben – Billy Bauer.

Auch William war vom Banjo gekommen, hatte es seit seinem 14. Lebensjahr gespielt und sogar populäre Harry-Reiser-Stücke im Radio vorgeführt – was bei diesem Mann außerordentlich schwer vorstellbar ist. In den 30er Jahren sattelte er um, spielte mit den unterschiedlichsten Formationen – Carl Hoffs, Dick Stabiles, Abe Lymans – und hatte ein eigenes Quartett,

Etage 3: Bauer, Ashby

Billy Bauer, der »coole« Dolmetsch des Lennie-Tristano-Idioms für die Gitarre, als comping-Meister nicht weniger versiert wie als Architekt von Singlenote-Linien, die wenig später, in den 60er Jahren, den improvisatorischen Nerv Tal Farlows fast exakt treffen

das hauptsächlich in Kneipen spielte. Ich benutzte damals schon die elektrische Gitarre, und ich glaube, wir nannten unsere Musik auch schon Jazz, obwohl ich kaum annehme, daß es welcher war. Vielleicht war sie es ja doch. Ich weiß noch, daß wir immer eine Menge Chorusse spielten. Ich traf damals auf einen Typen, der Unterricht bei Teddy Wilson hatte, und der brachte mich auf all die Platten – Ellington, Basie, Coleman Hawkins, Lester Young, Billie Holiday und, natürlich, Ella Fitzgerald. Ich hörte Django, Christian, Lang, aber ich konnte keinen von denen kopieren. Django in »Nagasaki«, Charlie Christian in »I Found a New Baby« – aber was mich am meisten geprägt hat damals, das war Billie Holiday, mit Aufnahmen wie »The Moon Looks Down and Laughs«.[60]

1942 geriet er an Woody Herman, nach Hy White also, bei dem er sich seine ersten nationalen Meriten erspielen konnte. Herman, dessen Herd damals im Kern aus Isham-Jones-Musikern bestand und Ende der 30er Jahre noch eher Populäres mit kräftigem Blueseinschlag gespielt hatte, hatte die Richtung der Band Anfang der 40er entschieden modernisiert und zu einer veritablen Bop-Truppe gemacht, und als Billy drin saß, galt Woodys Rhythmusgruppe – mit Chubby Jackson, b, und Dave Tough (und später Don Lamond, dr, als mindestens so edel wie die mit Freddie Green bei Basie.

1945 verließ er die Herman Herd und heuerte bei Benny Goodman an, nachdem er ein Weilchen freischaffend in New York gespielt hatte, und kaum ein

Von den Anfängen bis zu Durham/Christian

Jahr später traf er *after hours* auf Lennie Tristanos damals absolut avantgardistische, experimentierverrückte eigene Gruppe. »In beinahe diametralem Unterschied zur Musik der Herd führte Tristano Bauer und etliche andere zur Erkundung einer im höchsten Maße mobilen Linearität, die von der strikten Tonalität wegtendierte«, schreibt Mongan,[61] und Bauer selbst fährt in *Jazz Hot* fort: »Viele Jungs spielen heute ›free‹ Musik, aber innerhalb eines Rahmens. Ich habe das auch mit Lennie gemacht, nur daß es bei ihm kein Tempo, keine Tonart, kein gar nichts gab. Wir packten sechs Leute zusammen, und er sagte dann: ›So, hier geht's los‹, und dann spielten wir und spielten. Er nannte das eine Art ›Kollisionsspielen‹.«[62]

Hier erwarb Bauer sich den Stil, der ihn in jenen Jahren zu dem technisch fortgeschrittensten Gitarristen im Jazz machte – lange, mühelose Linien gleichsam »weit über« den oftmals komplizierten Harmoniegehegen Tristanos, und den *comping*-Stil, der – von Moore eingeführt und von Ashby bei Peterson weiterentwickelt – von Billy Bauer schließlich zur Vollkommenheit getrieben wurde:

> Wenn ich irgend etwas zur Jazzgitarre beigetragen habe, dann nicht das Spiel von »geradem« Rhythmus, sondern dadurch, daß ich »comping« eingesetzt habe wie ein Pianist [mit der linken Hand]. Sogar schon bei Woody fand ich Stellen, in die ich »Explosionen« pflanzte.[63]

Billys Spiel war kontrapunktisch, wenn man das überhaupt so sagen darf; seine Soli bewegten sich zunehmend nicht mit, sondern *gegen* die Harmonien des Klaviers, und sie taten das eben nicht mehr in der hochexpressiven Weise der Bopper, sondern in jener *coolen* Art, die dem neuen Jazz seinen Namen geben sollte, einem beinahe »akademischem« Jazz, der impressionistisch geworden war.

»Bauer ist bekannt als superber Rhythmusmann und als Solist ungewöhnlich inventiver Gaben«, charakteristiert ihn *in nuce* der Hüllentext zu der 1956 aufgenommenen LP *Billy Bauer, Plectrist* (Verve MV 2678) mit Andrew Ackers, p, Milt Hinton, b, und Osie Johnson, dr, und ihn in solchen Besetzungen hören zu können, ist von besonderer Delikatesse. Nicht nur erscheint er hier dem mittleren Farlow (oder: der ihm) überraschend nahe, was den Anschlag und die Singlenote-Improvisation betrifft; Billy Bauer erweist sich hier auch in besonderer Deutlichkeit als ein akkordischer Lyriker, der wohl wie kein anderer die Harmonisierungstechnik Johnny Smiths vorgeprägt hat, wenn man Akkorde wie diesen hört[64]

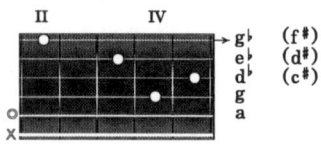

— und der verstanden werden kann: 1. als $A^{7/13/5b}$ (mit A im Baß, Auflösung etwa nach Dmaj7 mit melodietragender maj7 wie beispielsweise im Anfang von »Misty« mit $A^{7/6}$ – $A^{7/11\#/13}$[statt $F\#^{5\#}$] und Dmaj7), 2. als $Eb^{7/5b}$ (mit Auflösung etwa nach A^bmaj7) oder 3. auch als I^7-Ersetzung in G-Dur mit nachfolgendem $Cadd^9$ oder $Cmaj^7$, zum Beispiel in einer Folge wie:

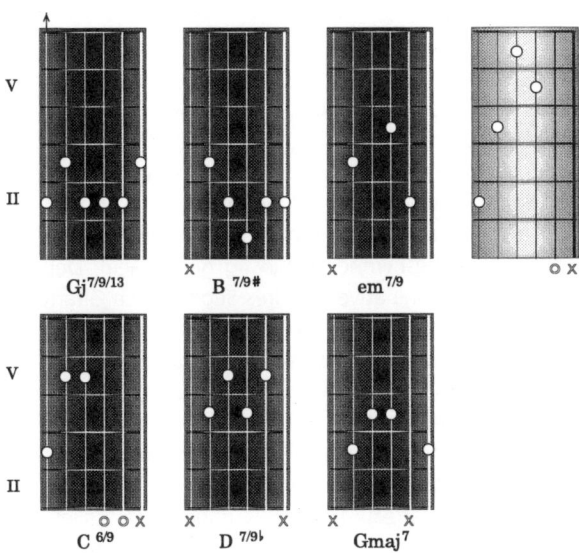

und 4. schließlich dieser Akkord *ohne* A im Baß als »super-« oder »polychord«, eine Überlagerung der beide ersten, die – Johnny Smith ante portas – ohne für gewöhnlich durch die Gitarre erzwungene *inversion* auskommt, sondern geschichtet ist, als wenn der *Pianist* seine Akkordtöne in aufsteigender Reihung nebeneinanderlegt...

Eddie Durham und Charlie Christian

Mit Eddie Durham (1906–1987) und – dem unvermeidlicherweise bereits mehrfach erwähnten – Charlie Christian (1919–1942)[65] kommen jene beiden Gitarristen zur Sprache, deren Wirken für die Entwicklung des Instruments im Jazz im wahrsten Sinne umwälzend, revolutionär, eben von höchster historischer Bedeutung ist. Insbesondere in bezug auf Christian kann kein Prädikat überschwenglich, keine Lobeshymne inbrünstig genug sein. Denn so wie man sagen muß, daß ohne die Initiativen Andrés Segovias die Gitarre heute möglicherweise gar nicht das noch immer populärste Instrument der *Welt* wäre, ohne Earl Scruggs das Bluegrass-Banjo so virtuos (*Scruggs-rolls*) nicht gespielt würde, ohne Merle Travis Chet Atkins' Stil ein anderer sein müßte oder ohne Duane Eddys Rolle als Pionier der solistisch gehandhabten Gitarre (»Rebel Rouser«, »Peter Gunn«, »Movin' n' Groovin'«) in der Popmusik dieses Instrument vermutlich kaum so unerläßlich wäre – so eindeutig ist die Rolle Christians.

Ein bißchen etwas nahezu Tragisches dabei haftet allerdings dem Faktum an, daß Christian – ohne es in irgendeiner Weise darauf angelegt zu haben – all die Verdienste auf sich vereinigt, von denen ein nicht knapper Teil dem anderen Genannten zustünden, eben Durham. Zumindest fällt Durham meist da unter den Tisch, wo es um Erstlingsrechte geht. Und was das verstärkte Instrument angeht, besteht Christians immense Bedeutung im wesentlichen darin, sie für die Post-Swingära stilistisch *erschlossen*, sie im modernen Jazz etabliert zu haben. Durham aber hat die Jazzgitarre *verstärkt*.

Exkurs: *Die Elektrifizierung in Kurzform*

Dabei kamen, schon gesagt, die Jazzer damit relativ spät in Gang. **Bob Dunn** (*1912) beispielsweise, der Gitarrist für Milton Brown's Musical Brownies, die neben Bob Wills' Texas Playboys als erste »reguläre« Western-Swing-Gruppen gilt, aber auch sein Kollege **Floyd Tillman** (*1914) bei den Blue Ridge Playboys spielten schon 1935 öffentlich elektrisch verstärkte (Hawaii-)Gitarre. Und das erste Nur-E-Instrument, wenn man so will die erste »Solidbody« aller Zeiten, war zu der Zeit bereits knapp vier Jahre alt und die Erfindung von Paul Barth, eines Cousins der Dopyera-Brüder, denen die Resonatorgitarren oder *resophonics* (daher auch: DoBros oder Dobros) zu verdanken sind, und eines Dopyera-Freundes und experimentierfreudigen Musikers namens George Beauchamp.[66] Dabei hatten die beiden sich orientiert an der in Country-, aber auch Blueszirkeln weit verbreiteten Art des schon seit 1924 geläufigen elektrisch verstärkten *lap-style*-Spielens, bei dem das Instrument auf den Oberschenkeln des sitzenden Gitarristen liegt und slide gespielt, also nicht gegriffen wird und gemeinsam mit dem Gitarrenbauer Adolph(e) Rickenbacher (später: – backer), der wie sie damals noch bei National Dobros und anderes fertigte, die berühmte »frying pan«, die »Bratpfanne« ausgeklügelt, die wirklich so aussah – ein Instrument, das wie die Resophonics ganz aus Metall war und zunächst eine 22-inch- und dann 25-inch-Mensur hatte. Der Barthsche Tonabnehmer (*pick up*) lag unter wahlweise sechs, sieben oder auch acht Saiten, wie sie für Hawaii-Bespannungen üblich waren, und hatte bereits pro Saite je ein *pole-piece*, die, alle zusammen durch *zwei* U-förmige Wolfram-Magneten aktiviert, einen höheren *output* garantierten, um der Ineffizienz damaliger Verstärker begegnen zu können.

Natürlich wurmte das die Herren bei Gibson, der seinerzeit führenden Gitarren-Schmiede, daß bis 1937 2700 dieser Bratpfannen verkauft worden waren. In diesem Jahr stellte Guy Hart, damals General Manager von Gibson und Erfinder dazu, gemeinsam mit dem Ingenieur unter der US-Pat-Pending-Registrierung 2,087,106 sein Patent einer runderneuerten A-22- und -25-Variante vor, also immer noch einer *lap-style*, aber mit einem Tonabnehmer – Fullers Werk –, das in nur wenig abgeänderter Form alsbald Jazzgeschichte machen sollte – als der legendäre »Charlie Christian«-Pick-up. Und als Rickenbacher sich noch freuen konnte, Hart noch schmollte und Fuller im Labor weiter an seinem Tonabnehmer fummelte, bastelte sich Lester Polfus alias Rhubarb Red alias Les Paul in seiner wegen der dort gefertigten historischen Playback-Aufnahmen Pauls berühmt gewordenen Garage daheim in Waukesha, Wisconsin, schon sein verstärkbares »Log«, ein im Querschnitt 10 x 10 cm messendes längliches Stück Holz mit dem Hals einer Epiphone dran, über das man Saiten spannen und an dessen Flanken man zwei gitarrenförmige Halbkorpusse anklappen konnte. Polfus hatte längst kapiert: Wer elektrisch verstärkte, benötigte im Prinzip gar keinen Korpus mehr – zumindest mochte und mag das für bestimmte Musiken gelten.

Ein großer Irrtum aber wäre es, zu glauben, speziell im Jazz sei es mit der Verstärkung allein getan. Es ist, im Gegenteil, das delikate Zusammenwirken von gitarrenmäßiger Konstruktion, etwa Lloyd Loars hinreißend schöner Gibson-Modelle, und dem Abnahmesystem, das bestimmte Klangwelten erst möglich macht(e).

Fest steht jedenfalls auch, daß George Barnes, der nach eigener Aussage »seit 1935 als einziger weißer Musiker Hunderte von Bluesplatten mit Leuten wie Big Bill Broonzy, Blind John Davis und einer Menge anderer Bluesspieler gemacht«[67] hat, zuerst eine verstärkte (*sic!*) Dobro gespielt hatte, bevor er zur

Eddie Durham und Charlie Christian

elektrischen *cello-archtop*-Gitarre kam: »Kein Mensch kann sagen, wer die erste elektrische Gitarre hatte. Vielleicht war ich das. Nur, als ich zum ersten Mal eine spielte, da wußte ich, daß mich das Instrument für den Rest meines Lebens durch meine Karriere tragen würde.« Und Floyd Smith spielte im März 1939 wie schon erwähnt seinen berühmten »Guitar Blues« bei Andy Kirk ein...

Und Durham? Der hatte seine hohe Zeit als Posaunist/Gitarrist und als Komponist (»Good Morning Blues«) in den dreißiger Jahren, nachdem er, aus Texas gekommen, im Mittelwesten mit VIPs vom Schlage Walter Pages, Gene Coy, Jesse Stones und Terrence Holder gespielt und 1929 für vier Jahre seinen Platz bei Bennie Moten gefunden hatte. Später wies Eddie gern darauf hin, daß nicht Pages Blue Devils den Nukleus des späteren Basie-Stils gebildet hätten, sondern die Moten-Band, insbesondere auf ihren letzten Aufnahmen von 1932, die wahre Begründerin des Count-Stils gewesen wäre.[68] »Ich pflegte immer ins Savoy zu gehen«, erinnerte sich der Gitarrist Lawrence Lucie an ihn, »und den ersten Gitarristen, den ich Singlestring-Soli spielen hörte, war Eddie Durham, als er dort um 1932 mit Bennie Motens Band dort war. Er hatte eine dieser Nationals mit einem Resonator drin, und sie klang laut und ziemlich metallisch, obwohl es da gar keine elektrische Verstärkung gab.«[69] Damals hatte Durham bereits darüber nachgegrübelt, wie es wohl möglich wäre, eine von der P.A. im Haus unabhängige Verstärkung zu erstellen: »Wir mußten uns das zurechtbasteln. Es war meine Idee gewesen, aber ich weiß nicht, wessen noch oder ob es die ein- oder zweimal zugleich gegeben haben könnte. *Was* ich weiß, ist, daß ich meine eigenen Vorstellungen hatte, weil ich so was noch nie zuvor gesehn hatte.« Und:

– was wir machten, war, daß wir eine Box drumrum gebaut haben. Man nimmt einen speziellen Verstärker und sagt: »Mach' mir 'ne Kiste und setz' ihn dann da rein.« Und die Dinger waren so schwer. Jetzt haben sie ja einige perfekte – oder fast perfekte, bloß der Sound ist nicht derselbe. Sie pflegten den dann mit 'nem Stecker und einem Kabel zur Gitarre an die Anlage von dem Riesenhaus anzuschließen, und man hatte die Wirkung einer Kirchenorgel. Man machte es laut, und die Leute drehten sich alle um und sagten: »Wo kommt das bloß her?«[70]

Über Cab Colloway, Andy Kirk und Willie Bryant führte ihn dann der Weg 1935 zu Jimmie Lunceford, für den er auch arrangierte und der ihn *bis 1937* bereits häufig elektrisch herausgestellt hatte. Und »Lunceford war verrückt nach dem Resonator...« –

Er brachte das Mikrofon immer direkt vor das F-Loch der Gitarre, so daß das war, als wäre zwischen ihm und dem Resonator fast so was wie ein elektrisches Instrument... Ein,

Eddie Durham mit 6string-»Longhorn« und früher E-12string von Mosrite. Durch ihn kam Charlie Christian 1937/38 zur elektrischen Gitarre. Der einzige elektrische 12stringer von höchstem Rang aber sollte Pat Martino werden

Eddie Durham und Charlie Christian

zwei Jahre später, als die Hersteller des Resonators pleite gegangen waren, fand ich jemand anderen, der ein elektrisch verstärktes Instrument herstellte. Im Sommer 1937 stieg ich dann bei Count Basie ein und blieb da etwas über ein Jahr.

Gegen Ende dieser Zeit machte ich zwei Sessions mit den Kansas City Five und Six, einfach ein paar Jungs aus der Basie-Band, mit Freddie Green an der Rhythmusgitarre und ich an der elektrischen... 'ne Menge Leute hielten das für eine reichlich bekloppte Idee, eine verstärkbare Gitarre zu haben, und die Tanzsaalchefs hatten immerzu Angst, man würde ihnen ihre Leuchter auspusten. Und überall hatten sie immer nur Gleichstrom, weshalb ich in der Zeit der Basie-Tourneen oft Probleme hatte, eine Stromquelle zu finden...«[71)]

Was übrigens Floyd Smith mit dessen Vermutung angeht, so sah Eddie Durham das so:»Ich habe auch Floyd Smith beeinflußt, sich eine elektrische Gitarre zu beschaffen. Seine Mutter wollte zwar nicht, daß er sich ein Instrument zulegte, aber eines Tages bin ich mit ihm in die Stadt gegangen und hab' ihn überredet, sich doch eins zu besorgen. Als ich ihn dann das nächste Mal sah, war er bei Andy Kirk. Mit Kirk nahm er seinen ›Floyd's Guitar Blues‹ auf, Anfang 1939.«[72)]

Und wahrscheinlich ist, daß Eddies Spiel in »Hittin' the Bottle« von 1935 das erste *aufgezeichnete* Beispiel für eine verstärkte Gitarre überhaupt ist. Auch für Basie hatte er arrangiert und komponiert (z. B. die Sax-Parts für den »One O'Clock Jump«, der zuvor »Blue Ball« hieß) und auf Anregung des Jazzpromotors John Hammond bis 1938 bei den Aufnahmen der Kansas City Six mitgespielt, in denen er ebenfalls solistisch kräftig gefördert wurde. Als er Basie verlassen hatte, arrangierte er weiter, für Glenn Miller, Jan Savitt, Artie Shaw und Ina Ray Hutton und, gegen Kriegsende, für seine eigene, nur aus Damen bestehende Band, die International Sweethearts Of Rhythm. In den 50ern konzentrierte er sich mehr auf kleinere Gruppen, spielte mit Ex-Basie-Musikern unter Earle Warren und erfuhr Ende der 50er Jahre seinen kommerziell größten Erfolg: durch Cozy Coles Aufnahme seines Glückstreffers »Topsy«, das viel später auch durch die »Great Guitars« zu neuen Ehren gelangen sollte. In seinen letzten Jahren spielte Eddie Durham zwar wieder häufiger die Posaune, meistens in der New Yorker Club-Szene, war aber auch immer mal wieder auf einer verstärkten 12string (!) zu hören, wie sie im Jazz eigentlich außerordentlich selten benutzt wird, von Ausnahmen wie der einzig-artigen Leistung Pat Martinos oder gelegentlichen Fremdgängereien (z. B. Barney Kessels auf *Reflections in Rome*[73)]) abgesehen.

Eddie Durham starb am 8. März 1987. Aber er hinterließ den Gitarristen das, was für andere Bird, Trane, Miles und wenige andere wurden: einen Meister namens **Charlie Christian**. Der war, jedenfalls seit Ende 1937 seine »Erfindung«, sein »Baby«.

Charles, in Dallas, Texas und damit im selben Staat geboren wie er, war gerade 17, als er in Al[phonso] Trents Sextett spielte – Baß! Und glaubwürdigen Berichten zufolge muß er den Kontrabaß gespielt haben wie eine Gitarre, womit er

Eddie Durham und Charlie Christian

Jimmy Blanton vorweggenommen hätte. Nach kurzer Unterbrechung war er dann wieder bei Trent, nun als Gitarrist. Und über der beiden Ur-Begegnung berichtete Eddie denn auch so:

Wir tourten gerade mit der [Basie-]Band, als ich in Oklahoma City auf Charlie Christian traf. Das war Ende 1937, und ich vergesse nie die alte, verhitschte Fünf-Dollar-Gitarre, die er bei der Jam Session, als ich ihn zum erstenmal spielen hörte, dabeihatte. Da habe ich Charlie gezeigt, wie man wie ein Instrument klingt, Stakkato, und mit all diesen Downstrokes. Die meisten Typen spielten zu der Zeit alternierende Up- und Downstrokes quer über alle Saiten. Der Downstroke lieferte aber einen schärferen Ton, wie ein Saxophon; nur, wenn man dann wieder hochkommt, während die Saiten zurückspringen, bekommt man mehr Legato-Effekt. Ich kann mir nicht vorstellen, daß Charlie je eine Gitarre mit 'nem Verstärker gesehen hatte, bevor er mich traf. Das war das Jahr, bevor sie allgemein auf den Markt kamen, und dann hat er sich selber eine zugelegt.[74]

Aufgewachsen war Charlie in Oklahoma City, übrigens in einem Staat, der auffallend viele große Gitarristen hervorbrachte, unter anderem Charlies engagiertesten Erbwahrer Barney Kessel, und zusammen mit Missouri, Teilen von Kansas, Arkansas und Texas zu einer Art Blues-Gürtel gehörte, der solche Größen hervorgebracht hatte wie Blind Lemon oder Texas Alexander. Der junge Schwarze besuchte die dortige Douglass-Schule, deren Musiklehrerin Zelia N. Braux übrigens Charlie besonders gefördert hatte. Erinnert sich Ralph Ellison:

Christian war die größte Zeit seines Lebens hindurch ein *local hero* im Jazz, wobei ich diesen Ausdruck nicht ohne Überlegung benutze, denn ich kannte ihn seit 1923, als er und mein jüngerer Bruder in derselben *first grade*-Klasse saßen. Ich kann mich an keine Zeit erinnern, in der er nicht von allen bewundert worden wäre für sein geschicktes Spiel aller möglichen Bundinstrumente. Es war genaugenommen sogar so, daß er den Löwenanteil seiner handwerklichen Ausbildung an der Douglass-School darauf verwandte, Gitarren aus Zigarrenkisten zu basteln – Instrumente, auf denen er und sein älterer Bruder Clarence unglaublich gut waren.[75]

Charlies Vater, nach der Umsiedlung nach Oklahoma erblindet, hatte früher Trompete gespielt und sich dann mehr auf Gitarre und Mandoline verlegt. Christian sen. hatte eine Zeitlang sogar ein Familienquartett veranstaltet, mit Clarence auf Geige und Mandoline, Charlie an Gitarren, seinem jüngeren Bruder Edward am Baß, eine *strolling band*, wie man das nannte, eine singende und spielende Bande, die munter musizierend durch die Straßen im Nordwestbezirk von Oklahoma City karriolte, eine Gegend der weißen Mittelklasse, der sie alle Musikwünsche von der Oper über Balladen bis zum Blues anstandslos servierte. In der Schule unterwies Mrs. Braux den Teenager in Musiktheorie und Harmonielehre und lieferte ihm so binnen vier Jahren einen recht soliden Unterbau, eine Tatsache, die all jenen widerspricht, die CC zu so einer Art exklusivem Blues-Schwamm verklären wollten – womit Mrs. Zelia, womöglich unbewußt, dem Faktum Rechnung trug, daß die schwarze Gesellschaft in Oklahoma auffällig gespalten war: in eine Gruppe, die, sozial schwächer, sich um eine eigene Identität bemühte und exklusiv um ihre eigene Tradition (also: den Blues und

65

dessen Derivate) kümmerte, und eine andere, wohlhabendere und respektierlichere, die sich in der Hoffnung auf ein Entrée in Sachen Musik vorzugsweise weißer, sprich: europäischer Kultur-Galionsfiguren annahm, Bachs mit Vorliebe. CCs eigene Familie war zwar angesehen, lebte aber in armem Umfeld: »Wie Jimmy Rushing, dessen Vater Geschäftsmann und dessen Mutter in der Kirchengemeinde aktiv war, vernahm auch er [Christian] die Stimme des Jazz und wollte keine andere mehr hören.«[76]

Er war 13, als im Jahre 1929 ein großgewachsener, junger, scheinbar ständig unter Hochspannung stehender Musiker in die Stadt kam. Er trug seine weite, weiße Jacke, auf dem Kopf eine Mütze und unterm Arm ein silbernes, reichlich verbeultes Saxophon, erinnert sich Ellison. Und als er es ansetzte, »ließ er mit den wilden, aufregend originellen Höhenflügen seiner Phantasie weder irgendeinen Bläser noch unter den Jüngeren überhaupt irgendeinen Musiker ungerührt« – Lester Young höchstpersönlich. Die klingenden Zigarrenkisten plus Lester Young: »Das war«, so Ellison, »alles, was er brauchte« zu jener Mischung, die seine und der Jazzgitarre Zukunft ausmachen sollte.

Dann zog es den Jungen im Gefolge der Trent-Band nach Kansas City. Da spielte die Musik, für den jungen Gitarristen vor allem in Gestalt der höchst erfahrenen Jim »Daddy« Walker, Effergee Ware und Eddie Durham Gitarre. Und als er 1936 dort ankam und im Roseland Ballroom in seine noch unverstärkten Saiten langte, da hatte er die drei Lokalmatadore auch schon »in die Tasche gesteckt«, schrieb Bob Reisner – ein literarischer Autor der späteren Beat Generation der 50er Jahre, die ihrer Verehrung für Parker immer wieder in ihren Gedichten, Geschichten, mit Jazz unterlegten Lesungen und plakativen Aktionen Ausdruck verleihen sollte.[77]

Ein Jahr später spielte Charlie, siehe oben, elektrisch. Er war noch immer bei Al Trent, in Bismarck, North Dakota unter anderem:

Die einzige elektrische Gitarre, die ich je gehört hatte, war die Hawaiian. Aber einige Musiker erzählten mir, ich müsse unbedingt in einen Laden gehen, der Dome hieß, um diesen Gitarristen zu hören, der da im Al-Trent-Sextett arbeitete, das gerade in der Stadt war. Der Mann war Charlie Christian. Das war das Unglaublichste, das ich je gehört habe. Ich hatte immerhin alle Jazzgitarristen der Zeit gehört – Dick McDonough, Eddie Lang, Django – aber die spielten alle akustisch. Und da war nun dieser Charlie Christian und spielte Djangos »St. Louis Blues« Ton für Ton, aber mit einer elektrischen Gitarre. Ich werde diesen Tag nie vergessen,

erzählt Mary Osborne, die damals erste und sehr lange Zeit einzige Jazzgitarristin überhaupt, die sich stets auf ihre Christian-Einflüsse berufen hat.[78] Und Bill Simon zitiert Al Avakian und Bob Pince, die sich ihrerseits an Mary Osbornes Reaktion so erinnert haben: »Al Avakian und Bob Prince haben... von der Zeit in Bismarck berichtet, als eine junge Gitarristin mit Namen Mary Osborne hinausgefahren war, um Charlie spielen zu hören: ›Sie erinnert sich, daß sie beim Betreten des Klubs einen Klang vernahm, der sich ausnahm wie der eines durch eine Verstärkungsanlage seltsam verzerrtes Tenorsax. Als sie dann Charlie erblickte, ging ihr auf, daß das, was sie da hörte, eine elektrische Gitarre war, die Single-line-Soli spielte und sich einpaßte in das Ensemble wie ein Horn, das mit Tenorsax und Trompete im Ensemble spielte. Sie sagte: ‚Ich erinnere mich an einige der Figuren, die Charlie da in seinen Soli spielte. Das waren haargenau die gleichen Sachen, die Benny Goodman später als *Flying Home, Gone With The Wind, Seven Come Eleven* und all die anderen aufnahm!'‹«[79]

Eine beträchtliche Zahl von Musikern haben Charlie während seiner Trent-Jahre im Mittelwesten und speziell in Oklahoma gehört und seinen schon damals außergewöhnlichen Stil hervorgehoben, darunter auch Teddy Wilson und Mary Lou Williams. Der Musikmanager und -förderer John Hammond hat in der legendären *Down Beat*-Ausgabe vom August 1958 dann berichtet, wie Mary Lou Williams ihn auf CC gebracht hat:

Im Sommer 1939 beredete mich Mary Lou Williams immer wieder, wegen Charlie Christian, der zu jener Zeit in der Band seiner Brüder im Ritz Café in Oklahoma City spielte. Das war so ungefähr zu der Zeit, als ich Aufnahmen mit Mary Lou zusammen mit Mildred Bailey maachte, und wir sprachen viel über Floyd Smith und die gespenstischen Klänge, die er mit seiner elektrischen Hawaii-Gitarre [sic] machte, die in Andy Kirks Band so herausgestellt wurde. Mary Lou versicherte mir, daß Charlie eine normale sechssaitige Gitarre spielte, verstärkt, und daß er eigentlich ein Bluesmann wäre.

Auch Arrigo Polillo hat in seiner voluminösen *Jazz*-Geschichte der folgenden Episode viel Raum gegeben[80] und zitiert Hammond mit seinem Bericht der wohl strapaziösesten Pilgerreise der Jazzgeschichte: Beim Verlassen des Flugzeugs habe Hammond eher skeptisch denn begeistert registriert, daß Charlie seine ganze Band mitgebracht hatte, deren Gesamterscheinung wohl nicht unbedingt den Erwartungen des gestandenen Jazzpromotors entsprochen hat. Er mußte sich darob mit sechs Leuten plus seinem Gepäck in einen alten Buick zwängen, wurde erst mal an seinem Hotel abgesetzt, wo er ein Bad nahm, und dann in der Lobby von der Christian-Gang erwartet, mit der er dann den historischen Weg zum Ritz-Club antrat, wo die Jungs»dreimal in der Woche für zweieinhalb Dollar pro Abend und Kopf spielte(n)« – ein Hungerlohn.

Ich denke, das war einer der aufregendsten Tage meines Lebens, und der Eindruck, den ich beim Hören von Charlie hatte, glich dem beim ersten Hören von Bessie Smith und der Basie-Band in Kansas City 1936. Charlie war der weitaus Stärkste der Band. Der Rest der Gruppe bestand größtenteils aus Halb-Profis. In meiner ganzen Laufbahn habe ich nur sehr wenige Genies angetroffen – Lester Young, Teddy Wilson, Louis, Hawkins. Das waren nicht viele. Aber es bestand für mich kein Zweifel, daß Charlie dazugehörte. Er holte einen vollkommen neuen Sound aus seinem Instrument heraus.[81]

Hammond eilte in den Apple zurück und wählte sofort Benny Goodmans Nummer. Der war dran und zunächst so erbaut gar nicht, und die Geschichte ist verbürgt, daß der junge Mr. Christian seinen Antrittsbesuch bei Goodman in einem derart grünen Anzug zuzüglich Purpurhemd und gelber spitzer Schuhe absolvierte, daß mit solcherlei Farbenfrohsinn des blassen Meister Goodmans Gunst nicht eben erhöht ward. Goodman nannte ihn kurz danach einen »impossible rube«, ließ ihn ein paar Takte über »Tea for Two« solieren, und damit, meinte Mr. Benny, hätte es sich gehabt. Hammond entwickelte darob Kräfte wie Spencer Tracy als Anwalt des Darwin-gläubigen Schullehrers, mobilisierte einen Haufen Claqueure, bestehend durch die Bank aus gestandenen Musikern, und ließ sich von Goodmans Bassisten Artie Bernstein, zufällig ein guter Freund Hammonds und Aficionado Christian'scher E-Töne, für CC einen Weg zur Bühne durch die sprichwörtliche Küche des schnieken Victor-Hugo-Restaurants weisen, in dem die Goodman-Band an diesem Abend spielen sollte. Charles hielt sich in Deckung, dann, als die Big Band der Quartett-Formation Platz machte, hockte er strahlend dazwischen. Goodman muß den Spruch *It's a waste of time to hate facts* gekannt haben, schaute zwar drein, so Hammond, als wollte er ihn buchstäblich umbringen, schluckte aber die Kröte und ordnete »Rose Room« an, in der Hoffnung, den jungen Schwarzen damit 'reinlegen zu können. Pustekuchen:

... denn er [CC] kannte es sehr wohl, und zum dritten Chorus signalisierte er Charlie, er solle den übernehmen. Charlie gab seinem Affen gehörig Zucker. Ein Chorus folgte dem anderen, Fletcher [Henderson] und Lionel [Hampton] waren wie betäubt. Keiner von denen hatte je so etwas von irgendeinem Musiker gehört, schon gar nicht von einem Gitarristen. Er machte mehr als zwanzig. Der ganze Raum war wie elektrifiziert, und auf meiner Stoppuhr dauerte das ganze Stück dreiundvierzig Minuten. Dann überredete Benny Charlie sogar noch dazu, in der [Big] Band mitzuspielen, wenn das Quartett zu Ende sein würde – sehr zum Verdruß **Arnold Coveys**, seines festen Gitarristen.[82]

Bill Simon war einer der zwanzig, die Hammond ins Victor Hugo zum Stimmungmachen herbeitelefoniert hatte: »Charlie hörte einfach nicht auf, Bennys Riffs und Rhythmen und Changes Chorus auf Chorus anzufüttern. Das war Bennys erster Flug auf einer elektrisch verstärkten Wolke. In den Monaten, die kommen sollten, würde der ›impossible rube‹ ihn nach Kräften inspirieren und die fließendsten, feurigsten, interessantesten menschengemachten Klänge plazieren, die Goodman je hervorgebracht hat.«[83]

Goodman nahm Christian auf der Stelle, fest und ständig für die kleine Besetzung, für die Big Band ausschließlich zu Studioaufnahmen. Nächstentags bölkte die WASP-Presse: »Informierten Quellen zufolge beabsichtigt Benny Goodman, einen Neger-Gitarristen einzustellen«.[84] Schockschwerenot!

New York hatte seine Sensation, so oder so, mehr so: Christian war buchstäblich über Nacht zur kardinalen Attraktion geworden, die verwöhnte Metropole hatte, immer hungrig auf unorthodoxe Reize, ihren neuen Herzknaben. Der war zudem ein liebenswerter Kerl, im Grunde einfach gestrickt, aber gleichbleibend freundlich, gesellig und immer wieder für Juxe gut, die seine – wohlmeinenden – Kollegen sich auf den Benjamin der *troupe* ganz gerne machten. Und aus den dreimal zweieinhalb Dollars pro Woche im Ritz-Café waren nun

Charlie Christian, pater familias aller verstärkt spielenden Jazzgitarristen. Sein Stamminstrument war die klassische Gibson ES-150, die er manchmal ablöste durch eine weiße ES-250 mit Super-400-Saitenhalter

Knall auf Fall auch noch hundertfünfzig geworden – der Junge konnte und mußte spielen, wo und soviel er schaffte. Und während er bei Goodman verdiente, jammte er anderswo ohne Gage, investierte in Marihuana und in zahllose *chicks*, die Groupies jener Tage, die für den Frühtwen aus Texas anfangs jedenfalls eher mütterliche denn andere Gefühle zu hegen schienen. Mongan nennt den Christian dieser Zeit »eine Art After-hours-Playboy«: »Das Leben war eine dichte Verkettung von Parties, Jam Sessions, Alkohol, Marihuana und Frauen.«[85] Er nahm Wohnung in Harlem, weit weg von Goodman & Co., und er genoß die neue Freiheit ohne Sorgen, auch wenn die Umstände, die ihn zur Bleibe dort zwangen, rassistischer Natur gewesen waren: Als er mit der Band

Eddie Durham und Charlie Christian

im New Cokers Hotel auftrat, durfte er zwar dort spielen, laut Haus-»Ordnung« aber nicht in selbem nächtigen.

Sein erster Aufnahme-Job in New York fand dann nicht mit Goodman statt, sondern mit einem Quartett-Bruder – Lionel Hampton, wenige Tage, nachdem in Europa der Zweite Weltenbrand gezündet worden war, und einer hochkarätigen Gesamtcrew – Dizzy Gillespie, Benny Carter, Chu Berry, Coleman Hawkins und Ben Webster, auf »Hot Mallets«, einem Stück, in dem er den Bläsern alles an Soli stibitzte, was überhaupt drin war, durchweg Singlenotes spielte und, wie 13 Monate später im *Melody Maker* zu lesen stand, »das rhythmische Gefühl eines Bunn, Geschmack und Technik eines Lang, die melodische Genialität eines Hampton und einen Ton [hat], der ganz sein eigener war, wobei er jede Andeutung gitarrenmäßigen Saitengedröhns zu vermeiden versteht«. Zwei Tage später ging er mit seinem Chef ins Studio, für sein legendäres 32-Takte-Solo in »Flying Home«, dem, noch im November, im Sextett »Seven Come Eleven« und mit der gesamten Band »Honeysuckle Rose« folgten:

Notenbeispiel 2: »Honeysuckle Rose«

Was da so leicht und elegant hingespielt wirkt, ist in Wahrheit für jene Zeit von erstaunlicher Gewagtheit, insbesondere in bezug auf seine Verwendung bebop-gemäßer Triolen, Synkopierungen, verminderter Akkorde als Dominantsept-Ersetzungen, 9, 9^b, $11^\#$, $5^\#$-Intervalle und, vor allem, seine *off-beat* gespielten Phrasenanfänge und -schlüsse (Takte 2, 3, 26)...

Eddie Durham und Charlie Christian

In Chicago, wohin ihn eine der ersten Touren mit Goodman führte, fiel dem Leader Charlies ungewöhnlich schweres Husten auf. Er schickte ihn zum Doktor, der Doktor überwies den 28jährigen ohne Federlesen an das Kenny Hospital. Der Gitarrist hatte Tuberkulose, die ihn, durch seinen heftigen Lebenswandel *on the road* begünstigt, im Frühjahr erneut ins Krankenhaus zwang, diesmal in Staten Island. Es ist mittlerweile kein Geheimnis mehr, daß Christian bei angemessenem Patientenverhalten hätte kuriert werden können. Er bekam häufig Besuch von seinen Kumpels aus Harlem. Von der Goodman-Band ließ es sich nur der Gitarrist **Mike Bryan** angelegen sein, den Über-Kollegen hin und wieder zu besuchen. Der getreue John Hammond kam immer wieder. Und es kamen die falschen Freunde, die glaubten, Charlie ausgerechnet mit Marihuana-Zigaretten kräftig bei Laune halten zu können. Der aber war zu schwach, zu labil: Er griff zu und sagte auch nicht nein, als sie ihm dann und wann auch mal ein Mädchen auf dem Krankenlager servierten.

Hammond erfuhr von der Hilflosigkeit seiner behandelnden Ärzte durch diese selbst: Als die spitz gekriegt hatten, was in CCs Zimmer häufiger, als gesund war, vor sich ging, war dessen Zustand bereits irreversibel. Teddy Hill sollte der letzte sein, der ihn sehen würde – am 2. März 1942. Kurz nachdem Hill gegangen war, starb Charles Christian.

Was bleibt, ist ein Vermächtnis von ein paar LPs, mit Stücken freilich, von denen eine Kraft ausgehen sollte, wie die Geschichte der Gitarre sie nie zuvor und nie hernach erleben würde. Wenige Wochen nach seiner Aufnahme im Goodman-Zirkel, bat *Down Beat* CC, seinen Gedanken über die elektrisch verstärkte Gitarre für einen Artikel Ausdruck zu geben, der am 1. Dezember 1939 erschien. Hier ist er:

Gitarristen haben lange nach einem Champion gesucht, jemandem, der der Welt erklären könnte, daß ein Gitarrist mehr ist als nur ein Roboter, der auf irgendeinem Dingsbums herumzupft, um den Rhythmus aufrechtzuerhalten. Was die meisten Bandleader aus ihnen herausholen, könnte nach deren Meinung ebensogut durch ein Waschbrett mit Fingerhüten erledigt werden.
Es gibt Dutzende Gitarristen überall im Land – und ich meine *gute* –, die sich zurückgezogen haben auf ein Leben des Spielens für nichts als ein paar Plätzchen oder zu ihrem eigenen Spaß, weil sie keine Alternative hatten, wenn sie der Gitarre treu bleiben wollten.
Bernard Addison, vor kurzem noch in Stuff Smiths Band, sagte in der *Down Beat*-Ausgabe vom August 1939: »Gitarristen sind Ziegen. So wie heutzutage Bands aufgebaut sind, sitzen die Gitarristen immer am schmalen Ende. Bandleader erkennen die Möglichkeiten des Instruments einfach nicht an.«
Ich bin geneigt, Addison zu 100 Prozent zuzustimmen, obwohl es natürlich Leader gibt, die die berühmte Ausnahme dieser Regel darstellen (und keineswegs aus Angst um meinen Job sage ich, daß Benny [Goodman] einer davon ist).
Mit unglaublicher Ignoranz in bezug auf die tatsächlichen Aufgaben, für die sie das Instrument einsetzen könnten, haben die meisten Leader – inklusive derer in den Radio- und Filmstudios – nach einem Gitarristen verlangt, der Fiddle spielen, arrangieren oder, während er in einem über den anderen Chorus Springseil hüpft, in seinen Zähnen herum-

Eddie Durham und Charlie Christian

stochern kann. Die Tatsache, daß er sehr wohl hätte ein Künstler an der Gitarre sein können, war unwesentlich.

Und Arrangeure scheinen entweder übersehen zu haben, daß man irgend etwas über die Gitarre lernen kann, oder sie haben gefunden, daß das Arrangieren für sie jenseits ihrer Fähigkeiten liegt.

Doch die Dämmerung einer neuen Ära für all diese vorzüglichen Gitarristen, die sich darauf beschränken lassen mußten, für ihre eigenen Seelen und nicht notwendigerweise ihre Mägen zu spielen, ist angebrochen.

Die elektrische Verstärkung hat den Gitarristen neue Lebensperspektiven gegeben.

Allan Reuss, bei Jack Teagarden, war einer der ersten wohlbekannten Männer, die einen Verstärker mit ihrer Gitarre verbunden haben. Musiker wußten seit einigen Jahren schon von Reuss' Fähigkeiten, aber das Instrument ist subtil, und die Öffentlichkeit hätte womöglich nie von seinen Fähigkeiten erfahren, hätten sie ihre Ohren wer weiß wie spitzen müssen, um etwas von den Feinheiten seiner Technik und der Schönheit seiner Improvisationen einzufangen. Allans jüngste Arbeit auf Jack Teagardens Brunswick Record »Pikkin' For Patsy«,[86] seine eigene Nummer, bewies den Plattenfirmen und Musikern wie Öffentlichkeit ebenso, daß die Gitarre als Soloinstrument weit entfernt davon ist, eine Totgeburt zu sein. Reuss' Gitarre war bei der Sitzung verstärkt.

Dann ist da Georgie Barnes, der 17jährige aus Chicago, mit einem verstärkten Instrument, der im letzten Frühjahr seine Stadt von Chicagos Off-Beat Club aus völlig Ohr gemacht hat. Barnes ist gerade in den Stab der Chicagoer NBC-Studios aufgenommen worden. Noch vor einem Jahr hatte er große Probleme, für seine eigene Combo Chicago Heights für Samstagnachts Buchungen zu bekommen.

Und Floyd Smith, der farbige Gitarrist in Andy Kirks Band. Mit seiner verstärkten Gitarre ist er weithin gerühmt worden als einer der größten Gitarristen aller Zeiten, speziell im Blues-Idiom. Seine Arbeit auf der Decca-Schallplatte »Floyd's [Guitar] Blues« mit der Kirk-Band zwingt seine Fähigkeiten und den Wert des Gitarren-*smack* in das Bewußtsein und die Ohren der Öffentlichkeit.

Kaum noch nötig zu sagen, daß die Verstärkung meines Instruments es mir erst ermöglicht hat, in eine wunderbare Richtung einzuschwenken. Noch vor wenigen Wochen habe ich unten in Oklahoma für ein Butterbrot gearbeitet und die meiste Zeit erhebliche Schwierigkeiten gehabt, überhaupt zurechtzukommen und dabei so spielen zu können, wie ich spielen wollte.

Also, nur Mut, ihr hungernden Gitarristen. Ich weiß – und der Rest unserer kleinen Zirkel weiß es auch –, daß ihr verdammt gute Musik spielt. Jetzt aber habt ihr eure Chance, auf diese Tatsache nicht nur kurzsichtige Leader, sondern die *Welt* aufmerksam zu machen. Und ich glaube nicht, daß es noch lange dauern wird, bis ihr eure Mägen und eure Herzen wieder werdet füllen können. Übt Solosachen, Singlestring und anderes, und hebt euch ein paar Dimes zur Verstärkung eures Instruments auf.

Ihr macht weiter, die Gitarre so zu spielen, wie sie gespielt werden sollte, und genauso werdet ihr den Rest der Welt gestalten.

Daß Teddy Hill es war, der Charlie Christian als letzter sah, erscheint posthum als Symbol, denn schicksalsträchtig war der beiden Begegnung 1940 allemal. Jeder Jazzfreund weiß, daß das natürlich nicht nur für CC so war, sondern für so gut wie alle Väter des modernen Jazz von Max Roach über Charles Mingus, über Bird und Trane bis eben hin auch zur Galionsfigur der verstärkten, der neuen Jazzgitarre mit der, wie noch zu sehen sein wird, umfänglichsten »Schule«, die sich denken läßt.

Eddie Durham und Charlie Christian

Hill, der ehemalige Bandleader und große Anhänger auch modernerer Klänge, hatte Mitte 1940 die Leitung eines Cabarets in der New Yorker 118. Straße übernommen – des Minton's Playhouse. Sagt Rudi Blesh: »Das Minton's änderte sein musikalisches Konzept. Teddy wollte im Grunde etwas tun für die Jungs, die für ihn gearbeitet hatten. Er entpuppte sich als eine Art Wohltäter, zumal der Arbeitsmarkt zu jener Zeit recht eng aussah. Teddy sagte uns niemals, was oder wie wir spielen sollten. Wir spielten, wie wir uns gerade fühlten.[87] Charlie Christian wohnte zu der Zeit im Hotel Cecil, das zufälligerweise im selben Gebäude wie das Minton's war. Goodman hatte einen Dauerjob im Pennsylvania Hotel, und wenn die Sets gespielt waren, kreuzte Charlie, der alsbald zum mobilen Inventar des Minton's gehörte, dortselbst auf, was meistens gegen drei Uhr in der Frühe der Fall war. Hill hatte für Christian eigens einen Verstärker angeschafft, der ständig für den Jungen reserviert auf der Bühne stand. Wenn Charlie auftauchte, stöpselte er sein Kabel in denselben und spielte, bis der letzte Gast gegangen war. Mit ihm auf den *stand* waren stets irgendwelche anderen Musiker, die mit ihren Jobs in der 52. Straße oder sonstwo ebenfalls durch waren, und nicht mal selten mischte sich allerlei Möchtegern-Volk mit drunter, »unfähig zu spielen, sich aber endlose Chorusse leistend« (Mongan). Christian saß wie festgeschraubt auf seinem Hocker, und etliche Augen- und Ohrenzeugen haben belegt, daß es ihm egal schien, ob er selbst Soli spielte oder begleitete. Mancher jazzende Grünschnabel muß durch sein Comping Gefühle wie beim Ritterschlag verspürt haben. »Die experimentellen Musiker Dizzy Gillespie und Thelonious Monk nahmen sich die oberen Akkorderweiterungen vor, was dem Improvisierenden erlaubte, polytonale Intervalle zu spielen. Diese harmonische Konzeption hatte einen zwiefachen Effekt: Sie befreite nicht nur die kreativeren jungen Musiker von der Tyrannei alter Akkordfolgen, sondern sie befreite auch die Bühne voller *no talent kids*, die, wie Dizzy meinte, ›nicht die Bohne spielen konnten, aber sechs oder sieben Chorusse brauchten, um es zu beweisen‹.«[88] Monk jedenfalls lieferte mit Vorliebe diese »crazy chords«, und nur Christian, Dizzy und ein paar Privilegierte vermochten mit denen etwas anzufangen. Erinnert sich Schlagzeuger Kenny Clarke: »Wir warteten immer voller Vorfreude auf Charlies Eintreffen... [Er] war so versessen auf das, was wir machten, daß er [sic!] sich noch einen Extra-Verstärker kaufte, den er im Minton's lassen konnte. Charlie erzählte von der Musik im Minton's dermaßen viel, daß sogar Benny Goodman regelmäßig 'reinschaute.«[89] Kenny Clarke, Charlie und ein paar wenige andere seien die einzigen gewesen, die zu jener Zeit mit Monk mitspielen konnten, erinnerte sich Mary Lou Williams. »Charlie und ich gingen dann immer ins Kellergeschoß des Hotels, wo ich wohnte und spielten und schrieben die ganze Nacht hindurch. Ich habe noch die Noten eines Stücks, das er begonnen, aber nie zu Ende geschrieben hat.«[90] Und Barney Kessel schrieb in der begehrten Christian-Spezialausgabe des *Guitar Player* vom März 1982:

Eddie Durham und Charlie Christian

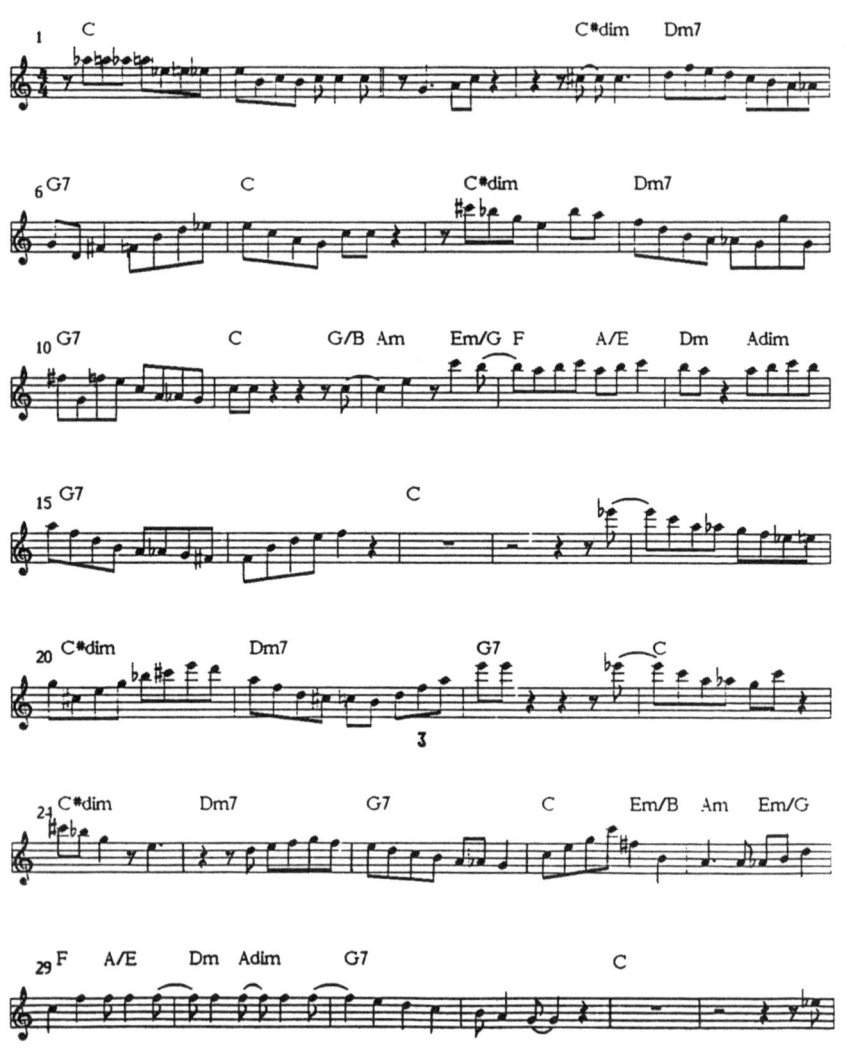

Notenbeispiel 3: »Solo Flight«

Es gab seit Christian sehr wenige Leute, egal, auf welchem Instrument, die seinen Sinn für *timing* und sein *spacing* der Töne gehabt haben. Er war den meisten seiner Zeitgenossen um Jahre voraus, was seine Linien angeht, in die Akkordwechsel gehörten, die bis dahin nicht existiert hatten. Wenn man sich beispielsweise irgendwelche seiner Bluesstücke anhört, dann hört man, daß er harmonische Wechsel beherrschte, die niemand sonst auf den Platten spielte, auch nicht im Hintergrund. Und trotzdem sind sie erfrischend, und sie

Eddie Durham und Charlie Christian

passen... Charlies Ton bedeutete den Grundgedanken dessen, was heute im Jazz üblich ist. Es ist die genaue Antithese zu den Rock-, Pop- oder Punk-Gitarrenklängen. Es ist mehr ein elektrischer als ein elektronischer Gitarren-Sound... Charlies Ton war eher wie der samtene Ton bestimmter Saxophon- und Posaunespieler... Von weitem glaubte fast jeder ein leicht perkussives Tenorsaxophon zu hören... Er war der erste Gitarrist, so sehe ich das, der sich mit einem Haufen Bläsern hinsetzen und einen Gehalt in seiner Musik haben konnte, der so hoch war wie der ihre – wenn nicht, in manchen Fällen, sogar höher... Nun hatte Charlie ja aber auch nicht diesen Banjo-Hintergrund...

Wohl wahr, wenn gesagt wird, der neue Jazz hätte den Vorteil gehabt, so schwierig zu sein, daß er Imitatoren und sonstige Ausbeuter schon deshalb von schnödem Tun abhielt. Richtig ist aber auch, daß es einem jungen Mann namens Jerry Newman zu verdanken war, daß die Geburt des modernen Jazz im Minton's überliefert blieb. Newman besaß eine semiprofessionelle Aufnahme-Ausrüstung zu Zeiten, als es Tonbänder noch gar nicht gab, gehörte alsbald ähnlich wie CC zum Stamm im Playhouse und nahm einige der schönsten Christian-Soli auf seine Acetate auf – den Grundstock der ersten festgehaltenen CC-Aufnahmen überhaupt für die ersten regulären Plattenfirmen, die sich der neuen Töne annahmen. Leonard Feather schreibt Christian gar die Einführung des Wortes »bebop« für den neuen Jazz zu: Das sei entstanden, weil »Charlie und Diz immer so etwas summten, um auf diese Weise ihre Vorstellungen zu illustrieren.«[91]

Am 19. Februar 1941 machte Charlie Christian mit der großen Goodman-Band die Aufnahme, die – so kann man das reinen Gewissens nennen – zum Wappen-, zum Herzstück, zur Aufbruchshymne *aller* Jazzgitarristen der (Nach-)Christian-Generation wurde – sein mit Goodman und Jimmy Mundy geschriebenes »Solo Flight«, dessen Titel so programmatisch war wie sein Inhalt (siehe Seite 74):[92]

»Als Schöpfer dauerhafter Riffs und Licks vermochte ihm niemand das Wasser zu reichen«, schrieb Dan Morgenstern noch im Juni 1972 in *Down Beat* zu der LP gleichen Titels, »es gibt Dutzende Phrasen in diesen Rillen, die noch immer zum festen Bestandteil des Jazzvokabulars gehören«.

»Solo Flight« war der Ruf an all jene Gitarristen, die CC in seinem *Down Beat*-Artikel knapp zwei Jahre zuvor zur Wahrnehmung der »Dämmerung einer neuen Ära« beschworen hatte. »Solo Flight«, das war die Aufforderung an die häufig im Rhythmusspiel resignierten oder bequem gewordenen Begleiter, die neue Möglichkeit wahrzunehmen.

Und sie *wurde* wahrgenommen!

Django und seine Vettern

»In den Zwanzigern hatte [Teddy] Hill, noch ein Teenager, mit Bessie Smith den Mittelwesten und den Süden bereist«, schreibt Bill Simon. »In den Dreißigern nahm er seine eigene Band mit nach Frankreich und spielte einige Wochen im Moulin Rouge. Gleich nebenan auf dem Montmartre hatte die Harlem-Emigrantin Bricktop – einstige Wohltäterin Duke Ellingtons – ihr Domizil, und ihre herausragende Attraktion war **Django Reinhardt**. Teddy ging jede Nacht dorthin, um ihn zu hören, und für ihn war Django der Größte – bis er [in New York] Charlie Christian hörte.«[93]

Immerhin: Jean Baptiste Reinhardt (1910–1953) war Europäer. Und er war der *einzige* europäische Gitarrist, den nicht wenige amerikanische Jazzgitarristen beinahe so hoch schätzten wie ihren Charlie Christian. Damals war das ungewöhnlich; heute, da die Welt noch kleiner geworden ist, Musiken sich überlappen oder ergänzen zu völlig Neuem und die Kategorien von einst sich ohnehin, sehr zum Grusel von Puristen, in Wohlgefallen auflösen, da regionale Musiken langsam, aber doch sicher auf etwas wie ein weltmusikalisches Idiom hinsteuern, in denen, wie in den »Cantos« eines Ezra Pound, Asien und Europa verschmelzen wie in einem synergetischen System eines Buckminster Fuller – heute wundert nicht mehr, wenn Jazz und Reinhardt ohne Not zusammen genannt werden. Es lohnt, eine europäische und eine amerikanische Stimme zu Django gegeneinanderzustellen: »Django erneuerte die Rolle der Gitarre in einer Jazzgruppe von Grund auf«, schrieb der Franzose Charles Delaunay noch Ende der fünfziger Jahre – nicht nur vom Standpunkt melodischen Einfallsreichtums her, sondern auch in Hinblick auf das Begleitspiel. Beides tat er durch die Erweiterung des traditionellen harmonischen Spektrums, und durch den Einsatz einer Anzahl vielfältiger Effekte, mal die Begleitung mit harfenähnlicher Zerbrechlichkeit, mal mit der katzenhaften Geschmeidigkeit eines Kontrabasses; manchmal trieb er die Spannung eines Stückes weiter, indem er sich tief in die Schneise des *beat* eingrub mit einer Reihe kurz angerissener, aggressiver Akkorde. Ein andermal hielt er sie sorgfältig aus und ließ sie ausklingen wie eine ganze Bläsersektion... Darüber hinaus war Django Reinhardt einer der wenigen weißen Jazzer, die über außergewöhnliche *attack* und Swing geboten, wie sie das Geburtsrecht der besten schwarzen Musiker sind.[94]

Das ist reichlich hoch gegriffen, aber verständlich für eines Franzosen posthume Laudatio für einen Belgier, der sein Leben so gut wie ständig in Frankreich verbracht hat. Und wenn man liest, was Dan Lambert, ein Amerikaner, schreibt, könnte man fast glauben, daß Charles Delaunay so verkehrt gar nicht lag:

Sein Name erscheint in keiner Kritikerauswahl der »zehn besten Bluesspieler«, und doch war Django Reinhardt ein großer Bluesspieler. Er hat eine Fülle von Bluesmaterial aufgenommen, von gewöhnlichen zwölftaktigen *progressions* bis zu solchen mit unerwarteten *heads* oder *bridges* – ein Gütezeichen Djangos, das auch charakteristisch für Duke Ellingtons Komponieren war... Übermäßige und verminderte Akkordsequenzen kamen aus dem Nichts, abrupte Tonartwechsel, eine kleine Zigeuner-Mollakkord-*funk*-Phantasie: Der Fluß kam nie ins Stocken. Andererseits war ihm nichts heilig. Musikalische Gesetze bedeuteten ihm wenig.«[95]

Dagegen nun aber Bill Simon in seinem »Charlie Christian«-Aufsatz:

[Der] Proponent [des Single-string-Stils] war der in Belgien geborene Zigeuner Django Reinhardt... Während er wenig oder gar keinen Einfluß auf Christian hatte, hat er mehr als jeder andere Gitarrist dafür getan, der Gitarre zur Akzeptanz als virtuoses Soloinstrument zu verhelfen und die Vorstellung von dem Instrument als einem reinen Rhythmusmittel zu zerstören. Als Rhythmusgitarrist war Django tatsächlich ungenügend, wenn man Jazzmaßstäbe anlegt. Mit nur drei einsatzfähigen Fingern war er, gezwungenermaßen, mehr ein Single-string-Mann als ein Akkordmann. Und er war der schnellste.[96]

Was Simon da so euphemistisch zu Papier gab, meint in Wahrheit viel mehr: Django Reinhardt habe *geswingt*, meint das, und wenn man diese Tatsache mit dem schönen Kompositum Zigeuner-Swing verbrämt, dann möchte das angehen – seinen Ehrenplatz unter den großen *Jazz*gitarristen will ihm niemand streitig machen. Er war, in den Augen der Amerikaner zumindest, einer, der die Frohbotschaft aus der Neuen Welt nicht nur vernommen, sondern – in Teilen – selbst vorweggenommen hat.

Was den Mythos mit der verbrannten linken Hand angeht, so hatten wir 1985 in unserem *Reinhardt*-Buch in einem kurzen Kapitel in dieser Angelegenheit Klarheit zu schaffen versucht[97] und sind in dem Zusammenhang ausführlich auf Djangos zum Teil ungewöhnliche *fingerings,*[98] die auch den Daumen der Hand nutzten,[99] eingegangen.

Immerhin aber dekretieren dem Mann aus Liberchies in der Nähe der belgischen Stadt Charleroi auch zwei Jazz *ausübende* Europäer uneingeschränkte Zugehörigkeit zur großen Jazz-*family*: »Django war ein Genie, im wahrsten Sinne des Wortes. Er hatte Genie, und das fand seinen Ausdruck in Musik, insbesondere im Jazz«,[100] sagte sein langjähriger geigender Weggefährte Stephane Grappelli, und der junge elsässische Wunder-Gitarrist Bireli Lagrene meinte noch 1986, als er selbst noch stark im Sog des Roma-Übervaters steckte: »In den letzten drei, vier Jahren seines Lebens war er ein regelrechter Bebop-Mann und seiner Zeit voraus. Er spielte elektrische Gitarre, und ich finde, viel besser als vorher. Das Material, an das ich denke, ist ›Nuages‹, ›Blues for Ike‹, ›Night

and Day‹ und ›Brazil‹... Wenn er heute leben würde, wäre er unglaublich, wie Miles Davis...«[101] Heute sieht Bireli das möglicherweise, seine eigene Weiterentwicklung zugrunde gelegt, doch um einiges anders. Löst man sich vom Schubladisierungsproblem, dann bleibt ein Mann, der im europäischen Rahmen unmäßig viel geleistet und für eine nimmermüde, direkt und/oder indirekt mit ihm verwandte Abteilung erzgetreuer »Schüler« gesorgt hat.
Wie auch immer, *dieses* Leben lohnt, ein wenig erzählt zu werden. Geboren wurde er im Hause eines Gastwirts namens Adrien Borsin und dessen Schwester Isabelle. Dort logiert die Reinhardt-Familie den Winter über. Jeans Mutter Laurence, wegen ihres dunklen Teints »Négros« genannt, ist Mitglied in einer umherziehenden Komödiantentruppe, der Vater, ebenfalls Jean-Baptiste geheißen, ist ein 28jähriger Musikus, als der Sohn zur Welt kommt. Der Vater büchst aus, die Familie durchquert ganz Frankreich, und als der Erste Weltkrieg ausbricht, hält die Rest-Familie – Laurence, Jean und sein jüngerer Bruder **Joseph**, genannt »Nin-Nin« – sich in Nizza auf. Sie fahren nach Italien, Livorno, durch Korsika und dann, dem Rest des Reinhardt'schen Clans nach, nach Algerien. »Django gilt als schüchtern, wortkarg und ängstlich.« Um 1916/17 kehrt die Mutter mit den beiden nach Frankreich zurück und läßt sich – für die folgenden 15 Jahre, in Paris nieder. Als der Krieg zu Ende ist, steht der Reinhardt'sche Wagen an der Porte de Choisy, wo aus dem schüchternen Kleinen ein Bandenmitglied der »Roten Halstücher« geworden ist. Man verbringt die Nachmittage lieber im Kino als die Vormittage in Guillons rollender Schule, die Jean nur einen einzigen Tag besucht. Der 18jährige zockt lieber. Um 1920 herum infiziert ihn die Gitarre-Versessenheit etlicher in Choisy weilender »Vettern«. Die Mutter verweigert dem drängelnden Sprößling eine Gitarre: Ihr fehlen die nötigen 20 Francs dazu. 1922 endlich bekommt er, vom Nachbarn Raclot, eine »Banjo-Gitarre«, ein 6string-Banjo, und der Knabe setzt sich hin und spielt aus der Lameng all das, was er jahrelang aufgesogen hat. Sehr bald spielt er schneller und besser als alle »Vettern« zusammen, zupft und zirpt auf Provinzfeten fast ausschließlich mit dem buckligen Gitarrespieler Lagadière, mit dem er gern bis morgens um drei in den örtlichen Cafés aufspielt, zum Kummer von La Négros, die ihn – folgenlos – vertrimmt. Jean Vées und ein Reinhardt-Onkel sind fasziniert von dem Bengel und schleppen ihn mit nach La Varenne zum Musikmachen und ins »Chez Clodoche« am Pariser Stadtrand. Um 1923 spielt DR auf seinem 6string im Stil der geschätzten *bals-musette*. In der Rue de Lappe tritt der 12jährige mit dem Akkordeonisten Guérino auf, und im »Abbaye de Thélème« hört er Billy Arnolds Band, was erhebliche Folgen hat.

Django Reinhardt nach seinem enttäuschenden USA-Aufenthalt Ende 1946 mit einer für ihn ungewohnten, von ihm nicht geliebten amerikanischen Archtop. Auf diesem Foto besonders deutlich: seine gehandicapte Greifhand. Zu erkennen ist aber, daß er den 3. und den 4. Finger in Grenzen nutzen konnte

Django und seine Vettern

Man wohnt mittlerweile in Belleville, von wo aus Django bequem mit der Métro zur »Montagne Ste Geneviève« an der Rue de la Huchette fahren kann. Im »Ça gaze« brilliert er als »Jiango Renard«. Dort macht der Teen zwischen Juli und Oktober mit dem Akkordeonisten Jean Vaissade seine allerersten Plattenaufnahmen, und zu regelmäßigen *after-hours*-Sessions zieht er nachts weiter in den »Salon des Familles«. Er spielt mit Vorliebe US-Titel. 1928 nimmt Jack Hylton den inzwischen zur Gitarre gekommenen »Django Reinhardt« unter Vertrag, im November passiert der Unfall, der ihn fast noch sein rechtes Bein kostet. 18 Monate später ist die Hand wieder einigermaßen brauchbar. Musikerkollegen aus dem »Ça gaze« sammeln für ihn. Der zum erstenmal verheiratete DR bekommt seinen ersten Sohn **Henri Baumgartner**, der später ebenfalls Gitarrist werden wird. Zu Beginn der 30er Jahre macht er Straßenmusik vor den Pariser Cafés und läßt den Hut herumgehen. Die *bals-musette* interessieren ihn längst nicht mehr: Er ist in den Jazz verknallt. Das merkt Stephen Mougin, selbst ein stark amerikanisch infizierter Musiker, und heuert den Gitarristen für hundert Francs den Abend ins »Les Acacias« an. Es treibt ihn um, er ist von seiner Frau getrennt, macht sich an die Côte d'Azur und ins Baskenland auf, tut sich mit seiner Cousine Sophie Ziegler, genannt »La Guigne« oder »Naguine«, zusammen und pilgert mit ihr gemeinsam überall im Gallischen umher.

1931 »entdeckt« ihn, meint dieser, der Maler, Bohémien und Sonntagsgitarrist Émile Savitry, der ihm bis zum Gehtnichtmehr die Platten des Duke, Satchmos und Venutis vorspielt und ihn dann zusammen mit Bruder Nin-Nin ins »Au Coq Hardi« vermittelt. Das geht dann so weiter: Der »Coq«-Chef Pol Rab vermittelt ihn nach Cannes. Dort spielt Django im Wechsel mit der englischen Band von Jack Harris; nebenan im »Lido« gastiert zu der Zeit Louis Vola, acc/b, der sich für ein erstes Engagement im »Palm Beach« mit den Brüdern zusammentut. DR gilt mittlerweile mit Naguine als verehelicht und zieht mit seiner Musik unzählige »Vettern« aus ganz Frankreich an, sehr zum Schmoll des Bürgermeisters von Cannes, der ihn weghaben will. Eines Nachts imitieren Django und einige Mitmusiker aus Spaß den Jack-Harris-Stil, Rab hört das, läßt Harris' Vertrag auslaufen und engagiert den Gitarristen. Am 22. Dezember 1932 eröffnen Django und Joseph (im Wechsel mit **Roger Chaput**, g), Marco, p, Bart Curtiss, dr, Jean-Jean, ts, Rumolino, bs, Léon Ferreri, viol, und Vola musikalisch das »Boîte à Matelots«. Der Saxmann Alix Combelle steigt mit ein, und im »Croix du Sud« hört Reinhardt zum ersten Male den Geiger Stephane Grappelly, der sich noch mit Akzent und »y« schreibt, und mit ihm den renommierten Saxophonisten André Ekyan. Jean Cocteau, seit längerem ein Bewunderer, der ihn schon in seinem Buch *Les Enfants terribles* verschlüsselt auftreten ließ, lernt Django kennen. Im März 1933 nimmt Django mit dem Sänger Jean Sablon, der ihn im »Rococco« gehört hatte, einige Titel auf, mit Sablon kommt er ins »Bœuf sur le Toît«. Savitry, noch immer unermüdlich für DR tätig, beschwatzt Pierre Nourry, den Sekretär der Ende 1922 gegründeten Vereinigung Jazzinteressierter »Hot Club de France«, sich DR anzuhören. Nourry fackelt nicht lange und nimmt mit ihm, Joseph und einem Bassisten aus Martinique namens Juan Fernandez drei Stücke auf und schickt Kopien an den französischen Jazzkritikus Hugues Panassié, an dessen Kollegen Jost van Praag und an John Hammond in den USA. Das HCdF-Mitglied Michel Prunières vermittelt dem Roma eine kurze Begegnung mit Segovia, der Club aber verhält sich ihm gegenüber noch immer bedeckt. DR geht zu Ekyan, mit dessen Band er u. a. in London spielt, was den HC endlich dazu bewegt, ihn zu fördern, dann entsteht das erste Quartett des Hot Club als Verwicklung des Django-Traums von einem reinen String-Ensemble – mit Chaput, g, Luca, b, Grappelly. Coleman Hawkins hört die Truppe und ist angetan, dann wird mit Bruder Nin-Nins Eintritt am 2. Dezember 1934 offiziell das *Quintette du Hot Club de France* mit einem Debüt in der École Normale eingesegnet...

Hawkins spielt mit dem QHCF, so sein Kürzel, in der berühmten Salle Pleyel, das Quintett reist heftig, wird in Nancy allerdings noch ausgebuht, aber mit dem Jahr 1935 beginnen die regelmäßigen Plattenaufnahmen der Formation, die allerdings etliche Höhen und Tiefen durchmacht – sei es aufgrund zum Teil erheblicher Streitigkeiten zwischen den beiden Brüdern, sei es durch von der Polydor verursachte Malaisen, etwa die Gruppe unter Grappellys Namen auf einem Plattensignet anzuzeigen – nichts für des Zigans Eitelkeit. Sei es, weil der Tour-Manager mit der Kasse stiftengeht und deshalb die Spanien-Tour ausfällt: Das QHCF spielt und reist denkbar unregelmäßig, nimmt Termine nicht ernst, trennt und versöhnt sich und feiert doch Triumphe. 1937 liefert sich Django mit Benny Carter Duelle über »I Won't Dance«. Die Pariser Weltausstellung gibt die perfekte kosmopolitische Kulisse fürs *Quintette,* das im selben Jahr transatlantisch übertragen wird und Eddie South enthusiasmiert. Trotz der World Expo, trotz Radio und Platten: Auslands-Trips werden unentbehrlich, weil die innerfranzösische Auslastung nicht stimmt – und Reinhardts Honoraransprüche alle restlichen der Gruppe weit in den Schatten stellen. Dann kommt, 1938, der Exklusivvertrag mit der englischen Decca, **Eugène Vées**, auch Roma, kommt für Chaput. Sie gastieren in London u. a. mit den Mills Brothers: Das Konzert ist schneller ausverkauft als je eines des Duke, Armstrongs oder Carters. Wieder in Paris, nehmen die fünf mit Larry Adler, harm, auf und unternehmen im Herbst die erste England-Tournee.

1939: Auf dem Weg nach Skandinavien konfiszieren die Nazis aufgrund fehlender Durchreisevisa das gesamte Geld der Band, und das Osloer Schlußkonzert fällt aus: Ersatz-Bassist Eugène d'Hellemmes hat den Zug verpaßt. In Paris jammt Django mit dem Duke historische 15 Minuten kurz. Sie reisen schier unaufhörlich, und das QHCF ist personell runderneuert – mit Alix Combelle, Philippe Brun, Alex Renard, die sich abwechseln, Emmanuel Soudieux am Baß und **Pierre Ferret**, rh-g.

Krieg.

1940 trifft DR zum erstenmal Hubert Rostaing, ts/cl, und will fortan nur noch *eine* Rhythmusgitarre, und die Tatsache, daß die Deutschen inzwischen auch in Paris sitzen und den amerikanischen Jazz-Hahn abgedreht haben, gibt dem *Quintette* ungeahnten Auftrieb. Es ist das Jahr der größten Popularität Django Reinhardts, der nach ersten Aufnahmen im Kino »Normandie« sein neues Quintett präsentiert: mit ihm und Nin-Nin an den Gitarren, Rostaing, Francis Luca, b, und Pierre Fouad, dr. Django leistet sich ein Luxusappartement an den Champs-Elysées. In einer Januar-Nacht 1941 gabelt eine deutsche Streife die Band ohne Papiere auf und nimmt sie mit aufs Revier, wo die Jungs ihre Instrumente auspacken und bis zum frühen Morgen jammen. Die Klubs werden eleganter, und in den »Folies Belleville« improvisiert Django denkwürdige 45 Minuten über den »St. Louis Blues«. Auf einer Rubirosa-Party spielt das Quintett bis morgens um zehn durch, am Klavier sitzt Eddie Barclay, der spätere Platten-Mogul. Warum Reinhardt die Gehaltserhöhungen seiner Bandmitglieder ständig aufs neue abschmettert, während er selbst sich ebenso beständig als nimmersatter Raffke aufführt, ist nicht nachzuvollziehen – er selbst wird, langsam, aber sicher, zum Totengräber des Quintetts. Die Zeitläufte haben das Interesse an Jazz und Jazzverwandtem beträchtlich gebremst, was Reinhardt mit Vogel-Strauß-Politik beantwortet. Die Bandmitglieder gehen zunehmend ihre eigenen Wege; spielen sie – wie in Belgien und in Lille – zusammen, sitzt jetzt André Jourdan an den Drums. Reinhardt gewinnt in Nizza im Casino 345 000 Francs und verspielt tags drauf 365 000. Er wird immer unzuverlässiger und provoziert Band-Revolten wider seinen Lebensstil. Rostaing geht, wird ersetzt durch André Lluis, der Klarinettist Gérard Lévêque soll Django bei der Aufzeichnung seiner musikalischen Ideen helfen. Die fliegen hoch: Seinem als »Symphonie« geplantem »Manoir de mes Rêves« fehlt der Chorteil, und Cocteau kann kein Libretto schreiben, weil ihm keine Synopse geschickt worden war. Und dann geht noch die Restpartitur verloren. 1943 führt Robert Bergmann dennoch einige der »symphonischen« Fragmente Reinhardts auf, u. a. einen eigenen »Boléro«. Als Bomben auf Paris hageln, heiratet Django endlich seine Cousine und setzt sich dann in die Schweiz ab. Daß ihn an der Grenze die deutschen Kontrolleure nicht als Résistance-Verdächtigen kassieren, verdankt er dem Standort-Kommandanten – einem Reinhardt-Freak! Drüben angelangt, halten ihn die Franzosen für einen Kollaborateur – Django zwischen den Welten.

1944 spielt das komplette Quartett dann doch noch in einer ganzen Reihe französischer Städte bis wieder nordwärts in Paris, wo Lulu de Montmartre ihr Cabaret »La Roulotte« in »Chez Django Reinhardt« umtauft. Im Publikum lauschen Gestapo und britischer Secret Service einhellig dem berühmten Gitano. Im Frühjahr kommt Sohn Jean-Jacques alias Babik zur Welt, ebenfalls ein nachmaliger Gitarrist, und DR beschließt ernsthaft, seßhaft zu werden. Nur im *Quintette* bleibt er das nicht: Das spielt ohne ihn; der Meister sitzt in Luftschutzkellern – bis zum 24./25. August, den Tag der Befreiung, der haufenweise GIs in die Klubs bringt, die ihr Idol hören wollen. Ende September tritt er im großen »Olympia« zusammen mit Fred Astaire auf. Reinhardt hört im Radio die Glenn-Miller-Band und jammt wenig später mit einigen ihrer Mitglieder.

Das Jahr des Kriegsendes verbringt er zur Hälfte an der Côte mit Konzerten – in einer frei zusammengestellten Gruppe – vor amerikanischen und französischen Soldaten, und am 26. Oktober gastiert er in einer ihm gewidmeten Sendung des inzwischen etablierten AFN, die zeitgleich von der BBC und dem französischen Rundfunk übertragen wird. Reinhardt überwindet sich und nimmt per Telefon Kontakt mit Grappelly auf, den er seit 1939 nicht gesehen hat. Im Jahr darauf tun die beiden sich wieder zusammen, in London. Das »Chez Django« in Paris muß dichtmachen, und Django Reinhardt widmet sich mehr und mehr seiner neuen Liebe, der Malerei. Er nimmt Filmmusik auf, spielt mit verjüngtem Quintett in der Schweiz, wo er mit einem britischen Agenten den Vertrag für eine gemeinsame Tournee mit Ellington durch die USA (fast) perfekt macht. »Unter denen, an die ich als wahre Bürger der Stadt Paris denke, war Django Reinhardt«, schreibt der Duke in seinen Memoiren,

ein sehr lieber Freund für mich und einer, den ich zu den wenigen unnachahmlich Großen unserer Musik zähle. Ich hatte ihn mit auf einer Konzert-Tournee des Jahres 1946, wo ich ihn noch umso mehr genießen konnte. Er war nicht annonciert gewesen, weil er gebucht worden war, nachdem die Tour ausverkauft und die Werbung längst gelaufen war. Ich habe immer gesagt, daß Django ein Mann von großem Glauben war, weil ein gläubiger Mensch ein Optimist ist, der an morgen denkt. Und einer der Lieblingsaussprüche Djangos war: »Vielleicht morgen.«[102)]

Das ist eine reizende Mischung aus Takt, Gentlemanship und Ironie: Jean Baptiste R., eben doch ein Nomade, ließ sich nicht gerne festnageln und hielt sich deshalb immer seine Schlupflöcher offen, *mañana, mañana*, und von denen muß es in den USA – in denen er im November 1946 ohne ein Fitzelchen Gepäck ankommt und entrüstet feststellt, daß niemand da ist, um ihn mit Geschenken in Form schöner, teurer Gitarren zu empfangen – für *ihn* eine ganze Menge gegeben haben. Sauer wegen der ausgebliebenen Gitarren und sauer hoch drei aufgrund der ausgebliebenen massiven Werbung für Seine Herrlichkeit macht er vom 18. bis zum 22. November noch ordentlich mit und genießt am 23. auch noch den Triumph in der hochedlen Carnegie Hall. Am 24. aber, noch immer Carnegie, geruht Le Renard erst um 23 Uhr Ortszeit aufzukreuzen. Die Kritiken waren dementsprechend und für ihn selbst das Maß voll: Amerika kann ihm mal kreuzweis.

Immerhin: In Europa gibt ihm Amerika einen prächtigen neuen Popularitätsschub, und 1947 hat er jede Menge zu tun und bezieht eine Wohnung an der Place Pigalle. Er hat zwar wieder Grappelly zum Partner, malt aber doch mehr

Django und seine Vettern

und mehr, gräbt sich, am grassierenden Reinhardt-*craze* vorbei, immer mehr ein. Im Jahr darauf jammt Dizzy mit ihm, das Quintett spielt den Rausschmeißer des Nizza-Festivals. Dann England. Als er im Herbst wieder nach Paris zurückkehrt, sind dort die Uhren schneller weitergelaufen: Die »Bebop-Minstrels« um Hubert und Raymond Fol geben die neuen Töne an.

Hier mag der Abriß enden: Django Reinhardt, der gerade noch in Rom gefeierte »Drei-Finger-Blitz«, der sich seit seiner Rückkehr aus den USA – widerstrebend und nie mit ihr ganz versöhnt – zwar ausschließlich auf die elektrische Gitarre verlegt hat, wird sich in einer musikalisch so veränderten Welt nie mehr zurechtfinden. Ihm wären ohnehin nur noch wenige Jahre zur Umorientierung verblieben. Er wird noch sporadisch spielen, in Klubs, auf Festivals, im Funk, zu Plattenaufnahmen, aber nicht mehr im Ausland. Seßhaft vermag der Roma auch nicht zu bleiben, schlägt sein Lager in Le Bourget auf und Benny Goodmans – er trifft ihn in Paris – Angebot zu einer weiteren US-Tournee aus. Die Saiten rosten buchstäblich, wenn er auch noch 1953, seinem Todesjahr, zu Aufnahmen mit einigen der »Neuen«, Martial Solal, Claude Bolling, Pierre Michelot, zusammenkommt. Seine Bilder sind ihm zum Kompensat geworden für den Tritt, den er seit Amerika nicht mehr zu fassen vermochte. Dennoch: Sal Salvador, selbst Jazzgitarrist von Rang, sah diesen späten Django nicht einmal nur aus der Bireli-Perspektive von 1986 des »Was wäre, wenn«, sondern dekretiert dem Europäer das *vollzogene* Entrée in die Moderne der Zeit in einer Stellungnahme zu Djangos *Jazz from Paris* so:

Diese bemerkenswerte LP ist das einzige mir bekannte Django-Album mit einer modernen Rhythmusgruppe – Piano, Baß, Drums, Gitarre – und Django dazu elektrisch. Es ist fast sicher, daß Django zu jener Zeit Dizzy Gillespie, Charlie Parker oder viele von deren Parteigängern gehört hatte. Er machte das *alles* in seinen Soli: Akkorde, Oktaven, schnelle Eruptionen und Licks voller Seele. Speziell auf diesen Aufnahmen hat Django eine Menge mitzuteilen darüber, wie man sich löst, anstatt sein Spiel einer kleinen Zahl fester Regeln zu unterwerfen. Er war einer der unverklemmtesten Gitarristen, die ich je gehört habe: Diese Art des Loslassens innerhalb eines Rahmens ist ein Jazzer-Traum... [103]

– was freilich ebensoviel über Salvadors Mentalität aussagt. Es *sind* andere Zeiten. Und auf seinem Grabstein steht – DJENGO. »Die jungen Jazzfreunde, schrieb Polillo, »vergaßen Django.« [104]

Mag auch stimmen, daß der Tod McDonoughs 1938, wie Maurice J. Summerfield das sieht, sozusagen die Voraussetzung für den Advent Reinhardts geschaffen hatte und daß man ihn in einer Qualitätsebene sehen kann mit Kress, eben McDonough und (zumindest dem frühen) Van Eps. Barney Kessel hat das besser gefaßt, neutraler, als er meinte, Django »symbolisiert heute den Geist der Zigeuner, dasjenige in uns allen, das frei sein will – das erwachsen sein will ohne den Verlust kindhafter Qualitäten« – eine Kardinalvoraussetzung für Kreativität schlechthin. Aber Barney sagt auch: »Innerhalb unserer Entwicklung, von heute aus betrachtet, hält er eine der wenigen wirklich individualistischen Stimmen der Gitarre aufrecht, ohne daß dies unbedingt etwas wäre, was ich ›hip jazz‹ nennen würde oder einen Teil irgendeiner Schule oder Bewegung.«[105] Es ist das »Individualistische«, das ihn, den europäischen Roma, ein Stückchen zum Amerikaner macht, wenn man das vergleicht mit John Etheridge in seinem Aufsatz *Jazz Guitar:* »Jazz ist wesentlich eine amerikanische Aktivität – damit meine ich nicht einfach eine der in den USA Geborenen, sondern von Menschen mit hochentwickeltem Individualismus und der ruhelosen Kraft, mit der man Nordamerika assoziiert.«[106] Und in demselben Text sagt dieser exzellente und selbst außerordentlich von Reinhardt geprägte Gitarrist auch dies:

1934 wurden die ersten Aufnahmen des Hot Club Quintet of France veröffentlicht. In denen erwies sich Django Reinhardt als der erste Gitarrist, der *mainstream jazz* spielte ohne die instrumentenspezifischen Beschränkungen. Er war der größte improvisierende Gitarrist in der Geschichte und der erste, der über die technischen Fertigkeiten verfügte, unmittelbare Verbindungen zwischen Gehirn und Fingern herzustellen. Seine Improvisationen waren wahrhaft spontan, dabei klar artikuliert und perfekt organisiert. Dies war *überragendes Jazzspiel der konventionellen Art*, und das meint die Augenblicksschöpfung kohärenter Variation durch einen vorgegebenen harmonischen Rahmen. Sein harmonisches Denken, mit intensivem Gebrauch verminderter und übermäßiger Akkorde, war seiner Zeit beträchtlich voraus, und *vieles davon nahm die Bebop-Innovationen der 40er voraus*, obschon sein Ausdruck auf charakteristische Weise andersartig war. [m. Herv.]

Eines ist richtig in dem Aufsatz: die Feststellung, daß Reinhardts Gruppe(n) ihn projizierte(n), was im übrigen bei seinem Ego auch nicht anders vorstellbar wäre, »während amerikanische Spieler noch immer darum kämpften, sich gegen Trompete, Saxophon, Klavier und Schlagzeug zu behaupten« – ein Kampf, der erst mit Christians Popularisierung der verstärkten Gitarre bestanden war.

»Der Schlüssel zu seiner Kunst lag, denke ich, in seinem intuitiven Verständnis einer der ersten Erfordernisse im Jazz: Lerne auszudrücken, was du bist«, zitiert Pete Welding den Kritiker Martin Williams[107] und summiert dann gar: »[war] der Einfluß seines Spiels auf andere Gitarristen überwältigend; er hat jeden Jazzgitarristen nach ihm geprägt, von Christian über Tal Farlow bis zu Al DiMeola und, buchstäblich, jeden dazwischen.«

Die beste, konziseste Zusammenfassung des Reinhardt-Spiels hat Dan Lambert in seinem bereits zitierten Artikel »Django's Blues« erbracht:
- übermäßige und verminderte Akkordsequenzen,
- abrupte Tonartwechsel,
- »Zigeunerfunk« in Molltonarten,
- Zwei-, Drei- und Vierton-Akkorde auf den hohen Saiten,
- schnellste *downstrokes*,
- rhythmisch intensivierende *upstroke*-Einwürfe,
- chromatische *singlenote*-Läufe,
- Synkopierung durch gewagte Taktverkürzung; mehrtaktiges Singlenotespiel bis zu halben Takten vor dem Baß,

Django und seine Vettern

- Oktavgänge,
- schnelle auf- oder absteigende Arpeggios,
- Ganztonmelodien und
- Halbtonverschiebungen, sowie
- intensiver Einsatz von Tremolo und Vibrato.

Englands Jazzgitarre-Doyen und -Lehrer Ivor Mairants hat im Zusammenhang mit einer Passage in Djangos Fassung von »Ain't Misbehavin'« die Vermutung geäußert, er sei sich nicht sicher, ob DR dies oder jenes so hat spielen *wollen*, wie es zu hören ist, ob er sich beispielsweise einfach um einen Halbton vergriffen oder doch einen »aufgerollten« Polychord im Sinn gehabt hätte. Das bleibe Spekulation und das Geheimnis im Grabe. Reinhardt war ja nie so etwas wie ein Systematiker, sondern ein des Lesens nicht sonderlich kundiger wahrhafter *improvisateur*, der nie aus dem Kopf, sondern immer aus dem Bauch lebte und auch spielte. Sie hätten gemeinsam immer wieder alles mögliche »aus dem Stand« erfunden, sagte Grappelli am Beispiel von »Minor Swing«, dessen Grundidee aus der Oper »Der Bajazzo« stammte. »Er war Halbanalphabet, und was musikalische Notation angeht, war er es ganz und gar«, sagte Laurie Henshaw einmal angemessen respektfrei. »Aber er verfügte über einen intuitiven Sinn für Harmonie, und seine fließende *Singlestring*-Phrasierung vermochte noch die trivialste Ballade in ein Kunstwerk zu verwandeln.« Er klang, sagt Lambert völlig zu Recht, immer wie komponiert. Er spielte, in dem er seine malträtierte Hand unglaublich spreizte, wie Herb Ellis, *gleiche* Töne auf benachbarten Saiten, setzte dem trockenen, gewissermaßen »pedallosen« Spiel der Amerikaner das romantische Vibrato entgegen; er spielte *bendings*, zog also die Saiten wie ein Bluesmann, ging verschwenderisch mit Verzierungen um, sandwichte seine Oktaven zwischen Singlenote- und Akkordspiel fast wie ein Bläser-Riff und spielte im übrigen die Oktaven anders als Montgomery. Aber weil er, wie ihn Les Paul, dieser nahtlose Django-Verehrer, nannte, ein »downpicker« war, geriet ihm sein *Rhythmus*spiel denkbar unjazzgemäß: Ihm fehlte das Federnde des Swing, wie es, sagen wir, Freddie Green der Basie-Band zu Adel gereichen ließ.

Eine Gitarre übrigens bekam er in New York doch. Die hatte ihm sein Freund Charles Delaunay aus Paris mitgebracht. Henri Selmer hatte sie spendiert, der heilige Mario Maccaferri hatte sie gebaut. Und wie der Fuchs, dem die Gibson-Trauben zu hoch hingen, sprach da Le Renard: »Mein Freund, ganz Amerika wird wünschen, es wäre seine Gitarre! Die hat wenigstens genug Ton... Erzähl mir jedenfalls nichts mehr von diesen Blechpott-Gitarren hier.«

Seine Jünger, ohne Zahl, sollten das zum nicht geringen Teil anders sehen. Und sein Erbe dennoch bewahren.

Man kann da nur den »Überflieger« machen, was den größten Teil der Reinhardtianer angeht. Von Joseph (Nin-Nin) war bereits die Rede, wie von den Söhnen des Maestro, und dann wären da noch **Forello**, **Lulu** und **Ricardo**, alles Reinhardts, in Deutschland tätig und eng verbunden mit Gruppennamen wie denen von Schnuckenack Reinhardts Swing Gypsy Rose (mit den Sologitarristen **Daweli Reinhardt** [*1932] und **Bobby Falta** [*1941] und dem Rhythmiker **Spatzo Weiss** [*1942]), mit **Titi Winterstein** (*1941) und **Häns'che Weiss**,[108] fast alle Spieler von Maccaferri- oder verwandten Gitarren wie denen von Klaus Röder oder dem Pariser Favino, also doch mehrheitlich akustische Spieler (die man auch dann noch als solche versteht, wenn sie typisch akustische Gitarren, d. h. keine *archtops* im Stile der amerikanischen L5-Familie oder der ES-175D u. ä., mit nachträglich aufgesetzten Pickups oder mit Transducern spielen, wie es seit einigen Jahren Takamine-Enthusiasten wie der Hamburger Allround-Profi **Hans Haider** tun). Und da wären die **Rosenbergs Wolkli** und **Tornado**, die akustisch *und* elektrisch spielen; **Günter Möll** sollte erwähnt sein und die holländische Gruppe WASO mit **Vivi Limberger** und **Fapi Lafertin** an den Gitarren. Und, bitte sehr, Daweli Reinhardts Swing-Quintett *(Back in Town)* mit Daweli und **Feigeli Reinhardt**, Sologitarren, und **Sascha Reinhardt** als Rhythmusmann.

Keiner aber hat, dies mag subjektiv sein, seine eigene intensive Reinhardt'sche Prägung mitreißender in Einklang mit der Christian-Tradition zu bringen vermocht wie der in Deutschland lebende und häufig in der Swing Gypsy Rose zu bewundernde L-5CES-Spieler **Joe Bavelino** – ein Traditionalist im allerbesten Sinne, der unglaublich swingt, schnell und blitzsauber spielt, mit vollem, runden, klassisch-elektrischen Gibson-Ton, und damit jede Gitano-Besetzung in eine kräftig christianisierte Mainstream-Vereinigung ummünzt, *ohne* den Geist Renards zu überspielen: Er *kann* es, die meisten seiner »Vettern« können (oder wollen) es nicht, und deshalb gehört er für mich in ungefähr dieselbe Meister-Etage wie Heiner Franz. Auf Gitarren-*Ensembles*, die sich – zumindest auf markanten Platten – zu Django bekannt haben, werden wir später zu sprechen kommen; auffällig ist, daß Reinhardt gerade in England fruchtbaren Boden vorfand: **Ivor Mairants** (*1908), heute in London mit seinem eigenen Gitarren-Fachgeschäft tätig und vor allem als Pädagoge ein Mann von Rang, hat dort längere Zeit im Kielwasser des Belgiers musiziert. Die gewiß prominentesten englischen Django-Spieler aber, am engsten der Tradition des QHCF verpflichtet und am konsequentesten in ihrer Stiltreue, dürften nach wie vor **Diz Disley** und Ike Isaacs sein. Disley, der unverändert seit seinen Anfängen eine Selmer-Maccaferri spielt, hat in den 50er Jahren Oldtime-Jazz in englischen Bands wie denen von Sandy Brown, Ken Colyer und Mick Mulligan gepflegt und sich dann – bei Bob Cort und Nancy Whiskey – der allgemein grassierenden Skiffle-Bewegung angeschlossen, bevor er dann für die BBC deren regelmäßige Sendung »Guitar Club« betreute, durch die er Isaacs kennenlernte. Der wurde dann als Macher der Sendung sein Partner und brachte ihn voll auf DR-Kurs. Diz, der sich eine Reihe von Jahren auch als Illustrator für den »Melody Maker«

Django und seine Vettern

und die »Radio Times« einen guten Namen gemacht hatte, blieb dabei – wie beispielsweise seine 1986er LP *Zing!*... *went the strings*... mit seiner Formation des Soho String Quintette zeigt. Man beachte das Schluß-»e« im Bandnamen.

Ike Isaacs (*1919) ist in Rangun, Birma, zur Welt gekommen, wuchs dort auf und kam erst 1946 nach London, wo er noch heute regelmäßig in Klubs auftritt. Der »gemischte« Maccaferri- und Archtop-Spieler mit ständig laufenden Verpflichtungen in Platten- und Fernsehstudios gilt auf den Inseln als *der* Plektronjazzer überhaupt, aber auch als gefragter Komponist und Arrangeur für die Gitarre, die er als 14jähriger zu spielen begann, hobbymäßig, weil er eigentlich an der Uni in Rangun in Chemie abschließen wollte. Der Krieg zwang ihn nach Indien, wo er in regierungseigenen Fabriken jobbte, derweil er in örtlichen Hotels musizierte, wann immer es Gelegenheiten dazu gab. Mit seiner Umsiedlung nach England stand die Gitarre als Hauptberuf fest, und noch im selben Jahr saß er in einer RAF-Bomber-Band unter Leslie Douglas' Führung. Die verließ er im Jahr darauf wieder und spielte in Piccadillys Hatchetts-Restaurant, eine Art »Pizza Express«-Vorläufer. In der BBC Radio-Showband heuerte er ebenfalls in dem Jahr erfolgreich an. Erst sein Eintritt in das »Guitar Club«-Team mit Disley aber brachte ihn als Jazzgitarrist zu einigem Ansehen. Er jazzte mit Ted Heath und anderen, wann immer ihm seine Studioarbeit dazu Raum ließ, und er begleitete in England so ziemlich alles, was in der Gitarristik Rang und Namen hat oder hatte, von dem Briten-Duane-Eddy Bert Weedon bis zu Segovias Kronprinz John Williams, der mit Sky und anderen Gruppen immer gern mal über den klassischen Zaun schmulte. 1975 bot ihm Grappelli, nun mit »i«, einen Platz in seinem Quartett an. Überhaupt waren und blieben des alten Reinhardt-Gefährten Gruppen die wohl interessantesten »Labors« für vielversprechende oder bereits arrivierte Gitarrespieler der HCdF-Linie, wenn man zum Beispiel an Barney Kessel, vor allem aber an John Etheridge, Philip Catherine und **Martin Taylor** denkt.

Letzterer nahm 1979 eine Duo-LP mit Isaacs auf, die, wenn man so will, wie eine nahezu logische Verlängerung der Reinhardt'schen Ideen in die Gegenwart wirkt, falls man das von diesem englischen *Duo* überhaupt so sagen kann. Es steckt darin mindestens ebensoviel von Kress und Barnes wie von Reinhardt und Nin-Nin, wie ohnedies interessant festzustellen ist, daß – von Isaacs (wenn er denn zum Jazz kommt) und Disley abgesehen – eigentlich keiner der jüngeren Gitarristen aus dieser Linie wirklichen »puren« Django pflegt, zumindest: nicht mehr, nachdem ein jeder von ihnen mit DR begonnen hatte. »Er ist unbeschreiblich!«, schwärmte der 14 Jahre ältere Larry Coryell über Taylor: »Vor einigen Jahren hatte ich in Kanada ein paar Auftritte mit Stephane [Grappelli], zu der Zeit, als er mit Martin, John Etheridge und [Bassist] Jack Sewing spielte. Martin Taylor hat mich regelrecht geplättet durch seine Fähigkeit, wie eine ganze Band zu klingen, solo. Er ist unglaublich. Und noch so jung!«[109] In Essex 1956 geboren und Wahl-Schotte, ist Martin »einer dieser jungen Musiker, der

Django und seine Vettern

dem Raum-Zeit-Kontinuum trotzt«, hat Dig Fairweather in seinem Covertext zu der Duo-LP reichlich weit hergeholt: Er wuchs musikalisch mit Lennon und McCartney auf, »und es gibt keinen Grund, warum er zufällig auf die Idee gekommen sein sollte, überhaupt Jazz zu spielen. Allen Umständen zum Trotz erschien er, als Gitarrist schon völlig flügge, Anfang der 70er auf der Jazz-Szene und hat sich seither etabliert als Britanniens vielversprechendster junger Mainstream-Jazzmusiker.« Wenigstens dieser Satz stimmt. Taylor hatte da schon mit Al Grey gespielt und dem – ebenso gitarrefreundlichen – Kornettisten Ruby Braff, der, siehe oben, noch bis zu Barnes' Tod mit letzterem live und im Studio gearbeitet hat. Sein Ton ist ein wenig härter als der Isaacs' (und überhaupt der bejahrteren Spieler). 1981 spielte er dann die LP ein, die ihn endgültig und supranational als vorzüglichen Gitarristen etablierte – *Skye Boat*, im Trio mit Peter Ind, b, und Jimmie Smith, dr, eine Concord-Produktion, auf der nun exquisit zu hören ist, mit welcher *Präzision* dieser Mann auch die schwierigsten Leitern erklimmt. Mit vier hat er begonnen, Gitarre zu zupfen. Der Vater spielte Baß und Gitarre, und mit 15 war er Profi. »Ich habe dadurch gelernt, daß ich andere Musiker hörte und kopierte«, berichtete er, »die ihrerseits Platten gehört und kopiert hatten – die es aus zweiter oder dritter Hand hatten«. Und:

– die Leute kamen zu mir und sagten: ›Du, ich kann hören, daß du 'ne Menge Charlie Christian gehört hast.‹ Mh, dabei hatte ich, bis ich Anfang zwanzig war, Christian überhaupt noch nicht gehört. Ich lernte von anderen Leuten, die durch ihn inspiriert worden waren. Insofern ist, was mein eigenes Spielen angeht, irgendwas ein bißchen schief gelaufen... Ich spielte einfach [ohne die Griffe zu kennen], und dann sagten die Leute: ›Was ist'n das?‹ Und ich sagte: ›Weiß ich nicht. Ich weiß nicht, was das ist.‹ Das ging 'ne ganze Weile so... Und dann kam der Anruf von diesem Typen, der sagte, du wolltest doch so gern bei dieser Sommer-Session oben in Nordwest-England mitmachen und fragte: Kannst du vom Blatt spielen?‹ ›Klar‹, sagte ich und hatte nicht den geringsten Schimmer, weil ich nur um jeden Preis 'raus und spielen wollte. Also bin ich da hin... Die meiste Zeit waren es nur Griffsymbole, die ich lesen konnte, aber wenn es an Noten ging, fiel mir mein Plektron 'runter oder so was, oder ich sagte zu dem Klaviermann: ›Die Kopie hier ist das Letzte. Was soll'n das hier heißen?‹ Und dann hörte ich's und konnte es sofort spielen. Dann wußte ich genau, um was es ging. Die Art, wie ich Notenlesen gelernt habe, ist wirklich komisch – genau andersherum, als es normalerweise geht...[110]

Wenn Taylor komponiert,

dann ging das nie mit einer Gitarre in der Hand. Ich mache das immer ganz im Kopf. Sobald ich eine Gitarre in der Hand habe, kann ich an gar nichts mehr denken. Das gilt auch für die Ausarbeitung von irgend etwas für die Gitarre, einem Solo zum Beispiel, dann mache ich das im Kopf und nicht auf der Gitarre. Man ist frei von den technischen Problemen auf der Gitarre. Es ist sogar so, daß ich versuche, ganz zu vergessen, daß ich Gitarre spiele, so daß die Musik herauskommt und nicht irgend etwas Mechanisches.[111]

Taylor, der im Sommer 1992 Herb Ellis bei den Great Guitars vertrat, hat häufiger mit seinem Landsmann **John Etheridge** zusammengespielt, mit und ohne Grappelli. Und Etheridge beispielsweise hat mit Bireli Lagrene und Diz Disley

Django und seine Vettern

eine umwerfende Platte aufgenommen, die den Django-Bogen erst recht zu ihm hinüberschlägt und damit zu einem Gitarristen, der nicht erst Vic Juris brauchte, 1988, um zu beweisen, daß er Taylor nicht nachsteht. 1948 geboren ist er, hat, wie Taylor, zunächst mit der Popmusik seiner Tage geliebäugelt, vor allem mit den Soli Hank B. Marvins von den Shadows, und mit 13 das Gitarrespielen begonnen. Treibende Kräfte dazu waren Wes Montgomery, Joe Pass und eben Django Reinhardt gewesen, aber John interessierte sich daneben durchaus auch für die Spielweisen von Hendrix, von Jeff Beck und Eric Clapton. Allan Holdsworth, der heutige Synthaxe-Gigant, hatte damals »Soft Machine« verlassen und den Weg für Etheridge dort freigegeben, dann spielte der Vielseitige gar mit Grappelli und Yehudi Menuhin ebenso wie mit Didier Lockwood, Darryl Way und Ric Sanders, bis er 1980 seine eigene, im Rockjazz orientierte Gruppe »Second Vision« ins Leben rief – was ihn alles nicht davon abhält, immer wieder auch seine Nylonstring-Konzertgitarre zu bedienen...

Die beiden gewiß bedeutendsten gitarristischen Landsleute Django Reinhardts dürften **René Thomas** und Jean »Toots« Thielemans sein. Thomas (1927 bis 1975) hatte von Reinhardt selbst Ermutigung und Förderung erfahren und zunächst nichts anderes im Sinn, als eine Art verlängerte Stimme seines musikalischen Herrn und guten Freundes zu sein. 1945 allerdings machte er, vor allem durch seine Mitwirkung bei einer Show für GIs, Bekanntschaft mit amerikanischem Jazz. Mit der LP *Guitar Groove* stellte er sich dann Anfang der 60er Jahre dem amerikanischen Publikum vor, und auf der Frontseite des Covers steht zu lesen: »Die Gitarre, die René Thomas auf diesem Foto hält... ist eine von vielleicht höchstens fünf, die auf der ganzen Welt verstreut noch gespielt werden. Sie ist das gleiche Modell, das Charlie Christian benutzte, der Gründervater des modernen Gitarrenjazz – ein Faktum, das allen Gitarrespielern und Fans erklären wird, warum der in Belgien geborene Thomas zehn Jahre auf die Suche nach einem dieser raren Instrumente verwandt hat. Als er schließlich eines entdeckt hatte (er mußte sich das Geld für den Kauf borgen!), war das mehr als einfach ein Gitarrenfund. Es war ein Wirklichkeit gewordener Traum. Sagt Thomas: »Der Sound dieser Gitarre ist ein Symbol und ein Ziel für mich...« Jimmy Raney und Jimmy Gourley waren die beiden Gitarristen, die den europäischen Kollegen sehr nachdrücklich zu Christian »bekehrt« hatten. In Paris hatte er zuvor hauptsächlich mit dem Tenorsaxophonisten Bobby Jaspar gespielt. Jasper auch war es, der Thomas die Chance zu der ersten US-Platte vermittelt hatte. In den Staaten spielte der von Reinhardt zu Christian konvertierte Belgier dann u. a. bei Miles Davis, Sonny Rollins und Zoot Sims. Zu dieser Zeit ließ er sich in Montreal nieder, arbeitete hauptsächlich mit J. R. Monterose zusammen, einem gleichaltrigen New Yorker am Tenorhorn. Von 1969 bis 1972 war er mit Stan Getz unterwegs und nahm mit ihm auf, dann arbeitete er wieder zumeist in Europa, u. a. mit Lucky Thompson, mit dem er die LP *Song Book in Europe* für MPS machte. In Spanien erlitt René einen Herzinfarkt, von dem er sich nicht mehr erholen konnte.

Toots Thielemans, der Mann mit der Mundharmonika, der fast ebenso gerne unisono zu seinen weichen Archtop-Läufen pfeift, wurde fünf Jahre vor Thomas geboren, hatte zunächst nichts anderes als Mathematik im Kopf, bis er 1941 Django-Reinhardt-Aufnahmen hörte, die ihn sehr rasch zum Selbststudium der Gitarre animiert hatten. Binnen drei Jahren war er firm genug, erfolgreich in amerikanischen Militärklubs aufzutreten; 1947 besuchte er zum erstenmal die USA, wo er sich vier Jahre später niederließ, nachdem er eine nicht minder erfolgreiche US-Tournee mit dem Benny Goodman Sextet absolviert hatte. Doch erst die folgenden sechs Jahre im George Shearing Quintet etablierten seinen Namen in den USA. 1959 gründete er seine erste eigene Gruppe, arbeitete viel für New Yorker Radiosender und, bis 1969, als gefragter Studiomann. Dann holte ihn Quincy Jones zu einigen bemerkenswerten Projekten. 1972 konzertierte er mit einem eigenem Quartett in der UdSSR. Mit seinem »Bluesette«, einer außerordentlich geglückten Mischung aus gallischer Kantibilität und amerikanischem Drive, schrieb dieser humorvolle Mann, der im Duo etwa mit Bill Evans zum tiefschürfenden Philosophen seines Primärinstruments werden konnte, sich fest ins *Real Book* ein.

Seltsam still wurde es um den Schweizer **Pierre Cavalli** (*1928) – der zunächst Geige spielte, um 1953, als er nach Paris umzog, aber auf der Gitarre Profi-Standard erlangt hatte –, nachdem der Pianist Friedrich Gulda ihn in seiner gesamteuropäischen All-Star-Gruppe als erstaunlich zukunftsorientierten Spieler vorgestellt hatte. Bei Gulda erwies sich Cavalli streckenweise als eine Stimme, die Attila Zollers bahnbrechende Ausflüge in den Free Jazz vorausnahm. Cavalli, Quincy-Jones- und Michel-Legrand-erfahren auch im Verfassen von Filmmusik und kommerziellem Orchester-Arrangement, soll noch Ende der 70er Jahre, so Summerfield, in Stephane Grappellis Gruppe gespielt haben, teilweise auch auf einer elektrischen Gibson-Doubleneck-Archtop, verschwand dann, ähnlich wohl wie der bedauerlicherweise völlig zu kurz gekommene Elek Bacsik, eine Zeitlang in Las Vegas, und seitdem ist von ihm nichts mehr zu hören...

In London 1942 geboren und im Mutterland seines Vaters, in Belgien, aufgewachsen ist **Philip Catherine**, ein Meister »zum Anfassen«, der in kleinen Klubs ebensogern und häufig zu hören ist wie in großen Sälen und Besetzungen und in letzter Zeit wieder viel mit dem dänischen Baßwunder Niels-Henning Ørsted-Pedersen gespielt hat, wie schon Anfang der 80er Jahre, als er mit ihm für Norman Granz' Pablo-Label die erstklassige Duo-LP *The Viking* aufnahm, der 1992 in gleichem Duo auf ENJA 7023-2 *Spanish Nights* auf CD folgten. Am 1. Juni 1991 hatte er im Großen Sendesaal des NDR in Hamburg ein denkwürdiges Konzert mit der NDR-Bigband unter Dieter Glawischnig, eine fulminante Hommage an Django Reinhardt mit dessen wie mit eigenen Kompositionen: Catherine, ein sensibler Poet des Instruments, dessen Verzierungen, insbesondere sein Tremolo, auch in amerikanischsten Kontexten nie verfehlen, auf seine tiefe Reinhardt'sche Prägung zu verweisen, ist mindestens ebenso stark von dem frühen Thomas beeinflußt worden und konnte das besonders in seinen belgischen Jahren etwa bei Fats Sadi oder Jack Sels nachdrücklich demonstrieren. Bis Ende der 60er Jahre blieb er dieser Linie treu, bis ihn die Jazzrock-Bewegung infizierte, insbesondere durch deren gitarristische Pioniere John McLaughlin und Larry Coryell. Anfang der 70er arbeitete er mit dem Geiger Jean-Luc Ponty zusammen, erst dann ging er für ein Jahr in den USA an die weltberühmte Profi-Schmiede der Berklee School of Music.

Als er zurückgekommen war, startete er zusammen mit dem Saxophonisten Charlie Mariano die erfolgreiche Gruppe Pork Pie. Catherine ist trotz aller Fusion-Praxis immer auch ein akustischer Spieler geblieben, und sogar sein verstärktes Spiel auf seiner ES-175 wirkt immer auffällig »akustisch«. Zurückgebracht zur akustischen Steelstring hat ihn Mitte der 70er Jahre vor allem die Duo-Kooperative mit Larry Coryell, einer Art des überaus attraktiven und erfolgreichen Vorläuferkonzeptes, das etwas später zu den akustischen »Dreier-Gipfeln« mit Coryell bzw. Di Meola, Paco de Lucia und McLaughlin führen sollte und sich eine Zeitlang fest etabliert hatte, nachdem Claude Nobs, Motor des Montreux Jazz Festivals, die beiden in sein 1976er Programm hineingeplant hatte. Kürzlich legte Philip eine im Mai 1988 auf Mick Goodricks eigenem Label Creatic Music Productions aufgenommene Platte mit **Miroslav Tadic** an der zweiten Gitarre, John Bergamo, perc, und dem Bansuri-Spieler David Philipson vor und hat mit dem Bassisten Miroslav Vitous Duos und Trios mit Mariano eingespielt. Der war, neben Palle Mikkelborg, Jasper Van't Hof, John Lee und Gerry Brown denn auch auf seiner ersten »prominenten« Longplay unter eigenem Namen dabei, *September Man* von 1974. War er auf dieser noch durchwegs elektrisch (mit einer Solidbody) zu hören, so war dann das schon ein Jahr später vorgestellte Album *Guitars* schon so etwas wie eine Darstellung der eigenen Bandbreite – durchweg eigene Kompositionen, darunter sein »René Thomas«-Gedenkstück für den in jenem Jahr gestorbenen Lehrer und Landsmann, und Stücke, auf denen er – neben Tarang und Piano – E-Gitarre, akustische Steelstring, Konzertgitarre, 12string und sogar Banjo spielte, sein wahrscheinlich »persönlichstes« Album, wenn man Catherines Stil nicht ohnedies als einen der intimsten, persönlichsten, auch: bewegendsten überhaupt in der Jazzgitarristik verstehen sollte.

Spricht man von Reinhardtianern, dann muß man für Frankreich **André Condouant** nennen, der noch in den 60er Jahren mit Lou Bennett, org, spielte, aber auch mit Kreuzungen von Jazz und Klassik auf der verstärkten Archtop experimentiert hat, mehr aber noch **Sacha Distel** (*1933), der sich immerhin 1983 mit einer LP namens *My Guitar and All That Jazz* zurückmeldete. Zweimaliger Gewinner des Top-Gitarrenpolls des *Jazz-Hot*-Magazins (1954, 1956), machte er, nachdem er Ende der 50er Jahre noch sein beachtenswertes Album *Afternoon in Paris* mit John Lewis aufgenommen hatte, zwar durch allerlei Jazzfremdes Schlagzeilen, blieb gleichwohl dem Jazz und der Gitarre treu, wie das 1983er Album zumindest streckenweise demonstriert und auf dem er beispielsweise das Titelstück, eine Komposition von Lewis, neu einspielte, nun freilich in einer sehr viel größeren als der Quintett-Besetzung um Lewis und, leider, dem elektronifizierten Zeitgeist doch ein Stück allzu willfährig angepaßt. Das Instrument spielt der Neffe des bekannten Bandleaders Ray Ventura seit seinem 15. Lebensjahr, und vier Jahre später hatte er sich als Sideman von Kenny Clarke, Jaspar, Henri Salvador und Bernard Peiffer bereits zu Profi-Status hochgespielt und mit ihnen auf etlichen Platten mitgewirkt. In den USA holten ihn Gerry Mulligan und Stan Getz zu Konzerten in ihre Besetzungen – Kulmination einer Jazzgitarristen-Karriere, die zugunsten größerer Erfolge im Popbusiness zumindest vernachlässigt wurde – leider.

Und man muß unseren Zeitgenossen **Marc Fosset** nennen, einen bemerkenswerten, vielseitigen und vergleichsweise für französische Gitarrenverhältnisse innovativen Instrumentalisten, der noch 1977, im Duo mit Bassist Patrice Caratini, Vielseitigkeit auf elektrische und vor allem akustische Weise mit Miles-, Corea- und Piazzola-Variationen demonstrierte, dann aber in den Grappelli-Sog geriet, in dem er sich offenkundig so wohl fühlte, daß es zum *Duo* mit dem unverwüstlichen Ex-Django-Partner kam, in dem er konsequent zum Akustiker wurde, so auf der Concord-LP *Stephanova* (1983) oder auf der 1984 geschnittenen *Looking At You*, wobei zwar nicht die Fosset-, wohl aber die Grappelli-Eigenkompositionen die kräftige altfranzösische Handschrift tragen. Festzuhalten bliebe vor allem, daß Fosset in allererster Linie ein superber Begleiter, aber auch, im Solo, Akkordtechniker ist (wie er auf hinreißende Weise z. B. beim Berliner Jazzfest 1984 in einer Grappelli-Triobesetzung demonstrierte), der sich im Laufe der Jahre merklich weiter aus dem Schlagschatten des übermächtigen *manouche* entfernt hat als zum Beispiel Pierre Culaz, Jean Pierre Sassoon, Frédéric Sylvestre, **Gérard Curbion**, **Laurant Boll**, dann die einzige Dame in dem Zirkel, **Marie-Ange Martin**, oder auch der Akustiker **Raphaël Fays**, der gerade erst – 1991 – mit *Voyages* eine neue Platte vorlegte, die – mit Pierre Blanchard, viol, **Pierre Perez**, rh-g, Claude Mouton, b, und Sidney Thiam, perc – nur wenig vom klassischen QHCF-Konzept abweicht, auch wenn Fays dann und wann über die Pyrenäen in Paco de Lucias Spanien hinüberlugt.

Applaus für **Christian Escoudé**. Über den schreibt Alain Antonietto zu seiner bislang letzten CD *Christian Escoudé with Strings plays Django Reinhardt*, (Verve 510 132-2):

> Sehr wenige Jahre, in denen nicht immer wieder irgendein »neuer Django« proklamiert wird, irgend jemand, der »einfach genau wie er!« spiele. In diesen Fällen ist das weniger

Django und seine Vettern

eine Frage der Näherungen an den Geist des Meisters als die eines schamlosen Wiederaufgreifens jedes seiner virtuosen Soli, immer wieder, auf Ton-für-Ton-Basis und, nach Möglichkeit, sogar noch schneller! Mit dem Risiko freilich, die eigene Seele einzubüßen... Womit man Meilen entfernt wäre von dem respektvoll-distanzierten Spiel Christian Escoudés, eines kompromißlosen Künstlers, ... dessen musikalische Reife, letztlich anerkannt zu beiden Seiten des Atlantik, ihm gestattet, sich des Werks des großen Zigeuners mit der erforderlichen ruhigen und heiteren Gelassenheit anzunehmen... Denn Escoudé verbrachte, wie alle selbstbewußten Zigeuner, seine ganze Jugend absorbiert in diesem faszinierenden Universum; eine Reihe Django'scher Melodien blieben da völlig vertraut, seit jener Zeit verfügte unser Gitarrist über die Intelligenz (und den Mut), andere Regionen zu erkunden, anderes Repertoire...

– wobei tatsächlich interessant zu beobachten war und ist, wie Escoudé die Gratwanderung zwischen totaler Reinhardt-Immersion und völliger Kappung der Nabelschnur durch die Jahre virtuos bewältigt hat, z. B. seit seiner 1979er Duo-LP mit dem Cellisten Jean-Charles Capon (*Gousti*) über seine Kooperation in der Christian Escoudé Group featuring Toots Thielemans 1982 oder, mit Catherine, im Trio mit Geiger Didier Lockwood (*Rio*).

Wirkliche Djangologie, konsequent in *approach*, von Temperament und Herkunft und in ihrer swingenden Aggressivität und Spielfreude unübertroffen aber bleiben die **Ferrés**, eine Familie, wie sie gitarristischer nicht sein kann. Vater **Matelot**, aber auch dessen Brüder **Sarane** und **Barreau Ferré** waren allesamt Django-Zeitgenossen und in ihrem Rahmen durchaus in Frankreich angesehen und geschätzt *in their own right*, wie man so schön sagt. Herausragend aber sind Matelots Söhne **Boulou** und **Elios**, zwei Giganten der Steelstrings, die Gott sei Dank die Gunst des skandinavischen Labels SteepleChase genossen, um uns ausreichend demonstriert zu haben, wie ungeheuer faszinierend, wieviel *Jazz* aus Django-Erbmasse doch herauszuholen ist, haarbreit neben dem Meister her. Besonders Boulou – der galt als Wunderkind, saugte Segovia und Bird und Dizzy ein wie andere Kinder Muttermilch und beherrschte schon in zartem Alter das klassische wie das Jazzvokabular in verblüffendster Weise bei urwüchsigstem Naturell. Mit neun Jahren trat das Knäblein bereits solo auf, stark geprägt von Reinhardt, aber auch Farlow und Wes. Gerade 20, nahm Boulou 1971 auf Barclay seine erste Scheibe auf, woraufhin sich alle möglichen Paris-Fahrer von Dexter Gordon über Gordon Beck bis hin zu T-Bone Walker um ihn rissen, selbstredend auch Monsieur Stephane. Für den Duke war Boulou *der* Bannerträger der Reinhardt-Tradition; gleichwohl trat er immer auch wieder auf Festivals rein klassisch oder mit Leuten wie Bernard Lubas oder Gilbert Rovère auf. Überragend und unwiderstehlich aber sind seine Takes im Duo mit Bruder Elios, die oft angereichert wurden beispielsweise mit Niels-Henning (auf *Trinity*) oder dessen Kollegen Jesper Lundgaard (*Nuages*) oder dazu noch Drummer Ed Thigpen (*Relax and Enjoy*).

Larry Coryell, hier mit einem der Ovation-Steelstringmodelle. Sein Spiel im Gary Burton Quartet 1967 bedeutete die Jazzrock-»Revolution« auch in Europa. Und wieder war die Gitarre der entscheidende stilistische Schrittmacher. Trotz einer Phase persönlicher Probleme blieb Larry der wohl bedeutendste Gitarrist der jüngeren Jazzgeneration

Über Django in den USA ist schon gesprochen worden, insbesondere im Zusammenhang mit Les Paul. Und man muß neben ihm **Jimmy Stewart** nennen, einen zumindest von seinen Anfängen her stark Reinhardt-bezogenen Spieler, der sich, vom Jahrgang 1937, stark als Co-Editor von Jazzgitarre-Noten und Lehrbüchern (Howard Roberts, Wes Montgomery) hervorgetan und bei Richard Pick an der Chicago School of Music auch klassische Gitarre studiert hat. Heute ist Stewart ein stilistisches Riesen-Chamäleon, wie es jedem Studio-Pro ansteht. Mit 19 hatte er bereits in Vegas gespielt, drei Jahre lang mit dem ungarischen US-Einwanderer Gabor Szabo im Gitarrenduo eher ätherischen Jazz oder -verwandtes für elektrische und Nylonstring-Gitarre, eine reizvolle und nicht häufige Mischung, wie sie beispielsweise etwas später von Charlie Byrd und Herb Ellis für eine LP praktiziert werden sollte. Nach einer erfolgreich bestandenen »Guitar Night« im Donte's stellte Jimmy sich sein eigenes Jazzquartett zusammen und spielte dann mit *Fire Flower* sein erstes reines Jazzalbum ein.

Der weitaus bekanntere Gitarrist hier ist aber natürlich der omnipräsente, omnipotente **Larry Coryell**, der im Prinzip nirgendwo als bei sich selber eingeordnet werden dürfte, ein Proteus der jüngeren Generation, dem eine längere Schaffenspause aufgrund »persönlicher Probleme«, wie man allenthalben zu vieles Trinken euphemisiert, nichts ausgemacht zu haben scheint, im Gegenteil: Coryell (*1943 in Galveston, Texas) hatte den Mut, darüber im *Guitar Player* und Jüngere warnend als einer zu schreiben, der – wie Baden Powell – mit sich selber wieder gänzlich klargeworden ist. Meisterleistungen sind ihm ohnehin nicht fremd. Wer McLaughlin sagt, muß auch Coryell sagen. Daß er seinerzeit aus dem akustischen Trio mit de Lucia und McLaughlin hinausflog, lag ursächlich nicht an seinem Spiel, sondern an seinen Problemen, die es beeinträchtigt hatten.

Mit 12 Jahren fing Larry auf der Ukulele zu zirpen an, nachdem ihm der häusliche Klavierunterricht allzuviel nicht gegeben haben kann. Als 1950 seine Familie nach Richmond in Washington umgezogen war und er dann 15 geworden war, nahm er Gitarrenunterricht und schwenkte alsbald zur E-Gitarre um. »Ich kam zum Jazz durch meinen ersten Gitarrelehrer«, gab er Bob Ness zu Protokoll. »Er spielte mir einige Platten der besten Gitarristen dieser Zeit vor – Johnny Smith, Tal Farlow, Barney Kessel und sogar Les Paul. Und als ich die gehört hatte, sagte ich: ›Das ist mein Ding‹. All diese komplizierten, schnellen, schön klingenden Singlenote-Linien und Akkorde.«[112] Sein Debüt auf Schallplatte (*The Dealer*) hatte Coryell in der Gruppe von Chico Hamilton Mitte der 60er Jahre, in der er Gabor Szabo ablöste. Allerdings: »Bis zu der Zeit, als ich Gabor kennenlernte«, sagte er kurze Zeit später im *Guitar Player*, »war ich mehr so ein Typ, der mit seinem Gitarregespiele Leute beeindrucken wollte, und er [Gabor] machte mir klar, daß das, was ich *eigentlich* ausdrücken wollte, die Musik war, die in mir war und nur nicht 'rauskam.«[113] Hamilton machte es möglich: Es kam heraus – erst recht zwei Jahre später, als er in das legendäre erste Quartett des Vibraphonisten Gary Burton eintrat, mit Steve Swallow am Baß und Bobby Moses am Schlagzeug. Die Wirkung der Gruppe, insbesondere im legendären Gitarren-Workshop anläßlich der Berliner Jazztage 1967, war fast epochal und stellt im kammermusikalischen Rahmen ungefähr das für den Jazz dar, was im »Fillmore« Miles Davis mit McLaughlin bedeutete – hier die Öffnung zum Rockjazz, in Berlin, über Nacht, der Run auf diese eher sanfte, impressionistische Fusion-Musik. Und was für die Bewertung McLaughlins das *Extrapolations*-Album, das wurde für Larry sein *Spaces* – wieder eine Parallele. Sagt Coryell: »Ich darf sagen, daß John McLaughlin außer mir der einzige Gitarrist in der Welt ist, der Musik spielen kann, die niemand sonst spielen könnte.«[114] Kein Wunder, daß er den Engländer zur Mitarbeit auf *Spaces* eingeladen hatte.

Nach Burton kamen Herbie Mann und die berühmt gewordene LP *Memphis Underground* und ein Coryell, der hier jene stilistische Vielfalt demonstrierte, die für ihn synonym werden sollte – alles von Countrymusic über Blues, Bop-Jazz, Free-Anklänge und – Rock. Und er fand überhaupt nichts dabei, seine Rockwurzeln sogar noch 1968 mitten ins Jazz Composers' Orchestra hineinzutragen, vor dem er in seinem Solo in »Communications No 9« fast ausschließ-

Django und seine Vettern

lich mit Feedback arbeitete. Das war, bis Coryell damit anfing, eine gefürchtete Sache. Nun fand sie, ziemlich plötzlich, sogar im modernen Jazz ihren Platz. Im Rock hatte Jimi Hendrix längst damit experimentiert und es seiner schier unerschöpflichen Sammlung von Effekten einverleibt. »Ich hasse ihn richtig«, sagte Coryell über Hendrix, »weil er mir alles wegnahm, das mir gehörte. Ich wollte zu der Zeit ganz genauso spielen. Ich wußte, das war *der* Sound. Er hat mir alles gemopst. Mann, so eifersüchtig bin ich noch nicht mal auf meine Katze... Jimi Hendrix ist der größte Musiker, der je gelebt hat, zumindest, was mich angeht«, sagte er in dem 1970er Interview auch noch (und würde das heute gewiß relativieren): »Die Sachen, die ich ihn in Jam Sessions machen sah, gehörten zum dollsten Jazz, den ich je gehört habe.«[115]

Das mag man sehen, wie man will, das war 1970. Fünf Jahre später machte Leonard Feather mit Ralph Towner den Blindfold-Test und spielte ihm das schier unglaublich interpretierte »René's Theme« von René Thomas aus *Spaces* vor, und Towner erkannte die beiden sofort: »Das waren Larry und John im Duett. Irgendwie ein hysterisches Stück, wie ein *shootout*, aber mir gefällt die Tatsache, daß es im Django-Stil gespielt wurde. Das rettet ihm seine Anmut, wirklich. Es war krude, aber ich weiß, daß sie vor der Aufnahme überhaupt nicht geübt hatten. Also unter diesen Bedingungen – es ist wirklich ein Kräftemessen – ein wirklich hübsches Ding. Es kann toll sein, gute Spieler zu haben und die dann in eine kreative Aus-dem-Stand-Situation zu bringen: Man bekommt da eine Menge Aufregendes 'raus.«[116] Entscheidend hier ist der Reinhardt-Bezug, der gewiß für Coryell weit mehr Relevanz hat als für – den Europäer! – McLaughlin. Nicht nur hat Larry wie schon erwähnt in Villingen mit Grappelli Aufnahmen gehabt. Gerade auch im Duo-Spiel mit Catherine (*Twin House*, *Splendid* und Trio-Aufnahmen zusätzlich mit Joachim Kühn etc.) hat der Amerikaner nicht nur aus lauter Freundlichkeit Philip gegenüber diese Bezüge deutlich aufgedeckt – vorausgesetzt, er spielte akustische Gitarre. Das tut er, der mittlerweile die Zeiten seiner elektrischen Gruppe Eleventh House weit hinter sich gelassen, mit Stu Goldberg und Dr. L. Subramaniam u. a. 12saitig akustisch spielte, ein weiteres akustisches Duo mit Steve Khan bildete und – dabei hochanspruchsvoll Schiffbruch erleidend – auf der Steelstring im Duo mit dem ebenfalls vor nichts zurückschreckenden klassischen japanischen Wunder-Gitarristen Kazuhito Yamashita (»Bilder einer Ausstellung« , Beethovens Violinkonzert, Strawinski etc.) an Vivaldis offenbar unvermeidlichen »Jahreszeiten« naschte – das, wie gesagt, tut er fast nur noch, und das bereits seit Jahren, wenn er nicht zum Beispiel für das Concord-Etikett zu Duos mit Emily Remler zusammenkam. Und 1983 hat er das sehr gut formuliert, ähnlich wie 1976 McLaughlin, als der sagte: »Ich bin kein Musiker für Musiker. Ich bin ein Musiker für Nicht-Musiker. Das ist es, was ich sein will, und das ist, was ich auch in Zukunft sein will. Was ist denn ein Musiker schon, wenn er es nicht für Nicht-Musiker ist? Ich bin Musiker, ich bin das Gehör der Menschlichkeit... Musiker

Django und seine Vettern

sind da für Leute, die nicht hören können, und Maler sind da für Leute, die nicht sehen können, damit sie *lernen* können, zu hören und zu sehen.«[117)] Coryell Ende 1983:

> Für mich war das fällig [der Wechsel von der E- zur akustischen Gitarre], weil die elektrische so laut geworden war. Als ich anfing, elektrische Gitarre zu spielen, spielte ich sie in normaler Lautstärke. Dann gingen wir durch all die Revolutionen mit der Gitarre in den 60ern. Aber das war eine Reflektion der Zeiten. Um diesen Sound zu kriegen, mußte man laut sein. Was jetzt aber geschieht, das ist, daß Musik sich wieder dorthin gewandt hat, wo sie war, als ich Ende der 50er, Anfang der 60er im Staat Washington aufwuchs: Ich war Wes-Montgomery-Fan. Und jetzt höre ich wieder seine Platten... Ich war mein ganzes Leben Gitarrist, und jetzt will ich Musiker sein. Darin steckt ein Paradoxon, weil ich von nur sehr wenigen Leuten weiß, daß sie soviel an ihrer Technik gearbeitet haben wie ich. Ich habe das richtig studiert und daran gearbeitet, und ich scheine wirklich so was wie von Natur aus technikorientiert zu sein. Das schreiben mir Leute zu, die mich mögen, aber auch Leute, die mich nicht mögen. Aber jetzt will ich weiter. Ich möchte einfach ein Musiker sein.[118)]

Und wie eine Ergänzung dessen liest sich, was Larry zu seiner bisher letzten Platte (Sommer 1992) schrieb:

> Ich kann das Jahr 1985 als eine Art Wendepunkt in meiner Richtung als Komponist kennzeichnen, als nämlich die Zielsetzung die wurde, eine Art alternativer jazz-inspirierter Musik zu schaffen, die sich konzentrieren sollte auf die akustische Sologitarre [z. B. in *Standing Ovation*], die, per se, nicht allzusehr nach Jazz klang. Dieses Album [*Twelve Frets to an Octave*] ist eine Fortsetzung dessen, was ich zu tun versucht habe – eine anmutig-elegante Vermischung von Stilen, mit der Gitarre gleichsam wie mit dem Malerpinsel, auf einer simplen, aber nicht simplistischen Leinwand aus Klang/Stille...

Seite 99 zeigt eine Kostprobe aus dem Stück »Lotus Revelation« von dieser CD, ein »langsames Stück mit viel *space* [Stille] und drei verschiedenen Flageolett-Arten. Bis auf die ›brush‹ *harmonics*, die ein Plektron erfordern, könnte das Stück ganz in Fingerstyle gespielt werden«, schreibt er dazu.

Last, not least und separat: **Bireli Lagrene**. Der war grüne 13, als er 1980 den mit 10000 Mark dotierten Preis der Deutschen Phono-Akademie einheimste, nachdem er schon als 12jähriger elsässischer Buttje u. a. in Darmstadt beim Zigeuner-Musikfestival den Hörern die Ohren verdreht hatte – ein veritables Wunderkind, das dieses Prädikat nun zur Abwechslung mal wirklich verdient hatte, heute allerdings drauf pfeift, weil es sich stets nur auf des Jungen djangoistische Leistungen bezog, aber doch, in den 80er Jahren, der jüngste Django, den es, zumindest in deutschen und dicht benachbarten Gefilden, je gegeben hatte. Sechs Jahre später bekam er sein Interview im amerikanischen *Guitar Player*, ein Ritterschlag auf dem Weg in die Hall of Fame der Gitarristen, zu Lebzeiten, versteht sich:

> Ich hatte einen Gitarrenlehrer, um Skalen und Plektrumtechnik zu lernen, aber er sagte, ich wüßte schon alles und schickte mich nach 'ner halben Stunde wieder nach Hause...

Django und seine Vettern

Notenbeispiel 4: »Lotus Revelation«

Ich spiele auch mit den Fingern. Zum Üben spiele ich viel klassische Gitarre – Bach-Stücke, die ich mir ausgesucht habe. Manchmal kombiniere ich auch Finger und Plektrum. Auf der elektrischen Gitarre benutze ich ein mittelstarkes Plektron. Wenn ich akustisch spiele, benutze ich ein dickes, es gibt mehr *attack*... Es gibt keine Formeln [für das Interpetieren von Django-Stücken], ich muß sie nur in jeder Tonart spielen können. Ich mache sie einfach nur moderner, als sie sind. Ich habe [z. B.] »Nuages« auf einer elektrischen Gitarre, in völliger *funky*-Art, mit Verzerrung gespielt.[119]

1981 hatte Bireli bei dem damals gewissermaßen »um ihn herumgebauten« Label »jazzpoint« mit Bruder **Gaiti** und **Tschirgo Loeffler** an den Rhythmusgitarren und Bassist Jan Jankeje unter dem Titel *Bireli Swing 81* sein Plattendebüt präsentiert und Lobeshymnen allerorten ergattert – kein Wunder. Denn in dem damals tatsächlich noch strikt Django-ausgerichteten Spiel steckte bereits alles drin, was die rasend schnell marschierende Zukunft für den Knaben, der sehr rasch zum lässig-souveränen Mann wurde, bringen sollte. Kürzlich legte »jazzpoint«, von dem sich Lagrene zwischenzeitlich verabschiedet hat, eine sechs

Jahre umfassende Lagrene-Bilanz vor, *Highlights*, und die *notes* zu denen lesen sich denn auch symptomatisch für seinen schnell erwachten unbedingten Willen, den Übervater Reinhardt schnell abzustreifen: 1979 *Bireli Swing 1979* mit Pianist Jörg Reiter, Loeffler, rh-g, und Jankeje – 1981 bereits im Duo mit Philip Catherine in Frankfurts Alter Oper – Solo aus der Debüt-LP vom selben Jahr – 1982 in der 81er Gründungs-Besetzung »Querelle« für Fassbinders gleichnamigen Film – 1985 mit Gitarrist Vic Juris im Duo – 1986 mit Jaco Pastorius am Baß und am Klavier, Auskoppelung aus einer denkwürdigen LP/CD, im März des Jahres in Stuttgart aufgenommen während eines Live-Konzerts, *Stuttgart Aria*: Schneller als sonst irgendein Gitarrist europäischer Provenienz[120] spielte der ehemalige Reinhardtianer nicht nur hier, sondern auch drüben mit Amerikanern zusammen – souverän, wie gesagt, und mittlerweile häufig sehr elektrisch und nach meinem Eindruck während eines Konzerts in der Hamburger »Fabrik« irgendwann Ende der 80er Jahre mit starkem Rockeinschlag und, wenn nicht das, dann doch eher in »the Scofield vein«. Geblieben ist er, was er von Anfang an war: ein begnadeter Improvisator, der aufgrund seines ausgeprägten Ego nie nur kopierte und der vor allem *swingte*, wie es sein früherer Held nie beherrscht hat, auch wenn er, ich habe das früher zitiert, in seiner Anfangszeit tatsächlich noch meinte, Le Renard habe den Bebop in Europa vorweggenommen.

Die Bewahrer des Erbes: Die Elektriker

Gruppenbild mit Dame

»Eine der größten Betrüblichkeiten in der amerikanischen Kultur ist ganz gewiß das Trachten danach, ihre eigene Vergangenheit zu zerstören«, schrieb James Sallis in seinem *The Guitar Players* (New York 1982) – ein in seiner Pauschalität merkwürdiges Statement. Denn schaut man sich die Szene der Jazzgitarristen genauer an, die ich vorzugsweise unter »Erbwahrer« und Leute mit dem großen jazzhistorischen Überblick längst unter »traditional« fassen, dann entdeckt man mühelos, daß gerade diese Szene die umfassende und vielseitigste ist und von einer Vergangenheitsverleugnung nun gerade überhaupt die Rede sein kann. Man kann Beispiele herausgreifen – Herbie Hancock, der bei allen kommerziellen Erfolgen immer wieder zum Jazz zurückkehrt, Keith Jarrett, der immer wieder dem Bebop huldigt oder, unter den Gitarristen, die sich dem leichten Geld im einen oder anderen Falle, wenn sie sich nicht in Studios einzugraben gedenken, hingeben: George Benson, der zum einen als Vokalist ein gehobenes Pop- oder Top-Forty-Publikum zu erbauen trachtet und dennoch immer auch Jazz spielt, ein Paradebeispiel, dem man eine beträchtliche Zahl anderer hinzufügen könnte: Howard Roberts, Gitarrenpädagoge und Jazzgitarrist, besorgte das Fingerschnippen am Anfang von Peggy Lees »Fever« ebenso wie die schweren Akkorde in Duane Eddys »Because They're Young«. Barney Kessel hat in Kalifornien, ohne ihn je persönlich kennengelernt zu haben, für Elvis Presley Tonspuren bespielt und wie Roberts den Twangy-Man Duane Eddy unterstützt. Und so weiter, und so weiter. Europäer, insbesondere Deutsche, haben da noch eine Menge zu lernen von der amerikanischen Einstellung, daß es nicht um das Etikett einer Musik gehen sollte, sondern darum, ob die Musik gut oder schlecht ist. Je kritikanfälliger sie ist, desto schneller wird sie in Schubladen verfrachtet wie in Stützkorsetts.[121]

Man muß das also zurückweisen. Oder doch wenigstens relativieren: Hier sind die Avantgardisten, dort die Kommerzialisierer. Und ebenso sind da die »Tradies«, diese bemerkenswerte Zunft von Gitarristen, die mehrheitlich zwischen den 20er und den 60er Jahren geboren wurden – das gesamte Spektrum zwischen, sagen wir, Herb Ellis und Mark Whitfield.

Die Bewahrer des Erbes: Die Elektriker

Bleiben wir bei den verstärkten Gitarristen, die man fast durchweg als Christianer verstehen muß, wenn sie nicht, sozusagen an ihm vorbei wie Al Casey und andere, direkt aus der Swing-Ära kommen, der anderen ersten Periode nach Einführung des elektrischen Instruments. Wenigstens *das* aber reiht sie in die Christian-Linie ein. Sie alle haben »Solo Flight« gehört und als Aufbruchssignal erfahren, wie **Bulee »Slim« Gaillard**, der 1991 starb und aus dem Jahrgang 1916 stammt, demselben, der bis vor kurzem als CC-Geburtsjahr verstanden und dann um drei Jahre korrigiert wurde. Slim kam aus Detroit und hat Ende der 30er Jahre mit Slam Stewart (»Slim and Slam«) eher »happy« Jazz gemacht, stark blues-orientiert und oft von ihm selbst aufs Klavier übertragen, auf der Gitarre mit einem Stil irgendwo zwischen Christian und Casey, trocken, »pedal«-los, sehr swingend. Immerhin zogen Dizzy und Bird den Erfinder des notorischen »Flat Foot Floogie« zu einigen Aufnahmen heran; danach verlegte er sich mehr aufs Klavier, auf Show- und Kabarett-Einlagen, unterbrochen nur von einem 1970er Auftritt mit Stewart. Auf seinen später noch aufgenommenen Platten aber blieb er seinem bluesgeprägten Swingstil treu. In England spielte **Allan Hodgkiss** (gest. 1986) einen ähnlichen Stil noch bis Anfang der 80er Jahre. Er war ein Jahr jünger als Gaillard. Vom Jahrgang 1919 sind **Barry Galbraith** aus Pittsburgh und Joe Puma aus New York. Während Puma separat behandelt werden wird,[122)] gehört Galbraith, der Ex-Banjoist, der durch Eddie Lang und nicht durch Christian zur Gitarre kam, dennoch in diese Linie, seit er, nachdem er unverstärkt hinter Bing Crosby gespielt hatte, doch durch CC zum verstärkten Instrument kam – ein Autodidakt, der chronisch unterschätzt worden ist, aber erst durch Red Norvo und dann Teddy Powell seinen Ritterschlag erhielt. Anfang der 40er Jahre, bereits elektrisch, saß er in Claude Thornhills Band, und als er 1947 aus dem Wehrdienst nach New York zurückkehrte, wurde er schnell zum verlangten NBC- und CBS-Studio-Allrounder für solche VIPs wie Kenton, Tony Bennett, Goodman auch, Ella Fitzgerald und Peggy Lee. Sein Hauptrenommee aber erwarb er sich in den 50ern als zuverlässiger Akkordiker in der bewährten Studio-Rhythmgroup mit Milt Hinton und Gus Johnson.

Aus Texas kommt **Al Hendrickson** (*1920), der noch immer in den Hollywood-Studios arbeitet und als Jazzer eher so etwas wie ein »guitarists guitarist« gewesen ist, der in den 40er Jahren bei Artie Shaw und den »Gramercy Five« saß und dann bei Goodman und danach im wesentlichen ein sehr begehrter Bigband-Mann blieb etwa für Ray Noble, Neal Hefti, Woody Herman. 1962 stellten ihn endlich Dizzy Gillespie und Louis Bellson einem breiteren Jazzpublikum vor. Der »Rest« ähnelt den Daten für Galbraith. Auch Al blieb größtenteils Sideman etlicher VIPs und Bigbanders wie Lalo Shifrin, Nelson Riddle, Quincy Jones, Lena Horne oder Frank Sinatra. Aus Toledo kam **Arvin Charles (Arv) Garrison** (1922–1960), der auf der Ukulele begonnen und mit zwölf Jahren zur Gitarre gegriffen hatte und, bis er 18 Jahre alt war, in High-School-Bands Erfahrungen sammelte. Ein Jahr später, in New York, hatte er seine eigene Band

Gruppenbild mit Dame

und einen Stil, der sich an den von Remo Palmieri (*1923) und von Bill de Arango anlehnte, rund, ohne zu rund zu sein, kantig, ohne zu kantig zu sein, ein Stil, der später insbesondere Django Reinhardt auf der Elektrischen gefallen sollte. Dabei war Arv eigentlich durch ihn geprägt worden, was dann sehr deutlich in Garrisons Bebop-Linien einfließen sollte. Durch Parker gelangte er im März 1946 ins Studio, wo er seine ersten Aufnahmen mit ihm, Miles, Dodo Marmarosa und Lucky Thompson machen konnte, für das nagelneue Ross-Russell-Label »Dial«. Hier hat insbesondere seine erstaunlich »lyrische« Spielweise in der »Yardbird Suite« beeindruckt, aber auch seine ausgefeilte harmonische Technik in »Night in Tunisia«. Wenig später, im Trio der Bassistin Vivian Gray, tat er sich dann mehr linear hervor. Sein eigenes Lieblingssolo war das in »Five Guitars in Flight«, zu dem Bandleader Earle Spencer, ein stark von Kenton geprägter Neo-Progressiver, für seine Platte » *Concert in Jazz*[123] eine separate Gitarren-Sektion angeschleppt hatte – mit Tony Rizzi, Barney Kessel, Irving Ashby und **Gene Sargent**. Garrison und Gray heirateten, und sein Haupteinsatz galt weiterhin ihrem Trio.

A propos Damen: **Mary Osborne** (*1921) galt krisenfest bis zur kurzzeitigen Ankunft von Monette Sudler und später der viel zu früh verstorbenen Emily Remler als die einzige Jazzgitarristin überhaupt. Mary stammt aus Bismarck in North Dakota, und just dort hatte sie später Christian auch live hören können. Begonnen hatte auch sie, schon mit zartesten vier Jährchen, auf der Ukulele, in der Schule spielte sie mit viel Begabung die Geige, und mit neun hatte sie die Instrumentenwahl ihres Lebens getroffen. Schon bald musizierte sich, singend und Jazz spielend, der Teenager durch die Klubs des Bismarck-Bezirks, noch stark unter dem Eindruck von Lang, McDonough und auch Reinhardt. Das dauerte bis zu besagtem historischen Abend, als sie CC bei Al Trent hörte, woraufhin sie nichts Eiligeres zu tun hatte, als sich eine elektrische Gitarre und einen Amp zu kaufen und ihre Jazzauffassung gründlichst zu aktualisieren. Durch ihre folgende Arbeit mit dem Winifred McDonald Trio kam sie endlich aus North Dakota heraus und – nach New York, wo das Trio sich allerdings sehr schnell zerlegte, Mary aber mit ihrem erstaunlich schnell gereiften Stil sehr bald Jobs in Radio- und Aufnahmestudios bekam und für die Jazzklubs an der 52ten natürlich eine gehörige Attraktion war. Sie kam in Mary Lou Williams' Trio, jener Dame also, die so begeistert John Hammond zu Charlie Christian beschwatzt hatte. Nach Williams kam Dick Stabile, dann zog Mary nach Chicago, wo sie in Funk und Klubs nicht weniger als im Apfel zu tun hatte. 1944 hörte sie dort Leonard Feather, der sie flugs in ein Konzert in New Orleans einbaute, was ihr umgehend staatenweites Renommee als exzellente Jazzgitarristin bescherte. In Philadelphia gastierte sie mit Coleman Hawkins, und zwei Jahre später, 1946, ehelichte sie den Jazztrompeter Ralph Scaffidi, mit dem sie in New York blieb, wo sie ihr eigenes Trio über Jahre erfolgreich führte. Reinhardt jammte mit ihr und dem Trio in »Kelly's Stables«, ihrem Stammsitz, dann löste sich das Trio auf, woraufhin Mary Scaffidi freischaffend mühlelos vollbeschäftigt war, in Spitzen-Studiogruppen. Von 1962 bis 1968 widmete sie sich bei Albert Valdes Blain dem Studium der klassischen Gitarre. Die Familie zog dann nach Kalifornien, wo Mary weiterhin in Klubs spielt, aber auch klassische Recitals veranstaltet und Klassikgitarre unterrichtet.

Von Butlern, Löwen und Bäckern

Remo Palmieri (später: Palmier) ist bereits erwähnt worden, ein Gitarrist, der sich 1979 auf dem Concord-Label mit einer überzeugenden Quartett-LP unter eigenem Namen ins Gedächtnis zurückbrachte, nachdem ihn bereits für dasselbe Label Herb Ellis zur Kooperation auf der LP *Windflower* (CJ 56) herangeholt hatte. Und zu seiner LP schrieb John Lewis (vom MJQ) auf dem Cover: »Zu der Zeit, als ich mich in New York niederließ, war einer der gesuchtesten Gitarristen Remo Palmier. Er war nicht nur ein großartiger Jazzkünstler (dessen Poesie seine größte Gabe ist), sondern auch ein vollendeter Musiker. Dies ließ ihn zu einem der von Platten- und Rundfunkstudios begehrtesten Musiker werden. Wie der große Pianist Hank Jones verschwand Remo im Studioleben, war aber damit alles andere als verloren für öffentliche Jazzauftritte.« Was Platten betrifft, war diese LP dennoch ein wahrhaftiges Comeback, ungefähr vergleichbar dem *Return of Tal Farlow*, die Zurückmeldung eines wirklichen Lyrikers der Jazzgitarre, der, geboren 1923, ursprünglich Gitarre spielte, um damit sein Kunst-Studium finanzieren zu können. Statt bildender wurde er musizierender Künstler, begann als Profi im Trio Nat Jaffes 1942 und erwarb sich recht schnell den Ruf eines Ostküsten-Exponenten des Christian-Stils. Auch er spielte, 1943, mit dem Hawk und 1944 mit dem einmaligen *guitar freak* namens Red Norvo, der wie Goodman ein glänzendes Sidemen-Who's Who von Jazzgitarristen seiner Karriere als Bandleader erstellen könnte:[124] Glücksfälle für Gitarristen. 1944 spielte Remo mit eigener Gruppe für Billie Holiday auf der 52nd Street, mit Mildred Bailey in einer CBS-Radioserie und regelmäßig im Phil Moore Orchestra im Café Society. Im Jahr des Kriegsendes nahm er einige Platten in den Gruppen von Gillespie und Bigard auf und kam fest zur CBS New York in die Arthur Godfrey Show. Er blieb, später auch bei der NBC, der Arbeit für den Funk treu, weitab von allen Jazzaktivitäten allerdings, die er erst 1972 wieder aufnahm, immerhin, mit einem eigenen Quartett und ausschließlich in Klubs und mit Einsteigern vom Schlage Hank Jones, p, oder Bobby Hackett, tp. Bei Benny Goodman übrigens hinterließ er natürlich auch seinen Abdruck – 1974, im Rahmen einer stattlichen Reihe großer Konzertereignisse. So rar er sich immer im Jazz gemacht hat: Remo Palmiers gitarristische Stimme in der CC-»Schule« ist hochindividuell, Christian poetisiert, ohne »kopfig« geworden zu sein, kalkuliert, ohne berechenbar zu sein. Und gerade auch er hat für die kurze Periode, in der er sich dem verstärkten Instrument zuwandte, keinem Geringeren als Django Reinhardt mit als Klangvorbild gedient.

Wie man später *in summa* wird erkennen können: Es ist die Generation der in den 20er Jahren geborenen Amerikaner vor allem, die immens viel für die Ausbreitung des Christianschen Idioms getan hat. In der Generation der »Zwanziger«, wie ich sie immer nenne, sind denn auch die bekanntesten, vertrautesten Namen versammelt, aber eben auch eine ganze Schar wichtiger Exponenten, die – wieder mal das alte Lied – oft zu Unrecht übersehen worden sind, überstrahlt natürlich auch von den gar nicht so vielen ganz Großen dieser Zeit – ich denke hier beispielsweise an **Mundell Lowe** (* 1922), den Pfarrersohn aus Laurel, Missouri, formvollendet äußerlich wie in seinem Spiel sein Leben lang, der als 17jähriger schon in der Country-Metropole Nashville anlangte, wo er zu Pee Wee Kings Band stieß, mit der er u. a. in der »Grand Old Opry« Auftritte hatte, ohne, bitte schön, in den Western-Swing-Topf geworfen werden zu dürfen. Nach einem halben Jahr graste er allein den halben Süden der USA ab, und der glückliche Zufall wollte es, daß er 1943 in der US Army in Louisiana den Kritiker und Christian-Produzenten John Hammond traf. Durch Hammond, der abendliche Jam Sessions organisierte, kam Lowe eigentlich erst richtig zum Jazz und 1945, kurz nach seiner Entlassung aus dem Militärdienst, zu Ray McKinley, in dessen Big Band er zwei Jahre lang wichtige Erfahrungen sammeln konnte. Auch er spielte mit Mary Lou Williams, 1947 in New York City, entdeckte zu der Zeit sein Faible für kleine Besetzungen und wurde im Red Norvo Trio der Vorläufer für Jimmy Raney und dann Tal Farlow. Von 1950 bis 1964 arbeitete Mundell dann als NBC-Gitarrist und frönte nebenher seiner zweiten Passion – der Schauspielerei. Ein Jahr später erkor er sich Kalifornien zur neuen Heimat, wo der Schauspieler Jackie Cooper ihm die Möglichkeit vermittelte, für eine Fernsehserie der ABC die Musik zu verfassen. Der Erfolg blieb nicht aus, Aufträge fürs Kino, fürs Fernsehen und Radio schnurrten herein. Deutschen Fernsehern sind womöglich noch Mundells Soundtracks zu den Serien »Hawaii Fünf-0« und »Starsky und Hutch« oder die im Mai 1992 ausgestrahlte, auch als Video und CD vorliegende Sendung (*Kiri Sidetracks,* Philips Classics 434 092-2) mit Kiri Te Kawana, André Previn, Ray Brown und Mundell im Gedächtnis. Er war der musikalische Leiter von »Television Theatre« im Sender KCET und arrangierte für Stars vom Schlage Liza Minelli, Joel Grey, Cass Elliott, Ann-Margret und Peggy Lee. Statt selbst freilich Jazz zu spielen, verlegte sich Lowe dann auch mehr und mehr aufs Unterrichten von Jazzgitarre, und 1972 ermöglichte ihm der große kommerzielle Erfolg seiner Kompositionsarbeit für den Film »Billy Jack« den Sprung ins Freiberufliche, der ihm wiederum Gelegenheit bot, seiner Jazzneigung aktiv nachzugehen, hauptsächlich in Klubs in und um Los Angeles herum. Und 1975 sammelte Carl Jefferson auch ihn für sein saitenlastiges Concord-Label ein – zu einer sehr schönen LP mit Saxmann Richie Kamuca.[125] Mundell Lowe, der Komponist, Dirigent, Arrangeur und auf angenehme Weise sehr formbewußte Mensch aus Laurel, hat immer eine besondere Vorliebe für die eher lyrische Ballade gehegt, mehr für den intimen Ausdruck als das virtuose, breitenwirksame Show-off und, ähnlich wie Skeeter Best, **Demsey Wright** oder auch Tony Rizzi, mehr für den Cool Jazz als den Bop. Heute unterrichtet er u. a. am renommierten Guitar Institute of Technology in Hollywood.

1991 starb **Billy Butler** im Alter von 67 Jahren, der ehemalige Gitarrist der »Three Tones«, einer sehr populären Gruppe in den frühen 40er Jahren, durch die er Profi wurde – kaum drei, vier Jahre, nachdem er überhaupt – mit 13 Jahren – mit dem Instrument begonnen hatte. Butler ist zunächst auch von Lang, dann von Van Eps jr., aber dann insbesondere von Christian, Barnes und Moore geprägt worden – ein Gitarrist, der immer ganz gerne auch in andere Töpfe schmulte: Nach dem Militär, wo er 1943 die Trommeln schlagen mußte, statt zartere Saiten zu zupfen, zog es ihn nach Hause, nach Philadelphia, wo er in einem Vokalquartett namens »The Harlem-Aires« mitwirkte, dann drei Jahre lang in einer Gruppe mit Namen »Daisy May and the Hepcats« und dann bei Dinah Washington und mit Johnny Hodges spielte – Populäres und Jazz. 1952 stellte er sich seine eigene Jazz-Gruppe zusammen, in der sich allerdings sein Ruf als *Blues*-Mann unaufhaltsam festigte, und zwar bis 1955, als er zu dem Organisten Bill Doggett stieß, mit dem gemeinsam er den zeitweiligen Straßenfeger »Honky Tonk« ersann und in die Top-Charts hineinspielte. Er blieb weitere acht Jahre bei Doggett, verschwand dann wie so viele andere in den Katakomben der Studios (in New York) bei zeitweiligem Auftauchen in den dortigen Orchestergräben für Broadway-Musicals. Auf der berühmten »Guitar Odyssey« ist er zusammen mit Al Casey zu hören, 1976 nahm er in den Barclay-Studios mit Organist Wild Bill Davis, Oliver Jackson, dr, und – als Gast – Eddie »Lockjaw« Davis, ts, seine LP *Don't be that way* auf, womit er in die zum Teil interessante Serie der Kooperativen von Gitarre und Orgel gehört, wie sie zum Beispiel von René Thomas mit Lou Bennett, Wes Montgomery und Melvin Rhyne und schon sehr viel früher von Floyd Smith bei Bill Davis etabliert wurde.

Schwer nachvollziehbar ist, daß Bluesgitarrist **Mickey Baker** (*1925) immer wieder in einschlägigen Anthologien in gedruckter oder Plattenform erscheint, vermutlich nur deshalb, weil das Ex-Waisenkind, das ausbüchste, sich in New York seinen Lebensunterhalt als Arbeiter verdiente und bis zu seinem 19. Lebensjahr Parker und Gillespie gründlich gehört hatte, aber dann als Trompeter scheiterte, sich der Gitarre zuwandte und 1949 eine eigene Gruppe leitete, in der er frühe Formen progressiven Westcoast-Jazz' ausprobierte. Man sagt, daß er Schwierigkeiten hatte, die ihrer Zeit vorausgaloppierende Musik zu vermitteln, und deshalb, angeregt durch Bluesgitarrist **Pee Wee Creighton**, dann ins Blueslager einschwenkte. Dort kam der Erfolg dann doch. So nahm er, als Blueser heftig gefragt, vor allem als Sideman auf, u. a. für Ray Charles, die Drifters und Big Joe Williams. Anfang der 50er Jahre versuchte Mickey eine Art Remake des Les-Paul/Mary-Ford-Duos zusammen mit einer ehemaligen Schülerin namens Sylvia, landete mit ihr einen Hit (»Love Is Strange«) und siedelte dann, in der Hoffnung, hier wieder mehr Jazz praktizieren zu können, mit der Dame in ein Pariser Eigenheim über, von wo aus er komponiert, unterrichtet, etliche Noten- und Unterweisungsschriften veröffentlicht und seinem Jazzfaible zumindest im Klub-*circuit* wieder gefrönt hat, als ein stark bluesgeprägter Mainstreamer.

Mikro-Exkurs: Jimmy Smith und die Gitarristen

Kein Organist hat soviel für Gitarristen getan wie Jimmy Smith, der Anfang der 50er Jahre vom Klavier auf die verhältnismäßig neue Hammondorgel umstieg, sie technisch erweiterte, 1954 sein erstes Trio mit Orgel, Gitarre und Drums vorstellte und in den 60er Jahren eine regelrechte Welle von Orgeltrios auslöste, wie Nat Cole das in den 40ern für das schlagzeuglose Trio mit p, g, b getan hatte. Was damals in Hotel-Lobbies und -Bars begann, gelangte sehr rasch in emanzipierterer Form in die Jazzklubs. Die Kombination der elektrischen Orgel mit der elektrischen Gitarre bot sich an, und als Condouant und Gourley etwa mit Lou Bennett Jazz spielten, da war das – via Smith – bereits ein erfolgversprechendes Konzept. Und: Nach ihrem relativ kurzen Triumph als solistische Stimme im Bop und dem darauf folgenden kurzzeitigen Niedergang am Interesse für die Solo-E-Gitarre verhalf insbesondere das Orgeltrio der verstärkten Gitarre zu einem Aufschwung, der alsdann dauerhaft bleiben sollte.

Smith holte sich zunächst **Thornell Schwartz** (1927–1978) dazu, dann den gleichaltrigen **Eddie McFadden**, dann **Quentin Warren** (*1928) und **Ray Crawford** (*1924), allesamt Gitarristen, die – wie Jimmy Smith selbst – eine außerordentlich mitreißende, gefällige und doch kompromißlose Mischung aus Hardbop und kraftvollem Blues spielten. Das gilt natürlich ebenso für Smith-Sidemen wie **Nathan Page**, **Paul Weedon** oder **Leo Blevins**, insbesondere aber für den Detroiter Burrell, auf den separat zu kommen ist...

Duran, Salvador, Gourley, Roberts

Auch **Eddie Duran** (*1925) wurde unterm Concord-Etikett ein bißchen der Vergessenheit entrissen (*Ginza*),[126] ein Mann, von dem man bedauern muß, daß er sich dermaßen rar gemacht, aufs Live-Spiel im Einzugsgebiet seiner Geburtsstadt San Francisco beschränkt hat – immerhin einer ersten, die, vom Klavierspiel gekommen, zwar immer noch im wesentlichen lineare Ausdrucksweisen bevorzugen, aber doch auch schon das durch Durham & Co. propagierte Programm des »to sound like a horn« allmählich abzustreifen suchen. Naturgemäß war das eine Vorgabe, die niemandem »aufgezwungen« werden mußte; sie lag, Ende der 30er, Anfang der 40er Jahre, gewissermaßen »in der Luft«: Bläser, Bläsersektionen dominierten seit den Dance Bands und dann natürlich bei den Swing-Orchestern à la Shaw oder Dorsey, und auch im Minton's sah es nicht danach aus, als würde der kantig-intellektuelle, in jedem Falle quergebügelte Stil eines Monk den 88 Tasten zu schneller Popularität als Vorbild-Instrument verhelfen können. Daß die Gitarristen im mächtigen christianischen Strom in Sound und Phrasierung in allererster Linie das Sax zum Modell wählten, bedeutete, fast automatisch, eine selbstauferlegte Restriktion aufs Lineare – eine sündhafte Vernachlässigung des harmonischen Potentials, sprich: des Van-Eps-Flügels. Hier konnte Eddie Duran in seiner bescheidenen Weise ein wenig Vermittlungsarbeit leisten – ein nicht zu unterschätzendes Verdienst. Jim Ferguson vom *Guitar Player* (4/84) hat ihn sehr konzis charakterisiert: »Durans swingender, hochorigineller Stil ist am besten beschrieben mit dem Wort grazil. Obwohl seine Melodiesoli Bop-orientiert sind, sind sie doch überraschend frei von Klischees. Als eingestandener Nach-Gehör-Spieler konstruiert er Linien, die durch unvorhersagbare rhythmische Figuren vorangetrieben werden. Soli entwickeln sich häufig von Singlenotes zu melodischen Akkorden bis zu Montgomeryesken Oktaven. Aber Eddies Fertigkeiten als Begleiter sind nicht minder raffiniert: Seine *comping*-Technik ist naturgemäß pianistisch und verbindet moderne erweiterte und alterierte *voicings*, die mit geschmackvollen Singlenote-Phrasen verwoben werden. Und wenn nötig, kann er einen perkussiven Vierviertelpuls mit flinken Akkordwechseln und genug Drive spielen, um die trägste Rhythmusgruppe lebendig zu machen...« In letzter Zeit war/ist Eddie, der gerade eine LP mit ihm aufnahm, häufig im Tandem mit Saxmann Gary Thomas zu hören – weiterer Beleg dafür, daß Edward Lorenzo Duran, der *auch* akustisch gespielt hat, nicht im Stile zweitrangiger Künstler der Zeit hinterher holperte, sondern stets mit ihr und dann und wann auch mal ein Schrittlein *vor* ihr herging...

Sal Salvador aus Monson, Massachussetts, ist von Durans Jahrgang, hat aber das, was letzterem abgeht, in Fülle: So ungefähr wie Günter Grass zu nationalen Belangen, äußert sich dieses Gewissen der Jazzgitarre zu möglichst jedem angesehenen Kollegen und versteht es dabei, für unsereinen äußerst nützlich, in wenige Sätze tatsächlich Charakteristisches zu komprimieren, siehe oben, siehe unten. Er gehört zu den ewigen Anthologie-Bewohnern wie der sprichwörtliche Typ, der auf jeder Party herumsteht und dazugehört, ohne daß ihn irgend jemand wirklich kennt. In unseren Breiten jedenfalls beschränkt sich das Kennen im allgemeinen auf den Namen; dabei hat Sal, der mit seiner Familie nach Connecticut zog, als er zwei war, von seinem Vater eine Gitarre bekam, als er noch kein Teen war und erst einmal seinen »hillbilly craze« ausleben mußte, mehr Platten unter eigenem Namen eingespielt als *sehr* viele Kollegen – ein wahrer Gitarren-Freak, der Anfang der 40er Jahre Christian hörte und davon nie mehr genas. Beschäftigte er sich auch noch so intensiv mit McDonough, Kress, auch George Van Eps und, typisch Christianer, mit Henry James' Trompetenstil (der freilich nicht gerade dem CC'schen Ideal entsprach...) – er kam immer wieder auf Charlie zurück, ließ ergo die akustische *legacy* hinter sich und lernte unter der (z. T. im Fernkurs-Verfahren genossenen) Tutorenschaft Oscar Moores, Hy Whites und (im Nah-Verfahren) Eddie Smiths das sinnlich Aufgesogene umzusetzen. Enter Mundell Lowe: Der ist sein alter Freund und vermittelt ihm 1949 den Posten des Hausgitarristen an der New Yorker Radio City Music Hall. Er schließt dann auch Freundschaft mit dem Harmonie-Giganten Johnny Smith (zu der Zeit Kollege bei der NBC), was ihn ein wenig mehr in die balladeske, in die Cool-Richtung verschiebt. Nach dem Radio-City-Job Freiberufler, geht Sal mit Terry Gibbs, vib, auf Tour, dann mit Eddie Best und den Dardanelles. Als er nach New York zurückkkommt, baut er mit Mundell ein Quartett auf. Danach jobbt er für Columbias Platten-Ableger, spielt für Marlene Dietrich, Frankie Lane (»High Noon«), Tony Bennett, Rosemary Clooney und andere populäre Vokalist(inn)en. 1952 verläßt Laurindo Almeida die Kenton-Band; Sal löst ihn ab und spielt seinen Part in der von Kenton bei Bill Holman in Auftrag gegebenen Komposition »Invention for Guitar and Trumpet« (mit Maynard Ferguson, tp) so virtuos,[127] daß er keine Popularitätsprobleme mehr hat, als er zwei Jahre später eine Gruppe mit Eddie Costa, p, bildet, die sich überall in den USA große Beliebtheit erspielt. 1958 triumphiert er in dieser Formation beim Newport Jazz Fest und leitet danach für eine Weile eine eigene Big Band [*sic!*]: die »Colors of Sound« – dies allerdings zu einer Zeit, als das Interesse für Big Bands fast senkrecht abstürzt und auch für die »Colors« das Aus bedeutet. Seit den 70er Jahren konzentriert er sich vor allem aufs Unterrichten, diesbezügliche Publizieren und das aktive Musizieren an der Ostküste, vor allem im Gitarrenduo mit **Allen Hanlon** (*1918).

Ein Jahr jünger als Sal ist **Jimmy Gourley** und der Sprößling des Konservatorium-Gründers in Hammond, Indiana, dazu. Und Schicksals wunderbare Fügung wollte es, daß Lee Konitz 1941 an Jimmys Schule auftrat und der Junge einsteigen durfte. Von 1944 bis 1946 macht er bei der Navy Musik, und, kaum entlassen, löst er Jimmy Raney in Jay Burkharts Band in Chicago ab. Dort bleibt er zwei Jahre und spielt wie ein Raney-Schüler. Bis 1951 arbeitet er dann freiberuflich u. a. mit Anita O'Day, Gene Ammons und Sonny Stitt. Dann entschließt er sich, nach Europa umzusiedeln, wo er bleiben wird. 1972 blickte er so zurück:

Ich war der erste Amerikaner, der Single-string-Stil spielte, der direkt von bestimmten Tenorsaxophonen herkam, und das war, als ich 1951 gerade in Paris eingetroffen war. Als ich damals in Frankreich ankam, spielten Gitarristen die elektrische Gitarre wie eine akustische, das heißt, mehr mit dem Unterarm als aus dem Handgelenk, um jede Note deutlicher zu definieren.[128]

Bis 1954 arbeitete er im »Taboo«-Klub mit Henri Renaud, p, kehrte dann für drei Jahre in die USA zurück, wo er u. a. mit Chubby Jackson, b, in Chicago auftrat und zog endgültig 1957 an die Seine um. Von 1959–65 gehörte er als Mitglied von Kenny Clarkes Gruppe zum festen Inventar des berühmten (Pariser) Blue Note, und in den späteren Jahren durchkreuzte er immer wieder mit seinem eigenen Quartett vor allem Italien und die Schweiz. 1970 probierte er auf den Kanarischen Inseln erfolglos seinen eigenen Jazzklub, das Half Note, aus, das 1972 wieder dichtmachen mußte. Paris aber hielt ihm die Treue, von wo aus er in den 70ern auch in New Yorks Sweet Basil auf offene Ohren stieß, mit Grappelli und Lou Bennett Platten aufnahm und wo er vor einiger Zeit begann, seinem »coolen« linearen Spiel ab und an eigenen Gesang hinzuzufügen.

Ein anderer »26er« übrigens, der hier getrost aufgeführt sein soll, war **Johannes Rediske** (gest. 1975), zur Abwechslung mal ein Deutscher, Berliner, dem man immerhin zuschreiben darf, neben Coco Schumann, **Heinz Cramer** und **Louis Freichel** der erste Gitarrist in deutschen Landen gewesen zu sein, der Jazz oder doch Jazznahes spielte, auf fast »klassische« Weise auch vom Anschlag her, wie er vor allem in seinem »Thema in Moll« zu Gehör gebracht hat, einer, der noch vor Swingle Singers und Baroque Jazz Ensemble nach Wegen gesucht hat, barocke Strenge mit der persönlichen Freiheit des Jazz-Ausdrucks zusammenzuführen.

Der Letzte dieser Gruppe ist der 1929 geborene **Howard Roberts**, der ewige Sonnenbrillenträger, Mitbegründer des Guitar Institute of Technology, dortselbst Lehrer, und im eigens dafür gegründeten Verlag Verfasser – zum Teil gemeinsam mit Kollege Jimmy Stewart – bemerkenswerter Lehrwerke und Miterdenker der legendären »Guitar Night« im Donte's (1966). Heute auf eigenen Aufnahmen eher der Jazzrock-Bewegung zugeneigt, wiesen den Mann aus Arizona aber seine in den 60er und noch 70er Jahren eingespielten Platten als gediegenen Jazzmann aus, zuletzt die Concord CJ 53, *The Real Howard Roberts*, ein würdiger Anschluß an die berühmte LP *Howard Roberts is a Dirty Guitar Player*.[129] Begonnen hatte Howard Mancel Roberts in der Cool-Reaktion der 50er Jahre und sich schnell zu einem Exponenten der »West Coast«-Variante hervorgespielt. Seit 1950 lebt der Autodidakt in Kalifornien, wo er, eine Zeitlang fast völlig mittellos, mit jedem spielte, der für ihn bereit war – darunter Buddy de Franco, Bud Shank (der nachmalige Partner Almeidas) und Shorty Rogers ebenso wie Chico Hamilton, Pete Jolly, Bobby Troup und andere. In jenen Tagen war auch Barney Kessel vollzeitbeschäftigt in den Studios und stellte den Jung-Twen Jack Marshall vor, der ihn seinerseits an jede Menge Spitzenleute weiterempfahl – ein blendendes Entree für den jungen Mann, der in der Folge bis in die frühen 70er Jahre dort mehr als 5000 Aufnahmen als Sideman und über 20 LPs unter eigenem Namen machte. Neben Tommy Tedesco gehört er noch heute zu den meistbeschäftigten Gitarristen in den Studios der Filmmetropole Hollywood. »Dazu gehörten frühe Rock'n'Roll-Sessions, die Roberts charakterisiert hat als ›dreistündiges Herausmahlen eines G-Dur-Dreiklangs‹. Er und Kessel waren tatsächlich unter den ersten Jazzmusikern, die zu einer Zeit in die Studios gingen, als derart ›kommerzielles‹ Spielen verpönt war,« schreibt Sallis.[130]

»Mit viel Üben auch Akkorde«: Garcia und Spann

Folgt die Phalanx der in den 30er und 40er Jahren geborenen elektrischen Spieler, ein Reigen, der mit **Dick Garcia** beginnt, einem New Yorker (*1931), der einen wahrhaft gitarreträchtigen Stammbaum sein eigen nennen darf: Sein Vater, sein Großvater und sein Urgroßvater waren allesamt Gitarristen – in Spanien, versteht sich, und dort soll sein Ur-Opa denn auch Seiner Exzellenz dem König persönlich vorgespielt haben. Richard Joseph brachte sich das Spielen selber bei, und während einer Jam Session im Village hörte ihn Terry Gibbs und verschaffte ihm ein erstes Engagement bei dem Klarinettisten Tony Scott, in dessen Gruppe er bis 1950 blieb. 1952 spielte er dann fast das ganze Jahr lang in George Shearings Quintett; dann kehrte er zu Scott zurück, bis 1956, und noch mal zu Shearing 1959. Seitdem wurde es still um ihn, obwohl es heißt, er trete noch immer im New Yorker Raum auf. Neben ihm, Billy Mackel, dem zeitweiligen Hampton-Gitarristen, und **George Freeman**, der Ende der 60er Jahre bei Gene Ammons interessante *outside-playing*-Vorstöße unternahm (»Das kann eine Menge Lärm bedeuten, aber durch sehr viel Üben konnte ich es dann mit Akkorden machen«,[131]) ist **John Pisano** wohl der bekannteste »31er«, auch New Yorker und Sohn eines Amateurgitarristen. Während seiner drei Jahre bei der US Air Force, in denen er im Musikkorps spielte, beschloß er, Musik professionell zu betreiben. Nach seiner Rückkehr ins Zivilleben gelangte er in Chico Hamiltons Quintett aufgrund einer Empfehlung des Flötisten/Saxophonisten Paul Horn. Er ließ sich dann in Los Angeles nieder, wo er 1958 u. a. exzellente Duos mit Billy Bean einspielte.[132] Ein Jahr später wirkte er in dem schönen, alten Kultfilm »Jazz an einem Sommerabend« mit, und während er sich dann privat musikalisch weiterbildete, erhielt er den Ruf auf den Gitarristenstuhl für Peggy Lee, Auftakt einer langen und erfolgreichen Zusammenarbeit, die ihn vor allem als sensiblen Akkordiker ausweist. Mitte der 60er Jahre kam John dann zu Herb Alperts »Tijuana Brass«, bei denen er vier Jahre blieb, und zur selben Zeit arbeitete er auch mit dem Erfolgskomponisten Burt Bacharach zusammen sowie mit Sergio Mendes' »Brazil 66«-Gruppe. In den 70er Jahren arbeitete er dann, gemeinsam mit dem jungen Lee Ritenour und Tony Rizzi, erneut für Peggy Lee und widmete sich zunehmend dem Komponieren.

Vom Jahrgang 1932 ist **Leslie L. Spann** jun. aus Arkansas und einer der vielen Gitarristen, die durch Dizzy Gillespie bekannt wurden, wobei man mit einigem Bedauern sagen muß, daß Les Spanns Name weit mythenumflorter ist als sein, sagen wir, »Output«. Während seiner Schulzeit in New York brachte auch er sich das Spielen selber bei, »1949, als ich wirklich ernsthaft mit dem Studium der Gitarre anfing. Ich hörte mir Oscar Moore an, Irving Ashby, Django natürlich und später Chuck Wayne, Tal Farlow und Barney Kessel. Charlie Christian? Er hatte mir, glaube ich, weniger zu bieten«,[133] sagte er erstaunlicherweise 1959. Anfang der 50er Jahre hatte er sich dann entschieden, Musik professionell zu betreiben, wofür er sich seine Ausbildung an der Tennessee State University mit glänzendem Abschluß verschaffte. In Nashville während dieser Zeit musizierte er in einer lokalen Gruppe, kehrte 1957 nach New York zurück, wo er zum ersten Male professionell in Phineas Newborns Quartett spielen konnte. 1958 war sein *annis mirabilis*, als Dizzy Gillespie ihn in sein Quintett holte und die LP *Have Trumpet, Will Excite* aufnahm.[134] Spanns runder, immer weicher Ton ist unverkennbar, auch dann noch, wenn er stark rhythmisch akzentuiert – wie bei Diz häufig verlangt – begleitet. Auch in schnellen Stücken verläßt ihn sein Ton nie, und er mischt geschmackvoll und mit feinem Sinn für dramaturgisch geschickte Steigerungen Single-Linien, Akkorde und Oktaven, die auf seine erste Begegnung mit Wes Montgomery 1953 in Indianapolis, Wes' Heimatstadt, hinweisen – zu einer Zeit wohlgemerkt, als Montgomerys Weltruhm noch gute sieben Jahre bevorstand. Nach seinem Jahr bei Dizzy kam dann die Zusammenarbeit mit der Bigband von Quincy Jones und deren Europa-Tournee unter dem Titel »Free and Easy«, und 1960, wieder im Apple, nahm er seine eigene Erst-LP auf, *Gemini* (Jazzland JL 9355), zusammen mit dem Waldhornbläser Julius Watkins, auf der er seine Montgomery-Prägung nun ganz unüberhörbar deutlich werden ließ. Mongan bezeichnet Spann neben der von Burrell als »eine der wahrhaftigen Stimmen des modernen Bop auf der Gitarre«.

Exkurs: Zwei und noch mehr Unbekannte

Ein Jahr jünger sind **Ernest Ranglin** und **Billy Bean**, und beide haben das Pech gehabt, nie den Zenith erklommen zu haben, der ihnen zustünde. Ranglin aus Manchester, Jamaika, ist glücklicherweise auf MPS-Aufnahmen erhalten geblieben, in der Gruppe seines Landsmanns, des Pianisten Monty Alexander – Zeugnissen einer Stimme der Jazzgitarre, die karibisch-folkloristische Elemente in das Christian-inspirierte Linienspiel einbrachte, wie das auf der verstärkten Gitarre zuvor noch nicht unternommen worden war. William Frederick Bean aus

Philadelphia ist stilistisch Ranglins Gegenteil: handfest, forsch, »viril«, wie man so was manchmal nennt, mit hartem Plektronanschlag anstatt Daumenweichheit, fordernd – und dabei doch, wie gesagt, erst durch die Duos mit Pisano so recht ins Licht gerückt – als ein Sproß aus musikalischer Familie – Mutter Klavier, Vater Gitarre –, die seine Absichten förderten, das Instrument ernsthaft zu studieren. Praxis war auch für ihn die beste Schule: In und um Philadelphia spielte er in verschiedenen Gruppen, bis er 1956 zu Charlie Ventura kam. Zwei Jahre später meinte er, es diversen Kollegen gleichtun zu sollen, und siedelte nach Kalifornien über, wo er als frischgebackener »Freier« sehr bald in die Gruppen diverser Profis gelangte, die unaufhörlich Los Angeles anliefen oder dort ohnehin lebten – Paul Horn, Buddy Collette, Calvin Jackson und, auch er: Bud Shank. Der ganz große Erfolg aber blieb auch ihm versagt.

Er ist ein Insider-Tip geblieben, wie so viele andere seiner Zunft, etwa der Engländer **Frank Evans** (*1938), der, genau wie sein inzwischen verstorbener Landsmann **Dave Goldberg** und der 1987 ebenfalls gestorbene **George Kish**, vor allem auf den Inseln bekannt geblieben ist, auch wie **George Davis** (*1938), der leidenschaftliche Bop-Spieler, der so überaus gern in Stücken von *stretching-out*-Länge seine ganze gitarristische Potenz ausspielt; oder wie der Mainstreamer **Angelo Arienti** in Italien, der im Quintett mit Ricardo Zegna, p, Larry Nocella, ts, Lucio Terzano, b, und Paolo Pellegatti, dr, mit *Sunday, April 2*[135)] 1978 eine bemerkenswerte Kostprobe seines Könnens als vertikaler wie horizontaler Spieler lieferte, auch wie **Cedric West**, der Jazz auf einer Les Paul macht; wie der zweite Jamaikaner Roland Prince (*1942), dann der sehr stark in Tal Farlows Richtung geschlagene Michael Howell (*1943); wie **Bill Dillard**; und wie **Eric Gale**. Der ist seit den frühen 60er Jahren aktiv, zunächst fast ausschließlich im Pop-Bereich (Aretha Franklin, Little Jimmy Scott usf.), Anfang der 70er Jahre zeitweilig unterm Producer-Joch des chronischen Megalomanen Creed Taylor (*Forecast*, kudu KU-11), Ende der 70er noch immer ein Spieler in zum Teil kunstvoll um seine Leadgitarre herumgebauten mächtigen Besetzungen (*Ginseng Woman*, CBS 82058), wirkte noch 1980 in Paul Simons Film »One Trick Pony« als er selbst mit, unterstützte im selben Jahr in New Yorks Central Park Simon & Garfunkels Reunion-Konzert im Rahmen einer größeren Besetzung, aber dort als nicht alleiniger Gitarrist, doch schon merklich jazzig in Ton und *attack*, rutschte zwei Jahre später auf *Blue Horizon* (Elektra MUS K 52 349) in Septett und Oktett noch näher an den Jazz heran und legte endlich, 1988, im Quintett mit Ron Carter, b, Houston Person, ts, Lonnie Smith, org, und Grady Tate, dr, eine CD vor, die ganz und gar dem Blues als der Ur-Mutter des Jazz huldigt, im Gesamteindruck zwar irgendwo »kommerzieller« als zum Beispiel ein Blues von Kenny Burrell, aber doch eine endlich durchweg lohnenswerte Probe Gale'schen Jazzblues-Könnens fast Burrell-hafter Dimensionen. Und dann wäre da noch **Buddy Fite**, der ein amerikanischer Insider geblieben ist, ein E-Gitarrist, der *fingerstyle* spielt, ein wenig *piano style* mit zuverlässig marschierendem Baß, und den »Umstände unglücklicherweise« (Sallis) in Oregon gebunden haben – hier weiß niemand, was das für Umstände waren oder sind, als ob nicht ins Gewicht fiele, daß Buddy binnen *eines* Jahres für das Bell-Etikett *drei* Alben aufgenommen hat...[136]

Und vielleicht am bedauerlichsten ist heutzutage, daß auch er (falls überhaupt) noch immer ein Insider-Tip geblieben ist: der Russe **Aleksej Kusnetzov** (*1941), der erst im Alter von 40 Jahren sein Plattendebüt *The Blue Coral* (Melodia C 60-15527-28) vorlegen konnte, in dem er solo und in Kleinbesetzungen mit bewundernswerter Sicherheit und ohne nackte Eklektik eine ganze Palette von Stilen assimiliert hat, scheinbar bis hin zur *chord-melody*-Virtuosität eines Cal Collins, den er noch gar nicht gekannt haben kann.[137] Seitdem sind Aleksejs Spuren von den *winds of change* verweht. Laut Boris Lebedinsky, einem jungen russischen Jazzgitarristen, der jetzt in New York lebt, scheint Kusnetzov sich noch in Rußland aufzuhalten, was offenbar auch für **Nikolai Gromin** gilt, der von Lebedinsky als ein weiter Spitzen-Jazzspieler seines Landes erwähnt worden ist...

Kurz vor der Halle der Titanen

Bleibt unter den Ende 1930, Anfang bis Mitte 1940 geborenen Gitarristen eine kleine Gruppe, die man, *ohne* damit werten zu wollen, *vor* die der »Heavies« setzen mag. Hier gibt es Grauzonen, die vom Mangel an Ermittelbarem bestimmt sein können: Oft ist es nur eine LP, eine CD, die eine Berücksichtung *verlangen*, ohne daß man das hier mit einem Punkte- oder Sternen-System à la *Down Beat* sich zu tun getraute. Als da wären: **Ted Dunbar** aus Port Arthur, Texas, ein emsiger Buchautor[138] und Sideman für Tony Williams, Gil Evans, Sam Rivers, Billy Harper und Frank Foster, der auf der LP *In Tandem* im 1980er Duo mit Kenny Barron, p, ein frappierendes Arsenal an Ausdrucksmöglichkeiten ohne Tricks und doppelte Böden einsetzt, gottlob ohne den populären Drang zu virtuoser Selbststilisierung – ein Meister des Autodialogs durch differenzierten Anschlag, Calls-and-Responses, Paraphrasen und erstaunliche Grenzabbrüche im strukturellen, emotionalen, im harmonischen Bereich auch und ganz anders als etwa auf der ein Jahr zuvor publizierten *Xanadu at Montreux, Vol. 4*, auf der Dunbar sich vor allem mal als sensibler (»Summertime«), mal das Feuer schürender (»Groovin' High«) und dem Pianisten Barry Harris stets sehr wohl gewachsener Begleiter ausweist für Leute wie Billy Mitchell, ts/ss, Al Cohn, ts, und Sam Most, fl.

Oder: **Gene Bertoncini** (*1937), der zum erstenmal auffiel in dem Multi-Gitarren-Ensemble »Guitars Unlimited«,[139] die kammermusikalisch interessierte Jazzwelt aber erst 1977 vollends auf sich aufmerksam machte durch seine *Brid-*

ges, eine LP im Duo mit Bassist Michael Moore, auf der die beiden in allervorzüglichster »Chemie« Bach, Fauré, McCartney, Claire Fischer, Jobim und Rodgers/Harts »Valentine« zu feinsinnigen Dialogen verarbeitet haben. Schreibt Willis Conover dazu:

Offenbar reagiert jeder, der Bertoncini und Moore hört, so wie ich. In Istanbul spielte ich Anfang 1977 einer Zuhörerschaft von 800 Türken ein Band mit *jazz classics* vor. Alle Aufnahmen stammten aus der Zeit zwischen 1928 und 1956..., aber ich fügte eine Aufnahme aus den 70ern hinzu, als ein einzelnes Beispiel für die heutigen zahllosen Möglichkeiten, Musik zu machen: Bertoncinis und Moores Transformation der Fauré-*Pavane*... Das Publikum repräsentierte ein breites Spektrum der türkischen Gesellschaft: die Teenager, die Leute mittleren Alters, die Mittelklasse, die Oberschicht, Künstler und Intellektuelle, Persönlichkeiten aus Industrie und Politik und eine kleine alte Dame mit einem Kopftuch. Sie alle wußten etwas vom Jazz und mochten etwas am Jazz; und die *jazz giants* wurden sehr gut aufgenommen. Als es vorüber war, galt der Jubel indessen dem Duo, das das Programm abgeschlossen hatte...

Oder: **Dennis Budimir** (*1939), der bereits mit 19 in Harry James' Orchester spielte und danach, wieder daheim in Kalifornien, zu Chico Hamilton, dem chronischen Gitarristen-Entdecker, stieß, bei dem er seinen sparsamen, improvisatorisch gleichwohl reichen Stil erst richtig ausbilden konnte. Nach Hamilton kam die wichtigste Erfahrung für Dennis – bei Eric Dolphy, dennoch gilt Budimir als einer jener nicht gerade häufigen Gitarristen, deren Stil näher bei Coltrane und Rollins ist als bei anderen Gitarristen: Er hat sich den (Um-)Weg über Christian gewissermaßen eingespart. Und Dan Forte schrieb über ihn: »Pianist Frank Strazzeri nannte Dennis das Nächste auf der Gitarre, was an Pianist Bill Evans herankommt, während andere in seinem Stil Elemente von Bläsern wie John Coltrane, Miles Davis, Sonny Rollins und Charlie Parker – und sogar von dem Gitarristen Lightnin' Hopkins – ausgemacht haben«.[140] Und Don DeMicheal von *Down Beat* befand, daß die »warme, elastische Musik, die Budimir erschafft, ... für gewöhnlich von schlanker Körperlichkeit [ist], lang in der Phrase, frei von Prätention oder Klischee. Jede Note wird herausgefedert aus der Tiefe seines Instruments, jede Phrase wird gleichsam trockengewrungen, jeder Chorus wird weise abgewogen durch ein tiefes Verständnis dafür, was Musik zusammenhängend sein läßt«.[141]

Dennis selbst mag sich, typisch für so viele Gitarristen und Musiker ganz allgemein, stilistisch gar nicht so gern festlegen lassen und plädiert gar für eine Art stilistischen Universalismus, zumindest im passiven Bereich: »Man denke nur an die Stile vom Anfang bis heute. Das nämlich müssen wir heute tun. Und es gibt niemanden, der all das authentisch abdecken könnte. Niemand ist ein hundertprozentiger Bottleneck-Spieler und hundertprozentiger Jazzspieler, der das auch noch wirklich im Innersten fühlen würde...«[142]

Oder: **Alexander (Al) Gafa** (*1941 in New York), ein weiterer Autodidakt, dessen erste Liebe allerdings die Rockmusik war, die er von 1964 bis 1969 praktizierend in den New Yorker Studios zubrachte, bevor er, dem Willen zur Freiheit gehorchend, nach draußen ging, u. a. für Sammy Davis jr. spielte und – 1970/71 – für Carmen McRae als musikalischer Leiter fungierte. Unmittelbar daran schloß sich sein Beitritt zum Gillespie-Quintett und -Sextett an, in denen er sich zum ersten Male öffentlich als Jazzgitarrist *in his own right* vorstellen konnte. Auf Pablo ist er im Quintett des Trompeters zu hören (*Bahiana* 2626-708), und 1976 ließ Granz ihn dann seine erste eigene LP machen, *Leblon Beach*, eine Quintett-Produktion.

Oder: **Jack Wilkins**, 1944 ebenfalls in Brooklyn, New York, geboren und ein Gitarrist, über den Posaunist Bob Brookmeyer in den *liner notes* zu seiner superben Live-Doppel-LP *The Bob Brookmeyer Small Band* (aufgenommen 1978) sagt: »Für mich ist Jack Wilkins der phantasiereichste Gitarrist seit Jim Hall. Er war unter anderem bei Stan Getz und Dizzy Gillespie, aber ich habe ihn das erste Mal bei Buddy Rich gehört. In einem sehr willkommenen Solo-*spot* nach all dem vergrößerten Maschinengewehr-Sound dieser Bigband hypnotisierte Wilkins praktisch den ganzen Raum mit einer Ballade, die ständig ihre Formen und Farben wechselte, als ob sie verzaubert gewesen wäre. Und dann, später an diesem selben Abend, swingte er so knüppeldicke, daß er alleine hätte die gesamte Band tragen können.« Da war er 34. Jetzt gehört er zur New Yorker Topszene der Studio Pro's, zu der Sorte allerdings, die den Kontakt nach draußen nie aufgegeben hat: Mehrmals pro Woche kann man ihn in einem der zahlreichen New Yorker Klubs hören, wenn man Glück hat, womöglich im spontanen Duo mit Chuck Wayne, Al Gafa oder irgendeinem anderen *drop-by* in After-Hours-Stimmung. Jack, der außerdem mehr als passabel Klavier und Vibes spielt, kam mit 14 zur Gitarre. John Mehegan war sein Lehrer, und als er 18 war, komplettierte er seine Studien bei dem renommierten Klassiklehrer und Konzertgitarristen Rodrigo Riera. Mit diesem Handwerkszeug fiel es ihm dann nicht mehr schwer, Plätze bei Stan Getz, Dizzy, wie gesagt Rich und Earl Hines einnehmen zu können. Doch erst Ende der 70er Jahre nahm er sein erstes Album unter eigenem Namen auf, die *Windows*. Tad Lathrop über den Brooklyner: »An die vorderste Linie der Ostküsten-Jazzer katapultiert haben ihn mehrere Attribute, die ihm in langer Verbindung mit Musik erwachsen sind: eine feingeschliffene Technik, eine enzyklopädische Kenntnis des Jazzrepertoires und eine schier unglaubliche Fähigkeit, Gefühl auszudrücken, statt nur blitzartige Läufe vorzuführen.«[143] Und Wilkins zu eigenen Erfahrungen beim Üben mit diesem bemerkenswerten Statement:

Es ist besser, mit Stücken anzufangen. Die muß man nicht groß analysieren in dem Sinne, daß man verstehen müßte, was jede Sekunde vor sich geht; aber wenn man die versteht, wird man auch deren *chord changes* hören. Ein V-I-Wechsel ist die wesentliche Progression; alle Jazzspieler wissen das. Es gibt nicht viel mehr als das in Standards; wenn man das also begriffen hat, ist man genau auf dem richtigen Weg... Nach V-I sollte man II-V-I machen. Dann sollte I-VI-II-V-I gespielt werden. Dann probiert man am besten III-VI-II-V und I-IV-VII-III [z. B.: C - F - Bm^{7b5}]...[144]

Kurz vor der Halle der Titanen

Louis Stewart, Irlands Mainstream-Meister Nr. 1, der vor über zwölf Jahren bei George Shearing Aufmerksamkeit zu erregen begann – ein klassisches Beispiel für zeitlos schöne Intonation, Phrasierung und zwischen Linie und Akkord ausgeglichene Spielweise

Oder: Jacks Altersgenosse **Louis Stewart** aus Waterford in Irland, der sich nach langsamem »Anlauf« gerade in den letzten Jahren an die Spitze nicht nur der europäischen Jazzgitarristik gespielt hat, ein durch und durch faszinierender Instrumentalist, der wie eine Droge für sich einnehmen kann. Er lebte lange in Dublin, nahm zwischendurch immer wieder Engagements auch in London wahr und spielt professionell seit seinem 1964er Job in der modernen Noel Kelehan Group. 1968 schickte ihn der Sender Telefis Eireann mit dem Jim-Doherty-Quartett zum Montreux-Festival, wo er mit Alan Skidmore gleichzog und beide den Pressepreis als Europäische Solo-Instrumentalisten des Prädikats »outstanding« zugesprochen bekamen. Im folgenden Jahr zeichnete ihn Radio Suisse Romande mit dem Grand Prix aus, mit dem ein Stipendium für die Berklee School in Boston verbunden war, die ihn zu der Zeit allerdings nicht aufnehmen konnte. Statt Berklee wählte Louis deshalb Tubby Hayes' Quartett und Big Band für ein Jahr, ging dann satte dreimal mit der Goodman-Band auf Europatournee, und 1975–79 war sein Quartett Hausband in Ronnie Scott's Club in London. Mit George Shearings *Trio* bereiste er Brasilien und Australien und nahm in Schweden in dieser Gruppe auf. Er hat mit Shearing für MPS Platten eingespielt, mit dem Lansdowne String Quartet aufgenommen, eine Doppel-LP mit Goodman, drei LPs mit Ronnie Scott und so fort. Er hat zusammen mit dem

Die Bewahrer des Erbes: Die Elektriker

Der Saarländer Heiner Franz, die gegenwärtig überzeugendste und konsequenteste Stimme der Mainstream-Jazzgitarre in deutschen Landen und zeitweiliger Duo-Partner des Iren Louis Stewart. 1993 werden die beiden ihr respektables Projekt eines fünfköpfigen European Jazz Guitar Orchestra realisieren

Maler Gerald Davis eine spontane interdisziplinäre Improvisation aufgeführt. Und er hat 1990 eine der schönsten, vollkommensten und bewegendsten Duo-Platten aufgenommen, die je in Deutschland produziert worden sind, vielleicht die schönste der letzten Jahre überhaupt (sieht man ab von der Van-Eps/Alden-CD, die – wiederum bei Concord – 1991 erschienen ist), mit dem Saarbrücker Heiner Franz, der seit seiner CD *Gouache* Anspruch aufs Lebzeit-Entrée in eine – noch zu berufende – Hall of Fame made in Germany hat. Im Sommer 1992 vertrat Louis, wie Heiner Franz mitteilt, den nach einem Schlaganfall ausgefallenen Barney Kessel bei den Great Guitars.

Der examinierte Theologe, Vikar und Pfarrer **Heiner Franz** (*1946) hat sich schon seit den 60er Jahren sehr aktiv um die saarländische Jazzszene verdient gemacht, nachdem er in Traditional-Gruppen als Amateur begonnen hatte. Ende der 60er Jahre wandte er sich dem Mainstream und dem Bop zu und gründete 1973 die Gruppe Brainstream, mit der er fünf Jahre später auf dem Deutschen Jazzfestival in Frankfurt/Main auftrat. 1979 entschied sich Heiner für. eine vollberufliche Laufbahn als Jazzgitarrist. Komponist, Musiklehrer und Produzent, legte er 1988 auf seinem eigenen Jardis-Label seine erste Platte, die LP *A Window to the Soul,* vor (# 880, mit Thomas Kirsch, b, und Uwe Heitz, dr). Ihr folgte 1989 die LP/CD *Gouache* , reifer als der Erstling und ein Musterbeispiel für das »reinste« Trio – mit Baß und Schlagzeug. Heiner Franz stellte auf dieser LP Standards von Gershwin bis Miles Davis vor, in äußerst kunstvollen, dabei unaufhörlich faszinierenden, lebendigen Arrangements, sowie eigene Arbeiten, mit denen er offenbar die Aufmerksamkeit der irischen National Jazz Society erregte. Sie lud ihn 1989 zu einem Konzert mit Stewart nach Dublin ein, wo die Idee zu der gemeinsamen Duo- bzw. Quartettplatte *Winter Song* erste Gestalt nahm.[145]

Grosz, Garland, Bickert, Benson

Vier Gitarristen verdienen einen eigenen »Block« – Grosz, Garland, Bickert und **George Benson**, wobei letzterer gewiß der populärste geworden ist, nicht nur, weil er sich seit Jahren überaus professionell und keineswegs von Eitelkeiten frei im kommerziellen Bereich breitgemacht hat, zum Entzücken einer ständig bedrohlich wachsenden Anhängerschar hüben und drüben zwischen 20 und 50 Jahren und zum Entsetzen nicht nur von Puristen, die sich fragen, wo George Benson seinen künstlerischen Verstand gelassen haben muß, daß er sich offenbar seiner früher dargebotenen Leistungen als lupenreiner Jazzgitarrist nicht mehr recht entsinnen mag. Dem ist nun nicht ganz so. Konzerte, u. a. mit der von Frank Foster geführten Basie-Band, haben deutlich gemacht, daß er zwar sehr genau weiß, was er seinem Publikum schuldig ist, damit es den Rubel rollen läßt, vom Jazz aber auch nicht lassen kann.

George kam 1943 in Pittsburgh zur Welt und sammelte 33 Jahre später buchstäblich alle einschlägigen Jazz-Polls als bester Gitarrist der Welt ein, die einzusammeln waren. Kein Wunder: Seine LP *Breezin'* schaffte, was dem Vernehmen nach zuvor allenfalls Paul Desmonds »Take Five« zuwege gebracht hatte: Es war 2 Millionen Mal verkauft worden – eine unglaubliche Zahl für ein Jazzalbum, das trotz seiner damals aufbrechenden vokalen Neigungen und Konzessionen an den modischen Gitarren-Sound noch immer eines war. Es mag sein, wie es will, aber *Breezin'* vermochte auch unter sehr, sehr vielen Nicht-Jazzhörern Ohren zu öffnen und weitergehende Interessen auch für andere Jazzgitarristen anzuregen. Er selbst, von seinem Stiefvater Thomas Collier, einem eingefleischten Christian-Fan, der die Ukulele zupfte, in ebendiesem Mini-Instrument unterwiesen, begann 1954 mit dem Studium der Gitarre, erst auf Leihgaben von Freunden und dann auf einer E-Gitarre, die ihm der Vater gebaut hatte, nachdem der Knabe zusammen mit seinem Daddy bereits Nightclub-Gäste mit Tanz, Gesang und Uke-Geklimper zu unterhalten gelernt hatte. Mit 17 hatte er seine eigene Rock'n'Roll-Gruppe, lauschte aber schon interessiert den Aufnahmen mit Hank Garland, Bird, Grant Green, Christian natürlich und, vor allem, Wes Montgomery. Der Schwenk zum Jazz war die logische Konsequenz: 1962 holte Jack McDuff auf Empfehlung Don Gardners den 19jährigen in seine Gruppe. Benson blieb drei Jahre.

1968 war Wes auf der Bühne gestorben, und George Benson spielte aufs Haar wie sein Hyper-Idol. Davon bekam Creed Taylor Wind, der Organisator meist sehr schwergewichtiger Besetzungen, der Montgomery im ihm eigenen ganz großen Stil produziert, aber auch kräftig und hemmungslos in die Kommerzschiene hineinmanipuliert hatte.[146] Und Taylor sah natürlich in Benson *die* Chance, mit ihm fortzuführen, was er so erfolgreich mit Wes praktiziert hatte. Allerdings dauerte es doch noch gute sieben, acht Jahre, bis mit *Breezin'* dann tatsächlich der Erfolg kam, dann aber mit Schmackes. Die LP verkaufte sich mehr als jede Montgomery-Platte, und George hatte der Wes-Oktave gleich noch den »dritten Ton« (Coryell über Benson) hinzugefügt, keinen Oktavton, sondern einen, der die *octaves* erscheinen ließ wie real existierende Blockakkorde.

»Ich möchte gerne Balladen spielen wie ein Pianist«, erklärte Benson Bob Yelin vom *Guitar Player*[147]

– klassische Gitarristen und George Van Eps tun das auch, aber deren Konzept ist nicht *hip* wie das eines Jazzgitarristen. Der hippeste Typ, der das macht, ist Laurindo Almeida. Seine Auffassung von Harmonie und Theorie ist schön, obwohl seine Auffassung noch immer klassisch und nicht jazzmäßig ist. Ich möchte eine Ballade spielen können wie Oscar Peterson auf dem Klavier. Harmonie ist da alles und nicht die *chops*. Der modernste und hippeste Gitarrist unserer Zeit war Wes Montgomery, und das liegt an seinem wunderbaren Einsatz von Ersetzungen und relativen Tönen für die Harmonietöne.

Taylor hin oder her, fest steht, daß Bensons handwerkliche Ausstattung Weltklasseformat hatte und noch immer hat, und daß er die vermutlich energetischste Stimme in der stark bluesorientierten Bop-Richtung war und ist, also der von Burrell, von Spann und von Grant Green. Allerdings erzählte er Charles Mitchell 1976 auch dies:

> Der Typ, der mein Bewußtsein geschärft hat für das, was die Gitarre tatsächlich alles kann, war ein Country-Spieler mit Namen Hank Garland. Die Sachen, die ich heute mache – diese sehr schnellen Linien, die mehr oder weniger meinem Wesen und Konzept entsprechen... Ich bin ein nervöser Spieler, und darum spiele ich 'ne Menge Noten. Hank Garland spielte eine Menge Noten, aber die gingen auch irgendwohin. Er verlor nie die Botschaft aus den Augen, die er 'rüberbringen wollte. Er hatte gute Farben und eine Menge Feuer. Und so dachte ich mir, in Ordnung, wenn du Jazz spielen willst, dann muß es so sein.[148]

Dabei ist es nur an der Oberfläche korrekt, **Hank Garland** als einen C&W-Spieler zu apostrophieren. Hank (*1930), aus Spartanburg in South Carolina, war wie so viele Gitarristen aus dem Süden übers Banjo zur Gitarre gelangt. Zumindest war dies das Instrument, mit dem er schon als sehr junger Mann in Nashville und Umgebung auftrat und mit seiner reinen Technik und Brillanz beeindruckte, noch in den 40er Jahren, wohlgemerkt, an deren Ende er in der damals äußerst beliebten Paul-Howard-Band spielte. Garland benahm sich wie ein branchennotorischer Schizo: In den Studios wirkte er wie einer, der nie etwas anderes tat, als C&W zu spielen, aber nachts in den kleineren Klubs hielt er nicht mehr hinterm Berg mit seinem ausgeprägten Jazzfaible. So ging das bis 1960, und in dem Jahr erschien seine LP *jazz winds from a new direction* – eine Sensation in Gitarrenkreisen, sozusagen Garlands autogenes Outing in Sachen Jazz – eine mustergültige LP, 1974 neu aufgelegt und darum eine Zeitlang auch hier erhältlich. John Hammond (!) in seinem Covertext:

> Es dürfte risikolos sein anzunehmen, daß Hank Garland der meist aufgenommene aller Gitarristen ist.[149] Es gibt kaum eine Country-Platte aus Nashville, Tennessee, auf der er nicht hinter den Troubadours der Grand Ol' Opry herausgestellt worden ist. Aber es ist nichts weniger als revolutionär, ihn nun als Leiter einer Jazzcombo zu entdecken, die nun, ausschließlich auf Schallplatte, in diesem Jahr 1961 gehört werden kann. Wir sollten gleichwohl nicht allzu überrascht sein, wenn ein Country-and-Western-Star sich in die vorderste Front der Jazzstars einreiht. Denn Hank Garland ist nicht der erste *country boy*, der in der Jazzwelt groß herauskommt. Nur, Hank tut das, ohne Nashville den Rücken zu kehren... Außer in privaten Jam Sessions in und um Nashville hat er sich bis zu diesem Jahr nie öffentlich mit Jazz identifiziert... Im letzten Juli aber war Hank Garland die motivierende Kraft hinter einer Nashville-Gruppe, die gen Newport treckte, zum 1960er Jazz Festival. Sie sollten am 4. Juli dort auftreten, aber die Unruhen hatten tags zuvor das Festival beendet, und die Gruppe wurde von den Fans nie gehört. Der Trip war dennoch nicht gänzlich vergebens, denn die Combo wurde, unter dem Namen Nashville All-Stars, dort von einem anderen Label aufgenommen...

Die von Hammond erwähnten Aufnahmen haben offenbar das Licht der Welt nie erblickt. Geblieben aber sind, dem Himmel sei Dank, die superben *jazz*

Die Bewahrer des Erbes: Die Elektriker

winds in ebenso superber Besetzung, mit Brubecks Trommler Joe Morello, Joe Benjamin am Baß und – dem damals gerade *17*jährigen Gary Burton!

Mitten aus Berlin, mitten aus der Scheidelinie der Roaring Twenties und den sich braun färbenden 30ern, kommt **Marty Grosz**, der bereits erwähnte Sohn des Malers und Zeichners George Grosz. Der Vater, von den Kunst»experten« der Nazis als »entartet« denunziert, siedelte unmittelbar nach der Machtergreifung der Nazis mit dem dreijährigen Martin im Gepäck in die sicheren Vereinigten Staaten über, nach New York, und fünf Jahre später waren Martys Hände gerade richtig für die viersaitige »Uke«, die er mit zwölf durch die Gitarre ersetzte. Der Chicago-Jazz hatte es ihm angetan, und der Eddie-Lang-Virus hatte auch ihn infiziert, und schon bald spielte er in New Yorker Gruppen. Seltsam: Genau andersherum als die ganz und gar nicht schweigende Mehrheit machte es Marty, als er 1954 aus der Army kam: Er zog nach Chicago und *fing mit dem Banjo an*, das ihn dann beruflich etliche intensiv tätige Jahre mit Beschlag belegt hielt. Der Rückkehr zur Klampfe aber schien der Ausflug nicht geschadet zu haben: Grosz übertrug Banjo-Stimmungen auf die Gitarre, ähnlich wie Kress es früher schon getan hatte. Er experimentierte einige Zeit mit diversen Stimmungen (wie sein junger Gitarristen-Kollege Michael Hedges und etliche Folkpicker, z. B. der beachtliche Holländer Leo Wijnkamp) und fand dann die für ihn passende. 1974 wirkte er – auch auf LP (Concord) – bei Bob Wilbers höchst erfolgreichem *Soprano Summit* mit,[150] als lupenreiner Chicago-rhythm-Spieler, und Ende der 70er Jahre spielte er in einem interessanten traditionellen Gitarren-Duo mit Wayne Wright – einer unverstärkt spielenden Formation. »Classic Jazz Quartet« nennt sich denn auch die Besetzung, in der er seit 1991 spielt. In dem Jahr war er übrigens auch wieder in Deutschland, auch wieder in seiner – sehr verwandelten – Heimatstadt, wo er mit Peter Ecklund, corn, Dick Meldonian, ts, Keith Ingham, p, Bob Haggart, b, und Chuck Riggs, dr, gespielt hat. Mag Marty Grosz es als Gitarrist vielleicht nicht in die vorderste Linie geschafft haben, wie es sein Vater auch wider alle Strömungen als bildender Künstler vermochte – zu verdanken bleibt ihm doch ein speziell seit den 70er Jahren beständig angewachsenes Interesse an den frühen Akustikspielern.

Da liegt der Fall bei **Edward Isaac (Ed) Bickert**, 1932 in Manitoba in Kanada geboren, denn doch sehr anders, *sehr* anders. Was zuvörderst an diesem hageren Menschen mit den buschigen Augenbrauen auffällt, ist die unvermeidliche *Telecaster*, jene Schöpfung des am 21. März 1991 verstorbenen Leo Fender, der, in beständiger Konkurrenz zum Hause Gibson, mit seinen Schöpfungen »Stratocaster« und, eben, dieser »Telly« zusammen mit der Konkurrenz-»Les Paul« die Archetypen der modernen *solidbody*- oder Massivkorpus-Gitarren in die zunehmend gitarrenverrückte, vornehmlich rock- und poporientierte Welt nach Mr. Elvis Aaron Presley gebracht hatte und damit ergo rein elektrisch zu

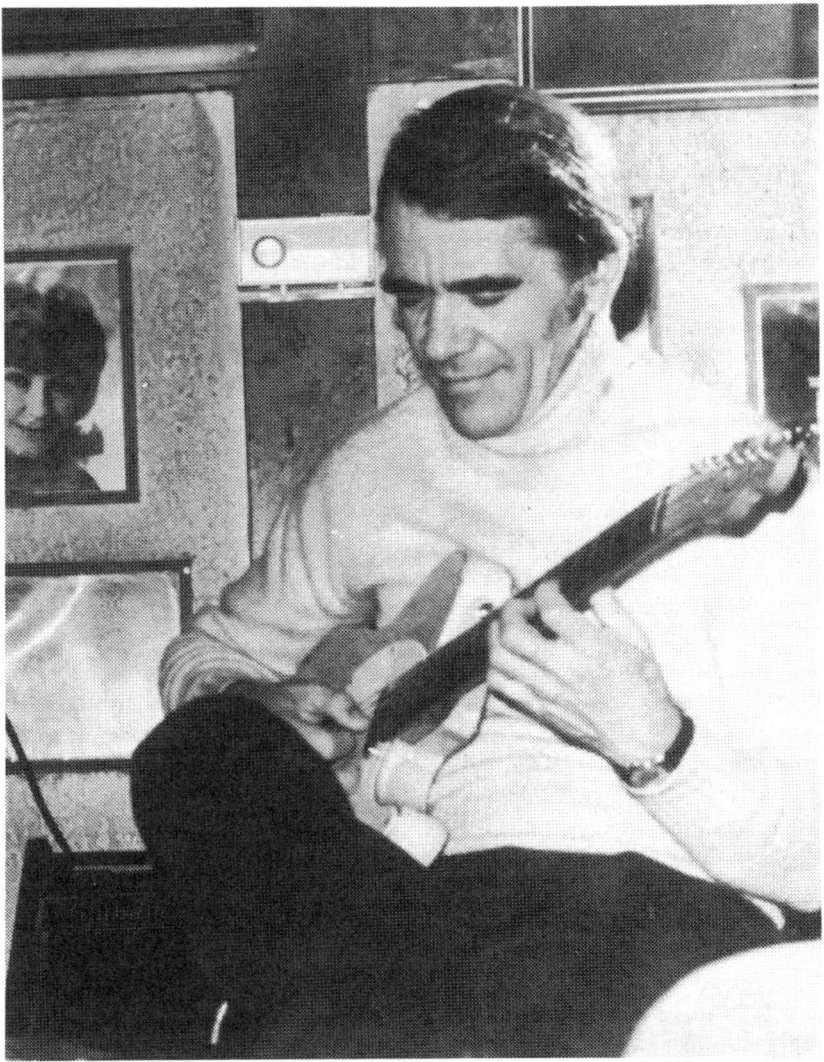

Ed Bickert, Kanadas diskreter Charme der Solidbody-Jazzgitarre. Ed, der kürzlich mit Landsmann Lorne Lofsky zu einem Zwei-Gitarren-Quartett zusammenfand, dürfte der einzige namhafte Jazzgitarrist sein, der hartnäckig seiner Solidbody Fender »Telecaster« die Treue hält. Auf Platten und stets nur über den Hals-Pickup gespielt, macht das Instrument seinem Ruf, äußerst vielseitig verwendbar zu sein, die größte Ehre

betreibende Instrumente ersonnen und gebaut hat, die man sich so recht in Jazz-Zirkeln nicht vorstellen kann. »Die Telly liefert niemals Rückkopplungsprobleme und ist auf Reisen äußerst bequem zu handhaben und strapazierfähig«, sagte Ed irgendwann mal zu dem Thema. Und wer es selbst probiert hat, weiß auch, daß ganz anders als die beiden anderen erwähnten Ur-Solidbodies die Telecaster ganz erstaunlich vielseitig eingesetzt werden kann, vielseitiger, scheint es zuweilen, als die wegen ihrer »Allwetterfestigkeit« von zu ständiger Vielseitigkeit gezwungenen Studiospielern mit Abstand bevorzugten Halbresonanz-Gitarren der Gibson ES-335- und -355-Art: Wenn man die Telly ausschließlich mit *heavy gauge*-, also sehr dicken Saiten, wie von Jazzgitarristen bevorzugt, spielt und dabei den Steg-Pickup wegschaltet und nur über den Tiefen bevorzugenden halsnahen Tonabnehmer geht, erhält man einen Sound, der unter Umständen von dem einer Archtop kaum mehr zu unterscheiden ist – auf jeden Fall dann nicht, wenn man sie spielt wie Ed Bickert.

Der wuchs in Britisch-Kolumbien auf, fing mit acht das Gitarrespielen an, ein Sohn aus aktivem musikalischen Elternhaus, das der Hillbilly-Musik zuneigte. Mit 20 zog Ed nach Toronto, um dort für einen Radiosender zu arbeiten und Studioarbeit zu machen, die auch Jazzaktivitäten einschloß. Schon damals spielte er – wie dann wieder Ende der 70er, Anfang der 80er Jahre – mit dem Boss Brass von Leader Rob McConnell. Bickert gehörte zum Stamm des bekannten Bourbon-Street-Jazzklubs in Toronto, in dem er immer wieder Gelegenheit hatte, mit gastierenden US-Stars – Norvo, Chet Baker (der sich später Doug Raney zu phantastischen Aufnahmen wählte), Desmond (der später mit Jim Hall kollaborierte), Rosolino, Milt Jackson und anderen – zu spielen. 1976 holte ihn Paul Desmond zum Monterey Festival, und seitdem ist der Name dieses sanften, wortkargen Menschen stetig weiter ins Bewußtsein von Jazzfreunden gelangt, etwa durch die wunderschönen Live-Dialoge im Duo mit Bassist Don Thompson vom 22. Januar 1978.[151] Und es konnte dann auch nicht anders sein: Bickert stieß zu dem kalifornischen Concord-Label, wo er 1983 seine erste LP vorlegte, aufgenommen in seinem »Heimathafen« Bourbon Street, Toronto, eine Quintett-Platte. 1987 machte der Telly-Virtuose mit dem wunderbar weichen Ton und der fließenden, gleichsam völlig mühelosen wie widerstandsfreien Art der Phrasierung und dem wohlkalkulierten Wechsel zwischen Linie und Harmonie dann unter Freaks mit einem Experiment Furore – eine *soundpage* für den *Guitar Player* vom Juli 1987: Vier Kanadier hatten sich exklusiv für dieses eine Stück als »Canadian Guitar Summit« zusammengetan, zum erbaulichen und durchaus interessanten Tête-à-tête von Klassik (Liona Boyd[152]) Rock (Alex Lifeson und der Komponist des Stückes, Rik Emmet) und Jazz (Ed) namens »Beyond Borders«. »Eine Sache, über die Rik und ich ein wenig gesprochen haben, war die Frage, wie ein Projekt wie dieses, zu dem sie sonst kaum Zugang finden würden, einige Hörer anderer Stile würde interessieren können. Leute, denen der eine oder andere von uns vertraut ist, würden den Rest der Sache hören können und womöglich sagen: ›Hey, das ist gar nicht so schlecht.‹ So gesehen diente die Sache durchaus einem guten Zweck.« Während Lifeson im äolischen Modus mit viel Tremolo-Arm arbeitet (ab Takt 8), Liona Boyd das ab Takt 22 in 32steln aufnimmt und Rik Emmett im 6/8-Takt die Reihe der Soli in ständig wechselnden Taktausfüllungen abschließt, kann Ed ab Takt 29 zeigen, mit welcher Meisterschaft er auch das *chord-melody*-Spiel beherrscht:

Notenbeispiel 5: »Beyond Borders«

Zwischenzeitlich setzte Concord ihn dann auch emsig als Sideman ein, brachte 1989 die wunderschöne Trio-LP *Third Floor Richard* (CJ 380) mit Pianist Dave McKenna als Gast heraus und im Jahr darauf unter dem Titel *This Is New* eine Quartett-LP/CD/MC (CCD-4414) mit Lorne Lofsky als Gitarrenpartner, die schon fast ein wenig von dem kurz darauf folgenden Triumph des Zwiegesprächs zwischen Van Eps und Alden vorwegnahm – eine Paradelektion in gitarristischer Sensibilität, die freilich nie »unterspielt« (wie Hall), nie »softy-haft« daherkommt, sondern durchaus zupackt, intensiven Drive hat, schnell ebenso ist wie balladesk ruhig – einer dieser Glücksfälle, von denen im Zusammenhang mit Heiner Franz und Louis Stewart gesprochen worden ist.

»Stratosphärische Tempi«: Herb Ellis

Großer Tusch. Aufmarsch der Titanen.

Der Reigen beginnt mit **Mitchell Herbert Ellis** (*1921) aus einem Städtchen bei Dallas, Texas und endet, was Herb betrifft, erst mal mit der Jazzwoche Burghausen 1991, wo er der Star war und mit einer glücklichen Reunion mit Peterson. Und Nat Hentoff erinnerte sich in den *liner notes* zu Herbs *Nothing But The Blues*[153)] so:

»Blues läßt sich nicht zwingen. Er kommt ganz natürlich für einen Horace Silver oder Thelonious Monk oder Sonny Rollins oder Barney Kessel oder Herb Ellis, oder er kommt gar

Die Bewahrer des Erbes: Die Elektriker

Herb Ellis, hier noch mit seiner Gibson ES-175 und dem Van-Eps-Damper am oberen Halsende. Seit etlichen Jahren spielt Herb – zum Teil Indiz für die qualitativ schwächer gewordenen Gibson-Instrumente der 70er Jahre – eine japanische Aria Pro Two »Herb Ellis«, ein sehr ähnliches, unwesentlich kleineres Instrument

nicht. Herb hat ihn; es gab Zeiten während der Ensemble-Stunden an der School of Jazz in Berkshire im Sommer 1975, als Herb irgend etwas so *downhome* spielte, so in die Eingeweide zielend, daß jedermann dort ausrastete, samt einem Dizzy Gillespie, der gewohnheitsmäßig am lautesten brüllte.«

Genau das ist es. Er kommt mitten aus »blues country«, seine Mutter habe gemeint, er hätte »immer den Blues gespielt«, früher allerdings mit unverkennbarem Hillbilly-Einschlag. »Ich wollte meinen Abschluß in Musik machen«, am North Texas State College, »und hörte zu der Zeit Charlie Christian, der mein größter Einfluß wurde. Ich bin aber auch geprägt worden von Instrumentalisten wie Lester Young und, etwas später, Charlie Parker«.[154] Ein Kommilitone, Gene Roland, erinnerte sich, daß Herb, als er an die Schule kam, ein reiner C&W-Mann war, der sich über Nacht unter dem Einfluß des Goodman-Sextetts zum Jazzer wandelte. Und da waren noch Bus Etri und **Burnis Harris**, auch ein Kommilitone, der zu der Zeit – Anfang der 40er Jahre – als bester Gitarrist in ganz Texas galt. Und dann war da plötzlich auch noch Remo Palmieri (damals noch mit dem i) und, auch ein zeitweiliger Einflußnehmer, Barney Kessel. Auch noch Anfang der 40er bekam er seine erste Profi-Chance, in Glen Grays Casa-Loma-Orchester. Und damit, sagt er, stand er auch schon mal in *Metronome* und *Down Beat*, womit das Schneeballsystem angeworfen war. Jimmy Dorsey holte ihn und ermöglichte ihm jede Menge erste Soli, in den unterschiedlichsten Besetzungen auch auf Platte; bald waren Kessel und er eine Art MAS, *mutual admiration society*, eine nicht seltene Verbindungsart unter Gitarristen, die dem Vernehmen nach – und in jenen Jahren gewiß – schon »immer« sehr viel mehr füreinander taten als Spieler anderer Instrumente, das hieß: sich auch Jobs zuschusterten. Barney verließ 1953 das Peterson-Trio, diese schon damals irrwitzige Bewahranstalt für gitarristische Schwerstathleten, und Ellis kam hinein, blieb fünf Jahre drin und half nach Kräften mit, dieses Trio zu der Homogenität zu führen, die alle Peterson-Trios hernach kennzeichnen sollte. Das Team von Herb und Bassist Ray Brown gilt nicht von ungefähr als das am härtesten swingende der ganzen 50er Jahre. Und damals entwickelte Herb auch das unter Garantie »fetzende« schlagzeugartige Spiel auf dem Schlagbrett der Gitarre: »Ich habe das bei Oscar gelernt, weil er wollte, daß ich irgendwas dieser Art ausprobieren sollte. Als *background* mochte er Rhythmusgitarre, und er schätzte das Comping, aber er wollte trotzdem noch was anderes. Also hab' ich damit herumexperimentiert. Ich behaupte gar nicht, der erste damit gewesen zu sein. Vielleicht einer der Ersten. Tal Farlow machte es auch in dieser Zeit. Irving Ashby auch.«[155] Die Trio-LP vom Stratford Shakespeare Festival in Kanada, aufgenommen am 8. August 1956, gilt als die wohl beste des Trios – ein Höhepunkt in Sachen Interaktion, Call-and-Response, Spontaneität und Drive. Schreibt Peterson selbst auf der Coverrückseite: »Dann ist da das *by-play* im ›52nd Street Theme‹,[156] das wir wie einen Rundgesang genommen haben, in dem jedes Instrument auf die letzten Worte im Satz des vorangegangenen Instruments reagiert. Herb Ellis demonstriert in diesem Stück, daß er nicht nur ein talentierter Solist ist, sondern daß er über sein Instrument vollkommene Kontrolle hat plus die Kapazität zur Invention in allen Tempi (inklusive diesen stratosphärischen!).«

Danach konnte alles kommen; wer da »durch« war, war ganz oben. Es folgten vier Jahre mit Ella Fitzgerald, und dann war er endgültig Elite unter den Gitarristen des moderneren Jazz. Und Peterson muß von Ellis dermaßen beeindruckt und von Burrell, der nach ihm kam, nicht paßte und kurze Zeit später wieder ging, dermaßen enttäuscht gewesen sein, daß er den Gitarrenstuhl abschaffte und fürderhin mit Schlagzeug arbeitete. Herb spielte mit buchstäblich unzähligen VIPs und in ebenso zahlreichen Besetzungen,[157] und er war, gemeinsam mit Joe Pass, der *opening act* für Carl Jeffersons Concord-Label – die CJ 1, der auf der #2 die schier atemberaubend schnelle Live-Version von »Seven Come Eleven« folgte. Und auf diesem wunderbaren Label bekam Ellis dann Gelegenheit *en masse* zu ganz neuen Köstlichkeiten – einer LP etwa mit Freddie Green, einer mit Remo Palmier, einer Duo-LP mit Red Mitchell (der auch mit Barney Kessel, in Dänemark, eine Duo-LP aufnahm), anderen mit Monty Alexander usw. usf. Und zur Mitwirkung bei den »Great Guitars«.[158]

»Sowieso schon große Hände«: Tal Farlow

Auftritt *The Octopus,* die sympathischste Krake der Welt – Mr. **Talmadge Holt Farlow** aus Greensboro, North Carolina, und Jahrgangsgenosse von Ellis –, ein Lebendmythos, der just dies geworden zu sein absolut verdient hat, ein Zauberer, der seinen Kosenamen weg hat aufgrund seiner gewaltigen Pranken, die ihm Griffe und Läufe erlauben, wie sie normal konstruierten Sterblichen stets verschlossen bleiben müssen. Und seine schier unglaubliche Flageolett-Technik, die ihm blitzartig arpeggierte *Akkorde* ermöglicht, hat ebenfalls zur Mythenbildung um Tal beigetragen. Dabei ist er alles andere als aus dem Stoff, der Mythen befördert. Sohn eines Multi-Saiteninstrumentalisten, kam er mit acht Jahren zur Gitarre, begann jedoch erst mit 22 Jahren professionell zu spielen. Da hatte er gerade Christian auf einigen Goodman-Platten gehört und ebendies so lange wiederholt, bis er die Soli Ton für Ton rekonstruieren konnte. Von Beruf Schildermaler – den übt er heute noch als Liebhaberei in Sea Bright an der Ostküste aus –, änderte sich 1943 sein Leben: In Greensboro entstand ein Luftwaffenstützpunkt, der Ort bekam Zulauf, und das plötzliche pralle Leben im Ort rief nach Musik für die U.S.O.-Tanzabende. Auf denen spielte Tal mit Jimmy Lyons, mit der bekannten Pianistin Dardanelle, die ihn zum Spielen ins New Yorker »Copacabana« lotste. Im Apple passierte zu der Zeit alles: Tal erlebte Parker, Diz und alles, was geburtshelferisch für den Bop tätig war. Mundell Lowe hatte das Norvo-Trio verlassen. Tal kam für ihn (Red Kelly war am Baß), und hier etablierte er seinen Namen: In diesem Trio erreichte er die Schnelligkeit und die unglaubliche harmonische Geläufigkeit, die bis heute konkurrenzlos ist. Norvos Trio produzierte einen Bestseller nach dem anderen, Farlow tüftelte an rhythmischen Gimmicks herum, die er bald dermaßen perfektioniert hatte, daß man immer wieder meinen konnte, Norvos Trio hätte sich zum Quartett mit Schlagzeug entschlankt. 1954 gewann Tal den *Down Beat* New Star Award, zwei Jahre später den Kritiker-Poll – der Mann, der nie Noten zu lesen gelernt hat, gehörte zu Amerikas führender Jazzer-Riege. 1958 heiratete er und zog sich gleich danach aus der großen Welt zurück.

Hier bricht der »Octopus«-Mythos auf – von dem notenunkundigen Schildermaler, der zum Einsiedler in New Jersey ward, der allenfalls in Sea Bright direkt am Atlantik hin und wieder quasi-privat aufspielte. Gleichwohl: Farlow blieb auch während jener Jahre – acht davon trat er gar nicht in Erscheinung – immer ein Pilgerziel selbst erstklassiger Gitarristen, die mit ihm spielten und fachsimpeln konnten. 1968 tauchte er kurz aus der Ostküsten-Versenkung auf, verschwand dann erneut – bis seine LP *The Return of Tal Farlow* (Prestige) 1975 des Gitarristen vollinhaltliche Wiedergeburt signalisierte. Fast schon überflüssig, zu erwähnen, daß auch Concords Carl Jefferson zugriff: Tals CJ 26, *A Sign of the Times*, inzwischen auf CD und betitelt nach dem Namen eines lokalen Jazz-

»Sowieso schon große Hände«: Tal Farlow

»The Octopus« Tal Farlow mit der L-5-Variante, die seinen Namen trägt und nur kurze Zeit mit einer verkürzten Mensur produziert wurde. Den Spitznamen erwarb er sich aufgrund seiner sehr großen Hände, die dem Flageolett-Genie ungewöhnliche Reichweiten für ungewöhnliche Akkorde bieten klubs, den er hobby- und äußerst regelmäßig mit Mengen selbstbemalter Schilder versorgt hat, gehört mit zu seinen vollkommensten.

Im *Jazz Magazine* hatte er Mark Gardner für die April-Ausgabe 1971 u.a. über seine New Yorker Zeit 1946 berichtet, als er im Trio der Vibraphonistin Marjorie Hyams im Wechsel mit Parkers Gruppe spielte: »So lernte ich ihn [Bird] kennen und seine Musik wirklich zu hören. Da war Miles Davis an der Trompete, Curley Russell am Baß, Al Haig am Klavier und Stan Levy am Schlagzeug. Da hatte ich die Chance, Bop sozusagen in Nahaufnahme zu studieren.« Und 1948 saß er in Buddy de Francos Quintett:

> Weil wir keinen Schlagzeuger hatten, war ich rhythmisch sehr stark gefordert. Seitdem bin ich ein großer Bewunderer von Buddy de Franco... Zu der Zeit wohnte ich in der 93. Straße. Das Haus war wie ein Taubenschlag für Gitarristen. Leute wie Jimmy Raney und Sal Salvador wohnten dort. Jimmy und ich wurden dicke Freunde, und wir improvisierten oft zusammen. Es ist gesagt worden, wir hätten ähnliche Stile, aber ich glaube, das kommt eher aus unserer Bewunderung für die gleichen Leute. Johnny Smith und Johnny Collins waren unter den Gitarristen, die da aufkreuzten. Komischerweise lernte ich Remo Palmieri, Bill De Arango und Arv Garrison erst viel später kennen, obwohl ich von allen schon so um 1945 etwas gehört hatte.

In demselben Gespräch mit Gardner gibt er endlich auch klar Auskunft über seine – *zeitweilige* – Wahl der verkürzten Mensur:

> Das war ungefähr zu der Zeit bei Norvo, daß ich die Mensur meiner Gitarre änderte, also den Abstand zwischen dem Steg und dem Sattel verkürzt habe, ungefähr um den Betrag des I. Bundes, also etwa zwei Inches [knappe 5 cm], was den Effekt hatte, daß die Stimmung der Gitarre um einen Halbton anstieg, als würde man einen Capo [Kapodaster] über den I. Bund legen. Ich hatte dafür zwei Gründe. Nicht nur hatten die Saiten so weniger Spannung und fühlten sich deshalb weicher an; es erlaubte mir auch größere Streckungen der linken Hand. Einige Leute meinten, das sei Eulen nach Athen getragen, weil ich sowieso schon große Hände hatte. Ich habe dieses System jahrelang benutzt. Erst sehr viel später, als ich bei Artie Shaw gespielt habe, bin ich zur Standardlänge des Halses zurückgekehrt, die ich auch heute noch benutze.

Vier Jahre später faßte Barney Kessel das alles, was Talmadge H. Farlow als Gitarrist ausmacht, so zusammen: Er sei »ein Meister im Spiel langer melodischer Linien. Ich kenne Tal schon lange, und ich bin noch immer platt, was sein riesiges Talent angeht. Wenn man, was oft wie ein Schwarm von Noten erscheint, aufmerksam hört und analysiert, wird man wunderschöne lange Linien finden, die keine Arpeggios oder sonst irgendwelche *gimmicky* Technik sind. Er hat einen ausgeprägten Sinn für Harmonien, und seine Schnelligkeit kommt so leicht daher, daß sie mich oft an die einer Gazelle erinnert.«[159] 1982 sagte Sal Salvador: »Seine Wahl von Intervallen statt normalen Skalen unterscheidet ihn von jedem anderen«.[160] Daß er seine Melodieimprovisationen statt über Skalen, wie schulmäßig üblich, über Akkordstrukturen entwickelt, kommt denn auch nicht von ungefähr, wie er 1984 erklärte:

»Jammin' The Blues«: Barney Kessel

Weil ich Autodidakt war und mich nicht viel um das Notenlesen geschert habe, gehe ich vor allem visuell heran. Anders gesagt: Ich kann die *Formen oder Muster* von Skalen und Akkorden visualisieren, indem ich mental kleine Merkpunkte aufs Griffbrett projiziere... Die visuelle Methode eignet sich ebensogut für komplexe Konzepte...: indem man etwa Linien für Dominantseptakkorde entwickelt, die sich in einem Quartenzirkel voranbewegen... Die Schönheit dieses Systems besteht darin, daß man eine Achtelphrase spielen kann und diese dann für eine ganze Progression anwendet, einfach indem man sie zu vielen Orten auf dem Griffbrett bewegt... Dominantakkorde aufzufassen, als wären sie verminderte Septharmonien, ist eine gute Möglichkeit, Phrasen zu entwickeln. Hier ist zum Beispiel ein A^7-Typ-Akkord, der in Mollterzen das Griffbrett hinuntergespielt wird [m. Herv.].[161]

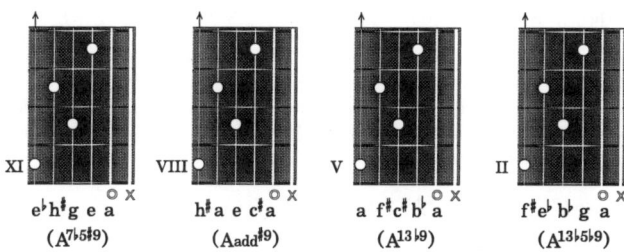

»Jammin' The Blues«: Barney Kessel

Ungefähr seit dem erwähnten Gitarren-Workshop in Berlin 1967 ist auch hierzulande der Gitarrist einer »zum Anfassen« geworden, der für sehr viele Jüngere das wurde, was Charlie Christian für ihn selbst ist: Dreh- und Angelpunkt. **Barney Kessel**, mehr als die anderen der älteren »Titanier« heute dem »konservativen Establishment« unter Amerikas Jazzgrößen zugerechnet, macht sich aus solcher Einordnung indes gar nichts. Er war und bleibt *der* Bewahrer, d.h. hier: Vermittler des Christian'schen Erbes. Und keiner hat so wie er das Christian'sche Idiom zu allergrößter Bekanntheit und Anhängerschaft geführt. Unter den jüngeren Gitarristen gibt es niemanden, der sich zu Christian als seinem ersten und wichtigsten Impuls bekennt und dies nicht zugleich auch von Barney sagen würde. Fast Synonyme, sind Christian und Kessel gleichwohl auseinanderzuhalten; Kessels Identität verschwindet nicht etwa hinter der seines Idols. Er hat ihn verfeinert, er hat ihn veredelt, er hat ihn mit unglaublicher Kraft und künstlerischer Phantasie für *alle* Zeiten und Strömungen übersetzt. Für Barney – einen vollkommen unkorrumpierbaren, universell interessierten und gebildeten Mann, der immer wieder mit Nachdruck darauf verweist, »Musiker« und nicht »Gitarrist« zu sein, ist die Gitarre im reinen Wortsinn nicht mehr, nicht weniger als ein »Instrument«, ein Werkzeug, mit dessen Hilfe er ausdrücken kann, was er auszudrücken hat. Er ist, dabei völlig unprätentiös, eine Vaterfigur für Legionen heutiger Gitarrespieler, ein glänzender, geschickter, bildhaft illustrierender Formulierer im Wort wie meisterhaft in der Musik, mit sehr viel Takt, Diplomatie und ausgeprägtem Humor begabt, Pädagoge, unermüdlicher Ratgeber als Kolumnist jahrelang für den *Guitar Player* wie privat und – mit einer Musikerbiographie gesegnet, die sich als veritable lebendige Jazz- und überhaupt Musikhistorie ausweisen kann. Und er *swingt* über alle Maßen, mit einer Kraft und Dichte, die selten ist, auch in der amerikanischen Jazzgitarristik.

Geboren wurde der Nachfahre russischer Einwanderer 1923 in dem Nest Muskogee in dem auffallend mit Gitarristen gesegneten Staat Oklahoma (aus dem, immerhin, ja auch Christian seinen kurzen Siegeszug antrat),

> einer Stadt von Cowboys und Indianern, nur 3 200 Einwohner, aber jede Menge Jazzfans. Viele Musiker kamen nach Muskogee: Jay McShann, Don Byas, Pee Wee Russell. Ich begann Cowboymusik zu machen, da war ich zwölf Jahre alt; mit 14 spielte ich in einer schwarzen Gruppe. Ich war der einzige Weiße. Sie halfen mir zu verstehen, wie man Jazz spielt,

erzählte er in *Jazz Hot* 5/70. Und er fährt dort fort:

> Ich habe mir alle Christian-Platten gekauft, und ich hatte das Glück, ihm zu begegnen. Ich habe sogar für ihn ausgeholfen in einer Band, in Muskogee. Charlie war mein Idol, als ich sechzehn war. Er war die brillante Synthese aus Al Casey, »Daddy« Jim Walker, Django Reinhardt [*sic!*] und Eddie Durham, beeinflußt von dem, was in all deren Stilen das Beste war. Sein harmonisches Konzept war originell und seiner Zeit weit voraus, auch wenn er kein Akkordsolist à la George Van Eps war, aber seine Singlestring-Improvisation öffnete den Weg hin zu einer harmonischen Konzeption, die völlig neu und revolutionär war... Charlie Christian hat einen besonderen Platz in meinem Herzen, und sei es auch nur, weil er meine erste Inspirationsquelle war.

An der Summerfield-Sage, CC sei extra herbeigekommen, um Barney, über den er viel Löbliches vernommen hätte, spielen zu hören; er habe dann gar den jungen Weißen nach Hause begleitet und sich dessen Eltern vorstellen lassen, ist nichts. Die beiden haben, wohl in Oklahoma City, zusammen gejammt. Und es war die starke Affinität zwischen beider Spielauffassung, die Kessel zu dem Entschluß brachte, Profi zu werden: 1942, im Alter von 19, zog er von dannen, nach Hollywood. Dort begann seine Karriere sehr amerikanisch mit dem sprichwörtlichen Tellerwaschen. Er kannte niemanden, war erstmal ein Nobody, der aber doch schon bald in den L.A.-Klubs Gelegenheit zum Jammen bekam. Schlagzeuger Ben Pollack, der damals eine Begleitband für Groucho Marx leitete, nahm sich des Jungen an und gab ihm seinen ersten Vertrag. Von da aus ging es steil aufwärts – die 40er Jahre wurden Barneys Dorado: Artie Shaw holte ihn, und er war gerade 21, als er neben Lester Young, Harry »Sweets« Edison & Co. – als einziger Weißer – in Norman Granz' Filmproduktion »Jammin' the Blues«, Regie: Gjon Mili, mitwirken konnte. Und 1946 saß er genau dort, wo wenig zuvor noch sein Idol gehockt hatte: in Goodmans Band. Da blieb er

»Jammin' The Blues«: Barney Kessel

Barney Kessel mit seinem Standardinstrument, vor dem alle Identifizierungsexperten passen. Es ist ein »Bastard« aus etlichen verschiedenen (Gibson-) Typen mit nur einem (Hals-) Pickup. Die Regler für den Pickup hat Barney anstelle der regulären einem Radio aus den 40er Jahren entnommen

trotzdem nur ein Jahr lang, ließ sich dann an der Westküste nieder und verschwand erst einmal in den Studios, um Geld zu verdienen. Aber schon 1947 kürte ihn *Esquire* mit seinem renommierten Silver Award; es war das Jahr, in dem er den zweiten wichtigsten Präger treffen sollte:

Als Parker sich an der Westküste aufhielt, ging ich eine Nacht los, um ihn mir anzuhören. Ich jammte mit ihm, und er mochte mein Spiel sehr, viel mehr als ich seins! Das klingt heute unglaublich. Er trug mir meinen Verstärker zum Wagen und sagte, wie sehr er mein Spiel mochte! Kurz danach rief er mich an, weil er mit mir aufnehmen wollte.[162]

Von dieser 1947er Session ist die Single *Relaxin' at Camarillo* gewiß die interessanteste, aufgenommen am 26. Februar 1947 mit Parker, Barney, Dodo Marmarosa, p, Red Callender, b, Don Lamond, dr, und Howard McGhee, tp, denn tatsächlich enthält diese frühe Aufnahme *in nuce* den »ganzen Barney Kessel«, der eben schon hier von der konsequent linearen Weise Christians weitergeht zu jener Spielweise, die für BK so typisch werden wird: treibende, drängende, bluesig phrasierte Bop-Linien, die sehr rasch durchbrochen werden von aufgebrochenen Akkorden, um dann wieder, in scheinbar gar nicht aufgeteiltem Fluß, weitergeführt zu werden, in Intervallen, wie sie so weit gefächert auch CC nur selten spielte.

Die Bewahrer des Erbes: Die Elektriker

Was nicht bedeutete, daß der Junge aus Muskogee deshalb schon kapiert hätte, worum es bei Bird eigentlich wirklich ging. Die Aufnahmen (»Camarillo«, »Cheers Cheers Cheers«, »Barbados«) waren zwar im Kasten, Barney aber hockte zwei Wochen lang vor Parkers Scheiben, und »eines morgens, beim Rasieren, da hörte ich ›es‹ plötzlich. Plötzlich verstand ich, was an Birds Spiel so faszinierend war. Von da an liebte ich Charlie Parker zutiefst. Das hatte einen weitreichenden Einfluß auf meine Wertehierarchie. Es änderte alles.« [163]

Und mit den neuen Werten in Kopf und Bauch kam der 29jährige auf bemerkenswerten Umwegen über Charlie Barnet, Shorty Rogers, Hal McIntyre, Sarah Vaughan, Lester Young und Jazz At The Philharmonic zu Peterson und Ray Brown, während er in den Studios berühmt-berüchtigt war als einer aus der auch privat äußerst musizierfreudigen *Wrecking Crew*, einer anderen MAS, die bestand aus Barney, Tommy Tedesco und Al Casey an den Gitarren, Carol Kaye, b, und Hal Blaine, dr. »Man hatte mir damals wiederholt vorgeworfen, ich sei zu laut gewesen. Das ›laut‹ damals kommt natürlich nicht an das ›laut‹ von heute heran. Ray Brown und ich lachten später über eine Sache, die damals passiert war. Bevor wir uns begegneten, besprach er eine Platte für irgendein Magazin und sagte, daß die Rhythmusgruppe zu laut wäre. Später kamen wir bei Peterson zusammen und auf den ›Poll Winners‹-Alben. Ein Teil dieser Lautstärke war ganz einfach die Aggressivität, die ich erzeugen wollte. Ich hatte das Glück, mit Charlie Christian gespielt zu haben, und er war aggressiver, kraftvoller und lauter als ich. Er sagte: ›Ich möchte mich hören.‹« [164] Peterson: Ashby war weg, Kessel saß drin, und »ich war zehn Monate in dem Trio; Oscar und Ray sind perfekte Gentlemen, und es war ein Vergnügen, mit ihnen zu spielen und zu reisen. In diesen Monaten wurde ich bekannt, aber ich habe auch eine Riesenmenge gelernt. Und nach zehn Monaten hatte ich das Gefühl, daß es wieder an der Zeit war, auf dem eigenen Weg weiterzumachen.« [165] Der brachte ihm, 1953, kurz vor seinem 30. Geburtstag, seine erste Platte unter eigenem Namen ein: *Tenderly,* [166] mit ersten Hinweisen auf seine bis dato noch nicht recht geforderte poetische Seite. Dann ging es Schlag auf Schlag. »Er swingt so sehr, daß er sämtliche Grenzen einreißt,« schrieb Star-Kritikus Ralph Gleason im Hüllentext zu Barneys *To Swing Or Not To Swing*, »und zwar psychologische wie musikologische, wie sie sich über die Jahre aufgebaut hatten. Er spricht Jazzfans an, unabhängig von deren *backgound*. Jedem hat er, natürlich, etwas anderes mitzuteilen, aber er trifft sie alle gleichermaßen in dem Einverständnis in bezug auf die großen Jazzkünstler, die Ära, in der Count Basie, Duke Ellington, Woody Herman, Erroll Garner und Benny Goodman allesamt Musik gemacht haben, die man immer und immer wieder spielen kann und derer man niemals müde wird, auch noch nach zehn Jahren zu ihr zurückzukehren, um in ihr noch immer die Frische und Vitalität zu finden, die jede große Kunst ausmacht... Barney Kessels Botschaft an den Jazzfan ist dieselbe wie in dem Duke-Ellington-Klassiker ›It Don't Mean A Thing If It Ain't Got That Swing‹...«

»Jammin' The Blues«: Barney Kessel

Wohl wahr. Kessels Spiel, nichts anderes sagt das aus, enthält, und das ist nicht zu hoch gegriffen, eben die »ewigen Werte« all dessen, was Jazz ausmacht, und das ist zuallererst und immer wieder, trotz passionierter Exkursionen ins südamerikanische Reich des Schwarzen Orpheus, der Blues, geradeso, als wäre Barneys Gitarre tatsächlich so etwas wie eine Basie-Band *en miniature*:

Notenbeispiel 6: »Blue Boy«, © Windsor Music 1973 (ASCAP)

»Ich erkenne ihn ganz besonders an seiner Phrasierungsweise und der Leichtigkeit der in Akkorden gespielten Melodien«, sagte Kollege Jimmy Gourley 1972.[167)] »Ich finde, daß er noch entspannter war als Wes Montgomery. Wes hat eine Menge, aber Barney hat noch mehr. Seine *attack* ist härter als Jimmy Raneys, als René Thomas' und als meine eigene. Barney ist immer einer meiner Favoriten gewesen und einer der am leichtesten erkennbaren Gitarristen« – auch dank seines Spiels mit dem klassischen, heute nur noch sehr vereinzelt anzutreffenden Christian-Pickup.

Mitte der 50er Jahre startete dann die superbe Serie der insgesamt vier *Poll-Winners*-Alben mit Ray Brown und Schlagzeuger Shelly Manne, einer kongenialen Trias, die - jahrelang Abräumer der Polls von *Metronome*, *Playboy*, *Down Beat*, *Esquire* und *Melody Maker* – zu jeder der Produktionen und dann noch einmal zu einem späten Get-Together Mitte der 80er Jahre mit *Poll Winners Straight Ahead*, auf der sie die Form über 30 lange Jahre nicht verloren haben, ohne irgendwelche Arrangements-Vorbereitungen ins Contemporary-Studio gingen: Beispiele »totaler Improvisation« (Kessel), vor allem aber Pionierleistungen damals insofern, als diese drei Meister vor allem der Evolution der Jazzgitarre einen mächtigen Schritt voran halfen durch die Emanzipation dieser bis dato weithin unbekannten Besetzung. Es fehlte nichts, gar nichts. Eine weitere LP – von insgesamt ungefähr 50, die Barney unter eigenem Namen eingespielt hat – mit dem Vibraphonisten Bobby Hutcherson und Trommler Elvin Jones (*Feeling Free*) mag womöglich als gescheiterter Versuch angesehen werden, die Gitarre dorthinein zu musizieren, was der LP-Titel auswies. Dies war nicht Barneys Sache; bei Concord legte er dann, im Rahmen einer ganzen Reihe von LPs, u. a. einem Duo-Album mit Ellis und denen mit den *Great Guitars*, Ende 1983 die erste unbegleitete Solo-LP seines langen Berufslebens vor – eher ein Beleg dafür, daß er immer ein Combo-Gitarrist war, dessen Stärken also nicht im Solistischen zu finden waren, aber doch gerade im Harmonischen von beinah konkurrenzloser Breite. »Spitzengitarristen haben sich nicht qualitativ verbessert«, sagte er 1970. »Aber quantitativ gibt es heute mehr gute Gitarristen als je zuvor... Ich glaube nicht, daß es zu irgendeinem x-beliebigen Zeitpunkt mehr als nur eine Handvoll echter Innovatoren (also nicht nur Extrapolatoren) gibt. Eine Mixtur aus Chet Atkins und Wes Montgomery nenne ich ja auch keinen neuen Gitarrenstil oder eine neue Methode. So was ist keine Innovation, das ist Extrapolation.«

Er ist immer beides gewesen, Christians Extrapolator und ein Innovator. »Einsteigern« in Sachen Barney Kessel ist – ausgerechnet – die 1969er Platte *Stephane Grappelli Meets Barney Kessel* zu empfehlen (Black Lion BLCD 760150) und auf ihr insbesondere Barneys Solo in »Honeysuckle«, das ihn in der besten Form seiner ganzen Geschichte hören läßt: Es bietet den »ganzen« Kessel.

»Hochwürden Wes«: Wes Montgomery

John Leslie Montgomery, »das Beste, das der Gitarre seit Charlie Christian geschehen konnte«, wie Ralph Gleason meint, kommt aus Indianapolis, Indiana, wo er 1925 geboren wurde und im Sommer 1968 starb – ein waschechter »Innovator«, ganz und gar kein Extrapolator, ein liebenswerter Gigant, notenunkundig wie Farlow, aber weniger zur Mythenbildung geeignet als jener und – so sah es lange Zeit aus – eher ein »guitarists' guitarist«, von praktizierenden Insidern hochgeschätzt, vom Publikum schnell vergessen: Die 60er Jahre, das

Wes Montgomery (gest. 1968), der notenunkundige Genius der Jazzgitarre in den 60er Jahren. George Benson, Pat Metheny, Richie Hart und viele andere jüngere Gitarristen sind von ihm mindestens so stark geprägt wie von Christian. Wes spielte ohne Plektrum und ausschließlich mit dem Daumen. Die Wirkung seiner legendären Oktaven entstand durch die Abdämpfung der vier nicht gespielten Saiten, wobei Wes aber alle sechs Saiten anschlug

waren die Jahre der Beatles, das waren die Jahre der in die Studios geflohenen Jazzgitarristen, die dem Boom von Liverpools Mersey her nicht viel entgegenzusetzen hatten. Als Wes starb, brannten Barrikaden, wurde Menschenliebe zur Stirnband-Philosophie versimpelt, waren von Berkeley über Berlin und Tokio unterm aufbrechenden Schmerz an Amerikas in Vietnam verlorener Unschuld und den Morden an den Kennedys, Malcolm X und Martin Luther King die Aufschreie der Joplin und Hendrix und Duane Allman an der Tagesordnung einer zum Umbau anstehenden Welt. Die 60er Jahre gehörten nur ihm, Wes. Und vielleicht noch Grant Green.

Als buchstäblicher Spätzünder hatte John Leslie erst mit 19 Jahren zur Gitarre gegriffen, 1942 war das, genau das Todesjahr Christians. Und Christians »Solo Flight« war es, der auch ihn zum Instrument hintrieb: »Junge, das *war* vielleicht eine Wucht, ich höre das immer noch. Das war *das* für mich. Ungefähr ein Jahr lang hörte ich danach niemand anderen mehr. Ich fing mit Plektrum zu üben an. Das ging ungefähr 30 Tage gut. Dann beschloß ich, den Verstärker anzuschließen und zu sehen, was ich machen würde. Der Sound war zu viel, sogar noch für meine Nachbarn von nebenan. Also marschierte ich nach hinten in unser Haus und fing an, die Saiten mit dem Daumenfleisch anzuschlagen. Das war viel leiser. Und dieser Technik fügte ich dann noch den Tick hinzu, die Melodie in zwei unterschiedlichen Registern zugleich zu spielen – die Oktavensache. Die machte den Sound *noch* leiser.«[168]

Nach sechs Monaten konnte er CC Note für Note spielen und tat das in der örtlichen Turf Bar. Ein hingebungsvoller Familienmensch, malochte er werktags von 7 bis 15 Uhr in einer Radiofabrik am Orte, nahm ein Mützchen voll Schlaf und zog dann los zum Jazzen. Und er lernte sein Instrument 17 weitere Jahre lang immer gründlicher zu entdecken, bis 1959. Aber er blieb, trotz zweier Jahre bei Hampton, dessen Bandmitglieder den überzeugten Abstinenzler »Hochwürden« riefen, lange Zeit ein ausgemachter *local hero* und wäre es vielleicht noch länger geblieben, hätte Julian Adderley ihn nicht zufällig in Indianapolis gehört. Cannonball rastete buchstäblich aus im Missile Room, diesem After-Hours-Klub, in dem Wes zu spielen pflegte, mal im Trio mit seinen Brüdern Monk am Baß und Buddy am Klavier, mal mit Melvin Rhyne, org, und Paul Parker, dr. Jedenfalls lauschte Cannonball, der *kein* Abstinenzler war, verzückt dem jungen Schwarzen zu und wankte alsdann mit runden Füßen in aller Herrgottsfrühe zum Missile-Telefon, von dem aus er Bill Grauer und Orrin Keepnews, die Götter von Riverside, aus Morpheus' Armen riß: Hört euch den *bloß* an. »Was mich betrifft«, kam Wes noch in der *Down Beat*-Ausgabe vom Juni 1968, dem Monat seines Todes, zu Wort,

war Cannonball der Türöffner. Er rief bei Riverside an und machte Bill und Orrin verrückt wegen mir. Zwei Tage später... rief mich Keepnews an. Er hatte noch nie was von mir gehört, aber aufgrund des Nachdrucks der Cannonball'schen Empfehlung sagte er mir fest ein Aufnahmedatum zu. Ich sagte ihm, na gut, was mich betrifft, geht das ja in Ordnung;

nur, ich dachte, er sollte vielleicht doch erst mal selber 'rauskommen und mich anhören, um wirklich zufrieden zu sein. Er *war* zufrieden.

1959 kam sein erstes Album heraus, aufgenommen mit Mel Rhyne an der Orgel und Paul Parker - bzw., für ein zweites Album, George Brown – am Schlagzeug, eine baßreiche, überraschend neue Sache mit weichem Sound und erstaunlich komplexen Improvisationen. Die *Incredible Jazz Guitar of Wes Montgomery* war da und eröffnete eine triumphale Dekade für den späteren Vater von sieben Kids. Und das Erstaunlichste war, daß sein Sound sozusagen aus dem Stand auch große Teile eines populärer orientierten Publikums ansprach. Wie in den 50ern Kessel, so okkupierte nun Wes sämtliche Polls ganz oben, und er war den angesehensten Weeklys Amerikas, *Time Magazine* und *Newsweek*, ganze Stories wert. Der Komponist Gunther Schuller sah ihn gar als Eröffner einer veritablen »Indiana Renaissance«. Ein Artikel in *Jazz Hot* (2/69) erinnerte an ihn als an einen Mann mit Prinzipien, der nicht rauchte, nicht trank, sich stets gut – wenn auch zu knapp um die Rettungsringe herum – kleidete, mit seinem Essen »krüsch« war, keine Affären pflegte. »Ich hatte ständig Kopfweh, wenn ich diese Oktaven spielte«, vertraute er Gleason (*Guitar Player* 8/75) an, »weil das anstrengend war, aber in dem Moment, in dem ich aufhörte, waren sie weg. Ich weiß nicht warum, aber das war eben meine Art, und meine Art wirkt sich eben manchmal ein bißchen bumerangartig auf mich aus. Aber inzwischen habe ich keine Kopfschmerzen mehr beim Oktavenspielen... weil man sich daran gewöhnt.«

Die einmalig swingende LP *Smokin' at the Half Note* im Quartett mit Wynton Kelly am Flügel war seine letzte reine Jazz-LP und das vollkommenste Zeugnis - abgesehen vielleicht von dem Konzert, das er in einer Besetzung mit Johnny Griffin im Rahmen der Hans Gertberg'schen NDR-Jazzworkshops gab - für das, was im Jazzspiel Kommunikation sein kann. Creed Taylor, der längst begriffen hatte, wie der Oktaven-Sound noch einträglicher zu vermarkten war, eröffnete den Alben-Reigen dann mit *Movin' Wes* und *Bumpin'*. 1966 erhielt Wes' Komposition »Going Out of My Head« den Grammy, und 1967 kam die LP *A Day in the Life* heraus - und so weiter. Er war ein »kommerzieller« Künstler geworden, der *Tequila* spielte und dem Rezensenten in *Down Beat* zu der Frage provozierte, ob er wohl je noch mal in der Lage sein würde, ein »richtiges« Jazzalbum zu machen. Wozu Bill Quinn ihn in dem Interview vom Juni 1968 so zitierte:

Ich habe gesehen, was mit Leuten wie Tatum und Coltrane passiert. Obwohl Coltrane starb, bevor sein Ding überhaupt richtig verstanden wurde, starb Tatum zu einer Zeit, in der er eigentlich all den Gewinn hätte nutzen sollen, der ihm erwuchs daraus, daß er der größte existierende Klavierspieler war - aber er tat's nicht, verstehen Sie, was ich meine? Es spielt keine Rolle, wieviel künstlerisches Potential man hat; es zählt nur, wie es präsentiert wird. Die, die mich kritisieren, weil ich den Jazz zu vereinfacht spiele und solche Sachen, treffen ja nicht den Punkt. Dem, was ich tue, unterliegt ein Jazzkonzept, aber ich spiele populäre Musik, und die sollte als solche verstanden werden.

Die Bewahrer des Erbes: Die Elektriker

Natürlich *blieb* er auch während dieser Jahre ein Jazzgitarrist, wie später Benson gottlob auch. Stücke wie »Four On Six«, wie sein Gegenstück zu Herbie Hancocks »Watermelon Man«, der »West Coast Blues« oder seine wunderbare oktavierte Interpretation von »Willow Weep For Me«

Notenbeispiel 7: »*Willow Weep For Me*«, © Bourne Co., New York 1976

– das waren populäre Titel, aber sie blieben Jazz. Und: Wes Montgomery blieb auch in Zeiten größter eigener Erfolge immer ein Bewunderer von Kollegen, wie er in dem Gespräch mit Gleason belegte. Tal Farlow liebte er, weil er nie der unter Gitarrespielern häufigen Zwangsvorstellung erlegen war, »daß sich alle anderen vorwärts bewegten, nur man selbst nicht«. Und er liebte das »Feeling« und »die gute Konzeption von Akkorden in Jazzmanier« bei Barney Kessel. Er liebte Reinhardt, der sich »einfach irgendwo hinsetzen konnte und Gitarre spielte«, und er liebte Charlie Byrd, weil er das »Umsteigen [aufs akustische Instrument] probiert hatte, »mit einem bißchen Flamenco und Jazz dabei und auf einer unverstärkten Gitarre«. Und: »Es *scheint*, als hätten [Tal und Jimmy Raney] die gleichen Ideen, das gleiche Feeling, aber Jimmy Raney ist so weich, daß er es ohne jeden Fehler macht, mit wirklich weichem Touch.« Wahrscheinlich hat niemand Wes Montgomery musikalisch besser dargestellt als sein größter Bewunderer Steve Khan in den Liner Notes zu *Groove Brothers* (1979)

... von den Einzeltonlinien zu Oktaven und schließlich zu Akkorden *und* dieser hinreißende warme, dunkle Sound – alles das ohne Plektrum, nur mit seinem durch nichts unterstützten, unglaublichen Daumen. Wes' Antwort war immer die gleiche »Ich weiß nicht, ich mach' das einfach. ... Um meinen guten Freund und Gitarristenkollegen John Abercrombie zu zitieren, birgt Wes Montgomerys Musik eine Qualität und Integrität, die den physischen Aspekt des Spielens seines Instruments selbst transzendiert und in einen Bereich eintritt, der dadurch sehr viel befriedigender ist, sowohl intellektuell, als auch emotional... Ich habe Wes' *comping*-Stil beschrieben als eine Big Band in seinen Händen: Seine vollen Akkord*voicings* in den tiefen Registern konnten Akzente setzen wie Posaunen; zuweilen bot er Oktaven-Riffs in einer Weise, die unisono spielenden Saxlinien glichen; und er konnte bis zu drei- und vierschichtige *voicings* in den mittleren und oberen Registern wie die einer Trompetensektion bauen... Der Einsatz der maj[7] mit einem 4#-Akkord (was den lydischen Modus assoziiert) war äußerst ungewöhnlich zu jener Zeit und wurde später zu einem wichtigen harmonischen Element in der Musik von Miles und Coltrane bis hin zu der heutiger progressiver Innovatoren wie Weather Report, John McLaughlin und Chick Corea. Wes hatte riesige Ohren und einen offenen Geist, und mir kam es vor, als wollte er nie aufhören zu wachsen.

»Stella by Starlight«: Jimmy Raney

James Elbert Raney (*1927) aus Louisville, Kentucky, ist die tragende Säule, der Titan der linear gespielten, nun wirklich sehr »coolen« Gitarre. Würde man die anderen Spieler, die Akkordiker beispielsweise, einer von Count Basie bestimmten Linie zuordnen und die Melodiker dem »Horn-like«-Ideal, das von Lester Young her kam, so müßte man Jimmy, diesen Inventions-Proteus, in enger Nähe zu Lennie Tristano sehen, mehr vielleicht noch als Billy Bauer, einem Tristano allerdings, der gewissermaßen einen Bird Parker als linearen Filter hatte. Wo Farlow der Oktopus und die Gazelle ist, bleibt Raney die sympathische Schlange: Seine langen, meditativen, introvertierten Linien sind wahrhafte Serpentinen auf dem Griffbrett. Die lagen dem Sohn einer Gitarristin am meisten, als sein Lehrer **Hayden Causey** ihn mit Jazzplatten vertraut machte: Jimmy hörte zuallererst die Linien, in rhythmische Einheiten hineingepflanzt, swingend, federnd, leicht. 15 Jahre alt war er, als er anfing. Da war Amerika ein Jahr im Krieg. Und weil das Militär sich für seine Kapellen mit Vorliebe der zivilen Jazzpfründe bediente, spielte Jimmy erst mal in Uniform und 1944 schon, mit 17, professionell in New York in Jerry Walds Band, in der ihm sein Ex-Lehrer Causey den Platz freigemacht hatte. Durch Wald lernte Jimmy den Pianisten Al Haig kennen, woraus sich eine lebenslange Freundschaft, aber auch fruchtbare Kooperative im Plattenstudio ergeben sollte.

Auch Jimmy Gourley hatte bei Wald gespielt, und als Raney wieder in Chicago gelandet war, traf er Gourley, der zu der Zeit 19, ein Jahr jünger als er und schon entschieden moderner war. Gourley schleppte, in New York, den Kumpel nach den Wald-Jobs mit in die Klubs, in denen der Bebop gemacht wurde, und er »lernte seine Lektion sehr gut« (wie Gourley sagte). Damals spielte Raney die gleiche Gitarre wie Christian, ebenfalls mit dem *bar-magnet*-Tonabnehmer, und, so Mongan, seit »dem Verschwinden Charlie Christians war Raney ganz gewiß der größte Neuerer auf der Szene. Kessel kannte zwar die modernen Harmonien, hatte aber Probleme damit, Läufe daraus zu machen [›running' them‹], wogegen Raney sie perfekt unter seinen Fingern hatte. Raney war ein phantastischer Swinger. Es war dieser Swing, der ein großartiges Gefühl erzeugte. Jimmy war mit Leichtigkeit der fortgeschrittenste Gitarrist jener Zeit. In der Öffentlichkeit spielte er sogar noch besser als auf seinen Platten, und seine Platten waren wirklich erste Klasse.«[169]

Von 1945 bis 1948 spielte er in Chicago in diversen Gruppen und kam dann, auf Empfehlung des Drummers »Tiny« Kahn, zu Woody Herman, bei dem damals auch Stan Getz und der spätere Plattenpartner Serge Chaloff spielten. 1949 verließ er Herman wieder, tat sich in einer jazzproduktiven Wohngemeinschaft mit Tal Farlow, Sal Salvador und dem Vibraphonisten Teddy Charles zusammen. Er saß bei Artie Shaw und Terry Gibbs, und 1951 erinnerte sich Getz seiner und holte ihn in sein neues Quartett mit Haig, p, und Teddy Kotick, b, – eine ideale Klang- und Mentalitätsehe zwischen den langen Melodie-Serpentinen Raneys und dem Lester-Young-verwandten Ton von Getz. Und Haig, sein Mentor, wirkte zusätzlich als Katalysator: Schon in diesen Jahren trieb Raney sein Linienspiel buchstäblich auf die Spitze seiner Meisterschaft, und der Verstärker gab immer nur so viel an Lautstärke, wie unbedingt nötig war, für eine seltsam zurückgenommene, eher impressionistische Poesie, die dennoch Kraft in sich trug. 1953 gelangte Jim zu Norvo, bei dem er Tal ersetzte und mit dem er 1954 Billie Holiday auf Europatournee begleitete – Raney, die neue Galionsfigur des Cool Movement, weitete ihren Bekanntheitsgrad erheblich aus. Er galt als Offenbarung, viele verstanden ihn als das dringend gesuchte Scharnier zwischen Bird, Diz und Bud Powell und deren Übersetzbarkeit auf die Gitarre. In Paris nahm er auf, mit Sonny Clark, Red Mitchell und Bobby White, ihr – nun doch richtig »untendurch« gespieltes – »Stella by Starlight« wurde zum zarten Cool-Hymnus der Gitarristika: lange, fließende Linien über lebhaft wechselnden Harmonien, horizontale vor oder über vertikaler Komplexität, ideal. Die Suche nach dem Gitarrenklang des Tenorhorns – beide haben den gleichen Tonumfang – war zu Ende, er hatte den goldnen Topf am Ende des Regenbogens gefunden, aber die Akkorde aus seinem Spiel auch so gut wie endgültig verbannt. Aber es »ist einfacher, schnell auf einem Saxophon oder einer Flöte zu spielen als auf der Gitarre, weil dort die Finger immer an denselben Stellen bleiben. Auf der Gitarre muß man die Finger auf dem Griffbrett auf und ab bewegen und mit der rechten Hand koordinieren... Es gibt mehr gute Saxophonisten als Gitarristen; das Verhältnis ist ungefähr fünf zu eins«, erklärte er Valerie Wilmer.[170] 1954 und 1955 wählte *Down Beat* Jimmy zum »Weltbesten Gitarristen«, und noch zwanzig Jahre später meinte Barney Kessel:

> Jimmy Raney gab der Gitarre einen subtilen Euphemismus, eine gewisse harmonische Orientierung, eine gewisse *delicatesse*. Er stellte eine ganz bestimmte Art der Abweichung von Charlie Christian dar und bringt in sein Spiel große Kontinuität ein. Er ist ein Meister der polytonalen melodischen Spielweise. Er ist in hohem Maße erfinderisch, persönlich dabei und ein wenig introspektiv. Das ist eine Art leiser Kontemplation, als ob er durch seine Gitarre einer/m intimen Freund/in eine Nachricht schreiben würde. Es ist in ihm eine Qualität ernster Nachdenklichkeit und Melancholie, und er ist, zu allererst und zuallerletzt, ein Musiker.[171]

Jimmy hat Angst vorm Fliegen, und er hat die Reiserei der frühen Jahre satt, was im Laufe der Zeit zu einer beträchtlichen Einschränkung seiner Konzerttätigkeit führte, zugunsten seiner Familie, Frau, zwei Kinder, deren eines namens Doug Ende der 70er/Anfang der 80er Jahre selbst zu einem höchst bemerkenswerten Gitarristen werden sollte – ganz der Herr Papa, doch wieder mit mehr Bop-Feuer im sechssaitigen Kamin, wie die in Skandinavien aufgenommenen Duo-Alben der beiden deutlich machten. Dagegen muß man sagen, daß seine unbegleiteten Dialoge mit Attila Zoller, ganz anders als die sehr viel früheren mit Kenny Burrell, aufgrund beider linearer Neigungen dann doch zumeist relativ strapaziös wurden, zu Zwiegesprächen zweier zum Teil verwandter Seelen, deren Sinn und Zweck Dritten oftmals verschlossen bleiben mußten: Es fehlte ihnen an hin und wieder notwendigen Referenzpunkten, Wegmarken, Orientierungen.

»Ich selbst sein«: Kenny Burrell

Die Liebe zum Saxophon und die Noch-immer-Einordnung unter dem »Cool«-Rubrum haben Raney und **Kenneth Earl Burrell** (*1931 in Detroit, Michigan) gemeinsam, aber auch diese gewisse »akademische« Aura – auch Burrell hat sie, obschon der um Längen wärmer spielt als der introvertiertere, meditativere Jim. »Ich wollte Saxophon spielen«, erzählte er Harvey Siders, »aber wir konnten uns kein Sax leisten. Sie kosteten [damals] mehr als eine Gitarre.« Aber er

wollte ein Sax, weil ich so spielen wollte wie Lester Young und Coleman Hawkins, die damals reichlich heiße Sachen machten, und auch, um anders zu sein als meine Brüder.[172)]
Ich bedaure nicht, dann doch die Gitarre gewählt zu haben; je mehr ich sie spiele, desto verrückter werde ich nach ihr... Mein erster Favorit war Charlie Christian. Er wollte einen bestimmten Sound, und er fühlte ihn so tief, daß er fähig wurde, die Grenzen des Instruments zu bewältigen, um ihn zu bekommen. Jedes Instrument hat seine Grenzen. Das gerade gibt ihm seinen spezifischen Sound; aber wenn dein Gefühl stark genug ist, dann kannst du auch *deinen* Sound kriegen... [Dann] mochte ich Oscar Moore sehr. Was er aus dem Instrument herausbrachte, hat mich beeindruckt, besonders in harmonischer Hinsicht... Dann entdeckte ich Django Reinhardt, aber eigentlich waren es Lester Young und Coleman Hawkins, die mich zuerst beeinflußt haben. Und später Art Tatum.[173)]

Auch er fing an als Zwölfjähriger. Sein Vater spielte Banjo, die Mutter Klavier, *beide* Brüder spielten Gitarre, und Tommy Flanagan und Calvin Jackson (der spätere Bassist) und vorher schon Yusef Lateef und Pepper Adams gingen in dieselbe Schule wie er – die Miller High, wo sich als musikalischer Berater Louis Cabrara auch um Kenny besonders verdient machte. 1947 spielte er im Tommy Flanagan Trio, 1948 trat er in Candy Johnsons Sextett auf und dann unter anderem auch mit Gillespie, der mit ihm aufnahm. Die lokalen Klubs wurden über längere Zeit von der gesamten jazzenden Mannschaft der Miller High School

Die Bewahrer des Erbes: Die Elektriker

versorgt, und wenig später hatte er seine erste eigene Gruppe, die er 1955 aber verließ, nachdem er, nebenbei gesagt, 1952/53 klassische Gitarre studiert hatte (und fortan gern immer mal wieder Fingerstil-Kostproben in sein Spiel auf der *Archtop* einflocht). Sallis: »Nach dem Examen [in Theorie und Kompositionslehre, die er von 1953 bis 1955 an der Wayne University studierte] stieg er im Oscar Peterson Trio für Herb Ellis ein, der eine Zeitlang krank war, und er glaubt, daß seine Liebe zu Oscar Moores Spiel ein Faktor war, der ihm den Vertretungsposten verschafft hatte.«»Das ist wahrscheinlich einer der Gründe, warum Oscar Peterson mich angeheuert hat – weil ich diese Beziehung vom Hören Moores im Nat Cole Trio her kannte – wie man am besten zusammenarbeitet im Hinblick auf *voicing, spacing* und Klangbalance.«[174] Doch, wie schon erwähnt, hielt dieses Team nicht lange, gerade ein halbes Jahr, und der Verdacht liegt sehr nahe, daß der Grund für die schnelle Trennung zum einen in Petersons ungeheuer hohen technischen Ansprüchen lag und zum anderen in Kennys Abneigung gegen hohes Virtuosentum zu Lasten dessen, was in ihm an nach außen drängendem Ausdruckspotential waberte. Er war nie ein Mann der technischen Höhenflüge, sondern er war und ist *der* Bluesexponent unter den Gitarristen dieser Generation – stark im Ausdruck, sparsam, ein Meister der Gestaltung durch äußerste Ökonomie, ein tiefsinniger Poet von ganz besonders

Kenny Burrell, Gentleman, Akademiker, Ökonom des unüberhörbar vom Blues geprägten Jazzspiels. An der eckigen »Glocken«-Abdeckung des Wirbelbrett-Eingangs zum Halsverstellstab ist seine Gibson Super 400, die Königin aller Gibson-Archtops, sehr leicht erkennbar

warmer, warmherziger, dabei immer hocheleganter, stilvoller Intensität, der gleichwohl kochend heiße Tempi spielen kann, wenn er denn soll. Kaum verwunderlich, daß er – 1957 – zu Organist Jimmy Smith stieß, mit dem er später etliche Einspielungen vornehmen sollte (aber die *Blue Bash* ist die größte unter ihnen) - im selben Jahr übrigens, in dem er auch bei dem Gitarren-Saugnapf Benny Goodman saß. »Feeling hat Priorität in allem, was ich tue«, sagte Kenny 1969:

Musik ist eine Kombination aus Verstand und Herz. Nur weil da ein Akkord ist, wird man dem nicht gestatten, einen in Trauer zu versetzen. Man ist sich dessen bewußt, was um einen umher geschieht, man ist sich der Veränderungen bewußt, nur, man muß bei alledem man selbst sein. Hinzu kommt, daß man desto besser über einen Song improvisieren kann, je vertrauter man mit ihm ist. Ich will ganz besonders ich selbst sein. Alle diese Musiker, die man als Jazzgiganten angesehen hat, haben, mehr oder weniger, ihre eigenen Gesetze festgelegt.[175]

»No. 1 Green Street«: Grant Green

Und wenn man an Burrell denkt, zwingt sich der Name des kongenialen Kollegen **Grant Green** (1931–1975) förmlich auf, nicht nur, weil beide ihre ersten und wohl wichtigsten Platten auf Blue Note gemacht haben, sondern vor allem, weil Grant mindestens ebenso viel Blues hat wie Kenny und dies unüberhörbar in jedes seiner Stücke einflicht. Es ist schier unmöglich, ihn nicht nach den ersten Takten zu erkennen (was auch für Burrell gilt, für Kessel und, natürlich, Montgomery), nur daß Grant Green eine Menge mehr »Druck« macht als Kenny Burrell. Mit lauter Rhythm-&-Blues-Gruppen – Jimmy Forrest, Jack Murphy, Sam Lazar & Co. – und dann auch den frühen Rock'n'Roll-Heroen im Ohr begann er, mit 13 Jahren, auf dem Instrument, zu dem ihn besonders sein Vater und ein Onkel animiert hatten, die ungefähr im Stil Muddy Waters' zupften und strippten. Er begann dann, Ende der 50er Jahre, in seiner Geburtsstadt St. Louis zu spielen, wo ihn wenig später der Tenorist Lou Donaldson hörte, der ihn umgehend nach New York holte. Donaldson spielte für Grant ungefähr die Entrée-Rolle wie Cannonball für Wes: Er bedrängte Blue Note, den jungen Mann aufzunehmen, und Blue Note machte mit und eröffnete die Reihe der dort publizierten Alben mit *Grant's First Stand* (4064), der kurz darauf die Trio-LP *Green Street* folgte, ein Trio-Fest von ungewöhnlicher Präsenz der Gitarre, ungewöhnlich klarem Ton und fast fühlbarer Hautnähe zum musikalischen Geschehen. Und auch all die anderen Blue-Note-Sessions mit all den Heavies des Labels, Lee Morgan, Stanley Turrentine und so fort, machten eines überdeutlich: Mit Grant Green war da ein Stern aufgegangen, der wie kein zweiter Ton und Phrasierung Charlie Christians beherrschte, die bei ihm wie durch eine Frischzellenkur verjüngt war. Man liegt nicht falsch, Greens Spiel mit dem Wort

Die Bewahrer des Erbes: Die Elektriker

»frisch« zu assoziieren; er phrasierte mehr als *alle* andern »horn-like« und war damit vielleicht der Letzte, der diesem Ideal anhing, bevor die Gitarristen sich – schon über Barney Kessels Zwischeninstanz der Orientierung an Bläser-*Sektionen* beinahe im Sinne der Close-Harmony-Gruppen und -Vokalisten wie Eddie Jefferson, Lambert, Hendricks & Ross und so fort – verstärkt dem Klavier als neuem Vorbild zuwandten, weil ihr Selbstwertgefühl mittlerweile groß genug, ihr Spiel souverän genug geworden war, dem Piano nicht weiterhin komplexbeladen auf reichlich Abstand gegenübertreten zu müssen. Die Green-Platten erzeugten mächtig viel Hallo unter den US-Kritikern; 1962 erkor ihn *Down Beat* zum ersehnten New-Star-Preisträger, obwohl er im engsten Sinne alles andere als ein Neuerer war.

Ob es gerade dies war oder was auch immer die Ursachen für die nachfolgenden »personal problems« waren: Grant, dieser so quicklebendige, blitzsaubere und doch nie »sterile« Singlenote-Meister mit den oft wirklich ausgelassen lebhaften Intervallsprüngen in seinen Themen (»Green Street«) und Improvisationen, verschwand Ende der 60er Jahre von der Bildfläche, zog von New York nach Detroit und starb dort 1975, 44jährig...

»'Ne Menge Outside-Töne«: Die Jüngeren (1)

Joe Pass hörte ihn im Fairmont Hotel in Frisco und rief flugs Ella Fitzgerald an, sie möge umgehend kommen, da spiele ein Phänomen. Mitte der 80er Jahre war das schon, und 1984 sagte Martin Taylor, er »blies mich förmlich weg. Als ich ihn hörte, fiel mir mein Kinn bis auf die Erde 'runter. Er macht Sachen, die ich noch nie vorher gehört hatte. Er ist einer der größten Spieler, die ich je gehört habe.«[176)] Gemeint ist **William C. Andress**, genannt Tuck und mittlerweile bekannt geworden durch drei LPs im Duo mit seiner Frau, der schwarzen Vokalistin Patricia, »Tuck and Patti«. Mag man über *sie* denken, was man will – Tuck (*1953) ist ein sensationeller, neuer junger Gitarrist und hier Synonym für die Generation der Jüngeren auf traditionellem Grund. Jim Ferguson hat vor gut drei Jahren Andress' phänomenalen verstärkt gespielten Fingerstil-Jazz so beschrieben: »Tuck verfügt über eine Reihe von leicht erkennbaren Techniken, zu denen *slapping*-Flageoletts ebenso gehören wie Zwei- und Drei-Saiten-*bends*. Der verblüffendste Aspekt seines Spiels aber ist seine Fähigkeit, zwei, drei und sogar vier Parts simultan zu spielen – mit einem unglaublichen Maß an einzelner Herausarbeitung...«[177)] Zu diesem personalunionistischen Stil gebracht hatte ihn Fingerstilist **Tommy Cook**, der, so Tuck, allein spiele »wie Herb

Grant Green, der Gitarrenstar des Labels Blue Note in den 60er Jahren, vielleicht der »letzte Singlenoter« aus der Bebop-Tradition

Die Bewahrer des Erbes: Die Elektriker

Ellis und Barney Kessel, die mit einem sehr guten Bassisten jammen«, und gründlicher noch als Ferguson schrieb Lothar Trampert Anfang 1992 über den Krauskopf aus Tulsa, Oklahoma:

> Seine... Technik der rechten Hand ist nach seiner Aussage nichts anderes als der Versuch, verschiedene Spielweisen anderer Musiker zu integrieren. Walking-Bass-Bewegungen, Slapping, Joe-Pass-orientierte Akkord- und Baßverbindungen finden sich in seinem Spiel genauso wie die etwas kraftvolleren Anschlagtechniken der Rock-, Blues- und Soul-Gitarristen... Perkussive... Akzente erzeugt er u. a. durch das ›Clicking‹: Dabei berührt er mit kräftigem Druck die schwingende Saite, bevor er sie ein weiteres Mal anschlägt; sie wird also nicht, wie beim ›Hammering on‹, aufs Griffbrett gedrückt, sondern... nur kurz und vor allem akustisch wahrnehmbar abgedämpft. Tuck spielt... nicht mit einem Plektrum, sondern mit den Fingerkuppen der rechten Hand, die Baßsaiten zupft er mit dem Daumennagel. Besonders auffallend ist sein mehrstimmiges Melodiespiel, das vor allem durch seine große Transparenz überzeugt.[178)]

und im folgenden Beispiel, aus Tucks »Yogurt Blues«, mag, kurz und schmerzhaft, einiges von alledem in summa deutlich werden:

Notenbeispiel 8: »*Yogurt Blues*«, © *Windham Hill / Grey Kitty Music (BMI) 1989*

Mit Alden, Sprague, **Grant Geissman**, geb. 1953 (der mit *Good Stuff* CJ 62 seltsamerweise nur eine einzige Platte bei Concord vorlegte und seitdem in Schweigen verfallen scheint), Leitch und Lofsky gehört **Chris Flory**, der sich 1988/89 mit seinem Plattendebüt vorstellte, zu der jüngeren Flotte von Concord-Gitarristen, denen fast allen eine kräftige Verwurzelung in der wesentlich Christian'schen amerikanischen Gitarrentradition gemeinsam ist. Chris ist 1952 geboren und ein eingefleischter L-7-, also Archtop-Spieler, der dem reiferen, gedeckten Gitarrensound mit nicht zuviel Höhen frönt, auch merklich vom Blues beeinflußt ist (»Lee's Blues«) in seinem Spiel, das bislang mehrheitlich aus Standards besteht – ein professionell sicherer neuer Instrumentalist, ideal für kleine-

»Ne Menge Outside-Töne«: Die Jüngeren (1)

re Besetzungen – hier: mit dem jungen Bassisten Phil Flanigan und Drummer Chuck Riggs aus dem Scott Hamilton Quintett und Organist/Pianist Mike LeDonne. Chris *swingt*, und mit dieser speziellen Art des Swing gehört er wahrscheinlich zu **Howard Alden**s engsten stilistischen Nachbarn. Howard (*1958), dem nach zwei eigenen Produktionen wie schon berichtet die eminente Ehre zuteil wurde, mit dem überragenden George Van Eps zwei gemeinsame Platten aufgenommen zu haben, was im Prinzip schon für sich spricht: Van Eps ist sein Übervater, dessen mächtiger Schatten den Jungen allerdings nicht erdrückt, zum Epigonen gemacht hat. Sein akkordisches Spiel ist nicht ganz von der Van Eps'schen Exklusivität; seine Singlenote-Improvisationen sind von so starker eigener Identität geprägt, daß die Duo-Platten kein »Gefälle« hören lassen, Gott sei Dank. »Ich bin mehr daran interessiert, ein hübsches Solo zu spielen oder ein gutes Rhythmusgefühl aufzubauen,« sagt er, »obwohl Technik nicht unbedingt eine meiner Stärken ist. Wenn man mich bitten würde, eine schnelle Drei-Oktaven-Durtonleiter zu spielen, würde ich wahrscheinlich ein bißchen ins Schleudern kommen. Für die Art von Jazz, die ich spiele, braucht man keine *super chops*, obwohl es nicht weh tut, wenn man sie drauf hat... Ruby [Braff, tp] hat mit 'ner Menge Gitarristen zusammengearbeitet. Ich respektiere ihn sehr – genaugenommen ist er einer der besten Gitarrenlehrer, die ich je hatte. Da gibt es diese Story, wie er einen Pianisten bittet, ihn so und so zu begleiten und wie der Typ darauf antwortet: ›Was verstehst du denn eigentlich vom Klavierspielen?‹ Und Ruby antwortet: ›Mit wieviel Pianisten hast *du* denn schon gespielt?‹«[179] Das sagt eigentlich schon alles: Feeling statt überbordender Technik – Burrell *ante portas*. Mainstream.

Anders geht das **Bruce Forman** (*1956), der seit 1984 und seiner Debüt-LP *Full Circle* (u. a. mit Bobby Hutcherson, der hier hörbar mehr »zu Hause« ist als auf der älteren *Feeling Free* mit Kessel) zu den jüngeren Concordiern gehört. »Einer der Gründe, warum ich es [das schnelle Spiel] so mag, ist ganz einfach der, daß ich einer der wenigen Leute bin, die sich damit wirklich wohl fühlen. Ich mag Herausforderungen, und schnell zu spielen gibt mir große Befriedigung... Monk war ein ungewöhnlich großer Musiker, der spielte, wie er spielte, weil er es nicht besser konnte. Er setzte Akkorde auf komische Weise zusammen, und sein Sinn für Melodien war weiß Gott eigenartig. Es war nicht notwendig, daß er wie Bud Powell oder Oscar Peterson spielte, um seine Vorstellungen 'rüberbringen zu können. Aber ich bin trotzdem sicher, daß er es vorgezogen hätte, ein doppelt so guter Techniker zu sein, als er es war. Mit Miles Davis verhielt sich das nicht anders. Seine technischen Mängel hinderten ihn keineswegs daran, eine der mächtigsten Kräfte im modernen Jazz zu sein... Dave Holland hat irgendwann mal gesagt: ›Was du am besten beherrschst, ist der größte Feind deiner Kreativität.‹ Manchmal muß man den eigenen Verstand überlisten, um da 'rauszukommen... Zum Beispiel fange ich einen vertrauten Lick manchmal mit einem ganz ungewohnten Finger an oder ganz woanders auf dem Hals. Und manchmal verwende ich auch 'ne Menge *outside*-Töne.«[180] Bruce hatte sich ein Jahr zuvor in *Down Beat* halb ernst-, halb scherzhaft »in Wirklichkeit eine Gitarre« genannt, »die gut mit einem Keyboard funktioniert« und ergänzt: »Mir geht's ums Musikmachen; mir geht es nicht darum, zu beweisen, daß ich genauso viele Akkorde wie ein Piano oder genauso schnell wie ein Horn spielen kann. Das geht mich nichts an. Ich suche in jeder Situation nach etwas, das mir hilft, einen neuen Blickwinkel auf sie zu bekommen.« Auf der ersten LP hatte er bereits mit George Cables, p, in dessen wunderschöner Ballade »Helen's Song« bewiesen, daß er sich kongenial zum Klavier ergänzt, addiert und nicht aus der uralten gitarristischen Minderwertigkeitsposition heraus überzukompensieren sucht. So kam dann schon ein Jahr nach dem Debüt die fällige Duo-LP mit Cables heraus – für eine Besetzung also, die seit der Interaktion von Jim Hall und Bill Evans eigentlich als ausgeschöpft gelten mußte und nun doch wunderbare neue und auch mitreißende, schnelle, zitatenreiche Inhalte, wie in dem langen Rollins-Stück »Doxy« herüberbrachte...

Über **Vic Juris** aus Parsippany, New Jersey (*1953), wurde schon im Zusammenhang mit Etheridge und Lagrene gesprochen. Er fing als R&B-Gitarrist an, nachdem er bei Eddie Berg formell Unterricht gehabt hatte und der ihm eine Johnny-Smith-Platte vorgestellt hatte, die ihm nachdrücklich tiefsten Eindruck machte. Gleichwohl, es war nach eigenem Bekenntnis nicht nur Coryells Philosophie der Vielzahl zu vertretender Stile, die ihn am meisten prägen sollte. »Eines seiner... Kindheitsidole ist Pat Martino, der später ein persönlicher Freund wurde«, notierte Ralph Lombrreglia. »Und was Martino betrifft, bringt Vic es in aller Kürze so auf den Punkt: ›Pat hat nie eine schlechte Platte gemacht; er hat nie ein schlechtes Solo gemacht. Alles, was er je gespielt hat, ist großartig, und er war immer dafür offen, auch jazzfremde Einflüsse in seine Arbeit einzubringen.‹«[181] Mit 18 hatte Vic seine erste eigene Gruppe, 1974 traf er den Saxophonisten Eric Kloss, auf dessen Album *Bodies' Warmth* er mit 21 debütierte. Aus der Kloss-Gruppe entstand die des damals noch ausschließlich trommelnden Barry Miles, der bereits mit Pat Martino, Jack Wilkins, John Abercrombie und Al DiMeola gespielt hatte und Vic zur Fusion brachte. Schon ein Jahr später saß er bei Richie Cole im ehemaligen Stryker's Club in New York und machte im selben Jahr seine erste eigene LP, *Roadsong* (Muse MR 5150), und durch Cole lernte er u. a. den Sänger Eddie Jefferson kennen, kurz bevor dieser 1979 in Detroit ums Leben kam, und begann damals, sich stark an Jeffersons Improvisationsweise auszurichten. Dann spielte er bei Don Patterson, org, und dann mit dessen Kollegen Wild Bill Davis und mit Jimmy Smith höchstpersönlich. 1977 gastierte der L-5-Spieler, der zuweilen auch zu einer akustischen *Flattop* greift, beim Berliner Jazzfest mit Barry Miles. Dann verlegte er sich zunehmend aufs Schreiben, wobei er längere Zeit mit großangelegten Kompositionen experimentierte, in denen er sich selber ein großes Maß an Tonart- und Metrumwechseln vorlegte. Am typischsten freilich ist dieser bemerkenswerte elektrische wie akustische Spieler auf der späteren, erwähnten Platte mit Etheridge zu hören, schnell, sehr kraftvoll, außerordentlich inventiv und doch immer der Tradition verbunden.

Lorne Lofsky, Jahrgang 1954, kommt aus Toronto und wurde, wie Norman Granz kurz berichtet hat, von ihm durch pures Hörensagen zu seiner ersten Platteneinspielung 1981 auf Pablo Today akzeptiert. Sein Informant war Peterson, der einerseits Ende der 70er Jahre einer Empfehlung in Sachen Lofsky folgte, ihn sich anhörte und sofort begeistert war, was einiges heißen will. Peterson hat Lornes *It Could Happen To You* persönlich produziert, ebenfalls ein Adelsschlag, für eine superbe Trio-LP mit Kieran Overs, b, und Joe Bendsa, dr, auf der dieser junge Kanadier sich auch vor dem Knochenbrecher »Giant Steps« nicht fürchtet, meistens auf der ES-175D, aber ab und an auch auf einer Les Paul Jazz spielt – reinen Jazz in Mainstream-Bauweise. Angefangen hatte Lorne mit Popmusik, wie die allermeisten seiner Generation, und war dann auf seinen Landsmann Ed Bickert gestoßen, durch eine Platte mit Desmond. »Das war so großartiges harmonisches Spiel«, sagte der Junge, der 1990, wo? – auf Concord, Gelegenheit zu einer außerordentlich schönen, geschmeidigen, tiefgängerischen Platte mit Bickert bekam, auf der LP in dem Stück »Estate« auch akustisch zu hören ist[182] und sich insgesamt als ein ähnlich »cool« inspirierter Spieler ausweist wie sein Mentor und Partner. Noch kurz vor dessen Tod, so war zu vernehmen, spielte Lofsky mit Chet Baker zusammen, in einer Formation mit Sal Nistico und Rhythmusgruppe.

»Eine Gitarre kann entweder wie ein Horn oder wie ein Klavier oder wie beides funktionieren«, spricht der andere Kanadier unter den in den 50er und 60er Jahren Geborenen, »aber meine Spielweise kam immer sehr viel mehr aus der Musik als aus dem spezifischen Instrument« – ein Satz, der von Barney stammen könnte, aber von **Peter Leitch** ist: »Der Löwenanteil meiner Zeit mit der Gitarre ist damit draufgegangen, eher eine Linie hinzukriegen, die wirklich paßte, als zu versuchen, das Instrument gut zu spielen«, ein bemerkenswerter Satz, nicht wahr, von einem Mann, der beides tut und 1990 seine erste Concord-Platte – insgesamt die dritte, auf der er mitwirkt – vorstellte, im Quartett mit John Hicks, p, Ray Drummond, b, und »Smitty« Smith, dr, der sehr schnell die zweite eigene, *Trio/Quartet '91*, folgte, als die »eines Missionars der Romantik«, wie der New Yorker Kritiker John Anderson wähnte. Völlig daneben liegt das freilich nicht: Das Leben in New York, sagt der Mann aus Montreal, der in bezug auf seine Musik auch sagt: »Ich glaube, der Raney-Einfluß ist noch drin«, gäbe ihm »ein Gefühl von Leben und Tod in der hiesigen Musik... In Kanada gibt es so eine Tendenz zur Selbstzufriedenheit, aber New York tritt einen konstant in den Arsch. Und ich glaube, ich brauche das... immerzu.«

Mit Chet Baker übrigens hatte auch, auf mehreren LPs, in Dänemark Doug Raney gespielt, der Sohn Jimmy Raneys und seit Anfang der 80er Jahre emsiger Platteneinspieler auf dem SteepleChase-Label, ein seltsam »unwirksamer« Junggigant, wie es scheint, der mit 13, unter dem Eindruck Jeff Becks, Hendrix' und Claptons und keineswegs unter dem seines alten Herrn, mit der Gitarre begann und erst etwas später den korrekten Blick beherrschte – als ihm aufging, »wie vollkommen anders seine[s Vaters] Spielweise war von der, die ich praktizierte.[183)] Der Knabe Doug hatte zu wenig Bares für Platten, machte sich daher während Dads häufiger Abwesenheit über dessen Plattensammlung her und war damals in New York (das er dann mit Dänemark vertauschte) »vor allem von den technischen Aspekten fasziniert – den langen Melodielinien, den rhythmischen Strukturen, den schnell wechselnden Akkordfolgen. Ich glaube schon, daß die meisten jungen Jazzmusiker erst mal mit Platten anfangen. Es war tatsächlich so – bis ich [1976] zum erstenmal mit meinem Vater zusammenspielte, hatte ich ihn praktisch nur auf Platten gehört.« Auch den Junior nahm Al Haig dann unter seine Ägide (Doug: »Er ist klassisch ausgebildet, spielt echtes East-Side-Klavier und war natürlich einer von Charlie Parkers Lieblingspianisten«). 1977 kam dann der erste Auftritt von Sen. & Jun., der inzwischen längst geprägt war von Wes, Tal, Jim Hall, aber die ersten Konzerte mit Dad nur unter beträchtlichen seelischen Strapazen auf die Reihe bekam: »Es ist schwer, auf der Gitarre zu phrasieren«, meint er, »und was die dynamische Seite angeht, so glaube ich, kann man eine Menge lernen von, sagen wir, einigen großen Saxophonisten oder Pianisten. Charlie Parker und Bud Powell...« Typisch Sohnematz: Hätte der Vater hinter »Saxophonisten« seinen Satz beendet, so spielen für den Junior – wie für die ganze jüngere Generation insgesamt – offenkundig Pianisten eine kaum weniger wichtige Rolle – wir sagten das schon à propos Grant Green und anderen. So ist es: Doug, zwar auch betont Linienspieler, setzt denn doch mehr Akkorde zwischen dieselben und ist insgesamt extrovertierter, aggressiver, aber ohne Härte – gesegnet eben mit den besten Voraussetzungen, vor der linearen Sackgasse, in die die Älteren, hätten sie Raney, Green etc. weiter fortgeführt, unweigerlich gelandet wären.

Exkurs: Die Gitarristinnen

Im Zusammenhang mit Mary Osborne war schon auf das katastrophal paritätsfeindliche Verhältnis von Frauen zu Männern im Jazz angespielt worden. Und in der Tat: Es gibt bis heute, von den Anfängen der reinen Jazzgitarre bis heute, d.h. also vom Blues à la »Libba« Cotton etc. abgetrennt, nur fünf nennenswerte Gitarist*innen*, eben Mary Osborne, dann **Monette Sudler** (*1952), **Emily Remler** (*1958), dann, aus München die zwischen Deutschland und den USA pendelnde Leni Stern, junge Ehefrau des Gitarristen Mike Stern, und aus dem hessischen Neunkirchen **Susan Weinert**, die dem Vernehmen nach aber ähnlich wie Leni mehr im Fusion-Genre zu Hause ist als die Künstler in diesem Kapi-

Exkurs: Die Gitarristinnen

Emily Remler im gefälligen PR-Look samt Gibson ES-355. Der Tremoloarm ist abgeschraubt. Emily (gest. 1990) wurde nur 33 Jahre alt. Aber in den Jahren, die ihr blieben, hat sie sich souverän in die Riege der weltbesten Gitarrist(inn)en gespielt als die würdigste Nachfolgerin Mary Osbornes. Auch sie blieb dem – kräftig renovierten – Bop treu, irgendwo zwischen Christian, Wes, Hall und Scofield, nahm es mit den steril gewordenen »Great Guitars« auf und legte im Duo mit Coryell ihre wohl schönste Platte vor

tel. Nach nur drei in Skandinavien aufgenommenen Longplays verschwand Monette, einzige Schwarze in dieser Trias, aber wieder von der Bildfläche. Ob sie noch, vielleicht wenigstens regional, aktiv ist, ist von hier aus nicht auszumachen. Und Emily fiel 1990 in Australien einem Herzversagen zum Opfer. Womit, seltsame Ironie des Schicksals, hier der »weibliche Charlie Christian« Osborne übriggeblieben ist, noch immer in Grenzen aktiv, unterrichtend auch – die konservativste Kraft, wenn man so will, als die beständigste. Monette war erstaunlich modern, fast im Ansatz »free«, sehr schwarz, sehr heiß, sehr neu, mindestens so weit weg von den *roots* wie Leni Stern (und vermutlich Susan Weinert), und sie wirkte von ihrem Spiel her wesentlich »fertiger«, als sie es wohl in ihrer Persönlichkeit zur Zeit der Veröffentlichungen Anfang der 80er Jahre gewesen zu sein scheint. Dagegen muß man zu Leni Stern heuer, im Sommer 1992, doch auch sagen dürfen, daß sie als Gitarristin *in her own right* eben doch noch weit am Anfang steht, das aber auch sehr genau zu wissen scheint, weil anders nicht zu erklären wäre, warum sie sich in ihren Gruppen zu Aufnahmen oder Live-Auftritten Kollegen wie Mitch Watkins, vor allem Wayne Krantz, aber auch den umwerfenden Dave Tronzo holt. Ihr Mann freilich hat Aufbauendes zu vermelden gehabt, schon 1987: »[Es gibt] nicht wirklich [so etwas wie Wettbewerb zwischen uns], obwohl wir uns einander anpassen mußten. Wir haben Gigs zusammen gespielt, aber wir mußten einiges glätten und versuchen, nicht immer nur zuviel über Musik zu reden.... Wir halten unsere Karrieren deutlich auseinander, und das war eine kluge Entscheidung. Ich freue mich richtig für Leni; sie ist in den letzten Jahren [d. i. vor 1987] unglaublich viel besser geworden. Es macht mir Spaß, sie zu sehen, wie sie ihre eigene Sache macht, statt darauf zu beharren, daß wir Gigs zusammen spielen, weil ich länger da drin bin. Sie spielt halb so lange wie ich.«[184]

Unmittelbar nach ihrem tragischen Tod mit nur 33 Jahren montierte Concord, wo sie von Anfang an, also neun Jahre, unter Vertrag war – Nr 1: als Interpretin, Nr. 2: als Komponistin – zwei CDs aus den sechs LPs, die Emily für das Label gemacht hatte und deren erste im Jahr 1981 erschienen war – eine Sensation, nachdem sie im selben Jahr (*sic!*) mit Dave Friedman, vib, Jane Ira Bloom, ts, Harvie Swartz, b, und Daniel Humair, dr, auf dem Berliner Jazz Fest einen triumphalen Einstand gegeben hatte. *Firefly* war im Quartett mit Hank Jones, Bob Maize und Jake Hanna eingespielt (CJ 162). Sie war 24 und, seltsamerweise, näher an den Wurzeln dran als live in Berlin. Mit 18 hatte sie bereits Berklee absolviert (mit »40 Kerlen auf jede Frau«). »Es gibt gar nicht so sehr viele gute Musiker«, sagte sie, »und die Auswahlkriterien sollte man genau da festmachen. Obwohl ich manchmal den Eindruck habe, ich müßte doppelt so gut sein wie ein Mann, um einen Job zu kriegen.« Nach Berklee zog sie gen New Orleans und machte da gleich »ihren Doktor in der Welt des arbeitenden Musikers«, wie Maggie Hawthorne im Plattenhüllentext schreibt: »Sie ankerte zwei Jahre lang in Dick Stabiles Fairmont-Roosevelt Hotel-Orchestra.« Dann nahm sei einen Lehrauftrag an der Duquesne University in Pittsburgh, Pennsylvania, an, wo nun, 1991/92 ein »Emiliy Remler Jazz For Kids Fund« eingerichtet worden ist. Dieser wird aus Einnahmen des Labels Justice Records gespeist, für das seit ihrem Tode namhafte Gitarristen aus ihrem Bekannten- und Freundeskreis die Albenreihe *Just Friends: A Gathering In Tribute To Emily Remler* einspielen.

Emily spielte alles, was ihr vor die Gibson 355 kam: mit Michel Legrand, Ben Vereen, Nancy Wilson, Joel Gray, mischte mit in einer schönen, ollen New-Orleans-R&B-Band namens Little Queenie (mit der *sie* nicht gemeint war) and the Percolators, und die ganze Zeit über investierte sie auch noch Kraft in ihre erste eigene Gruppe. Und wie das eben immer so ging, so ging es auch hier: Nancy Wilson nahm sie mit zu allerfeinsten New Yorker Konzerten. Enter Herb Ellis: Als der in New Orleans auftrat, bat Emily ihn um Unterricht. Drei Wochen später saß sie auf der großen Bühne des 1978er Concord Festivals - neben Herb, Monty Budwig und Jake Hanna! Was sie drei Jahre später so kommentierte: »[Herb Ellis hat mir] Nicht wirklich [formell Gitarrenstunden gegeben]. Wir haben einfach zusammen gespielt. Das war mit Pat Martino und Pat Metheny genau das gleiche. Ich habe eine Menge von den Jungs dadurch gelernt, daß ich mit ihnen gespielt habe, mit ihnen aufgetreten bin und mit ihnen geredet habe. Ich wollte ja nicht ihre Licks lernen, die Sachen, die sie für sich selber entdeckt hatten. Ich hab' einfach eine Menge aufgeschnappt, indem ich mich in der Nähe all dieser Energie aufgehalten habe.«[185] Ebenfalls 1981 war sie dann wieder, up front, beim Concord-Fest und auch beim Kool (dem Newport-Nachfolger), dann kam Berlin; und so weiter. Sie spielte mit den Great Guitars und nahm die LP *Together* (CJ 289) mit Larry Coryell auf, dem sie angeblich auch privat verbunden war. »Im Grunde sehe ich mich eher als Komponistin denn als Gitarristin«, hatte sie schon 1981 gesagt. »Mehr als alles andere möchte ich komponieren; ich möchte dahin kommen, für den Film zu schreiben. Aber zur Zeit hab' ich's mit der Gitarre zu tun; also werde ich irgendwann später umsatteln.«

Irgendwann...

Mit und ohne lyrische Steinsäge: Die Jüngeren (2)

Man kommt in solch einem Rahmen wie diesem nicht um unfreiwillige Überfliegereien herum, der Zwang zum bloßen *name dropping* ist unvermeidlich. Jeder weiß es, dazu bedarf es nicht der jazzgitarristischen Fachidiotie, daß die Begabungen speziell unter den Gitarristen immer jünger und immer mehr werden, immer diversifizierter in Stil und Geographie. Es hieße, sich reichlich etwas vorzumachen, wollte man insbesondere die Szene der jüngeren Jazzgitarristen halbwegs »vollständig« ableuchten.

Die Bewahrer des Erbes: Die Elektriker

Bevor im Bereich der elektrischen oder doch hauptsächlich verstärkt spielenden Jüngeren die letzte Handvoll »Heavies« angesprochen wird, hier der unerreichbaren Vollständigkeit halber ein kurzer internationaler Überflug. Als da wären:

Jim Birkett, ein englischer Trio-Mainstreamer und seine in Britannien sehr bekannten, zum Teil auch überregional verdienten Kollegen **Terry Smith** und **Adrian Ingram**, beide mit ausgeprägtem Faible für kleine Besetzungen und Soloarbeiten; in Italien eine mählich wachsende Szene mit **Franco Cerri**, **Eddy Palermo** und dem »Benjamin« unter diesen: **Roberto Nannetti**, der soeben auf yvp music seine Debüt-Platte *Waiting For You* vorgelegt hat (# 3022). Weit ausführlicher müßte der in Deutschland produzierende New Yorker **Geoff Goodman** (*1956) abgehandelt werden, der an der University of Massachusetts bei Archie Shepp, Vishnu Wood und Lewis Sprathin studiert und Ende der 80er/Anfang der 90er Jahre im Duo mit Chris Hirson, sax/fl, außerordentlich bemerkenswerte Gratwanderungen zwischen Tradition und Moderne in komplexen Dialogen unternommen hat und daneben ein Quartett betreibt – ein Archtop-Spieler, der mit dem vollrunden Sound des »golden age of jazz guitar« über ein eher cool-meditatives, zuweilen aber auch frei zupackendes Vokabular verfügt, das er über sein Instrument in langen Solopassagen artikuliert. Zur Zeit – Mitte 1992 – arbeiten Goodman und Hirson zur willkommenen Abwechslung mal im Quartett, mit Hennig Sievers, b, und Peter Perfido, dr.

Da sind **John Thomas**, längst ein fester Bestandteil der etablierten Szene, **Randy Bernsen**, der zur Zeit im Zawinul Syndicate spielt, **Jamie Glaser**, eigentlich ein Rockmusiker, der als Sideman für Manhattan Transfer erstaunliche Vielseitigkeit in Begleitung und kräftig bluesgeprägtem Solo zeigte, dann die Bopper **Oliver Gannon** und **Bernie Holland**, **Harry Leahy** und **John Stowell** und, last not least, **Terry Haggerty**, ein traditioneller Spieler, dessen Vater ein bekannter Dixieland-Gitarrist war. In Kanada der vor wenigen Jahren erst in Erscheinung getretene **Reg Schwager** eher in der Linie Bickert, Lofsky und Alden. In Frankreich **Jean-Pierre Llabador**, ein ausgemachter Mainstreamer, in Norwegen der 1985 verstorbene hervorragende **Thorgeir Stubø** mit zwei hier leidlich bekannten LPs von erstaunlich dichtem Drive und ebenso frappierend-frischem Mainstream.[186)] In Deutschland unter diesen **Frank Thalhofer** (*Steps*) und **Günter Krause** im Trio des Bassisten Peter Sonntag, der junge Hamburger **Michael Melzer**, Absolvent der dortigen Hochschule für Musik und Darstellende Kunst, kurze Zeit unter Juraj Galans Leitung, der zum ersten Mal recht eindrucksvoll und vielversprechend auf einer Live-Platte des amerikanischen Dauer-Hamburgers Herb Geller in Ohrenschein genommen werden konnte. Michael übrigens ist für ein Stück (»funk guitar« wird sein Instrument dort genannt) Gast des Hamburgers **André Krikula**, eines sehr hörenswerten Bereicherers der pro-brasilianischen Fraktion, der auf seiner Debüt-CD *Criaçao* (Thein AKC 001958) akustische und »Paradisguitar« spielt, eine Variante der inzwischen auch unter »seriösen« Klassikspielern immer gefragteren Solidbody-*Klassik*-Instrumente mit sechs separat die Saiten abnehmenden Pickups im Steg, die Krikulas Meinung nach »harfenähnlich«, in meinem vorurteilig-auditiven Verständnis unverkennbar Ovation-ähnlich klingt.

Der Berliner **Jörg Schippa** in der Gruppe Zoom sollte hier genannt sein wie **Peter Apel** in Bremen, der (laut Meldung im *Jazz Podium*) »die Stile der 40er bis 60er Jahre« pflegt. Hier auch muß man **Sammy Vomàčka** nennen, jenen Gitarristen, der hierzulande ungefähr zehn Jahre lang als Ragtime-Doyen neben Werner Lämmerhirt galt und sich seit ungefähr vier, fünf Jahren eine Bop-Spielart erschließt, die hoffentlich in absehbarer Zeit auf Platte zu hören sein wird.[187] Und: **Lothar Schmitz** in Marbach, Absolvent eines klassischen Gitarrestudiums und 1. Preisträger im Jazzwettbewerb des Landes Baden-Württemberg 1975, erfahren als Sideman von Wolfgang Dauner, Bernd Konrad, auch Ute Lemper und als Gast des Radio-Sinfonie-Orchesters Stuttgart. Lothar, ein witziger Mensch mit jeder Menge Initiative und Einfallsreichtum, hat sich – als einer der wenigen, die auch das auf einer (allerdings modifizierten) Fender »Strat« zu meistern wissen – ebenso als hochsensibler Balladeninterpret im Duo mit dem erstklassigen Münchener Bassisten Thomas Stabenow bewährt wie in seiner »Energy Band«, die das macht, was sie im Namen verheißt: aggressive, elektrische Musik (mit der »lyrischen Steinsäge«, wie ein Texter namens Labusch pseudolyrisch-ironisch schwadroniert im Booklet zu *makin' all stops* [National Overdrive Music 8908004C]), womit Lothar eher in die Abteilung der »Neuen« gehört.

Bleibt man noch ein Momentchen in Deutschland, dann muß hier und jetzt der Name **Michael Sagmeister** auftauchen, auch er – wie vor ihm Kriegel und Blanke – ein »Absolvent« des Frankfurter Jazzfestivals aus der südhessischen Ekke, die wie keine andere mit hochkarätigen Gitarristen – Kriegel, Galan, Schröder... – gesegnet ist. Michael (*1959) aus Frankfurt/Main ist Autodidakt. Er fing mit 13 Jahren an, Gitarre zu spielen, und verspürte bereits nach einem halben Jahr den Trieb in nicht gar so kommerzielle Gefilde, aus denen ihn da schon Angebote zu locken versuchten. Mit 15 hörte er zufällig eine Montgomery-Platte, und die konfirmierte ihn voll in der Jazz-Kirche. Bald war er Mitglied im Jazzensemble des Hessischen Rundfunks, was ihn mit den VIPs der Szene in Kontakt brachte – den Mangelsdorffs, Günter Lenz, Ralf Hübner, Joki Freund. Und mit Volker Kriegel, der zeitweilig immer wieder »verdächtigt« worden war, Sagmeisters stilistischer Ziehvater gewesen zu sein, was schlechterdings nicht möglich gewesen wäre. Schon auf seiner Debüt-LP von 1979 im Trio mit Udo Kistner, b, und Uwe Schmidt, dr, machte Michael so viel boppigen Druck, daß das a priori jede Verwandtschaft ausschließen mußte. Englands *Jazz Journal* reagierte dann *cum laude* auf seine zweite LP, *Ganshy*, die auch zwei akustische Titel bot:

Die Bewahrer des Erbes: Die Elektriker

Michael Sagmeister ist ein Gitarrist der Superlative, dies sowohl in technischer als auch in interpretatorischer Hinsicht. In dieser Trio-Situation lädt er sich allerhand auf die Schultern, versteht es aber, das Interesse und die Abwechslung bis zum Schluß aufrechtzuerhalten, ohne jedoch die tonale Vielfalt eines Horns anzuwenden... Die Nomenklatur des Trios... ist, meine ich, Jazz-Rock... Sagmeisters Gitarrenstil wurzelt im Rock, seine Vertrautheit mit Jazzstilen ist dennoch niemals zu bezweifeln.[188]

Wenig später sah Lothar Jänichen im *Jazz Podium* anläßlich einer spontanen musikalischen Begegnung zwischen Michael und Drummer Jack DeJohnette im Berliner Jazzdomizil »Quasimodo« klar: Er mache »keinen Hehl aus seinen Vorbildern: Larry Coryell, John McLaughlin, Al DiMeola, Pat Metheny... Obwohl er elektrische Gitarre spielt, verzichtet Sagmeister auf elektronische Effekte, sein Spiel bleibt durchschaubar...«[189] - und das ist es bis heute geblieben, aggressiv, stark boppig ebensowohl wie an den *Fusion Greats* orientiert, aber gerade das einer erstaunlich starken eigenen musikalischen Persönlichkeit *unter*geordnet. Er war die elektrische Stimme mit dem intensivsten Drive in der Bundesrepublik, gewiß die mit der »aufregendsten«, komplexesten Seele, die hierzulande ein Gitarrespieler im Jazz zu vergeben hatte.

Er *war* das, bis **John Schröder**, noch ein Frankfurter, blutjung und unglaublich *brennend* die Szene im Sturm nahm, 1983 mit seinem Album *Deep Well*.[190] Johns vorletzte Platte (die jüngste: *zuppa romana* L+R CDLR 45030), eine Trio-CD mit Dieter Ilg als Leader am Baß und Wolfgang Haffner, dr, ist nach meiner Einschätzung buchstäblich das Aggressivste, Hardboppigste und auch für freie wie für rocknahe Elemente offenste Werk in dieser wunderbaren Besetzung, das je in Deutschland produziert worden ist, eine einzigartige Tour de Force, wie sie Amerika kaum dichter, treibender, furioser hervorbringen könnte. Womit sich Schröder eben auch technisch hierzulande vollkommen konkurrenzlos an die Spitze des, nennen wir es *progressive bop*-Genres emporgespielt hat.

Und schließlich noch drei Amerikaner, die sich erst Anfang der 90er Jahre in die oberste Meisteretage der traditionell orientierten Nachgeborenen hineingespielt haben. »Mit Wurzeln in der Vergangenheit und mit Augen und Ohren für Innovation« (liner notes) kam 1990/91 **Joshua Breakstone** mit seinem zweiten Album auch endlich in Europa zu Gehör – einem CD-Remake der begrenzten 1985er Auflage von *4/4 = 1*[191] im Quartett mit Pianist Kenny Barron. »Es entspricht meiner Überzeugung«, schreibt Josh, »daß wir stolz sein sollten auf die Art und Weise, wie Jazz individuellen Ausdruck zelebriert und eben nicht verschweigt innerhalb des Kontextes der Gruppe« (mit Earl Sauls, b, und Victor Jones, dr). Und

[d]iese Platte dokumentiert die Musik, die der Begegnung dieser vier Musiker, die nur einmal zuvor miteinander gespielt hatten, spontan entsprang. Obwohl es Stellen gibt, die man hätte auswählen können, um sie, wie heute üblich, zu edieren, zu schneiden oder

eine *performance* elektronisch zu bearbeiten, um ein weicheres oder glatteres Endprodukt liefern zu können, wurde alles das ignoriert. Alle, die mit der Produktion dieser Schallplatte zu tun hatten, einte die Überzeugung, daß das ehrliche Einfangen eines Studioereignisses das Ziel wie der *raison d'être* der Aufnahmearbeit ist und daß diese Stücke nicht bloß ein Ausgangspunkt für scheinbar grenzenlose *overdubs* oder generelle Überproduktion sein sollten. Die Stücke müssen für sich selber sprechen und auf eigenen Beinen stehen können, und wir glauben, daß sie das hier tun.[192]

In der Tat: Speziell Breakstone stellt sich vor als ein makelloser »Läufer«, mit gedecktem Mainstream-Ton zwischen Swing und Bop; und ähnlich wie auf posthum publizierten Montgomery-LPs wird hier auch – am Beispiel von »When The Red, Red Robin Comes Bob, Bob Bobbin' Along« (einem großen Poll-Winners-Titel damals!) die Möglichkeit geliefert, alternative Einspielungen desselben Titels miteinander zu vergleichen. Breakstone ist als linearer Spieler von ähnlich unbegrenztem Einfallsreichtum, ein bestechend kontrollierter Architekt, der seinen Linien durch kluge und komplexe Harmonisierung Räumlichkeit verschafft, wie es nur noch sehr wenige unter den Jüngeren tun. Exquisite Reinheit des Spiels und außerordentliche, beherrschte Intelligenz zeichnen das Spiel aus, im Solo (»Possibilities«) wie in der Interaktion mit Barron, als Begleiter in *straight-to-the-bar-* wie Comping-Manier ebenso wie als Frontmann. Die vielleicht eleganteste, dabei aber tatsächlich nie »glatte« Stimme des zeitlosesten Gitarrenjazz.

Richie Hart, eigentlich: Richie Hohenberger, ist auch Berklee-Absolvent und siedelt sich selber zwischen R&B-gefärbtem Jazz und Funk an, obwohl auf seinem Debüt von 1990 davon gottlob nicht viel zu hören ist. Der Titel seiner CD erinnert in seiner Eindeutigkeit spontan an Herb Ellis' LP *Thank You Charlie Christian: Remembering Wes* heißt dieser bemerkenswerte Erstling des jungen Mannes, der schon als Teenager daheim in Valley Cottage ganz in der Musik Coltranes und eben Montgomerys absorbiert war und diese beiden Haupteinflüsse allerdeutlichst in seinem Archtop-Spiel reflektiert. Als Sideman von Hubert Laws, Freddie Hubbard, Buddy de Franco, Michael Urbaniak und anderen hatte er sich die Reife angespielt, dann dieses Debüt vorlegen zu können, daß bei aller Wes-Geneigtheit ihn selbst auch als hochbegabten Komponisten ausweist. Benson soll über seinen Kronprinzen Hart gesagt haben: »Er ist sich all dessen bewußt, worum es im Medium geht«, ein etwas vager Satz, wie ich finde, der eher kommerzielle Assoziationen zuläßt. Harts Spiel aber ist kompromiß*los*, und auch dort, wo er – in »Remembering Wes« und Wes' eigenem »West Coast Blues« – seine Oktavtechnik überaus gediegen übernimmt, ist er kein Mann der Anbiederung. Coltranes »Naima« beweist das ausreichend. Auch der Ex-Stanley-Turrentine-Gitarrist **David Stryker** (*1957) aus Omaha in Nebraska, zur Zeit noch so etwas wie ein »Geheimtip« der New Yorker Mainstream- und Bopszene, kommt – wie **Ronald Muldrow**, der nach Gigs zum Beispiel bei Eddie Harris inzwischen ein außerordentlich »Wessisches« Trio mit g, org und dr leitet – übrigens ebenfalls unverkennbar von Montgomery her, zumindest was sein Oktavenspiel betrifft. Er überzeugt durch Vielseitigkeit in schnellen, inventiven Singles ebenso wie als sicher und vital begleitender Akkordiker auf der jüngsten Platte von Allan Botschinsky, tp, *Last Summer* (M. A. Music 804-2).

Der Benjamin dieser Riege ist der 1966 auf Long Island geborene **Mark Whitfield**, ein junger schwarzer Spieler, der anläßlich des Erscheinens seiner Debüt-LP *The Marksman*, der binnen eines runden Jahres schon der Anschlußtreffer *Patrice* folgte, die Anhänger des traditionelleren Mainstream aufjubeln ließ. »Eine Zeitlang schienen die Fatalisten Recht zu behalten«, schrieb Jim Ferguson schon im *Guitar Player* vom April 1991:

Straight-ahead jazz schien langsam zu sterben, da viele seiner größten Gestalten starben und jüngere Spieler mehr und mehr aufgesogen wurden von hochenergetischer elektrischer Improvisation. Es war genug, um Charlie Parker sich im Grabe umdrehen zu lassen. Wynton Marsalis, Scott Hamilton und Harry Connick jun. kamen in den 80ern, aber deren starke Persönlichkeiten ließ sie eher als individualistische Anomalitäten erscheinen denn als eine legitime Jazz-Jugendbewegung. Seit kurzem aber ist eine neue Gruppe auf der Bildfläche erschienen, die nahelegte, daß das Genre damit anfängt, sich einer stetigen Infusion frischen Blutes zu erfreuen. Auf dem Kamm dieser neuen Welle reitet der 25jährige Mark Whitfield, der, anders als viele seines Schlages, eher swingt, als daß er schreien, eher phrasiert, als er posieren würde

– eine Aussage, die Motto dieses Buches sein könnte. »New Wave of Old Jazz« ist der ihm zugeordnete Satz, eine bewußte Rückkehr zum »Goldenen Zeitalter der Jazzgitarre«, und zeit*gemäßer* hat bislang keiner der Genannten die zeit*los* schöne Mainstream-Gitarre behandelt. Mit zarten sieben Lenzen zupfte Klein-Mark im Schulorchester den großen klassischen Baß, derweil er daheim die großen Bigbander Duke und Basie hörte. Als seine aus Seattle stammende Familie von New York wieder dorthin zurücksiedelte, begann er dort im Schulorchester mit der Gitarre – ein Autodidakt, der dermaßen schnell kapierte (»Meine Hände sind relativ groß. Ich kann zum Beispiel das hohe e mit meinem kleinen Finger erreichen, wenn ich im fünften Bund Am7 barré spiele...«), daß er ins Augenmerk der Berklee-Leute geriet, die gern High-School-Jazzwettbewerbe unterstützen. Zwei solcher Wettbewerbe verbuchte der Junge für sich als Nummer 1, dann nahm er 1983 das Berklee-Angebot zum dortigen Studium an. »Ich habe nicht viel Zeit auf Kurse verschwendet, die ich sowieso nicht brauchte«, sagt er, »und ich machte alle Grundkurse, wußte aber schon genau, was ich wollte. Und das war: Jazz spielen. Das Beste, was dazu zu tun war, war viel zu hören und einfach die *licks* von Charlie Christian, Wes Montgomery, Kenny Burrell, Grant Green und der anderen Jazzgitarre-Giganten einzusaugen.« Seine Summe:

Wes Montgomerys *Portrait of Wes*, *Besame Mucho* und *Full House* und *So Much Guitar* liefern das ganze Spektrum seines Spiels. Dann alles von Charlie Christian, George Bensons *Benson's Burner* und *Blue Benson* und Joe Pass' *Portrait of Duke Ellington* – das ist alles zeitlos... Als ich mit den Stunden bei George Benson anfing, spielte er mir eine Menge Platten vor. Eine, die mich besonders beeindruckt hat, war Grant Greens *The Latin Bit*. Ich hatte nicht viel von Grant Green gehört, abgesehen von den Sachen mit McCoy Tyner und Joe Henderson. – Ich glaube, ich war so sehr damit beschäftigt, Charlie Christian und Wes Montgomery zu lernen, daß ich Grant völlig übersehen habe. Danach habe ich monatelang soviel von Grant Green wie nur möglich gesucht, um seine Ideen zu begreifen. Der älter werdende George [Benson], dachte ich, würde wieder zu mehr Wes-Montgomery-Stil zurückkommen, aber er spielt jetzt viel mehr wie Grant...[193]

1987 war er fertig, zog wieder nach New York, wo er schließlich in Brother Jack McDuffs Combo landete. »Da hat auch George Benson angefangen, und das machte es für mich besonders aufregend.« Benson war es dann auch, der ihn direkt unter seine Flügel nahm, mit ihm jammte und ihn dann an Warner vermittelte. Mit 23 machte er die erste Platte, mit 24 die zweite. Whitfield, das ist ein Synonym für das allenthalben neu erwachende große Interesse an der Generation der in den 20er und 30er Jahren Geborenen – an kompromißloser Jazzgitarre, ohne elektronische Effekt-Auftürmerei und -Hascherei, für Minton's und dessen Erben, in einer Kontinuität, die sich weiß Gott nicht als »konservativ« zu verstecken braucht. Whitfield, Hart und Breakstone, um nur sie pars pro toto zu nennen, sind der lebendige Beweis für die zyklische Natur auch des Gitarrenjazz. Sie spielen Kunst, und ihre Botschaften sind keine bloßen Zitate mehr.

Die Bewahrer des Erbes: Akustiker, Fingerstilisten

Marshall, Mastren, Harris und Klugh

Christian über alles? – Nun, gewiß, was Amerikas elektrifiziertes Instrument betraf, daran ist nicht zu deuteln, und genügend Zitate dürften das untermauert haben. Aber man läge daneben, würde man Christians Einfluß auf das *verstärkte* Instrument beschränken. Christian minus Verstärker und Tonabnehmer – das ergibt ein anderes, nicht minder reizvolles Potpourri. Es ist das der Akustiker und der akustischen Fingerstilisten, von denen die meisten überall in der strummenden Welt auch Christian-»Geschädigte« sind, die meisten, nicht alle.

Als beispielsweise im Dezember 1972, neun Monate vor seinem Tode, der gütige und omnipotente Gitarristenvater **Jack Marshall** 51jährig das Gitarren-Department der University of Southern California verlassen und Lee Ritenour seinen Platz eingenommen hatte, da veranstaltete eine wahrlich illustre Riege von Gitarristen dem scheidenden Marshall ein denkwürdiges Konzert; Lee Ritenour im Duo mit John Pisano, Joe Pass mit Howard Roberts, Almeida, Tommy Tedesco im Saiten-Quintett mit Al Viola, Bob Bain, Pisano und Tony Rizzi musizierten da ein Farewell, und den »ganzen Abend hindurch wurde nicht ein Wah-wah-Pedal eingesetzt, kein Fuzz, keine Verzerrung, keine Rock-*gimmickry*, gleich welcher Art. Es war ein Recital von Männern voller Hingabe für die Gitarre als einem großartigen Instrument, das ernst genommen und endlos erforscht zu werden verdient hat«, schrieb Leonard Feather.[194]

Und wer sich heute die Szene *insgesamt* anschaut, wird sie zuhauf entdekken, die Nonelektriker und, vor allem, die sowohl-als-auch spielenden Profis, denen sehr häufig Studioerfahrung deutlich werden ließ, daß mit Strom allein nicht alles machbar ist. Und die *wissen*, daß die reinste Gitarre eben doch aus Holz gemacht ist und nicht aus Schaltungen. Jack Marshall hat das unaufhörlich gepredigt, und der Gedanke wird stetig weitervermittelt, seit nach seinem Ableben die gesamte Bruderschaft der Gitarrespieler aus der Gegend von Los Angeles mit einer Gitarrennacht im legendären Donte's Geld für die Einrichtung eines Jack-Marshall-Stipendiums an der USC einspielen konnte.

Jack, in El Dorado, Kansas geboren, fing mit zehn auf der Ukulele an und wechselte mit 13 zur Gitarre, ganz unter dem mächtigen Einfluß Reinhardts. Ende der 30er Jahre, mit der Familie nun in Kalifornien, beendete er die Schule und erwarb – eine E-Gitarre, weil er mittlerweile auf dem Oscar-Moore-Trip war. Ab und an bekam er die Chance, für Moore bei Cole einzuspringen, auch bei Tatum; und als er 18 war, spielte er mit einer College-Gruppe einmal die Woche im Radio. Von 1940–42 war er Gitarrist bei MGM, mußte dann zur Army, bei der er sich ins Ingenieurwesen einweisen ließ *und* ein richtiges Musikstudium begann. An der USC wurde er Ingenieur, spielte abends Jazz und entschloß sich dann, die Musik doch zum Brotberuf zu machen. Bei Albert Harris belegte er Komposition, Orchestrierung und Harmonielehre, jobbte nochmal für MGM, begann dann mit dem Studium der Klassikgitarre und blieb fortan der akustischen, hauptsächlich der klassischen Nylonstring-Gitarre treu. 1967 überredete er mit Hilfe einiger Kollegen die Herren vom Donte's zu einer regelmäßigen »Guitar Night« – Marshall war *der* Gitarren-Freak überhaupt geworden, und mit der »Guitar Night« versammelte sich peu à peu Amerikas ganze Gitarren-Crème an der Westküste. Marshall blieb zumeist in den Studios und spielte *sehr* viel mit anderen Gitarristen zusammen, in jenen konzeptionell engen Linien, für die sich später der Multi-Gitarren-Fex Tony Rizzi so sehr interessieren sollte.[195]

Stahlsaiten, vorzugsweise auf seinen heißgeliebten Epiphone-Gitarren, spielte dagegen **Carmen Mastren** (1913–1981), seit er, von Banjo und Violine gekommen, 1931 mit der Gitarre begann. Nur vier Jahre später hatte Carmen, einer von vier hochmusikalischen Brüdern im Staat New York, einen Platz bei Wingy Manone, der in New York City spielte; sein Name aber bleibt am engsten verbunden mit Tommy Dorsey, bei dem von er 1936 bis 1940 blieb. Bei Dorsey wurden seine *guitar breaks* und *fills* zum unverkennbaren Charakteristikum des Orchesters (vor allem hörbar in »There's Frost On The Moon« und »After I Say I'm Sorry«), und Carmen blieb ein Gitarrist für große Besetzungen – mit den 1941er bis 1943er Ausnahmen im Quartett mit Wingy Manone, tp, Joe Marsala, cl, und Sid Weiss, b, und dann bei Ernie Holst. Auch noch 1943 – er war inzwischen in der *Army* – geriet er mit viel »Schwein« in die *Air-Force*-Band eines Majors namens Glenn Miller. 1946 war er wieder Zivilist, kehrte nach New York zurück und verschwand in den Studio-Grüften der Metropole, wo er fortan nur noch sehr wenig Kontakt zum Jazz hielt. Dennoch muß er – auch ein »guitarists' guitarist« – zu den »wichtigen« Gründerfiguren der Gitarrenmoderne gerechnet werden, seit er 1937, 1939 und 1940 von den Lesern von *Down Beat* bzw. *Metronome* als bester Gitarrist dieser Jahre ausgezeichnet wurde. In späteren Jahren musizierte er immer wieder in Dixieland- und Swinggruppen, und seine gelegentlichen Akkordsoli wiesen ihn auch da noch immer als einen gelehrigen Nachfahren der McDonough-Kress-Van-Eps-Linie aus.

Die beiden anderen hier zu nennenden Gitarristen sind **Bill Harris** und der 28 Jahre jüngere Earl Klugh. Beide sind vorzugsweise Nylonstring-Spieler, und während der Ältere bedauerlicherweise immer nur einem kleinen Kreis von Connoisseurs vor allem in den USA bekannt blieb, gedeiht Earls Ruf gerade in diesen Jahren ganz erstaunlich.

Willie Harris, 1925 in Nashville in North Carolina (und *nicht* in Tennessee) geboren, lernte als Kind die Urgründe des Klavierspiels durch seine Mutter und versuchte sich dann auch an der Orgel in der Kirche, in der sein Vater zu predigen pflegte. Zu seinem 12. Geburtstag schenkte ihm ein Onkel seine erste Gitarre, auf der der Knabe allerdings nicht sonderlich weit kam. Er stellte sie weg. Acht Jahre später griff er wieder zu, und er blieb dran. Zunächst spielte er Plektrongitarre, und dann verliebte er sich in das klassische Spiel, das er allerdings noch immer mit Plektren absolvierte. »Ich hatte einen Cousin, der spielbare Ukulelen aus Zigarrenkisten bastelte. Er zeigte mir [früher] ein paar Akkorde, und ich war fasziniert. Ich hatte dann das Glück, einen guten Lehrer zu finden, einen Mann, den ich als ›Mr. Blake‹ kennenlernte. Er war ein Neffe von Blind Blake, dem berühmten Bluesmann. Da lernte ich auf Stahlsaiten mit Fingerplektren aus Stahl zu spielen. In diesem Stil zu spielen gelernt zu haben, machte einen Vorteil aus für mein späteres klassisches Gitarrenstudium«.[196] Als Kriegsfreiwilliger erhielt er 1945 einen GI-*grant*, der ihm das Musikstudium ermöglichte, doch erst an der Columbia School of Music mit dem großen, alten Sophokles Papas als Lehrer gelang der Zugang zum klassischen Spiel. Harris marschierte zweigleisig weiter, zum einen klassisch, zum anderen und schon während der Zeit bei Papas mit stark von Reinhardt, Moore und John Collins beeinflußten Jazz-Gigs in der Region. Abwechslungshalber war es dann eine R&B-Vokalgruppe, die er im Apollo Theatre begleitete, als Gitarrist Mickey Baker ihn hörte. Baker, der beeindruckt war von Bills klassischen Fähigkeiten, ermutigte den Gleichaltrigen zu dessen erster Plattenaufnahme, die er ihm sofort durch Kontaktaufnahme zu Bob Shad, dem zuständigen A&R-Manager bei Mercury, vermittelte – Jazz auf der Nylonstring.[197] Das war im Jahre 1958 und das erste unbegleitete Jazzgitarrenwerk der Geschichte auf solch einem Instrument. Die Platte verschlug Kollegen vom Fach, Kritikern und Gitarrenfans die Sprache. Harris spielte Melodie *und* Begleitung *und* Baß, als wäre er drei, wobei er mal den alten Südstaaten-Bluesbaß ins modernere Jazzidiom transplantierte und mal darunterpackte wie ein erzklassisches Continuo. Harris swingte unglaublich bei dieser komplizierten Spielweise. Der Kritiker John Wilson lieferte ihm seinen Spitznamen: »Swinging Segovia«.[198] Das war vor Byrd. Und erst recht vor **Earl Klugh**.

Der, Jahrgang 1953, kommt aus »Mo(tor)town« Detroit und ist, wie gesagt, mittlerweile fast »populär« und dabei ebenfalls ein Nylonstringer, der akustische Gibsons und Ovations, Takamines und Alvarez' spielt und auf diesen Instrumenten mit George Benson, Yusef Lateef, George Shearing, Chick Corea gespielt und gerade – 1992 – eine Trio-LP als Eigenproduktion vorgelegt hat, mit Ralphe Armstrong, b, und Gene Dunlap, dr,[199] die bestens bestätigt, was Jim Ferguson in einem 1985er Feature über ihn zu sagen hatte:

Neben dem unverkennbar intimen Ton der Nylonstring-Gitarre ist das Herz von Klughs Stil seine Versessenheit auf Melodie, die nicht nur in seinen eigenen Kompositionen vorderhand deutlich wird, sondern ebenso in seinen improvisierten Soli. Nahtlos Latin, R&B, Klassik, Funk, Jazz und Countryeinschläge integrierend, schimmern in seinen Linien Bluesphrasen, Floyd-Cramer-artige pianistische Verzierungen, oktavierte Licks von Wes Montgomery und George Benson und warme Jazzakkorde auf – und das alles gespielt mit klassischem Touch. Zu selten auf Platten zu hören, ist seine subtile Akkordmelodie-Arbeit mit Feinheit und Reife behandelt.[200]

Das ist es: Klugh unterschlägt oder vernachlässigt, wenn er der einzige Gitarrist in der Runde ist, seine akkordischen Fähigkeiten zugunsten einer Melodieführung, die just auf der neuesten LP wirkt wie eine fast pure Über-Setzung verstärkter Linearspielweise auf das klassische Instrument; und auch im Duo – mit Benson vor allem – bietet er sich bedauerlicherweise zu gut 80 Prozent als Melodiker an. Was er tatsächlich kann – und was Ferguson dargestellt hat –, mag ersichtlich werden aus Earls eigener, von dem Heavy-Metal-Star Steve Vai [sic!] transkribierter Bearbeitung des alten Waller-Schlachtrosses »Ain't Misbehavin'«, zu der Klugh selbst sagte, deren Akkordik sei insbesondere von Wes Montgomery und George Van Eps beeinflußt gewesen. Man beachte die konsequente Baßführung, die der eines Bill Harris in nichts mehr nachsteht:

Notenbeispiel 9: »Ain't Misbehavin'«, © Mills Music Inc. 1985

Die Bewahrer des Erbes: Akustiker, Fingerstilisten

Begonnen hatte Klugh, nach kurzem Versuch mit dem Klavier, als Zehnjähriger, und zwar als Folk-Fan, der durch Dylan und Peter, Paul and Mary sein Faible für die Nylonstring-Gitarre entdeckte (obwohl die Genannten zumeist Steelstrings spielten).

> Bis ich 17 wurde, spielte ich hauptsächlich Sologitarre. Ich wollte alles allein machen... Im Grunde war ich irgendwo gefangen dazwischen, ein Jazz-Plektrumspieler und ein klassischer Spieler zu sein. Ich ging damals auch zu Klassikstunden, aber das einzige, was ich zu hören bekam, war: ›Deine Technik stimmt nicht, dein Klang stimmt nicht, deine Interpretation stimmt nicht‹, obwohl ich jedes Stück spielen konnte, das sie mir gaben. Also bin ich los, um mir meinen eigenen Sound zu suchen. Ich mußte das mit mir selber ausmachen.[201)]

Es war Chet Atkins, dessen von Merle Travis herkommender, mit klassischen Elementen gespickter Picking-Stil ihn dann besonders gefangennahm. Während der Schulzeit hörte er im Radio die Beatles und auf Platten Wes, Byrd und Benson und, vor allem, Almeida, dessen Musik ihn auch zu europäischen Komponisten wie Sor und Tárrega brachte. Mit 16 Jahren unterrichtete er in einem Musikgeschäft und lernte Yusef Lateef kennen, der fasziniert von dem klassischen Instrument in Earls Händen war und ihn zum Sit-in in Baker's Keyboard Lounge einlud. »Ich hörte eine *funky* Baßlinie auf einer Nylonstring-Gitarre«, erinnerte sich der Gitarrist Artie Traum an sein erstes Hörerlebnis in Sachen Earl Klugh,

> ein packendes, straffes Thema, mit dem Daumen gespielt, der die Saiten zum Schnappen brachte. Dem folgte ein jazziger, komplexer, lyrischer Teil in Fingerstyle mit verblüffender Technik... Es klang zu »neu«, um Charlie Byrd, und zu funky, um Laurindo Almeida oder einer der anderen Latin-style-Spieler zu sein.[202)]

Die Folge war sein LP-Einstand auf des Flötisten *Suite 16*. Der frühe Tod des Vaters zwang ihn zu frühen Entscheidungen. Und die fielen zunächst zugunsten der Schulbeendigung und dann der Musik aus. Im Baker's traf er dann seinen zukünftigen Ziehvater, Benson, der mit ihm ein Jahr lang immer wieder jammte und ihn 1973 seinem Trio mit Baß und Gitarre zugesellte. Es entstanden die ersten LPs der beiden, *Body Talk* und die berühmtere *White Rabbit*. Ihnen folgte 1987, produziert von Tommy LiPuma, der drei Jahre später Mark Whitfield unter seine Fittiche nehmen sollte, die schönste des Duos: *Collaboration* (Warner 925 580-1), mit Marcus Miller, b, Greg Phillinganes, key/synth, Harvey Mason, dr, Paulhino de Cosa, perc, und an der Rhythmusgitarre (!) der sehr souveräne **Paul Jackson**, und auf dieser greift Earl gelegentlich schon mal zu einer Dobro-Variante mit Holzkorpus, ebenfalls holzverabeitetem Resonator und auffallend breitem, »klassischem« Griffbrett unter *Nylon*saiten. 1974 bat ihn Chick Corea in seine erste Return To Forever, die gerade von Bill Connors verlassen worden war – Earls nicht eben unwichtiger Ausflug in elektrische Gefilde. »Das war die beste musikalische Erfahrung meines Lebens. George [Benson] brachte mir eine Menge übers Spielen bei, und bei ihm lernte ich auch das Potential einer akustischen Gitarre in einer elektrischen Besetzung kennen. Mit Chick zu spielen war großartig. Da kapierte ich, daß das mein Weg war, den ich weitergehen mußte – meine eigene Musik zu schreiben und meinen eigenen Stil und meine eigene Identität zu entwickeln«[203] – akustisch.

Linsky, Sprague, Postlewate

Lenny Breau träumte immer davon, rein improvisierte Musik im Solokontext zu spielen, so wie es Keith Jarrett auf dem Klavier tut. Haben Sie je an so etwas gedacht? Das beschreibt recht gut, wie ich zuhause spiele, wenn ich mit Ideen und Stimmungen arbeite und versuche, die Musik geschehen zu lassen. Ulkig, daß Sie Lenny Breau erwähnen. Vieles von dem, was er spielte, gehörte nicht zu meinen Favoriten; dafür war aber einiges von seinen anderen Sachen unglaublich aufregend. Wenn ich gefragt werde, wer mein Lieblingsspieler ist, ist sein Name unter den ersten... Er liebte ganz offenkundig die Gitarre und nutzte sie, um sich selber in sehr persönlicher und einmaliger Weise auszudrücken,

sagte **Jeff Linsky** in einem Interview Ende der 80er Jahre.[204] Jeff, Jahrgang 1952, kommt aus Los Angeles, bekam mit zehn seine erste Gitarre und trieb sich wenig später als mobiles Inventar in Gene Leis' Manhattan Beach Studio herum, wo er mit dem Jazz- und Klassikvirus infiziert wurde. Er blieb Autodidakt mit je einer Stunde bei Joe Pass und Luis Elloriaga und ein paar mehr von Vicente Gomez. Noch nicht 20, zog er nach Hawaii, und dort entwickelte er einen außerordentlich vielseitigen Solo-Stil, in dem er aufs Allerfeinste Jazzimprovisation mit der klassischen Spieltechnik kreuzt. Jeff, der immer auch eine Archtop und eine normale nylonbesaitete Primgitarre im Gepäck hat, spielt allerdings als Hauptinstrument einen Requinto, den Nachbau eines südamerikanischen Originals von Douglas Ching. Kleiner als normal, liegt der Requinto in der Standardstimmung eine Quinte über derjenigen der Primgitarre. Linsky aber geht, der leichteren Spielbarkeit wegen, nur eine Quarte höher. Unser Notenbeispiel auf Seite 168 zeigt ein »Rumpfstück«, »Jennifer's Waltz«, das für Jeff lediglich eine Grundlage darstellt für improvisierte harmonische Erweiterungen und Variation der klassischen Liedform.

Mitunter auch spielt er das Instrument verstärkt; der Requinto ist leichter zu verstärken als die Primgitarre: »Weil sie höher gestimmt ist, ist die Saitenspannung höher und der Klang etwas heller. Eine verstärkte klassische Standardgitarre kann breiig klingen, insbesondere in einem Jazzklub. Im Konzertsaal ist es egal, weil man da eine Stecknadel fallen hören kann. Ich habe auf der Requinto 13 verschiedene Pickups ausprobiert.«[205]

Ein Wanderer zwischen elektrischer und akustischer Welt indessen ist **Peter Sprague** (*1955) aus San Diego, der Mitte der 80er Jahre ein Trio mit Nylon-

Die Bewahrer des Erbes: Akustiker, Fingerstilisten

Notenbeispiel 10: »Jennifer's Waltz«

string-Gitarre und bereits als 24jähriger auf Xanadu seinen LP-Einstand hatte, der seine regional schon längst hochgeschätzte Jazzvirtuosität über Kalifornien hinaus bekannt machte. Peter hatte mit zwölf, angeregt durch den hobbymäßig schlagzeugenden Vater, auf der Gitarre begonnen, zunächst interessiert an Mayall-ähnlichen Blues- und Rockleuten, aber drei Jahre später gab es für ihn nur noch Bebop. Nach der High School und einem Jahr an Kaliforniens renommierter Interlochen Arts Academy zog er nach Boston und wurde Schüler von Pat Metheny, ein anspruchsvolles Studium, das er ergänzte durch einen Sommer am New England Conservatory of Music, wo er sich unter der Ägide der Pianistin Madame Chaloff und der des Klassikgitarristen Albin Czak weiterbilden konnte. Daneben hat er bei Bill Coleman und Steve O'Connor gelernt und bei dem japanischen Fusion-Gitarristen Yoshiaki Masuo, einem zeitweiligen Partner Sonny Rollins', womit Sprague der vielseitigste »Bebopper« überhaupt sein dürfte: Er spielt akustisch, überträgt klassische Fingersätze auf das Bopspiel seiner Archtop und experimentiert seit wenigen Jahren nun auch mit dem Gitarren-Synthesizer. Die beiden superben Concord-LPs *Musica del Mar* (CJ 237) und *Na Pali Coast* (CJ 277) reflektieren dieses »Doppelleben« – insbesondere die zweite LP ist dem akustischen Spiel gewidmet, auf seiner Nylonstring-Gitarre, die der San Diegoer Gitarrenbauer Yuris Zeltin ihm mit Cutaway geliefert hat. »Viele Bebopper tendieren zum Purismus und sind deshalb wenig interessiert an der Erkundung anderer Musikbereiche, nicht aber Peter Sprague«, hat, wiederum, der Jazzgitarren-Experte Jim Ferguson geschrieben. »Im Laufe der Jahre hat er ostindische Musik erforscht, lateinamerikanische Rhythmen wie klassische Konzepte und Klänge. Peters neueste Richtung begreift die Hi-Tech-Welt hochgezüchteten Soundprocessing-Equipments mit ein, wozu auch der Gitarrensynthesizer gehört.«[206] Sprague tut da nichts aus womöglich vordergründig-modischen Beweggründen, sondern in logischer Konsequenz wider jeden Stillstand. Zwar ist der Bebop nach wie vor seine Herzensangelegenheit, aber auch der Synthie kann sein Interesse an der akustischen Fingerstyle-Gitarre, auf der er auf überaus *ästhetische*, reine Weise südamerikanischen Stilen huldigt, nicht mindern. Er spielt dies alles mit unglaublicher Klarheit, extrem sauber, wie gar nicht so sehr viele seines Schlages. Sagt Peter selbst:

Ich hatte ein tolles Erlebnis, als ich das erstemal bei Chick Corea spielte. Ich ging immer noch direkt über einen Acoustic-Verstärker, mit nur etwas Hall. Da war ich mit meiner Hollowbody-Jazzgitarre [einer alten Gibson ES-300], und Chick hatte für 30000 Dollar Synthesizer auf der Bühne... Es war tatsächlich so, daß er eine Taste auf dem Synthesizer anschlug, und das war der reinste, vollste und tiefste Sound, den ich je gehört hatte. Ich hatte bis dahin kaum auf angemessenes Equipment Wert gelegt; ich hatte einen sehr guten Jazzton, aber meine Hauptsorge galt dem Spielen schöner Töne über *chord changes* – halt ein gutes Solo zu spielen. Diese Erfahrung gab mir ein Gefühl der Schwäche – als wenn Charlie Christian plötzlich mit einem riesigen Symphonieorchster zu tun gehabt hätte oder so ähnlich... In beiden Bereichen aktiv zu sein, das ist recht befriedigend. Akustische Musik ist ein Vergnügen, weil ich kein Plektrum benutze und es einfach ist, die Dinge nur mit einer Gitarre vollkommen in sich geschlossen zu halten...[207]

Einfach für Peter Sprague vielleicht, einen der jungen Meister der 50er-Generation.

Die kontrapunktischen Möglichkeiten des klassischen Spiels haben **Charles Postlewate** immer fasziniert, »die Tatsache, daß man zwei, drei oder vier musikalische Linien zugleich führen kann«. Das hatte der Texaner, der mit Countrymusik in den Ohren aufwuchs, zum erstenmal bei Charlie Byrd gehört, viel später, in Michigan, wo er am General Motors Institute studierte und entdeckte, daß er die Musik in sich nicht ausrotten konnte. Und bevor er sich an der angesehenen Detroiter Wayne State University einschrieb, hatte er bereits als Sideman für Bob Hope und Gordon MacRae Gitarre gespielt. An der Uni hörte er, daß der in Detroit außerordentlich geschätzte klassische Gitarrenlehrer Joe Fava zukünftig unterrichten würde, und das reizte den jungen Mann: Er erhielt als erster überhaupt einen Wayne-Bachelor in Musik im Fach Gitarre und dann auch noch den allerersten Magister für das Gitarrespiel unter Konzertbedingungen in den gesamten USA. Dann folgten Studienjahre bei Oscar Ghiglia und Amerikas klassischem Gitarrenliebling Michael Lorimer und die ersten ausgedehnten eigenen Tourneen mit exklusiv klassischem (Standard-)Repertoire. Und wieder entsann er sich seiner Wurzeln, holte alte Jazzarrangements, die er vor Jahr und Tag für seine elektrische Gitarre geschrieben hatte, aus der Schublade und begann, sie für das inzwischen beherrschte Klassikinstrument umzuarbeiten. Lorimer gefielen die Sachen und – Johnny Smith, und das war Ermutigung genug, auf dieser Route weiterzumarschieren: Er blieb bei dem Rezept und legte mit der LP *Dual Image*[208] sein »Gesellenstück« vor, das so meisterhaft ausgefallen war, daß es sehr schnell Tourneen durch die USA, Kanada und Mexiko ermöglichte. In Arlington, Texas, wo die Platte erschien, ist Postlewate mittlerweise Associate Professor of Music an der University of Texas – eine Funktion, in der er nicht müde wird, seinen verstärkt spielenden Studenten immer wieder das Nyloninstrument ans Herz zu reden, vor allem zur Vermeidung stilistischer Monomanien. Laut Johnny Smith gehört Charles zu den wenigen, die gleichermaßen als Pädagogen *und* als konzertierende Künstler hervorragend sind. Und er gehört ebenso zu den noch viel wenigeren, die all denen aus eigener Erfahrung widersprechen können, die sich in die Überzeugung flüchten, daß Klassiker angeblich zur Improvisation nicht geeignet seien. *Daß* das nicht so sein muß, ist in jedem Takt zu hören: Charles swingt, und er tut das nicht mehr mit dem schulmäßig oktroyierten klassischen Fingersatz. Er hat wie kein anderer die Tugenden *beider* Lager in eins gebracht und wird, gleichwohl, in beiden Lagern hochgeschätzt: »Beispielsweise würden die meisten klassischen Gitarristen«, so illustriert er das, »das folgende Arpeggio mit Daumen, Zeigefinger, Mittel- und Ringfinger spielen [*p, i, m, a* in klassischer Notationsweise; dann folgt das Beispiel...]. Dieser Fingersatz funktioniert gut für Sachen wie den Mittelteil von Villa-Lobos' *Präludium Nr. 2*. Ein Vorteil, den ein Jazzspieler hat, ist der, daß er immer wieder Ausschau hält nach anderen Dingen. Gitarristen brauchen wirklich sechs Finger. Ich habe eine Heidenangst davor, daß die Gitarre noch mehr Saiten bekommt und uns dabei die Finger ausgehn.«[209]

Von Shirley bis Schwab – noch ein Überflug

Die Finger gehen ihnen nicht aus, es bleibt, in aller Regel jedenfalls, bei den *four on six* bzw. *seven, eight, ten, twelve*. Der Daumen zählt, auch als Baßmann, noch immer extra.

Und hier weitere Akustiker im Überblick:

In den USA führt altersmäßig **Jimmy Shirley** die Riege der unverstärkt spielenden Gitarreros an, auch wenn er sich sehr viel später dann doch der elektrischen Gitarre und dem E-Baß ergeben hat. Dennoch verdient Jimmy (*1913) hier Erwähnung. Unterschätzt, durch verstopfte Informationskanäle einfach übersehen und dann doch noch von dem bewundernwert pfadfinderisch veranlagten französischen Label Back and Blue »entdeckt«,[210] galt er vor allem in den 30er und 40er Jahren als einer der Aktivsten. In Cleveland aufgewachsen, unterrichtete ihn der Vater; 1935 hatte er bereits ein wonniges Quartett mit drei Gitarren plus Baß, nachdem er sich bei Hal Draper und Frank Terry in Cincinnati Respekt erspielt hatte. Seit 1937 in New York, war er dann in Clarence Profits Trio und dann, wer weiß das schon, zwei Jahre unterwegs mit Ella Fitzgerald. Fast zehn Jahre lang musizierte er dann die gesamte New Yorker Club *range* im Team mit Pianist Herman Chittison ab und war zwischen 1944 und den 60er Jahren ständig aktiv, u. a. bei Phil Moore, Billy Williams und »Toy« Wilson. In den 70ern noch spielte er bei Buddy Tate, George James und anderen.

War er stets ein Mann kleiner Besetzungen, so sollten hier drei Big- und Dance-Band-Gitarristen zumindest genannt sein – Steve Jordan (*1919), Turk van Lake (*1918) und der bereits als späterer Pädagoge erwähnte, äußerst emsige Brite **Ivor Mairants** vom Jahrgang 1908. Im Zusammenhang mit Hy White, Al Hendrickson und Nappy Lamare muß man als große Rhythmiker **Al Norris** (*1908), den Lunceford-Spieler, nennen, ebenso wie **Remo Biondi** (*1905) bei Krupa. Der Name **Alfonso Alfred Viola** fiel schon. 1919 in New York geboren, kam er von McDonough und Kress her wie so viele jener Zeit. Oscar Moore prägte ihn dann und war wesentlich verantwortlich für den Wechsel zum *elektrischen* Instrument, das er auch noch während seiner Militärzeit Anfang der 40er in den »Three Sergeants« spielte. Der spätere Stammgitarrist Frank Sinatras, der auch bei Bobby Troup, Ray Anthony und Harry James unter Vertrag stand und durch unendlich viele Studioarbeit immer mehr auch zur akustischen Gitarre gekommen, verlegte sich erst recht spät in seiner Karriere auf das »seriöse« Studium der Gitarre und der Theorie an der kalifornischen Academy of Music, wo er dann auch mit der klassischen Gitarre anfing. Bekannter wurde Al allerdings in den 60er Jahren vor allem durch etliche Ausflüge ins Poppig- Verkäufliche, wenngleich er immer wieder in große Bands zurückkehrt.

Unter den akustischen Fingerstilisten traditioneller Provenienz sind neben dem von Howard Morgen 1980 begeistert erwähnten, in den USA als Geheimtip geltenden Brasilianer **Ray Tico**[211] und natürlich der Argentinier **Jorge Morel** (*1931)[212] ganz besonders zwei Virtuosen anzuführen. **Luiz Floriano Bonfa**, 1922 in Rio geboren und stets assoziiert mit dem Film »Black Orpheus«, dessen Musik er komponiert hat, hat sich vor allem der brasilianischen und der klassischen Musik verschrieben, aber mit gelegentlichen Ausflügen ins Jazzidiom auf etliche Kollegen erheblich Einfluß ausgeübt.[213] 1958 wanderte Luiz in die USA ein, was zeitlich ungefähr mit dem Siegeszug des Bossa Nova zusammenfällt. Vor allem durch die zweijährige Zusammenarbeit mit der Sängerin Mary Martin 1958/59 kam Bonfa mit Jazz in Berührung und spielte dann – mit Stan Getz und mit seiner Frau, der Sängerin Maria Toledo – LPs ein, die ihn auch in Jazz-Zirkeln einigermaßen bekannt gemacht haben. Und da ist der jüngere **Frederic Hand**, ebenfalls ein klassischer Konzertgitarrist, der nach und nach Jazzelemente in seine Musik einschmolz, eben zu jener wundervollen, kunstvollen Variante des Spiels, die man allgemein *fingerstyle jazz* nennt.

In Holland spielt **Wim Overgaauw**, in England noch **Trefor Owen**, beide Doubler auf akustischer und elektrischer Gitarre und immer wieder auch Fingerstilisten, wie **Jack Williams**, **Mike Gart**, **Richard Boukas** und der mittlerweile bekannteste dieser Gruppe, John Stowell. Und wie der russische Wahl-Amerikaner **Boris Lebedinsky** (*1946), über den der US-Saxmann Richard Grando, der 1969 im Leningrad Jazz Quintet mitspielte, so angetan sagte: »Ich traf da [in der damaligen UdSSR] verschiedene Leute, die Jazz spielen wollten, aber nicht recht wußten, wie. Aber dann gab es eben auch Leute wie Boris, bei denen es einfach *passierte*. Er swingte von Note zu Note.«[214] Er hat, charakterisierte ihn Diane Lefer, »das Gefühl, weit davon entfernt zu sein, die Möglichkeiten der Gitarre erschöpft zu haben, und er probiert ständig neue Fingersätze und Stile aus. Manchmal benutzt er nur den Daumen für einen Wes-Montgomery-Sound, oder er schlägt einzelne Saiten mit Daumen und Zeigefinger in sehr schnellem Wechselschlag für Skalenpassagen an. Dann wieder benutzt er die Finger, obwohl er für sehr schnelle Tempi mittelstarke Fender-Plektren verwendet.«[215] In Belgien kreuzt **Jacques Stotzem** (*1959) seit 1982 auf Platten immer wieder mal Jazz mit einer Vielzahl anderer Einflüsse, die man zögernd »ethnisch« nennen mag, wie bei einer immer größer werdenden Zahl reiner Akustiker (Steelstringers) ohnehin eine starke Tendenz zur völligen Auflösung herkömmlicher Kategorien festgestellt werden kann oder muß, wodurch hier eine Grauzone entsteht, die schwer im Rahmen dieser Arbeit zu behandeln ist. Ich würde dennoch einen Dobro-Meister wie den Amerikaner **Mike Auldridge** (*1938) durchaus *auch* dem Jazz zurechnen, was seine Soloarbeiten, aber auch was etliche Titel in der Gruppe Seldom Scene angeht, beispielsweise das knochenbrecherisch schnell gespielte »Stompin' At The Savoy«, das Mike seit den 70er Jahren sehr wohl als mit dem Jazz sehr vertrauten Instrumentalisten ausweist.[216]

Mit seinem ersten völlig akustischen Album hat sich inzwischen der in Luzern lebende **Heinz Affolter** vorgestellt, ein hierzulande bislang nicht unbedingt »populärer« Instrumentalist, dessen unübertreffliche Fingertechnik, Reinheit des Anschlags und schier unerschöpflichen, stark spanisch beeinflußten musikalischen Reichtümer, wirklich mehr Aufmerksamkeit verdienten. *Realities,*[216a] mit den

Von Shirley bis Schwab: Noch ein Überflug

kongenialen Musikern Fausto Medici, perc, François Lindemann, ac-p, Mathias Demoulin, b, und Charlie Weibel, dr, läßt einen Gitarristen hören, der womöglich genau das hat, was McLaughlin an DiMeola vermißt – ein keineswegs zu hoch angesetzter Bezug, inbesondere dort, wo Heinz sein souveränes Rhythmusspiel unterdubbt hat. Wenn es ihn gibt, dann ist dieser Luzerner der »elegant gypsy«, der im Gesamtklang der Gruppe nicht selten – besonders auch durch den singenden, einmal mehr an Pastorius erinnernden Baß – ein klangliches Ambiente schafft, das dem des Triosounds der schwarzen Jazzharfenistin Dorothy Ashby nicht unähnlich ist. Seine Kompositionen sind von außerordentlicher Reife, architektonisch wie dramaturgisch stets fesselnd und überraschend, geprägt von ganz autarker Formensprache, gekennzeichnet von einem Temperament, das, weder unterspielt noch überdreht, von fast rätselhaft anmutender Disziplin auch noch in den schnellsten Stücken scheint, auch wenn man immer wieder meinen könnte, Affolter sei so etwas wie die gewissermaßen von aller Melancholie befreite Alternative zu Philip Catherine, wenn der Nylonsaiten spielen würde.

Bleibt die deutsche Landschaft kurz zu streifen, in die der in Berlin lebende »Ghetto-Swinger« **Coco Schumann**[217] durchaus ebenso gehört wie die drei hier wichtigsten Herren, Siegfried Schwab, Martin Kolbe und Peter Finger.

Vielleicht ist er, was Tommy Tedesco in Kalifornien ist: Der Doyen unter den Studio-Profis seines Landes. Schon in der Zeit der Vorarbeiten zum *Gitarrenbuch*, also vor mehr als zehn Jahren, hatte er an »weit über 10 000« Musiktiteln aller erdenklichen Art mitgewirkt, und wenn es 2 000, 3 000 weniger gewesen *wären*, wär's auch noch so: **Siegfried Schwab** (*1940), der Ludwigshafener in München, am 8. Juni 1992 mit einer einstündigen Live-Übertragung im ZDF, im Fernsehen vor einigen Jahren auch als geschickter Gitarrenpädagoge in einer Serie vertreten, und zur Zeit – Sommer 1992 – mit seiner neuesten CD *Amazonas* ante portas, ist ein Gitarrist, in dessen Zusammenhang ein Prädikat wie »vielseitig« keinethalben negative Assoziationen aufwerfen darf. Sigi, der mit 13 Jahren Gitarre zu spielen begann und später an der Musikhochschule seiner Heimatstadt Gitarre und Kontrabaß studierte, gehört auch zu den »Entdeckten«. Ihn fand Erwin Lehn in irgendeinem der damals zahlreichen US-Clubs der Region und lancierte ihn in die Funk- und Studioarbeit hinein,[218] aus der er zwar nicht wieder herausgekommen ist, in der er sich, trotz der imposanten Zahl der Titel, jedoch auch nie vergraben hat wie so viele Amerikaner. 1965 ging er nach Berlin, zu dem damals in der Stadt sehr populären Orchesterchef Werner Müller am RIAS, und studierte außerdem die Juristerei. In jener Zeit schon begann er gemeinsam mit Wolfgang Dauner und Eberhard Weber mit recht freien Musikformen zu experimentieren, und 1966 erschien sein Debüt-Album *Fabulous Guitar*, eine LP mit moderner Konzertmusik, die sogar in den USA auf den Markt gelangte. Sigi Schwab hat außerhalb der Studiowände

173

Die Bewahrer des Erbes: Akustiker, Fingerstilisten

nicht weniger an Vielseitigkeit bewiesen wie drinnen. Die mit Peter Horton eingespielten *Guitarissimo*-Platten haben versucht, ein etwas breiteres Publikum anzusprechen und enthielten, was Schwab angeht, ein gerüttelt Maß an Jazz im reizvollen Kontrast zu der eher akademisch-distanziert anmutenden, doch gleichwohl souveränen Spielweise Hortons. Da war die Zeit der freien Experimente längst vorüber, von der Sigi sagte, daß sie irgendwann sackgassenartig frustriert hätten: »... und plötzlich klang dann auch ein Johann Sebastian Bach nicht mehr, weil man sich das eigene Ohr kaputtgespielt hatte.« Ganz so schlimm kann's nicht gewesen sein; Sigi landete in Peter Herbolzheimers Gruppe »Powerhouse«, einer illustren Jazzgemeinde mit Peter Trunk (gest. 1973), b, Curt Cress, dr, Jasper van't Hof, keyb/p, Manfred Schoof, tp, Shake Keane, flh, Jiggs Whigham, tb, und eben Schwab an diversen Gitarren, die er zuweilen durch Sitar oder das indische Tarang ablöste, eine Formation, die ihm nach eigenem Geständnis persönlich sehr lag, ähnlich wie die nach Trunks tragischem Tod gegründete Gruppe Embryo, in der man an Konzeption wettmachte, was in der Vergangenheit an etwas zuviel Freiheit probiert worden war: »Keith Jarrett und solche Leute haben die Musik viel mehr beeinflußt als die Chaotiker. Es ging einfach wieder um die Kommunikation mit dem Publikum. Damals hätte man einfach die neue Freiheit nutzen sollen, etwas Neues aus ihr zu destillieren, etwas mit Hand und Fuß«, hatte er mir in München dazu gesagt, und es erscheint zeitlos richtig und für diesen Mann, der sich sieht »als Exponent eines bestimmten Instruments mit allen seinen Ausdrucksmöglichkeiten«, außerordentlich typisch, eine Summe. Schwab fühlt sich – etwa im Diabelli-Trio mit dem Flötisten Willy Freivogel und dem Bratschisten Enrique Santiago – in der Klassik ebenso zu Hause wie im musikalischen »No-Name-Product« mit Horton, in der »konsequenten *fusion*«, wie er sie auf mehreren LPs mit dem holländischen Flötisten Chris Hinze vorgeführt hat, oder in seiner neueren Gruppe Sigi Schwab & Percussion Academia, seinem Trio mit Guillermo Marchena, perc/voc und Freddie Santiago, perc/tuned perc. Aber im Jazzkontext beansprucht er sehr wohl seinen festen Platz, zumal als Akustiker, der zum Teil auf der 12string schöne, meditative und temperamentvolle Synthesen geschaffen hat aus amerikanischen Jazzelementen und asiatischen Spuren, zumal indischen. Mehr über Siegfried Schwab hier zu sagen, verbietet der Zwang zur anthologischen Vielnamigkeit – leider.

Ein »leider«, das ebenso den Osnabrücker **Peter Finger** (*1954) betrifft, den Dirigentensohn, der seit seinem sechsten Lebensjahr Geige spielte, 1962 und 1969 Preisträger bei »Jugend musiziert« war, mit 13 zur Gitarre kam und parallel dazu Klavierunterricht hatte. 1973 legte Peter sein Debüt vor (*Finger Picking* ALP 190), machte im Jahr darauf in Rom Aufnahmen für Kicking Mule und begann 1976 mit ausgedehnten Tourneen durchs In- und Ausland. 1981 schrieb er seine erste Komposition für Symphonieorchester, nahm 1982 mit Florian Poser, vib, *Im Labyrinth* (SF 5031) auf, wurde mit dem Ernst-Fischer-Preis für Orchesterkomposition geehrt, stieß 1984 zu Charlie Mariano und Trilok Gurtu, und gründete dann sein eigenes Trio. Zur Zeit – 1992 – erhält er ein Künstlerstipendium des niedersächsischen Kultusministeriums. 1988 bereits hatte er seinen Musikverlag Sordino und das Label Acoustic Music Records gegründet und 1989 die LP *Niemandsland* (AM 1001) vorgelegt. Auf seinen Platten bekennt er sich zwar nicht unablässig und eindeutig zum Jazzspiel, zumindest aber erwähnt sei der Paderborner als ein vorzüglicher, nie steril-handwerklicher Techniker *und* Ausdrucksmeister, der in seinen eigenen Kompositionen auf überaus fesselnde, teils amüsante, teils meditativ-poetische Weise Jazz mit Folklore und klassischen Elementen (und Spielweisen) zu Synthesen gebracht hat, deren Charme und mitreißende, hochintelligente Musikalität *in nuce* die gesamte Tradition des Instruments bis heute reflektieren. Und »live« ist er ein Kommunikationstalent der besonderen Art, das mühelos und unverstärkt jedes Auditorium zu fesseln versteht: ein großartiger Botschafter des Instruments, im Sommer 1992 auf Konzertreise in den USA, dann beim Turiner Gitarren-Festival und gar beim Guitar Festival in Nashville, Tennessee.

Und, last not least, Martin Kolbe, zu dem – im Jazzkontext – an anderer Stelle etwas zu sagen sein muß.[219]

Die Bewahrer des Erbes: Rhythmuspieler, Akkordsolisten

»16 Takte Dinah«: Die Rhythmus-Asse

Auch sie gehören dazu, und wir haben sie bereits immer wieder miterwähnt, die Bigband-Spieler, deren meist selbstgewähltes Los es ist oder war, Mitglieder der Rhythmusgruppen zu sein und immer feste und unermüdlich ihre *four-to-the-bar* zu »strippen«. Das galt für einen ihrer Pioniere, **Clifton B. (»Skeeter«) Best** (1914–1985), der bei Earl Hines, Bill Johnson, Mercer Ellington und dann auch, in kleineren Verbänden, bei Oscar Pettiford, Howard McGhee, Dizzy und anderen den Takt hielt ebenso wie für Mercers Sohn **Edward Kennedy Ellington II** (*1946). Der war eigentlich Elektroingenieur bei RCA gewesen und hatte tatsächlich erst 1972, mit 26 Jahren!, mit dem Gitarrespiel begonnen und saß schon zwei Jahre später, kurz nach Großvaters Tod im Mai 1974, in der dann von Vater Mercer Ellington geleiteten Big Band als Rhythmusmann, der sich vor allem an Joe Pass, Bill Harris und Mark French geschult hatte. Ich zitiere diesen Ellington von 1977:

> Ja, ich habe zwar zwei Solos, eins in »Happy-Go-Lucky Local« und eins in »C-Jam Blues«, aber im wesentlichen bleibe ich beim Rhythmusspiel. Und damit hab' ich alle Hände voll zu tun, weil ich zusehen muß, wie ich mich in die Band einpassen kann wegen der vielen *voicings*, die man zu kennen hatte. Viele Leute sagen, sie können mich nicht hören, aber schließlich kann ich ja im Orchester auch nicht so sehr laut spielen. Also müßte eigentlich der Verstärker noch ein Mikrophon kriegen, oder aber er müßte ganz nach vorne. Aber das Ganze muß ja [auch] irgendwie passen. Wenn du geradeaus und ohne Schnörkel Rhythmus spielen willst, dann ist es eben das beste, du setzt dich einfach hin, genau wie es Freddie Green und Joe Pass tun, um unverstärkt oder aber sehr leise zu spielen. Freddie Green hat halt dieses Faß von Gitarre und legt es sich einfach fest auf den Schoß, und jeder kann ihn hören, ganz egal, wo er sitzt...[220]

Zu Green gleich. Was Ellington jun. da sagte, klingt nach Berufsethos. Auch Allan Reuss ist beispielsweise trotz einiger markanter Soli (z. B. in »Pickin' For Patsy«) eigentlich immer ein Rhythmusmann gewesen, wohlgemerkt: ein unverstärkter, wozu Barney Kessel 1977 denn auch sagte, er »holte einfach einen schönen Sound aus seiner Gitarre, und man konnte ihn hören; er hatte viel Kraft – man konnte seine Gegenwart körperlich spüren«, und

»16 Takte Dinah«: Die Rhythmus-Asse

in jenen Tagen hieß die Hauptfunktion für die Bands, für Leute zu spielen, die tanzen wollten, und Allan bereicherte die Rhythmussektion ganz entscheidend. Kein Mensch hat perfektes Zeitgefühl – wir alle schleppen oder beschleunigen etwas –, aber innerhalb dieser grundsätzlichen Unvollkommenheit war es Reuss, der ein wirklich großartiges Zeitgefühl hatte. [...] Der hatte wirklich einen großartigen Sinn für Richtungnahmen und Wertvorstellungen, mit denen er ja auch viele Leute beeinflußt hat – ganz besonders durch seine Art und Weise der Akkordwahl und -technik. Genau wie Van Eps und Ellis, so spielte auch er nicht alle Saiten für die Akkorde durch; seine Fingersätze mit nur drei oder vier Saiten konnten lauter sein als die sechssaitigen Akkorde.[221]

Lauter oder: stabilisierender, swingender, vor allem dies, wenn sie auf einer großen Archtop-*Hollowbody* vornehmlich auf den vier *tiefsten* Saiten gespielt wurden (und damit anders als bei Herb Ellis, der im Zusammenspiel mit Bassisten die vier *oberen* Saiten bevorzugt), also ungefähr so:

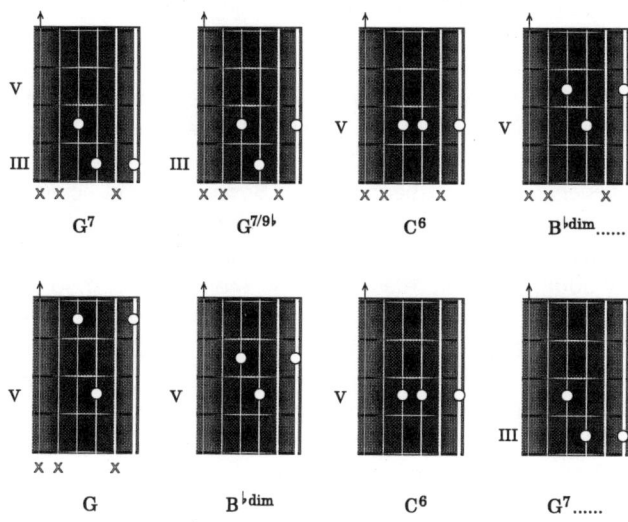

– eine typische Swingfigur mit jeweils 2/4 geschlagenen Akkorden und kräftig *walkendem* Baß zwischen III. und VII. Bund, die »laut« durchkommt, eben weil sie diesen marschierenden Baß hat.

»Seltsam genug«, kommentierte der Allround-Gitarrist und *Rock*-Profi **Bob »Skunk« Baxter** das Thema, »aber der schwierigste Klang, den es beim Flatpicking [d. i. das Spiel mit einem Plektron im Gegensatz zum Fingerpicking mit Finger- und Daumenplektren] zu meistern gilt, ist nicht etwa das ›verrückte Zeug‹. Raketenschnelle Läufe, betäubende Notenkaskaden und blitzblanke Riffs, die die Massen auf die Beine bringen, können praktisch von jedem gehandhabt werden, der ein genügend elastisches Plektrum und ein gerüttelt Maß Spielpraxis in den Fingern hat. Der schwierige Sound hingegen ist das

Die Bewahrer des Erbes: Rhythmusspieler, Akkordsolisten

leise, wohlklingende, rhythmische und körperreiche *brush-backup*.« Sich das zu erwerben, lausche man »den Aufnahmen von Doc Watson, Jack Elliott und Clarence White« Und noch:

> Die meisten Flatpicker produzieren einen Begleitsound, der sich eher anhört, als kratze einer mit einem Stahlnagel für einen Groschen auf den Saiten herum. Genau das ist der Grund dafür, daß die meisten Spieler meinen, maschinengewehrschnelle Läufe und verwirrende Breaks seien das Größte. Und sollte dann wirklich einmal ein weicher Sound benötigt werden, dann muß ein extradünnes Plektrum mit der Stabilität eines Dreschflegels her. Sozusagen ›Donovan aus der Vakuumdose‹.[222)]

Ellis, wie gesagt, zumal bei Peterson, hat sich als Weltklasse-Rhythmusmann hervorgespielt, in zum Teil rasenden Tempi und dazu mit seinem schon zitierten stark perkussiven Scratchboard-Schlag, den auch Tal Farlow und Elek Bacsik eingesetzt haben. Und Tiny Grimes hat, auf der *Vier*saitigen, ebenfalls sehr viel Backing gespielt, soll heißen: auf einer völlig ausreichenden Saitenzahl, wie unser Beispiel für *three-part-harmonies* zeigen sollte: Durch das Stoppen (d.i. Dämpfen) auch noch der A-Saite zwischen der Baß-E- und den beiden mittleren Harmoniesaiten ergibt sich beim Downstroke eine gewisse Verzögerung, die den Baß ein winziges bißchen »vorzieht« und als solchen stärker heraushebt...

Heute pflegen diese Kunst beispielsweise **Boomer Bevan** bei Maynard Ferguson, auch der italienische Combo-Spieler **Lino Patruno**, oder **Al Shackman**, ein anderer »Unterschätzter«, der jüngst in der Mikrobegleitgruppe von Nina Simone aufmerksam machte als ein solo wie im Backup höchst versierter, nur nicht recht zum eigenen Zuge gelangender Spieler. **Wayne Wright** muß man hier nennen, der zwar ins Django-»Fach« gehört, aber durch sein spezifisch amerikanisches Feeling jeder Django-orientierten Gruppe zu just dem federnden Swing verhilft, der dem Roma abging, wie vor noch gar nicht allzu langer Zeit im schlagzeuglosen Quartett des ohnehin gewohnheitsmäßigen Gitarrenfreundes Ruby Braff, tp, in dem auch George Barnes saß. Und, natürlich, tut das **Charlton Jackson** in der jetzt von Frank Foster geführten Basie-Band.

Die Basie-Band. Wer an sie denkt, denkt automatisch an den größten Rhythmusgitarristen im Jazz aller Zeiten, **Frederick William Green**, Herz und Seele des Basie-Swing von Anbeginn. Als Freddie Green 1987 starb und damit seinem alten Freund und karrierelangen Weggefährten Count Basie (gest. 1984) so schnell nachfolgte, war das nicht ohne anrührende Symbolik. Es war beinahe so, als wäre ein Ehepartner dem anderen ins Grab nachgefolgt: Der eine

Freddie Green, 1977 in England. Er war Count Basies engster und beständigster Weggefährte, sein alter ego, Herz und Seele des swingenden Basie-Sounds und der bedeutendste Rhythmusgitarrist vermutlich aller Zeiten, ein Virtuose von Akkordverkürzungen und -umkehrungen, mit denen er den Baß der Rhythmusgruppe zuverlässig in den Tenorbereich verlängerte

Die Bewahrer des Erbes: Rhythmusspieler, Akkordsolisten

stand stets synonym für den anderen. Und es ist das große Geheimnis, die überragende Kunst Freddie Greens gewesen, daß Basie-Fans immer wieder verblüfft konstatierten, man höre ihn nicht; nur wenn er nicht gespielt hätte, wäre die ganze Band auseinandergefallen. Das ist gewiß richtig, auch dann noch, wenn man an die gloriosen Zeiten mit Jo Jones und Walter Page denkt. Alle *drei* zusammen waren unschlagbar. Green *war* Swing. Seit 1937 ist sein Spiel das Rückgrat der Basie-Formationen gewesen – ein halbes Jahrhundert lang, aufs Jahr exakt. Und so kann es denn auch kaum mehr überraschen, daß Basie auf die Frage, warum er immer nur im Diskant herumplinkte, die knappe Antwort hinlegte: »Ich hab' doch schließlich die beste Rhythmusgruppe der Welt!«

1937 – das war die Zeit, in der zumindest die bekanntesten Orchesterchefs die Rolle der Rhythmus*gitarre* längst als unentbehrlich anerkannt hatten. Kein anderes Instrument vermochte den Solisten einen solchen Puls zu liefern, »und wenn es auch nicht gerade Löcher in die Band pusten konnte, so wurde es doch, in rhythmischer Hinsicht zumindest, ›gefühlt‹«, wie Mongan das ausdrückt.[223] Und die Konstruktion der großbäuchigen »Cello«- oder Archtop-Gitarren mit ihren gewölbten Decken und hohen Zargen vermochte inzwischen durchaus allerhand an Volumen zu produzieren.

Und Green spielte solch eine »Tonne«, und tat, als hätte es Durham, Christian und all die anderen Verstärkten nie gegeben. Und doch ist er eine der Säulen der Jazzgitarre, ein Mann, der im selben Atemzug wie Lang, Johnson, McDonough, Kessel, Van Eps, Wes, Pass und all die anderen Älteren genannt zu werden hat. »Als ich damals bei Basie begann, hab' ich Singlestring probiert, aber es paßte nicht in die Band. Offenkundig wollten sie so was auch nicht, und so hab' ich mich ganz von selber aufs Rhythmusspielen konzentriert. Das war eine Zeitlang ganz schön hart, aber es war mein erster Job – also, mein erster Band-Job; ich spielte so, damit sie zufrieden sein konnten. So wurde ich Rhythmusgitarrist, eigentlich durch Zufall.«[224] Er war 26 Jahre alt zu der Zeit und hatte bereits 14 Jahre Gitarre im Stammbuch. Mit ihr begonnen hatte er, als seine Familie von Charleston, North Carolina, nach New York umsiedelte. Und wieder mal war Mr. Hammond zur richtigen Zeit am richtigen Ort und hörte ihn in einem Klub, empfahl ihn Count Basie, und der... Seither hatte Freddie Green hauptamtlich nie mehr in einer anderen Band und abgesehen von 16 stolzen Takten in »Dinah« 1938 für Pee Wee Russell's Rhythm Makers[225] auch nicht mal mehr – jedenfalls beim Count – ein richtiges Akkordsolo gespielt, wozu auch: »Jeder weiß, daß er da ist, weil er etwas für die Integrität der Leute auf dem Schlachtfeld tut, aber nicht, weil er Punkte mit eigenen Solodarbietungen heimsen will«, notierte der Jazzjournalist Phil Elwood 1975,[226] und genauso ist es auch, ohne daß man bei ihm von irgendeiner Ich-Schwäche unken müßte. Im *Gitarrenbuch* hatte ich auf die Bedeutungsschleppe von *integrity* hingewiesen und damit auch auf »Unversehrtheit« und »Echtheit« – an Frederick W. Green war nichts Prätentiöses. Es trifft vielmehr zu, was Jim Ferguson ihm

»16 Takte Dinah«: Die Rhythmus-Asse

1984 nachrief: »Green, der zweifelsohne mehr schnurgerade 4/4 gespielt hat als jeder andere Gitarrist in der Jazzgeschichte, hatte die makellose Fähigkeit, die Dinge unablässig interessant zu halten, und zwar hauptsächlich durch seinen Einsatz von Drei- oder Vierton-Akkordformen, die er in in weichen, vollkommen dichten Begleitungen miteinander verband.«[227)] Dabei hat dieser Flatpicker par excellence so gut wie nie Gebrauch von harmonischen Erweiterungen oder Alterationen wie verminderte Quinten oder übermäßige Nonen usw. gemacht, sondern Akkorde gebaut, die im Prinzip nichts weiter waren als gute alte Dur-Dreiklänge, die mit Septen, Sexten und ganz gelegentlich mal einer 9 oder einer maj7 geschmückt waren. »Wenn ein Arrangeur einen C^{7b5} schreibt, dann ergibt das keinen Sinn, wenn der Rhythmusgitarrist die b5 spielt, weil die sowieso von anderen Instrumenten gespielt wird«, hat Bucky Pizzarelli erläutert. Greens Genie bestand darin, mit traumwandlerischer Sicherheit Umkehrungen gespielt zu haben (und Ersetzungen), die immer garantierten, daß seine – tiefen – Lagen nicht mit der eines anderen Instruments, zumal der des Basses, kollidieren konnten:

Zum Beispiel ist es nie gut, den F-Akkord in Count Basies Band unten im ersten Bund zu spielen; also braucht man ein F an anderer Stelle auf dem Griffbrett. Statt eines F im I. Bund pflegte Freddie einen C^6 im VII. Bund zu spielen, was das gleiche wie ein F-Akkord ist – ein Drei-Ton-C^6, der nur ein C, ein A und ein E klingen läßt, ist genau das gleiche wie ein $Fmaj^7$ ohne Grundton

– also einen   statt eines

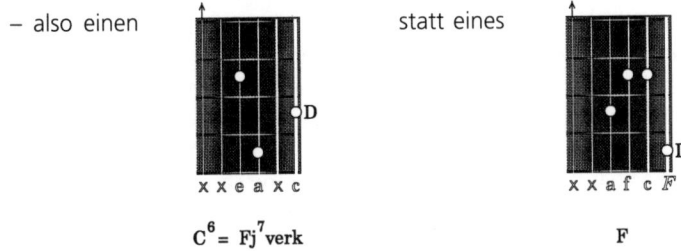

$C^6 = Fj^7\text{verk}$ F

– und Pizzarelli fährt noch fort:

Freddie hielt die Dinge für gewöhnlich in der Mitte des Griffbretts, und er schlug nie alle sechs Saiten zugleich an; seine Drei- und Vierton-*voicings* ließen eine Saite aus. Wenn man genau die Bewegung seiner Akkorde vom einen zum nächsten verfolgt, dann hört man ein hübsches, vollklingendes Dezimen-Intervall. Außerdem hielt [der frühere Stromberg- und dann Gretsch-Spieler] die Dinge immer insofern einfach, als er stets direkt zum nächsten Akkord ging, statt sich ihm einen Halbton drüber oder drunter anzunähern.«[228)]

Hinzu kommt bei Green noch die auffällige Haltung der Gitarre, die um ungefähr 45° zur Normalhaltung geneigt ist, also fast auf dem Schoß liegt.

Vermutungen, diese Haltung habe zum typischen Green-Sound auf den tieferen Saiten beigetragen, sind natürlich verkehrt: Der *Sound* kam aus dem ungeheuer elastischen rechten Handgelenk und der Arbeit der dämpfenden Finger der Greifhand, die die Akkorde immer »kurzhielten«, so daß sein Spiel dadurch sehr perkussiv wurde: Seine Plektrum- bzw. Daumenhand beschrieb regelrecht kreisende Bewegungen, während die Linke sich immer in Auf- und Abwärtsbewegung zum Griffbrett befand, greifend, dämpfend, greifend, dämpfend usf. Hinzu kam noch, daß er eine höhere Saitenlage als normale Gitarristen bevorzugte, »weil ich finde, daß man besser gehört wird. 1937 habe ich bei Basie mit ein paar Singlestring-Sachen herumexperimentiert. Vielleicht einen halben Chorus, fertig. Die Leute sahen mich an, als wollten sie sagen: ›Was ist denn nun passiert?!‹ Und damit war das Thema durch. Da war sowieso schon so viel los, daß das einzig Richtige war, *straight* Rhythmus zu spielen. Ich dachte, ›wenn es das ist, was sie wollen, bitte sehr, dann soll'n sie's haben‹«.[229]

»Moonlight In Vermont«: Johnny Smith

Für Sal Salvador »rangiert er auf gleichem Niveau wie Art Tatum, Van Eps und Django... Johns Akkordsoli und makellose Singlestring-Arbeit haben ihn zu einem wirklich Großen gemacht.«[230] John ist **John Henry Smith jr.**, genannt Johnny Smith und ungefähr so eine Mythengestalt der Jazzgitarristik wie Talmadge Farlow und Lenny Breau, und mit Tal hat er vor allem die Pranken gemeinsam, riesige Hände, die diesem exzeptionellen Gitarrentechniker Dinge ermöglichen, die »unsereiner« nimmer spielen wird. Schon ungewöhnlich, daß Johnny Django Reinhardt und den Klassik-Maestro Segovia als seine Hauptpräger angibt, und ungewöhnlich ist auch, daß Barney Kessel sich in puncto Smith zu für ihn ungewöhnlichem Enthusiasmus hinreißen läßt: »Johnny Smith ist ein außergewöhnlicher Virtuose. Was mich betrifft, so spielt niemand besser Gitarre als er. Sie spielen sie womöglich anders, aber niemand spielt besser. Johnny könnte leicht über-spielen [*overplay*], weil er Chops in unbegrenzter Zahl beherrscht, aber sein musikalischer Geschmack untersagt ihm jedes Overstatement. Im Resultat macht er hinreißende Musik.«[231]

Banjoisten-Sohn Smith, geboren 1922 in Birmingham, Alabama, ist Autodidakt – auch auf Trompete, Violine und Viola – und tatsächlich zunächst durch Reinhardt und erst dann durch Christian zur Gitarre gelangt. John machte erste praktische Erfahrungen in der Countrygruppe der Fenton Brothers, 1939 war das, und nur ein Jahr später war er auch aktiv zum Jazz übergewechselt und hatte in Boston knappe zwei Jahre lang sein erstes eigenes Trio, bis ihn das Militär rief. Als Trompeter fand er dort schnell einen Platz in einem der Luftwaffen-

»Moonlight in Vermont«: Johnny Smith

Orchester. 1947, wieder in Zivil, war er fest in New York als NBC-Gitarrist und -Trompeter angestellt, eine Funktion, in der er auf beiden Instrumenten acht Jahre lang buchstäblich alles spielte, zum Teil in 37 Sendungen pro *Woche*, inklusive Mitwirkung in zwei Opern, Alban Bergs »Wozzeck« und Arnold Schönbergs »Serenade«, die beide noch jahrelang zu Smiths tiefsten musikalisch-harmonischen Eindrücken gehören sollten.

Sein Quintett mit Stan Getz in den 50er Jahren war sein Durchbruch in Jazzkreisen. Wie Getz und Charlie Byrd gute zehn Jahre später den Bossa in den USA populär zu machen nachhalfen, so war es vor allen Dingen die Interpretation dieses Getz-Quintetts von »Moonlight in Vermont« – Johnnys Triumph*pièce*, die zum gitarristischen Synonym für den Cool Jazz wurde. Schon 1952 war das gewesen, und die Aufnahme hat in all den Jahren *nichts* von ihrer mächtigen harmonischen Faszination verloren. Die Platte erklomm die Charts und wurde zu einer der bestverkauften Platten der gesamten Jazzgeschichte. Kein Wunder, daß *Down Beat* dem Gitarristen gleich im Jahr darauf den New Star Poll verlieh, er dann bis 1954 die Polls reihenweise einsammeln konnte und sich plötzlich als gefeierter Star im Birdland oder im Embers fand, und auf ungefähr 20 LPs für Royal Roost in den folgenden 15 Jahren – das alles für eine Spielweise, die Tristanos oder Billy Bauers kühle Abstraktionen wunderbar verband mit jener Poesie, wie nur er sie auf die Gitarre umzusetzen verstand – vom Klavier her, auf dem, schon mal erwähnt, Töne bekanntlich nebeneinander auf- oder absteigend aus den jeweiligen Skalen heraus gesetzt werden können, was im Normalfall der Gitarre versagt bleiben muß.

Smith, schon immer theoretisch sehr interessiert, versuchte, begünstigt durch seine Handgröße, just dieses Handicap zu bekämpfen. Sein außergewöhnliches, auf der Gitarre dann eben noch unwiderstehlicher klingendes akkordisches Spiel »kam teils«, sagt er denn auch, »von der Art und Weise her, wie Klavierspieler Akkorde aufbauen, und teils von vertikal geschichteter Harmonie her. Vertikal geschichtete Harmonie bedeutet, daß der Akkord senkrecht notiert wird, und zwar von der obersten, also der Melodiestimme her und dann allen folgenden Stimmen jeweils direkt darunter. Vertikale Akkorde haben sehr enge Stimmführungen. Auf der Gitarre erfordert es eine große Spreizung der Greifhand, solche Vertikalschichtungen zu erzielen.«[232] Ein Extrembeispiel ist sein nur in hohen Lagen so spielbarer C^6 in »pianistischer« Schichtung, d.h. von unten nach oben als e-g-a-c:

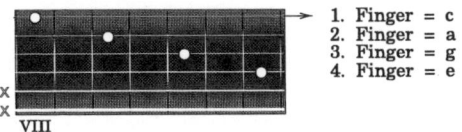

– und ähnlich erklingt denn auch der berühmte Anfang von »Vermont«:

Die Bewahrer des Erbes: Rhythmusspieler, Akkordsolisten

Notenbeispiel 11: »Moonlight In Vermont«

Der »Johnny Smith style« ist, wie er selbst sagte, aber vor allem jene akkordische Spielweise, die er *dropped tone system* genannt hat – eine bemerkenswerte »Faust«regel, dergemäß jeweils der zweithöchste Ton in den Baß versetzt wird, so daß für den C^6 nun die Reihe a-e-g-c entsteht, wie in diesem – vertrauten – Griffbild:

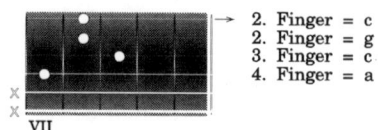

– womit das *a* nun eine Oktave unter dem *a* der vertikalen Spielweise zu liegen kommt – in einem *voicing*, das nun gerade *nicht* pianistisch und gerade deshalb interessant ist, vor allem in Kombination mit dem vertikalen...

1958 verließ Johnny Smith New York wieder und lebt seither in Colorado Springs, wo er seit 1961 hauptsächlich ein Gitarren-Fachgeschäft führt und seinen Hobbys – der Fliegerei und dem Angeln – frönt. Auftreten tut er, seit er noch 1977 für Bing Crosby kurz vor dessen Tod spielte, kaum noch, und wenn, dann höchstens in Colorado Springs. Geblieben ist diese Lebendlegende eines Gitarrenjazz, der, harmonisch von höchster Ästhetik gesegnet, manchen Jazzfreunden aber doch allzu ätherisch, eben die Kopfgeburt eines Theorieverliebten war. Man mag das sehen oder hören, wie man will – Johnny Smith gebührt das große Verdienst, der Jazzgitarre nach Christian vor allem im Bereich der Begleitfunktion nicht nur wiedergegeben zu haben, was ihr seit Minton's fast verloren gegangen war, sondern ebendies – das akkordische Spiel – auch im Solo zu höchster Perfektion gebracht zu haben.

»Harmonically Speaking«: George Van Eps

Man kann die Prädikate setzen, wie und wo man will, die Fanfaren bei dem oder jenem erschallen lassen, und es ist rechtens, daß und wenn jeder seinen eigenen Hymnus singen will. Spricht man von **George Abel Van Eps** aus Plainfield, New Jersey, Jahrgang 1913, dann queren Engel die Räume, und Einigkeit herrscht in den Schulen und Fraktionen. George Van Eps, der Sohn des sehr bekannten Banjomeisters Fred Van Eps, ist *der* Proteus der Jazzgitarre, insbesonde-

»Harmonically Speaking«: George Van Eps

re, was die harmonische Auslotung und deren Einbettung in musikalische Konzeptionen, was ihn als Akkordmelodiker wie als Doyen unter den Pädagogen *und* als Vater der *Sevenstring*-Gitarre in den Vereinigten Staaten betrifft.[233] Es ist gewiß wahr, daß Van Eps immer auch einer dieser »guitarists' guitarists« geblieben ist, ein Mann für Spezialisten und, wie Hans Gertberg sie einst nannte, als Wes Montgomery im Hamburger Jazz-Workshop spielte – die »Gitarrologen«. Dann ist er hier jedenfalls genau richtig – Welcome, Mr. Van Eps. Und hier ein paar Statements von Kollegen:

George ist der Meister von allen. Er hat mich mit seinen akkordischen Harmonienkonzept so sehr beeinflußt – und natürlich jeden anderen ebenso. – Tony Mottola

Ich wünschte, die jüngeren Spieler wüßten mehr über Van Eps. Es gibt niemanden wie ihn. Harmonisch gesprochen ist er der größte, den es je für die Gitarre gab.
– Barry Galbraith

Würde man George Van Eps gegenüber irgendeiner der Jazzgrößen vom Schlage Jimmy Raneys oder Tal Farlow erwähnen, würden sie Verbeugungen bis zur Taille machen.
– Remo Palmier

George ist ein Meister. George an der Gitarre und Art Tatum am Klavier waren beinah jedem in harmonischer Hinsicht um Lichtjahre voraus. – Barney Kessel

Anders als die meisten Jazzgitarristen spielt George sehr romantisch und emotional, mit 'ner Menge Herz. In seiner Musik steckt ungeheuer viel Gemüt. – Michael Bloomfield

Er ist der größte Gitarrenspieler der Welt. – Allan Reuss

Und hier wäre dann noch etwas von ihm selbst:

Schoßklavier. Ich versuche einfach Schoßklavier zu spielen... Ich war ein bockiges Kind, und ich habe mich geweigert, Noten zu lesen, weil ich ein recht gutes Gehör hatte und Lieder und alles auch so zusammenkriegte – obwohl ich später entdeckt habe, daß ich manchmal Sachen falsch kapiert hatte. Und ich war einfach fasziniert von kontrapunktischen Klängen. Ich wollte, daß sich Linien bewegten, ich wollte, daß etwas passierte, und ich wollte jede Note in jedem Akkord – jede Stimme – behandeln, als wäre sie ein Thema. Aber nicht ohne Zusammenhang. Jede Melodie sollte soviel Sinn wie nur möglich ergeben und die Baßlinie die wichtigste sein.[234]

George Van Eps ist mit seinen jetzt 79 Jahren wohl der älteste tatsächlich noch praktizierende Meistergitarrist, der sozusagen mit einem Arm die gesamte Tradition der von dem 6saitigen Banjo-Helden Johnny St. Cyr bis zum Rhythmusspiel von Carl Kress umarmt, während der andere mit noch immer erstaunlich festem Zugriff den Kontakt zu unser aller Gegenwart aufrechterhält – eine Lebendhistorie des Instruments von den Banjovorläufern der Gitarre über Christian bis zu den jungen Concordianern – seine gerade erschienene Einspielung mit dem jungen Howard Alden wurde schon angesprochen und ist ein außerordentlicher Beweis für ein außerordentliches Gitarristenleben.

Das, wie gesagt, begann in einem sehr musikalischen Elternhaus, und bis zu dem, was Van Eps immer »Schoßklavier« genannt hat, weil er da ähnliche Obsessionen hatte wie der elf Jahre jüngere Johnny Smith, ging es noch ein Stück Weges mit dem Banjo, das er mit zwölf Jahren zu zupfen begann. Mit 14 stieg er um, das war fällig geworden, und zwei Jahre später saß er in Smith Ballews Band und dann, 1931–1933, bei Freddy Martin als purer Rhythmiker. 1934 kletterte die Kurve steil empor: Er kam zu Benny Goodman, für ein Jahr, mit dem er sein allererstes Solo aufnahm, in »Love Me Or Leave Me«, ganze acht Takte, die der »Rausreißer« des Stückes waren. Und hartnäckig hält sich das Gerücht, daß der ansonsten erwiesenermaßen sehr gitarrefreundliche Mr. Goodman unseren jungen George auf seiner mentalen schwarzen Liste hatte, weil der sich immer mal wieder harmonische Freiheiten beim Begleiten herausnahm, die dem Standard-Akkordrepertoire so gar nicht entsprechen wollten. 1935 kam er zu Ray Noble, auch so ein Gitarristen-Filter, und damit zu Funk und Platte und, vor allem, einer ganzen Latte erstklassiger Musiker, und schon ein Jahr später zog er – einer eines nicht enden wollenden Trecks – an die Westküste und in die Studios. Von Sinatra bis Peggy Lee hat er alles und jeden begleitet, aber eben nur begleitet. Anfang der 40er Jahre war seine Zeit mit der Sixstring zu Ende, George Van Eps begann seine Laufbahn als *der* Sevenstringer Amerikas, mit einer zusätzlichen tiefen A- unter der E-Saite, eine Einrichtung, die zur verbreitetsten unter den nachrückenden Siebensaitern werden würde. Ich kenne im Jazz nur eine einzige Ausnahme... Van Eps erzählte 1981 die famose Geschichte, wie er schon Jahre zuvor versucht hat, das Instrument, nun, zu »transzendieren«:

Ich war besonders angetan von dem Klavierspiel meines Bruders Robert. Er machte immer diese wundervollen harmonischen Klänge mit all den Stimmen, die sich in ihnen bewegten, und das war es dann auch, was mich zu dem Entschluß brachte, daß ich genauso die Gitarre klingen lassen wollte – mit Kontrapunkt und noch irgendwas anderem als Blockharmonien. Und so arbeitete ich dann an der Fingerstyle-Gitarre und versuchte zu machen, was er machte... Ich arbeitete gerade an einem schwierigen Pedaleffekt und versuchte, bestimmte Töne zu halten und andere währenddessen in Bewegung zu halten, und ich muß mich da mit wohl so sechs Wochen täglich acht Stunden lang herumgequält haben. Gegen Ende dieser Phase – noch bevor ich erreichte, was ich wollte – kam meine Frau herein, beugte sich über mich und sagte mit ihrem feinen Sinn für Humor: »Weißt du – sie haben das Klavier erfunden.«[235]

Aber dann hatte er seine siebte Saite,

einfach, weil ich eine Baßlinie liebe. Wie schon gesagt, ich verstehe die Gitarre als ein vollkommenes Instrument in sich selbst. Ich meine damit nicht, daß ich nicht auch hingerissen sein und meinen Spaß haben kann an einigen der Spieler, die so versiert sind mit einer lyrischen Einzelstimme. Das ist eine Kunst für sich. So gut bin ich auch nicht, daß ich in allem gut sein könnte, und ich weiß noch nicht mal, ob ich überhaupt das Richtige tue. Aber es befriedigt mich. Ich empfinde darin Aufrichtigkeit... Ich bin auf meinem eige-

»Harmonically Speaking«: George van Eps

George Van Eps, Duo-Partner Howard Alden. Van Eps' Instrument ist eine für ihn spezialgefertigte Gretsch-7string, deren Korpus dem Gretsch-Modell 6119 Tennessean entlehnt, aber breiter ist. Auffällig ist das baßseitig verlängerte Wirbelbrett. Den Kippschalter im Cutaway-Bügel hat Van Eps wahrscheinlich selbst ersetzt und das helle Schlagbrett entfernt. Aldens Gitarre ist ein Howard-Roberts-Modell nen Terrain damit. Man muß so was mögen oder eben nicht mögen, aber ich kann's nicht ändern, weil ich zu tief da drinstecke. Ich habe zu viele Jahre auf der Harmonieseite des Instruments verbracht.[236]

Gott sei Dank. Außerdem weist er immer mal wieder die Auffassung zurück, daß Christians Einfluß zu viele das harmonische Potential des Instruments ignorierende Spieler hervorgebracht habe; dafür, meint er, spielten zu viele »unserer bekanntesten, wirklich schnellen, sauberen Singlestring-Spieler zu Hause Klassik«. Während der Kriegsjahre unterbrach George allerdings seine weiteren Erforschungen der Gitarre, um seinem Vater in dessen Fabrik zu helfen, die Aufnahmestudios mit Geräten und Instrumentarien belieferte. Ein Tüftler war er selbst. Von Kriegsende bis 1961 war er dann, überall sehr gesucht, wieder glänzend als Musiker aktiv. Dann reduzierte er, zwischen 1961 und 1964, das professionelle Spielen, weil er gemeinsam mit seiner Frau einen Modellbauladen eröffnet hatte, nachdem er – unter anderem – den inzwischen auch kommerziell erhältlichen Van-Eps-*string-damper* entwickelt hatte – eine meist oben auf dem Wirbelbrett direkt hinter dem Sattel montierte Einrichtung, eine Art Hebel, mit dessen Hilfe die Feedback-Anfälligkeit der Cello-Archtops durch mögliche Veränderung der Saitenlage dezimiert werden kann. Aber noch Mitte 1964 saß er mit dem *Down Beat*-Autor John Tynan beim Gespräch, natürlich wieder über seine harmonischen Denkereien. Statt sich vorzustellen, ›»ich werde jetzt dieses C^6-*voicing* mit dem Grundton oben spielen und danach dieses *voicing* F^{13} mit der 13 oben‹, sieht der in der Van-Eps-Weise denkende Gitarrist jeden Akkord als ein Konvergieren vieler einzelner Linien, als das Ergebnis melodischer Stimmführung aus dem jeweils vorigen Akkord: ›Die Akkordbezeichnungen sind in meinem Unterbewußten, und ich bin mir ihrer trotzdem bewußt. Noch bewußter aber sind sie mir als Sammlungen von Linien, die schwimmen. Sie gehen irgendwohin.‹«[237]

Fortan spielte George nur gelegentliche Live-Gigs und widmete sich seiner anderen Passion: 50 Jahre zuvor hatte er einen Plan für eine winzige Modell-Dampflok erstellt, den er wieder hervorkramte, weil er in einem Hobbyladen zufällig gehört hatte, daß Leute meinten, so etwas zu bauen, sei ein Ding der Unmöglichkeit. George baute sie, achteinhalb Jahre lang – die einzige einen *Fünfeinviertelzentimeter* lange und *voll funktionsfähige* Dampflokomotive der Welt!

Ted Greene, selbst ein ausgewiesener Akkorde-Fanatiker, hat – um das Thema damit zu schließen – eine Zwölf-Punkte-Liste Van Eps'scher Stilmerkmale er stellt, die hiermit weitergereicht sei:
1. verzögertes Einbringen neuer Töne in die Akkorde... Manchmal sprechen Baßnoten zuerst, dann wieder die Melodie oder manchmal auch der ganze Akkord;
2. attraktive rhythmische Konzeption, die ein Gefühl der Freude und allgemeinen Wohlgefühls vermittelt;

3. enorme Agilität der rechten Hand, besonders in sehr schnellen Arpeggios;
4. erregende Neuharmonisierungen und überraschende Akkorde – manchmal nur durch Hinzufügung weniger willkommener Ergänzungen einer Grundprogression, manchmal durch die Schaffung völlig neuer Akkordprogressionen für das Lied;
5. klar hörbare Bewegungen der inneren [mittleren] Stimmen, woraus häufig chromatische oder halbchromatische Linien entstehen;
6. verblüffende Zwischenspiele mit subtilen Variationen des Hauptthemas;
7. das Gefühl von Kontinuität durch brillante *fills*, die oft die chromatische Linienführung verwenden, oft aber auch in der Sopranstimme;
8. Gebrauch ausgehaltener Baßtöne gemeinsam mit zwei oder drei Linien darüber;
9. und andersherum ausgehaltene Soprantöne mit zwei oder drei darunter entlanggeführten Linien;
10. ein allgemein vermitteltes Gefühl oder eine Qualität des Improvisierens;
11. faszinierende Anhängsel oder Schlüsse und
12. die tiefe, satte siebte Saite, die Van Eps zu dem vollen pianistischen Klangbild verhilft, das er so liebt.[238]

»Frustriertes Klaviertrio«: Andere 7saiter

Die Sevenstring-Guitar hat dennoch im Jazz nie »Schule« gemacht, wie überhaupt das Spiel von der klassischen Sechserbesaitung abweichender Modelle – Acht-, Neun-, Zehn-, Elf-, Zwölf- und Mehr-Saiter – sich nie »hauptberuflich« hat durchsetzen können, was in der Klassik – Beispiele sind Narciso Yepes oder die Schweden Bengt Lundquist, Michael Lie und der leider aufgrund schwerer Krankheit seit Jahren schon zur Inaktivität gezwungene Göran Söllscher – erstaunlicherweise seit längerer Zeit ein wenig anders ist. Kurzum: Die »Szene« der siebensaitig spielenden Jazzgitarristen ist überschaubar geblieben. Zu ihr gehört beispielsweise der auch als Kolumnist für *Guitar World* tätige **Howard Morgen**, der eine 7-string-Stereogitarre spielt. Auch **Ron Eschete** (*1949), Autor zahlreicher Unterrichtswerke und einer der ersten Dozenten, die an Hollywoods Guitar Institute of Technology (GIT) den Unterricht aufnahmen, spielt sie, und zwar meistens eine Bob Benedetto, und hat sich große Meriten in Besetzungen mit Ray Brown, Hampton Hawes oder Milt Jackson erworben, vor allem natürlich aber mit seinen eigenen Platten, z.B. seiner 1982er Muse-LP *Line-Up* im Trio mit Luther Hughes, b/e-b, und John Perett, dr. Am Beispiel des Fm^{11}-Akkords – Ron unterrichtet neben klassischen Anfängern vor allem *chord melody* im Jazz – hat er demonstriert, wie die Vorteile für einen Harmonienspieler mit der 7saitigen aussehen können. Denn in der normalen 6er-Stimmung kann der Fm^{11}er nicht mit dem Grundton im Baß gespielt werden, sondern nur so:

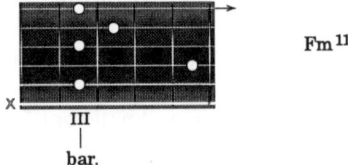

– oder aber man benutzt – wie Johnny Smith es häufig getan hat – die altbewährte *dropped-D*-Stimmung (v. u. n. o.: *D*-A-D-g-h-e) und kann ihn dann im III. Bund so spielen:

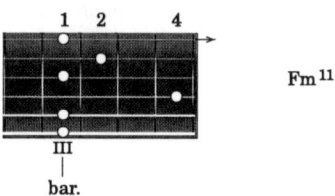

– während der Siebensaiter den Akkord in ganzer Fülle im VIII. Bund erzielen kann, und zwar so:

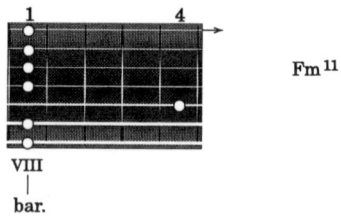

Auch **Howie Collins** (*1929), der New Yorker Studio-Pro, greift häufig zur Siebensaitigen, und in England spielt sie der Fingerstilist **Fred Fried** elektrisch wie akustisch.[240] In Deutschland sind mir nur zwei bekannt, zum einen der Favino-Spieler Helmut Nieberle im Duo mit Helmut Kagerer (auf *Takes Two to Tussle*, K&M Musikverlag CKM 019) und **Juraj Galan** (*1952), der, im tschechischen Koriče geboren, in Mainz lebt, wohin er auf dem Umweg über Frankreich gelangt war. In Frankreich hatte ihn ein Klavier spielender Cousin auf Reinhardt gebracht; er selbst begann mit 15 Jahren Gitarre zu spielen, zunächst gängigen Pop, den er sehr viel in den US-Klubs der Region verabreichte, derweil er zu Hause dem Mainstream-Jazz und Baden-Powell-inspirierten brasilianischen Sachen frönte. Der musikalisch »immer zweigleisig« gefahrene Juraj bezeichnet sich selbst »im besten Sinne als Jazzrockgitarrist«,[241] was er denn auch in der Gruppe Virgo Ende der 70er Jahre demonstrierte. Juraj ist der ideale Gitarrist für kleine Besetzungen, zumal Duos, etwa mit dem Saxmann Wilson de Oli-

Juraj Galan. Wie Van Eps und die Pizzarellis spielt auch er – allerdings nicht ausschließlich – 7saitig, sowohl akustisch als auch elektrisch. Seine beiden Alben im Duo mit Sänger Bill Ramsey boten den 7strings die besten Möglichkeiten. Gelegentlicher Bühnen-Kommentar zu seinen 7saitern: »Eigentlich wollte ich eine 12saitige haben. Aber das Geld hat nicht gereicht.« Ein Glück!

veira, mit der Sängerin Rachel Gould, mit seinem Baß spielenden *alter ego* Norbert Dömling (dem sich allerdings gelegentlich noch Perkussionist Boris Becker zum Trio zugesellt, auf zwei Platten mit Bill Ramsey wie zur Zeit mit dem immer wieder zum Jazz zurückkehrenden Knut Kiesewetter (»Jazz again«), für die er von der 7saitigen, der er sich 1979 zuwandte, ausnehmend Gebrauch macht für ein Jazzspiel, das besonders die Baßmöglichkeiten voll ausschöpft und – Personal für die Rhythmusgruppe einspart. Gegenwärtig arbeitet Juraj bevorzugt in einem Trio unter dem Motto »Jazz Meets Tango«, wiederum mit Dömling und dem aus Buenos Aires stammenden Bandeonisten Juan José Mosalini.

Zurück in die USA. Hier gibt es eine fast komplette Siebensaiter-Familie zu bestaunen – die Pizzarellis. Was sich da anhört wie eine *troupe* von Zirkusartisten, ist Vater **John Pizzarelli** (*1926) samt Sohn **John** und Tochter **Mary**, die zwar bisher nur auf je einer LP mitgewirkt,[242] damit doch aber ausreichend demonstriert haben, als souveräne Rhythmiker und gelegentliche Solo-, Fill- und Refrainlieferanten dem Herrn Papa durchaus gewachsen zu sein. Letzterer spielt seit seinem neunten Lebensjahr Gitarre; immerhin brachten ihm gleich zwei versierte Onkel das Spielen bei, und zunächst war Bucky, wie er sich nennt, beruf-

Die Bewahrer des Erbes: Rhythmusspieler, Akkordsolisten

lich als Rhythmiker in seiner (von dem amerikanischen Dichter William Carlos Williams besungenen) Heimatstadt Paterson, New Jersey, in Tanzbands tätig, in deren bekanntester er schon als 17jähriger spielte, der von Vaughan Monroe. Das ging allerdings nur drei Monate gut, dann griff ihn der Barras. 1952 kehrte er wieder nach Paterson zurück und spielte dort im Trio von Joe Mooney, bis auch ihn die NBC rief: zum festen Gitarristen, fünfmal die Woche, im neu erfundenen Fernsehen, einer nun zusätzlichen Einnahmequelle für viele Musiker mit Radio- und anderer Studioerfahrung. Während dieser Jahre holte ihn Les Elgart, und er spielte weiter in Klubs und nahm auf. Von 1955 bis 1957 war er Mitglied der Three Sins, durch die er den längst ganz großen George Barnes traf. Erst dessen häufiger Rhythmusmann, firmierten die beiden bald als »gleichberechtigtes« Duo, eines der angesehensten seit Kriegsende.[243]

Später ging er dann doch wieder in die lukrativeren Studios in New York, wo er bald zur Crème der Ostküsten-Gitarrilla gehörte – mit Al Caiola, Mundell Lowe und Tony Mottola. Bis dahin hatte er sechssaitig gespielt, und nur ein in New York zufällig erlebter Live-Auftritt des großen Van Eps löste in ihm die Revolution zur Saite mehr aus. In der Zeit, in der er sich mit den Möglichkeiten des neuen Instruments (Bucky ist Gretsch-Spieler) vertraut machte, fand das alte Duo Bucky/Barnes wieder zusammen; Carl Kress, Georges *alter ego*, war gestorben und Barnes für neue Duo-Chancen sehr offen. Bucky und Barnes spielten wie ehedem, mit glänzendem Rapport, bestens funktionierender »Chemie«, und sie nahmen in dieser Zeit mit Pizzarelli an der Sevenstring ihre besten Platten auf. 1970 lockte ihn dann der alte Gitarrenfreund Goodman, und in dessen Orchester blieb er bis 1974. Heute widmet Bucky sich verstärkt – im doppelten Sinn – dem Solospiel.

Der einzige (Auch-)Jazzgitarrist, der hier aus der Reihe tanzte, war ein Wahl-Kanadier, der das Mythenquartett mit Farlow, Smith und Van Eps komplettierte. Er *tat* all das, denn er starb, unter scheinbar noch immer nicht restlos geklärten Umständen, in Hollywood am 16. August 1984,[244] gerade 43 Jahre alt geworden. **Leonard Breau** aus Auburn, Maine, das »Stille Genie des Fingerstyle-Jazz«, war eine Art musikalischer Ziehsohn Chester Atkins' gewesen, ein Naturgenie von delikatem Gesundheitszustand und wohl auch nicht einfacher Psyche. Chet hatte ihn in Winnepeg in Kanada erlebt, und dann brachte Lenny es praktisch über Nacht zum Headliner als »die« Jazzgitarre-Entdeckung der 60er Jahre, die bis auf Wes und Grant Green ja wie gesagt wirklich nicht viel zu bieten hatten. Der Nachlaß dieses Genius ist schmal, vier eigene LPs, die nicht mehr erhältlich und darob zu begehrtesten Sammlerstücken geworden sind.

Seine Eltern waren das bekannte Country-Paar Lone Pine und Betty Coty, mit denen Lenny bereits im zarten Alter von einem Dutzend Jährchen professionell zusammenspielte. Als er 17 Jahre alt war, packte ihn der Jazz, vor allem in Form der Platten von Tal Farlow (der seinem Temperament wohl auch am nächsten war), Barney Kessel und Johnny Smith mit seinem Akkordwunder »Moonlight in Vermont«. Dann, erzählte er, zog er nach Winnipeg, Manitoba, wo ich auf einige Musiker traf, die vom Jazzspielen lebten. Ich fing so an, daß ich Tals Platten nahm, sie auf 16 Umdrehungen 'runterschaltete und seine Läufe analysierte. Akkorde lernte ich übers Gehör. Erst als ich diesen Pianisten traf, Bob Eulison, kapierte ich endlich, warum ein Akkord Dm9, D7b9 oder sonstwie genannt wird... Bei meinem ersten Gig fehlte der Bassist. Also mußte ich Baß spielen – so einen kleinen Höfner wie den, den die Beatles auch benutzt haben. In gewisser Weise ist es eine sehr gute Sache, daß ich nicht gleich mit der Gitarre loslegen konnte, denn wenn man Baß spielt, muß man die Grundtöne kennen und die Strukturen der Stücke, weil man schließlich die ganze Zeit über spielt. Auf der Gitarre kann man sich schon mal ausruhen und einfach nur zuhören; wenn einem nichts einfällt, kann man immer aufhören. Aber ein Baß muß das Ganze am Laufen halten... Die Dinge änderten sich schnell, nachdem ich Bill Evans' Klavier auf ›Nardis‹ gehört hatte. Ich war ungefähr 21 zu der Zeit, und ich weiß noch, daß ich danach einige Wochen lang überhaupt keine Gitarre gehört habe. Das einzige, das ich hören wollte, war Klavier, weil es das war, was mir Vorstellungen eingab, die ich weiterentwickeln wollte. Erst hörte ich mir die linke Hand des Pianisten an, dann die rechte, und dann versuchte ich die *voicings* 'rauszukriegen...«[245]

Also auch für ihn: das Klavier. »Ich gehe an die Gitarre heran, als wäre sie ein Klavier – in musikalischem Sinne, nicht im Sinne von Technik. Ich benutze alle Finger... Also was ich zu tun versuche, ist, so viele unterschiedliche Arten von Farben, Schattierungen und Reichweiten herauszuholen, wie ich kann«, sagte er schon vorher.[246] Und tatsächlich: Leonard Breau war unter all den genannten Koryphäen eindeutig die sensibelste, diejenige, die über die reichste Ausdruckspalette verfügte, auf akustischen wie elektrischen Instrumenten gleichermaßen, auf Sixstrings wie Sevenstrings. Was letztere betraf, fiel er in der Tat völlig aus dem – auch weiter zurückreichenden historischen – Rahmen. »Angelschnur, extra dünne Angelschnur« nähme er, flunkerte (?) er damals auf Fragen nach der Beschaffenheit *seiner* siebten Saite, die er auf *custom-builts* spielte, einer Kohno Model 30 ohne Cutaway und einer sehr attraktiven Laguna, die Kirk Sand ihm in Springfield, Illinois, gebaut hatte. So *ganz* geflunkert kann es hingegen doch nicht gewesen sein, denn: Breau spielte eine *hohe* Siebente, also ein a', das zwei Oktaven über der leeren fünften Saite liegt und ihm natürlich himmelhohes Spiel erlaubt, das auch Kress und Barnes mit ihren F-Gitarren nicht erreicht hatten. Der Siebensaiter-Kollege Ron Eschete hat sich Breaus angenommen und gesagt: »Tja, die hohe A ist perfekt, wenn man Flageoletts wie er spielt. Er spielt eine Melodie und begleitet sich selbst dazu mit kurzen Akkordfiguren«, er, Eschete, aber sei »ein frustriertes Klaviertrio, und ich liebe es, den Baß marschieren zu hören, wie Ray Brown es praktiziert. So höre ich das – Laufbaß, *chord changes*, sich bewegende Linien und die Melodie. Die tiefe zusätzliche A ist für mich eine ganz natürliche Angelegenheit. Am ersten Tag, als ich eine Sevenstring hatte, konnte ich sie spielen.«[247]

Was Ron nicht erwähnt, ist die wahre Meisterschaft Breaus im Umgang mit Flageoletts gewesen, die er in genialer, von Farlow in allenfalls *ähnlich* prakti-

Die Bewahrer des Erbes: Rhythmusspieler, Akkordsolisten

zierter Weise zur Anreicherung normal intonierter Akkorde eingesetzt hat. Lenny hat das noch selbst so illustriert:

Der Flageolett-Ton hebt den tiefsten Ton des Akkords um eine Oktave an, so daß man damit ein enges *voicing* bekommt, wie man es auf dem Klavier hören würde. Der schwierige Part betrifft die rechte Hand. Man sollte seinen Daumen (oder ein Daumenplektrum) und den Zeigefinger benutzen, um das Flageolett zu erzeugen und Mittel-, Ring-und kleinen Finger, um die drei anderen Stimmen in dem Akkord zu spielen. Das ist nicht einfach zu machen; aber gleich beim ersten Versuch sollte man *erst* das Flageolett spielen und erst *dann* die anderen Töne, und zwar so, wie man es am besten kann. Indem also die Flageoletts auf diese Art einsetze, bekomme ich den erwünschten Ton ohne gewaltige Streckungen der linken Hand. Für einige Akkorde bräuchte man einen guten Freund oder eine dritte Hand, um sie auf andere Weise zu spielen. Das ist es, warum ich meine, daß Flageoletts die Antwort sind.[248]

Um zu verdeutlichen, was er meinte, nehme man einen gewöhnlichen C^6 im V. Bund (ohne Bässe), spiele die Sext wie gehabt im V. und, nun aber flageoliert und *dann* sofort hinterher wie in einem Arpeggio den Rest des C-Dur-Akkords aus der E-Erhöhung im VIII. Bund; oder einen Gm^7 (diesmal mit Baß) im III. Bund und dann die *flag*-Version mit dem Septimen-*f* im VIII. Bund A-Seite *flag*, also

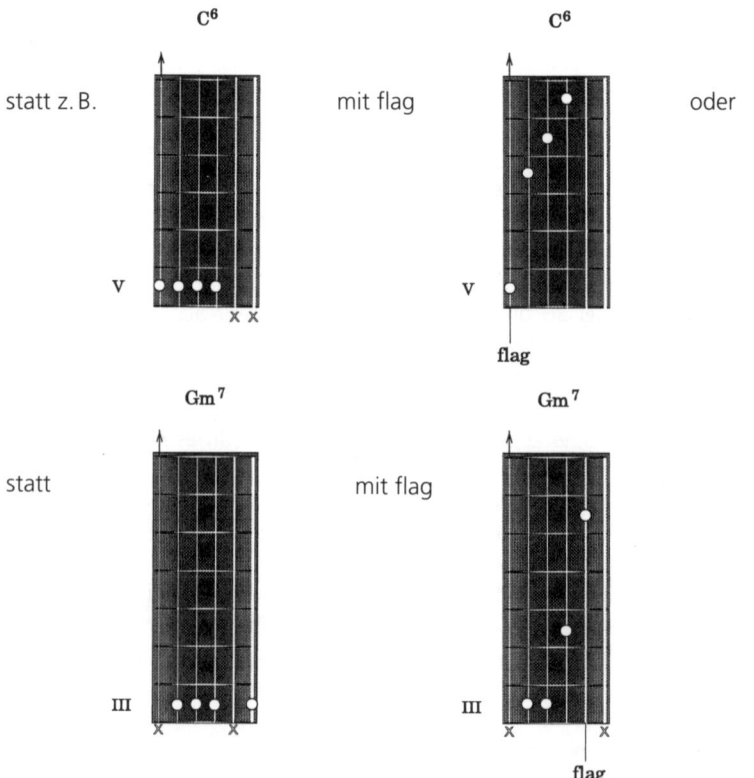

Duos, Trios und mehr

»Nicht immer gleich ad-libbed«: Die Duos

Wie gezeigt, ist eine Geschichte der Jazzgitarre völlig unmöglich darzustellen, ohne immer wieder auf die Mehr-Gitarren-Besetzungen zu sprechen zu kommen; sie lassen sich kaum gesondert behandeln. Das begann schon im ersten verbürgten Jazzduo von Lonnie Johnson und Eddie Lang alias Blind Willie Dunn. Abgesehen von Duos mit Geiger Joe Venuti waren es ja gerade diese Aufnahmen, die in erster Linie im Gedächtnis haften, wenn man von den Anfängen spricht. Es sei denn, man setzt im Blues an, als da waren die Tandems von Big Bill Broonzy und Frank Braswell, das von **Memphis Minnie** (1900 bis 1973) und **Joe McCoy**, von **Willie Walker** und **Sam Brooks**, Frank Stokes mit **Dan Sane** oder das von Charley Patton und Willie Brown (*1891).[249]

Der Gitarrespieler **Roy Harvey**, fest in den von Charlie Poole, bj, geleiteten North Carolina Ramblers, spielte ab und zu gerne mit den Kollegen **Leonard Copeland** und **Jessie Johnson**: Er wollte wissen, wie sich schwarzes Bluesspiel und die Tradition europäischer Salonmusik assimilieren ließen. Die 30er standen dann ganz im Zeichen der berühmten **Delmore-Brüder Alton** (1908 bis 1964) und **Rabon** (1916–1952), ihres Zeichens Country-Pioniere, denen schon bald der *Travis-picking*-Erfinder Merle Travis im Duo mit seinem Adlatus Chet Atkins folgte. Atkins, Amerikas WASP-Symbol des Instruments, ist überhaupt ein großer Duo-Freund, und das nicht unbedingt immer nur im engsten C&W-Sinne — man denke an die Kooperationen mit Les Paul. Zum anderen sind seine Begegnungen mit Jerry Reed durchaus C&W, den Jazzfreunde zu genießen wüßten, was selbstredend für das Duo mit Lenny Breau gilt, weniger hingegen für das mit seinem Rhythmusmann Paul Yandell (*1935) und das — gleichwohl hervorragende — mit dem in Frankreich lebenden (und dort leider irgendwo verlustig gegangenen) Nordafrikaner **Marcel Dadi** (*1952), einem exzeptionellen Fingerstylisten, der in allen Musiken so gut wie zuhause ist. Mehr Jazz steckt natürlich in dem Stilkonglomerat, das unter dem Namen »Dawg«-Musik (dem Spitznamen des Mandolinen-Fegers David Grisman entlehnt) eigentlich besser unter »Jazzgrass« firmiert. Im Zusammenhang mit

Duos, Trios und mehr

Dobro-Star Mike Auldridge war das kurz angeklungen, als eine doch andere Synthese aus Country-Instrumentierung und Jazzdrive als im älteren Western Swing. Hier kommt man an **Tony Rice** nicht vorbei und auch nicht an **Mark O'Connor**, zwei *Flattop*-Spielern (also von »Westerngitarren« mit planer Decke im Unterschied zu den Archtops der meisten Jazzer) mit unglaublicher Technik, die bei beiden mit ihrer bewundernswerten Beherrschung des *Scruggs-roll* – von Earl Scruggs, dem Banjo-*wizard* entlehnte Wechselschlagtechnik – interessante Nuancen ins Jazzspiel einbringt und ebenso dem Jazz für die Folkmusic der Bluegrass-Ebene im Staate Kentucky entnahm, mitreißende, virtuose Musik, die *keinen* Bezug mehr nimmt zu schwarzen, technisch durchweg simpleren Spieltechniken, wohl aber in Rhythmus und Phrasierung sich der *black roots* mehr unbewußt als kalkuliert bedient.

Was Lang und Johnson machten, war ja auch Schmelztiegelei, ungefähr wie das, was 1925 schon Oscar Aleman *down south* mit Gaston Bueno gespielt hatte, nur halt unter argentinischem gemeinsamen Nenner. Lang/Johnson, das war Blues und weißer »Popjazz«, wenn man so will; wobei Johnson nicht aufgrund der biographisch günstigeren Gegebenheiten erst zu Armstrong und dann zu Ellington kam: Er war eben nicht nur in puncto Hautfarbe schwarz. Und Kress und Lang haben dann leider nur noch zwei Aufnahmen »Feeling My Way« und »Pickin' My Way« machen können. Lang starb 1933, und mit Dick McDonough blieb dem duo-verrückten Kress soviel Zeit auch nicht mehr, noch bis 1938. Aber in der kurzen Zeit hat McDonough dann »wenigstens« noch die *double-stop*-Spielweise, ergo die Zweiton-Phrase, ins Jazzfach eingebracht, und ein Jahr vor Dicks Hinscheiden nahmen dann noch **John Cali** und **Tony Guttoso** (*1917) sechs Duo-Titel auf, richtige Renner wie Larry Clintons umfunktionierten Orchestertitel »A Study In Brown« und Calis eigenes »Hittin' On All Six«. Nach McDonoughs Tod kam dann Mottola zu Kress, und deren Joint Ventures sind gottlob in LP-Format erhalten geblieben – *Fun On The Frets* ist das, mit dem schon angesprochenen »Sarong Number«. Und Bud Scott spielte zu der Zeit ungefähr mit Doc Souchon. Ein Jammer für Sammler nur, daß die 1942 veröffentlichten Transkripte der anglo-amerikanischen Waffenbrüderschaft Carmen Nicholas Mastrens mit Albert Harris nie auf Platte bespielt worden waren, immerhin die erste veritable Orgie in *four* und *five-part-harmonies*, der sich dann erst in den 70er Jahren das famose Gespann von Marty Grosz und Wayne Wright wieder erinnern sollte, auf der LP *Let Your Fingers Do The Walking* speziell mit den Beiderbecke-artig angelegten Changes in »Lament in E«. Ende der 40er Jahre greifen dann noch mal der noch 6saitige Pizzarelli und Amtsbruder Mottola in die Saiten, und dann ist erst mal Pause: Der Rock'n'Roll regt sich, und im Schlepptau von Jimmy Deans generationsproblematischer Aufmüpfigkeit entsteht eine völlig neue Jugendkultur, die alles das, was die Väter so fleißig und evolutionär beackert hatten, ab nun möglichst in Instant-Format

»Nicht immer gleich add-libbed«: Die Duos

haben wollte: schnell und leicht in Kopf und Bauch löslich, auch eine Form von Schmelztiegel, dem nur der Griff zum Wegwerfen fehlt. Viele Jazzer flüchten an Ost- und vor allem Westküste in die Studios; Barney Kessel gibt einem aufstrebenden Junggitarristen auf dessen Frage, was man vor allem brauche, um im Studio zu landen, die symptomatische Antwort: »Einen Parkplatz.« Live auf der Bühne konnten jedenfalls die zumeist unverstärkt operierenden Duos nichts mehr werden. Das technische Zeitalter und die Unwirtlichkeit der Städte förderten und forderten Dezibel.

Die ersten, die Konsequenzen zogen, waren wiederum Kress und sein neuer – und dauerhaftester – Partner George Barnes: Deren Duo war das erste elektrische und seit Lang und Johnson auch das erste, das keine Manschetten mehr vorm Improvisieren hatte. Und wie Kress den 1961 39jährigen Barnes aus dem Studio herauszottelte, hatte Zeitgeist-Charakter: Das Gitarrenduo renovierte sich gehörig, Kress und Barnes fabrizierten vier Alben plus ein *Play Along* dazu. Kress starb auf der Bühne, im Heiratsparadies Reno in Nevada, 1965. Nach vier Jahren Trauerarbeit suchte dieser Plisch der Jazzgitarre einen neuen Plum und fand ihn in Pizzarelli, mit dem er drei Jahre lang Duos machte. Bucky hatte gerade Van Eps erlebt und sich selbst aufs 7saitige Spiel verlegt, und die kohlenkellertiefe A-Saite, meist auch noch ohne Plektron gezupft, kam dem Duo gewaltig entgegen. Das Plektrum nahm er meist nur, wenn er (Akkord-)Soli zu spielen hatte. Barnes wollte, nachdem Bucky 1972 gegangen war wie der Cowboy, der seinen Weg am Ende des Films allein weitergehen muß, natürlich auf die tiefe A nicht mehr verzichten, und so kam **Art Ryerson** herein, kaum weniger im Akkordischen Meister als sein Vorgänger und dazu noch der erste Akkord-Flageolett-Virtuose. Eine Platte von diesen beiden gibt es traurigerweise nicht; dafür entschädigen Pizzarellis erwähnte Alben mit seinen Sprößlingen Mary und John jr. um so mehr.

Nach Barnes und Pizzarelli war die swingorientierte Gitarristerei, jedenfalls im Duo, endgültig unter der Erde. 4/4 gestrippt wurde nicht mehr; man machte *comping* und setzte Akkorde hinter der Singlestring-Soli spielenden anderen Gitarre ein wie eine Brass-Section in der Bigband. Angesagt war für die Spieler im Kielwasser des Bop das schnell überwundene Thema zugunsten ausgiebiger Improvisation. Sal Salvadors Duos mit Allen Hanlon, mit Mundell Lowe und auch dem ansonsten sehr wenig bekannten **Lou Mecca**[249] lagen noch ein bißchen dazwischen, signalisierten aber auch schon Cool, wie er dann beispielsweise in der Begegnung von Burrell und Raney etabliert wurde – oder auch von Billy Bean und John Pisano. Und Bean mit Dick Garcia.

Den Spagat hinein ins *modern-jazz*-Duo vollzogen dann endgültig **Joe Puma** (*1927) und **Chuck Wayne** (*1923), die mit ihrer fünf Jahre währenden Union nicht nur die dauerhafteste Allianz zweier Gitarristen, sondern vor allem – in unzählbar vielen Live-Auftritten wie, besonders schön, auf ihrer LP *Interactions* – ein Konzept vorführten, das so ziemlich alles an Nichtklassischem ver-

Duos, Trios und mehr

arbeitete, was irgendwie arrangierbar war. Sehr schwierig war das nie. Puma hat darüber berichtet, wie sie an die Stücke herangegangen sind: Thema, dazu raffiniertere Changes als meist in den Originalen, dann kurze Einübung ohne Geschriebenes vor den Nasen und nie sklavische Pflicht zum erarbeiteten Vorlagen-Gehorsam. »Wir hören stets und ständig aufeinander«, sagte Joe. »Auch wenn wir uns unabhängig voneinander ausbreiten, bleiben wir uns ständig bewußt, was der andere spielt, so daß wir immer in der Lage sind, die Gedankengänge beider zusammenzubringen. Dazu muß man vermutlich ein ziemlich erfahrener Spieler sein, ich meine in dem Sinne, daß man seine Harmonien kennt, Fähigkeiten zum Solospiel hat und außerdem noch die Baßlinien beherrscht.« Kurzum: Die lange beibehaltene Rolle der festen Jobzuteilung – du Begleiter, ich vorn – war endgültig zu Ende (und in bezug auf die Jazzgitarre ohnehin nie so stringent praktiziert worden!). Und wirklich neu war vor allem eines: das, was man simultanes Improvisieren nennt, d. i. das solistische Interagieren, das gleichzeitige Spielen meist von Einzeltonlinien, das man früher allenfalls an irgendeinem Liedende, in einer Bridge oder dergleichen als kleinen Schlenker plazierte. Und gerade dieses simultane improvisierte Spiel sollte zukünftig in den Titeln für das Höchste an dramaturgisch zu erzielender Spannung sorgen. Chuck Wayne:

Einmal spielten wir einen Titel, und an irgendeinem Punkt improvisierten wir gemeinsam [mit Joe Puma] und gerieten in die Harmonie des speziellen Akkords. Ich spielte Terzen, und er [Puma] spielte Terzen. Schließlich kamen wir gemeinsam bei dem Vierklang an, nicht zufällig oder mit Absicht, sondern es geschah einfach, daß wir an diesem Punkt so gleich gepolt waren auf das, was geschah, daß die gesamte *section* [beide Gitarristen] in *four-part-harmony* landete, und es war exquisit. Ich bin fast vom Stuhl gefallen. Es war spontan und einfach bemerkenswert.[250]

Das war durchaus die Stimme einer Freiheit, wie es sie – denkt man zum Beispiel an die strenge Teamarbeit von Kress und Barnes – so in der Tat noch nicht gegeben hatte, und man sieht das auf Anhieb, wenn man sich das Notenbild von Pumas fürs Duo geschriebenem »Waiting For You« ansieht (nebenstehende Seite).

Die Freiheit konnte diejenige bedeuten, die sich abwechslungshalber immer auch mal wieder zurück in Richtung der Väter wandte, oder aber immer weiter nach vorne. Oder beides, wie im Falle der Zusammenkunft von John McLaughlin und Larry Coryell auf dessen schon erwähntem *Spaces*-Album: Deren Kooperation war natürlich keine pure Huldigung an den belgischen Roma; *was* sie da spielten, war januskõpfig bis dorthinaus, Hommage an Reinhardt und modernstes Steelstring-Spiel. Gut, da waren noch Martin Taylor und Ike Isaacs, die dem König aus Liverchies ganz vom alten Schlage huldigten. Aber was heißt das schon. Taylor ist jung, und bei aller Hommagen-Lust an Django – er *swingte*. Und so wird heuer noch jede Reinhardt-Huldigung immer eine

»Nicht immer gleich add-libbed«: Die Duos

Notenbeispiel 12: »Waiting For You«

Duos, Trios und mehr

Sache *à l'américaine*: Taylor bei Isaacs, die Ferré-Brüder Elios und Boulou, Etheridge und Juris, Lagrene mit Vic Juris, Jimmy Stewart und Gabor Szabo oder auch Jack Wilkins mit Chuck Wayne oder Al Gafa spiel(t)en allemal so, wie der noch recht junge Lagrene *glaubte*, daß sein früheres Über-Ich auch gespielt *hätte*, wenn...

Apropos Coryell. Der ist aller Wahrscheinlichkeit nach heutzutage der regste Duo-Spieler zwischen Jazz und Fusion, der sich ja noch nicht mal scheute, sich mit dem nicht umstrittenen japanischen Klassik-Zauberer Kazuhito Yamashita mitten in Vivaldis »Jahreszeiten« hineinzuklampfen, im Steel- und Nylonstring-Duo, das dann auch als Mesalliance aus- und zwischen alle Stühle fiel. Da hatte sich Larry denn doch eine etwas zu große Jacke angezogen, obwohl der Drang ins immer noch so genannte »E«-Lager bei ihm durchaus von ernsten, lauteren Absichten bestimmt ist. Das hat er mit McLaughlin gemeinsam, nur daß der sich an keinen Vivaldi dranhängt, sondern mittlerweile schon sein drittes großformatiges Konzert für Gitarre und Orchester in Arbeit hat. Coryell – und John McLaughlin übrigens auch – ist auf eigenem Terrain eben doch am besten und das heißt eben auch: in den Duos mit **Roykey Wydh**, denen mit Steve Khan und den diesen vorangegangenen mit Catherine, in denen Philips lyrische Sensibilität und die amerikanische Vitalität Coryells weit mehr ergaben als die bloße Summe zweier großer Interpreten und Komponisten des neuen Gitarrenjazz; und – *last, not least* – in den wunderbaren Dialogen mit Emily Remler. Mit ihr hat er eine Ausnahme gemacht. Ansonsten wird man Larry bis auf weiteres wohl in erster Linie als Akustiker bezeichnen dürfen. Das zieht er eindeutig vor. Anderes ist ihm zu laut geworden und vermutlich auch kein ausreichend sensibles Ausdrucksmedium für das, was er bei aller »typisch amerikanischen« Vitalität auch in der Einsetzung seiner technischen Virtuosität ja doch an Seele aufzubieten hat.

Unter den »20ern« ist es sicherlich Herb Ellis, der sich in ungewöhnlicher Vielfalt in Duo-Situationen begeben hat, und das dürfte Mitte der 60er Jahre begonnen haben mit *Guitar/Guitar*, einer damals noch recht ungewöhnlichen Begegnung von E- und Konzertgitarre, die von Charlie Byrd Fingerstyle gespielt wird. Nach der Concord-Gründung waren er und Joe Pass dann das erste Duo auf dem neuen Label, einmal unbegleitet, einmal im Quartett mit Jake Hanna und Ray Brown, und da insbesondere ihr unglaublich schnelles »Seven Come Eleven« gehört zu den absoluten Highlights des Mainstream-Duospiels überhaupt: Zwei Peterson-gestählte Meister blieben einander und einem tobenden Publikum wirklich nichts schuldig. Daß Ellis dann mit Remo Palmier auf der *Windflower* zusammengesteckt wurde,[251)] war ein Glück, eines etwas sanfterer Natur: Kaum glaubhaft, daß Palmier nach seiner Comeback-LP unter eigenem Namen noch etwas in der Art angegangen wäre. Hier triumphiert der Kontrast, zwischen dem immerzu von Blues- und Western-Swing geprägten Ellis und einem Palmier, dessen frühere Affäre mit dem Cool Jazz nicht zu überhören ist – er regiert die Balladen. Remo über Herb: »Er schreckt zurück vor allem, was irgendwo ein bißchen in Richtung Rock geht. Er mag einen geraden, direkten Vierviertel.« Und über sich selbst: »Ich mag Comping-Begleitung. Ich fing in den 40ern an, Compingstil zu machen, weil ich Pianisten und nicht Gitarristen zuhörte.« Und im übrigen, berichtet John S. Wilson im Covertext, sei Ellis es gewesen, der in der Carnegie Hall, in der er 1976 mit Barney Kessel ein Duo-Konzert gab, Remo wiedersah und diesen mit Carl E. Jefferson verkuppelte – 35 Jahre, nachdem der 17jährige, sommersprossige Ellis in Kelly's Stable an der 52nd Remo Palmier zum erstenmal gehört hatte, in Nat Jaffes Trio:

»Mein Name ist Herb Ellis«, erklärte der Rotschopf Remo, »und mir gefällt Ihre Art zu spielen, Mann. Sie spielen wie ein Horn«.

Gut. Solch ein *encounter* ist problemloser als eines im Duo mit Barney Kessel. Remo und Ellis sind grundverschieden, Herb und Barney sind urverwandte Jazzseelen, und was deren Duo-Tätigkeit – abgesehen von den speziellen Konstellationen im Rahmen der Great Guitars – angeht, kommt das auch zum Ausdruck, was ich gern hier nochmals zitiere:

Sie beide [Pass und Kessel] sind großartige Spieler, was aber in sich noch keine Garantie dafür sein muß, daß das Endprodukt des Zusammenspiels mit irgend jemandem automatisch genauso großartig ausfallen muß. Es bedeutet nicht notwendigerweise, daß es den gewissen Funken oder diese gewisse vollkommene Essenz haben muß.[252] Trotzdem habe ich das Gefühl, daß ich Glück hatte, weil ich das mit Joe wie mit Barney erlebt habe. Was den Unterschied zwischen den beiden angeht, so legen Joe und ich etwas mehr Wert auf das *interplay* [d.i. die kollektive Improvisation seit Wayne/Puma], also das Spielen zur gleichen Zeit. Wir konnten zwei improvisierte Linien spielen, und was dabei herauskam, hörte sich an, als ob irgend jemand die ganze Nacht aufgeblieben ist und alles haarklein aufgeschrieben [hätte]...

– und zum Duospiel mit Kessel fährt er fort:

Das machen Barney und ich wohl auch, aber ich meine, daß unsere Stärken woanders liegen. Weil wir beide den gleichen Hintergrund haben, kann es schon einmal passieren, daß wir am Ende das gleiche spielen. Es ist unglaublich: Wir fangen an und spielen unsere Linien, die parallel verlaufen oder gegeneinander oder sich kreuzen, und nach einer Weile spielen wir wieder die gleiche Phrase. Also, während Joe und ich unser Ding so bringen, müssen Barney und ich den arrangierten Teil unseres Repertoires in irgendeiner Weise ausarbeiten... Die Teile, die ich mit Barney spiele, sind mehr arrangiert als das *straight playing*, bei dem ich ihn unterstütze und er Jazz macht. Dann stützt er mich, und ich mache schnurgeraden Jazz. Es ist heißer, gerader Ab-durch-die-Mitte-Jazz.[253]

Das stammt von 1978 und ist damit elf Jahre jünger als Kessels Ein-Stück-Begegnung mit Jim Hall in Berlin anläßlich des erwähnten Gitarren-Workshops in der Philharmonie: Dort, ausgerechnet mit Hall, diesem Milt Jackson der Jazzgitarre, lieferte Barney erstklassiges improvisiertes Interplay – ermöglicht wohl gerade auf*grund* der Verschiedenheit der beiden Charaktere.

A propos *Interplay*. Genau das ist der Titel der 1980 live entstandenen Concord-LP CJ 137 mit Ellis und Cal Collins, wohl *des* neuen Meisters der vor allem *chord melody* gespielten Gitarre, auf den noch separat zu kommen sein wird. »So viele Songs sind so schön, daß sie nicht immer gleich *ad-libbed* werden müssen«, sagt er. »Ich mag es, das Thema vorzustellen und dann erst die [Harmonien] und Akkordersetzungen hinzuzufügen«, sagte er[254] und läßt damit auf ästhetisch-ökonomisches Feingefühl schließen. Das alles beißt sich indes nicht mit der Ellis-Philosophie, die halt nur sehr viel singlenote-orientierter ausgeprägt ist als die von Cal. Und gerade deshalb kollidieren die beiden, mentalitätsmäßig durchaus wenn schon nicht verwandten, so doch eng benachbarten Seelen auch nicht: Calvin könnte müheloser eine komplette Rhythmusgruppe ersetzen als Ellis. Und was das Duo Herbs mit Freddie Green betrifft, ist das schon erwähnt und im Grunde nicht mehr kommentarbedürftig: Jeder Jazzinteressierte weiß, wie Green gespielt hat und was das nur bedeuten kann: klare, gute, alte Funktionsteilung, du Solo, ich Rhythmus und damit natürlich eine Orgie in Sachen Drive/Swing, *laid back*, kaum mit extrem schnellen Tempi, in bezug auf Ellis nichts Neues, eine Gemme eben vor allem aufgrund der Chance, Green in ungewohnt kleiner Besetzung sozusagen »unter der Lupe« zu haben.

Von 1976 an spielte auch das Duo von Marty Grosz und Wayne Wright, die Platte *Let Your Fingers Do The Walking* war schon angesprochen worden, und erwähnt werden sollte noch, daß Grosz hier mit seiner Gitarrenstimmung B^b-F-C-g-h-d' eine bemerkenswerte Kress-Variante anbot. Zum anderen denke man an das Remake der akustisch-elektrischen Begegnung von Ellis und Byrd in Gestalt der Kooperationen Benson und Earl Klugh, Benson und Breau,[255] dann Atkins und Breau wie Atkins und Les Paul, wobei die Letzteren freilich mehr Country als Jazz musizieren.[256] Angesprochen wurden auch Jimmy Raneys Duos mit Attila Zoller und deren – auf tatsächlich drei LPs! – gleich immanenter Gefahr wie in den Encounters zwischen Ellis und Kessel. Beide Paare sind jeweils fast vom selben Stamm, wobei das bei den »diagonalen« – linear *wie* akkordisch spielen – Herb und Barney kaum ein vergleichbares Risiko birgt wie im Falle der beiden Erz-Linearen von *Jim & I*. Aufmerksamkeit, neue Sammlung und auch Motivation im Hörer erzeugen *sie* meist nur dann, wenn einer der beiden in bester Altherrenmanier dem Partner eine Baßlinie serviert, die von der Tonwahl her noch so »abstrakt«, ergo: frei gestaltet sein kann, doch aber dem gesamten Improvisationsgebäude jenen nötigen Halt gibt, der häufig dort verloren geht, wo die zwei in ähnliche oder gar gleiche Register rutschen. Das ist ein Risiko, dem Vater Raney im Duo mit dem Sohn Doug nirgends ausgesetzt ist. Man kann von Doug füglichst sagen, er sei ganz der Herr Vater plus klarem Sinn für *harmonische* Notwendigkeiten zwischen oder anstelle von Singlelines. Und Dougs Feeling für Drive ist eben auch ausgeprägter; was nicht daran liegt, daß er jünger ist als Dad, sondern daß er insgesamt wesentlich extrovertierter ist, ohne gleich Gefahr zu laufen, ein Barney Kessel zu werden.

»Nicht immer gleich add-libbed«: Die Duos

Über das Duo Van Eps und Alden zu reden, ist so überflüssig wie ein Kropf. Bedauerlich auf den beiden CD *13 Strings* (CD-4464) und *Hand-Crafted Swing* (CCD-4513) ist allenfalls, daß die siebte Saite von Van Eps unter Dave Stones wunderbar weich gespieltem Kontrabaß zu oft »verlorengeht«, in den Quartetten. Ansonsten ist diese Platte eine Kostbarkeit im Mainstream-Tresor: Eps, links, spielt deutlich ohne Plektrum, läßt seine wunderbaren Akkordgebilde oft »ausrollen« in kurzen Melodieanhängseln, wenn er hinter Alden spielt, der dann bewußt mehr auf Singles setzt, was er, wie er genug Gelegenheit zu zeigen hat, nicht nötig hätte, weil er seinem großen Meister zur Linken hier auf sechs Saiten kaum nachsteht. Er ist halt nur ein Siebtel schlechter und überzeugt dabei von seiner schon sehr großen Reife in der Harmonisierung scheinbar mühelos applizierbarer Technik mit einer Riesenportion Gefühl und zuweilen buchstäblich fragiler Sensibilität in den Verzierungen seiner Singlelinien. Gefährlich wird das Zusammenspiel nur da, wo es an Jack Marshalls, Tony Rizzis oder auch Kessel/Ellis/Byrds allzu üppige Akkordüberlagerungen geht. Aber diese Gefahr des Sterilen dräut immer nur sekundenlang und ist dann verschwunden.

Äußerst friedliche Koexistenz also zwischen den Generationen. Zwischen Nationen schon gar – McLaughlin mit Christian Escoudé, Bireli Lagrene mit Vic Juris etc. –, und ebensowohl zwischen den Stilen: Hier spielen Joe Diorio und Robben Ford in »Swank Thing« zusammen einen vorbildlichen, exquisiten Dialog zwischen Rockblues und Jazz; da hatten sich Bickert und Lofsky zur Mainstream-Hommage zusammengetan; Laurindo Almeida und Charlie Byrd, Almeida und der eher der exakten klassischen Disziplin konsequent treu bleibende Vielproduzierer und ausbeuterisch veredelnde Repertoire-Pfadfinder **Carlos Barbosa-Lima** (Ragtime, Bonfa, Gershwin, Cole Porter usf.) im insbesondere für die Konzertgitarre so unerschöpflichen brasilianischen Ambiente. Der Berklee-Absolvent, Metheny-Schüler, »Blood Sweat and Tears«- und »Deodato«-Gitarrist **Jeff Richman** (*The Wayler*) hat sich für sein zweites eigenes Album *Fingerpaints*[257] gleich eine ganze Reihe gitarristischer Duo-Partner ins Studio geholt: **Ricardo Silveira** auf der Nylonstring, Mike Stern elektrisch und **Wayne Johnson** sowohl als auch, Scott Henderson E-Gitarre und **Mike Miller** auf der akustischen Steelstring. Aus Brasilien kommt das hervorragende akustische, teilweise mit 12- und 6saitiger musizierende Gespann Duofel mit **Fernando Melo** (*1955) und **Luiz Bueno** (*1951), zwei Kindern, wie sie sagen, der »Post-Rock-Epoche«, die sich eher wieder an den großen Landsmann Luiz Bonfa anlehnt und erstklassige Fusionen liefert aus brasilianischer Folklore und jeder Menge Jazzphrasierung und -harmonisierung, wie jüngst zu hören auf ihrer Debüt-CD *as cores do brasil* (Line Music/BrasiLine BSCD 9.00998).

In Südafrika haben Steve Eliovson und Johnny Fourie akustischen unbegleiteten Jazz gespielt, und in Norwegen legten noch 1979 **Knut Vaernes** (*1954) und **Jon Eberson** (*1953) ihre mehr jazzige denn jazzrockige *Anatomy of the Guitar* vor,[258)] auf akustischen 6und 12saitern, E-Gitarren und Gitarrensynthesizer. Mindestens ebenso anspruchsvoll im Titel waren zwei Jahre vor ihnen Bruce Johnson und Rodney Jones, beide damals noch recht unbekannt, mit ihrem Album *The Liberation of the Contemporary Jazz Guitar*[259)] gewesen. »Sinn und Zweck dieses Albums«, erklärten die beiden auf dem Cover, »ist es, von unserem Standpunkt aus, die traditionellen Konzeptionen der modernen Jazzgitarre zu befreien und zu innovieren. Was nicht heißen soll, daß die gegenwärtig von der Majorität zeitgenössischer Jazzgitarristen zum Ausdruck gebrachten Formen nicht auch ihren Wert hätten und anerkannt würden; unser Versuch auf dieser Reise besteht darin, unsere Realität für andere darzustellen – nicht als ultimative Realität, sondern als eine andere Kraft, der zumindest die ungeteilte Aufmerksamkeit der Kritikerohren und eine Chance gegönnt seien, von anderen gehört zu werden, auf daß ihnen jene Freude zuteil werde, die wir bei ihrer Erschaffung erfuhren.« Große, salbungsvolle Worte, vielleicht, aber drinnen dann doch ein Archtop-Schmaus für Unverstärktes bevorzugende Ohren und damals, erst 15 Jahre her, streckenweise tatsächlich neu, weil da zuvor mehrheitlich aufs Melodiöse beschränktes Interplay kräftig renoviert wurde. Nur, so *ganz* neu oder einmalig war diese »Befreiungstat« denn doch wieder nicht, denn da war *Sargasso Sea*, Auftakt der Serie gemeinsamer Aufnahmen von Ralph Towner auf 6- und 12saitiger Gitarre und John Abercrombie, bereits seit einem Jahr auf dem Markt und setzte neue Marksteine für das akustische und gemischt akustisch-elektrische Gitarrenduo, das – vor allem durch Towner – vermutlich das »pianistischste«, aber auch das stilistisch modernste überhaupt wurde, indem es unternahm, was Abercrombie auch 1984 im Duo mit John Scofield auf *Solar* tat: »Vergnügen daran haben, strukturierte Titel in offener [*loose*] Weise zu interpretieren«,[260)] nur daß das Tandem Towner/Abercrombie in feinster ECM-Manier aufs akustische Metier setzte und, darf man sagen, nicht ganz das Temperament eines Scofield aufzubieten hatte: Towner und Abercrombie changierten immerzu irgendwo zwischen Bill Evans und »New Age« à la Manfred Eicher. Es war zur Selbstauszehrung verurteilt.

Denkt man wieder mal an Deutschland, dann gibt es da mittlerweile auch allerlei zu berichten. Die zeitweilige Zusammenarbeit von Sigi Schwab mit **Peter Horton** auf den *Guitarissimo*-Alben ist schon angesprochen worden; das Jazzduo von **Volker Schmitz** (*1946) und **Klaus Ulrich** (*1948) traf sich mit dem Flamencisten **Wolfgang Gerhard**, wie umgekehrt gerade **Raughi Ebert**s Flamenco-Duo Mercator sein »Flamenco con Jazz«-Programm auf der CD *La amistad* vorstellte. Gegenwärtig machen **Peter Renkl** und **Oliver Fabro** als **Il Duo Piedro Fabro** mit ihrer CD gleichen Titels (Tucan TC 3332) von sich reden; »Callas« nannte sich eine ebenfalls akustische Unternehmung von **Joachim (Jo) Rickfelder** (*1955) und **Uwe Ziegler** (*1958); noch zu seligen DDR-Zeiten

»Nicht immer gleich add-libbed«: Die Duos

Helmut Nieberle, Helmut Kagerer, so etwas wie das »13strings«-Pendant zu der Begegnung von George Van Eps und Howard Alden. Neben dem Duo von Heiner Franz / Louis Stewart gelangte mit diesen beiden jedenfalls Anfang der 90er Jahre eine höchst bemerkenswerte Mainstream-Kooperation auf die deutsche Bildfläche

hatte Uwe Kropinski (*1952) sich gelegentlich zum Duo mit dem Prager Rudolf (Rudi) Dašek zusammengetan; **Joey Albrecht** und **Gustl Lütjens** hatten 1983 ihr Debüt-Album *Follow your heart* vorgelegt, eine akustische Lowden-Orgie der sehr vielversprechenden Art, allerdings vier Jahre nach dem Debüt des seinerzeit populärsten und erfolgreichsten Duos in deutschen Landen, dem von **Martin Kolbe** (*1957) und Ralf Illenberger (*1956), das – trotz ihrer ohrwürmigen Fassung von Joe Zawinuls »Birdland« – aber wohl genauer unter dem Rubrum »Folkjazz« gefaßt werden mußte. *Waves* hieß ihr 1979er Erst-Album, dem schon ein Jahr später das *Colouring The Leaves* folgte, in größerer Besetzung (Weber, Dauner) als das pure Duo des Erstlings: außerordentlich ernst zu nehmender, meisterlich ausgeführter Gitarrenjazz in vorzüglichen Kompositionen und Arrangements. Mehr hören wollte man von dem Kölner **Alexander Sputh** und seinem Duopartner **Paul S. Haltod** nach ihrer 1980er LP *Dialogue*;[261] pure Meisterschaft im brasilianischen Idiom pflegten **Martin Müller** und **Oscar Ferreira** in ihren *Brazilian Guitar Duos* 1991,[262] und auf Müllers Karlsruher Label wurden so erfreuliche Begegnungen wie die des Duos »Saitensprung«, **Gerald Sänger** und **Elmar Frittel**, (»Just You«, LP *Rundum*) und des noch jazzmäßigeren Tandems **Speerfechter/Mennen** vorgestellt.[263] Im selben

Hause erschien eine im Januar 1991 aufgenommene CD eines bis dahin weitgehend unbekannten und nun mit einemmal nicht hoch genug zu preisenden Duos, dem von **Helmut Kagerer** und **Helmut Nieberle**. Ersterer war Schüler Attila Zollers und Berklee-Eleve und hat sich erste Meriten u.a. bei Häns'che Weiss, Charlie Antolini und Wolfgang Lackerschmid erspielt, letzterer hat bei Peter O'Mara und an der renommierten Grazer Musikhochschule bei Harry Pepl studiert und ist heute regelmäßiger Gastdozent an den Summer Clinics in Vermont neben Zoller: beste Referenzen also für ein Duo, das sich für seine erste gemeinsame Arbeit *Takes Two To The Tussle*[264] eine imposante Kollektion eigener Arbeiten und solcher von Zoller, Chick Corea und Django Reinhardt ausgesucht hat. Gelobt von Attila Zoller (»...eine neue Dimension im Gitarrenduo seit George Barnes und Carl Kress« – ein Statement aus der Fachabteilung Allgemeinplätzchen), spielt Kagerer sowohl eine Gibson ES-175 als auch eine klassische Takamine, und Nieberle spielt Gibson L-5 und, schon gesagt, Sevenstrings: Es ist alles drin, Comping, *straight 4/4*, virtuose zweistimmige Runs, treibende Baßlauf-Einschübe, schönste Harmonien, Interplay und klassische Aufteilung – die konsequenteste Jazzplatte des Labels und sehr wahrscheinlich die des einzigen *festen* Gitarrenduos, dem man zur Zeit das Prädikat »besonders wertvoll« zusprechen muß.

Das gleiche Prädikat gilt, das ist schon gesagt worden, der Weltklasse-Begegnung Franz/Stewart. Heiner Franz, das sei hier angefügt, hatte 1980 mit **Ernst Vöster** zusammengespielt, und ich zitiere gern nochmals aus dem *Jazz Podium*, das damals von den beiden sagte, sie seien »nun mal keine Modernisten um jeden Preis«, ihr Spiel sei »zeitlos schön, weil unprätentiös«, und »selbst aus einem ohrwürmigen Evergreen wie ›Softly As In A Morning Sunrise‹ holen die beiden Musiker kreativ und spielfreudig Originelles heraus.«[265]

Bleibt das Duo des Paderborners **Toto Blanke** (*1937) und des Pragers Rudi Dašek (*1933), das seit dem 1981er Erstling *Silhouettes* mehrere Alben eingespielt hat, rein akustische Musik, zum Teil allerdings auf zu verstärkenden Halbresonanz-Klassikgitarren, die die beiden ohne Scham zum Zwecke intensiverer *attack* auch schon mal mit Plektren bearbeiten, allerdings in einer Weise, die beider Intimität mit ihren Instrumenten niemals Lügen straft. Gewiß ist Blanke der furiosere, der aggressivere Spieler, Rudi der introvertiertere und allem Augenschein nach auch technisch nicht ganz so versierte Gitarrist, dessen Domäne – auf Platten aus der damaligen CSSR, zum Beispiel mit Jiri Stivin, genügend ausgewiesen – die Emotion ist, die sensible Annäherung, die schöne Wendung. Insofern ergänzen die beiden sich wunderbar, ergeben eine Symbiose, wie sie unter so grundverschiedenen Mentalitäten äußerst selten sein dürfte, und beweisen ihre Klasse vor allem in den eigenen Kompositionen, die den Löwenanteil ihres Repertoires ausmachen, kammermusikalisch angelegten Werken, deren Jazzcharakter fast immer erst in den improvisierten Zentren zutage tritt.

»Einfach zuhören«: Die Trios

Am Anfang der 90er Jahre denkt man wohl »automatisch« nicht mehr unbedingt an die zeitweilige Drei-Gitarren-Besetzung des Hot Club de France, sondern an jene beiden Trios, die in den 70er und 80er Jahren den größeren Ton angaben. Und das war zuerst die Alte-Herren-Riege der Great Guitars, einer Besetzung, von der man allerdings heute reinen Gewissens sagen darf, daß sie sich erschöpft hat, und das vor allem in bezug auf ihren Tutti-Klang, jene nicht ganz ungefährliche Stapelung von synchron gespielten Akkordüberlagerungen in den Themen, die eine gewisse Sterilität nicht verleugnen konnte. Das war neu, als 1974 auf Anregung des australischen Jazzpromotors Kim Boynihan Carl E. Jefferson in Concord, Kalifornien Ellis, Kessel und Byrd auf die Idee ansprach und damit den ersten »Summit« von Dauer auslöste, ein Projekt, in dem alle drei ausgiebig ihrer Charlie-Christian-Neigung Ausdruck verleihen konnten und das vor allem deshalb interessant war, weil es neben den beiden artverwandten Archtoppern Herb und Barney auch den Akustiker Charlie Byrd einbegriff, der nach kurzer Zeit allerdings eine Ovation *acoustic* benutzte, deren eingebauer Pickup, bereits nach dem Transducer-Prinzip funktionierend, zwar weniger Probleme mit der angemessenen Aussteuerung seiner fingerstyle gespielten Gitarre bereitete, im Klang aber das Handicap aufwies, das vor allem dem Fiberglas-Korpus der Ovation entwuchs – das Produkt eines Hauses, das im Bereich der Flattops seit den frühen 70er Jahren einen unglaublichen Siegeszug durch die ganze Welt antrat, in Jazzgruppen ebenso wie in der anonymsten Provinzkapelle, in Pop wie in deutscher Volksmusik nach Art der »Lustigen Musikanten«, oft unkritisch eingesetzt, mit einem seltsam »künstlich« anmutenden Klangbild, eigenartig gepreßt, ohne die Brillanz herkömmlicher Holzinstrumente. Dabei gibt es kaum einen Akustik- oder Auch-Akustik-Spieler von Rang, der sie nicht freudig begrüßt hätte, Coryell ebenso wie McLaughlin, Sigi Schwab ebenso wie Lagrene usw. usf.[266]

Wie dem auch sei (und Byrd kehrte Ende der 80er ja auch zu seinen »normalen« Konzertinstrumenten zurück), das Trio plus Charlie-Bruder Gene (Joe) am E-Baß (!) und wechselnde Drummer, stand und hatte beträchtlich Erfolg,[267] fast ausnahmslos mit Standards, die von den dreien, wie Barney sagte, oft »aus dem Hut« gespielt werden konnten – und nicht nur von ihnen. Auch Tal Farlow hat beispielsweise für Byrd ausgeholfen und fand sich in dem Kontext ohne Vorbereitung sofort zurecht. Welche *inversions* oder thematischen Stimmen von jedem einzelnen gespielt werden mußten, ergab sich von allein. Gemeinsame Wurzeln und viele Dekaden währende Erfahrungen machten es möglich: »Wir teilen ein intensives Feeling für alles, was swingt«, meinte Ellis 1974:

Was besonders gut am Trio ist, ist die Tatsache, daß sich ein Solist total auf seinen Chorus konzentrieren kann, anstatt sich den Kopf darüber zermartern zu müssen, wie er so in

Duos, Trios und mehr

den Schluß hineinkommt, daß er den fehlenden Part der Harmonien absättigen kann. So kommen einfach die beiden anderen Jungs 'rein und übernehmen gemeinsam den Ensemble-Part, während der Solo-Mann nichts anderes zu tun hat, als an sein Solo zu denken. Ein anderer Vorteil besteht darin, daß Charlie bequem zwei Parts übernehmen kann, weil er Fingerstyle spielt, während Barney und ich die beiden anderen Einzelparts spielen, damit wir four-part-harmony bekommen... Zwar spielen wir bestimmte ausgearbeitete Intros, Interludien und Schlüsse, aber es ist nichts geplant, was die Länge eines Solos betrifft. Das hängt einzig und allein von der jeweiligen Stimmung ab. Vielleicht habe ich mal Lust, nur einen Chorus zu machen, vielleicht auch mal drei. Vier Chorusse sind für mich das Höchste der Gefühle. Danach möchte ich ein anderes Stück in einer anderen Stimmung haben.

Byrd hat sich dann auch anderen Gitarrenpartnern zugewandt, Almeida natürlich, was die gemeinsame Brasilien-Verbundenheit nahelegt,[268] und einem Trio mit Almeida und Carlos Barbosa-Lima, der sich, wie er sagt, besonders bemüht um die »Integration der Stile«, nämlich der klassischen spanischen Technik und jazznäherer brasilianischer Spielweisen. Letzterer ist denn auf der CD *Music of the Brazilian Masters* (CCD-4389, 1989) auch der »klassischste« der drei, womit der Gesamteindruck der Platte noch um etliches weniger jazzmäßig ausfällt als etwa die Quartette Almeidas mit Bud Shank. Um so mehr Jazz bietet die schon erwähnte »Jazz Guitar Band« mit Kenny Burrell, Rodney Jones und **Bobby Broom** auf deren beiden LPs *Generation* (Blue Note 85137) und *Pieces of Blue and the Blues* (Blue Note 90260),[269] während das 1979 aufgenommene Album mit Coryell, John Scofield und Joe Beck, *Tributaries* (Novus AN 3017), als eine wahre Ovation-Orgie formidable, pure Gitarrenmusik zwischen Rock, Folk und, vor allem, Jazz liefert, eine Tour de Force auch mit Duo-Situationen, vor allem aber eben reine Trios – auch Scofield akustisch, ein seltenes Vergnügen.

Ein bißchen als die »jüngere«, vor allem aber konsequent akustische Antwort auf das Bündnis Ellis, Byrd, Kessel kam, um 1977 herum – und damit zur gleichen Zeit wie in Schweden **Rune Gustafsson**, **Jane Schaffer** und **Jojje Wadenius** für die Gustafsson-LP *Move* –, das britisch-spanisch-amerikanische Trio von John McLaughlin, Larry Coryell und dem Meistervertreter des modernen Flamenco, **Paco de Lucia**, zustande – der Anfang einer Allianz, die dann, mit Al DiMeola statt Larry Coryell, mit der »fusion«-Philosophie absolut ernst machte. Sowohl McLaughlin als auch DiMeola sind stets Wanderer zwischen den Rock- und den Jazzwelten gewesen, und von Spanien aus öffnete sich der Flamenco der orthodoxen Schule um Paco Peña ganz dem Zeitgeist der Neuen Transparenz entsprechend ebenfalls anderen, importierten Musikarten, auch dem Jazz, ohne freilich dazu die Vermittlung Brasiliens beansprucht zu haben. Es bedurfte eigentlich nur eines Paco de Lucia und einiger ähnlich tolerant empfindender jüngerer Flamencisten: Dieses Trio, dessen Debüt-LP *Friday Night in San Francisco*[269] mit der längst legendären und immer wieder von Gitarristen als Beweis-Stück eigener Tauglichkeiten ausprobierten Hymne dieser nun wirklich vollzogenen *liberation of the contemporary jazz guitar*, dem »Mediterranean Sundance« von Paco und Al, schon zu den »historischen« Aufnahmen des Gitarrenjazz gehört, vermochte als erstes pures akustisches Trio überhaupt ein Publikum zu binden, das auch sämtliche Randgruppen aller erdenklicher Präferenzen integrierte: Folk, auch Klassik, Blues, Rock und eben Jazz. Und es spielte, auf der zweiten, im Studio aufgezeichneten LP *Passion Grace & Fire*,[270] einer deutlichen Titel-Anspielung auf McLaughlins Kooperation mit Carlos »Devadip« Santana auf *Love Devotion Surrender*, auch eine bemerkenswerte Wahl von Gitarren: Wie Paco seine angestammte spanische Hermanos Conde, so spielt auch John hier eine von Yamaha im Flamenco-*Stil* gebaute Nylonstring-Gitarre, während DiMeola auf seiner Ovation Legend aktiv ist, und das zum Teil wohl auch deshalb: »Man kann eine Elektrische nicht so spielen wie wir die Akustischen... Man kann zwischen Rhythmus- und Leadspiel auf einer akustischen Gitarre sehr bequem wechseln, nicht aber auf einer elektrischen. Es ist einfacher, ein Gespräch auf akustischer Basis zu führen«, sagte Al in einem Roundtable 1981, wozu John ergänzte: »Genau das ist der Punkt – die akustische Gitarre kann ganz einfach zuhören«, und Paco schloß: »Diese Tour [gemeint war die Tour, die in San Francisco mit dem Live-Mitschnitt endete] ist ein Siegeszug der akustischen Gitarre.«[271]

Das sehr wahrscheinlich neueste und beste europäische Trio – falls es da überhaupt mindestens eine Alternative gibt – hat 1989 seine erste Platte eingespielt, einen ungewöhnlich überraschenden Schnellstart aus Dänemark, einem ansonsten nicht eben gitarristisch überbesiedelten Land im Vergleich zu seinen skandinavischen Nachbarn, denkt man an Thorgeir Stubø, Rune Gustafsson und so weiter: »Acoustic Guitars« nennen sich die drei – **Christian Ratzer, Steen Kyed** und **Mikkel Nordso** –, allesamt vergleichbar junge Herren von unglaublicher Fingerfertigkeit, kompositorischer und interpretatorischer Vielseitigkeit und einem Temperament, dessen Ursprünge man gemeinhin nicht in jenen Breiten sucht. Bis auf eines der neun stammen alle Titel von ihnen selbst, und ein Stück wie »Sundance« darf getrost den mediterranen Sonnentanz der Kollegen assoziieren, ohne im Schatten zu enden. Durchaus ähnlich im harmonischen Gesamtbild und in der Behandlung von Solo- und Rhythm-Parts wie die meisten der Stücke von DiMeola & Co., beherrscht gottlob doch jede Menge Eigensubstanz die Titel.[272] Wer bei »My Old Tennis Shoes« den Titel der Green/Ellis-LP *Soft Shoe* assoziiert, liegt denn auch nicht verkehrt: Sind Green und Ellis tatsächlich zwei sanft gewordene Senioren, so kommen diese ganz und gar nicht ausgelatschten Tennisschuhe enorm schnell, vital und sehr bluesstark dahergefedert. Die Unterstützung zweier Stücke durch Klavs Nordso, bongos, bzw. Ole Theill, tablas/perc, ist wohlkalkuliert, in den Presto- bzw. Prestissimo-Stücken liefern die Gitarristen sich ihre perkussiven Effekte, möglicherweise unbeabsichtigt, durch das Klacken der Plektronhand gegen Nachbarsaiten oder die Decken der Instrumente selber, sehr regelmäßig, nie zufällig wirkend – das

Ganze eine wirklich erstaunliche Entdeckung und eine allemal würdige, professionell ebenbürtige Nachfolge für das erste akustische Fusion-Trio, das, so McLaughlin, keine Pläne für neue Aufnahmen in den Schubladen hat: Sie produzieren solistisch mehr als genug...

»16 Takte unbedingt wie Charlie«: Die Multis

Die ersten mehr als zwei bzw. drei Gitarren umfassenden Gruppen in den USA sind heutzutage offenbar auch Fachidioten nur vom Namen her und der Tatsache bekannt, daß in ihnen Al Hendrickson (*1920) mitgespielt hat, in dessen Zusammenhang die »Guitars Inc.« und die »Guitars Unlimited« immer wieder auftauchen (und seltsamerweise bei keinem anderen seiner Kollegen). Was den Namen letzterer Gruppe angeht, steht Konfusion ins Haus. Denn 1977 stellte sich wiederum eine Spielvereinigung namens »Guitars Unlimited« mit ihrem Album *The Guitar Session*[273)] vor, deren Mitglieder **Jay Berliner** (*1940), **Richard Resnicoff**, Jean Toots Thielemans und Gene Bertoncini waren und für die Berliner wie Bertoncini wahlweise akustisch oder verstärkt auftraten – im Rahmen einer viel größeren Gesamtmannschaft mit Frank Wess und Seldon Powell, Mario Riveria und Joe Newman, Roland Hanna, George Duvivier und Richard Pratt. Gottlob geschieht auf dem Album, dank der Größe der Gesamtband, so gut wie nie das frustrierende Mit-, Unter- und Übereinander aller Gitarren in rhythmisch präziser Gleichschaltung: Die Bläser lockern auf, die Gitarristen können weitgehend Chorusse improvisieren, Zusammenspiel kommt fast linear und in Duo-Form vor. Das kanadische Quartett wurde erwähnt, kann aber nur zu einem Viertel als Jazz-Ereignis gehört werden, dank Bickert. Die japanische Formation »Super Guitar Fusion« hört sich abenteuerlicher an, als sie es ist. Gleichwohl bieten **Shoji Yokouchi**, **Sadanori Nakamure**, **Toru Konishi** und **Takao Naoi** (Rhythmus: Kunimitsu Inaba, b, Hajime Ishimatsu, dr, Yoshinori Nouimi, perc) auf ihrer LP *aranjuez*[274)] in Standards wie »Whisper Not«, »Django«, »Satin Doll«, oder »Stompin' At The Savoy« auch nur in ihren Themenbearbeitungen *close harmony*-Tuttispiel, gehen dann aber absolut konkurrenzfähig in die jeweiligen Solo-Chorusse hinein.

Ebenso problematisch wie in Sachen Hendrickson und »Guitars Inc.« bzw. »Guitars Unlimited« steht die Sache mit den fünf Gitarristen, die sich unter Jack Marshalls Leitung zu dem Album *The Four Freshmen and Five Guitars* 1959 zusammentaten: Man kennt immer nur Jack Marshall – und wird den Verdacht nicht los, daß Marshall, der, wenn er denn hier mitgewirkt hat, elektrisch spielt, womöglich alle fünfe beisammen hat – in Personalunion. So jedenfalls hört es sich an – der einst geliebte, heute gefürchtete *close-harmony*-Klang mehrerer Gitarren. Für den hatte vor allem Marshall in weit konsequenterer

»16 Takte unbedingt wie Django«: Die Multis

Weise als je ein Les Paul gesorgt. Er wirkt in seiner präzisen Schichtung steril und eher wie mit einem modernen Harmonizer erzeugt, jedenfalls nicht wie die Tat von fünf Gitarrespielern, deren Aufgabe hier – abgesehen von kurzen Zwischensoli, die in immer derselben Harmonisierungsweise abgeliefert werden – in der Erfüllung der Aufgabe besteht, Fills zu spielen, *throw-ins* oder *dropping bombs*, wie sie in Big Bands Bläsersektionen und Rhythmusgruppe zu übernehmen pflegen. Das klingt mechanisch, nirgends *dirty*, insgesamt eher als kunstgewerbliche Staffage denn ernst zu nehmendes Jazzgitarre-Spiel. Es gab hier und da solch massenhafte Ad-hoc-Situationen, etwa in England, wo sich schon anno 1937 in den Abbey Road Studios die damalige britische Jazzgitarren-Crème mit Ivor Mairants, **Sam Gelsley**, **Albert Harris** und **Harry Pike** zum musikalischen Gruppenbild fügte; oder Frankreich, wo sich einst **Jean-Pierre Sassoon**, **Henri Krola**, **Jean Bonnal**, Sacha Distel und Jimmy Gourley im Rahmen einer größeren Besetzung zusammengetan hatten, Mitte der 50er Jahre muß das gewesen sein und damit reichlich viel später als die Westküsten-Zusammenkunft von Arv Garrison, Barney Kessel, Irving Ashby und Gene Sargent. Die hatten damals schon für das Tops-Label ihre »Five Guitars in Flight« aufgenommen. Der Titel war, natürlich, ein Memoriam für Christian und sein »Solo Flight« mit Goodman. Und der Fünfte im Bunde war jener Mensch, der sich wie kein anderer in die Tüftelarbeit für gitarristische Jazz-Großunternehmen hineinwühlen sollte – **Trefoni Rizzi** (*1923), in dem Jahr der »Flight«-Aufnahme selbst erst 23 Lenze jung und, wie es scheint, schon damals auf die »Fünf« abonniert. Dabei war er als Steppke niemand gewesen, dem die Gitarre von vornherein in die Hände gefallen wäre. Elf Jahre hatte er die Violine studiert und gespielt und war dann noch auf Trompete umgestiegen, bevor er endlich zur Sache kam; das war vor seiner Militärzeit. Und als der Soldat Rizzi sich wieder in einen Zivilisten verwandelt hatte, kurz nach Kriegsende, spielte er in Big Bands, die es ihm offenbar nachhaltig eingaben – Conrad Gonzos, Louis Bellsons, Les Browns und Boyd Raeburns unter anderen. Wie so vielen anderen erging es dann auch ihm: Er landete im Sender NBC, offenbar so etwas wie ein nicht zu sättigender Schwamm speziell für Gitarristen, wenn sie denn so vielseitig begabt waren, wie Rundfunkarbeit das erforderte. Er war es, seine späteren Platten zeigen das, *Disco Pacific* hieß eine (Outstanding Records, o. Nr.); eine andere plinkte Jan & Dean mit der notorischen Beach-Boys-Happiness von Sonne, hübschen kalifornischen Mädchen und dem Glück des Surfens hinterher (*Surfin' Pacific*, selbes Label, o. Nr.). Dann holten ihn auch Film und Fernsehen; aber alles das vermochte ihm seine Liebe zum Jazz wohl doch nicht zu rauben, speziell die zu Christian. Und so konnte es nicht verwundern, daß Rizzi, der es mit 50 Lebensjahren erst recht mit der Fünf hatte, 1975 auf Milagro 1000 nach knapp einjähriger Vorarbeit und mehreren Jahren einer mysteriösen Krankheit, die man *writer's cramp* oder Schreibhemmung nennt, seine Wunschplatte vorlegte – *Tony Rizzi & his Five Guitars plus Four plays Charlie Christian:*[275] ein veri-

Duos, Trios und mehr

tables Mammutunternehmen, auf 16 Spuren aufgenommen, sieben der Titel in einem Durchgang und nur 32 Takte von »A New Baby« aus dem ersten Take in den zweiten übernommen und – Ton für Ton neu harmonisierter Christian. Ihm zur Seite saßen **Tim May**, ein Mann, der schon damals eher mit Rock'n'Roll denn Jazz assoziiert wurde, dann **Mike Rosati**, der gute, alte Western-Swing-Heros Jimmy Wyble und Grant Geissman, der ungefähr zur gleichen Zeit sein bislang einziges Album unter eigenem Namen für Concord eingespielt hatte. Mehrere Monate lang hatte Rizzi Gitarrenkollegen zum Proben eingeladen und wieder zur Tür hinausgeschickt. Mit der definitiven *troupe* übte er dann, nur die Gitarristen unter sich, seine neu erstellten Partituren mit den Christian-Originaloberstimmen ein. Was als *rehearsal band* begonnen hatte, als reines Studioprojekt, gedieh in diesem halben Jahr zur ausgewachsenen Live-Band, und so folgten vor der Aufnahme binnen eines Jahres etliche Auftritte, im Donte's, im Le Clos, in Hungry Joe's, wie John Perett im Covertext berichtet. Die Gruppe swingt, Jack Marshalls *close-harmony*-Asepsis ist weitgehend bewältigt, Rizzis *five-part-harmonies* sind, zumindest das, interessanter, und selten nur lauert die Gefahr des oft klumpigen klassischen Zupforchester-Klangs. »Ich dachte, diese [Christians originale] Soli waren an sich schon dermaßen stark, daß ich sie in jedem Falle zunächst mal übernehmen wollte«, hatte er damals das Christian-Projekt kommentiert:

> Also notierte und arrangierte ich seinen Chorus voll aus und brachte ihn in 32 Takte. Ich hab' mich da ziemlich 'reingekniet, die zweiten 16 Takte unbedingt wie Charlie und keinesfalls wie Tony Rizzi klingen zu lassen... Ich weiß ganz genau, daß eine Komposition aus einem Guß sein muß, wenn sie eine geschlossene Einheit bilden soll; sie muß innere Bezüge, Verwandtschaften haben. Eine Möglichkeit, die zu bekommen, ist die Phantasie. Sagen wir mal, wir haben eine thematische Entwicklung von nur zwei Takten. Also kann man diese beiden Takte beim Weiterschreiben variieren, ohne daß man die originalen Ausgangstakte aus dem Ohr verliert. Indem ich dann also 16 Takte an Charlies Soli anfügte, versicherte ich mich immer wieder, daß man beim Hören meiner Intervalle ganz leicht Rückschlüsse auf Charlies erste beide Takte ziehen kann. Ich habe also nicht einfach nur abgekupfert, was er gemacht hat, sondern versucht, es wie eine natürliche Entwicklung wirken zu lassen.[276]

Daß er nach dem CC-Erfolg mit der gleichen Fünfer-Gruppe dann die beiden erwähnten kommerziellen Alben aufnahm, wird man beim Hören des ersten in toto verzeihen; im übrigen blieb es nicht dabei, die Five Guitars nahmen sich dann auch noch *Charlie Parker* vor. Diese Unternehmung dann machte aber endgültig deutlich, was das Handicap dieser Schreib- und Spielweise im besonderen und eigentlich aller Viel-Gitarren-Besetzungen ganz allgemein ist – die schon im *Gitarrenbuch*[277] notierte Leblosigkeit, die auch dem Rezensenten Don Menn aufgefallen war: »Ein kleiner Verlust: Da alle Gitarren gleichwertig abgemischt wurden, fehlt jener so vertraute, plötzliche Schock, der sich von einer Sologitarre wie derjenigen Christians dann einstellt, wenn sie mit all ihren vertrauten und wunderbar improvisierten Linien durch eine ganze Klangwand

»16 Takte unbedingt wie Django«: Die Multis

anderer Instrumente hindurchbricht.«[278] Ebendies ist es: Gitarren-Monomanie in allen Ehren; nur – Improvisationsfreiräume muß sie denn doch garantieren können. Und, wenn möglich, Kontraste. Und die werden durch *andere* Instrumente geliefert – oder durch akustische. Genau das war der Grund dafür, daß dem »Summit« mit McLaughlin, DiMeola und de Lucia die Spontaneität immer gewahrt blieb: weil sie auf ihren Gitarren unterschiedliche Sprachen vermittelt haben, die zu Dialogen, zu Trialogen führen konnten und nicht – wie auch bei den Great Guitars – zu einhelligem spielerischen Kopfnicken in Richtung auf den einen Mann, eben Christian.

In diesem Zusammenhang sei nochmals kurz Jeff Richmans Gitarristen-Versammlung erwähnt, die sich für das Titelstück der angesprochenen LP *Fingerpaints* zusammentat und in dem Richman selbst der Reihe nach alle anderen Kollegen – Silveira, Mike Stern, Wayne Johnson und Scott Henderson – der Reihe nach mit Rhythmus versorgt und am Ende etwas herausgekommen ist, das durchaus etwas Ähnlichkeit mit Quincy Jones' »Guitar Blues Odyssey – From Roots to Fruits« mit Toots Thielemans, Eric Gale, Jim Hall und Joe Beck hat,[279] indem es stilistisch allerlei Jazzgitarren-Historie Revue passieren läßt.

Einiges läßt die Vermutung zu, daß unsere gallischen Nachbarn ein ganz besonderes Faible für möglichst viele Gitarren auf einem Haufen hegen. Zumindest wird das durch drei Alben gestützt. So ließ im selben Jahr, in dem Tony Rizzi mit seinen Mannen das Christian-Album vorbereitete, in Frankreich **Pierre Laurent** vier oder auch fünf Kollegen um sich sein, um Django Reinhardt gleich potenziert zu huldigen, mit einer LP namens *Django's Dream,*[280] auf der er es ganz genauso machte wie in den USA Trefoni Rizzi aus L.A., und nichts wies darauf hin, daß einer vom anderen gewußt hätte. Es ist gediegenes Handwerk mit ein wenig romantisierendem Einschlag, Django in die 70er versetzt, aber auch geglättet zu freundlichen Gefälligkeiten, nicht mehr, nicht weniger.

Der letzte französische »Fünfer« nannte sich ein Doppelalbum lang 1975 »Les Guitars Unlimited« und war damit die dritte »Unlimited«-Variante. Die hatte sich ein Jahr nach Laurents Platte und im Erscheinungsjahr der ersten Rizzi-LP zusammengefunden und für ein Doppelalbum mit dem schlichten Titel ihres Gruppennamens auf Barclay 80927/28 insgesamt 28 Titel von Heftis »Fantail« über »Nuages« und Dukes »Cottontail« bis zu Giuffres »Four Brothers«, »Django«, Raskins »Laura« und Horace Silvers »Opus De Funk« aufgenommen, späte Swing-, Reinhardt- und stilechte Bop-Titel also. Die Gitarristen waren **Francis Lemaguer**, **Pierre Cullaz**, **Raymond Gimenez**, **Victor Apicella** und der Initiator und Motor des Ganzen, **Tony Rallo**, und diese muntere Gemeinde musizierte mit einer Auswahl von Sidemen – René Urtreger, Raymond le Sénéchal, Jacques Denjean, Maurice Vandaire oder Georges Arvanitas, jeweils p, am Baß entweder Paul Rovere, Gilbert Rovere, Guy Pedersen oder Pierre Michelot und an den Trommeln Frank Houplain oder André Arpino –, und sie haben eigentlich mit ihrem Rezept, die Titel durch zuviel *stretching-out*-Spiel den bekannten Risiken für das Arrangementsverfahren auszusetzen, sehr genau getroffen, wenngleich das Ganze natürlich doch auch das Ambiente der Häppchen-Kultur reflektierte. Themen, kurze Soli, wenig sterile *close harmony* und dazu die willkommene Prise französischer Ästhetik plus Charme auch in schnellen Bop-Titeln: Ein Spaß eher und womöglich auch als solcher gemeint, ein reizvoller klingender Bilderbogen für fünf Gitarristen, die Gott in Frankreich sei's gedankt, nicht nur handwerklich brillieren wollten.

Und nochmal Heiner Franz: Der hat, gemeinsam mit Louis Stewart, das Projekt eines European Jazz Guitar Orchestra ausgetüftelt, das Anfang 1993 mit einem Konzert im Saarbrückener Schloß eingesegnet und sich nach seinem Live-Debüt und der Aufzeichnung durch den Saarländischen Rundfunk auch auf Platte vorstellen wird – eine erste tatsächlich internationale gitarristische Jazzvereinigung, der neben Franz und dem Iren Stewart der in Dänemark lebende Jimmy-Sprößling Doug Raney, der mit Multi-Gitarrengruppen erfahrene Franzose **Frédéric Sylvestre** (*1953) und der Holländer **Maarten van der Grinten** (*1963) angehören werden.

Zwischendurch wieder mal zurück in die Staaten. Al Caiola und Rücksprung in den Anfang der 60er Jahre. Damals hatte der Studio-Tausendsassa mit dem Hang zu einem Spiel, das chronisch dermaßen »chemisch« gereinigt wirkt, als hätte er die ganze Seele mit hinausgespült, allerdings diesmal nicht dem leichtgängigen Pop-Genre gefrönt, sondern lauter hochkarätige Jazzgitarristen um sich versammelt – Allan Hanlon, Don Arnone, Tony Mottola, Artie Ryerson und **Al Cassamente** –, die dann auf dem Album *Guitars, Guitars, Guitars* in Caiolas Auftrag das taten, »was ich immer die gute, alte Bratkartoffelmasche des Arrangierens genannt habe... [Wir nahmen uns] die originalen Orchestrierungen vor, die von den berühmten Dance Bands früher gespielt worden waren, und schrieben sie ganz für Gitarren um. So hatten wir dann eine Gitarren-Saxophon-Section, eine Gitarren-Posaunen-Section und so weiter. Alle Parts waren, wie gesagt, für Gitarren umgeschrieben, aber... so, daß sie wie die Originalinstrumente klingen sollten. Dann nahmen wir Section für Section auf: Erst nahmen wir also die sogenannte Sax-Section mit fünf Gitarren auf, dann kamen die anderen Bläsersätze dran... Als wir die Sax-Parts machten, dämpften wir unsere Gitarren ab, um diesen typischen warmen Sound zu kriegen. Dann wurde Rhythmus dazugegeben, das Ganze überdubbt, und was am Schluß 'rauskam, klang wirklich ganz toll.«[281] Caiola hatte Übung: Gerade zu jener Zeit war er mit der Herausgabe der *Living-Guitar*-Serie bei RCA/Camden beschäftigt, »für die ich meinen typischen E-Gitarrensound einsetzte; und hin und wieder benutzten wir sogar fünf elektrische und vier Konzertgitarren.« Die Zitate sprechen für sich, und man wird das Gefühl nicht los, daß die überwiegende Mehrzahl dieser Multi-Unternehmungen einer Experimentierfreude entsprang, die sich noch immer aus der Tatsache speiste, daß die Gitarre auch im Jazz als ver nehmliche, sozusagen emanzipierte Stimme im Reigen der Instrumente noch jung war. Heutzutage wären solche Spielereien von Caiola über Marshall bis zu Rizzi und den Franzosen kaum noch denkbar. Die Gitarre hat solche kompensatorischen Ausflüge längst nicht mehr nötig. Sie ist das populärste Instrument der ganzen Welt geworden. Trotzdem noch – die Krönung der Einheit in Vielheit: Lieferant der Krone ist ein französischer Literaturprofessor namens **Gérard Marais** (*1945), der sich 1971 von seiner Uni freigeben ließ, um mit Michel Portal Aufnahmen zu machen – Jazz, versteht sich. Danach ging er nicht mehr ins Literaturseminar zurück, sondern blieb bei seiner Archtop, mit der zusammen er zehn Platten aufnahm, darunter ein Gitarrenduo mit dem sehr bekannten **Raymond Boni**,[282)] bis er seine BBG gegründet hatte. Und das ist keine Partei oder Gewerkschaft, sondern die »Big Band de Guitares«, mit der er (auf MFA OMD 519) 1984 eine LP einspielte. Die Gitarristen um Marais waren wiederum Boni, dann **Claude Barthélémy, Philippe Deschepper** und **Philippe Gumplowicz, Jacques Panisset,** Frédéric Sylvestre, **Benoît Thiebergien** und der Engländer **Colin Swinburne** – eine feine Gesellschaft, in der Tat, die beste Garnitur, sah man ab von dem schon auf gepackten Koffern sitzenden Elek Bacsik mit dem Flugticket ins ergiebigere Vegas in der Faust. Sylvestre und Boni sind dabei die vertrautesten Namen zur Zeit, sieht man wiederum ab von den schon behandelten und noch zu nennenden, vor allem jüngeren und moderneren Franzosen, Escoudé oder Caillat beispielsweise. »Was mich interessiert, ist die Schaffung eines spezifischen Sounds, eines Gitarrensounds«, sagt Marais zu dem Projekt. »Die Zusammenstellung der Big Band bot die Chance, Musiker mit völlig unterschiedlichen Hintergründen zusammenzubringen, die, auf ersten Blick, kaum interessiert schienen, in derselben Band zusammenzuspielen.« Und: »Die Big Band liefert eine Plattform nicht nur für meine Liebe zum Schreiben und Arrangieren, sondern auch für mein besonderes Interesse an extrem offenen musikalischen Formen, solchen, die Zugang zu einer großen Auswahl an Stimmen bieten.«[283)] Und tatsächlich hat Marais der Marianne alle Ehre gemacht mit dem gelungenen Versuch seines Konzeptes, diese Riesenmannschaft so kunstvoll, interessant, unsteril und in so variierter Weise unter seinen Hut bekommen, wie es dem polyglotten Musikverständnis des BBG-Initiators entspricht. Daß das erste Stück ein Ornette-Coleman-Titel ist, bestimmt die Marschrichtung. Und die führt schnurstracks an sämtlichen ausgelatschten Pfaden vorbei, temperamentvoll und französisch unbefangen, formbewußt, aber immer quietschlebendig. Außer dem »Lonely Woman« sind alle Titel auf Gérards Partiturbögen gewachsen – vielschichtige, durchweg anspruchsvolle komplexe Gebilde, mal von ätherischer Zartheit, mal von bluesrockiger Härte und nirgends vorhersehbar. Und damit ist die BBG das modernste Gitarrenensemble überhaupt. Und es ist eines der besten. Vom Erscheinungsjahr 1984 bis heute haben die acht Stücke nichts verloren von dem, was sie für das moderne Ensemblespiel noch immer zukunftsweisend sein läßt. Titel wie das bopartig ver-

Duos, Trios und mehr

schachtelte Themenungeheuer »Sagittaire (Zodiacal Memories)« oder »BBG« sind raffinierte Schöpfungen eines wirklich alternativen Schädels. Viel Impro-Freiraum kann da natürlich nicht bleiben – sieht man ab von dem klugen, völlig freien Dialog Marais/Boni in »Sagittaire«, einem bemerkenswerten Türöffner ins nicht immer a priori zugängliche Reich des *free jazz*. Aus dem Raum kehrt die Truppe immer wieder rechtzeitig zurück – Marais' Einzelsoli nach kurzem Break im »Schützen« ist heißer, schneller, technisch superber *modern jazz* vom Besten. In den anderen Stücken vermißt man die Improvisationen jedenfalls nicht: Geschrieben hat Marais mit so lockerer Hand – das Thema des letzten Stücks, »Régime sans Celte (The Flying Scotchman)«, hat alles Zeug zum modern-Ohrwurm –, aber auch immer wieder schwierig zu spielende Thementeile, *bridges*, Tempiwechsel und so fort, und umgesetzt ist das alles zudem mit einer kongenial elastischen Rhythmusgruppe (Jean-Luc Ponthieux, b, Jacques Mahieux, dr) und so fort, daß Monotonie oder der Eindruck von Leblosigkeit nirgends aufkommen kann, auch nicht in den – seltenen und immer nur kurzen – Tutti. Allons, enfants: Ein würdiger Abschluß des »Multi«-Themas.

Die Neuerer: Vom Bop zur Fusion

Noch fünf ältere Herren

Nein, sie sind keine Revolutionäre, die dem Januskopf kurzerhand den Rück-Blick versagen, diese fünf, sondern allesamt ebenfalls Charlie Christians Nachfolger und damit auch nicht gerade Avantgardisten. Trotzdem – Neuerer sind sie. Denn sie haben das musikalische Vokabular der Jazzgitarre bereichert, sei es durch die Assimilierung heimisch-amerikanischer Jazzstile und noch weitgehend als »exotisch« verstandener Musizierweisen; sei es durch neue Spieltechniken; oder sei es durch eigene intellektuelle Substanz, die Wahl des besonderen Ausdrucks. Die Vielfalt der Jazzgitarren-Stile ist dermaßen groß, das Selbstverständnis der Gitarrera dermaßen gesund geworden schon in der ersten Generation nach Goodmans schwarzem Liebling der Jazznation, daß das Instrument kaum noch bezogen wird aufs Saxophon oder auch das Klavier. Die Spieler erweitern nun das Ausdrucksspektrum der Gitarre selbst, sie benutzen sie nicht mehr in ersetzender, sondern in der Weise, die aus dem Instrument herausholt, was es an Potenz selbst zu bieten hat: Die Jazzgitarre wird mit sich selber identisch, sie hat es nicht mehr nötig, anderen Instrumenten hinterherzuschmulen. Höchstens bedient sie sich noch entlehnter Spielweisen, aber nun nicht mehr, um etwa eine Wirkung zu rekonstruieren oder zu duplizieren. Sie ist sie selbst geworden, und nicht selten – läßt man die computerisierten, die MIDI-Interface-Techniken beiseite, die schließlich und endlich den entscheidenden Schritt zur oft mystifizierten »Klavierwerdung« zu ermöglichen scheinen – zielen nun andere Instrumente aufs Gitarristische, weil man der enormen Popularität der Gitarre in allen Musikbereichen zusammengenommen ganz gern Rechnung tragen möchte, um sich seinen Platz in der musikalischen Gegenwart abzusichern.

Der älteste unter ihnen ist **Laurindo Almeida,** 1917 in Sao Paulo in Brasilien geboren als Sohn einer Konzertpianistin, die aus dem Sproß liebend gern ebenfalls einen Klavierspieler gemacht hätte. Der aber vernarrte sich derart in Schwester Marias Gitarre, daß schon wenige Jahre später für alle Welt feststand: Laurindo ist eine exzeptionelle Gitarren-Begabung. Mit 19 dampfte er auf dem Schiff »Cuyaba« nach Europa, und dort sammelte er auch seine ersten Jazzeindrücke – vor allem Django Reinhardt im HCdF. Er kehrte zurück, siedelte nach Rio de Janeiro über, wo ihm der Sender Radio Mayrink Viega die Position des Hausgitarristen und Chefarrangeurs übertrug. 1944 galt er als einer der unbestrittenen Gitarrenmeister in Brasilien, und drei Jahre später ließ er sich in den USA nieder, wo er für die Filmindustrie und mit der klassischen Violinistin Elizabeth Waldo arbeitete. Durch sie wurde Stan Kenton auf ihn aufmerksam und holte ihn in sein Orchester, mit dem er 1948 im Opernhaus von Chicago vor 20000 Zuhörern Pete Rugolos »Lament« und im selben Jahr in New Yorks Carnegie Hall seine Eigenkomposition »Amazonia« aufführte, woraufhin *Down Beat* den bis dato in Amerika völlig unbekannten Gitarrero im Leser-Poll auf Platz drei brachte. 1950 verließ er Kenton wieder, zog an die Westküste, arbeitete in den Studios und trat mit seinem eigenen Trio auf. Wenig später traf er den Flötisten/Saxophonisten Bud Shank, mit dem er – einmal im Quartett mit Harry Babasin, b, und Roy Harte, dr, und dann mit Gary Peacock, b, und Chuck Flores – die historischen Platten aufnahm, die unter dem Sammeltitel *Brasiliance* mehrere Male wiederveröffentlicht werden sollten, auf CD als *I* (World Pacific 7963392) und *II* (7961022) – das buchstäblich erste Mal, daß auf der Gitarre nordamerikanischer Jazz mit dem brasilianischen Folk-Erbe verschmolzen wurde. »Ich bin kein Jazzgitarrist«, sagte er 1958 John Tynan von *Down Beat*, »sowieso nicht, soweit die elektrische Gitarre gemeint ist. Ich mag Jazz sehr, aber ich glaube, daß er mehr auf dem Instrument leisten kann, wenn ich meinem eigenen Stil treu bleibe. Verstehen Sie – ich empfinde nicht den Stil eines, sagen wir, Barney Kessel oder Johnny Smith; also hätte es keinen Sinn, so wie sie spielen zu wollen.«[284)] Almeida wurde bald der Spezialist nicht nur für die Einführung von ihm für sein Instrument sorgfältig, lupenrein und immer ästhetisch unwiderstehlich schön und von seltener Klangfülle des 6saitigen Konzertinstruments arrangierter Motive seiner alten Heimat, sondern eben auch für außerordentlich voll harmonisierte Jazztitel à la »Speak Low«, »Stairway To The Stars« oder, noch Ende der 50er, seine Version des »Tea For Two«, mit der er Amerika verblüffte: Klassiktechnik, Jazzharmonisierung und wundervoller Swing funktionierten gemeinsam, wie man sie so noch nirgends gehört hatte!

<small>Im Falle des sogenannten Samba-Jazz ist vielleicht das wesentlichste Element der Entwicklung das Harmonische. Die alten Harmonien, wenn wir sie mal so nennen wollen, nährten sich von der klassischen Tonika Dominant-Methode. Die neue Harmonie verfügt über eine reichere Palette an Farben. In Brasilien gab es eine Reihe großer Komponisten im eher klassischen Sinne. Zwei, die mir einfallen als wichtige Einflüsse für mich selbst und andere brasilianische Komponisten sind Ernesto Nazareth und Ary Baroso. Sie hinterließen eine Fülle schöner Musik in der formaleren Kompositionsschule... Nach meiner Auffassung war es Radamés Gnáttali, der den Trend hin zur modernen brasilianischen Popularmusik begründet hat...[285)]</small>

Almeida war zum Synonym hoher, sensibler Musikalität geworden, zum sauberen Spieler schlechthin, dessen Kunst stets eine Wärme ausstrahlte, wie sie das elektrische Instrument natürlich nicht zu transportieren vermochte.

Noch fünf ältere Herren

Laurindo Almeida, der erste Brasilianer in den USA, der Doyen der mit klassischer Technik gespielten Jazzgitarre. Er, nicht Charlie Byrd, schuf die Voraussetzungen für die Akzeptanz südamerikanischer Einflüsse im Jazz. Seine frühen Platten mit Bud Shank haben Modellcharakter behalten. Auf dem Foto noch erkennbar ist das »Cutaway«: eine kleinere konvexe untere Schulter

Mitte der 60er Jahre spielte das Modern Jazz Quartet mit ihm unter anderem Teile des klassischen Rodrigo-Schlachtrosses *Concierto de Aranjuez* – das inzwischen, sehr frei und zum Graus orthodoxer Klassiker, die auch vor einem Vivaldi geigenden Nigel Kennedy Reißaus nehmen, sogar von Paco de Lucia aufgenommen wurde – auf Platte und einer weltweiten Tournee und traf sich mit ihm im Mai 1992 erneut, zu einer Japan-Tournee; weitere Reminiszenz an frühere Zeiten: Almeidas Spiel mit Ex-Kollegen aus der Kenton-Band im Juni 1992. Ende der 60er legte er sein ihm von dem erwähnten Brasilianer Radamés Gnáttali komponiertes *Concerto de Copacabana for Guitar and Orchestra* zusammen mit seinem selbst schon 1956 verfaßten *Concertino for Guitar and Piano* vor;[286)] dann probierte er sich im Duo mit Ray Brown in einer *Moonlight Serenade* aus, die, mit Monks »Round About Midnight« verschmolzen, mehr recht als schlecht unmittelbar Klassisches bzw. Brasilianisches mit Browns Nordamerika zu verbinden trachtete.[287)] Dann, wie kann es anders sein, gelangte auch er zu Concord, wo er zunächst Platten wie die sehr schöne, klein besetzte LP *Chamber Jazz*[288)] aufnahm, im Trio mit Bob Magnusson, b, und Jeff Hamilton, dr, mit sanften Bach-, Debussy-, Chopin und Nazareth-Paraphrasen. Zwischendurch legte er mit *Laurindo Almeida – Virtuoso Guitar* auf Crystal Clear Records seine erste Direct-To-Disc-Aufnahme vor,[289] und durch ihn kam sogar ein Komponist zu ganz neuen Ehren, dessen sich Gitarristen allgemein und Jazz- oder jazznahe Gitarristen bislang gar nicht angenommen hatten – Wolfgang Theophilus Mozart:[290]

Notenbeispiel 13: »Mozart in Samba Motion«, © Brasiliance Music 1984

Der bisherige Höhepunkt seines Schaffens als Interpret und Komponist ist jedoch ganz gewiß das wiederum bei Concord 1979 erschienene *First Concerto for Guitar and Orchestra*, ein auf der schönen Julius Gido mit dem asymmetrischen konvexen Cutaway gespieltes 22 Minuten währendes viersätziges Werk, am 24. April des Jahres uraufgeführt unter Elmer Ramsey – Frucht zehnjähriger Arbeit, die begonnen hatte »mit Vivaldi im Kopf«, aber dann noch eher in Gnáttalis, Gershwins und *jazz country's* Nachbarschaft endete. »Ich wollte mich an die Regeln halten, aber aus irgendwelchen Gründen gingen sie mir verlustig und spielten ein bißchen verrückt«, kommentierte er das Unternehmen, dessen Rückseite ein weiterer Gnáttali für Gitarre und Streicher und Almeidas 1949er »Lobiana« für Gitarre und Streicher zieren.[291] Almeida hat wie niemand vor ihm Jazz und klassische Spieltechnik miteinander verwoben, zu einer Assimilation, die mit dem Namen »Samba Jazz« nur sehr grob faßt, was die Größe und den Charme dieser Musik ausmacht.

»1961 lud das Außenministerium Charlie und sein Trio auf eine musikalische Goodwill-Tour durch Lateinamerika ein. Er nahm an, und die Reise wurde zu einer Liebesaffäre, die bis auf den heutigen Tag lodert – die zwischen Byrd und lateinamerikanischer Musik. Als er zurück war, tat er sich mit Stan Getz zusammen, um *Jazz/Samba* zu machen, das Album, das ›Bossa Nova‹ zu einem Begriff machte«, schreibt Jim Hatlo über **Charles L. Byrd** (*1925 in Chuckatuck, Virginia), denjenigen Gitarristen, der im Zusammenhang mit Laurindo noch immer als erster genannt zu werden pflegt:

> Vielerorts wurde Charlie fälschlich als der Erfinder des Bossa Nova apostrophiert. Der tatsächliche Ursprung der Musik ist ungeklärt, doch einem allgemein akzeptierten Bericht zufolge wandte sich Mitte der 50er Jahre Laurindo Almeida (ein Brasilianer), der zu jener Zeit fast ausschließlich klassisches Material aufnahm, an den amerikanischen Flötisten Bud Shank, weil er mit ihm ein Album aufnehmen wollte, das brasilianische Sambas mit amerikanischem Jazz vereinen sollte. Die so entstandene LP fand ihren Weg nach Brasilien, wo sie eine neue Generation brasilianischer Musiker anregte. Sie begannen mit ihren eigenen Experimenten über das Konzept, und zu der Zeit, als Byrd dort eintraf, war ein neues Genre bereits erblüht. Wie ein musikalischer Schwamm nahm Byrd es auf und brachte es zurück in die Staaten.[292)]

Und wenn es auch so war, daß Ende der 40er Jahre Charlie Byrd, der ungefähr Mitte 20 war und – Sohn eines Multiinstrumentalisten mit besonderem Hang zur Mandoline! – also schon zehn Jahre Gitarrenpraxis hatte, durch eine Begegnung mit dem Nylonstringjazzer Bill Harris darauf kam, daß die E-Gitarre *nicht* sein Leib-und-Magen-Instrument war, so gebührt ihm doch das Verdienst, nun die Spieltechnik, die vor allem von Almeida herübergekommen war, so tief in den von Christian herstammenden Jazz verpflanzt zu haben, daß es eben auch *Jazz* wurde. »Meine Eltern ermutigten mich zum Üben – bis ich besessen davon war. Ich nenn' das auch nicht Üben. Ich habe einfach nur sehr viel gespielt. Mein Vater spielte Country oder Bluegrass – obwohl man es damals nicht ›Bluegrass‹ nannte; aber seit ich 13 war, war ich mehr an Jazz interessiert...«[293)]

Und das war im Prinzip Christian-Feeling auf die Fingerstyle-Gitarre transponiert. »Meine Bewunderung für Charlie Christian ist bedingungslos«, sagte er. »Aber ich habe den Eindruck, daß sein früher Tod dazu geführt hat, ihn mehr zu vergöttern als das *Œuvre*, das er hinterlassen hat. Bitte, das soll nicht bedeuten, daß ich Charlie Christians Bedeutung schmälern will. Aber es geht nur so, wenn man verhindern will, daß man anderen großen Musikern, die lange genug für ihre Fehler wie ihre Tugenden gelebt haben, ungerecht gegenüber wird, wie Wes Montgomery.«[294)] Auf Harris' Rat hin ging Charlie zu dem großen Sophokles Papas in Washington in die klassische Lehre, und Washington sollte dann auch sein Domizil bleiben. Begonnen hatte er wie gesagt elektrisch, in einer Dance Band am Virginia Polytechnikum; dann tourte er mit einer Army-Band unter Marty Faloon auch in Europa, wo er Reinhardt traf, der ihn zum Jammen lud und Byrds bohrende Selbstbefragung »Jazz oder Klassik?« zugunsten des ersteren entscheiden half. Charlie hatte bei Chick Webb gespielt und bei Joe Marsala; aber als er dann bei Papas lernte, zusätzlich noch Theorie und Harmonielehre bei dem hochangesehenen Musikologen Thomas Simmons belegte und 1954 mit Hilfe eines Stipendiums ein knappes Jahr bei Segovia im norditalienischen Siena studieren durfte, war es aus mit dem Plektron. Die einzigen verstärkten Aufnahmen Byrds mit einer Non-Cutaway De Angelo und Gibson-Verstärker befinden sich meines Wissens auf der Quartett-Rückseite der fulminanten Trio-*Blues Sonata* vom Oktober 1961 – kräftig akkordische Standards wie Duke Jordans »Jordu« oder »Alexander's Ragtime Band«, sehr *laid-back*, mit vielen *slurs* und schönsten Backbeats, aber auch *ohne* Plektron gespielt, weich, sehr legato. »Ich habe aber nie versucht, eine Synthese zwischen Jazz und Klassik im Mainstream moderner Musik herzustellen«, sagte er 1972, »weil ich das Gefühl hatte, daß dann entweder das eine oder das andere geopfert werden würde. Und darum halte ich die beiden immer gut auseinander, auch wenn ich weiterhin Bach und Blues im selben Programm spiele. Die technische Leichtigkeit, die man durch das klassische Spiel erwerben kann, kann der Qualität einer Jazzinterpretation ohne Plektron und Verstärker doch nur förderlich sein.«[295] »Charlie Byrd spielt die ganze Gitarre, so wie Dick McDonough es machte. Eddie Lang war ein Singlestring-Mann, Carl Kress liebte Akkorde, und McDonough machte beides. Beispiele von allen dreien sind im *Thesaurus of Classic Jazz* enthalten. Ohne sie zu imitieren (es sei denn, er will das), echot Charlie in seinem Spiel alle drei – zuzüglich George Van Eps, Django Reinhardt, Charlie Christian, Andrés Segovia und Nashville. Er erkennt keine Grenzen an. Er erkennt Territorien an. Er sieht sich selber als Bürger eines jeden«, schrieb Willis Conover in seinem euphorischen Covertext zu Byrds erster Platte, der schon Ende der 50er erschienenen *Guitar Artistry of Charlie Byrd*, einem triumphalen Durchbruch, der ihn auf einen Schlag bekannt und berühmt machte, so berühmt jedenfalls, daß das US-Außenamt dem Trio eine Südamerika-Tournee spendierte – der Anfang einer lebenslangen heftigen Affäre mit Brasiliens eigener Musik, von der er auf fast unzähligen Platten immer wieder Zeugnis abgelegt hat, zum Beispiel auf der *Latin Impressions*, vor allem aber auf der ersten dieser Art: 1962, wieder zurück aus dem Süden, nahm er im Quartett mit Stan Getz die historische, noch immer hochgeschätzte *Jazz/Samba*-LP auf, die nicht wenige Vereinfacher für den Startschuß der Bossa-Nova-Welle gehalten haben. Seither hat er oftmals Platten aufgenommen, die sich »um 100 Prozent besser verkauften als alle anderer Top-Gitarristen«, wie Summerfield schrieb –Kommerziell-Leichtgewichtiges wie die auch auf Concord erschienenen Gefälligkeiten à la *Isn't It Romantic*, hinreißende Trio-Live-Aufnahmen wie *At The Village Vanguard* oder auch gelungene Experimente wie die frühe, in seinem eigenen Washingtoner Jazzklub aufgezeichnete *byrd in the wind* mit seinem Stammtrio – Keter Betts, Ella Fitzgeralds nachmaligem Baßmann, Bertell Knox, dr, –, Ginny Byrd, voc, und Holzbläsern der National Symphony Winds; das sehr frühe *Jazz Recital* solo oder mit Tom Newson, fl/ts, Al Lucas, b, und Bobby Donaldson, dr, dann auf Concord CJ 304 die erstaunlich gelungene *Byrd & Brass* mit dem Annapolis Brass Quintet, die schon 1963 aufgenommene *Byrd at The Gate* – Charlie Byrd Trio & Guests mit dem späteren Stamm-Drummer Bill Reichenbach, Clark Terry, tp, und Seldon Powell, ts, und dem wunderschönen Stück »Where Are The Hebrew Children?«. Dazu kommen die Duos mit Almeida und Ellis, die Trios mit Kessel und Ellis und etliches mehr. Zum Problem des richtigen Instruments für seine Art von »Kammerjazz« hat er sich 1981 ausführlich geäußert:

> Ich habe lange Zeit eine Fleta gespielt und habe sie noch. Und ich habe noch immer eine Hauser, die ich auch benutzt habe. Dann habe ich ein paar Ramirez-Gitarren und eine Kohno Model 30... Ich glaube nicht, daß das Problem, Jazz auf der klassischen Gitarre zu verstärken, jemals völlig gelöst worden ist. Die erste Ausrüstung, mit der ich zu tun hatte, war Star Valley Amplifiers, diese Firma in Utah. Zwei Herren, Dr. Bill Fowler und Richard Evans, entwickelten einen *transducer* aus Keramik. Dann verkauften sie den an Gibson, und Gibson brachte ein System heraus, das ich dann eine Zeitlang verwendet habe. Dann kam Baldwin mit einer kleinen Verbesserung, und ich wechselte zu denen. Alle montierten auf dem Steg, von innen her. Das bedeutete, den Steg wegzuschneiden – man konnte sie [die Transducer] nicht einfach draufkleben. Und ich habe das eingesetzt, bis Ovation mit dem heraus kam, das sie jetzt haben... [Ovation-Chef/Chefdesigner] Charlie Kaman brachte mir seine ersten Gitarrenmodelle zum Ausprobieren. Aber weil ich nicht Steelstring spiele, habe ich ihm empfohlen, zu Josh White[296] zu gehen... Die, die ich jetzt habe [eine Nylonstring Ovation], hat jetzt einen eingebauten Equalizer und einen breiteren Hals, der meinen Neigungen näherkommt...[297]

Wer ist **James Stanley Hall**, dieser eigenartig magische Egghead aus Buffalo, New York (*1930), dieser delikate, mal filigrane, mal karge Großmeister der Jazzgitarre, den man immer wieder als *den* kühlköpfigen Intellektuellen der Zunft bezeichnet? Oder als das Synonym für »Jazzgitarren-Eleganz«. Oder als den *Elder Statesman* für direkt von ihm beeinflußte Spieler: McLaughlin, Coryell, Scofield, Pat Metheny. Scofield, gewiß. Ein Satz wie: »Quartenakkorde ermöglichen es dir, dich frei in die unterschiedlichsten Beziehungen hineinzubewegen« könnte auch von diesem Virtuosen des *outside-playing* stammen.[298] Man assoziiert ihn am ehesten mit der höchsten gitarristischen Form des *cool*-Stils, aber auch ganz generell mit *modern* und, seiner Biografie nach, mit Westcoast, und »unzufrieden mit dem standardisierten Jazzskalen/Arpeggio-Vokabular hat er seinen formellen musikalischen Hintergrund in die Entwicklung von Improvisationsweisen eingebracht, die auf motivischer Entwicklung basieren«, schrieb Jim Ferguson über ihn noch Ende 1991,[298] und er hat das mit Vorliebe auf der Grundlage von Standards getan. Er sagte 1983:

> Ich glaube [ich benutze so gerne Standards als Basis zur Improvisation], weil ich mit ihnen aufgewachsen bin und sie bestens aufgebaut sind. Ein Stück wie »Body and Soul« – das ich noch immer auf meine Art zu spielen lerne – hat eine klare Kontur, mit der sich arbeiten läßt und der man verschiedene harmonische und melodische Vorstellungen zuordnen kann. Wenn man alle einschränkenden Faktoren aus der Musik nehmen würde, dann wäre das ungefähr wie Tennis ohne Netz, Court und Ball – einfach nur zwei Leute, die mit Schlägern in einem Feld stehen würden. Aus diesem Grunde ist es gut, Standards zu kennen, auch dann, wenn man aus ihnen herausgewachsen ist. So vieles an Musik heute klingt amorph – konturlos. Ich hasse es, so etwas sagen zu müssen, weil es klingt wie

Die Neuerer: Vom Bop zur Fusion

von einem alten Knochen... Die Soli vieler Leute klingen gleich. Sie spielen nämlich über die Akkorde, statt über das Stück selbst zu improvisieren. Außerdem versuche ich die Melodie so korrekt zu spielen wie nur möglich; oft genug wird eine Melodie nämlich nicht akkurat gespielt. George Shearing und ich haben... »Street of Dreams«... aufgenommen, und ich mußte meinen guten Freund [den Pianisten/Arrangeur] Bill Finnegan anrufen, um herauszukriegen, wie das Thema wirklich geht. Auch Texte können als Quelle für Improvisationsideen dienen.[299]

Auch für den Knaben Jim in *up state* New York war Charlie Christian der entscheidende Jazz-Offenbarer gewesen. Musik war überall im Hause der Halls; Großvater spielte Geige, Mutter Klavier und ein Onkel Gitarre. Mit zehn bekam er Unterricht, und als er 13 war, drückten die Leute beide Augen zu: Obwohl das Gesetzen der Musiker-Gewerkschaft derblich widersprach, spielte der Jung-Teen bald in professionellen Dance-Bands. Drei Jahre später zog die Familie nach Cleveland um. Wenige Jahre später ging er graduiert vom Cleveland Institute of Music ab und stieß auf sein zweites Standbein: die Musik Reinhardts. In Cleveland allerdings war an ein Leben vom Gitarrespielen nicht zu denken, also zog auch Jim gen Kalifornia, wo er spielend Geld verdienen und von dem Geld sein Studium an der UCLA finanzieren konnte. Er machte seinen Magister, studierte bei dem Klassiker Vicente Gómez und bekam die erste große Chance, als er Howard Roberts in Chico Hamiltons Quintett ablöste. Empfohlen hatte ihn dem Drummer, der gerade – 1958 – dabei war, seine Besetzung mit dem Holzbläser Buddy Collette, Fred Katz am Cello und Carson Smith, dr, zusammengestellt hatte, der Hornist John Grass. Er blieb 18 Monate und wechselte dann in Richtung größerer Herausforderung zu Jimmy Giuffre, mit dem er in der ungewöhnlichen Triobesetzung nur mit Ralph Peña am Baß und Giuffre an Holzblasinstrumenten spielte. Peña wurde dann abgelöst von Posaunist Bob Brookmeyer – was für ein Trio! Für Hall war das entscheidend. Giuffre liebte es, Partituren Ton für Ton auszuarbeiten, zum anderen aber auch völlig freie Formen zu probieren. Zwischendurch begleitete Jim Ella Fitzgerald durch Südamerika. Dann trat er 1959 in eine kleine Gruppe Ben Websters ein, und durch ihn kam er zu dem kongenialen Pianisten Bill Evans. Die beiden Duo-Alben *Undercurrent* und *Intermodulation*[300] gehören noch heute zu den großen Kostbarkeiten des anspruchsvollen musikalischen Zwiegesprächs, das Jim 1982 auch mit – dem zugegeben ungewöhnlicheren Partner – George Shearing zu der inzwischen vorliegenden *First Edition* (CCD-4177) suchte. 1960 war Hall wieder fest in New York, spielte im Duo mit Lee Konitz und dann in einer Gruppe von Sonny Rollins, einem Geistesverwandten: »Ich mag es, ihnen [seinen Stücken] eine

Jim Hall, der »Cool«-Maestro par excellence, mit einer seiner D'Aquistos. Am schwersten zu »kopieren«, hat sein Stil dennoch die Improvisationsweise sehr vieler Jüngerer beeinflußt – intellektuelles Spiel, auf manchen früheren Platten alles andere als »kühl«, von äußerster harmonischer Raffinesse und melodiöser Eigenwilligkeit, die wahrscheinlich John Scofield am nachhaltigsten absorbiert hat

Qualität zu geben, die auch Sonny Rollins hat – ein Stück so lange zu drehen und immer weiter zu drehen, bis man schließlich alle seine möglichen Seiten gezeigt hat«, erklärte er rückblickend dem *New Yorker* 1975. »Ich habe immer empfunden, daß die Musik, die als schwarze begonnen hatte, heute soviel meine ist wie die von irgend jemand anderem. Ich habe die Musik niemandem gestohlen – ich bringe nur etwas anderes hinein«, zitierte ihn Nat Hentoff.[301] Nach den anderthalb Rollins-Jahren kam das legendäre Quartett mit Art Farmer, flh, Jim, Steve Swallow, b, und Walter Perkins statt Pete LaRocca mit einer im New Yorker Half Note aufgezeichneten LP, auf der Jim nicht nur an sich selber gemessen den heißesten Gitarrenjazz seiner ganzen Laufbahn überhaupt gespielt – sein langes Solo in der Fassung von »Stompin' At The Savoy«, mit dem Plektron offenbar die ganze Zeit direkt über dem Hals-Pickup gespielt, ist eines der mitreißenden, treibendsten, eben: heißesten der Gitarren-Historie. In dieser Zeit allerdings geißelte auch ihn der Alkohol, und zwar so sehr, daß er sich zeitweilig völlig zurückzog, bei den Anonymen Alkoholikern Hilfe suchte und fand und die Psychotherapeutin, die ihn wiederaufgebaut hatte, zur Frau nahm. Fortan mied Jim die verführerischen Klubs, fand einen ungefährlicheren Platz in der populären »Merv Griffin Show«, nahm die zweite LP mit Evans auf, suchte rastlos nach neuen Ausdrucksweisen und fand sie in Duoauftritten mit Ornette Coleman, mit Bassist Red Mitchell und – modellhaft für spätere Formate dieser Art – mit Ron Carter. Andererseits lieferte er mit dem Album *Concierto* zum einen wunderbare Quartettmusik mit Paul Desmond, as, Chet Baker, tp, und Roland Hanna, p, zum anderen große Besetzung – Don Sebeskys Arrangement des Rodrigo-Konzerts. Dann kam die Zusammenarbeit mit dem kanadischen Bassisten Don Thompson und das auch schon legendäre Album *Jim Hall Live*,[302] der höchst bemerkenswerte Konversationen mit dem klassischen Violinisten Izhak Perlman Anfang der 80er Jahre folgten. Und schließlich landete auch Jim Hall bei Concord. »Ich springe lieber über meinen Schatten und versuche etwas Neues, statt irgend etwas zu spielen, das längst ausgearbeitet ist...Joe Pass tut, was er tut, so gut, daß ich damit nicht einmal herumspielen würde. [Montgomery] hat seine Oktaven bereits so gut gespielt. Das gleiche gilt für Jimmy Raney, einen meiner besten Freunde. Ich habe nie versucht, wie er zu spielen, weil es nicht besser geht. Das ist mit Tal und Van Eps genau das gleiche«, sagte er 1991.[303] »Ich habe keine Antworten, nur Fragen«, hatte er seine Philosophie umrissen.[304] Und entsprechend wenig überraschen kann dann auch, wenn er sagt: »Irgendwie hasse ich Systeme. Ich weiß nicht warum. Ich würde es schrecklich finden, ein ›Ismus‹ zu sein oder so was in der Art... Ich habe ein eigenes Stück namens ›Three‹ für Flöte, Gitarre und Baß arrangiert. Ich wollte zeigen, wie man jemanden begleiten kann, ohne das Instrument die ganze Zeit hindurch voll einzusetzen.«[305] Also wird er weiter die Standards hernehmen und sie »drehen und drehen«, umstülpen, in wunderschönen Interplays verfremden, immer neu interpretieren und jeden einzelnen Ton klingen lassen, als wäre er vorher aufgeschrieben worden. Unter den Neuerern der älteren, der Erbwahrer-Tradition ist Jim Hall der zeitloseste, der zeitgemäßeste Spieler geblieben, ein Ästhet höchster Vollendung, ein Ökonom, wie es ihn sonst nirgends in der Jazzgitarristik zu finden gibt.

»Er versucht auf die Bühne oder ins Studio zu gehen, sagt er, und vor Ort den Ideen zu folgen, wo immer sie ihn auch hinbringen mögen: ›Erst da finde ich neue Dinge, weil es alles herausfordert, was in mir ist. Da bin ich am nächsten am puren Musikmachen dran.‹ (Ralph Towner und Paul McCandless von Oregon haben ganz ähnlich über das Improvisieren gesprochen, als dem ›Herausfinden, was *drinsteckt*, was möglich ist‹)«, schreibt James Sallis[306)] über **Joseph Anthony Jacobi Passalaqua** (*1929) aus New Brunswick, New Jersey. Und es ist weiß Gott viel in ihm, beispielsweise der Anfang mit der Gitarre, als Joe im italienischen Viertel von Johnstown in Pennsylvania, ermutigt von seinem Vater Mariano, einem Stahlarbeiter, im zarten Alter von neun Lenzen mit regelmäßigem Unterricht begann und, während die anderen Kinder draußen herumtobten, drinnen saß und übte. Es ist in ihm, wie er mit 14 auf Hochzeiten und Tanzveranstaltungen in örtlichen Bands spielte und, statt weiter die Schule zu besuchen, mit Tony Pastors Band auf Tour ging, von der er zurückgepfiffen und zum Beenden der Schulzeit verdonnert wurde. Es ist in ihm wie in seiner Stichwort-Biographie für die Behörden:

Verließ die Schule und erhielt eine lokale 802er Karte [d. h. die Mitgliedschaft der Musikergewerkschaft, ohne die in den USA geregelte Arbeit nicht möglich ist]. Ich hatte Gelegenheitsauftritte in Long Island, Brooklyn und begann herumzugammeln – Pot, Pillen, Junk. Durchreiste das Land auf verschiedenen Touren. Dann wurde ich ins Marinecorps eingezogen. Dauerte ein Jahr. Zwischenzeitlich war ich immer wieder in Krankenhäusern und bei Ärzten und so weiter. Im Corps spielte ich Becken im Orchester, arbeitete in einer kleinen Gruppe in NCO- und Offiziersklubs. Dann wurde ich gefeuert. Ich zog nach Las Vegas und arbeitete in den dortigen Hotels. Wieder gefeuert. Danach verbrachte ich drei Jahre und acht Monate im US Public Health Service Hospital in Fort Worth, Texas. Dann ging ich nach Vegas zurück. Ich nahm mit Dick Contino für Capitol und mit einigen anderen kommerziellen Gruppen. In der Zwischenzeit war ich immer wieder wegen Bruches der Drogengesetze im Gefängnis. Ich kam zu Synanon aus San Diego nach einer letzten Dosis.[307)]

Das heißt etwas genauer: Es ist in ihm, wie er, gerade 20 geworden, vom Bebop-Virus erwischt wurde, der ihn nach New York trieb. Und wie er 1949 mit dem Jazz auch so viel Heroin zu sich genommen hatte, daß er – »Beschaffungskriminalität« nennt man das heuer – nach mehreren Festnahmen eine unendlich qualvolle Odyssee durch Entzugskliniken begann, die ein volles Dutzend Jahre währte – bis 1960 –, von denen er die letzten drei in dem speziell Musikern vorbehaltenen Rehabilitationszentrum »Synanon« zubrachte, »die Zeit totschlagend mit Nirgendwohingehen«, wie er das genannt hat. Aber das stimmt nicht ganz. Er war 15 Monate bei Synanon, als Joe Pass, wie er sich nennt, mit

Noch fünf ältere Herren

den Leidensgenossen Arnold Ross, p, Dave Allan, tp, Greg Dykes, b-horn, Ronald Clark, b, Bill Crawford, dr, und Candy Latson, bongos, jene berühmte Platte aufnahm, die unter dem Titel *Sounds of Synanon* zum – im Covertext reichlich dokumentierten – einmaligen Zeugnis der Liebe zum Jazz wurde, die größer und dauerhafter sein *kann* als die Abhängigkeit von verheerenden Drogen. Und sie ist das erste zugängliche Tondokument von Joe Pass, dem später technisch größten Jazzgitarristen überhaupt, der freilich hier auch *in nuce* alles das hatte, was sein späteres Spiel ausmachen sollte. Nur war er in Synanon noch linearer, was verständlich ist, und im übrigen spielte er dort auf einer von Don Randall von Fender extra für die Aufnahmen zur Verfügung gestellten Solidbody vom Typ »Jaguar« – eine äußerst ungewöhnliche Kombination, Pass & Jaguar...

Das war Singlenotes-Spiel, geprägt von Christian, Montgomery und Reinhardt, und noch heute ist es – das enorm schnelle Spiel von Pass mit Ellis auf der live-Ausgabe von »Seven Come Eleven« war nur *ein* Beispiel – unschlagbar, was das Mainstreamspiel grundsätzlich betrifft. Aber umständehalber mußte Joe erst Anfang dreißig werden, um mit dem zu beginnen, was bei seinem Talent mühelos hätte zehn, zwölf Jahre früher beginnen können: eine einzigartige Bilderbuchkarriere als Jazzgitarrist. Als er Anfang der 60er Jahre erstmals mit Platten an die Öffentlichkeit herantrat, spielte da ein durch schwere Krisen zum reifen Jazzmusiker gewordener Joe Pass. 1963 begann diese Steilkarriere, mit dem Album *Catch Me*, noch auf Fontana (688 137 ZL), dem 1964 das glücklicherweise neu aufgelegte *For Django*[308] folgte. Phänomenal dann, daß abgesehen von dem sich kommerziell schützenden Wes Montgomery eigentlich nur Joe Pass die 60er und frühen 70er Jahre musikalisch aktiv überleben konnte – allerdings auch mit gefälligerer Ware wie z. B. der (trotzdem schönen, weil akustisch gespielten) eher latin-orientierten *Simplicity* von 1967, das genaue, sanfte Gegenteil der beiden auf der Archtop gespielten Erstlinge, auch wie *The Stones Jazz*, *A Sign of the Times* oder *Joe Pass – 12 String Guitar*.[309] Den Rest der Beatles-verrückten Dekade verbrachte er bei George Gershwin und dort, wo sie alle waren, in den Studios, in denen er bis in die Anfänge der 70er Jahre so gut wie versteckt blieb. 1973 erschien dann, eine MPS-Produktion, die Trio-LP *Intercontinental*. Sie war, obwohl seltsamerweise untergegangen, Pass' erste Unternehmung auf dem nur noch sehr kurzen Weg zu seiner Vollendung als stilistischer Meister des auf verstärkter Archtop gespielten Fingerstyle-Jazz ganz neuer Prägung, jenes Spiel, das man gern »vertikal« nennt und das Bässe, Harmonien und Melodien in höchst anspruchsvoller Weise miteinander verschränken wird. Und noch im selben Jahr unternahm auch er einen (Kurz-)Ausflug nach

»The Virtuoso« Joe Pass. Allenthalben mit dem Prädikat des »besten Gitarristen der Welt« bedacht, hat er wie kein zweiter das Archtopspiel zur »vertikalen« Kunst vollendet und damit mehr Solo-Platten aufgenommen und -Konzerte gegeben als jeder andere Jazzgitarrist

Concord, für deren allererste Platte, die Duo-LP mit Ellis. War er auf *Intercontinental* noch nicht der ganz vollendete Solist, dessen Spiel noch eher nach Fingerpicking als nach Fingerstyle klang, so lieferte das Duo mit Ellis vor allem Plattformen für extensive Singlestring-Arbeit. Das Jahr 1974 brachte die Wende.

Er kam unter die Fittiche von Norman Granz auf dessen Pablo-Label, auf dem er in der Folge eine Platte nach der anderen machte, seine epochemachenden *Virtuoso*-Alben vor allem, die ihn – einen Meister der Akkordmelodie, der Tempiwechsel und höchst kunstvollen Modulationen und der unerschöpflichen Phantasie beim Variieren zum Beispiel von Standards – als ersten nun tatsächlich *autarken* Solo-Gitarristen des bop-orientierten Stils auswiesen. Ebenfalls auf Pablo spielte er im Quartett mit Duke Ellington, widmete Ellington ein Album, nahm mit Gillespie auf, erinnerte sich, wiederum solistisch, der Musik Parkers, wurde in Montreux, in der Pariser Salle Pleyel und sonstwo verewigt, musizierte wunderbar im Duo mit Bassist Niels-Henning Ørsted-Pedersen, mit Zoot Sims, mit Milt Jackson und Oscar Peterson, widmete George Gershwin ein Album im Quartett mit John Pisano, rh-g, Jim Hughart, b, und Shelly Manne, dr, und nahm im unbegleiteten Duo mit Ella Fitzgerald die beiden Kostbarkeiten *Take Love Easy* und *Fitzgerald and Pass... Again* auf. »Erst Joe hat uns, Mitte der siebziger Jahre, gezeigt, was Pianisten wie Bud Powell in den 40ern Traditionalisten der zweihändigen Art-Tatum- oder Teddy-Wilson-Schule zeigten: melodische Bop-Linien konnten für sich stehen, und die Akkorde wurden nur als zur [satzzeichenähnlichen] Hervorhebung oder zur Harmonisierung dieser Linien eingesetzt«, hatte Alan de Mause in seinem *Solo Jazz Guitar* geschrieben.[310] Und sich selber sieht Pass prinzipiell als einen Akustikgitarristen, der sich ausschließlich verstärkt, um gehört zu werden. »Ich habe meine akustische d'Aquisto jetzt bearbeiten lassen«, sagte er 1975, kurz nach Erscheinen des ersten *Virtuoso*-Albums im Gespräch mit Max Jones, »und ich werde sie in Zukunft einsetzen – die gleiche Spielweise, Soloimprovisation und alles, aber auf der akustischen Gitarre, weil, finde ich, man mehr hat, mit dem man spielen kann, was das Instrument betrifft.« Und:

[Die] elektrische Gitarre hat einen bestimmten milden Ton, wenn man will – und ich meine den geraden Ton, nicht Jazzklang oder so was, sondern einfach richtige elektrische Gitarre – man kann einiges mit ihr machen. Nur [...] wenn man hart spielt [...], wird sie verzerrt und klingt komisch. Das liegt natürlich am Verstärker. Ich meine einfach, daß das Spielen der akustischen Gitarre alle möglichen Arten von Strukturen bieten kann. [...] Man muß eine gute akustische Gitarre finden, die einen schönen [*nice*] Ton hat, und zwar einen mit guter Projektion. Die d'Aquisto oder die d'Angelico, die nicht mehr gebaut wird, sind gute Instrumente. Also das ist es, was ich machen möchte: sie zurückbringen zu, nun, dem ursprünglichen Instrument, so, wie es ursprünglich mal gespielt werden sollte. Aber ich werde übrigens einen Pickup auf meiner Gitarre haben, einen oben drauf und keinen eingebauten, der nur befestigt ist. Aber es muß schon eine ganz bestimmte Art von Pickup sein; Attila Zoller macht ihn, also kann ich ihn so justieren, daß er gerade genug bringt, um den Sound eben zu verstärken, obwohl es fast gar nicht auffallen wird. Als jemand, der alles in allem versucht, Sologitarre zu spielen, glaube ich ein-

Noch fünf ältere Herren

fach, daß ich akustisch über ein größeres Instrumentarium verfügen kann – mehr Klänge, mehr Strukturen, mehr Dinge, die ich tun kann. Ich kann die Gitarre *wirklich* spielen.[311]

Das Plektron benutzt er, wie er sagt, »pro Set höchstens in einem Stück« und auch dann nur, wenn es sich um ein sehr schnelles handelt: »Meine Finger einzusetzen hat auch meine Singlenote-Arbeit verbessert, weil ich dadurch langsamer bin und mehr phrasiere.«[312] Mit klassischer Fingertechnik hat *sein* Spiel der rechten Hand allerdings herzlich wenig zu tun. »Meine Attack reicht mir für das, was ich mache; aber wenn ich den Ton höre, den ein guter klassischer Gitarrist produziert, dann möchte ich immer mit dem Spielen aufhören.« Gottlob, er tut's nicht. So können auch die vielen Schüler und Leser seiner diversen *Instruction*-Bücher und Kassetten etc. beruhigt bleiben. Nicht wenige der Schüler allerdings bringen anfängliche Kommunikationsbeschwerden gleich mit, die Art von Jazz nämlich, die sie spielen. »Einiges im *modern jazz* ist wie Popmusik, indem es harmonisch zu simpel ist und nur ein paar Akkorde enthält plus eine Gitarre oben drüber. Die Stücke erfordern keine Kenntnis innerer harmonischer Strukturen. Andere Titel wieder klingen wie Robotermusik – sie sind zu abstrakt und scheinen nichts weiter als technische Übungen darzustellen.« Hier sind die ersten acht Takte einer typischen Pass-Übung, in Cm, ein Mini-Beispiel für Joes Meisterschaft in der Setzung der Bässe *und* der Harmonien *und* der Oberstimme, für *the band in your hand*:[313]

Notenbeispiel 14: Eine typische Joe-Pass-Übung

Apropos **Attila Cornelius Zoller**: Beständig fällt auf, daß amerikanische oder amerikanisch orientierte Jazzgitarre-Autoren wie der ansonsten enzyklopädisch bemühte Norman Mongan Namen wie den seinen mit offenbar landesüblicher Nonchalance übergehen oder doch mindestens so erschreckend klein spielen, daß sich manche(r) unbescholtene(r) Leser(in) fragen muß, ob es aus US-Perspektive außer dem unumgänglichen Django eigentlich sonst noch ernsthaft Behandelnswertes außerhalb der USA geben könnte. Summerfield, als Engländer von dem Iren Mongan so weit gar nicht entfernt, hat sich Jahre vor letzterem gottlob doch um mehr Weltbürgertum bemüht, bei allen Lücken, die inzwischen in seinem langjährigen Standardwerk zu entdecken sind. Mongan indes hat für Zoller gerade ein halbes Dutzend Zeilen übrig; die einschlägigen Fachblätter, voran der unentbehrliche *Guitar Player*, tun sich traditionell schwer mit außeramerikanischen Gitarristen und Produkten. Was Deutschland betrifft, so kann man sich des Eindrucks nicht erwehren, als bestünde das dort in Sachen Jazz ausschließlich aus Uwe Kropinski, Bireli Lagrene, Kalle Rademacher und Hans Reichel.

Attila Zoller, 1927 im ungarischen Visegrád geboren, gehört gleichwohl nicht in die beträchtliche Rubrik der Übersehenen, Ignorierten, Verkannten. Viele – erhältliche – Schallplatten, gelegentliche Auftritte in Deutschland, die von ihm entworfenen Jazzgitarre-Modelle erst für Framus (die AZ-10) und dann für Höfner, und seine Biographie haben ihn speziell hierzulande fest verankert. Hier war er Pionier, und hier hat man ihn als den seinerzeit führenden Avantgardisten des Instruments stets zu schätzen gewußt, überaus verdientermaßen.[314] Daheim in Ungarn hatte er mit dem Akkordeonisten Vera Auer gespielt, war dann, seit 1948 fest in Wien, von dem damals noch dort lebenden Pianisten Joe Zawinul und Hans Salomon, as, von deren Lennie-Tristano-Fieber angesteckt worden und zog, um dem ganz erliegen zu dürfen, Mitte der 50er Jahre nach Westdeutschland um. Seine erste Jazzpartnerschaft hier war noch 1954 die mit der Pianistin Jutta Hipp, durch die er dann Kontakt zu dem Saxophonisten Hans Koller und dem Posaunisten Albert Mangelsdorff bekam. Mit diesen beiden arbeitete er 1956–1959 zusammen *(ZoKoMa)*,[315] und durch sie bzw. Joachim Ernst Berendt, der in Baden-Baden legendär gewordene Jazz-Workshops aufzog, bekam Attila ausreichende Gelegenheit zum Zusammenspiel auch mit amerikanischen Jazzstars, unter denen es ihm der Bassist und Cellist Oscar Pettiford besonders angetan hatte, wie deren häufiges Zusammenspiel – ab und an auch mit Zoller am Baß! – beweist. Zoller geriet dann schnell in den Bann der Farlowschen Spielweise bei Norvo und der von Chuck Wayne bei Shearing. 1956 war er zum erstenmal in den USA, wo er Gelegenheit hatte, mit Farlow zu spielen, und der »wunderte [...] sich, woher ich seine *chord voicings* gelernt hatte; er war überrascht, daß ich sie kannte.« Viel von diesen zu hören gibt es bedauerlicherweise nicht; schon damals dominierte für AZ die

Attila Zoller. Kurz nachdem er die Bundesrepublik verlassen hatte, war es dieser ausgeprägte Singleline-Spieler, der noch in den 60er Jahren als erster den gitarristischen Weg zum Free Jazz einschlug

Lust an der ausgeklügelten Singlenote-Linie, eine Obsession, die er von Jahr zu Jahr und von Platte zu Platte perfekter pflegen sollte.

Die zweite Hälfte der 60er Jahre war Zollers Zeit in Deutschland. Hier füllte er das gitarristische Vakuum aus bzw. beendete es endgültig. Abgesehen von den früher genannten Spielern – Rediske, Cramer, Freichel – hatte es hierzulande nichts gegeben, was man auch nur annähernd eine gitarristische Szene hätte nennen können. Zoller, Koller, Pettiford und Berendts »Jazztime Baden-Baden«, die seit 1949 regelmäßig veranstalteten öffentlichen Jazzkonzerte, waren Synonyme für eine Jazzlandschaft, die in der noch jungen Bundesrepublik mählich zu gedeihen begann. »ZoKoMa«, das markanteste Trio der 50er Jahre in Deutschland (»Blues In The Closet«), wurde im Auftrag des Goethe-Instituts in die große weite Welt gesandt und brachte von dort eine Vielzahl neuer Impulse mit. 1956 hatte Jutta Hipp ihre Heimatstadt Frankfurt für die USA eingewechselt, und Attila fühlte sich seit ihrem Weggang in der Main-Metropole eher verloren. Er trug, schrieb Berendt in *Ein Fenster aus Jazz*,

in die Baden-Badener Aufnahmen jene ihm eigene Sensibilität, die soviel mit Romantik, aber auch mit der Musik seiner ungarischen Heimat zu tun hat. Aber es zog ihn immer mehr in die USA – und zu Jutta Hipp. Als Oscar [Pettiford] 1959 nach Kopenhagen übersiedelte, eröffnete Koller ein kurzlebiges Jazzlokal in München,[316] und Attila fuhr auf einem Frachtschiff nach New York. Er kam ohne einen Cent dort an, und Jutta erwartete ihn keinesfalls.[317]

Doch ganz alleine blieb er nicht. Er hatte, wie gesagt, mit Tal gespielt und in Wahrheit doch etwas Geld – von den bayerischen Instrumentenbauern des Hauses Framus –, und sehr rasch empfahlen Jim Hall und John Lewis vom MJQ ihn der Lenox School of Jazz in Massachusetts für ein Unterrichts-Stipendium. 1961/62 verließ er Lenox, stieg eine Weile bei Chico Hamilton ein und wurde dann in Flötist Herbie Manns Gruppe gerufen, in der er drei Jahre blieb. 1965 gründete er, im Apple, sein eigenes Quartett. Und das war auch das Jahr der entscheidenden Häutung des Attila Zoller: Mit dem Album *The Horizon Beyond* mit Don Friedman, p, Barre Phillips, b, und Daniel Humair, dr, schuf er – in Berlin, übrigens – das Ur-Werk gitarristischer Free-Form-Musik, in der freie Kommunikation den herkömmlichen harmonischen Konsens ablöste: »Schon beim einmaligen Anhören ist das außerordentliche und gewiß intuitive Gefühl dieser Musiker – besonders der Leader Zoller und Friedman – für Komposition unverkennbar. Sie besitzen einen absolut sicheren Formsinn. Ungeachtet der noch wenig vertrauten Grammatik, die sie verwenden, ergibt sich daher nie der Eindruck der Zusammenhanglosigkeit. Ihr Dialog entwickelt sich logisch und zeigt stets eine beneidenswerte Übereinstimmung«, schrieb Don Nelson auf dem Cover,[318] und zweitens

ist ihre Musik ein hervorragendes Exempel für jene Art von Spiel, welche die höchste schöpferische Errungenschaft des Jazz verkörpert, der aber viele Jazzmusiker erlaubt haben zu verkümmern: die kollektive Improvisation... Ich finde es bedeutsam, daß Musik von solcher Originalität und Gediegenheit von einem Quartett hervorgebracht wird, dessen Leiter-Komponist und [dessen] Schlagzeuger keine Amerikaner sind. Der Jazz, diese amerikanischste aller Kunstformen, hat seine Hauptnahrung immer aus dem Heimatboden bezogen. Nun sehen wir einen Mann aus Ungarn kommen, dessen Beitrag zur Jazzentwicklung jeden Amerikaner auszeichnen würde.

Schon auf dieser LP hatte der Wahl-New Yorker Zoller seine lineare Form gefunden, und so abwegig erscheint der Gedanke nicht, daß man sie immer wieder verstehen muß als eine Form, die der großen Liebe zum Klavier entsprang: indem sie das Klavier *ergänzen*, längst nicht mehr *ersetzen* wollte. Mag sein, daß es die enttäuschte Liebe zu Jutta Hipp gewesen war, die ihn dann mit Vorliebe zu Zwiegesprächen mit Pianisten trieb, wie mit Masahiko Sato auf *Duologue* (Far East ETJ-65022) und, wiederum mit Sato, bei den Berliner Jazztagen 1971 auf *A Path Through Haze* (MPS/BASF 21 21284-2). Nach *Dream Bells* von 1976, im klassischen Trio mit dr und b, wagte Attila dann 1979 wiederum Ungewöhnliches mit der Sologitarren-Platte *Conjunction* (ENJA 3051), »Four Spontaneous Improvisations« untertitelt – ein Meisterstück in einem ungewöhnlich kreativen Jahr, in dem noch *common cause* erschien, im Trio mit Ron Carter und Joe Chambers (ENJA 3043), auf Embryo SD 523 dann die wohl intimste Liebeserklärung an seine ungarische Heimat, *Gypsy Cry*, der dann auf dem Frankfurter Label von Lippmann + Rau der erste Duolog mit Raney folgte, *Jim & I*, plus – am selben 26. Juni 1979 aufgenommen, The *K&K 3 In New York*,[319)] eine glückliche ungarisch-österreichisch-tschechische Wiedervereinigung mit Hans Koller und George Mraz, b. 1980 folgten die beiden weiteren Zoller/Raney-Mitschnitte *Jim & I Live in Frankfurt* und *Jim & I Live At Quasimodo*. Und so fort – bis zu dem »thematischen Reim« auf das Ungarn von *Gypsy Cry* unter dem Titel *Memories of Pannonia* im Trio mit Michael Formanek, b, und Humair und dann im Quartett, nun wieder mit Klavier, auf *Overcome*. Und 1990 – in dem Jahr spielte er auch auf der B-Seite der LP *I Remember*[320)] des Klarinettisten Lajos Dudás mit – war er wieder einmal live in Germany zu erleben, in Klubs und nicht, wie angekündigt, im Trio mit Baß und Schlagzeug, sondern in seiner offenbar noch immer liebsten Besetzung: im Duo mit Klavier. Sein kongenialer Partner war Keith Slinger. Und Attila war nach wie vor der unermüdliche, um keinen glänzenden Einfall verlegene Improvisator, als der er sich 25 Jahre zuvor so revolutionär zu erkennen gegeben hatte – ein *improvisateur exceptionnel* für anspruchsvolle, zum Teil intime, zum Teil hochdramatische Zwiegespräche und nur sehr wenig für Monologe: In denen ließ er seinem Partner Zeit, Kraft zu schöpfen, die Fortführung des Gesprächs in Kopf und Bauch gleichermaßen zu konzipieren.

Die Neuen Christianer

Doch, und wie es sie gibt, wenn auch in anderem Gewand. Auch Zoller kam nicht daher wie Charlie I. Das galt für den Engländer Dave Goldberg, und das gilt für den fulminanten Akkordpraktiker und Theoretiker Ted Greene ebenso, dessen Buch *Modern Chord Progressions – Jazz & Classical Voicings for Guitar*[321] eine akribisch-penible Tour de Force durch die gesamte akkordische Griffbrett-Landschaft darstellt. Ted und die anderen Akkordenthusiasten (wie *yours truly*) haben sich dazu, wenn man so will, das wenige Akkordische bei CC herausgefriemelt, ähnlich, wie es Van Eps ja auch getan hat, während **Joe Diorio** als konsequenter Weiterentwickler Farlow'scher Melodie-Improvisationen bis ins Abstrakte hinein angesehen wird. Joe (*1936), heute einer der angesehensten Jazzgitarre-Lehrer an der berühmten Meisterschmiede des kalifornischen GIT, der u. a. mit seinen *Intervallic Designs* (REH Publications) Furore machte, kam aus Waterbury, Connecticut und studierte zunächst an der Berdice School of Music, fünf Jahre lang, bis 1954. Seit den frühen 60ern gehörte er zu den Gruppen von Eddie Harris, Stanley Turrentine und Stan Getz, Ira Sullivan und Freddie Hubbard, ein gesuchter Sideman, der von Chicago nach Miami umsiedelte, bevor er ans GIT kam, wo er für regionale TV- und Radiosender arbeitete, sich ans Schreiben seiner zum Teil ungewöhnlichen Lehrwerke machte und nebenbei Zeichnen und Malerei studierte. In den frühen 80ern machte er vor allem durch seine LP *Solo Guitar* und dann durch sein zweites Album mit dem inzwischen verstorbenen Pianisten Wally Cirillo (*Soloduo*, nach *Rapport*[322]) auf sich aufmerksam als ein Singlenoter, der der Gitarre bemerkenswert größere harmonische Freiheit zugestand als bislang.

Das markante, intervallisch beträchtlich erweiterte Spiel hat Dizzy Gillespie übrigens auf den viel jüngeren **Rodney Jones** (*1957) aufmerksam gemacht, der 1978 auf *Articulation*, etwa in dem 13 Minuten langen »1978« in großer Besetzung und im Notat mit dem Metronom auf 164 erste Kostproben dieses Singlenote-Spiels gab, das nicht wenig an die Spielweise Eric Dolphys erinnerte, während er im »Blues For Wes« zwar dessen Sound beibehielt, aber die Blockakkordik auflöste und virtuos seiner intervallisch sehr viel extremeren Empfindungswelt einpaßte.[323] Drei Jahre später möbelte er im Quartett mit Tommy Flanagan auf *My Funny Valentine* etliche Standards zu kraftvoll modernisierten Mainstream-Modifikationen auf,[324] unter denen ihm Coltranes »Giant Steps«, hier allerdings langsamer genommen als sonst, offenkundig am nächsten war. »Meine Einstellung zur Gitarre ist nirgends begrenzt«, sagte er 1977. »Ich glaube auch nicht, daß sie begrenzt sein müßte. Gitarristen werden in falschem Licht gezeigt; die Leute respektieren sie nicht, wie es ihnen zustünde.« Und:

Ich tendiere ein bißchen zur Inkonsequenz, und das, weil ich immerzu versuche, irgend etwas anders zu spielen. Ich versuche alles konzeptionell zu begreifen, nur daß ich nicht versuche, das dann buchstabengetreu zu perfektionieren... Ich gehe an mein Instrument vom Gefühl her heran, aber ich gehe auch von der technischen Seite her heran. Ich kann so schnell wie jeder spielen, aber das allein ist es ja auch nicht. Das ist kein Ego-Statement, weil, sobald man mit sich selbst abgestimmt ist, der Rest ganz leicht kommt. Es gibt Arten, die Gitarre zu spielen, von der die meisten Jungs nichts wissen. Es gibt eine bestimmte Art zu spielen, die einen befreit. Ich glaube, daß [Gitarrist] Bruce Johnson natürlich dazugehört. Es vollzieht sich eine musikalische Revolution, und in der ist Bruce ganz vorn... Alles, was bedeutungslos ist, wird wegfallen. Neue Dinge werden erkannt werden, die nie auf dem Instrument gespielt werden konnten, bestimmte intervallische Sachen. Die Elektronik wird keine wichtige Rolle in der Revolution spielen. Sie wird auch nicht akustisch sein, nur um des Akustischen willen. Wer meint, er müsse Wah-Wah spielen, wird es tun... Es ist eine Annäherungsweise an das Instrument, die Übereinstimmung mit sich selber fordern wird. Sie wird die technischen Maßstäbe von Gitarristen erheblich erweitern – neue Pickingtechniken, integrierte Akkordarbeit, die Einsetzung von Akkorden in einem nie dagewesenen Ausmaß.[325]

Das klingt prophetisch und ist es mittlerweile doch nicht mehr. Denn Jones selbst hat hier bereits etliches erarbeitet, nicht nur er, sondern eine enorme Phalanx neuer Gitarriten, die 1977 eben noch nicht da waren, wie **Fredrik Søegaard**, ein 1951 geborener Däne, der genau das tut, was Jones damals prognostizierte. Fredrik hat an der Königlichen (dänischen) Musikakademie klassische Gitarre studiert, hat seine Studien dann in Nizza bei Alexandre Lagoya und am Pariser Konservatorium fortgesetzt, 1977 seine Fusiongruppe »Pakhus« gegründet und beim 14. Internationalen Jazzfestival in Dünkirchen als Preisträger abgeschnitten und 1987 im Dortmunder Bigband-Wettbewerb mit seiner »Tyrkis Big Band« den 1. Preis gewonnen. 1985 und 1987 trat er zum erstenmal beim Kopenhagener Jazzfestival ganz solo auf; dann folgten diverse Funk- und Studiositzungen und, immerhin, im Frühjahr 1988 im *Guitar Player* ein »Spotlight«. Seine 1988 aufgenommene erste Soloplatte – mit Archtop, Solidbody-Klassik- und Konzertgitarre – stellt Søegaard tatsächlich dar als einen, wenn auch behutsamen, Innovator von Rang: in eigenen Kompositionen, aber auch in Standards wie »God Bless The Child« oder Horace Silvers »Lonely Woman« liefert er völlig solo arpeggiendurchwirkte meditative Linien, denen er, oft Leersaiten nutzend, just jene von Jordan prognostizierten »Intervalle« unterlegt, die allerdings noch gewisser dramaturgischer Aufbereitung bedürften.[326] Fredrik hat 1991 seine jüngste CD *Ballads* aufgenommen, nun in der Gruppe mit fl/p, ac-b und dr, in der er nicht weniger meditativ-poetisch, vielmehr noch reifer und im eigenen Stil (»Coastlines«, »I'll Never Be True To You«) und noch *schöner* spielt. Er ist gewiß der Christian-fernste unter den Innovatoren, etwas, das man von **Calvin Collins**, Jahrgang 1943 aus Ohio, nicht sagen kann.

Cal könnte zum einen sehr wohl als »verlängerter Arm« Joe Pass', zum anderen als die Vollendung der akkordischen Prognose Jones' verstanden werden, wobei er, ganz Naturtalent, das schon mit nur fünf Jahren, eindrucksvolle Melodien auf der Mandoline zupfte,[327] vermutlich der »bauchigste«, am wenigsten intellektuelle, dafür aber mitreißendste Spieler der 80er Jahre ist. Bereits in den

50er Jahren begann er professionell zu spielen, aber, schrieb Leonard Feather in den *liner-notes* zu *Cal Collins Cincinnati to L. A.* von 1978, »die meiste Zeit widmete Cal in den 50er und 60er Jahren sicheren Jobs an nicht eben berühmten Orten, einer Cocktail-Lounge-Combo in Hamilton, Ohio, mehrere Jahre im Sheraton Gibson in Cincinnati. ›Später bekam ich dann mein eigenes Trio zusammen. Zu der Zeit waren Gitarre, Baß und Schlagzeug, ohne Piano, etwas, wovor jeder Angst hatte, aber ich machte es. Ich ging einfach von da aus weiter, und alles wurde besser und besser.‹« Er berichtet dann, daß er ebenfalls in seiner Heimatstadt Cincinnati in einem Klub namens »Buccaneer« spielte und zwei Wochen lang der Trompeter Jack Sheldon bei ihm einstieg. Sheldon und Goodman waren befreundet; Sheldon wußte, daß Goodman wieder mal auf Gitarristensuche war, empfahl ihn, und Cal wurde auf Anhieb engagiert – als Rhythmusmann und als der intensivste, swingendste und aggressivste, d.h. lebendigste Rhythmiker der endlosen Benny-Goodman-Story. Allerdings verdonnerte er den Archtop-Spieler zum unverstärkten *four-to-the-bar* und, was er überhaupt nicht kannte, zu heftigem Umherreisen. »Als ich bei ihm anfing, absolvierten wir so um die fünf Konzerte pro Monat«, erzählte er später. »Meistens stiegen wir nachmittags in ein Flugzeug, spielten am Abend und kamen am nächsten Tag zurück. Das waren dann alles so 24- bis 30-Stunden-Trips, und ich fand das ganz angenehm so.« Und:

Benny haßt nun mal alle Elektronik, er mag ja noch nicht mal Mikrophone. Da hab' ich ihm gesagt, in Ordnung, dann bring' ich eben einfach mal meine klassische Garcia mit... Unser Soundmann verpaßte mir dann ein Mikro ganz nah am Schalloch, und ich fing an zu spielen. Der Klang war wirklich hübsch; Benny und ich gingen prompt ordentlich drauf ab, und darum hab' ich dort meistens die Klassische benutzt.

Ob es Jeffersons Stamm-Drummer Jake Hanna war, der Cal zu Concord brachte, oder ob Carl E. Jefferson von Freunden Begeistertes über CC gehört hatte, nachdem er mit der Goodman-Band einige Westküsten-Gigs absolviert hatte – 1978, kaum ein Jahr nach Vertragsabschluß (»da gab es kein Papier oder so was. Carl sagt's dir halt, schüttelt dir die Hand, und fertig ist die Laube«[328]) – legte er unter CJ 59 sein Up-front-Debüt vor, das genannte Album, im Trio mit Monty Budwig und Jake Hanna, Standards, »mit denen ich aufgewachsen bin«. Cal Collins, das sind eigentlich zwei – hier der famose Rhythmiker, der wie *kein anderer* Drive hat, dort der Mann, der inoffiziell sagt, er behandele eine Gitarre wie ein Klavier, offiziell aber Verbeugungen in Richtung George Van Eps, Joe Pass und Andrès Segovia macht. Die Wahrheit liegt *zwischen* Cal I und Cal II. Man muß sein Total-Solo-Album *By Myself* (CJ 119), das Arpeggio am Ende des Anfangsthemas von »Bags' Groove« auf *The Cal Collins Quartet – Ohio Style,*[329] seine Bendings (Christian und Ellis *ante portas*!) und sein Comping hören, seine Walking-Bass-Lines unter hinreißenden Harmonien, all das, vor allem aber auch den Drive in unbegleiteten, außerordentlich akkordreichen Soli, um das zu verstehen. Er ist gewiß der »traditionellste« hier unter den Inno-

Die Neuen Christianer

Cal Collins. Wie aus dem Nichts tauchte er in den 80ern auf dem Concord-Label auf, mit einem Akkordstil vor allem, der vital und bodenständig war und mit dieser Ursprünglichkeit im Approach der Mainstream/Bop-Gitarre einen gänzlich neuen, ganz frischen Atem eingab vatoren. Aber sein *approach*, der gewissermaßen Van Eps das Leben einhaucht, nein, ein*stemmt*, ist ungewohnt vital. Es ist gewiß nicht übertrieben: Calvin Collins ist der *heißeste*, am unmittelbarsten ansprechende, hautnächste Gitarrist der gesamten Christian-Van-Eps-Linie, ein brillanter Techniker, im akademischen Sinne eben nicht »sauber« (woran ihn sein Temperament hindert), elementar in dem Sinne, daß er die Jazzgitarre ganz unmittelbar zu sich selbst gebracht, zurückgebracht hat – ein Spieler, der süchtig macht.

Akustiker vor allen Dingen

Und sie gibt es natürlich auch noch, und Rodney Jones hatte das auch so gemeint: Es wird sie immer weiter geben, als Ausdrucksmittel, nicht als Prinzip: Die akustische Gitarre im moderneren und modernen Bereich erfreut sich strotzender Gesundheit, ihre Sprache ist vielfältig wie nie, exotisch und experimentell wie nie und dabei der Ur-Gitarre doch immer am allernächsten. Das steht dem entgegen, was Norman Mongan in seinem Buch meinte: »[Es] scheint, daß trotz dieser lobenswerten Bemühungen, Jazz auf der klassischen Gitarre zu spielen, zumindest zur Zeit das Idiom des Jazz mit dieser Technik nicht im Einklang ist.«[330] Mongan zitiert zur Stützung dessen, was Barney Kessel in *Crescendo* 12/68 gegenüber Ike Isaacs äußerte:

Was Jazz angeht, glaube ich, warten wir alle auf den einen, der der Segovia des Jazz sein wird, den Fingerstyle-Spieler, der aus den Rängen des Jazz kam, und nicht auf irgendeinen, der aus der Fingerstil-Schule herübergekommen ist. Die meisten Leute, die ich kenne und die von der Fingerstyle-Gitarre herübergekommen waren, haben im Jazz verloren. Das muß nicht unbedingt so sein, aber der Musiker, der klassisch lernt, fängt mit einer bestimmten Literatur an, und die beschwichtigt [*pacifies*] ihn – es ist alles sanft und zart. Er entwickelt eine Fähigkeit, die Stücke zu interpretieren und sitzt da und trinkt den Klang in sich hinein. Und das ist das genaue Gegenteil dazu, wie man dasitzt und Jazz interpretiert.[331]

Das stimmt natürlich, solange man die Polarität zwischen dem klassischen Spiel als introvertierte, introspektiver Kunst und dem Jazzspiel als expressiver, in erster Linie kommunikativer, vielleicht auch: aggressiver oder provokanter oder meinetwegen: stimulierender Ausdrucksform aufrecht erhalten kann. Wenn Mongan meint, »Sologitarrespiel heißt zwischen zwei Stühlen sitzen«, eingepfercht zwischen dem Muß zur linearen Bewegung und zum zweiten Muß zur rhythmischen und harmonischen Kontinuität, dann stimmt das nur so lange, wie eines der beiden auf der Strecke bleibt. Beispiele für den positiven Fall haben wir bereits etliche genannt – Bonfa, vor allem Bill Harris und den solistischen Byrd. Das alles ist eine Frage der Fähigkeit, Handwerkliches optimal in den Dienst der Seele, der Persönlichkeit zu stellen. Es gilt für *jeden* solo spielenden Gitarristen, nicht nur den akustischen Fingerstyle-Pfleger. Cal Collins beherrscht es, Pass natürlich, sogar Kessel selbst auf seiner einzigen Solo-LP hat das bewiesen. Wer von Natur aus swingt, wird das im Solovortrag nicht plötzlich unterbinden. Es geht auch nicht nur um das Solospiel. Es geht in der Debatte um das Fingerstyle-Spiel. Und das ist weder Kessels noch Isaaks' Sache. Es geht darum, sich von Christian zu *lösen*.

Also verläßt man am besten erst einmal die USA und geht dahin, wo der *fingerstyle*, jene seltsamerweise »Fingerstil« genannte neuweltliche Spiel-Art der europäisch-klassischen Technik und die Harmonisierungsweisen des Jazz noch am ehesten zueinander gefunden hatten. Djalma de Andrada hieß dort einer, war 1928 in Rio de Janeiro zur Welt gekommen und ist der letzte der »mythologischen« Gitarristen. Bekannter unter dem Pseudonym **Bola Sete**, hatte er an der örtlichen Nationalen Musikschule studiert und sein professionelles Spielen in einer folkloristisch orientierten Gruppe begonnen. Das aufflammende Interesse am Jazz und der Besuch des Konservatoriums schlossen sich für ihn nicht aus, und Bola, ethnisch übrigens ein »negro fullblood«, blieb zeit seines Lebens – er starb 1978, weithin unbeachtet – perfekt zweigleisig: als akustischer Spieler vor allem geprägt von der neo-romantischen Spielweise Segovias, als verstärkter Instrumentalist tief beeinflußt von George Van Eps, Barney Kessel und Tal Farlow. Diese Zweigleisigkeit mochte fachmännischeren Sete-Beobachtern besonders in seiner *lutar* symbolisisiert gewesen sein, einem Lautenkorpus mit allen übrigen Gitarrencharakteristika, ein wohlklingender Bastard, der seither nicht mehr von irgend jemandem gespielt wurde und der mit Hans Haiders Erfindung der *Lautarre* so gut wie nichts gemein hat. Daheim in Rio bedienten sich mehrere Jahre lang gleich drei Radiosender seiner Künste, 1960 aber beschloß er, in die USA umzusiedeln, wo er völlig unbeachtet die ersten zwei Jahre als Hotelgitarrist in Häusern der Sheraton-Kette verbrachte, bis wieder mal Mr. Dizzy Gillespie sich als enthusiastischer Gitarristen-Förderer betätigte, Sete beim Monterey Jazz Festival 1962 einer erstaunten Öffentlichkeit präsentierte und kurz danach mit ihm aufnahm, die LP *New Wave*.[332] Dann kamen erfolgreiche Jahre in Jazzklubs und auf Platten, voran denen als Mitglied des Trios von Pianist Vince Guaraldi. 1966 verließ er Guaraldi und stellte sein eigenes, erstklassiges Trio mit seinen Landsleuten Sebastian Neto, b, und Paulinho, dr, zusammen, mit dem er, abgesehen von seinen Soloalben, die wohl erfolgreichste und gelungenste LP seiner Laufbahn machte – *At The Monterey Jazz Festival*[333] von 1966, das bewegende Zeugnis auch eines dann doch noch errungenen Triumphs, vor begeisterten 7000 Zuhörern, die sich an seiner kraftvollen, rhythmisch intensiven, sich fast ins Ekstatische steigernden Jazzsamba-Spielweise im Kreis der an akustisches Instrumentarium gewöhnten Landsleute berauschten, obschon Puristen wie Mongan sie so ganz als Jazz nicht anerkennen möchten; das 2/4-Feel der Samba störe da Jazz-Emotion, wird gesagt.

Die Neuerer: Vom Bop zur Fusion

Demnach fiele auch ein **Baden Powell** glatt der puristischen Zensur zum Opfer, ein Gitarrist, der – 1937 ebenfalls in Rio geboren – ebenfalls beim Gitarren-Workshop der 67er Berliner Jazztage sein strahlendes Debüt hatte, das ihn über Nacht zum damals populärsten Spieler überhaupt machte, gewiß nicht nur in Jazzkreisen, wohl aber in dem Publikum, das Charlie Byrd mit Getz ebenso zu goutieren wußte wie etwas später einen **Sebastiao Tapajós** und den Bossa-Boom als mehr verstand denn einen *craze* mit Hit-Charakter. Betrachtet man Jazz, hier: Gitarrenjazz, nicht nur aus der Fachperspektive seiner instrumentalen Erstellung, sondern auch unter dem Aspekt der Art des Gefühls, das er in Hörern evoziert, dann sind Badens Version von »Round About Midnight« und vieler anderer seiner Titel *natürlich* »Jazzgitarre«. Sein Großvater, auch ein »negro fullblood«, dirigierte Brasiliens erstes durchweg schwarzes Orchester, sein Vater war Geiger – und begeisterter Pfadfinder-Führer, der seiner Bewunderung für den Begründer der Bewegung, Robert Thompson Baden Powell, in der Wahl des Namens für den Sohn Ausdruck verlieh –, und auf der Gitarre einer Tante begann Jung-Baden mit zarten acht Jahren zu klimpern. Nach sieben Jahren war er Profi, und der junge Mann erregte in Brasilien zunächst durch sein Teamwork mit dem Dichter Vinicius de Moraes Aufmerksamkeit. Der schrieb zu etlichen Powell-Kompositionen die Texte. Powells Arbeiten, tief im brasilianischen Folkidiom verwurzelt, trugen gleichwohl immer auch die Handschrift seiner beiden Jazz-Vorbilder Reinhardt und Kessel. 1966 »entdeckte« Joachim Ernst Berendt den Gitarristen in dessen Heimatland, überredete ihn zu seiner ersten Platte und zur Debüt-Vorstellung in der Alten Welt – zunächst in Berlin, dann vor allem auch in Frankreich, wo man sich seit jeher besonderer undogmatischer Liebe zur Gitarre befleißigt hat. So folgten denn auch nach den Schlag auf Schlag bei MPS in Villingen erschienenen LPs *Tristeza* bis *Apaixonado*[334] etliche Alben bei Barclay und auf Festival, eine gar mit Stephane Grappelli;[335] in den USA musizierte er, logisch, mit Stan Getz, kehrte von Europa auch immer wieder nach Brasilien zu Konzerten und Aufnahmen zurück und schien, Ende der 70er Jahre, plötzlich verschwunden – »personal problems« mit allen denkbar tragischen Konsequenzen hatten den empfindsamen Mann nun der *tristeza* im wahrsten Wortsinne ausgeliefert. Die Folge waren knappe acht Jahre völliger Zurückgezogenheit, aus der er 1987 wieder auftauchte, zunächst mit tastenden Probier-Konzerten, in denen er einen Gutteil seiner alten Anhängerschaft brüskierte durch den völlig unverständlichen Einsatz schauriger elektronischer Vibrato-Kitscheffekte und ebenso untolerable Lautstärke, was beides zu seiner technisch altgewohnten Meisterschaft der brasilianischen Konzertgitarre nicht passen konnte. Wenig später aber hatte er sich gottlob wieder vollkommen im Griff. Anschlußkonzerte standen den 60er/70er-Darbietungen in nichts mehr nach. Mittlerweile konzertiert er wieder mehr oder minder regelmäßig, das Rotweinglas neben sich auf der Bühne...

1984 legte ein bis dato völlig unbekannter 28jähriger mit Namen **Dusan Bogdanovič** seine erste eigene Platte vor – *Early To Rise* (Palo Alto PA 8049-N), mit James Newton, fl, Charlie Haden, b, und Tony Jones, perc. Der gebürtige Jugoslawe, damals schon jüngstes Mitglied der Lehrerschaft am angesehenen Genfer Konservatorium, mithin ausgebildeter Klassiker und Gewinner einer stattlichen Zahl klassischer Musikpreise, hätte – siehe oben – im Jazz-Schubfach ebensowenig verloren: Er kreuzt moderne Klassiktechnik und Klangwelt weniger mit *gitarren*mäßig erbrachtem amerikanischem Swing und Drive als mit europäischen, südamerikanischen und afrikanischen Elementen und – siehe seine Mitspieler – erst im Zusammenspiel mit anderen mit modernem, improvisationsnahen Jazz. Er spielt eine herkömmliche Konzertgitarre, kaum linear, wie gesagt mehr klassisch, mit viel *rasgueado* und einer Fülle raffinierter Durchgangsintervalle, *doublestops*, Arpeggios und überraschenden Baßplazierungen, das alles aber so expressiv, so wenig »vom Blatt«, daß er dem Klangkosmos des Jazz erstaunliche, neue Bereiche erschließen kann, ähnlich wie das ja auch **Egberto Gismonti** (*1947), der markante ECM-Star, seit vielen Jahren tut. Egberto ist, wie sein jüngerer Schützling Nando Carneiro, als »Doubler« auf Klavier *und* Gitarre natürlich ein besonderer »Fall«. Er hat kürzlich sein eigenes, nach seinem brasilianischen Geburtsort benanntes und von ECM vertriebenes Label »Carmo« ins Leben gerufen, auf dem er frühe brasilianische Plattenveröffentlichungen neu zugänglich macht (*Arvore* Carmo 849 076-2, *Circense* 849 077-2 und *Kuarap* 849 199-2), als ein Multiinstrumentalist, der auch diverse Flöten spielt, vor allem aber als Komponist wie als Dirigent, Chor- und Orchesterchef – ein Mann proteischen Zuschnitts, fürwahr, auf höchstem Niveau gebildet und mit der poetischen Literatur seiner Heimat verflochten, indem er sie immer wieder in Beziehung zu seinen eigenen, alles andere als traditionell klingenden Werken setzt. Als Gitarrist ist er ebensolch ein Multi – er spielt gewöhnliche klassische Sechssaiter, eine Hopf-*contralto*-Variante, eine Ramirez und eine Mitsuru Tamura mit je 10, eine Adams jr. mit 12, und je eine 14saitige Gitarre von dem großen José Ramirez wie von Mario Jorge Passos. Sein Spiel, das sich mit klassischen Maßgaben sicherlich exakter fassen ließe, *ist* von der Anschlags- und der Arpeggienkultur her durchaus mehr europäisch denn brasilianisch, insgesamt das Resultat einer heterogenen, synergetischen Kulturauffassung und einer ebensolchen politischen Philosophie, die erkennt, daß Rassenannäherung nur durch Kulturassimilation möglich sei: »Seine Musik ist nicht zuletzt auch ein Spiegelbild der hybriden brasilianischen Gesellschaft.«[336)] So steht ihm Musik als Welt-Sprache weit näher als die regionalen Varianten, obschon er ebenso zu den interessantesten ethnischen Erschließern und Veredlern *auch* für die Gitarre zu zählen ist. Er ist Almeida/Gnáttali und Bogdanovič zugleich, aber freier im Gitarrenpart als sie alle zusammen. Und er ist, wie kann es anders sein, als Auch-Pianist, auf der Gitarre der Erzeuger schier wunderbarer, eigentümlich schwebender, irisierender, selten brutal schockierender Harmo-

Die Neuerer: Vom Bop zur Fusion

nien, *polychords*, überlagerter Akkorde, wie sie eben nur auf solchen Mehrsaitern möglich sind, deren vier oder mehr Baßsaiten als Bordune leer gespielt oder hin und wieder auch zu Baßgängen herausgegriffen werden können; und bei keinem anderen Gitarristen, weder im Jazz noch in der Klassik (Yepes, Söllscher, den anderen Mehrsaitern), stellt sich so intensiv die Assoziation zu thematischen Reimen und »Superpositionen« nach dem Vorbild japanischer *haiku* ein wie bei Gismonti: Der Klang vervollkommnet sich erst assoziativ im Hörer. Kurzum: Ihn heute noch, wie im Zusammenhang mit seinen ersten Platten auf ECM, dem Jazzlager zuschlagen zu wollen, fällt unendlich schwer und muß sich, wenn schon, denn schon, ganz auf den harmonischen Aspekt beschränken. Da allerdings kann Gismonti die Grenzen, die so lange und ehrfurchtsvoll bei George Van Eps gezogen worden sind, sehr viel weiter stecken, und dazu bedürfte es nicht unbedingt einer mehr als sechssaitigen Gitarre.

Wieder »herkömmlicher« mutet **Michael Howell**s Biographie an. Michael (*1943) kommt aus Kansas City, Missouri, und gehört zu den nicht gar so häufigen Konzertgitarre-Jazzern schwarzer Hautfarbe. Vom Vater schon als Siebenjähriger zum Gitarrespiel angeregt, erhielt er Unterricht bei dem Kansas-Gitarrenlehrer Herley Dennis, und als er 18 war, schrieb er sich am Lamar jr. College in Colorado ein. Wenige Jahre später zog er nach San Francisco und setzte dort seine Studien am Music and Arts Institute fort. Erst hier bot sich ihm 1971 die erste Chance zum Schnuppern professioneller Jazzgitarristen-Luft – mit Bobby Hutcherson, vib, und Harold Land, sax – der Beginn einer Karriere, die immer mehr aufs Solospiel – *Alone* (Catalyst CAT 7615) – zielte, obwohl er parallel dazu die Comboarbeit weiterpflegte, mit Sonny Rollins beispielsweise, wieder mal: Dizzy und mit John Handy. In den Gruppen früher auch elektrisch, solistisch von Anfang an auf akustischer Gitarre, ist Howell der ungewöhnliche Fall des Gitarristen, der zwar Fingerstyle pflegt, Wes Montgomery und Charlie Parker aber als seine Hauptpräger angibt, den Blockakkordiker also und den Horn-Mann! In Deutschland ist er bedauerlicherweise kaum bekannt geworden, allenfalls mit seinem Milestone-Album *In The Silence*.[337)]

Steve Khan (*1947), im Duo mit Coryell zu schon vorher verdienter Prominenz gelangt, hat Erinnerungen an die Kooperation mit Larry verbunden mit grundsätzlichen Überlegungen des akustischen Spielers, als er 1988 sagte:

Ich war in einer Gruppe von [Saxmann] Steve Marcus, und wir wurden von denselben Leuten gemanagt, die auch Larry Coryell managten. Zu der Zeit meinten seine Manager, daß er sich eine Menge Gigs würde leisten können, wenn er nicht die ganze Gruppe dabei hätte. Also fragten sie mich, ob ich Lust hätte, mit Larry Duos zu spielen. Klar, sagte ich und ging mit meiner David Russell Young [ein Gitarrenbauer] zu ihm nach Hause nach Connecticut, und wir fingen an, Musik zusammenzustellen, mit der wir 'rausgehen und auftreten konnten. Wir brachten fast zwei Jahre damit zu, und es war wirklich toll. Wir nahmen das Album *Two For The Road* [1977] auf, das im wesentlichen aus Standards aus dem Jazzrepertoire besteht. Das Ganze war eine Riesenchance für mich, weil ich Larry schon immer bewundert hatte. Er war ein echter Türöffner für junge Gitarrespieler in den

Akustiker vor allen Dingen

60ern und 70ern, die in den unterschiedlichsten Stilen spielen wollten... Das Schlüsselwort für mich [den guten akustischen Gitarrensound betreffend] heißt Wärme. Wenn man viel im Plattenstudio war, begreift man, daß einer einen vollkommenen, wunderbaren Sound haben und sein Ingenieur ihn völlig kaputtmachen kann. Womit es fast unfair wäre, über den Klang von jemandem nur von der Platte her Urteile zu fällen. Vielleicht ist nur irgendwas passiert, vielleicht hat ein Toningenieur nur ein falsches Mikro aufgebaut. Es gibt dermaßen viele Variablen, daß ich immer versuche, Kritik in mir zu dämpfen.[338]

Dabei entspricht Steve, Sohn des renommierten Texters Sammy Cahn, ganz und gar nicht dem typischen Bild vom Akustik-Spezi. Seine musikalische Laufbahn begann er in Südkalifornien in einer Popgruppe namens Chantays, die kurz vor seinem Beitritt mit dem Titel »Pipeline« einen Top-Ten-Hit gelandet hatten – als Drummer. Und erst 1967, stark motiviert durch das Hören vor allem Wes Montgomerys, griff er zur Gitarre – der elektrischen. Womit er der Prototyp für eine Unzahl jüngerer und jüngster Gitarristen darstellt, deren Weg weder durch klassische Schulung noch etwa die Singer/Songwriter-Bewegung programmiert gewesen war. Nachdem er sieben oder acht E-Gitarrentypen durchprobiert hatte (der festen Ansicht, die rechte Musik käme aus dem rechten Instrument, ohne viel Rücksicht auf die eigenen Spielkünste), schrieb er sich im Musikprogramm der UCLA ein und schloß dort 1970 ab. Im selben Jahr noch zog er nach New York um, um ein lukratives Angebot als Studio-Profi in der blühenden Fusion-Szene anzunehmen. Resultat: Unzählige Gigs mit Leuten wie George Benson, Michael Brecker, Grover Washington, Donald Fagen (Steely Dan), Billy Joel, Phoebe Snow und Aretha Franklin. Er experimentierte auf Platten – etwa der *Local Color* (Denon CY 1840) – mit dem Zusammenspiel von akustischer Gitarre und Synthesizer, bewegte sich allmählich von seiner Gibson Super 400 über je eine David Russell Young Steelstring 6 und 12, eine Martin MC-28[339] bis zur Nylonstring-Gitarre. Seit Mitte der 70er Jahre spielt er so gut wie ausschließlich Akustiks, zumal auf seinen eigenen Platten, musizierte noch kürzlich live mit Mark Egan, b, den Saxisten Bill Evans und Clifford Carter und Dan Gottlieb, dr, schreibt und unterrichtet (privat) und öffentlich in Workshops für das kalifornische Pro Clinics International. »Soli zu transkribieren und zu analysieren ist eine gute Sache, solange man nicht vergißt, daß der Künstler [als er das spielte] *improvisiert* und nicht sorgfältig darüber nachgedacht hat«, sagte Khan 1985:

Je vertrauter man mit dem Stil eines Musikers wird, desto mehr Verbindungen stellt man her, etwa die, daß einem die gleiche rhythmische Phrase auffällt, nur eine andere Töne hat. Es gibt eine Menge Mißverständnisse über das Improvisieren, die gerade auf weniger erfahrene Spieler beträchtlichen Druck ausüben können. Man nehme nur mal die Idee, daß man sich nicht wiederholen sollte, was reichlich unmöglich ist – das ist ein Jazzmythos. Klar, man will am liebsten jede Sekunde was anderes machen, aber das ist nun mal nicht die Natur der Dinge. Zuallererst einmal hat man ein Vokabular, auf das man zurückgreift, und hin und wieder kann es sein, daß man in einer Improvisation irgendwas spielt, was man noch nie zuvor gespielt hatte...[340]

Die Neuerer: Vom Bop zur Fusion

Namen, weit mehr Schall denn Rauch: **Juan Martín**s beispielsweise, des ehemals strikten Flamencisten, kräftig beeinflußt von Manuel Serrapi alias Niño Ricardo und von Agustin Castellón alias Sabicas und damit ohnehin schon neben Paco de Lucia, Serranito Monge und wenigen anderen prädestiniert zur Spitze der neuen Flamenco-Interpreten, durch die diese Musikart erst zur gitarristischen Solo-Disziplin werden konnte – Juan legte 1981 ein bemerkenswertes Album vor, zum 100. Geburtstag von Landsmann Pablo Picasso, die neun *Picasso Portraits*,[341] musikalische Reflexionen auf Bilder des Meisters vom »Picador« (1889) bis zu dem »Schlafenden Mädchen« (1969), mal mehr der klassischen Vorlage eines Albéniz verpflichtet, mal moderner im Jazz- oder doch jazznahen Ambiente, in Trio bis Quintett mit Simon Phillips, einem John-Williams-erfahrenen Drummer oder dessen Kollegen Ian Mosley (»Sky«), John Gustafson oder John G. Perry, b, Rod Edwards oder Tony Hymas, p/key, und Elisa Martín, palmas, d. i. das meist gegentaktige Händeklatschen im Flamenco, kurzum: eine Platte, die puristisch genommen natürlich nicht bestehen kann, aber doch auch wieder Wege zu möglichen Assimilationen weist. Oder da sind der Franzose **Philippe Petit**, der unter anderen auf FDC 5524 die sehr überzeugenden *Impressions Of Paris* mit Miroslav Vitous eingespielt hat, sowie **Jerome Harris**, ein elektrischer *und* akustischer Spieler vom Jahrgang 1954, Absolvent des New England Conservatory, eine Zeitlang bei Rollins, auch E-Bassist, Chiquita-*travel-guitar*-Spieler und insgesamt Bill Frisell sehr nahe; und der Waliser **David Hewitt** (*1947), der unlängst für seine CD *African Tapestry*[342] seine gediegene klassische Schulung für hochanspruchsvolle, stark afrikanisch geprägte Eigenkompositionen nutzbar machte, die stark an den Fingerstyle von Charlie Byrd, mehr aber noch an den von **David Qualey** (*Handmade*, Stockfisch/Rough Trade 357 1004-2,1991) erinnern. Und dann ist da der Liverpooler **Adrian Legg**, dieser liebenswerte Mensch, der es nach *Technopicker* (1983), *Fretmelt* (1985) und *Guitars And Other Cathedrals* (1988) fertigbringt, sich für ein Album wie *Guitar For Mortals*[343] mutterseelenallein hinzusetzen und mit nichts als einer akustischen Ovation den Köstlichkeiten einfachster Klangschönheiten in zum Teil ergreifendem Sinn für das wahrhaft Wesentliche zu frönen – ein Mann, der sowohl beim Montreux Jazz Festival als auch auf den großen Folkfestivals gleichermaßen wohlgelitten ist...

1991 gastierte **Kevin Eubanks** (*1958) als Mitglied des Dave Holland Trios (mit dem Perkussionist Mino Cinelu) in Deutschland und bestach als kongenialer Sideman des Bassisten, aber natürlich auch als großartiger Solist im Singlestring wie im akkordischen Genre, die er genausowenig voneinander trennt, wie er bereit wäre, sein Spiel in restriktiven Kategorien eingepfercht zu halten. Er spielte auf einer in Seattle von Steve Davies gebauten Stephen's *Extended Cutaway*[344] mit wunderbar warmem, weichem Klang von hervorragendem *sustain*, und ganz ähnlich wie auf seiner fast zur gleichen Zeit erschienenen CD

The Searcher[345] erkundete er diverse Stile, vermengte sie zu homogenem Neuen und entsprach damit exakt dem, was er bereits früher dazu gesagt hatte:

> Das Wort »Jazz« signalisiert eine Art von Eingrenzung oder daß es irgend etwas anderes gibt, das weiter fortgeschritten ist, und damit bin ich nicht einverstanden. Ich bin sowieso mit dem Begriff schon nicht einverstanden; der ist so liberal angewandt worden, daß er entwertet worden ist bis zur Bedeutungslosigkeit. Heute versteht man darunter alles von Kool & The Gang bis zu Peterson... Gerade jetzt sind wir an einem Punkt angelangt, an dem wir neue Trends eröffnen und trotzdem eine Vorstellung von dem und Achtung gegenüber dem haben, was vorher war: Tradition aufrechterhalten und zugleich Neues probieren. Es ist ganz natürlich, daß man nach etwas ein wenig anderem Ausschau hält – es muß nicht besser sein oder irgendwo jenseits liegen, einfach etwas, das anders ist und eine logische Erweiterung dessen, was gerade ist...[346]

Kevin kommt aus einem äußerst musikalischen Haus. Mutter Vera Bryant spielt Gospel-Piano, Onkel Ray Bryant ist der renommierte Jazzpianist, der kürzlich verstorbene andere Onkel Tom Bryant war ein geschätzter Bassist, und Bruder Robin ist als Jazzposaunist zur Zeit mindestens so beliebt wie Kevin. Teeny Kevin lauschte vor allem Funk- und Rockleuten und gedieh alsbald immer heterogener – James Brown, Led Zeppelin, Sonny Stitt, Wes und Oscar Peterson gehörten zu den Erwählten. Kein Wunder also: »Ich habe immer nach irgend etwas gesucht. Ich brauchte irgendein Ventil für die Ideen, die sonst nirgendwohin konnten. Ich hab' das in der Musik gefunden. Ich *muß* spielen.«[347] Zielstrebig arbeitete er sich in die Gruppen von Slide Hampton, Art Blakey, Ron Carter, Sam Rivers, Roy Haynes, McCoy Tyner und anderen hinein, hat mittlerweile in allen vier Himmelsrichtungen der Welt konzertiert, an der Charlie Parker School im italienischen Perugia, an der Rutgers University, an der kanadischen Banff School of Fine Arts in Calgary unterrichtet und hat sein festes Quartett mit Kenny Davis, b, Gene Jackson, dr, und Edward Simon, p. Zeitweilig kommt der auch von Pat Metheny her bekannte Vokalist Mark Ledford dazu, und 1988 wurde sein Album *Shadow Prophets* in den Radio- und Records-Charts die Nr. 1 unter den neuen Jazzveröffentlichungen. Seine jüngste CD heißt *Turning Point* (Blue Note 546-798170-2, mit Dave Holland, Kent Jordan, Marvin »Smitty« Smith, Charnett Moffett und Mark Mondesir).

Djangos, Ethnos und Exoten

»Exoten« sind sie entweder, weil sie sich ungewöhnlicher Anregungen, Techniken oder Verbindungen von Altem und Neuem bedienen, diese sieben Herren, unter denen vielleicht allenfalls **Bob Brozman**, der Jazzgrass-Virtuose auf der Dobro, ein wenig »fremd« bleiben dürfte. Dennoch: Er und Mike Auldridge, schon erwähnt, haben auf der Dobro meisterhaft das unternommen, was jenseits der Western-Swing-Szene eigentlich eher zu den Raritäten gehört: die Verschmelzung weißer Country-Musik mit dem Drive, dem Swing und der Improvisationssprache des Jazz, meist innerhalb rein akustischer Gruppen – wie im Falle von Auldridge, Tony Rice und Mark O'Connor etwa in den Formationen von »Seldom Scene« bzw. den Gruppen des nicht minder »angejazzten« Mandolinisten David »Dawg« Grisman –, in denen akustische Bässe und starkes Rhythmus-Gitarrespiel beste Unterlagen für swingende Improvisation zu liefern pflegen und der dazugehörige Gesangsstil ein zuweilen faszinierendes Konglomerat aus typischer C&W-Intervallik und den *close-harmony*-Techniken der berühmten Jazzvokalgruppen à la Modernaires, Freshmen oder Hi-Lo's ist. Hierher gehören eigentlich der schon erwähnte David Hewitt mit seiner *African Tapestry* und auch **Pierre Dorge** (der mit Vorliebe in großen Besetzungen einer franko-afrikanischen Synthese huldigt, bei der vom Gitarrespiel dann allerdings meist nicht sehr viel Einschätzbares übrigbleibt), wenn man Gitarristen-Kollegen vom Schlage **Roland Prince**s dazuzählt: Prince trat beispielsweise beim Berliner Jazzfest 1986 als Mitglied von Pianist Monty Alexanders Jamaican Band auf, neben dem zweiten Gitarristen **Wigmore Francis**, und demonstrierte mehr, als es ein Ernest Ranglin je gekonnt hätte, den Willen zur Implantation karibischer Elemente in sein – elektrisches – Jazzspiel, was dann vor allem eine rhythmische Angelegenheit wird, über der das Gitarrespiel doch noch eher gen Nordamerika ausgerichtet bleibt, sieht man von Phrasierungsdetails ab.

Marc Ducret (*1957 in Paris), Gewinner des Prix Django Reinhardt von 1987 und von *Jazz Hot* ein Jahr später zum besten Jazzgitarristen des Landes ausgerufen, ist durch den Golfkrieg zu den Kompositionen seiner meines Wissens ersten hierzulande aufgenommenen Platte *news from the front*[348] angeregt worden und stellt sich auf ihr als eine veritable Offenbarung dar, die jeden Ry-Cooder-Anhänger beschämen muß und doch reinen Gewissens fürs Jazzlager vereinnahmt werden kann. Autodidakt Ducret, seit seinem 17. Lebensjahr Profigitarrist, hatte mit Folk- und Varietémusik begonnen, aus jener Phase die Liebe zur 12string beibehalten und dann, als Jazzgitarrist, u. a. mit Daniel Humair, Tim Berne, Bob Berg, Miroslav Vitous, Woody Shaw, Larry Schneider und im Orchestre National de Jazz gespielt, mal folkish slide-intensiv auf 12strings, mal auf normalen akustischen wie elektrischen 6strings intensiv jazzend und auf einer Fretless, beispielsweise in unisonen Gängen auf den tiefen Saiten oder mit einer der Posaunen, libidinös stimmende Kellerorgien bietend – ein interessanter Franzose mit einem musikalischen Profil, das den meisten seiner gitarristischen Landsleute zur Zeit noch immer abgeht, hier in einem ungewöhnlichen Quartett mit Herb Robertson, tp/flh, Yves Robert, tb, und François Verly, perc/dr mach, in einem Get-Together, das vor allem durch seine ungewohnten, überaus reichen harmonischen Strukturen besticht und jedes Experiment gewissermaßen »kontrolliert« ablaufen läßt.

Djangos, Ethnos und Exoten

Wären nicht mal wieder Dizzy Gillespie und dann noch eine glänzende LP von 1962 gewesen, dann wäre der 1926 in Budapest geborene **Elek Bacsik** möglicherweise nirgendwo anders als in den Annalen des Italieners Renato Carosone und des Schweizer Hazy Osterwald Sextetts hängengeblieben. Aber es wäre eine Sünde, diesen Absolventen des Budapester Konservatoriums im Fach Violine aufgrund des wenigen, was da ist, kurzerhand zu unterschlagen. Wer an »Grabbeltischen« Geduld aufwendet, kann fündiger werden. Auf Europa Jazz EJ-1047 gab es z. B. eine seltsam lieblos edierte LP, die auf zumindest einer Seite weitere drei Bacsik-Titel bot, solistisch diesmal und darum von besonderer Köstlichkeit, »Samba De Una Nota So«, »On The Green Dolphin Street« [*sic!*] und »Summertime«. Und dann tauchte unter dem Titel *I Love You*[349] eine weitere LP auf, sie war von 1974 und stellte Bacsik als Geiger vor, begleitet von Hank Jones, p, Bucky Pizzarelli, hier auf Konzertgitarre, Grady Tate, dr, Oliver Nelson, as, und anderen. Ein einziger Titel, ein »Blues for Elek«, war ein Gitarrenstück im Team mit Hank Jones, Richard Davis, b, und dem Trommel-Schwergewicht Elvin Jones. Und das ist dann wohl wirklich alles, was in Europa von ihm übriggeblieben ist. 1959 langte der Zigeuner Bacsik in Paris an, zehn Jahre, nachdem er zu Osterwald gestoßen war. 1945 war er von der Geige zur Gitarre konvertiert, jedenfalls zeitweilig und mit enormem Effekt, und die spielte er nun auch in Paris, im damals neu eröffneten Mars Club und meistens zusammen mit Art Simmons, p, und Michel Gaudry, b. Frankreichs Metropole als sein Standort war wie allezeit auch Anziehungspunkt für unzählige Jazz-VIPs, unter denen auch Dizzy war, der sich den Ungarn für sein Album *Dizzy On The French Riviera*[350] holte und ihm damit gewissermaßen den Teppich für sein eigenes Album ausrollte, das sehr wohl historische und sehr wahrscheinlich beste Jazzgitarre-Album bis in die 70er Jahre hinein, *The Electric Guitar of The Eclectic Elek Bacsik,*[351] mit Kenny Clarke bzw. Daniel Humair, dr, und Michel Gaudry oder Pierre Michelot, b, wobei der Titel durchaus irreführt, denn das wenigste an Elek war sein Eklektizismus, der sich allenfalls beschränkte auf seine privaten Vorlieben – Les Spann, Barney Kessel, Wes, Tal Farlow, auch Charlie Byrd, diverse Flamencisten natürlich und, durch die Violine, Klassiker wie Bach, Brahms, Mozart. Eleks Album ist in der Tat eine Kostbarkeit, die keiner missen mag, der sie in seiner Sammlung hat. Stücke wie Brubecks »Blue Rondo A La Turk«, sein »Take Five« auch hatten zuvor nie auf Gitarre stattgefunden; der enorm schnelle Single-run in der Intro zu »Angel Eyes« legte dann schon das *pattern* für die gesamte LP aus – ein Produkt von damals ungewöhnlich hoher Aufnahmereinheit, ungeheuer präsenter Gitarre mit ungewohnt hellem und doch nie scharfem Klang, Akkorde, die transparent klangen und doch anspruchsvollste Strukturen waren, und eine Single-Technik, wie man sie bis 1962 noch nirgends gehört hatte, so schnell und sauber und unglaublich imaginativ, daß sie – auch als erste – völlig brach mit der noch lange Zeit und äußerst liebevoll gepflegten Reinhardtschen Gypsy-Tradition im Gitarrespiel. 1966 zog Bacsik in die USA, von wo uns leider keine Plattenveröffentlichungen bekannt geworden sind. Der Promoter Bob Thiele war es 1974, der ihn aus den Vegas-Casinos herauslockte und zu neuen Jazz-Exkursionen motiviert hat. Nur kann das nicht lange vorgehalten haben: Von Elek Bacsik, einem wahren Wundermann, der alles Zeug zu einem weiteren »Mythos« gehabt hätte, fehlt jede Spur.

Anders war das gottlob im Falle **Gabor Szabo**s, auch einem Budapester, zehn Jahre jünger als sein Landsmann, jedoch 1982 in seiner Wahlheimat USA verstorben. Der bekam vom Vater zu seinem 14. Geburtstag eine erste Gitarre geschenkt und brachte sich dann so zielstrebig binnen vier Jahren das Spielen bei, daß er schon wenig später, als gerade 20jähriger, in Ungarns Kapitale als Profi beginnen konnte. Zwei Jahre arbeitete er dann dort in verschiedenen Gruppen, schrieb aber auch schon für Radio und Filme. Radio und Platten waren in Ungarn seine einzigen Jazzquellen gewesen, die Welt draußen hatte ihn anders in Anspruch genommen, als Freiheitskämpfer, der unmittelbar nach Niederschlagung des 1956er Aufstands sein Heimatland verließ, am 22. November, und in den USA um Asyl bat. Ein Jahr später hatte er durch glückliche Umstände einen Studienplatz an der Berklee School of Jazz ergattert, blieb dort bis 1959, arbeitete dann in diversen Jazzgruppen, bis er 1961 von Chico Hamilton entdeckt und in dessen Gruppe geholt wurde.[352] 1965 saß er bei Charles Lloyd, ein Jahr zuvor hatte ihn *Down Beat* schon zum besten neuen Jazzgitarristen gekürt, gemeinsam allerdings mit Landsmann Attila Zoller, und von 1966 bis 1968 leitete er seine erste eigene Gruppe. Das Jahr 1969 markiert einen Wendepunkt in seiner musikalischen Biographie, die fortan sehr stark von Blues, Rock, aber immer deutlicher auch Anleihen aus der ungarischen Folklore geprägt wurde.[353] Dann allerdings ging sein Stil doch allzu sehr aus dem Leim: Gabor, der vor allem in Los Angeles spielte, in diversen Gruppen und verstärkt fürs Fernsehen, nahm sich mit seiner Gruppe »Perfect Circle« eines immer gefälliger werdenden Repertoires an, das ebenso Klassiker verjazzte, wie es sich in härteren Rock-Gangarten versuchte. Ein Album wie *Spellbinder* (Impulse A 9125) mochte da noch von Suche, Unentschlossenheit und Transitionen zeugen und gehörte Anfang der 70er Jahre zu den erfolgreichsten »Crossovers«, die Jazzgitarristen je fabriziert hatten. Nachfolger aber, wie die *California Dreamers* (Impulse A 9151), *Jazz Raga* (9128) und dann die offenbar unvermeidlichen *Greatest Hits* (9204-2), kündeten dann doch allzu stark von der unwiderstandenen Verlockung, der der Wahl-Amerikaner mit heißem Blick auf ergiebige Top-Forty-Erfolge wohl eher aus nationalpsychologischen denn unbedingt kommerziellen Motiven erlag. Immerhin muß man Szabo durchaus sehen als einen der ersten Gitarristen, die – vor allem akustisch – der verbreiteten Ghettomentalität in Sachen Jazz entgegenwirkten, indem sie ihn für populärer orientierte Hörer zugänglich zu machen suchten, zum Teil freilich auf Kosten musikalischer Qualität. Seine Technik als Gitarrist bleibt außen vor: Szabo war einer der ersten wirklichen *in-depth*-Erschließer der Flattop für Jazz und Jazzverwandtes und eine weithin vernehmliche, unaufdringliche Stimme von etwas, das man unter Vorbehalt »Ethno«-Jazz nennen könnte, mehr als im Falle Zollers.

Folgen noch zwei, deren Verdienste um die Gitarrentechnik überhaupt – beim zweiten deutlich direkter für den Jazz – engstens mit dem Begriff des *tapping* verknüpft sind, jener relativ neuen Spiel-Art, die auf höchst eigentümlichen Wegen der Zweihändigkeit des Klavierspiels entgegenkommt, indem sie durch Aufschläge oder *hammer-ons* mit *beiden* Händen auf dem Griffbrett die klassische Rollenverteilung zwischen Anschlag- oder Zupf- und Greifhand auflöst – eine Spieltechnik, die möglicherweise durch die Einführung des »Stick« durch Emmett Chapman seit Beginn der 70er Jahre gefördert und dann vor allem durch diese beiden für die herkömmliche Gitarre oder deren engste Artverwandte erschlossen werden konnte. Der Stick ist ein – sich nicht recht durchsetzendes – Gerät ohne Gitarrenkorpus, im Prinzip ein langschmales Brett mit 25 Bünden und zehn Saiten,[354] das sich durch relativ unaufwendiges Antippen – *hammering-on* – mit beiden gleichberechtigten Händen spielen läßt. Das ließ sich nun, bei entsprechend hoher Begabung natürlich, übertragen.

Seit vor ungefähr 25 Jahren Leo Kottke auf Takoma sein historisches Album *6- and 12-String Guitar* vorlegte, hat die gitarristisch interessierte Öffentlichkeit kaum intensiver reagiert auf einen Künstler wie den 1954 geborenen **Michael Hedges**, der das Tapping für eine Vielzahl akustischer Gitarrentypen erschlossen hat. »Ich versuche ständig, einen Ton dazuzuspielen, der noch farbiger ist«, sagt er. »Das ist mein Kreuzzug... Ich möchte neue *voicings* hören.« Und er *läßt* sie hören. Klassisch ausgebildet am Peabody Institute in Baltimore, dabei ein unbestechlich intensiver Rhythmiker und großer Akkorde-Pfadfinder, beherrscht der in Palo Alto lebende Kalifornier – vom gesamten Ansatz und Temperament her unverkennbar amerikanisch – die lyrische Ballade ebenso wie das angerockte Up-Tempo-Stück, alles auf akustischen Instrumenten, versteht sich, die harmonisch jazznähere Invention wie praktisch das gesamte Repertoire der auf *open tunings* spezialisierten Folkies und Gemütsgitarreros des kalifornischen Windham-Hill-Labels um Will Ackerman und Alex DeGrassi. Neben gewöhnlichen Martin-Flattops spielt er mit Vorliebe zwei Dyer-Gitarren, Elfsaiter mit normalen sechs und unterschiedlich gestimmten fünf freien Bordunen, und eine 17saitige uralte Gibson-Gitarre mit elf chromatisch gestimmten Harfensaiten, ein Instrument, das nach fünfjähriger Suche der ehemalige Gibson-Vertreter und Instrumentensammler Neil Penner für ihn ausfindig gemacht hatte. »Ich habe mir Michael Hedges angehört und bin umgefallen. Konnte es einfach nicht glauben«, schwärmte Larry Coryell 1985 nach dem ersten Hören Hedges'. »Es ist nicht unähnlich dem, was Ralph Towner gemacht hat – irgendwas, das Jazz war und doch nicht Jazz war. Traditionelle Jazzphraseologie war nicht verwendet worden. Es war nicht einfach die Umarbeitung der Jazzheroen.«[355]

Michael hatte auf seinem ersten Album – auch auf dem erwähnten Windham-Hill-Label, das zuvörderst mit dem *terminus technicus* des »California Neo- Impressionism« assoziiert ist – noch mehr mit offenen Stimmungen als mit der Tapping-Technik experimentiert und gilt seither auch auf diesem Gebiet zumindest in den Staaten als die Autorität par excellence.[356] Eine Auswahl von offenen Hedges-Stimmungen, jeweils v. u. n. o., sieht denn auch so aus:

D – A – D – G – A – D
B – F# – C# – D – A – D
B – A – D – G – A – D
D – A – D – G – C – E
D – A – D – D – A – D
D – A – D – G – B – D
C – G – D – G – A – C
C – G – E – G – B – D
D – A – E – E – A – A

Schon das zweite Album, auch noch auf Windham Hill, stellte ihn dann schon sehr deutlich und verblüffend als virtuosen Tapping-Revolutionär vor, der oft klingt, als spiele er mehrere Gitarren im Overdub-Verfahren à la Les Paul, weshalb er in der ersten Zeit auf plattenverewigte Live-Mitschnitte seiner Zaubereien Wert legte. Sagt Michael:

Die linke Hand liefert eine Art *ostinato-hammer-on* und *-pull-off*, also muß die rechte Hand Melodien oder so was machen. Das ist eigentlich eine Chapman-Stick-Technik, hammering on, pulling off, sliding – ungefähr wie bei [Heavy-Metal-As] Van Halen, nur auf die akustische Gitarre angewandt. Natürlich ist das kompositorisch völlig anders; meine Licks klingen nicht wie Van Halens, obwohl die Techniken vieles gemeinsam haben. Für gewöhnlich macht Eddie hammer-on auf einer Saite, wogegen ich das auf zwei oder drei Saiten mache, mit Barré, also nicht mit den Fingerkuppen.[357]

Hier ein kurzer Ausschnitt aus Michaels »Layover« von 1986, für das er die v. u. n. o. die Stimmung D-A-C-g-c-e' wählte:[358]

Notenbeispiel 15: »Layover«

Djangos, Ethnos und Exoten

Der zweite Tapping-Spieler – und getreuliche Angehörige der Jazz-Fraktion – ist der 1959 in Chicago geborene **Stanley Jordan**. Er begann mit sechs Klavier zu spielen, stieg mit elf auf die Gitarre um, rockte schon als 12jähriger Buttje semiprofessionell, enteckte mit nur 13 Jahren den Jazz für sich und begann schon ganz kurz danach mit *touch*-Techniken zu experimentieren, einer Variante der später von Hedges kultivierten Tappingtechnik. Stark geprägt von Miles, Freddie Hubbard, Donald Byrd, Parker, Coltrane, Hancock, Tatum und unter den Gitarristen Benson, McLaughlin, Montgomery, Burrell, Farlow, Pass (aber auch Jimi Hendrix) nahe, schloß er mit einem B. A. an der Princeton University in Kalifornien 1981 ab, nachdem er 1977 beim Reno Jazz Festival den ersten Solisten-Platz belegt hatte. Er spielte bei Quincy Jones, mit Benny Carter, Wynton Marsalis und Grover Washington Jr., war 1980 nach New York gezogen und spielte dort noch bis *1984* auf der Straße, meistens an der Ecke 48th Street und 7th Avenue, immer mal wieder dem Unmut intoleranter Bürgersleute oder der Polizei ausgesetzt, die zu Hauptverkehrszeiten keinerlei Menschenansammlungen duldete, auch nicht im philanthropischen Geiste des Jazz. Es waren »hilfsbereite Leute«, die sich Gott sei Dank dort auch einfanden und ihn 1984 zum Kool Jazz Festival brachten, als seine selbst produzierte LP *Touch Sensitive* längst erhältlich, aber weithin unbekannt und ein Solo-Unternehmen war. Immerhin war Kool dann das Entrée zum 85er Concord-Festival und, noch im selben Jahr, das Ticket für Montreux. »Während so unterschiedliche Spieler wie Mario Maccaferri in den 20ern, Jimmy Webster in den 50ern und 60ern, der zeitgenössische Komponist Leo Brouwer und Rocker Eddie Van Halen mit Griffbrett-*tapping* experimentiert und es sich in verschiedenen Abstufungen nutzbar gemacht haben, hat Jordan es zu konkurrenzloser Verfeinerung gebracht,« notierte Jim Ferguson Ende 1985,[359)] und Stan selbst meint: »Jazzfans respektieren einen guten Instrumentalisten. Ich tue nichts vorsätzlich dazu, um mit einem besonderen Stil oder einem ›Stanley Jordan‹-Sound identifiziert zu werden. Ich möchte einfach nur bekannt sein als ein guter Spieler... Aufs Jazzfeld zu zielen, schien mir die beste Möglichkeit, als ich selbst akzeptiert zu werden. Ich habe immer Jazz gehört.«[360)] Als er in Montreux auftrat, war bereits sein – von Al DiMeola produziertes – Album *Magic Touch* (Blue Note BT 85 101) auf dem Markt und erklomm im Eiltempo die *Billboard*-Jazz und, zum nicht geringen Schock nicht weniger Insider, gar die Pop-Charts. Stan spielt heute hauptsächlich eine Travis-Bean-Solidbody TB-1000 mit Aluminiumhals und extrem flacher Saitenlage und eine Ibanez Roadstar mit Graphit-Hals. Und er nutzt mit großer Vorliebe eine Quartenstimmung, also v. u. n. o.: E – A – D – g – c – f, wozu er sagte: »Ich glaube, daß die reine Quartenstimmung schon immer in meinem Kopf war. Irgendwann, als ich noch schwer im Lernen von Akkorden und Skalen mit Literatur steckte, kotzte es mich an, daß man wegen der Stimmung einen Fingersatz ändern mußte. Die Normalstimmung schien mir so viel komplexerer als nötig, und darum fing ich an, in Quarten zu spielen.«[361)] Hier

ein kurzes Beispiel für seine »Touch«-Technik, in dem beide Hände in getrennten Systemen notiert sind, d. h. die linke Hand im Violin- und die rechte im Baßschlüssel, ein – in tatsächlicher Tonhöhe notierter – Auszug aus einer Blue-Note-Live-Aufnahme von »Touch Of Blue« vom Februar 1985.[362]

Notenbeispiel 16: »Touch Of Blue«

Stanley Jordan in Tapping-Aktion. Er ist der einzige Jazzspieler, der diese schwierige Technik des »pianistischen« Spiels beherrscht wie Michael Hedges im akustischen Folkbereich oder Eddie van Halen und Joe Satriani im Rock

Die Neuerer: Vom Bop zur Fusion

Made in Germany und nebenan (1)

Das Vakuum, das Attila Zoller in der Bundesrepublik Anfang der 60er Jahre hinterlassen hatte, hielt vier, fünf Jahre an, nicht länger. 1962 hatte der gebürtige Darmstädter **Volker Kriegel** (*1943) beim Düsseldorfer Amateur-Jazzfestival bereits zum zweitenmal den ersten Gitarristen-Preis abgeholt und zum Lohne für die instrumentale Beständigkeit alsbald in Gruppen wie denen von Ingfried Hoffmann (*From Twen With Love*, 1963) und von Klaus Doldinger (*Doldinger Goes On*, 1964) mitwirken dürfen und so »stufenweise den Übergang zum Berufsmusiker vollzogen«, wie er im privaten Gespräch 1980 sagte.[363)] Volker ist ganz und gar ein Sproß der ungeheuer reichen Frankfurter Jazzszene, der er denn auch sein »Einrasten« in dieselbe –mit Mangelsdorff, Günter Lenz, Ralf Hübner u. a. – verdankt. Seit seiner Teilnahme am 11. Deutschen Jazzfestival in Mainhattan 1968 galt das Multitalent, das erfolgreich zeichnet, sich durch »Jazzmärchen« und ähnliches auch als schreibender Autor ein ernst zu nehmendes Stück über die gängigen feuilletonistischen Heißluft-Maßstäbe hinausbegeben und Gitarren-Aficionados mit dem nahezu herzzerreißenden Zeichentrickfilm von dem Gitarristen beglückt hat, der sich zwanghaft an immer der gleichen Stelle verspielt, als Deutschlands Jazzgitarrist Nr. 1, der sich zunächst binnen vier Jahren auf sechs LPs des Dave Pike Set (mit Pike, vib, Hans Rettenbacher, b, und Peter Baumeister, dr) immer weiter in das Bewußtsein der gitarristisch nicht eben verwöhnten Öffentlichkeit spielt. 1968 legt er seine erste eigene LP vor, *With A Little Help From My Friends*,[364)] noch ganz im Mainstream-Ambiente gehalten, aber doch schon mit dem charakteristischen Improvisationszug zu den hohen Lagen und insgesamt auch höhenfreundlicheren Einstellungen als denen seiner früheren Vorbilder, Burrell vor allem, aber auch der Kessel der Poll Winners – eine Art in Klänge gebrachtes Dankeschön an die Frankfurter Jazzszene. Nach diesem eher konventionellen Start mit allen Ecken und Kanten eines Erstlingswerks legte Volker dann mit erstaunlicher Beständigkeit und Schaffensfreude fast jährlich ein Album vor, zunächst gleich die Doppel-LP *Missing Link* (1972) mit Eberhard Weber, b, Albert Mangelsdorff, tb, Alan Skidmore, ts, und John Marshall, dr, eine Arbeit, deren Albentitel traf, die erste »Häutung« des Gitarristen in Richtung auf einen Spieler, der Verlockungen allzugroßer improvisatorischer Freiheiten nicht erliegen mag und statt dessen immer intensiver an einer »konzeptionellen« Form zu arbeiten begonnen hatte, die zwischen präzisen Notaten vergleichsweise wenig improvisatorischen Freiraum zuläßt, oft balladesk schwermütig, dann doch auch schon bemerkenswert temperamentvoll und »neu« vor allem in den harmonischen Abläufen und dem Arrangement zwischen gleichberechtigten Gruppenmitgliedern: Jeder dient jedem, der Gitarrist ist nicht mehr der unbestrittene »Front-Mann« – eine Entwicklung, wie gesagt, die sich stetig fortsetzt, zunächst in seiner Gruppe

Made in Germany und nebenan (1)

Volker Kriegel. Er füllte das jazzgitarristische Vakuum aus, das durch Zollers Weggang entstanden war und entwickelte sehr schnell seinen konzeptionellen Stil: Er traut mehr dem kunstvollen Notat als der weniger kunstvollen Freiheit

Spectrum, die einem Album den Namen gab, später in seinem Mild Maniac Orchestra. Zuvor aber spielte er noch in den Gruppen des Jazzgeigers Don »Sugarcane« Harris, bei Dauner, Doldinger und gar dem alten britischen Bluesrecken Alexis Korner. 1971 war er bei den Berliner Jazztagen, zwei Jahre später als vermutlich der erste und bislang einzige Jazzgitarrist aus deutschen Landen gar in Newport. Neben dem Mild Maniac Orchestra, mit dem er – unter anderem im Auftrag des Goethe-Instituts – Südamerika und Afrika bereiste, musizierte er regelmäßig im United Jazz & Rock Ensemble, einer illustren internationalen Interessengemeinschaft von Bandleadern *in their own right*, die sich einmal pro Jahr zu Konzerten und einer Plattenproduktion zusammentat und mit der er auch heute noch auftritt. 1987 erschien Volkers bislang letzte LP, wieder auf dem bemerkenswerten Mood-Label, *Palazzo Blue* (Mood 28.662) mit Thomas Bettermann, keyb, Christof Lauer, sax, Michael Schürmann, e-b, und Thomas Alkier, dr, eine Vier-Stücke-Platte, auf der der Gitarrist, der nach eigener Aussage am liebsten »fast alles« aufschreibt und in dieser anspruchsvoll kalkulierten Musizierweise gewiß auch am einsatzfähigsten und begabtesten war und ist, seine überaus komplexen kompositorischen Konzepte ins Extrem perfektioniert hat. Anfang der 80er Jahre hatte er sich im Gespräch »selbstverständlich« dem Jazzrock-Lager zugerechnet und noch die Probleme deutscher Jazzmusiker im Ausland vor allem in deren »risikoloser« Flucht ins Imitat erkannt und als deren Folge beträchtliche handwerkliche Defizite diagnostiziert. Er selbst, ein gitarristischer »Handwerker« von höchsten Graden, betont seine »Vorliebe für musikalische Qualität, während es anderen nur um einen gewissen Ausdruck von Lebensgefühl oder Abgrenzungen gegen den normalen Alltag geht.«[365] Gewissen Gefahren dieser formalen Überbewertung mag er sich bewußt sein. Die Platten – nicht die Live-Auftritte – wurden mehr und mehr zu »Kompositionen«, verschanzten das im Jazz so unentbehrliche »Feeling«, vulgo: die emotionale »Botschaft«, architektonisch immer perfekter in gleichwohl faszinierenden »konzeptionellen« und sehr europäischen Festungen, erzeugten ihre Dramaturgie fast ausschließlich im Vorsätzlichen und also kaum noch aus dem Potential des Augenblicks. Die Konsequenz war nicht selten eine Schönheit, die die kluge Anmut, den Sinn für Ästhetik, für Poesie und Zartheit Kriegels nur noch im *Konstrukt* zu reflektieren suchte, die *Person* immer tiefer hinter dessen unbezweifelbare Kunst, die Schreibweise des Introvertierten, versteckte. *Was* »herüberkam«, war die Subtilität und Raffinesse des *Komponisten*, nicht mehr die des Gitarristen.

»Jazz-Rock in diesem Sinne gibt es gar nicht«, sagte der Paderborner **Toto Blanke** (*1937), der schon im Zusammenhang mit den Duos mit Rudi Dašek Erwähnung fand. »Entweder es gibt Jazz oder reine Rockmusik«, meinte er, »oder es ist der Jazz, der einfach irgendwelche rhythmischen Elemente übernimmt. Aber *was* der Jazz da übernimmt, kommt sowieso vom Jazz her, war immer schon Jazz.«[366] Der frühere Architekturstudiosus, der die Musik stets als Ausdruck von Zeitgeist mit allen positiven und negativen Implikationen verstand, wandte sich, nach längerer gitarristischer Abstinenz, aus der ihn laut Plattentext zur LP *Association – Earwax*[367] Jasper van't Hof herausholte, 1970 dem Spielen professionell zu, nachdem er u. a. bei dem Göttinger Grenzgänger und Multiinstrumentalisten Gunter Hampel hatte Erfahrungen sammeln können, und begann seine Laufbahn als elektrisch/akustischer Profi in Drummer Pierre Courbois' Gruppe Association P.C., mit der er vier Alben einspielte (unter anderem mit dem Superflötisten Jeremy Steig), die für ihn ungefähr den Stellenwert haben, den die Dave-Pike-Veröffentlichungen für Volker Kriegel hatten. 1971 trat er mit der Crew bei den Jazztagen auf – Durchbruch –, drei Jahre darauf sandte wiederum das Goethe-Institut die Association durch die »zweite« und »dritte« Welt. Toto (eigentlich ganz bürgerlich: Otto) kommt mit Catherine zusammen, mit Randy Brecker, mit den Kühn-Brüdern (mit denen auch Philip aufnimmt) und wiederholt mit Jasper van't Hof, der auch auf seinem Emanzipations-Stück *Spider's Dance* mitwirkt.[368] Wohl ermutigt durch dessen Veröffentlichung, hebt er seinen programmatisch benannten »Electric Circus« aus der Taufe, der sich allerdings auch nicht einfach an den gut geölten Jazzrock-Zug dranhängt, sondern modern Jazz, Rock und Bausteine aus der zeitgenössischen »E«-Musik assimiliert und so dem Entrée in die 80er Jahre ein durchaus neues

Element hinzugewinnt, eine Art elektrifizierten »third stream«, den Toto und die Gruppe, in der auch der Keyboarder Stu Goldberg mitmischt, der ungefähr um diese Zeit auch mit Larry Coryell aufnimmt, erst einmal quer durch Europa, notabene: Ost-Europa transportieren. Gleichwohl: Blankes Zug fährt mehrgleisig, macht beispielsweise kurz halt für eine LP-Aufnahme mit Streichquartett, die interessanten *Tales of Tomorrow* von 1978, wechselt nach dem 79er Album *Friends*[369] Stu Goldberg für den späteren Juraj-Galan-Partner Norbert Dömling am Baß und Tony Lakatos, saxes, aus. Die Mitwirkung Trilok Gurtus auf *Friends* signalisiert aber auch schon Totos Interesse an ethnischen Grenzgängereien, die er Mitte der 80er Jahre ins südamerikanische Ambiente erweitern wird, ins argentinische. Ihn interessiere, sagte er seinerzeit im Gespräch, insbesondere der Zusammenklang mit dem Bandoneon, ihn beschäftigt ein europäisches und zugleich nord-und südamerikanisches Klangbild, an dessen Erstellung er beständig arbeitet. Im Frühjahr 1992 kommt er wieder mit seinem bewährten Duo-Partner Dašek zusammen; sie treten in Uruguay anläßlich des Internationalen Komponistentreffens auf, woran sich – im Rahmen eines tournierenden Gitarren-Festivals – eine ausgedehnte Konzertreise durch Chile und Brasilien anschließt. Im Sommer des Jahres geht Blanke dann unter dem gleichen Motto wie das Galans für dessen Trio – »Jazz meets Tango« – in Deutschland und der Schweiz mit einer Wunschformation auf Europa-Tour, die eben diesen Zielen am nächsten kommt: mit dem Bandoneonisten Marino Rivero, Carlos Bica, b, und Marcio Doctor, perc.

Ralf Illenberger, erfrischend unkapriziös, ganz einfach sympathisch und bescheiden im Auftreten geblieben nach den Erfolgen in dem Duo mit Martin Kolbe, hat mit seiner immer mal wieder personell umbesetzten Gruppe »Circle« auf Platten den besseren Eindruck gemacht als in manchem Saal. Im Oktober 1990 hatte ich in einer ungern geschriebenen Kritik die Live-Musik der Gruppe – mit Büdi Siebert, sax/keyb/marim, Peter Keiser, e-b, und dessen Bruder Walter, dr, – beschrieben als »alles in allem eine – handwerklich solide – Kreuzerei aus in poppigen Harmonien- und Tempiwechsel eingepferchtem Jazz und reichlich ödem Rock-Getrommel«,[370] und das mag sicherlich zum Teil auch an der Räumlichkeit gelegen haben, der Kleinen Musikhalle in Hamburg. Auf seinen Platten[371] erweist sich Ralf indes als sorgfältiger, konzeptioneller Komponist und Interpret, der einzig Gefahr zu laufen schien, sein eigenes Können in den Gruppen allzu sehr zu verstecken und auf der elektrischen Gitarre doch nicht das bieten zu können, was er Jahre zuvor auf der Flattop hervorbrachte. Die »Kraftmeierei« ist seine Sache offenbar ganz und gar nicht; und auf dem akustischen Instrument war seine Linie sehr viel deutlicher: auch ein Harmonisieren von Jazzimprovisation und eher angerockten Rhythmen. Auf der Steelstring ist er ein Künstler des »Diagonalen«, der linearen wie harmonischen Auffassung. Hier lockt sein bestes Potential, derweil er in »Circle« bislang jedenfalls nicht zuwege bringen konnte, was etwa ein Sagmeister oder inzwischen auch ein Jörg

Niesner (wie auf *Dual Nature* mit Daniel Cerny, p/keyb) in ihren Gruppen vorgeführt haben. Wogegen **Stephan Dietz**, der 1978 sein Platten-Debüt *Mirrors*[372)] – im Quartett mit Ack van Rooyen, flh, Gary Todd, b, und Todd Canedy, dr, – vorlegen konnte, eben doch strikter vom Jazz herkommt als Ersterer, dessen Wurzeln andere, folkigere sind. Stephan, natürlich ein Solist *in his own right*, war Anfang Juni 1991 in einem bemerkenswerten Konzert um Philip Catherine zu sehen und zu hören. Dort saß er in Dieter Glawischnigs NDR-Bigband – ein dankbarer Sideman mit wenig Chancen zur verdienten Selbstdarstellung, die, so sie denn doch möglich war, einen längst gereiften Studio- und Bühnenprofi zeigte, für den man sich beispielsweise ein *Duo* mit Catherine gewünscht hätte. Da ist sicherlich auch Psychologie, nicht nur der Zwang zum »Job« im Spiel, Talent zur Selbstdarstellung oder nicht, in welcher Form auch immer. Vielleicht auch in der von **Torsten de Winkel**, einem hochmusikalischen, hochinventiven und recht perfekten Inszenator seiner offenbar nicht einzugrenzenden Fähigkeiten, der auf dem Album *Humanimal Talk*[373)] in einem von sechs Titeln – »Dinner For Three« – so etwas walten läßt wie eine Ökonomie des Ausdrucks, die sich im Hörer als der ersehnte Zustand des Berührtseins niederschlägt. Angaben *ad personam* wie »sound effects, strings, computer percussions, 12string guitar and creator programming, tenor sax, woodshaker, cowbell« oder »saber guitar, acoustic piano, kalimba, synth bass, percussion and creator programming« machen diese mordsmäßige Personalunion ansonsten zu einem Ego-Trip, der Quantität allzu oft mit Qualität verwechselt, sich ergötzt an Kaskaden mal raffinierter, mal gefälliger Cluster, dominierend synthetischer Architekturen, angezerrter Gitarrenklänge – Singlenotes fast durchweg – und insgesamt nicht das bietet, was man altmodisch »Persönlichkeit« nennen mag. Die wird zugeschüttet unterm Show-off in Equipment und kompositorischem Sturm-und-Drang. Man fängt schnell an, die Übersicht zu verlieren und die kargen Momente der Ruhe, der Zartheit und Schönheit zu suchen – die es durchaus gibt und die es dann endlich 1991 reichlich gibt, da das Album – etwas irreführend im Untertitel – *Torsten de Winkel Acoustic Quartet*[374)] ihn nun doch jazziger hören läßt, nicht mehr mit dem vormals zu kurz gekommenen Hellmut Hattler am Baß (und Nana Vasconcelos dabei!), sondern Larry Grenadier am Kontrabaß, Ole Mathisen, ts, und Bob Moses, dr/perc, der einst in Berlin Larry Coryell bei Gary Burton nach vorn katapultieren half: Das ist de Winkel als vorzüglicher Modern-Jazz-Spieler und -Komponist, der, als wollte er nun das alles aus Gründen der Richtigstellung nachholen, sozusagen als Sahnehäubchen der CD eine außerordentlich gelungene »Stella By Starlight« anhängt, Jim Hall im Sound, sehr *archtoppy*. Da kann er sich mit Methenys Bebop-Reminiszenzen messen; das ist einmal mehr der janushäuptige Blick zurück *to the roots* plus Die-Augen-geradeaus, ganz nach vorn, eine Platte, die Torsten alle Ehre macht, weil sie die Gigantomanien fortgeräumt und dem intimen, derb und zart zugleich swingenden, treibenden Jazz Platz geschaffen hat.

Made in Germany und nebenan (1)

Schnelle Notizen eines Rezensenten, *ego scriptor* 1987: »mal kn. virtuoser Exhib. Poet. Overdubs nt unbedingt ›brillant‹ + aufregend, aber sehr erholsam. Schöner Klang, schöne Pickings. Baßbewußte Stimmführung, Damping ok. man denkt, gleich fangen Fidel Michel zu singen an. B1 meditativ lento. gui-Ästhet. A4 open tuning.« Das hatte *autogen*[375] gemeint, das bereits vierte Album des Fast-Akustikers auf sechs und zwölf Saiten und seit 1979 solistisch arbeitenden **Ulli Bögershausen** (*1947), der seine Werke fast Stück für Stück deutsch betitelt und sich, mit Reinhold Westerheide, Marimbaphon/perc, als sanftem Gast auf das delikate Terrain begeben hatte, akustische Flattops gelegentlich mit allerlei Effektgerätschaft zu kombinieren. Das war nun nicht unbedingt immer das, was man gemeinhin mit »Jazz« assoziieren würde (was heuer ohnehin ein weites Feld ist); aber es atmete, es vermittelte das bestimmte Viel an Emotion, das die meisten der Stücke zu zumindest jazznahen Vertrautheiten machte. Es war die poetische Umsetzung solcher Bilder, aus denen man sonst Gedichte macht – und damit haargenau das Mehr, das den »kalifornischen Impressionisten« – Ackerman, Basho, DeGrassi, dem früheren Hedges – gefehlt hatte, um in den Seelen auch akustikgeneigter Jazzhörer nicht die grassierende minimalistische Ödnis zu evozieren. Das ist, global für Ulli gesprochen, eigentlich der perfekte *turnaround* – Kopf durchs Herz gefiltert statt vice versa.

Mit **Claus Boesser** und seinem Partner **Uli Wagner** (*Bluefields*[376]) verhält sich das ähnlich: Beide wechseln zwischen akustischen und elektrischen Instrumenten, spielen 5string Banjo bzw. klassische und/oder Sitargitarre[377] und pflegen eine Sprache, die sowohl aus klassisch-europäischen wie aus Blues- und südamerikanischen Elementen genährt ist. Boesser hat Brasilien-Erfahrung, Wagner studierte bei Frank Sikora, beide haben sich als Komponisten bewiesen, Boesser bei Film, TV und Theater, Wagner in der und durch die Stuttgarter Musikhochschule, und was die beiden auf diesem Nachfolgewerk zu Boessers 1985er Solo-Unternehmung *Hotel Bluefields* mit Begleitern spielen, läuft insgesamt auf den gleichen »turnaround« hinaus: auf gitarristisch-impressionistische »Aquarell«-Arbeiten.

Man könnte nun natürlich noch über **Robert Hofmann** schreiben, der mit dem Holzbläser Dieter Weberpals auf 6- und 12saitigen Flattops sehr schöne Musik gemacht hat; auch über **Jochen Schrumpf**, der – gewiß jazznäher noch – gerade mit Bob Berg und Randy Brecker eine CD eingespielt und nach neuester Kunde Gigs mit dem Ex-McLaughlin-Bassisten Jonas Hellborg absolviert hat; und ebenso über **Bert Gocke** in seinem »Saitenspringer«-Trio mit Jens Kruse, perc, und Christian Andrä, e-b; ich möchte es aber bei den folgenden dreien bewenden lassen: **Andreas Vahsen** spielt vom klassischen Instrument bis zum Synclavier alles, was Saiten trägt und hat 1987 mit seiner CD *Songs From A Pink Garage*[378] einen bemerkenswerten Querschnitt durch seine stilistische

Die Neuerer: Vom Bop zur Fusion

Mehrsprachigkeit geboten, auf der Sagmeister und Karl Ratzer in einigen Stücken als Gäste mitwirken, Ersterer sich in dem ansonsten attraktiven »Trio Tune« (ein Quartett-Stück!) im ersten Teil seines Solos nicht mit Ruhm, sondern Konzeptlosigkeit bekleckert und der Österreicher in »Winooski Blues« eher konservativ Dampf macht. Vahsen ist ein Computerfreak, aber – das Stück »Pink Garage« beweist es – er hat das Medium in den Händen, es blendet ihn nicht – solange er sich nicht allzu sehr den Verlockungen des Programmierens ergibt und so eigene Souveränität unter planierraupenhafter Sterilität zuschüttet, wie im Schlußtitel. Eine seltsam mechanistische Ästhetik sendet hier einmal mehr ihre Signale aus, und die Seele ist weit. Weh' dem, der Böses dabei denkt...

Als Stipendiat der Stadt Berlin darf **Andreas Willers** sich verdienter Förderung erfreuen. 1992 hat er gleich zwei Plattenprojekte angepackt, eines mit dem Geiger Mark Feldman, Phil Haynes, dr, Mark Dresser, b, und Bobby Previte, dr, und ein zweites Trio ohne Feldman. Man darf gespannt sein. Der vielbeschäftigte Akustiker und Elektriker hatte zuvor in Paris mit Drummer Pierre Favre und in Oslo mit Anders Jormin, b, und Jon Christensen, dr, zusammengearbeitet und hat unlängst mit *The Private Ear*[379] im Team mit Louis Sclavis, cl/ss, Martin Lillich, b/shaker, Michael Clifton, cymb, und als Gast Gabriele Hasler eine bemerkenswert markante Arbeit vorgelegt, die zumeist in Duo-Konstellationen reizvoll-provokante Kontraste zwischen dem warmen Klang der (Baß-)Klarinette und Willers' Apparaturen herstellte, denen er aber gelegentlich noch seine Konzertgitarre über-dubbt. Bei all seiner Freude an »electric guitars, slide guitar, sample trig and sequencer, drum machine and synthesizer bass, sampling delay«, so der Zusammenschnitt der Angaben *ad personam* – er benutzt das Medium in Stücken wie »Late News« oder »Left Over Right« in außerordentlich geschmackvoller, auch dramatischer und moderner E-Musik sehr naher Weise und liefert, etwa mit »Leaving Us«, dann wieder Gitarristisches ab, das mit Sampler und E-Gitarre so geschmackvoll umgeht, daß hier tatsächlich der Eindruck entsteht, das Medium diene der Gitarre, und nicht umgekehrt: Homogenität steht an, sicherer Geschmack, immer obsiegende Musikalität und ein ausgeprägter Sinn für den wohldosierten Schock, die nicht allzu weit hergeholte Überraschung.

1989 hatte der Österreicher **Wolfgang Muthspiel** das Album *Timezones*[380] vorgelegt, eine lückenlos überzeugende Arbeit mit Peter Herbert, e-b/b, Alex Deutsch, dr/perc, Bob Berg, ts, und Aydin Esen, p, die sehr wahrscheinlich die Eintrittskarte war zu Gary Burtons Gruppe auf dem Berliner JazzFest 1990, wo Muthspiel sich also in würdiger Nachfolge Coryells, Jerry Hahns oder Pat Methenys wiederfand und allen Erwartungen souverän standhielt. *Timezones* jedenfalls lieferte so bravouröse Stücke wie »My Hill«, »Everything Happens To That Dog«, eine unübertreffliche Intro und anschließende Improvisation in »Chip«

und vieles mehr. Daß Burton ihm dann 1990 sein Nachfolge-Album *the promise* produzierte,[381)] ist sehr einleuchtend: »Von Wolfgang Muthspiel hörte ich zum erstenmal durch John Scofield und Pat Metheny. Beide empfahlen mir Wolfgang für die Gruppe. Das war natürlich eine reichlich eindrucksvolle Empfehlung und, wie ich schnell herausfand, eine wohlverdiente«, schreibt Burton in den *liner-notes:*

Als Gitarrist ist Wolfgangs Hintergrund recht ungewöhnlich, was nach meinem Eindruck aber seinen Fähigkeiten als Improvisator und Komponist sehr dienlich gewesen sein muß. Da er aufgewachsen ist in Österreich, in Graz, ist es nicht allzu überraschend, daß er seine musikalische Laufbahn als Violinist begann. Im Laufe seiner Studienjahre wandte Wolfgang sich dann der klassischen Gitarre zu und besuchte während dieser Zeit das Grazer Konservatorium und gab klassische Gitarrenkonzerte. Schließlich begann er sich für Jazz zu interessieren und begann elektrische Gitarre zu spielen und beschloß, nach Amerika zu kommen, um zu studieren, erst am New England Conservatory, dann am Berklee College. Nach solch einer reichhaltigen musikalischen Entwicklung als Jazzgitarrist hervorgetreten zu sein, ist recht einzigartig. Die meisten Gitarristen sind Autodidakten und beginnen mit Rock, Blues, Country oder Jazz. Und müssen dann eine Menge nachholen, um gut entwickelte Musiker zu werden. Aufgrund ebendieses einmaligen Hintergrundes präsentiert Wolfgang eine überraschende Tiefe für einen so jungen (25jährigen) Künstler. Und was für eine beneidenswerte Stellung: Schon beachtet von seinen Mentoren und geachtet von den führenden Spielern, hat er nun Gelegenheit, seine Musik einer Öffentlichkeit in Konzerten quer durch die USA und Europa vorzustellen – und weltweit, durch die Schallplatten.

Und so wurde denn *the promise* eine weltrangige LP/CD, wiederum mit Bob Berg, ts, dann Richie Beirach, p, John Patitucci, b, und Peter Erskine, dr – einer Besetzung, die im Prinzip schon für sich spricht, aber auch für zeitgenössischen Jazz, wie ihn ein Gitarrist österreichischer Provenienz bislang nicht vorzuführen hatte. Das längste Stück der Platte ist ein Standard, ein »Funny Valentine« als gitarrenstarker Trio-Titel, der altgestandenes, am Rande völliger Auszehrung darbendes Material ein für allemal in die 90er Jahre transplantiert, raffiniert, absolut gekonnt, dabei außerordentlich gefühlssicher auch in der Verpflichtetheit gegenüber dem Geist des »Originals« – Jazzgitarre, kurzum, die sehr glaubhaft und von feinstem internationalen Standard der Flut des Gängigen dank ausgeprägter Persönlichkeit widersteht: Wolfgang Muthspiel hat Konzessionen in Richtung auf gängiges heutiges Jazzvokabular nicht nötig. Er ist Linear- und akkordischer Spieler in hierzulande erst recht viel zu seltener Personalunion und damit wohl zur Zeit der »kompletteste«, kompetenteste Jazzgitarrist am Orte, eigenwillig und überzeugend in Phrasierungsweise und im Anschlag Metheny nicht fern – ein Mann unzählbarer kreativer Themen zwischen strengem Notat und improvisatorisch griffigem, mitreißendem *stretching-out*, mit deren Ausschöpfung er erst einmal genug zu tun haben und Gitarrenfreunden wohl noch etlich Schönes servieren dürfte – eines Tages hoffentlich gar eine Solo-Platte.

Made in Germany (2): Die ECM-Family

Es sei durchaus interessant, feststellen zu müssen, daß »die *new wave generation* einer Vielzahl von Avantgarde-Jazzmusikern geholfen hat«, sagte **John Abercrombie** (*1944) Ende 1986. »Plötzlich erwischte ich mich dabei, wie ich Artikel und Rezensionen las, die Avantgarde-Jazzkünstler in einem Atemzug mit Talking Heads und Laurie Anderson erwähnten.«[382)] Aber »drastisch« geholfen habe das dennoch nicht,

> weil die Medien zu stark kontrolliert sind durch die Popmusik. Ich verstehe das, und darum erbost es mich nicht; die Dinge müssen fast so sein. Pat [Metheny], der Ornette [Coleman] einem größeren Publikum vorstellt, könnte erhebliche Einfluß haben; aber auch das kann man von x Perspektiven aus betrachten. Etwa so: Das sind alles hochkalibrige Musiker, und deren Sachen könnten die Tür für andere große Spieler öffnen; aber ebenso könnte das lauter durchschnittlichen Künstlern die Türen öffnen. Ich habe die Befürchtung, daß das Publikum Oberflächenqualitäten durch schlechte Musiker wahrnimmt, die dann plötzlich als mächtig einflußreich herauskommen.[383)]

Der Mann aus Portchester, New York, wußte, wovon er sprach und brauchte sich gleichwohl nicht zu sorgen: Zusammen mit seinem zeitweiligen Duo-Part-

John Abercrombie, Akustiker und Elektriker und so etwas wie der »Archetypus« des gitarristischen ECM-Katalogs. Zu gleichen Teilen von Jim Hall und Rock geprägt, hat er entscheidend Anteil an der Formulierung des Fusion-Vokabulars seit den 70er Jahren

Made in Germany (2): Die ECM-Familie

ner Towner gehört er zu den geschätztesten Jazzgitarristen der Mittsiebziger und auch noch 80er Jahre, und als eine der Galionsfiguren des Münchener Manfred-Eicher-Labels ECM hat der Berklee-Absolvent einen Stil entscheidend mitgeprägt, der das, was man gemeinhin mit »Fusion« bezeichnete, ganz wesentlich erweitert hat. Während der Schulzeit in Greenwich, Connecticut, für die Gitarre entflammt, schwärmte der Junge zunächst mal für R'n'R-Könige à la Haley und Presley, begann während dieser Zeit selbst zu spielen und tat das auf der High School Ende der 50er Jahre in Rock'n'Roll-Gruppen. In dieser Zeit hörte er zum ersten Mal Platten von Farlow, Kessel, Raney sen. und Johnny Smith, und besonders Letzteres muß es Jung-Johnny besonders angetan haben: Smiths Musik jedenfalls war sein Haupt-*push* zum Studium am Berklee College (1962–66, also knapp fünf Jahre lang!). Lehrer wie die großen **Herb Pomeroy** und Jack Peterson sorgten nicht nur für die handwerkliche Akkuratesse ihres Schützlings, sondern förderten vor allem – und in ganz und gar nicht »impressionistischem« Schwange – Musik als Ausdrucksmittel von *Persönlichkeit*. Nach Berklee kamen Lehr- und Wanderjahre, Erfahrungen in diversen Gruppen und 1967 für ein Jahr ein Platz in der Gruppe von Johnny »Hammond« Smith. Zu dieser Zeit hatte er insbesondere die Musik Jim Halls absorbiert.[384)] Inzwischen in New York ansässig, spielte er einige Zeit bei Chico Hamilton, für den er später auf fester Basis Stücke komponierte. Rockmusik blieb ihm in den Ohren hängen: Er erforschte intensiv nicht nur die Möglichkeiten des Rock für seine Jazzsprache, sondern ebenso Freejazz, Bebop, die Fusion selbst in ganzer Breite, Rock und »ethnische« Musiken. Er ist bei alledem ein großer non-traditioneller Improvisator geblieben, der weniger auf Jazz als Ausdrucksziel setzt denn auf *Kunst* via Gitarre. Er spielte mit Jan Hammer, Jack DeJohnette und Michael Brecker beispielsweise 1984 *Night*[385)] ein, nachdem er u.a. mit Hammer und DeJohnette schon 1975 sein legendäres Album *Timeless*[386)] und fünf Jahre darauf mit Richie Beirach, George Mraz und Peter Donald die *Abercrombie-Quartet*-LP vorgelegt hatte,[387)] und die Gründung des Duos mit Towner, ein Hort von *interplay* der, sagen wir, eher impressionistischen Weise, eröffnete in der Tat ein neues Kapitel der Geschichte des Gitarrenduos, wobei John durchaus eher – ein Plektronspieler auch – linear, Towner als Fingerstylist eher vertikal spielte. Er war, bis ungefähr Mitte der 80er Jahre, dem Zeitpunkt seiner Alben *Current Events*[388)] und, mit Mike Brecker als Gast, *Getting There,*[389)] schwer festzulegen, führte Kritiker immer wieder durch scheinbar unvermittelte Richtungsänderungen in die Irre der vermuteten Konzeptlosigkeit. »Offen« sei eines der auffallend häufigsten Wörter in Gesprächen mit dem E-Gitarristen, Mandolinisten und auch Pianisten, notierte Steve Lake zu dem 1988er Album *John Abercrombie/Marc Johnson/Peter Erskine,*[390)] und Lake zitiert den Ex-Weather-Report- und Steps-Ahead-Drummer Erskine, der folgerichtig Abercrombie als den »offensten aller Gitarristen« apostrophiert hat: »Ich konnte eigentlich gar nicht richtige Trio-Musik spielen«, sagte der

Die Neuerer: Vom Bop zur Fusion

Trommler, »bevor ich in diese Band kam. In Piano-Trios habe ich oft das Gefühl gehabt, durch die linke Hand des Pianisten blockiert gewesen zu sein – sie kam dem freien Fluß meiner Vorstellungen immerzu in die Quere. Bei der Gitarre stellt sich dieses Thema überhaupt nicht [notabene zum Leidwesen unzähliger Gitarrespieler], und insbesondere bei John scheint mir so sehr viel mehr Freiraum vorzuherrschen, den Dingen einfach ihre Entwicklungen zu ermöglichen.« Stimmt: Offenheit nach außen wie nach innen charakterisiert John Abercrombie gewiß am treffendsten. Er selbst – etwa auf *Current Events* – bot sozusagen binnen anderthalb Atemzügen Musik mit Roland GR-700 und Ibanez IMG2010-Controller wie auf herkömmlicher E-Gitarre (meistens Les Paul) und akustischer und fand für seine »Zwecke« das europäische Publikum bemerkenswert ernsthafter, kunstbewußter als das seiner Heimat, in der es außer traditionellem Jazz und Fusion weiter nichts zu geben scheint. Und was seine Improvisationsweise angeht, so läßt diese sich durchaus auf eine relativ einfache Formel bringen: Sie ist im Prinzip so etwas wie die lineare Variante des polychordischen oder *super-chord*-Spiels, in dem verschiedene Akkorde geschichtet werden, nur daß in seinem Falle etwa eine vergleichsweise simple *Gm*-Skala aufgebrochen und beispielsweise gegen einen Em^{7b5} gesetzt, eine *Cm*-Linie über einen Am^{7b5}, eine *Fm*-Linie über einen C^{7b9b13} gelegt oder eine aus einem Bb^7-Akkord destillierte Phrase gegen einen E^7 kontrastiert wird – im Musiker-Esperanto also systematisches *outside-playing*: »Man wird sehen, daß diese Methode melodische Einfälle hervorbringen kann, auf die man normalerweise nicht kommen würde«, wie er das kommentierte. Eine Sektion kann demnach harmonisch in *Dm* stehen, aber dennoch (auch) ein »A^{7b9b13}-Feeling« (Abercrombie) haben, wie er meint. Und wenn man das aufschlüsselt und vergleicht, ergibt das Ganze durchaus den erwarteten Sinn:

$$a - [b^b] - h - cis - d - e - [f] - fis - [g] - gis - a$$

$$|||$$

$$b913\quad b7$$

über

$$d - e - f - g - a - b^b - c[\text{bzw. } d^b/cis] - d$$

Sage und schreibe 18 (i. W.: *achtzehn*) Alben hat **Ralph Towner** (*1940) aus Chehalis, Washington, mit seiner Formation »Oregon«, bis zu dessen Tod noch mit Colin Walcott, vorgelegt, in der nun auch Trilok Gurtu – neben Glen Moore und Paul McCandless – mitspielt, eine ethno-musikalische Allwetter-Formation mit indischer Tabla und europäischer Oboe, (nicht immer:) Konzertgitarre und Kontrabaß für lauter Solisten, zwischen die sich seit einiger Zeit immer mal wieder ein nicht unbedingt überzeugender Synthie-Sound mengt, aus dem

Made in Germany (2): Die ECM-Familie

Ralph Towner, zeitweiliger Duo-Partner von Abercrombie, 12string-Akustiker und zunehmend Pianist, hat klassische Gitarre studiert und sich insbesondere mit der Formation Oregon seinen Namen als hochinventiver Fusion-Poet erspielt

Towners zweite große Liebe zum Piano aufklingt. Letzteres begann Ralph immerhin mit grünsten drei Jahren zu bespielen – kein Wunder bei einer Pianistin-Mutter. 1958 begann Towner sich an der University of Oregon ernsthaft mit der Musik zu beschäftigen, daher der Name, und zwar zunächst mit der Trompete – kein Wunder bei einem Trompeter-Vater. Gitarristisch war der Krusselkopf ein Spätzünder: Erst in seinem letzten College-Jahr und im reifen Alter von 22 Jahren begann er sie zu spielen und von da an intensiv zu studieren. Nach Oregon kam Wien, 1963. Dort studierte er klassische Gitarre bei dem großen Karl Scheit, und nach einem Jahr kehrte er an die University of Oregon zurück, um seinen Magister zu machen. Das ließ er aber bleiben und kehrte statt dessen 1967 zurück zu Professor Scheit in Wien – ein musikalischer Wanderer zwischen den Welten, hin-und hergerissen zwischen amerikanischem Können und europäischem Wollen. Zurück in den Vereinigten Staaten, machte auch er im Apple fest und verdiente sich seine Sandwiches zunächst mit dem Flügel, auf dem er u. a. Astrud Gilberto und auch mal Miles Davis begleitete, Keith Jarrett sekundierte und sich begleiten ließ von dem omnipräsenten Dave Holland, ohne größeren Aufmerksamkeitswert. Das änderte sich, als er 1970 dem Paul Winter Consort und für einige Zeit der Zawinul-Gruppe Weather Report[391] beitrat – als Konvertit von 88 Tasten zu 12 Saiten: Ralph Towners Jazz-Einstand war der eines 12stringers und, vor allem, der eines strikten Akustikers. »Meine Mutter war Klavierlehrerin«, zitiert ihn Charles Mitchell.[392] »Ich habe klassische Sachen imitiert, seit ich drei war, glaube ich. Zu Jazz und improvisierter Musik kam ich erst, als ich 20 Jahre alt war – sehr spät. Ich habe Kornett und Trompete studiert, bis ich 17 war. Das gab mir meinen Hintergrund als Notist.« Aber:

Meine Hingabe an die Musik hat im Grunde nichts mit dem großen romantischen Ding zu tun. Ich war einfach nie interessiert an elektrischer Gitarre. Ich mochte den Sound nicht; ich habe... nie mit Plektron gespielt... Ich war erst auf der Jazzszene, als ich klassisch orientierte Gitarrentechnik hatte... Ich experimentiere viel mit dem Imitieren elektronischer Klänge auf akustischen Instrumenten... Es gibt auch einmalige Tunings, die durch elektrische Instrumente hervorgebracht werden und die ich aufzunehmen versuche, speziell auf der Zwölfsaitigen – Zwölfton-Stimmungen. Man muß halt die Ohren für elektrische Musik offenhalten... Die Zwölfsaitige ist das bemerkenswerteste Ding. Ich habe nie einen klassisch gebildeten Spieler auf einer Zwölfsaitigen gehört, weil sie die Fingernägel zerfetzt... Ich habe eine spezielle Anschlagsart entwickelt, die ich auch auf der klassischen Gitarre anwende: Mehr Sounds mit sehr viel kürzerem Anschlag. Ich stoße die Saite nach unten und lasse sie dann vom Finger nach oben rollen... Das bedeutet, daß ich weniger über die Saite *streiche*, als daß ich sie richtig *stoße*. Das ergibt viel Volumen, und mein *Finger* trifft auf die Saite, bevor es der Finger*nagel* tut. Der Grund dafür, daß mein Finger zuerst anschlägt, ist der, daß ‚wenn man die schwingende Saite mit irgendwas Hartem anschlägt, man Plektrum oder in diesem Fall Nagelgeräusche bekommt. Mit meiner Technik ist der Sound der vibrierenden Saite nicht so ›eingehüllt‹ wie der, der durch Nagelkontakt erzeugt wird. Es ist ein reinerer Klang.

1974er Pokal, einem hochprozentigen Harmonien-Spieler, der von sich sagt, er empfände seinen »Spielstil als etwas Dreidimensionales. Es hat Bedeutungsebenen. Ich artikuliere oder akzentuiere eine Note und bringe sie gleichmäßig zurück auf ein niedrigeres Volumen-Niveau. Ich lege immer Wert auf das Niveau des *voicing*, ob es nun primär, sekundär oder tertiär ist... Das sind sehr winzige Unterschiedungen, aber sie sorgen für bedeutsame Ergebnisse.«[393] Und wenn man sagt, Towner sei vertikal das, was Abercrombie, der Outside-Kultivierer, in melodiöser Hinsicht ist, dann ist damit eine Menge gesagt. Sehr wahrscheinlich ist er auf seine Weise »exotischer«, durch seine strenge klassische Erziehung aber auch harmonisch nicht ganz so *outside* wie sein mehrjähriger Duo-Partner. »Ich bin da überhaupt nicht dogmatisch, wenn es etwa darum geht, ob ein Jazzspieler klassisch erzogen oder beeinflußt ist. Im Gegenteil – [für mich] ist das in gewisser Weise eine Technik der wirklich feinen Nuancierungen und Artikulierungen im Spiel.«[394] Und dies genau ist denn auch Towner Stärke: die moderne Jazzgitarre versöhnt zu haben mit einem kammermusikalischen Ambiente, wie es vielleicht seit den Trio-Arbeiten Halls mit Giuffre und Peña nicht mehr existiert hatte.

Immer mal wieder taucht **Christy Doran** (*1949), in Irland geboren und seit seinem zehnten Lebensjahr in der Schweiz, aus alpinen Fernen auf und legt Zeugnis ab über eine getreulich fortgesetzte Entwicklung vom Bop-Elektriker bis zum ernst zu nehmenden Avantgarde-Spieler, wie auf seiner LP/CD, *Musik für zwei Kontrabässe, elektrische Gitarre und Schlagzeug,*[395] obwohl er es – als »dienstältester« Schweizer seit dem unauffindlichen Pierre Cavalli und dem Auch-Trompeter **Oskar Klein** – seinen Hörern nicht eben leicht macht: Einerseits dominiert für den zeitweiligen Gitarristen bei OM, mit Trilok Gurtu und Pianist John Wolf Brennan, heute das Perkussive, das rhythmische Element, das er denn auch lustvoll auf der Gitarre weiterimplantiert hält, mit nicht unbedingt tief beeindruckender Nutzung aller elektronischer Effekte; zum anderen bleibt sein Anschlag immer ein wenig hart, wie aus dem Ellenbogen in die Saiten gestemmt, und als Komponist erweist er sich als ebensowenig pflegeleicht. Seine Inkonsequenz, sein unergründliches Pendeln zwischen Komponiertem und Improvisat lassen jedenfalls nicht die manchmal erwarteten »Linien« erkennen; das mag Vorsatz sein; es wirkt hier – anders als auf dem Hat-Hut-Album *Phoenix*, einer bedenkenswerten Platte voller auch akustischer und perkussiver Duologe mit Ray Anderson, tb, Marty Ehrlich und Urs Leimgruber, saxes, und, vor allem, mit Hank Roberts, ce – »unfertig«, immer fragmenthaft provokant, nie aber so offensiv, so substantiell wie beispielsweise bei **Terje Rypdal** (*1947), Norwegens Freejazz-Meister aus Oslo. Terje, Sohn eines Captains in einer Armee-Band und einer Popsängerin, begann als Fünfjähriger mit dem Klavierspiel, bevor er mit 13 zur Gitarre kam, noch ganz unterm Einfluß Hank B. Marvins bei der britischen Gitarrenpop-Gruppe The Shadows. 1968 kam sein Durchbruch als Jazzer, in einer Gruppe Jan Garbareks, und damit stand sein Entschluß, Profigitarrist zu werden, endgültig fest. 1969 ließ er sich von Norwegens Komponist Finn Mortenson in der Kunst der Tonsetzerei unterweisen, und Rypdal fand sich im bemerkenswerten Spannungsfeld zwischen Gustav Mahler und Charlie Christian, Wes und Burrell wieder. 1969 trat er zum erstenmal beim Baden-Badener Free-Jazz-Festival vor eine größere Öffentlichkeit, begann drei Jahre später zu doubeln auf Sopransax und Flöte, blieb der Gitarre aber im wesentlichen als Spieler von Solidbodies treu. 1975 festigte er in der Gruppe »Odyssey«[396)] seinen Ruf als damals fortschrittlichster europäischer Artikulator des freien Jazz, mit dem er auch in Großbritannien einigen Einfluß auszuüben vermochte.

Bringt der eine gewissermaßen Hank Marvin, Mahler und Kenny Burrell unter einen Hut, so tut der andere das nach eigener Bekundung mit Eric Clapton und John Coltrane: **Bill Connors** (*1952). Erst hörte der Südkalifornier Eric Clapton bei Cream, dann den Pianisten Bill Evans und dann Joe Pass, und mit allen dreien im Gehörgang ging ihm auf, »daß ein Musiker Musik *lernen* kann... Ich hatte begriffen, daß *sophistication*[397)] auf die Gitarre angewandt werden kann. Es ließ mich anfangen, davon zu träumen, wie es wäre, wenn ich soviel über Musik wüßte wie Joe Pass, das dann aber spielen könnte mit einem Sound wie dem von Eric Clapton.« Anfang der 70er jedenfalls zog Bill nach Frisco, wo er alsbald mit der Crème musizierte, Art Lande etwa, Steve Swallow und so fort. Er tat das so fleißig, daß Chick Corea auf ihn aufmerksam wurde, der gerade dabei war, sein Latin-Faible an den Nagel zu hängen und nach Neuem Ausschau zu halten, gemeinsam mit Stanley Clarke und Lenny White. Kurz darauf saß Connors in der neu gegründeten Return To Forever – Bills Zehn-Meter-Schlußsprung. Glücklich allerdings war er da nicht. Corea, von scientologischer Disziplin, desillusionierte den Twen völlig durch ein System von Reglements, in dem der sich nicht zurechtfinden konnte: »Wir bekamen Formulare in die Hand gedrückt, in denen stand, welche Garderobe wir zu tragen hatten, und Tabellen, in denen wir uns selber jede Nacht bewerten mußten.« Er bekam Angst, überwand dieselbe, sagte Farewell To Forever, giggte in New York herum, jammte mit Abercrombie und Jan Hammer und genoß die Freiheit, nicht mehr in Hinblick auf ein Publikum eingegrenzt zu sein. Er nahm auf mit Gene McDaniels, voc, und Stanley Clarke und entschloß sich um 1975 zum klassischen Gitarre-Studium. Im Jahr zuvor hatte er sein erstes eigenes Album gemacht – *Theme To The Guardian*[398] – und die Vorstellung entwickelt, als akustischer Gitarrist weiterzumachen. Das klassische Spiel – frustrierende *i-m-i-m-i-m*-Übungen und dergleichen – büffelte er im Heimwerkerverfahren – ein Bluesspieler von Natur, für den Skalenbüffelei etc. pp. alles andere als aus dem Bauch kam. Die Miete im Apfel wurde ihm zu teuer, er zog an die Westküste, improvisierte ein Jahr lang auf seinen klassischen Hassenbachers und Velasquez' auf den Bühnen, auf denen er immerhin auch mit Komponist Luciano Berio und dessen unsterblicher Cathy Berberian auftrat, und so wurde Jan Garbarek auf ihn aufmerksam.[399] Er nahm wieder die Les Paul zur Hand, die er 1974 an die Wand gestellt hatte, überwand die Akklimatisationsprobleme, und dann spielte er mit Tom Kennedy, 5string-b, und Dave Weckl, dr, seine *Step It* ein, eine von Steve Khan produzierte LP, deren notierte Gitarrenintros an Khan wie an John Abercrombie gemahnten, und so gelangte er zu der Formel Clapton + Coltrane = Connors. Sein Vibrato jedenfalls *ist* Clapton, ohne Zweifel. Und das alles summiert er dann so:

Manchmal komme ich mir vor, als hätte ich mein eigenes Boot verlassen. Als ich Return To Forever 1974 verließ, habe ich für mich das Fusion-Konzept 'rausgeworfen – 1976, 1977 war ich der Meinung, es sei absolut tot. Aber dann kamen alle diese Gitarristen hoch und klangen wie ich und machten Sachen, die ich versuchte zu machen. In den letzten Jahren habe ich beschlossen, daß an dem, was wir versucht hatten zu machen, etwas sein mußte, das ich nun wieder machen will, das ich wieder *fühle*. Blödes *timing*, nicht?

Und dann sagt der Klassikgitarrist, der zum Plektristen wurde:

Ich benutze das Plektrum nicht, um schneller zu sein, sondern weil es mir völlig andere Dämpfungsmöglichkeiten gibt. Auf einer Elektrischen muß dein Dämpfen viel präziser sein als auf einer Akustischen, speziell dann, wenn man mit diesem Overdrive-Sound spielt. Alle Saiten, die ich nicht spiele, müssen abgedämpft werden; wenn nicht, jaulen sie. Mit dem Plektrum kann ich das alles mit der Handfläche erledigen. Ich setze auch meinen linken Zeigefinger ein, um die Nachbarsaiten der gespielten zu dämpfen. ... Ich habe eine besondere Technik, die es erfordert, die linke Hand bis an ihre Grenze zu bringen, indem ich sie so spreize, daß ich vier Töne auf einer Saite kriegen kann. Das ist mein Legato-Stil – und trotzdem kein *slur*. Man muß *hammer-ons* und *snap-offs* mit diesen Tönen machen – und zwar mit *jedem beliebigen* der vier erreichbaren Töne. Und wenn man es richtig macht, sollten sie so klar klingen, als wären sie mit dem Plektrum gespielt. Ich kontrolliere mich mit dem Metronom: Ich spiele ein paar Noten mit Plektrum, dann legato – ein Tick für jede Note, egal, welches Tempo.[400]

Zitate zu und von **Bill Frisell**, einer Kultfigur, vermutlich *dem* Gitarrenidol der 90er Jahre:

Es dürfte schwierig sein, eine fruchtbarere Vermittlung amerikanischer Musik aufzuspüren als in den Kompositionen des Gitarristen Bill Frisell. In seiner Mischung aus Rock und Country mit Jazz und Blues hat er entdeckt, was sie miteinander verbindet: Improvisation und Spieltrieb. Im Unterschied zu anderen *pastichists*, die zur Unterdrückung von Leidenschaft tendieren, betont Mr. Frisell den Spaß in der Musik und wendet sich zudem einem anderen, oft gemiedenen Thema zu, der Zärtlichkeit... *The New York Times*

Wenn ich spiele, will ich Spaß haben, und ich mag Komödien. Ich bin im Grunde eine ziemlich schüchterne Person, und ich tanze nicht und mische nicht in Schlägereien mit. Aber dann sind da all diese Dinge in mir selbst drinnen, die herauskommen, wenn ich auftrete. Es ist wie eine reale Welt, wenn ich spiele, in der ich all das tun und lassen kann, was ich im richtigen Leben nicht tun kann. *Frisell in The Village Voice*

Seit mehr als zehn Jahren ist Bill Frisell die brillanteste und einmalige Stimme der Jazzgitarre seit Wes Montgomery. In diesem Lichte besehen, mag man leicht die Tatsache übergehen, daß er durchaus auch einer der vielversprechendsten Komponisten amerikanischer Musik auf der gegenwärtigen Szene sein dürfte.   *Stereophile*

Bill Frisell ist der Clark Kent der elektrischen Gitarre. Mit sanfter Stimme und zurückhaltend im Gespräch inhaliert er offenbar lungenweise pures Feuer, sobald er sich seine Gitarre umhängt... Seine Musik ist nicht, was man für gewöhnlich unter Jazz versteht, obwohl sie sich der Improvisation bedient; sie ist nicht Rock'n'Roll; und ganz gewiß ist sie nicht dieser müde Dinosaurier namens Fusion. In einem der mächtigsten Sprünge der Phantasie seit den Yardbirds und Jimi Hendrix schmeichelt und drischt Frisell seine Gitarre mit den schwebenden, geborstenen Tönen in Konturen zukünftiger Dinge hinein... Aber abgesehen davon, daß er ein Gitarrengenie ist... hat er sich in einen unglaublichen Songwriter verwandelt. Wie bei Monk fügen sich Frisells harmonische und melodische Ideen zu einem engen, nahtlosen Netz aus extravaganten klanglichen und rhythmischen Vorstellungen von seiner Gitarre.   *Spin*

Und noch ein paar, weil sie so schön sind:

Wirklich charakteristisch für Frisell ist sein Gefühl für die Gestalt von Liedern, für ihre Architektur; das ist eine Virtuosität der Tiefenstruktur, nicht der Oberfläche.   *Wire*

Der neue elektrische Gitarrensound des Jahrzehnts – durchdringende, wolkige Hüllkurven – gehört dem Jazz-Renegaten Bill Frisell... Wie die besten Künstler auf welchem Gebiet auch immer, ist auch Frisell nie ein Sklave seines Instrumentariums; Er ist der Schöpfer, der ihnen neuen Wert verleiht... Sein Gitarrenklang ist unverkennbar – wogend, atemgleich, vielfarbig, zu Zeiten grenzenlos, fast greifbar. Frisells Musik ist zugänglich und avantgardistisch, ein poetischer Sieg des Menschen über die Maschine, der Persönlichkeit über die Mechanik, der *message* über die Mathematik.   *Minneapolis Star Tribune*

Und schließlich und endlich noch dies:

Frisell erschafft eine Art fließende, anschwellende Untermalung gebrochener Akkorde und enger Intervalle, läßt plötzliche Skalenfragmente quer durch das Stück läuten und zögerliche Soli, die phrasiert sind wie verknappte Poeme – konzentrierte, faszinierende Kerne von Ideen, in bedeutungsvollem Raum gebadet... Er baut ein Delay, ein Volumenpedal, eine Distortion-*unit* und andere ausgewählte Gerätschaften nur äußerst sparsam in seinen Sound ein. Dazu webt er pure physikalische Mißbräuchlichkeiten – das Kratzen und Sägen auf den Saiten mit dem Plektrum, das Ziehen des Halses seiner Gitarre –, die dem Rock'n'Roll näher am Herzen scheinen als dem Jazz. Alles in allem aber ist es nicht Frisells Equipment, das seine Musik charakterisiert, sondern Sparsamkeit, sehr bewußtes Hören, Poesie und kluger Humor.[401)]

Man könnte das nun ad lib fortsetzen: Frisell allüberall, Hymnen allüberall, und damit ist der Junge mit der Harvard-Brille aus Baltimore, der klarinettespielend in Denver, Colorado, aufwuchs, nicht nur zu ECMs Hausgitarrist Nr. 1 (mit unzähligen LPs als Sideman, gefeaturter Solist oder Co-Leader und dreien unter eigenem Namen) geworden, sondern tatsächlich zu dem zur Zeit gehätscheltsten Gitarrero der Jazz- und/oder Fusionszene weltweit. Dabei hatte er wie die meisten begonnen: Im Radio hörte er Popmusik und verknallte sich in sie; dann packte ihn der Chicago Blues à la Otis Rush, B. B. King, Buddy Guy & Co.; dann spielte er in der High School in diversen Bands Pop- und Soulklassiker und entschloß sich zum Musikstudium, das er an der University of Northern Colorado begann und am Berklee College unter Pomeroy, Michael Gibbs und John Damian fortsetzte. 1978 zog er für ein Jahr nach Belgien, um sich dem Handwerk des Komponierens zu widmen, tourte während dieser Zeit mit Gibbs und nahm seine erste Scheibe auf – mit Eberhard Weber.[402] Ein Jahr später zog er nach New York, 1989 nach Seattle, Washington. Noch während seiner »Surfing«-Periode war es, daß er Wes sah und bald darauf in den Bann Jim Halls geriet. »Ich schätze, ich spiele die Art harmonischer Sachen, die Jim Hall spielt, nur mit einem Sound, der von Jimi Hendrix herkommt«, sagte er *Wire*. Er hörte dann auch Paul Motian, Monk, Charles Ives, Sonny Rollins, John Zorn und besonders seinen Lehrer Dale Bruning und traf dann auch auf Hall, von dem er sich im Gespräch in Hamburg noch immer menschlich außerordentlich überrascht zeigt: »Als ich das erste Mal zu ihm ging, hatte ich so was wie einen Gott erwartet und traf einen ungemein umgänglichen, händeschüttelnden Mann, der einem umaufhörlich das Gefühl vermittelt, daß es zwischen Lehrer und Schüler keine Hierarchie gibt. Er ging mit mir um wie mit seinesgleichen.« Das meiste erwarb er sich bei Hall durch pure Praxis: »Wir haben im Grunde nur zusammen gespielt.« Und an anderer Stelle:

In den paar Stunden, die ich bei Jim genommen habe, ließ er mich Skalen harmonisieren – erst nur mit Dreiklängen, dann aber mit Zufallsintervallen. In jeder Tonart, sofern eine bestimmte Gruppe von Intervallen den Sound hat, den ich mag, kann ich das in der gesamten Skala benutzen. Ich denke also nicht in Akkordformen [wie beispielsweise Peter Sprague], sondern ich nehme jede verfügbare Skala und alle beliebigen Intervallkombinationen, *die mir gerade passen.*[403]

ECM hatte ihn auf *In Line*[404] akustisch und elektrisch als Solomann vorgestellt, inklusive einiger Overdubs; sein favorisiertes Instrument war da bereits die Paul-Variante SG, (die er mittlerweile durch eine *headless* von Steve Klein mit stilisiertem Ovation-Deacon-Corpus abgelöst hat) dann folgte *Rambler* mit Kenny Wheeler, Bob Stewart, Jerome Harris und Paul Motian, gefolgt von *Lookout For Hope*, dem Einstand seiner Band und dem zwischen Reggae, Country-Swing, Fast-Heavy-Metal und Rock mit Monk-Anklang vermittelndem Konzept, das zum Kult werden sollte, eine LP, die der *Chicago Tribune* große Worte wert war. Das Album biete »eines der hoffnungsvollsten Zeichen, daß sich der zeitgenössische Jazz mit Würde, Klugheit und Charme weiterentwickeln kann.« Als Jazzspieler jedenfalls versteht er sich, akzeptiert orthodoxe Schubladen als durchaus zulässige Krücken und bestätigt im Live-Spiel den »amerikanischen« Eindruck, der durch das häufige, gar nicht sonderlich bewußte Einstreuen Country-inspirierter Wendungen oder Bluesphrasen zwischen den zuweilen oft extrem freien, mit einem für den Hand- statt Fußbetrieb umfunktionierten Delay/Octave-Divider intensivierten sehr freien, sprich: *outside*-Passagen verstärkt wird: »Das sind halt meine Wurzeln«, aber, merkt er an, auch die John Scofields, mit dem ihn bei aller heutiger Unterschiedlichkeit »erstaunliche Parallelen in unserer musikalischen Entwicklung« verbinden.[404a] Auf den Platten ist Frisell, der sich Anregungen eher von Aaron Copland oder Charles Ives denn aus dem Jazz holt und im Studio immer wieder zum akustischen Instrument greift, entschieden »greifbarer«, mißt man ihn an Stücken wie der hochwohllöblichen Paraphrase auf »Days of Wine and Roses«, dem hinreißenden »Rag« auf akustischer Steelstring (beide auf *Is That You?*), an »Beautiful E« oder »Unsung Heroes« (auf *Where In The World?*) oder dem veritabel kammermusikalischen Meisterstück »Rob Roy«. »Outside« ist nur eine Assoziation. Polyglott, fragmenthaft, eklektisch *und* innovativ, linear *und* harmonisch. Frisell bricht gern Phrasen ab, zerstückelt, verbleibt quasi-minimalistisch in *two-* oder *three-part-voicings,* in denen er (wie Hall) vielleicht nur eine Stimme lustvoll-wenig verschiebt; und er ist, ganz zweifellos, einer der begabtesten und bei allem intellektuellen Anspruch bestverstandenen Improvisatoren des neuen Gitarrenjazz.

1989 wechselte er zu Elektra/Musician, notabene Nonsuch, auf dem er sich zum einen in verschiedenen Gruppen, zum anderen in Personalunion als Gitarrist, Bassist, Banjoist, Klarinettist und Ukulele-Spieler vorführte (auf *Is That You?*). Unterbrochen nur von einer Reihe Dozentur-Interludien (wie zum Beispiel beim »Berklee in Umbria«-Theorie-Workshop im italienischen Perugia im Sommer 1992), unternahm er erneut – und weltweit – 1991/92 eine Tournee in seinem Stammtrio mit den kongenialen Mitstreitern Kermit Driscoll, 5str-b, und Joey Baron, dr, mit denen früher noch Multiinstrumentalist/Cellist Hank Roberts spielte. Bills Gesamt-Diskographie ist von fast beängstigenden Dimensionen und durchaus so etwas wie ein Who's Who jenes Kosmos, aus dem – nicht mehr nur – der ECM-Geist ist: John Zorn, Vernon Reid, Robin Holcomb, David Sanborn, Marc Johnson, Paul Bley, Jan Garbarek, Lyle Mays (Keyboarder und *alter ego* von Metheny), Billy Hart, Bob Moses, Tim Berne, Wayne Horvitz, Herb Robertson, Hank Roberts, gar der Lyriker Allen Ginsberg und, und, und. Frisell scheint – notabene in Europa – durchaus »in« zu sein. Als dies geschrieben wird, stehen fünf Alben mit Bill Frisell als Mitglied in nicht-eigenen Gruppen zur Veröffentlichung an. *More News For Lulu*, mit John Zorn und George Lewis, ist soeben erschienen.[405)]

Apropos Towner und Gurtu: Die beiden hatten im August 1987 ihre Platte auf einem Label aufgenommen, das sich Creative Music Productions nennt und von einem merkwürdig scheinenden Eigenbötler mit schwarzem »Elbsegler« auf dem Kopf gegründet wurde, der Leute auf seinem Anrufbeantworter mit fiktiven Sportergebnissen (»Und nun die heutigen Ergebnisse: 2 zu 5, 14 zu 3, 20 zu 16«) erfrischt statt mit den üblichen »Hier ist der Anschluß von«-Sprüchen. Der drollige Mensch, der den Sport liebt, gern philosophiert, wie ein junggebliebener Tommy Tedesco ausschaut und nebenbei fast unaufhörlich Ulk im Kopf hat, heißt **Mick Goodrick**, ist vom Jahrgang 1945, und, als Meister modaler Harmonielehre, raffinierter Akkordkonstruktionen wie auch höchst origineller linearer Improvisationen und des Fingerstyle-Spiels auch auf modernsten *headless*-E-Gitarren[406] einer der interessantesten Jazzgitarristen Amerikas – ein Individualist, wie er in keinem Buche steht, der beispielsweise erst 1991 seine erste Platte seit 1979 vorlegte – *Biorhythms* (CMP CD 46). »Mick war der erste Gitarrist unter denen, mit denen ich zusammengespielt habe, gegenüber dem ich mir lachhaft vorkam, weil er so gut war. Ich habe mein kleines Solo gespielt, und dann spielte er dieses Meisterwerk. Er war eine riesige Inspiration und ein großer Einfluß für mich«, sagte immerhin ein Pat Metheny über die Zeit der Zusammenarbeit in Gary Burtons Quintett. Acht Jahre nach Pats Statement sagte Mick über jene Zeit:

> Wir haben in Garys Band ungefähr anderthalb Jahre zusammengespielt [kurz nachdem Gary Burton Pat Metheny, damals 19, ans Berklee College of Music in Boston zum Unterrichten von Jazzimprovisation eingeladen hatte], und wir haben alle voneinander gelernt. Es gab bestimmte Dinge, die er aufgriff, aber ich habe ebenso von ihm gelernt. Vor kurzem habe ich ein Band wiedergehört, das wir beide vor mindestens zehn Jahren bespielt haben, und es fiel mir außerordentlich schwer herauszuhören, wer welches Solo spielte. Damals haben wir ähnlicher gespielt als heute. Kurz danach fand er ja dann auch seine eigene Stimme und Richtung...[407]

Mick kommt aus Sharon, Pennsylvania, wo er als 12jähriger begann, Gitarre zu spielen, ging dann auch ans Berklee College, von dem er 1967 mit dem Bachelor-Grad in der Tasche vom Schüler zum Lehrer mutierte, der er vier Jahre lang blieb. In den USA wurde zwischen 1972 und 1976 die Jazzöffentlichkeit auf ihn aufmerksam, als er bei Burton spielte, mit dessen Gruppe er fünf Alben aufnahm. 1979, wieder solo, nahm er seine erste Solo-LP auf, *In Passing*,[408] obwohl er sich in jenen Jahren mehr oder minder freiwillig zurückgezogen hatte, um vor allem zu üben und zu hören. Etwas später gastierte er eine Weile in Charlie Hadens Liberation Music Orchestra, obwohl Haden, wie Goodrick später entdeckte, eigentlich Frisell gewollt hatte. Beinahe zufällig dann auch sein Job mit Dewey Redman, sax, und Paul Motian, dr: Nur weil Trompeter Baikida Carroll an Fazialislähmung erkrankt und ein Jahr lang außer Gefecht war, wurde Mick »auf den letzten Drücker« gerufen. Aber »es war wunderbar, weil sie free und Ornette-Stücke spielten.« Und den Platz in Jack DeJohnettes Special Edition bekam er, wie er meint, auch nur deshalb, weil der eingeplante Abercrombie plötzlich Sorgen bekam, bestimmte Festival-Auftritte mit der Edition könnten mit den Interessen seiner eigenen Gruppe kollidieren: Abercrombies Verzicht bedeutete für ihn, berichtet Goodrick, die härteste Entscheidung seines Lebens. Und in Bass Desires half er, sagt er munter, auch nur aus, weil Bill Frisell gerade mal nicht konnte.

So also sahen die runden zehn Jahre des Goodrickschen *semi-retirement* aus, garniert noch mit Seminaren, die er in Italien und während des Connecticut National Guitar Summer Workshop gab und mit einem Lehrbuch namens *The Advancing Guitarist*.[409] Unlängst also seine plattenmäßige Wiederkunft und, fast nebenbei, sein Auftritt in dem denkwürdigen Konzert, das er und eine Phalanx anderer Gitarren-Alumni *in memoriam* ihres ehemaligen Lehrers William G. Leavitt gaben, des Autors auch der berühmten *Modern Method for Guitar*. Mit von der Benefizpartie: Abercrombie, Mike Stern, Al DiMeola, John Scofield und der in Jazzkreisen leider viel zu wenig beachtete Danny Gatton. Ansonsten spielte er, wenn er sich nicht auf klassische Gitarre und das Hören etwa der Beethovenschen späten Streichquartette konzentrierte, lokale Gigs daheim in Boston, Hort des Berklee College, wo sich so manche Gitarristenwege kreuzten. Unterwegs indes verlangt der Vollprofi für seine Hohner G-3 Tremolo zwei Roland-JC-120-Verstärker, spielt außerdem über einen Yamaha REX50, ein Alesis Microverb-Delay, einen Rat-Verzerrer, ein digitales Boss-Deley-Pedal und einen T.C.-Electronic-Stereo-Chorus. Daneben nutzt er eine betagte Epiphone Sheraton und eine Nylonstring von Ovation, die er irgendwann gegen einen Gitarrensynthie eingetauscht hat. Die 1991er *Biorhythms*, eine extraordinäre Trioplatte mit Harvie Swartz,[410] b, Gary Chaffee, dr, und gelegentlichen Overdubs, liefert Goodrick *at his best* und kaum wie jemanden, der zehn Jahre lang »nicht da« war. »Ich habe immer in Akkorden gebadet. Ich habe jede Menge Zeit darauf verwandt, so viele Umkehrungen wie nur möglich herauszufinden. Es ist wichtig zu lernen, wie sie für andere verwandte Akkorde benutzt werden können, die aus derselben Skala, demselben Modus kommen«, hatte er im Jahr zuvor gesagt,[411] und das könnte das Motto des Albums sein: Micks akkordische Sprache ist höchst individuell, sein Singleline-Spiel durchaus noch Metheny-nah [oder: Pat ist noch Goodrick-nah, um genauer zu sein], und wenn es nicht die Voicings sind, dann doch zumindest die Changes. Das erste Stück der Platte jedenfalls (Notenbeispiel 17) läßt da kaum Mißverständnisse zu.

Zumindest in Europa dürfte – neben Metheny – **John Scofield** (*1952) aus Dayton, Ohio, gegenwärtig der beliebteste Jazzgitarrist sein, was deshalb so verwunderlich erscheint, weil er im wahrsten Wortsinne unnachahmlich ist, es sei denn, man hielte beispielsweise Thelonious Monk für der Kopisten fette Beute. »Slo Sco« – so auch der Titel eines Samplers auf dem Bluemoon/Mesa-Label – jedenfalls hält Nachahmer wenn überhaupt, dann vor allem in Europa für möglich. Das scheint ihm überhaupt »auch mehr ein europäisches Phänomen zu sein«, wie er in einem Interview mit dem *Jazz Podium* Ende 1991 sagte,[412] wobei hinzugefügt sei, daß er acht Jahre zuvor über die Alte Welt meinte: »Jazz hat da drüben wirklich eine Identität, wogegen die regionale Jazzgruppe in den Staaten niemanden sonderlich aufregt.«[413]

In besagtem Gespräch erinnerte er sich daran, mit 21, 22 Jahren »eine regelrechte Jim-Hall-Kopie« gewesen zu sein. Und dann nehme man Jim Fergusons gelungene Formel vom Scofieldschen Spiel, das »unglaublich erregend und dicht ist, ständig mit dem Desaster und dem Unerwarteten flirtet und nur selten außer Kontrolle gerät«,[414] dann kann man das addieren und erhält John

Made in Germany (2): Die ECM-Familie

Notenbeispiel 17: »In Praise Of Bass Desires«, © Mick Goodrick

Scofield wie auf dem Objektträger. Scofields Stil ist heute neben dem von Metheny sehr wahrscheinlich der am leichtesten identifizierbare, aber auch der unorthodoxeste, mit einem kantigen, verwinkelten Spiel voller Atemlosigkeiten und Phrasenabbrüche, durchaus von Hall herstammender Akkord»melkereien« durch insistentes Verschieben derselben in krasse Outside-Bereiche, indes kaum noch der Artikulationsweise nahe, die auf Schönklang oder harmonisch heile Welten setzt. Mit Synthesizer-Klängen tut er sich noch immer schwer, obschon er noch Ende der 80er Jahre mit einem Ibanez-Kontroller experimentierte (unter anderem in Trio-Gigs mit Bobby McFerrin und DeJohnette!), den er mit einem Oberheim Matrix 6-Synthesizer koppelte, wobei er allerdings in den tiefen Registern Probleme bekam, wie der – zum Leidwesen standesbewußter Amerikaner – sehr überzeugte Spieler einer Ibanez AS-200, einer japanischen ES-335-Variante, gestand. Wie kein anderer vermag er Blues und Funk in seine eigene Vorstellungswelt zu transplantieren, wie in *Still Warm* und *Blue Matter*,[415)] und gefragt zu seiner Arbeit bei Miles Davis, in dessen Gruppe er Mitte 1984/85 (*Decoy, Star People*[416)]) spielte, sagte er:

Ich versuche immer melodisch zu spielen und das zu machen, was ich höre. Aber manchmal, wenn ich schnelle Achtel oder 32stel-Phrasen spiele, benutze ich schon *shapes*, um verschiedene Intervalle zu produzieren... Eines der wichtigsten Dinge, die ich gelernt habe, ist, mich nicht davor zu fürchten, das zu spielen, was ich höre. Anders gesagt, denk' nicht darüber nach, wie ein Stück sein soll, sondern spiele das was du gerade empfin-

dest. Ich habe das immer so gefühlt, das dann aber von jemanden zu hören, der so *heavy* ist wie Miles, ist dann eine endgültige Bestätigung.[417]

»Die Zunft der Saitenkünstler kennt Gestalten mit flinkeren Fingern«, schrieb Norddeutschlands Jazz-Institution Nr. 1, Michael Naura, 1990 zu Johns CD *Time On My Hands*, »mit melodischeren Konzepten, mit waghalsigeren Rhythmen. Scofield hat von alldem ein gerüttelt Maß, ohne je in die Abgründe des Durchschnitts zu stürzen. Er klingt, als hätte er den Goldenen Schnitt im Jazz entdeckt. Das verleiht ihm eine besondere Aura.« Und er zitiert, was Miles ihm eingetrichtert hatte: »Musik sollte spontan und instinktiv sein, und sie sollte immer genügend Platz zum Atmen haben, hörst du, John?«[418] Und wenige Jahre später sagt er auf die Frage, ob das Interesse an elektrischem Jazz tatsächlich und besonders in Jazz/Rock-Kreisen so dramatisch gewachsen sei, wie allenthalben behauptet:

Das wird gesagt, seit ich anfing, Platten mit elektrischem Jazz zu machen. Als ich anfing, mit Billy Cobham – elektrischer geht's eigentlich nicht mehr –, war das Interesse beträchtlich. Mein Trio mit Swallow – das nicht sonderlich fusionmäßig war, obwohl es auch nicht, gemessen an Barney Kessel, sonderlich beboppig war – bekam aus irgendwelchen Gründen keine Auftritte. Das Spielen bei Miles brachte mich dann sehr weit nach vorn, und seitdem gehen meine Platten auch gut. Meine Musik verarbeitet Elemente aus Rock, Jazz und Pop, und so habe ich heute mehr Arbeit. Mag sein, daß es da eine Art von Interesse gibt, weil Rockfans sie leichter verstehen können als Bebop. Ich sag' das fast schweren Herzens, aber nicht, weil ich Bebop spielen will. Es ist nur traurig, daß der junge Durchschnittsgitarrist, der irgendwie AC/DC und vielleicht meine Band nun auch mag, [Coleman] Hawkins total verpaßt oder vielleicht auch Bass Desires oder einige meiner Trio-Sachen nicht leiden kann. Das macht irgendwie ein bißchen Angst, aber Gott sei Dank bin ich nun auch nicht ein solch riesenhafter Erfolg, daß ich den Verlust von Millionen riskiere.[419]

1986 kürte ihn *Down Beat*s internationale Kritiker-Crème, vermutlich vor allem aufgrund seines enormen Durchbruchs bei Davis, mit den höchsten Ehrenbezeugungen; die Leser der Jazz-Bibel plazierten ihn auf Platz 3; er spielte mit Frankreichs Staatsorchester, wie gesagt im Trio mit »meinem Mentor« Steve Swallow und Adam Nussbaum, dr,[420] mit Billy Cobham, McCoy Tyner und in Bass Desires an der Seite von Peter Erskine, Bassist Marc Johnson und Bill Frisell (*Bass Desires*)[421] und stellte sich immer ganz konsequent als ein Mann dar, der nur dann gegen Tradition etwas habe – wie er im *Jazz Podium* meinte –, wenn sie bibliothekarshaft verwaltet und nicht mehr durch lebendige Vermittlung am Leben erhalten werde:

John Scofield, hier mit Miles Davis beim North Sea Festival 1985. Ist Bill Frisell der populärste Vertreter des gemäßigten neuen Gitarrenjazz, so ist John neben Metheny der beliebteste. »Bequem« ist er es indes ganz und gar nicht, sowenig, wie Jim Hall bequem ist. Ähnlichkeiten zwischen beiden sind nicht zufällig, vor allem nicht in der äußerst eigenwilligen Rhythmus- und Phrasierungsauffassung. Was Hall noch elegant kommuniziert, spielt Scofield kompromißlos aus

Standard-*changes* haben etwas, das zu einer bestimmten Art von Ausdruck führt, das großartig ist. Womit ich aber nichts zu tun haben will, ist das »Wynton Marsalis Syndrom«, das sich im Ergebnis anhört wie etwas aus einer ganz anderen Gegend, obwohl das Spiel brillant ist... Es begeistert mich jedes Mal, wenn ich in Europa bin und erlebe, wie eine Freejazz-Gruppe von einem Publikum akzeptiert wird, das die Musik aufrichtig mag. Aber ich tue mich schwer mit dem gegenwärtigen Jazz-Establishment, weil in dem Moment, in dem man irgend etwas den Stempel Kunst aufprägt, die Limitierung praktisch vorprogrammiert ist.[422]

The Mainstream of Fusion

Die »Etwas-Mehr-Rocker«

Fusion, das Terrain der tausend Meinungen, der Widerreden, der Kollisionen, für die einen eine Gummiformel, die nichts besagt, weil sie lediglich »Vermischung«, vielleicht gar Assimilation signalisiert, ohne freilich zu spezifizieren, welcher Art diejenige sei, und für die anderen ganz einfach und bescheiden das weite Feld der friedlichen Begegnungen von Jazz und Rock. Puristen haben ihre Probleme damit; offenere Geister sehen in der »Fusion« die Antwort auf sämtliche Fragen nach den ersehnten Auswegen aus allen Sackgassen, in die sowohl der Jazz als auch die Rockmusik sich manövriert hätten. Fest steht zumindest, daß die Fusion auch trotz des Langen Marsches der Keyboards und der elektrifizierten Schlagzeuge noch allzuweil die Domäne der Gitarre ist. Da dieses Buch den knappen, einengenden und dennoch (oder gerade deshalb) schönen Titel *Jazzgitarristen* trägt, wird es nicht überraschen dürfen, wenn dieser Abschnitt ein flotter Überflug bleibt. Die Szene ist zu groß, die Namen Legion, die gitarristischen Stile und Ausdrucksweisen leider Gottes oft nicht der Rede wert oder vor lauter Verschmelzung bis zur Unkenntlichkeit entpersönlicht. Es ist schwer, hier Anfang oder Ende zu finden. Man könnte darauf hinweisen, daß der letzte Gitarrist bei Miles Davis **Foley McCreary** war und daß Davis' Gespür für seine Gitarristen – McLaughlin, Scofield, Mike Stern – so genial war, so untrüglich, daß McCreary demnächst vermutlich als Gitarrist *in his own right* von sich reden machen wird. Schon schwieriger wird es bei Gitarristen vom Schlage **Steve Lukathers** (*1957), der womöglich gelegentlich seiner Trio-Einspielung mit Jeff Richman und DiMeola auf der *Global-Guitar*-CD[423] vom Februar 1991 oder seiner viel früheren Mitwirkung als Rhythmusgitarrist bei der *George Benson Collection* zumindest in Jazz-Nähe gerückt werden darf. Aber Totos Lead-Picker bleibt nach eigenen Worten ein Rock'n'Roller durch und durch.

Sehr viel verzwickter sieht das da schon bei dem in München lebenden Australier **Peter O'Mara** aus, der mit seiner Gruppe »Five Forces« im Prinzip »Rock Fusion« (*sic!*) bot, während er 1990 mit dem Album *Avenue* ›U‹[424] – mit

The Mainstream of Fusion

Joe Lovano, sax, Robert DiGioia, p, Dave Holland, b, und Adam Nussbaum, dr – einen erstaunlich persönlichen und insgesamt jazznäheren Ton anschlug, in durchweg eigenen, überzeugenden Arbeiten. Nicht minder kompliziert liegt der Fall des »Größten Unbekannten Gitarristen der Welt« **Danny Gatton**. Der verbindet alle Gaben von Pat Martino und Steve Cropper miteinander, improvisiert ebenso souverän über Monk-Themen, wie er Neuauflagen von »Orange Blossom Special«, »Guitar Boogie Shuffle« oder, völlig verswingt, von »Secret Love« aufzutischen versteht – ein unglaublicher Techniker und improvisierender Zauberer, dessen Album *Redneck Jazz* (NRG NLP9-2916) leider nicht mehr aufgelegt wurde und neben Intervallen, die aus Eric Dolphys Stammbuch geklaut sein können, Lenny-Breau-hafte Kombinationen von Plektronanschlägen und Flageoletts mit dem freien 1. Finger bot. Durch Wes kam er um 1963 zum Jazz; die britische Pop-Invasion war ihm zu leichtgewichtig, und so sammelte er seine praktischen Jazzerfahrungen dann fast durchweg in Trios mit Orgel und Drums. Django prägte ihn eine Weile, dann auch das akkordische Spiel von George Barnes, und das alles kombinierte er mit einem gewissen Faible auch für die Aufnahmen des früheren Les Paul und für Jimmy Bryant.

Und noch ein Australier – der unermüdliche Gitarrenpädagoge in Schrift und (Video-)Bild, harte Rocker und umsichtig-feinfühlige Fusionist **Frank Gambale** (*1959). Der stellt sich auf eigenen Albem mit Vorliebe als ein großer elektrischer und beinharter Aufräumer aus dem derberen Rocklager mit modernen elektronischen Ingredenzien dar und war dennoch für Chick Corea interessant genug, ihn in seine Band zu holen. »Chick weiß nicht, wie man Gitarre spielt,« sagte er 1988, »also ist meine Wahl von Noten, Rhythmen und so weiter das einzige, woran er sich orientieren kann. Wenn sie ihn nicht interessieren, fühlt man sich nicht allzu gut. Vor und hinter allem anderen kommt, wie ein Musiker, der etwas anderes spielt als du, interpretiert, was du spielst. Stil und Technik sind sekundär. Meine Töne sind sehr kalkuliert. Ich hoffe nicht, einfach in die Abteilung Wieder-ein-schneller-Gitarrist geschoben zu werden, weil ich ebenso langsam und vorsichtig spiele. Solospiel ist wie Geschichtenerzählen. Ich mag es nicht, fieberheiß anzufangen und dann nirgendwo anzukommen... Der Begriff Jazz wird heute sehr locker angewandt«.[425] Er wandelt sich, und seine Repräsentanten wandeln sich. **Steve Erquiaga** etwa nähert sich vorsichtig dem Jazz an, ohne auf die sichere Grundlage seiner Rockwurzeln verzichten zu können. Oder da sind die vier wichtigsten Skandinavier **Jukka Tollonen**, **Ole Molin**, Jane Schaffer und Rune Gustafsson. Insbesondere die beiden letzteren kommen aus einem sehr eindeutigen Jazzhintergrund, wie beispielsweise ihre Ende der 70er Jahre zusammen mit Jojje Wadenius aufgenommene LP *Move*[426] oder auch Runes *On A Clear Day*[427] demonstriert hatten. Ganz ähnlich verhielt sich das auch bei Japans wohl noch immer bekanntestem Jazz- und Rockjazz-Gitarristen **Ryo Kawasaki** (*1947), der auf etlichen Alben schon seit den 70er Jahren[428] einen ausgeprägten Zug zum freieren E-Spiel an den Tag legte und so im Free Jazz Rock und Jazz zu vereinen suchte. Ryo hat aber auch, genau wie sein Landsmann Kazumi Watanabe (*1953), immer wieder zur akustischen, sprich: zur Konzertgitarre gegriffen und wie der von der europäischen Klassik herstammende Flatpicker **Takeshi Kobayashi** (*Yunta*) immer wieder hier nach interkontinentalen Synthesen geforscht, nicht immer mit glücklicher Hand freilich, aber immerhin. **Thom Rotella** dagegen, der gerade seine CD *Without Words*[429] vorgelegt hat, ein Doubler auf Steelstring-Laptop und klassischer Gitarre, versucht, auf durchaus geschmackvolle Weise, Montgomery-Einflüsse, Mexikanisch-Spanisches und etwas zuviel Top-Forty-Gefälligkeit zu einer Melange zu verarbeiten, die an allen besten Absichten vorbeizielt und so wirkt wie jemand, der, jawohl, Jazzelemente benutzt, um Breitenwirkung zu erzielen, ein »Fall« nicht unähnlich dem Eric Gales. Die beiden Österreicher **Harry Pepl** und **Karl Ratzer** gingen andere Wege; gerade Karl Ratzer, den man in den 70er Jahren noch getrost dem Rocklager zurechnen durfte, aus dem er zumindest teilweise kam, hatte, zum Teil angeregt durch einen Wiener, jetzt in Berlin lebenden Gitarristen namens **Costa Lukacz**, einen Schwenk vollzogen, der eher Seltenheitswert hat, wenn man bedenkt, daß er 1980 aus den USA zurückkehrte als ein »vollwertiger« Jazzgitarrist, der etwa mit Eddie Gomez und Jeremy Steig (*Rainforest*), Ray Mantilla (*Ray Mantilla*), mit Eddie Lockjaw Davis (*Land Of Dreams*) und anderen gespielt hatte:

> Später in den Staaten habe ich dann viel Jazz gespielt und hart daran gearbeitet. Auch da stellte sich der Erfolg ein – mein Name war gewissermaßen »auf der Straße«... Aber die damalige Szene war ein hartes Business, viele gute Musiker konsumierten harte Drogen. Auch ich habe gegen Ende der 70er Jahre ein schweres Drogenproblem bekommen, das ich in Europa wieder in den Griff kriegen wollte. Als ich dann 1980 die Möglichkeit bekam, mit Chet Baker eine kleine Europa-Tournee zu machen,[430] habe ich die Gelegenheit ergriffen und bin nach der Tour in Wien geblieben. Es hat aber noch bis 1986 gedauert, bis ich ganz von den Drogen weg war. Dazu kam noch, daß ich mich nach dem langen USA-Aufenthalt nur schwer in Österreich zurechtgefunden habe. Es gibt hier nicht diese Tradition, daß man zum Beispiel ein Jahr lang jeden Abend in einem Club spielt, so wie ich das in Atlanta gemacht habe... [431]

Karl Ratzer, der im Zipflo-Weinrich-Quintett ganz in der Reinhardt-Tradition schwelgte und, zusammengenommen mit seinem heute deutlichen Bekenntnis zum Bebop, das gesamte Spektrum der elektrischen Jazzgitarre abdeckt, möchte, wie er »überspitzt« sagt, nun seine Musik – zur Zeit, Anfang 1992, im Quartett mit Fritz Pauer, p, Paolo Cardoso, b, und Mario Gonzi, dr – aber doch fern der Exklusivität der Jazzklubs »auch in einer Disco« gehört wissen, was immer das heißen mag – bei Ratzer jedenfalls *keine* Anbiederei in Hinblick auf kommerziellere Pfründe. Auch **Joe Beck** muß man hier nochmals erwähnen, der mit Scofield und Coryell die akustische Trio-LP *Tributaries* eingespielt und bei dmp vor noch nicht langer Zeit unter dem erbaulichen Motto »Rediscover The Jazz Guitar« das Album *The Journey* vorgelegt hat und neben Byrd, Pizzarelli/ Barnes, Tiny Grimes, Eve und John McLaughlin und Chuck Wayne in dem legendären 1971er *Town Hall Concert* spielte, im Trio mit Larry Ridley, b, und Al Harewood, dr, drei Titel, die auf feinste, swingendste Weise die Rockanteile dieses auch in Gil Evans' Orchester als vorzüglichem Jazzkünstler ausgewiesenen Grenzgängers in den Jazzkontext einbrachten, auf eine fast unmerkliche, außerordentlich organisch wirkende Weise, die auf höchst seltene Art direkt an die Wurzeln beider Musiken griff. Heute ist es still um diesen Besitzer einer nicht gerade kleinen Farm im Norden des Staates New York geworden, leider.

Am Nachmittag des 6. April 1988 stand **Larry Carlton** (*1948) in seinem Haus in Los Angeles und sprach gerade mit seiner Sekretärin, als er durch eines der Fenster sah, wie ein von zwei jungen Schwarzen verfolgter Schäferhund sich in seinem Carport verkriechen wollte. Carlton ging hinaus, um die Haustür zu schließen und den Hund so daran zu hindern, in das Büro zu gelangen. Einer der Schwarzen hob eine Hand, zielte und drückte einfach ab. Der Schuß aus der .357er Magnum demolierte die Halsschlagader des Gitarristen und lähmte einen Arm. Im Krankenhaus ersetzte man einen Teil der Arterie durch ein dem Schenkel entnommenes Blutgefäß, zehn Tage später war er wieder daheim und begann mit der physischen Therapie: »Es gab Nächte«, sagte er der *Jazztimes* im Sommer 1989, »in denen sich mein ganzer Körper in Krämpfen schüttelte und mich buchstäblich von der Couch warf. Die Schmerzen waren so unerträglich, daß ich in Tränen ausbrach. Manchmal dauerten sie die ganze Nacht.«[432)] 1989 legte er mit *On Solid Ground* sein intimstes Bekenntnis zum – erhaltenen – Leben vor.

Der Schuß hatte einen Gitarristen getroffen, der – unter dem Kosenamen »Mr. 335« – vor allem als E-Gitarrist und Studioprofi von sich reden gemacht hat, zumindest bis 1983, als MCA anregte, er möge mal ein akustisches Album einspielen. Seltsam genug: Larrys akustisches Spiel, blendend demonstriert auf *Alone But Never Alone,*[433)] ist jazzmäßiger als so gut wie alles, was er seither gemacht hatte. Die Platte schnellte in den *Billboard*-Jazzcharts ganz nach oben. Mit der Gitarre angefangen hatte er in L. A. mit sechs Jahren, in der High School war er der begehrteste Gitarrist: Er konnte als einziger Noten lesen. Er hörte Barney Kessel, Wes Montgomery und Joe Pass, setzte sich aber auch intensiv mit der Musik John Coltranes auseinander. Auf der Anfang-60er *Ballads* »spielt Coltrane nichts als die Melodien, und das ist schön. Es war eine große Lektion für mich, was das Phrasieren in Melodien angeht und wie man aus ihnen Musik machen kann.« Als Student an der Beach State University spielte er in lokalen Gruppen, erweiterte dabei kräftig seinen Horizont, kam in die Pop-Gruppe 5th Dimension, aber auch zu Gigs mit George Shearing, und mischte in Werbespots mit. Durch die wurde er bei NBC musikalischer Leiter einer TV-Sendung für Kinder und erregte in Studiozirkeln Aufmerksamkeit. 1973 spielte er bereits in 30 wöchentlichen Aufnahmesitzungen – für Joni Mitchell, Herb Alpert, Quincy Jones, Michael Jackson, John Lennon, Bobby Bland, Ray Charles,

Linda Ronstadt, Dolly Parton und andere. Seine perfekte Nutzung des Volumenpedals, große Intervallsprünge, kräftiges Saitenziehen, aber auch größte Ökonomie in der Wahl der niemals durch *whammy bars*[434] veränderten Töne wurden seine stilistischen Kennzeichen. Er nahm zwischen 1971 und 1976 13 Alben mit den Crusaders auf, einer der ersten Jazz/Funk-Formationen, nachdem sie das »Jazz« im Gruppennamen abgelegt hatte, reduzierte seine Studioaufträge auf zehn Sessions pro Woche und baute im Keller seines Hauses seinen »Room 335« – das Studio, in dem er fortan fast ausschließlich seine eigenen Platten produzierte. »Die einzige *scale*, die ich neben der Dur und Moll benutze, ist eine, die jeder kennt, der Jazz studiert hat, obwohl ich die auch erst [1983] gelernt habe«, beichtete er Anfang 1988, »– melodisch Moll [mit angehobener Sext und Sept der natürlichen Moll-Skala]. Mir ging da auf, daß ich sie immer schon gespielt hatte und sie nur nicht bewußt anwenden konnte. Es war ungefähr so wie das plötzliche Begreifen, warum Joe Pass so klingt, wie er klingt... Mindestens 50 Prozent meiner Lieder... sind am Klavier geschrieben. Die Gitarre ist in den Stimmen begrenzt, aber wenn ich an den Tasten sitze, kann ich diese *voicings* irgendwie reicher oder dichter hinkriegen.«[435]

Carltons 1987er Live-LP *Last Nite*[436] ist seine wahrscheinlich jazzigste mit der Gibson 335 – einer semiakustischen Hollowbody mit symmetrischen Cutaways, die besonders in Studiokreisen für ihre vielseitige Verwendbarkeit geschätzt wird –, und es mag für Hörer von Joe Beck wie Carlton gewiß interessant sein, beider Versionen des 3/4taktigen Miles-Davis-Klassikers »All Blues« zu vergleichen. Larrys Eröffnungstitel der Platte – »So What« – dürfte ohne Zweifel deutlich machen, inwiefern er genau wie Beck Jazzklassiker durch seine spezifischen Rockdreingaben aufzufrischen statt zu korrumpieren versteht.

Im japanischen Osaka kam er 1955 zur Welt, mit drei Jahren hatte er, daheim in Boston, seinen ersten vorschulischen Musikunterricht am Peabody Conservatory im Fach Klavier und kinderfreundlicher Harmonielehre. Mit 13 zupfte er in Panama den Rockbaß; in Baltimore griff der Teenager zur Gitarre, und nach der High School besuchte er die University of Miami, von der so illustre Musiker wie Pat Metheny, Jaco Pastorius, Steve Morse oder Bruce Hornsby kamen: **Hiram Bullock**, der 1975 in New York in die dortige Studioszene eintauchte und womöglich noch immer nicht zu seinen ersten Solo-Unternehmungen gekommen wäre, hätte sein Name nicht die Rückseiten diverser Platten in der Abteilung *Sidemen* geziert, womit es ihm ähnlich ging wie Steve Khan, Elliott Randall und auch Larry Carlton. Hiram spielte für Barbra Streisand, Billy Joel, Kenny Loggins und x andere, und Erholung suchte er immer mal wieder auch – aber nicht nur – im Jazz, etwa bei Carla Bley, bei Gil Evans oder David Sanborn, aber auch in seiner ersten eigenen Mannschaft, der 24th Street Band und, 1986, in seinem ersten eigenen Album, *From All Sides*,[437] das genau das liefert, was es sagt: Bullock musikalisch von allen Seiten: »Mir war aufgegangen, daß ich Musik von wirklich allen Seiten ausgesetzt worden war, als ich aufwuchs. Der Funk von James Brown, der flammende Rock von Jimi Hendrix, Miles' viele Jazzperioden, sogar der glatte Pop von Frank Sinatra, das alles waren Teile meines musikalischen Hintergrunds«, sagte er 1988[438] – ein richtiger, amerikanischer Schmelztiegel in Personalunion. So ist es geblieben.

Ich habe angefangen als ein ganz normaler Eric-Clapton-, Allman-Brothers-, Steve-Miller-Blues-Rock-Spieler. Die Sache ist die, daß ich vor der Gitarre noch andere Instrumente gespielt hatte. Als ich noch so'n Schulband-Saxophonist war, hab' ich Jazz gehört – John Coltrane, Cannonball Adderley. Und dann sah ich... das Mahavishnu Orchestra. Das ist es, was ich heute als wahre Fusion verstehe. Ich sagte: »Wow, das ist irre«, und dann erkannte ich John McLaughlin von seiner früheren Arbeit bei Miles her. So kam ich schließlich an die University of Miami und ging in eine Bebop-Versenkungsperiode, in der ich die Fender Stratocaster wegstellte und nur noch eine dicke, fette Gibson L-5 mit umsponnener G spielte, keine Effekte, keine gezogenen Noten – so was eben. Ich hab' bei Pat Metheny studiert... Ich schätze, ich hab' was über Jazz gelernt, aber ich halte mich nicht für einen Jazzspieler.[439]

Tatsächlich bedürfte es einer Menge Toleranz, Bullock dennoch ins Jazzlager zu verschieben – woran dann eher seine Sidemen, vor allem die keyboardernden Harmoniengeber »schuld« wären. Zuallererst bedeutet Hiram Bullock »Funk«. Und falls es tatsächlich das merkwürdige Kompositum Funkjazz geben sollte, dann gehört er dorthin. Er, nicht Karl Ratzer, wäre der richtige Mann, Jazz »in die Disco« zu kriegen – mit Stücken wie dem Titelwerk seiner letzten CD *Way Kool*,[440] Wenn, ja *wenn* die Phrasierung die Mittel alleine heiligt.

Die »Ein-Bißchen-Mehr-Jazzer«

Im Info-Booklet steht es jedenfalls: Aufgenommen wurden die Titel der LP/CD am 2. und 3. Mai *1982*, zu einer Zeit, als er sich noch mit vollem Namen Michael Gregory Jackson nannte, neu abgemischt wurden sie am 26. und 27. November *1989*. Und im März *1990* schrieb **Michael Gregory** zu *The Way We Used To Do:*[441] »Ich schrieb das meiste dieser Musik in Berlin, noch bevor die Mauer fiel. Ich verbrachte einige Stunden mit bloßem Anstarren jener Mauer. Beim Anstarren dieser Mauer habe ich geweint und mir gewünscht, daß alle Mauern fallen mögen, die uns trennen. Damals brach sich das Echo der Wünsche und Tränen in der kalten und leeren Straße des Monats Januar. Das Klima wirft Stimmungen und Zauber ein. Purpur und Violinen seh' ich, hör' ich. Laß niemanden dich deines Herzens berauben. Laß niemanden dieses Gewicht tragen. Alles ist verändert, in eine andre Tonart...«

Ganz schön, nicht wahr, die Sprache eines – durch New Yorker Free-Jazz-Exkursionen in den 70er Jahren geläuterten – jungen Poeten, der denn auch mit sanfter Stimme, welche die dunkle Haut ihres Hüters nicht zu tragen scheint, recht gescheite eigne Texte singt, unter all denen die weiche Melancholie des einsamen Nachdenklichen wohnt: Michael Gregory *ist* ein Dichter; aber mehr noch als das: Er ist ein vorzüglicher Gitarrist geworden, der im Künstlerhaupt zwar John Lennon und Bob Marley nah sein kann, als Instrumentalist jedoch den weiten Horizont eines Kevin Eubanks in sich birgt – als ein Steelstringer vor allem, der mehr in Arpeggien zu empfinden scheint denn in Linien: ein Harmoniker als Harmonisierer, der die Resultate seiner getexteten Fragen bereits unter den Händen hat.»Cowboys, Cartoons, And Assorted Candy« jedenfalls gehört zu den wirklich *schönsten* Gitarrentiteln dieses Mannes. Endlich einmal kann Schönheit weit vor Virtuosität gewinnen: Er ist Legg und Eubanks plus er selbst, und die offen gehaltenen Saiten fügen die Gesamtakkorde zu Klangmustern, wie sie kein Synthesizer, kein Harmonizer je zu zaubern vermag.

Und dann, ein wenig älter als er, ist da **Robben Ford** (*1952) aus Ukiah, Nordkalifornien, der es, gewissermaßen zugleich, mit George Harrison und Miles, mit Barry Manilow und Kiss aufnimmt, mit ungefähr fünf Jahren die erste Gitarre hielt, dann in Windeseile zu einem Synonym für sehr guten Blues wurde, zu dem er, nach Fusion-Exkursionen und jeder Menge Berufserfahrung als Session-Gitarrist im Studio-Dschungel von L.A., wieder zurückkehrte, nach seiner ersten Solo-LP *The Inside Story*[442] mit der 1988er *Talk To Your Daughter.*[443] Robs Vater Charles, in dessen Band er zeitweilig mitspielte, frönt der Countrymuse, und nicht viel deutete darauf hin, daß Robben und seine zwei Brüder (Pat, dr, Mark, harm) statt der WASP- der schwarzen Musik zuneigen würden. Mundharmonika-As Charles Musselwhite entdeckte den 18jährigen Gitarrespieler mit seiner L-5, der auch Sax und Mundharmonika beherrschte, und in der Folge spielte Ford auf seiner Gibson Super 400CES,[444] die er erst auf Joni Mitchells überragendem *Court-And-Spark*-Album für eine ES-335 (und die wiederum später für eine 345, die Stammgitarre des slide-verrückten Schreihalses George Thorogood) eintauschte, mit fast jedem Blueser von Rang und Namen, darunter einem faszinierten Muddy Waters, mit T-Bone Walker, mit Shuggie Otis. Die Ford-Brüder hatten Jahre vorher schon immer mal ganz gerne etwa Little Walters »Blue And Lonesome« mit John Coltranes »Mr. Day« durcheinandergeschüttelt, um Lichtjahre erfolgreicher als Almeida und Brown »Round Midnight« und Mr. Beethoven. Larry Carlton zollte auf dem Cover seiner ersten Solo-LP »B. B. King, John Coltrane und Robben Ford« speziellen Dank. Harrison war hin und weg und nahm ihn 1974 mit auf die *Dark-Horse*-LP und -Tournee, und 1986 tourte er fünf Monate lang mit Miles Davis, und ausgerechnet dem verdankt der Gitarrero den Umstieg vom Spiel über den Hals- auf den Steg-Pikkup[445] – ein Sakrileg zumindest für viele ältere Jazzgitarristen. So sehr aber Robben dem strikten Blueslager zugeschlagen wird – mehr noch als der Engländer Clapton, in engster Nachbarschaft zu Fords Landsmann Michael Bloomfield –, so zuverlässig darf man ihn verstehen als vielleicht *den* Mittler zwischen Jazz und Blues-*roots*:

The Mainstream of Fusion

Die Fusionmusik kommt aus der Jazzmentalität; sie ist weit introspektiver. Man überlegt dabei sehr viel mehr. Der Blues ist sehr viel mehr für die Leute, das ist echte Musik für die Leute. Und für mich bringt es einfach viel mehr Spaß, mich auf diese Weise auf ein Publikum zu beziehen...
Ich liebe große Jazzmusik einfach *so* sehr – Jazz im traditionellen Sinne. Ich habe mich nie für dieses moderne elektrische Jazz-Fusion-Ding erwärmen oder mich davon beeinflussen lassen können... Meine erste Begegnung mit Blues kam durch das Hören von Mike Bloomfield und Paul Butterfield...[446]

Jan Akkerman (*1946) in Holland schneidet seine Konzerte recht gern in saubere zwei Hälften, um in den ersten zu zeigen, daß er das Spielen der Konzertgitarre nicht verlernt hat, während er in den zweiten zunehmend seiner neueren großen Liebe huldigt, dem Gitarren-Synthesizer. Das tun Randy Roos und Steve Ruggery und andere auch; aber Jan, der vor Dekaden als Gitarrist der Gruppe »Focus« noch Klassisches mit populären Ausdrucksformen zu vermählen trachtete, hat sich seither immer für Grenzgänge interessiert und ist in ihnen ein sensibler, feinfühliger Virtuose geblieben, dem der Synthie offenkundig nichts weiter als die Einsamkeit des solistischen Langstreckenläufers ein wenig versüßen soll, mit impressionistisch-schönen Klanggeweben, über die er seine sehr klar formulierten, oft meditativ anmutenden Improvisationen legt. Sehr ruhig geworden scheint es dagegen um **Jerry Hahn** geworden zu sein. 1940 in Alma, Nebraska, geboren und in Wichita, Kansas, aufgewachsen, kommt Jerry aus einer gitarrefreundlichen Familie: Vater und Onkel spielten Steel Guitar. Schon als später Teen spielte Hahn in diversen Bands in Kansas noch Countrymusik, als er insbesondere durch den Westcoast-Jazz Barney Kessels angezogen wurde und so ins Jazzlager schwenkte. 1964 bekam er seine große Chance, bei John Handy, as, in dessen Gruppe er ein Jahr später beim Monterey Festival auftrat. Drei Jahre später war er ein Viertel der Gruppe von Gary Burton, mit dem er – als Larry Coryells unmittelbarer Burton-Vorgänger – ein knappes Jahr lang durch die Welt tourte. 1970 gründete er seine Jerry Hahn Brotherhood, weil sich damals alles »brotherhood« zu nennen pflegte, ohne daß das unbedingt immer funktionierte: Jerry wurde 1971 geschieden, geriet in »personal problems«, bekam aber im Jahr darauf den Stuhl eines Musik-Professors an der Wichita State University, machte *endorsement*[447] für Conn, schrieb Kolumnen für den *Guitar Player* und ward seitdem, i.e. den frühen 80er Jahren, verschollen. Gleichwohl: Seine LP *Jerry Hahn And His Quintet,*[448] 1967 mit Michael White, viol, Noel Jewkes, ts/fl, Ron McClure, b, und Jack DeJohnette aufgenommen, war eine erstklassige Platte, auf der früher als auf denen der anderen beispielsweise sitarähnliche Passagen – wie in dem wortspieligen Aufgangstitel »Are-Be-In«, der der Nachfolge-LP ihren Titel lieh[449] – und, im Zusammenspiel mit Drums und Violine, afrikanische Motive zu hören waren, frühe Formen einer Art »ethnischer Fusion«, die wohlgemerkt nach Hahns Zeit bei Burton entstand.

Von Tendenzen zur »ethnischen Fusion« mag man ebenso für **Eddy Marron** sprechen, einem unterschätzten Gitarristen mit einer Biographie, die so deutsch wie europäisch ist. Geboren wurde Eddy 1938 im mecklenburgischen Anklam in der Ex-DDR, aus der er 1952 schon nach Stuttgart gelangte, wo er als 17jähriger – also relativ spät, wenn man von Wes' extremer Spätzündung absieht – mit der Gitarre begann und alsbald in diversen Gruppen Tanzmusik spielte. Der 27jährige nahm an der Musikhochschule Heidelberg-Mannheim das Studium der klassischen Gitarre auf, beendete das drei Jahre später und arbeitete dann zunächst als E-*Bassist* im Jochen-Brauer-Sextett. In Mannheim gründete er 1971 seine eigene Musikschule und, 1973, in Darmstadt seine »Jazz-Werkstatt«. In jenem und dem folgenden Jahr nahm er mit der Gruppe »Dyzan« die beiden Alben *Time Machine* und *Electric Silence* auf, kam dann zu Hans Kollers Gruppe »Free Sound«, mit der er für MPS das Album *Für Marcel Duchamp* aufnahm. Zwischen 1976 und 1978 spielte Eddy dann mit Peter Giger und Günter Lenz, mit denen er wiederum zwei LPs aufnahm (*Beyond* und *Where The Hammer Hangs*). 1976 siedelte Marron nach Arnhem in Holland um, gründete dort sein eigenes Trio und unterrichtet Jazzgitarre an der Amsterdamer Musikhochschule. Marron absorbiert, mal auf E-, mal auf 12string-Gitarre, mal auf türkischer Saz so ziemlich alles zwischen Indien und Delta, verschmelzt mit Vorliebe Spanisches mit Mittelöstlichem und Blues mit Idiomen der zeitgenössischen E-Musik. *Eddy Marron Solo – Por Marco*[450] ist eine überraschende Alleinarbeit des Wahlschweizers, der hier zwar mit Overdubs arbeitet, aber damit ganz im geschmackvoll-akustischen Ambiente bleibt, mit wenig Ovation- und erstaunlich viel gediegenem Holzklang, mal ausgreifend jazzig, mal über simple zweisaitige Bluesriffs improvisierend, mal den Balkan, mal mit der Saz zumindest vom Klang her in sein Gitarrespiel den levantinischen Divan assoziierend – ein kultivierter Instrumentalist, von dem man allzugern mehr hören würde, gerade im akustischen Bereich, der sich für Synthesen Marronscher Art halt ohnehin mehr eignet, was ein **Rudi Dašek** (*1935) selbstredend alles auch weiß, nur daß der in den Duos mit Toto Blanke auf ganz andere Synthesen aus war, nachdem er unter anderem in den Dialogen etwa mit Stivin und vor allem mit seinem eigenen 1971er Album *jazz on six strings*[451] im Trio mit Vincenc Kummer, b, und Ivan Smazik, dr, längst bewiesen hatte, daß auch ihm der Jazz den Eisernen Vorhang porös gemacht hatte – porös genug jedenfalls, daß er einst nach seiner Arbeit in Karel Velebnys SH-Quartet und in Laco Deszis Cellula Quintet, während der er immer wieder seit 1964 in Prags Reduta Jazz Club mit Laco Tropp, dr, und dem nachmaligen Peterson-Sideman Jiri Mráz am Baß besten Trio-Jazz bot, als mobiles Inventar im verblichenen West-Berliner Blue Note an der »Potse« in Lou Bennetts Trio, mit Leo Wright, Benny Bailey, Carmell Jones und etlichen anderen bemerkenswerten Bop servierte – zu einer Zeit, wohlgemerkt, die – als das Blue Note 1965 schloß und einen am Zuhörerschwund deprimierten Attila Zoller endgültig außer Landes spülte – gitarristisch weiß Gott arm dran war. 1969 spielte Rudolf wieder daheim im Prager Radio Jazz Ochestra und in der Big Band von Václav Zahradnik, einem stilistischen Gemischtwarenladen (*Jazz goes to Beat, Interjazz*), der allerdings einem Gitarristen dort zu jener Vielseitigkeit, vor allem aber Sicherheit verhalf, die sich etwa in den Staaten die Ritenours in den Studios erklampfen müssen. Die erwähnte 71er LP trägt noch alle Spuren des Suchers, das zum Gitarrenduo overdubbte Anfangs-»Angel Eyes« ist, leider, genau das, was man unter Halb- und Vollprofis »Gegniedel« nennt, derweil Stücke wie Dašeks eigenes »One, Two, Free...« die kräftige Handschrift der Kessel oder Raney tragen: Dašek fehlt es – leider? – auch heute noch an der puren Kraft und Vitalität, ohne die Bop nun mal nicht denkbar ist, eher schon die kühle Introvertiertheit seiner Nachfahren, ohne daß Rudi irgendwelche Defizite hinter intellektueller Pose tarnen müßte. Die sanfte Ballade ist seine spezifische Stärke, und Toto Blanke weiß das auch ganz genau.

Philippe Caillat in Frankreich hat seit seinem Album *French Connection, Dirty Rats*[452] eine nicht minder interessante Entwicklung durchschritten, die nun – der Titel sagt's deutlich – zum *Melodic Travel* und , im Sommer 1992 auf der *fretless guitar*, zum *Stream of Time*[453] gediehen ist, zum Wissen statt zum Tasten, zur Solidbody-Reise durch ein breites Stilvokabular, das sich also nicht beschränkt auf die weitere Auslotung der Fusionmöglichkeiten, wie es seit kurzem sein Landsmann **Fabien Degryse** tut. Dieser Philippe ist nicht weniger, wenn auch auf andere, sagen wir, extrovertierte Weise ein Poet des Instruments als sein belgisch-britischer Namensvetter, und zumindest vom Klang her – er bevorzugt den Steg-Pickup – gehört er entschiedener ins Rocklager. Es sind Stücke auf der *Melodic Travel*-CD wie die »Paris Nostalgie«, mit denen Caillat dabei ist, sich in die vorderste Riege der französischen Gitarristen zu begeben: harmonisch gar nicht so furchtbar avantgardistisch, verknüpft er dennoch seine Akkorde zu eindringlichen Grundierungspassagen, die das Zeug zu Ohrwürmern haben, ohne daß man präzis über sie werden könnte; es sind jedenfalls *keine* abgefiedelten *bal-musette*-Klischeegänge, sondern eigentümlich hypnotisierende Anverwandlungen immer gleich mehrerer Motivräume: Die Exotik wohnt bei Caillat immer möbliert mit, ohne ruhestörenden Lärm zu verursachen. Und über ihr die gestochen klaren, oft scharfen, dann auch wieder hintreibenden, nie einfallslosen Einzeltonläufe, so gut wie nie schnell, nie heraushängerisch virtuos. Caillat will Expression, offenkundig nicht das handwerkliche Show-off, auch nicht auf dem Yamaha-MIDI-Gerät, das er geschmackvoll wie Akkerman einzusetzen weiß. Es ist unmöglich, von Caillat nicht gefesselt zu sein, auch wenn es zuweilen rätseln macht, »was für Musik« das da nun eigentlich sein soll. Im Zweifelsfalle soll es Caillat sein, bestens.

Scott Henderson gedeiht mehr und mehr nicht nur zu einem *guitarists' guitarist,*[454] sondern schlechthin zu so etwas wie einer Symbolfigur dessen, was

Scott (*1954) selbst nicht als »Fusion« bezeichnen möchte, sondern als *modern electric jazz*. »Mein Spiel verfügt nicht unbedingt über bahnbrechende Konzepte«, sagte er schon 1986.[455]

Meine Improvisationen entstammen dem Standardjazz- und -rockvokabular. Beim Outside-Spiel über einen einzigen Akkord beispielsweise experimentiere ich nur. Ich habe nun seit sieben Jahren Jazz gespielt, aber meine Wurzeln liegen im Rock. Ich habe den Eindruck, ich bin jetzt so ziemlich halbe-halbe gespalten. Die meisten Gitarristen, die sich selber als Jazzrock-Spieler bezeichnen, sind immer eines mehr als das andere. Ich sitze genau dazwischen. Ich könnte eine Jazzgitarre mit fettem Korpus nehmen und überzeugend über irgendwelche Standards beboppen, aber ich könnte genausogut eine Strat nehmen und ›hendrixen‹ und wie ein Rock'n'Roll-Spieler klingen. Ich habe beides gleichermaßen gemacht. Mike Stern ist genauso. Er kann die ganze Nacht beboppen und dann aus dem Stand richtig ausrocken.

Exemplarischer stellt sich keiner der jüngeren Gitarreros dar als Henderson, der mit 16 daheim in West Palm Beach, Florida, in lokalen Gruppen begann, dann drei Jahre lang an der Florida Atlantic University Musik im Hauptfach belegte, wo ihn der Unterricht von Bill Prince ganz besonders geprägt hat. 1980 siedelte er über nach L. A., der größeren professionellen Chancen wegen, und begab sich dort unter die pädagogischen Fittiche des GIP-Stars Joe Diorio, der ihn nach nur einem Jahr vom Schüler zum Lehrerkollegen machte. Durch den Bassisten Jeff Berlin gelangte er in dessen Gruppe Vox Humana, mit der er das Album *Champion* einspielte.[456] Noch von Florida aus hatte Scott ein Demoband an Jean-Luc Ponty gesandt, der sich wenige Jahre später, als Allan Holdsworth ihm Henderson empfahl, dessen erinnerte. Dann lud der Geiger ihn zu vier Tourneen und zu den Aufnahmen seines Albums *Fables* ein[457] – Scotts erste Erfahrung vor großem Publikum, dem er gleichwohl noch immer die intimeren Klubs vorzieht. Mittelweile war *Spears* erschienen, Hendersons eigenes Debütalbum, das ihn aus der notorischen Rolle des Sideman befreite,[458] in der er zu jener Zeit noch immer als Gitarrist der Chick Corea Elektric Band fungierte: »Was mich als Sideman für die Zukunft angeht, sehe ich eigentlich wenige Leute, für die ich die Arbeit in der eigenen Gruppe unterbrechen würde. Aber mit Joe Zawinul und Wayne Shorter würde ich trotzdem gerne spielen, weil sie jahrelang meine Favoriten waren.« *Spears* stellte ihn als Kopf seiner eigenen Gruppe Tribal Tech vor, mit Pat Coil, keyb (aber hauptsächlich Flügel), Gary Wills, b, Bob Sheppard, woodwinds, Steve Houghton, dr, und Brad Dutz, perc – einer Besetzung, die die Betonung des Perkussiven deutlich macht: Henderson hegt besondere Vorlieben für Steel Drums und ähnliche Schlaginstrumente und zieht das akustische Piano allemal dem Synth vor, den er hauptsächlich zur klanglichen Grundierung einsetzt, »um den Gesamtsound fetter zu machen«, wie er sagt. Der Gesamteindruck von *Spears* ist traditionelle Jazzinstrumentation und -harmonie plus Rockimprovisation, obschon Hendersons Gitarrensound – wie auf dem Paradestück »Caribbean« – von dem großen Sustain abgesehen eher rund, weniger höhenlastig ist, vibratorreich und mit Tremoloarm vor allem für negative Bendings und gelegentlichem Einsatz eines MXR-Pitch-Transposers gespielt, wobei seine Improvisationen nie mit allzu langen Phrasen gespickt sind (wie beispielsweise bei Al DiMeola), sondern allemal Zeit zum Luftholen bieten. »Ich habe mich nie als Gitarrenvirtuose gesehen«, sagt er. »Zwar habe ich in einem Trio gespielt, das ganz auf die Gitarre konzentriert war, aber im Grunde liebe ich große Besetzungen. Wenn ich mehr Bläser kriegen könnte, würde ich sie nehmen. Ich mag das Arrangieren auch viel mehr als das Komponieren. Wenn ich ein Stück geschrieben habe, kommt erst das richtige Vergnügen, nämlich das Überlegen, welches Instrument welche Linie übernehmen soll. Es macht mir einfach Spaß, die Parts zu notieren und sie dann von einer großen Gruppe realisiert zu bekommen. Ich habe auf dem College viele Bigband-Arrangements gemacht und hatte viel Spaß daran.«

Zwei Synthaxe-Erforscher

Apropos Jeff Berlin, a propos Ponty: Enter **Allan Holdsworth** (*1948), der Proteus der berühmten Synthaxe, der mit Strats und Charvel Strats begann und spielerisch dermaßen wenig Ähnlichkeit mit anderen Kollegen hatte, daß er, noch zu Sideman-Zeiten, schon als Begründer seiner eigenen Schule galt. Er hatte in der Tony Williams Lifetime (*Believe It*) gespielt, bei U.K. (*U.K.*), Gong (*Expresso, Gazeusel, Time Is The Key*), bei Jean-Luc-Ponty (*Enigmatic Ocean, Individual Choice*), Jack Bruce (*A Question Of Time*) und bei Soft Machine (*Bundles*), war immer weniger ein Rock- oder gar Jazzexponent denn vor allem anderen ein regelrechter Gitarren-*Freak* und heimste Lob ein von Steve Morse, Eddie van Halen und diversen anderen, bevor sein Name außerhalb Englands zum Begriff wurde. 1980 rief er dann endlich sein Trio I.O.U. ins Leben, damals noch mit Paul Carmichael, b, und Gary Husband, dr/p, das sich zuweilen mit Vokalist Paul Williams zum Quartett erweiterte. »Ein paar Jazz- und ein paar Rockelemente«, sagte Allan damals, »aber nichts allzu Kompliziertes« sollte I.O.U. charakterisieren. Aber diese Mischung schlug dennoch nicht ein. Nichtsdestotrotz versuchte das Trio 1982 sein Glück an der US-Westküste und legte sein Debütalbum im Selbstgang vor, auf I.O.U. Records, in Kalifornien, und Tom Mulhern nahm das zum Anlaß, das Spiel Holdsworths sehr anschaulich wie folgt zu beschreiben:

Sein Leadstil fällt sofort auf als schnell, flüssig, schwingend und absolut akkurat. Bei näherem Hören schälen sich enigmatische Melodien mit großen Intervallsprüngen und rhythmischen Synkopierungen und Mehrdeutigkeiten heraus. Handtremolos spielen in seinem Stil ebenfalls eine große Rolle, verleihen bestimmten Passagen schimmernden Glanz und vermitteln den Eindruck sowohl von Tiefe als auch Ursprünglichkeit sogar noch in schein-

Die Neuerer: Vom Bop zur Fusion

bar inkonsequent geführten Durchgangstönen, statt nur als Mittel für halbe Oktaven, große *bends* und quiekende Feedbacks zu dienen...

und weiter:

... komplexe, in den Stimmen eng geführte Akkordmelodien bargen ungewöhnliche harmonische Arrangements, die klangen, als stammten sie weder von der Gitarre noch vom Klavier her. Geisterhaft akkordische Schwellungen statt harsches Rhythmusgeschlage rahmten sie ein und geleiteten durch die Titel hindurch. Die Soli waren scharf fokussiert, die Rhythmusgruppe mit Husband und Carmichael pumpte wie eine kraftvolle Maschine, und Paul Williams' Gesang gab den Stücken ihre vertrauten Bezugspunkte.[459]

Hier ist das – übrigens von Rockstar Steve Vai gefertigte – Transkript seines 1984er Titels »Devil Take The Hindmost«:

Notenbeispiel 18: »Devil Take The Hindmost«, © Bloggs/Holdsworth/I.O.U. 1984

Mulhern schrieb das, wie gesagt, anno 1982; und noch selben Jahres fand das große Band-Revironment statt, das I.O.U. schließlich zum erhofften Durchbruch trieb: Husband und Carmichael gingen, und herein kamen Jeff Berlin

Zwei Synthaxe-Erforscher

Der Engländer Allan Holdsworth mit Synthaxe und Breath-Control zur Volumensteuerung. Ob man bei der SynthAxe noch von einer »Gitarre« reden kann, sei dahingestellt. Allan jedenfalls nutzt das Gerät als ein in Rock und Jazz gleichermaßen erfahrener Klangneuerer in erstaunlich harmonischer Einheit von Mensch und Maschine

und der Ex-Zappa-Trommler Chad Wackerman. Holdsworth löste seine Fenders durch Charvel-Strats ab, weil sich Grover Jackson, einer der dortigen Gitarrenbauer, in London von Allan beschwatzen ließ, andere als die handelsüblichen Hölzer zu verwenden und ihm – er mochte den Fender-Saitenabstand nicht – breitere Griffbretter zu bauen.

Drei Jahre später stieß Holdsworth während der Aufnahmen zu seiner LP *Metal Fatigue*[460] auf einen Freund mit einer – Synthaxe. Die interessierte ihn, »weil man so viele Sounds 'rausholen konnte. Aber es war hoffnungslos, was mich betraf, weil man buchstäblich alles, was man je über die Gitarre gelernt hatte, zum Fenster 'rauswerfen konnte.«[461]

Exkurs: Pars pro toto – die Synthaxe

Es dürfte nicht allzuweit hergeholt sein, wenn man sagt, die moderne Gitarren*technologie*– und so muß man sie hier nennen – sei auf dem besten Wege, ihre klavieristischen Sehnsüchte dann voll befriedigt zu haben, wenn die digital erzeugten Hüllkurven Töne hervorzubringen vermögen, die den Schwingungen des Klaviers exakt entsprechen. Ganz soweit sind die Elektroniktüftler noch nicht. Andererseits weiß jede(r), der/die je Pat Metheny und/oder John McLaughlin hat elektrisch spielen hören, daß mit Hilfe geheimnisvoll anmutender Gerätschaften vor, hinter und neben den Gitarristen das Klang- und Effektspektrum der Gitarre ganz enorm erweitert wurde. Das Geheimnis liegt zum Gutteil verborgen in dem Begriff der MIDI-Technologie, die nichts mit Rockklängen zu schaffen hat, sondern auf die Langform des *musical instrument digital interface* zurückgeht, die berühmte »Schnittstelle« zwischen dem Instrument und dem Computer, wenn man es sehr versimpelt sagen darf. Computer, das können sein: unglaublich raffinierte und meist unglaublich teure Einrichtungen wie das Synclavier, Kamans GTM6 oder IVL Pitchrider 7000, Yamahas G10 MIDI Controler oder der Zeta GC 660 Guitar Controler, der K-Muse Photon oder Rolands populäre GR-300, GR-100 und GR-33B auf der Seite der sogenannten *controlers*; es können aber auch Controller-kompatible Instrumente sein: eine spezielle Variante der Les Paul etwa, die Gibson Explorer, Rolands G-303 und G-505, die Hamer A7 Phantom, der Zion Turbo Synth, der Blackknife Special Synth Controller von Modulus Graphite und Steinbergers seltsam »kopflos« dreinschauende GL2T-GR unter den Gitarren; oder das sind Rolands (wiederum von Fuji Gen-Gakki gefertigter) kurzlebiger GR700 Synthesizer bzw die G707 Guitar[461a]): Solche Geräte bestimmen diese Neuklang-Welten, zu denen als der teuerste MIDI-Controller eben auch die sogenannte Synthaxe aus England gehört – ein Kompositum aus »Synthesizer« und »Axe« für Gitarre.

Exkurs: Pars pro toto – die Synthaxe

Der schaut noch weit futuristischer, sprich: ungitarristischer aus als Rolands GR707 oder Stepps kastenförmiger DG-1-Gitarrensynthesizer, fast so, als hätte ein besäuselter Pablo Picasso seine Motivvorlage aus dem Sperrmüll geklaubt – vgl. das Foto von Allan Holdsworth auf Seite 293. Er ist indes ein veritables Wunderding, zu dem noch eine komplizierte Prozessor-Konsole und ein sogenanntes Step-On Automation System gehören. Die Synthaxe unterscheidet sich von sämtlichen anderen Controllern dadurch, daß sie nicht entwickelt wurde, um MIDI-Signale als *Ergänzung* zum herkömmlichen Gitarrenklang zu erzeugen, sondern einzig und allein, um MIDI-Information zu produzieren. Die nur noch entfernt an eine Gitarre gemahnende Kontrolleinheit besteht aus einem Fiberglasgehäuse und einem speziell verstärkten Hals mit fast gleichen Bundtiefen, dessen Innenleben aus elektronischen Schaltungen besteht und über dem einer von zwei Saitensätzen verläuft. Diese sechs Saiten, mit der linken Hand bedient, dienen lediglich der Erzeugung von Kontakten, die dem Computer mitteilen, welche Tonhöhen gespielt werden sollen, so daß es im Prinzip egal ist, was für Saiten das sind. Der Hals ist, nimmt man den zweiten Satz kürzerer, über ein Teilstück des kleinen Korpus verlaufender Saiten, angewinkelt. Die kürzeren Korpussaiten für die rechte, die Spielhand, definieren jeweils Note-on-, Note-off-, Schnelligkeits- und Lautstärke-Parameter. Außerdem weist die Synthaxe am einzigen einigermaßen als solchem erkennbaren Oberbügel (d. i. d. Schulter) sechs plus zwei plus eine *Tasten* auf, deren erste sechs klavierähnlich mit der rechten Hand »gespielt« werden: mit ihnen können die sechs rechten Saiten ge»triggert« werden. Die beiden breiteren Tasten darüber triggern wahlweise die drei oberen oder unteren Saiten, während die etwas versetzte Einzeltaste alle sechs dieser Saiten zugleich aktivieren kann. Wie auf Synthesizern reagieren alle diese Tasten anschlagsensitiv: Je stärker man sie drückt, desto mehr Volumen bringen sie hervor. Ein Tremoloarm erzeugt auf elektronischem Wege ähnliche Effekte wie der mechanische *whammy bar* auf herkömmlichen Instrumenten. Außerdem gibt es oberhalb der sechs Tasten *und* unterhalb der kurzen Korpussaiten je einen Trigger, die das »Spiel« nur mit der linken Hand ermöglichen, etwa wenn der Spieler mit beiden Händen greifen oder nur Hammer-Ons spielen möchte. Dazugehörige Hard- und Software ermöglichen Memoryspeicherungen von bis zu zwölf Stücken pro Set sowie 18 Programmänderungen pro Stück, die Kontrolle von gleichzeitig bis zu acht Synthesizern, die Speicherung von offenen Stimmungen, aber auch das elektronische *Kapodieren* von Saiten: Der Computer kann veranlaßt werden, einen bestimmten Barré-Griff so zu speichern, daß er hernach durch einfaches Anschlagen nur einer offenen Saite wiederholt werden kann. Last, not least kann der Spieler über ein Hold-Pedal einen Ton nach Belieben lange halten, um über ihm weiterzuspielen.

Als ich anfing, die Synthaxe zu spielen, war es erst mal ein bißchen schwierig. Ich wußte, ich *wollte* das tun, aber es fiel mir schwer, meine eigene Persönlichkeit damit auszudrücken, und jetzt habe ich sie dort, wo es sehr viel besser geht. Ich kenne die Grenzen des Instruments. Ich habe das Synthetisieren sehr viel besser begriffen, und ich habe den Eindruck, versucht zu haben, mehr eine Stimme herauszuholen, so daß der Musiker durch das Instrument hindurch wahrnehmbar wird. Ich will damit nicht sagen, daß es schon soweit wäre, aber es ist näher dran. Das ganze ist eine Lernerfahrung.[462]

Vier Jahre zuvor, 1986, sagte Allan: »In vielerlei Hinsicht ist die Synthaxe ein Quantensprung über die Gitarre hinaus. Jeder Musiker kann was anderes in ihr finden, und das Instrument an sich ist nicht mehr von Moden abhängig, weil es nicht *pitch-to-voltage* benutzt; und wenn man neue Sounds will, dann muß man nichts weiter tun, als den Synthesizer, mit dem sie verbunden ist, zu verändern oder auszutauschen.«[463] Nun, sehr wahrscheinlich ist dieser Engländer der passionierteste aller Technikfreaks, der selbst ständig nach Modifikationen und Erweiterungen seines Gerätes forscht und tatsächlich 1989 mit seinem Album *Secrets*[464] ein epochemachendes Werk vorgelegt hat, acht Stücke, von denen die Hälfte aus seiner, die andere aus der Feder seiner Gruppenpartner stammen. Drei Stücke sind Synthaxe-Titel, und soweit man das beurteilen kann, hat Holdsworth die technische Herausforderung bravourös gemeistert, mit tatsächlich vorrangig einzeltonalem Spiel auch auf der Gitarre. Die Klänge, die er erzeugt, ziehen unvermittelt in Bann, ersticken jede Skepsis in bezug auf das Nicht-mehr-Gitarristische der Synthaxe – sphärisch, wie irgend etwas zwischen verstärktem Akkordeon und Violine, sehr virtuos, sehr klar artikuliert, dadurch »verstehbare« Klänge, die synthetisch wirken und es dann doch auch wieder nicht tun, voller, lebendiger als die beispielsweise von Metheny erzeugten mit seiner Roland G-303/Synclavier-Modifikation, die eher den kürzer währenden »Knalleffekt«, den Coup, den Gag zuläßt, gepreßter, komprimierter anmutet. Und gewiß sollte da im Vordergrund bleiben, daß Holdsworth, obwohl er es mit einem »neuen« Instrument zu tun hat, dennoch immer gitarristisch bleibt – ein enorm inventiver Stilist, der dermaßen abenteuerliche Intervalle improvisiert, daß das Akkordische sozusagen im Ohr des Hörers assoziiert, also nirgends vermißt wird.

»Die Synthaxe ist großartig zum Komponieren geeignet«, sagt ein anderer Adept des neuen, schwierigen Mediums, der 1952 geborene **Lee Ritenour**:

Wenn man mit einem Synthesizer schreibt, dann arbeitet man einfach ganz anders. Bis vor kurzem benutzten wir mit Vorliebe ein Keyboard zum Komponieren, nur, wenn man nicht richtig Keyboard spielen konnte, war man aufgeschmissen... Gitarristen waren, was Sequenzer und Synthies anging, immer im Nachteil. Jetzt, wenn ich meine Synthaxe mit einem Roland MSQ, einem Yamaha QX1 oder einem Linn 9000 Sequencer benutze, kann ich eine tolle Baßlinie schreiben, die ich mit einem normalen Keyboard nie hätte spielen können...[465]

Ritenour kommt aus dem kalifornischen Palos Verdes, wo er als Achtjähriger regulären Unterricht bekam und in der Folge ein Dutzend Lehrer verschliß, bis er an **Duke Miller** geriet, einen ehemaligen L.A.-Studio-Profi, der das Gitarrenprogramm der University of Southern California (USC) mitbetreute. Da war Lee zwölf, hatte bereits eine R'n'R-Gruppe und einen Sitz in einer Jazz-Bigband und war allen Anzeichen nach rundherum das, was man ein Wunderkind nennt: Mit 16 Profi, Privatschüler des klassischen US-Maestros Christopher Parkening an der USC, Stunden bei Howard Roberts und Joe Pass, 1968/69 erste Studio-Jobs, 1972 der erste selbstkomponierte TV-Soundtrack, 1973 mit Sergio Mendes in Japan, im selben Jahr mit eigener Jazzgruppe im Donte's und Übernahme des Lehrstuhls für Klassik-Hauptfächer an der USC nach dem Tode seines Mentors Jack Marshall, 1974 schon an die 20 bis 25 Studio-Aufträge pro Woche, Teaming-up mit Dave Grusin und ständig ausverkaufte, überfüllte Dienstagnächte im Baked Potato, Monterey Jazz Fest 1974 beim »Guitar Summit« mit Jim Hall, Mundell Lowe, Joe Pass und Michael Howell, 1975 Concord Jazz Festival mit dem eigenen Quintett inkl. Grusin, 1976 – nach bereits *Hunderten* von LPs als Studio-Sideman (Barbra Streisand, Earl Klugh, Carly Simon, Steely Dan, Four Tops, Benson, Ray Charles, Leo Sayer, Stanley Turrentine, Peggy Lee, Lena Horne, Tony Bennett usf.) und Gitarrenparts in solchen Straßenfegern wie »Saturday Night Fever«, »Grease«, aber auch den TV-»Roots« – die erste LP unter eigenem Namen, *First Course*,[466)] gefolgt von *Captain Fingers*,[467)] die japanischen Direct-to-Discs *Gentle Thoughts* und *Sugar Loaf Express* bis hin zu *Lee Ritenour & Friendship*[468)] – eine Wunderkind-Karriere? Wie auch immer: Ritenour beherrscht das *Metier* aus dem ff, er ist ein »Fall« ähnlich wie Larry Carlton, dabei freilich – dies ist ein subjektiver Eindruck – bei aller technischer Finesse seltsam blaß als musikalische Persönlichkeit, immer ein wenig konturenlos und vielleicht auch das Opfer des Studio-Milieus, aus dem ihn manche eben assoziativ noch immer nicht entlassen haben, *ego auctor* eingeschlossen. Ich habe ihn hier lediglich im Zusammenhang mit der Synthaxe der Ordnung halber mit aufgeführt, sozusagen als *den* amerikanischen Protagonisten dieser im wesentlichen englischen Erfindung...

Zwei (?) Brückenschläger zur Avantgarde

»Es ist tiefe Emotion und Aufrichtigkeit in Sonnys Musik. Sein Spiel erlangt zeitweilig eine Proportion, die stark geprägt ist von großer spiritueller Qualität, und ich halte ihn für eine wirklich rare Begabung. Ihn spielen zu sehen, ist ein erheiternd-anregendes Erlebnis, und seine musikalischen Aussagen haben allesamt Hand und Fuß«,[469)] schrieb Barney Kessel über **Sonny Greenwich**, den Kanadier aus Hamilton, Ontario, der in der Nähe von Montreal lebt und, beispielsweise mit seinem 1987er Album *Bird of Paradise*,[470)] seinem Ruf als der wohl Coltrane-eskeste E-Gitarrist überhaupt unverkennbar gerecht wurde; niemand wie Greenwich hat Coltrane so unmißverständlich auf sein Instrument übertragen, und das betrifft nicht nur die technische Virtuosität seiner Läufe, sondern auch sein harmonisch-strukturelles Konzept, das just in der Demontage desselben besteht, zumindest in den Up-Tempo-Stücken. Als Balladier ist Sonny, der auch dann noch einen sehr elektrischen »Paulschen« Ton schätzt, roh, ungeschliffen, aggressiv, provokativ und ständig auf das Erreichen höchster Spannungsbögen aus, gewiß eine Spielweise, die er Ende der 60er Jahre in der Gruppe des Altisten John Handy vervollkommnet hat. Nach Handy zog es ihn allerdings wieder über die Grenze nach Norden, wo er langezeit meist zurückgezogen lebte, wenig spielte und wenig aufnahm, was er auch bis heute mit Zurückhaltung praktiziert.

Nennt man Sonny, konnte früher eigentlich **Phil Upchurch** (*1941) nicht weit sein, heute ein kommerziell schlichtweg verhunztes, potentiell aber breiteres Stil-Komplementär des Kanadiers, das mit 12 Jahren auf einer von Daddy geschenkten Ukulele den ersten Saitenzauber erfuhr. Ein Jahr später konvertierte Phil zur Gitarre, blieb Autodidakt auf Gitarre und E-Baß und bekam seinen ersten Job in der Band eines Soulsängers namens D. Clark, dann mit den Spaniels und den Dells – Rhythm & Blues. 1961 hatte er einen Charts-Hit mit dem Eigenwerk »You Can't Sit Down«. Danach die Kettenreaktion: Auftritte im Chicagoer Raum und erste Jobs im Studio, u. a. mit Dizzy Gillespie, Ramsey Lewis und Stan Getz. Mitte der 60er Jahre wurde er eingezogen und in Westdeutschland stationiert, wo er keine Gelegenheit ausließ, in diversen Jazzgruppen weiterzuspielen. 1967 wieder zurück in Chicago, boten sich ihm sofort wieder Spielchancen, u. a. mit Grover Washington und Cannonball Adderley. 1970 unternahm er gemeinsam mit Ramsey Lewis seine erste US-Tournee, nachdem er gemeinsam mit George Benson dessen Riesenerfolge *Breezin'* und *Weekend in L. A.* produziert hatte, ließ sich im Folgejahr eine Zeitlang in Kalifornien nieder, wo er bei Quincy Jones arbeitete, mit dem er 1972 auf Japan-Tournee ging. Mitte der 70er kehrte er nach Chicago zurück, wo er emsig seinen guten Ruf mehrte als vergleichsweise vielseitiger Gitarrist zwischen modernem Jazz, Rhythm & Blues und Studioarbeit, unter anderem mit Muddy Waters, durch Quincy Jones eher zufällig auch mit Michael Jackson oder auch mit Leon Russell. Früher geprägt von B. B. King, Chuck Berry und Muddy Waters, hörte er aus Kenny Burrells Musik eine bestimmte Art des »*funky approach*« im Jazz heraus (*sic!*), den er fortan verstärkt in seine eigene Musik einzubringen gedachte. Wie er das meinte, wurde freilich auf jeder Platte deutlicher und hat sozusagen ihren – für ihn erreichbaren – Kulminationspunkt auf seiner bislang jüngsten Platte erreicht, die denn auch *All I Want* heißt und in Combo-Besetzungen[471] dem Burrell'schen Anschlag, der Wes-Oktave, aber auch der gemäßigten Funk-Idee huldigt, die er nur meinen konnte, hart am kommerziellen, am Pop-Touch vorbei, herkömmliches und MIDI-Gerät dabei aber stets geschmackvoll nutzend als ein beharrlicher Pendler zwischen L-5-Traditionalismen und Solidbody-Innovation, auch in Tonfärbung und Phrasierung, dabei oft fast von Hallscher Sensibilität, wenn man genauer hinhört. Man müßte, wollte man stellenwertmäßig noch präziser sein, eigentlich eine Trias bilden: Greenwich, Upchurch, Sharrock, wäre Letzterer nur nicht dermaßen kompromißlos und blenderisch aggressiv – eine Art schwarzes Pendant zu einem Dreieck aus Frisell (oder Scofield), McLaughlin und Metheny, wobei Upchurch ganz gewiß der in der Wolle gefärbte Kompromißler bleibt, der er von Anfang an war.

Auf dem Weg zu einem neuen Mainstream?

»Es gibt mehr Gitarristen heutzutage, also ist ein irgendwie ähnlicher Sound eigentlich nur natürlich, egal, wo sie ihre Schulung herhaben. Man muß dranbleiben; die eigene Stimme zu finden, erfordert Durchhaltevermögen.« Also sprach einer, der es wissen muß, Mike Stern nämlich,[472] und das war eine Replik auf John Scofields Statement im britischen *Guitarist*, die Musikschulen, egal, welchen Renommees, brächten nur noch Spieler hervor, die allesamt so gut wie gleich klängen – ein herber Gedanke, an dem trotz der Stern'schen Entgegnung eine ganze Menge dran ist. Da gibt es beispielsweise so etwas wie eine – kürzlich immerhin vom *Guitar Player* zur solchen erklärte – funkelnagelneue »Schule« durchweg junger Gitarristen um die 30, denen unschwer anzuhören ist, daß sie, wenn schon, denn schon, stilistisch zurückzuführen sind auf einen einzigen, Stern nämlich. Nimmt man sie also, wenn schon nicht als »Schule«, wenigstens als einen losen Verbund Gleichgesinnter, dann muß man dem zuallererst den vielversprechendsten **Wayne Krantz** (*Signals*[473]) und den ihm ebenbürtigen **Mitch Watkins** (*Underneath It All*[474]) dazu zählen, der unlängst gar bei dem Pianisten Friedrich Gulda assistierte, dann den Steps-Ahead-Mann **Jimi Tunnell**, **Jon Herington** und **Cary Denigris**, aber auch **Nels Cline** (*Angelica, Silencer*[475]). Zu dieser Richtung gehört ebenfalls die Münchener Schauspielerin, Pianistin, Tom-van-der-Geld-Kompositionsschülerin und Berklee-Absolventin **Leni Stern** (*Secrets*[476]), auf die an der Talentschmiede Bill Frisell, Mike Stern und Paul Motian, dr, aufmerksam wurden. Fachmagazine wie *Jazzis, Down Beat*, Englands *Guitar* und *Musician* loben Leni seit 1987 (»a writer of strong lines«), und zweimal plazierten die *Billboard*-Charts sie bereits unter den Top Ten im Fach »Contemporary Jazz«. Auch den Israeli Mordy Ferber (*All The Way To Sendai*[477]) wird man dazuzählen und, wenn man unbedingt will, noch **Atilla László** durch sein Spiel bei Tony Latakos' Things (*Blues for the last punk*[478]). Damit ist wenig gewonnen außer ein bißchen Statistik. Aber bei ihnen greift Scofields Befürchtung: Von Watkins bis Ferber bricht sich ein Stil Bahn, der schlechtestenfalls als *Absenz* individuellen Stils, bestenfalls als Cluster verschiedener *Anfänge* in Richtung auf ein neues, greifbares, d. h. substanziel-

Die Neuerer: Vom Bop zur Fusion

les Idiom verstanden werden kann. Bislang allerdings tut sich da relativ wenig. Es wird gespielt, was die Scofields und Frisells natürlich Jahre früher vorgespielt haben, ein bißchen inflationär in Sachen Fusion, einem Begriff, der mittlerweile zur Hohlform zu verkommen scheint und sehr wahrscheinlich Rockrhythmen mit jazznahen Changes meint, über denen zum Teil technisch fragwürdige (die frühere Leni Stern), zum Teil handwerklich makellose (Krantz, Watkins) Linien gespielt werden, in einem Rahmenkonzept freilich, das *organisch* wenig zu bieten hat: Ideen-Nuclei, mehrheitlich bar des wieder so notwendigen Gefühls – Musik, die aus der Schule kommt, hinübergerettet wurde, Musik-ohne-Eigenschaften. Das mag, vom Grünen Tisch aus, anmaßend klingen, ist aber als Differenzierung angesichts der Flut an Gitarristen dieses Genres unumgänglich. Hier Spreu, da Weizen, Denkmalsstürze, Ikonoklasmen inbegriffen.

Hier aber die Rezension einer CD aus *Jam Session* vom 2. September 91:

Diese Platte ist gewiß keine von denen, die ich »Mainstream Jazz« nennen würde. Sie ist indes eine großartige Repräsentation dessen, was ich »zeitgenössische Jazz-Fusion« nennen würde. Das ist nicht einfach eine Ehe zwischen Rock und Jazz, sondern eine subtile Überblendung von Popstilisierungen, Latin-Rhythmen und moderner Instrumentation. Es ist vergnüglich, sich solcher Musik auszusetzen, egal, welches Etikett man solcher Musik anheftet... Die meisten dieser Musiker waren mir nicht vertraut, und doch war ich beeindruckt, wie gut sie als moderne Rhythmussektion zusammengearbeitet haben. Die Interaktion erinnerte mich an einige der Grammy-Gewinner-Platten Pat Methenys...
 Dies ist große Musik, nicht nur für die 90er Jahre, sondern auf Jahrzehnte hin. Es ist vielleicht nicht »Jazz« im traditionellen Sinn, ich bin aber sicher, daß jeder Fan die Vorträge schätzen wird, die Kompositionen und, vor allem, die Interaktion zwischen den Musikern, die für mich genau das ist, worum es im Jazz nun mal geht.

Gut gebrüllt, Dave McWhorter. Gemeint sind der bislang recht unbekannte **Chuck Loeb** (*1955) und sein neues Album *Balance*,[479] ein »Highlight« für jene Szene, der dieser junge Mann aus Nyack, New York, wohl ohnehin nicht zugehören wollte. Mit elf fing er das Gitarrespielen an, mit sechzehn hatte ihn der Jazz am Wickel, und darum begab er sich zum Unterricht nach Philadelphia bei Dennis Sandole, jenem legendären Improvisations-Lehrmeister, bei dem schon John Coltrane und später Pat Martino ihr Handwerk erlernt hatten – beste Referenz. Sandole reichte dann den Jungen weiter nach New York, direkt an Jim Hall, der – unüberhörbar – die markantesten Geschmacks- und Tongestaltungsspuren bei Chuck hinterlassen hat. Nicht genug damit, ging Loeb auch noch zu Pat Martino, Joe Puma und Pat Metheny in private Master Classes, studierte dann auch noch am Berklee College bei Alex Adrian und versenkte sich zusätzlich ins Studium der *Jazzgeschichte*. Und die bedeutete für ihn: Christian, Reinhardt, Coltrane, Tyner, Corea, Hancock, Jarrett und Miles Davis. Die Lust, selbst zu spielen, überwog dann schließlich und endlich doch, er zog retour in den Apple und spielte erstmal sechs Jahre lang Jazz und, der Green-

Auf dem Weg zu einem neuen Mainstream?

backs wegen, Kommerzjobs. Chico Hamilton, Hubert Laws, Joe Farrell säumten seinen Weg (auch durch die Studios), und zwei Jahre lang spielte er bei Stan Getz, fungierte als dessen musikalischer Leiter, komponierte, arrangierte und tourte mit dem Saxguru. In Spanien lernte er seine nachmalige Frau, die feinstimmige Sängerin Carmen Cuesta, kennen, Getz fungierte später als Trauzeuge. Dann folgten ergiebige Studiojahre; 1985 ging er zu Steps Ahead, und mit dieser Gruppe gelangte er auch nach Europa und Japan, wo er seine erste eigene Platte aufnahm, gefolgt vom fälligen US-Debüt *Magic Fingers*, dann *Life Colors* und nun *Balance*.[479] Loeb präsentiert auf dieser überaus farbigen Platte in elf Titeln immer wieder denkwürdige Überraschungen, sei es durch die unterschiedlichen Besetzungen, die Auswahl der Stücke (darunter »Eternal Flame«, ein Bangles-Werk, das Loeb aufgrund seiner »interessanten Akkordchanges« wählte!) oder durch das immer wieder erstaunlich organische Mit- und Ineinander seines durchaus traditionellen, wunderschönen Jazzklangs (Hall, Breakstone) mit äußerst geschmackvoll, also: moderat eingesetztem modernen Synthesizer-Instrumentarium: Selten gingen Tradition und Moderne so weich, so glücklich zusammen, schienen sie so zwangsläufig, so untrennbar verbunden; selten in letzter Zeit kam Jazz so zeitlos daher, so kommunikabel und zugleich konzessionslos, so elegant auch, so kultiviert – ein fast durchweg sanftes, oft gar betörendes Hörvergnügen, ein Gitarrist, der ganz offenkundig nirgends auf »Trends« gesetzt und mit denen all seine »Persönlichkeit« nicht zugebaut hat – klug, ökonomisch, schön, jenseits aller Ismen. Er spielt zwar näher bei Breakstone und Whitfield, aber er ist doch Loeb und sonst gar nichts.

Wie gesagt, **Mike Stern** *ante portas*, nicht bei ihm, wohl aber der Watkins/Krantz-»Schule«, ein wirklicher Trend*setter*, kein Draufsattler unter Eklektiker-Legionen. Der derzeitige Star in der Reunion Band der Brecker Brothers ist vom Jahrgang 1953, kommt aus Boston, wo man bekanntlich rund um die Uhr über zukunftsträchtige Gitarristen stolpern kann, und wuchs in Washington, D.C., auf, wo er als Zwölfjähriger mit der Gitarre begann, schon bald in Garagen-Bands jammte und vor allem Hendrix, Clapton und B. B. King lauschte. An deren Stelle traten bald neue Idole, Hall, Wes, Coltrane, Miles, und 1971 schrieb auch er sich daheim am Berklee College ein – als Schüler von Pat Metheny und Mick Goodrick. Wenige Jahre später vermittelte Pat ihm ein Vorspiel bei Blood Sweat & Tears, bei denen damals noch Jaco Pastorius den Baß klampfte, woraufhin die Gruppe ihn nahm. Mike blieb zwei Jahre und setzte währenddessen seine Studien bei Charlie Banacos fort. Er kehrte in seine Heimatstadt zurück und tat sich für eine Weile mit Billy Cobham zusammen, längst in New York und Boston gelobt als *der* Geheimtip: Götterdämmerung; der neue Star der Jazzgitarre war auf seinem Weg. Und der führte ihn Anfang und dann nochmal Mitte der 80er zu Miles Davis.[480] »Miles hat nur eine Bemerkung gemacht dazu, was wir machen sollen, wenn wir *comping* spielen«, hatte John Scofield,

Die Neuerer: Vom Bop zur Fusion

der zuerst ebenfalls noch bei Miles war, berichtet: »Ich soll Singlenotes spielen, und Mike soll Akkorde spielen. Mehr hat er nicht gesagt, außer daß die Musik irgendwie *free* sein soll.«[481] Dann spielte er mit Pastorius, in Steps Ahead und mit David Sanborn und dann in dem wunderbaren Trio mit Harvie Swartz und Adam Nussbaum.[482] Stern, dessen Lieblingsinstrument eine betagte Telecaster mit Broadcaster-Hals ist, gilt als eher schüchterner Mensch, auch heute noch, aber auch als ein Innenarbeiter, der – alles noch in den 80er Jahren – bravourös seine Drogenprobleme, aber auch die gewisse, wohl beinah zwangsläufige Eindimensionalität des Spiels bei Davis hinter sich gelassen hat, seit er Mitte der 80er Jahre sein erstes Major-Label-Album (nach dem japanischen *Neesh* auf dem winzigen Trio-Label) vorgelegt hat, *Upside Downside*.[483] Und im Zusammenhang mit diesem Album hat Mike dann 1987 auch gleich so etwas wie eine ganze »Poetik« formuliert, als er sagte:

Zum Beispiel fange ich in ›Exquinox‹ mit ganz normalem Klang an und schalte erst danach die Boss *distortion unit* ein, die der Sache einen fließenderen, bläserhaften Ausdruck gibt. Darauf bin ich aus, mit oder ohne Effekte... Ich benutze die Verzerrung nicht für Standards, nur manchmal ziehe ich die Saiten und bekomme mehr *sustain*. Es kann sein, daß ich dabei in das hineingerate, was die Leute unter einem rockigen Klang verstehen, aber dabei spiele ich trotzdem Jazzlinien. Es ist, als würde man Pat Methenys Spiel mit Jim Halls vergleichen; Pat spielt Jazz, aber er bekommt einen fetteren Sound. Wenn technologischer Fortschritt in die Lage versetzt, einen besseren Sound zu kriegen, dann kann man ihn unmöglich ignorieren. Was nicht heißen soll, daß Jim Hall nicht einen herrlichen Sound hätte – womit das eben nicht für jeden zutreffen muß... In bestimmter Weise wollte er [Miles] mein Spiel verändern, wo ich es entweder nicht konnte oder wollte. Einmal sagte er mir, ich solle keinen Bebop spielen, und das wollte ich auch sowieso nicht. Aber den größten Teil der Zeit über, die ich bei ihm spielte, war er äußerst offen und ließ mich tun, was ich wollte...[484]

Deutlicher freilich als auf seiner 1991er Platte *Odds Or Evens*[485] kann auch ein Mike Stern nicht demonstrieren, was es bedeuten kann, Einflüsse zu verarbeiten, um durch Synthesen mit ausgeprägter eigener Spieler- und, vor allem, Musikerpersönlichkeit zu wirklich Neuem zu kommen. Die gestrenge Miles-Davis-Aufforderung, »entweder aufzudrehen wie Jimi Hendrix oder gar nicht mehr zu kommen«, hatte er abgelehnt, auch schon ein Indiz, und war geblieben, auch ohne Scofield. Sterns Sound *ist* natürlich elektrisch, aber dabei deutlich definiert, groß, voll, dem Rock zwar nahe, aber dennoch nicht einseitig; seine Improvisation erinnert nicht oft, wenn, dann aber deutlich sowohl an Metheny wie auch Martino, doch ist die Aussagekraft seiner Themen und seiner Chorusse überaus individuell, überaus kraftvoll, ohne je zu überziehen, eine Reihung durchweg »überzeugender Argumente«, hochmusikalischer, inventiver Statements, zwar auch praktisch exklusiv linear, aber fesselnd, nie im zu Erwartenden dümpelnd, treibend, nie nur entweder aufwärts oder abwärts tendierend, sondern gekennzeichnet von Intervallen, die selten »auf der Hand« liegen, hier ähnlich wie Scofield, aber gebundener, organischer, nicht so destruktiv in der Intention, sondern ständig fließend, lang und doch nie außer Atem geratend, kurzum: meisterlich und sehr deutlich im Jazz verwurzelt: Ein Stück wie das zweite der Platte, »C. D.«, könnte ohne weiteres zum Schrittmacher eines vollkommen entrümpelten, glänzend und hell renovierten Bebop oder gar Hardbop durchgehen, ein Kraftakt im Notat wie in der Umsetzung.

Scott Henderson, Mike Stern und...

Das renovierte Pantheon

... ja, die »vier M«, Lehrer, Epochemacher, Galionsfiguren, Doyens des neueren und neuen Gitarrenjazz. Der erste ist Al DiMeola, ein Mann, der hierzulande unter Insidern immer mal wieder zu »ALDI« Meola wird, nicht unzutreffend in gewisser Weise: Ernst zu nehmende Gitarristen sehen in ihm nicht ohne Bedauern den Mann, der zum Opfer seiner immensen Schnelligkeit geworden ist – einen brillanten Techniker also und nicht sehr viel mehr. Hier ein Auszug aus meinem Interview mit John McLaughlin:

Eine Frage, die du vielleicht nicht beantworten wirst, die mich aber seit Jahren außerordentlich interessiert... Ich möchte einfach endlich etwas darüber hören. Was war der tatsächliche Grund für Coryells Ausstieg aus dem Trio? Hatte der mit seinem damaligen Trinken zu tun, oder was war es? Ich denke an das Video Meeting Of The Spirit *mit euch dreien, und natürlich sind da Unterschiede zum Trio mit DiMeola zu bemerken. Warum kam DiMeola 'rein?*

Ich hätte es sehr gerne gehabt, wenn Larry geblieben wäre. Aber es waren schon diese gesundheitlichen Probleme zu jener Zeit.

Was die Amerikaner immer so schön mit »personal problems« umschreiben. Aber die hat er ja weiß Gott besiegt.

Absolut, absolut. Er ist... er ist wirklich eine so liebe Seele. Nein, wirklich: Ich hätte ihn sehr, sehr gern weiter im Trio gehabt. Andererseits hat das Trio mit DiMeola ja auch nur zwei Jahre lang bestanden.

Zwei LPs lang. Irgendwelche Pläne, das mal wieder aufleben zu lassen?

Nein, ich glaube eigentlich nicht. Paco und ich, wir haben ja sehr viel zusammen gemacht. Es war übrigens Paco gewesen, der auf mich zukam und meinte, wir sollten DiMeola 'reinnehmen.

Was war denn deiner Ansicht nach der stilistische Hauptunterschied zwischen DiMeola und Coryell?

Tja – Al DiMeola spielt sehr schnell...

Sehr präzise dabei.

Ja, aber Larry ist ein großartiger *Musiker*, und er kennt sich in Harmonien, in Akkorden aus, und er kann auf die gleichen Traditionen wie ich zurückgreifen. Er ist sehr ... sehr musikalisch, sehr musikalisch.[486]

Die Neuerer: Vom Bop zur Fusion

Das ist beredt genug, bei aller diskreten Lakonik McLaughlins. Aber es beschreibt den Sachverhalt treffend: Al DiMeola (*1954) ist ein unübertrefflicher Techniker, aber auch ein Mann, der in der Musikgestaltung und anderswo gern in Quantitäten denkt:

> Ich habe die Erfahrung gemacht, daß ich die schwierigste Musik spielen kann, die mir unterkommt und daß die dann von einem weit größeren Publikum angenommen wird, als ich mir je hätte vorstellen können. Was bedeutet, daß ich keine Kompromisse machen und mit irgendwas Simplerem ankommen muß, nur damit es die »Massen« erreicht. Und die »Massen« waren da, wenn wir gespielt haben – 10 000 bis 15 000 Leute pro Nacht in Europa. Und wir haben schweres Zeug gespielt.[487]

Indes, man täte ihm bitter Unrecht, wollte man ihn mit solchen Statements und Charakteristika quasi ad acta legen. Geboren in Bergenfield, New Jersey, begann Little Al mit grünen fünf Lenzen mit dem Schlagzeugspiel, das ihm ein lebenslanges Perkussions-Faible und einen Gitarrenstil von nicht minder rhythmischer Intensität einbrachte. Mit sechs griff er zur Gitarre, mit acht bekam er seinen ersten Unterricht bei Robert Aslanian, »einem Jazz- und Bluesfreak mit unglaublicher Technik, den ich unbedingt kopieren wollte, obwohl meine Lieblingsmusik der Rock'n'Roll war«, wie er sich erinnerte.«[488] Aslanian blieb gnadenlos: die Ventures gab es nur nach gehörigen Jazz- und Bossa-Quälereien. Der Elfjährige hatte seine erste Band, spielte zum Verdruß der Mitschüler aber nicht wie Clapton oder Hendrix, sondern mit allen Fingern und lauter schönen Skalen im Köpfchen. Dann packte ihn das C&W-Fieber, er spielte à la Doc Watson und Clarence White Flatpicking und mit Fingerplektren, und nach einem kurzen Flirt mit der Pedal Steel Guitar stieß er auf Larry Coryells Musik und war damit ein für allemal in der Jazz-Falle gelandet: »Auf eine gewisse Art ist er der eigentliche Vater der Fusion. Er öffnete mir zu vielem den Zugang, zumal ich davor eher den frühen Miles Davis und John Coltrane gehört hatte.«[489] Er fuhr Coryell zu jeder Menge Gigs hinterdrein, bis Larry ihn einige Male auf seine Farm in Pennsylvania einlud und tiefer in das weite Feld der Jazzgitarristik einwies: »Ich wollte es schaffen.« Also ging er 1971 nach Berklee, hörte vor allem John McLaughlin, Miles und Trane, und auf einigen Umwegen erreichte ihn dann der Ruf Coreas, inzwischen mit seiner Gruppe Als Top-Favorit, nachdem Bill Connors dort das Handtuch geworfen hatte. Corea ist es allerdings auch gewesen, der dem aufstrebenden Gitarrero einen – damals noch kleinen – akustischen Floh ins Ohr gesetzt hatte: Für DiMeola begann seine Laufbahn als *Akustiker* somit bereits 1975, mit seinem Solo »No Mystery« auf der zweiten Return-To-LP und dann mit dem rasend schnellen Duo mit Corea in »Short Tales of the Black Forest«.

Es ist unzweifelhaft ein einziges Stück, das Al DiMeola in die vorderste Linie der neuen Gitarren-Revolutionäre transportierte: seine Kooperation mit Paco de Lucia auf *Elegant Gypsy*, notabene in »Mediterranean Sundance«, den manche

Das renovierte Pantheon

Ovation-Spieler Al DiMeola, hier mit Mino Cinelu in Eutin 1987, der »große Star«, der sogar John McLaughlin zu oft zu schnell ist. Mit kerngesundem Selbstbewußtsein läßt er gerade noch Coryell (fast) neben sich gelten: »Wir beide können Sachen spielen, die sonst niemand kann.« Seine letzten Platten freilich lassen das eher fraglich erscheinen, wenn man nicht seine Verwechslung von Quantität und Qualität mitmacht

Leute (und Al selbst) als den Nukleus dessen betrachten, was 1980 zu dem historischen Trio mit McLaughlin und de Lucia führen sollte: »Wir spielten 40 Abende in Europa – jeder Abend ausverkauft und vor bis zu 15 000 Leuten pro Auftritt. Das Album verkaufte 500 000 Einheiten – *ohne jede PR*«, staunte Al noch 1983. Zum ersten Male Aufsehen erregt hatte DiMeola 1974 wie gesagt als enorm treibende Kraft in Chick Coreas Return To Forever,[490] eine Erfahrung, der alsbald die längst legendären Alben *Land Of The Midnight Sun*, *Elegant Gypsy*, *Splendido Hotel*, *Casino* und *Electric Rendezvous* bis hin zu *Cielo e Terra*[491] folgten, bis dato ungehörte Vermählungen von Jazztechnik und Rockrhythmen, durch die immer wieder Als Vorliebe für den Mittelmeerraum und für Latin-Rhythmen hindurchschimmern. Mittlerweile hat er eine eigene Produktionsfirma in Wayne, New Jersey, einige Lehrbücher und -Kassetten vorgelegt, Stanley Jordans *Magic Touch* produziert, mit seiner *World Sinfonia*[492] versucht, sich – dem Beispiel des geschätzten Bandoneonisten Dino Saluzzi folgend – von seinem einengenden Markenzeichen des Schnell-um-jeden-Preis-Spielens zu entfernen: Mit dem Bandoneon käme ein Instrument hinzu, »das atmen muß. Es muß die Luft in seine Lungen bekommen. Man darf es nicht zu schnell spielen, weil es sonst hechelt. Es verlangt eine Art von Respekt. Den hätte ich übrigens auch, wenn ich mit John Scofield oder jemandem wie ihm spielen würde.«[493] Das korrespondiert mit einem ahnungsvollen Statement von 1986, in dem es heißt:

> Technik erregt mich nicht so wie früher. Wann immer ich einen schnellen Lick spiele, reagiert das Publikum drauf, was ja ganz schön ist. Aber ich will nicht deswegen für ein Publikum spielen. Damals in den 70ern war das neu und brachte viel Spaß. Es gab nicht viele Leute, die so was machten, und die Musik verlangte regelrecht nach viel Energie. Jetzt aber mache ich eine andere Art von Musik, und andauernd schnell zu spielen, paßt überhaupt nicht. Nur weil man eine phänomenale Technik hat, muß man das nicht in jedem Song beweisen. Ich spiele mir noch immer die Seele aus dem Leib, nur daß jetzt die Betonung nicht mehr auf der Technik liegt... Es ist für einen Jazzmusiker äußerst wichtig, sein Interesse lebendig zu halten und nach neuen Wegen der Kreativität zu suchen. Was mich jetzt wirklich bewegt, sind langsame brasilianische Samba und Bossa Nova... Eine Menge Mainstream-Musiker sind phänomenal, aber wir haben das alles schon mal gehört. Das ist die gleiche Falle, in die ich mit dem technischen Aspekt meines Spiels gegangen bin... Viele New-Wave-Bands sind nicht auf virtuosem Niveau, aber sie sind auch nicht festgefahren. Das ist spannend, weil eine Menge experimentiert wird. Es gibt nicht viele Leute in der Jazzwelt, die solche Gelegenheiten mit neuen Sounds nutzen.[494]

Ansonsten freilich kann von viel Respekt nicht die Rede sein; McLaughlin und Metheny hält er für gefangen im Jazzidiom, McLaughlin insbesondere für belastet mit dem Handicap, im Verlauf eines Stücks immer schneller zu werden (was Barney Kessel *jedem* Gitarristen zugewiesen hat, auch sich selber). Doch DiMeolas für sich selbst – und andere – eingeforderte musikalische Weltläufigkeit vermag auch auf seiner bislang neuesten Platte *Kiss My Axe*[495] nicht recht durchzuschlagen – einer eigentümlich inkohärenten Angelegenheit mit prominenter Perkussion (Richie Morales, Omar Hakim, dr, Arto Tuncboyaci, perc/ voice), durchaus gezügelteren Läufen, viel Synthesizer plus Flügel: Nur, hier eben ereignet sich versehentlich eine Verwechslung zwischen polyglotter Musiksprache und blanker Eklektik allzu deutlich – die altvertraute *credibility gap* zwischen Ist und Soll, wie hier, wo Al im Zusammenhang mit dem Synclavier sagt:

> Ich habe verstanden, daß ein großer Bedarf besteht, dieses Instrument zu benutzen, aber ich habe auch die Befürchtung, daß man mit jeder Art von Synthesizer oder Computer dermaßen intensiv in Abhängigkeit von der Technik geraten kann, daß man den Blick dafür verliert, was man eigentlich ursprünglich machen wollte: spielen und schreiben. Es stellt ebenso einen Konflikt dar wie eine Notwendigkeit. Es gibt eine Menge tech-orientierter Musiker, die mit guten Ideen ankommen, aber sie sind weit entfernt von den ganz grundsätzlichen, elementaren Sachen, die ich so gerne machen will.[496]

Wer, bitteschön, ist Pat Azzara? Ein südländisch anmutender, hagerer Mensch mit Schnäuzer und Wuschelkopf und noch ein Mythos in der an Mythen nicht eben verwöhnten Märchenlandschaft der Jazzgitarre, die, redet man von diesem Mann aus Philadelphia, Pennsylvania, wo er 1944 zur Welt kam, tatsächlich märchenhafte Züge gewinnt: **Pat Martino**, der aufgrund seiner delikaten

Gesundheit viele Jahre zurückgezogen lebte, ohne Signale, ohne Zeugnisse seiner ungeheuren Kunst für uns, von seinem Mythos zu kosten, hat sich, da die Niederschrift dieses Buches seinem Ende zu geht, Gott sei Dank doch wieder zurückgemeldet, mit dem superben Trio-Album *The Return* (Vogue 651 6000621; mit Steve LaSpina, b, und Frisells Stammtrommler Joey Baron). Und auch heute noch stimmt, was immer für ihn stimmte: Er ist stets so etwas wie ein stilistischer Einzelgänger gewesen, ein Sonderling der faszinierenden Art, ein Meister, dem nichts anderes als Ehrfurcht entgegenzubringen ist, auf daß sie ihn heile. Pats Vater immerhin war eine Zeitlang Schüler des Herrn Eddie Lang gewesen, keine schlechte Referenz, wenn man bedenkt, was das alles zeitlich umgreift. Pat begann mit elf Gitarre zu spielen, wurde schon mit 15 Jahren Profi, als der er zunächst – noch unterm Fittich von Dennis Sandole, bei dem später auch Chuck Loeb zur Schule gehen sollte – dem R&B frönte, in Gruppen wie denen von Red Holloway, Willis Jackson und später Brother Jack McDuff. Dann aber hatte Pat die R&B-Orgeltrios satt, Jimmy Heath bestärkte ihn in seinen Vermutungen, zu mehr geboren zu sein, und 1967 sah und hörte man ihn dann zeitweilig im Quintett von John Handy, zu dem er, recht unerwartet, durch eine Empfehlung des Tubisten Howard Johnson gekommen war: Zehn Stunden nach Handys Anruf bei ihm in Philly stand Pat am anderen Ende von *God's Own Country* auf einer College-Bühne, in L.A. blind eingekauft und – ein glatter Erfolg. Die Allianz, im Bunde mit Bobby Hutcherson, währte acht Monde und ein Album, *New View*. Dann kam ein Jahr bei Don Patterson, zwei bei Jack McDuff, gespickt mit Gigs bei Jimmy Smith, »Groove« Holmes und Lundy Pitts, und das war alles mehr oder minder Jazzblues und Erfahrungensammeln wie ein Eichhörnchen. Der andere J. Smith, der mit »Vermont« und den Riesenpranken, war indes zu jener Zeit Pats Hauptinspirator, und dessen makellos reiner, fließender, warmer und immer überaus präziser Stil wurde dann auch eines der Hauptmerkmale Martinoscher Künste. Das Teaming-up mit Handy fiel zeitlich ungefähr zusammen mit Pats erstem eigenen Album, *Hombre*,[497)] das ihn nicht nur im Blues, im Bossa Nova und in den Standards als versiert, sondern auch als wahrscheinlich *den* Techniker der Montgomery-Oktave überhaupt auswies: Martino und Wes Montgomery, zwar zwei Dekaden auseinander, waren enge Freunde geworden, und wann immer sich ihre beruflichen Wege kreuzten, taten sie das auch privat, in Jam Sessions und vielerlei anderen Unternehmungen. Dann folgte Pats LP *Strings*,[498)] und ihr folgte dann das außerordentliche Album *The Visit*,[499)] auf dem er seiner Verehrung für Meister John Leslie Montgomery noch eins draufsetzte, mit Stücken wie dem superben »Road Song«, dessen Oktaven so butterweich, warm, rund und voll sind, wie sie auch ein Richie Hart kaum zuwege bringen sollte. *From Wes to East*, sozusagen, um einen Remler-Titel umzukehren: Wie die Beatles sich von den Ufern des Mersey fort und nach Indien wandten, um ihrem *paradiso terrestre* wenigstens ein Stückchen näherzurücken, so versenkte sich auch Martino – Kol-

Die Neuerer: Vom Bop zur Fusion

legen vom Schlage McLaughlins oder auch Carlos Santanas hier wie in manch anderem Aspekt auch voraus – in indische Kultur und vor allem Musik und legte langhaarig wie ein Guru, runde Sonnenbrille wie John Lennon vor den Toren das Maharishi Yogi, ganz konsequent erst die LP *East* und dann das Septett-Album *Bayinia* (mit Bobby Rose an der zweiten Gitarre) vor, denen allerdings jeweils die ganz andersartigen Platten *Desperado* bzw. *Live* vorausgegangen waren.[500] Und gerade der Live-Mitschnitt belegte endgültig Martinos schier wunderbare künstlerische Qualitäten, offenbar ein Füllhorn, das nie zur Neige gehen konnte, exquisite Improvisationen mal von balladesker Eindringlichkeit, wie in diesem Beispiel aus »Songbird«:

Notenbeispiel 19: »Songbird«

– mal bei aller wie vollkommen mühelos daherkommenden Schnelligkeit von unübertrefflicher Präzision und geprägt von einer Kraft, für die Norman Mongan das Wort vom »velvet hammer«, vom Samthammer fand, »weil [sein Spiel] warm und rund ist, während es eine unglaubliche perkussive *attack* trägt, die es auf Anhieb erkennbar macht.«[501]

Seltsam aber, daß kein Martino-Kritiker, kein Jazzgitarre-Historiker bisher näher auf das eingegangen ist, das speziell die *Desperado*-LP zu einer ganz besonderen Delikatesse machte, zu einem veritablen Novum in der Geschichte des Jazzinstruments: Pats völlig emanzipierter Einsatz einer elektrischen – *semi-hollowbody-Twelve*string, einem Instrument, das sich, ob akustisch oder nicht, stets als spröde Geliebte erwies, verstimmungslüstern und ein Tort für Spielerfinger und Handmuskulaturen, und erst recht strapaziös zu handhaben gewesen sein muß in Pat Martinos unvergleichlichen Bebop-Exkursionen auf dieser Platte, mit wiederum schier endlos einfallsreichen, brennend-heißen, maßlos fesselnden und rhythmisch treibenden Improvisationslinien, die allesamt dermaßen leichthändig daherkamen, daß sie aus heutiger technologischer Sicht beinahe mit einem *octave-doubler* auf einer 6string hervorgebracht scheinen – eine Phantasie, die so phantastisch nicht mal ist, alldieweil Mr. Martino keineswegs nur musikalisch, sondern auch in Sachen Equipment seiner Zeit immer ein kräftiges Stück voraus war, wie schließlich auch sein vermutlich vorletztes Album *Joyous Lake*[502] beweist, auf dem er zuweilen einen EML 101 Synthesizer einsetzt und mit Jazzrock-Idiomen experimentiert. Aber: Nichts bei Martino hatte je Selbstzweck, nicht seine Crossover-Experimente, nicht seine enorm schnellen, kraftvollen Runs, nicht sein Spiel mit der 12string. Martino war immer so etwas wie ein Außenseiter, als Lehrer bewundert und geliebt, nicht nur von Chuck Loeb, als Musikerindividuum aber mehr ein Mann hinter der Szene, von der er ohnehin nicht viel halten konnte, jedenfalls nicht mit einer Philosophie wie dieser:

Wenn man Jazzgitarristen hört, kann man sich kaum über die vorderste Linie der Jazzszene auf dem laufenden halten. Normalerweise liefern die Bläser die *leaders*, und wenn ein Gitarrist seine Sachen beisammen hat, um das hinzukriegen, was die Hörner machen, dann ist schon wieder irgend etwas anderes ganz neu. Die Gitarre steht immer im Schatten. Wes Montgomery hat die Grenzen in gewisser Weise weitergesteckt, aber auch er war immer noch eine Verlängerung Christians.[503]

Und zum Schluß auch das noch:

... Es ist nicht die Gitarre, mit der ich es zu tun habe; die Gitarre ist nichts weiter als ein Instrument, und man stößt alsbald an dessen Grenzen. Die Gitarre hat vier Oktaven, und wenn man es mit allen Bereichen der Musik direkt zu tun hat, dann braucht man mindestens elf... Jazz ist ein *way of life*. Jazz ist spontane Improvisation. Geh mal einfach aus dem Haus, ohne Ziel, einfach so, nur aus Spaß, und dann entdeckst du, daß du improvisierst. Jeder improvisiert [irgendwo] im Leben; Jazz ist nur eine relative Form der Improvisation.[504]

Aber Pat Azzara aus Philadelphia ist ein *absoluter* Meister, einer, der zu einen bißchen Mythos allemal taugt, zumindest dem hoffnungsstarken, letztlich doch noch erfüllten Mythos von der wunderbaren Wiederkunft. –

»Ich bin ein ewiger Lerner. Ich glaube nicht, daß ich je aufhören werde zu lernen; das ist eine persönliche Idiosynkrasie. Ich suche unentwegt nach einem Weg durch die Musiksuche in gewissem Sinne nach diesen anderen Wegen –, harmonisch, melodisch und rhythmisch. Für mich besteht die große Freude im Leben im Spielen – das ist die große Freude –, einfach im Spielen von Musik.«[505]

Nach dem stillen Star nun der eine der zwei Olympier, denen es an Welt-Bekanntheit kaum einer gleichtun kann, jedenfalls nicht in diesen Zirkeln – Mr. **John McLaughlin**, geboren 1942 in Kirk Sandall, Doncaster, Yorkshire, England, und damit aus einem Europa, das auch in diesen Dingen am Zusammenwachsen ist, eher noch als in anderen Lebensbereichen. Nicht genug, daß die Sechziger den erfolgs- und führungsverwöhnten Amerikanern von Liddypool aus die Fahnen aus den Händen schlugen, sondern nun auch noch im Felde der edlen Kunst der Jazzgitarristerei ähnliches taten: John McLaughlin, von dem sein illustrer italienischer Freund, der superbe Avantgarde-Komponist Luciano Berio gesagt hat, er »verleiht der Gitarre eine universelle Macht«, hat die Alte Welt, anderthalb Jahrzehnte nach dem Tode Django Reinhardts, aber nur ungefähr drei Jahre nach dem Exodus Attila Zollers, endgültig »emanzipiert« – ein glücklicher Mensch, schon zu Lebzeiten im Himmel, der über so ziemlich alle Kritik erhaben ist, der weiße Gott im Pantheon der Jazzstringers, von dem schon anno 1985 Jim Ferguson wieder mal so treffend sagte: »Der überbordenden Vitalität zum Trotz scheint der zeitgenössische Jazzmarkt das Vertraute dem Kreativen vorzuziehen... Insbesondere Gitarristen lassen es zu, daß McLaughlins fortschrittliche Technik und breites musikalisches Vokabular die Intelligenz, Leidenschaft und den Esprit seiner Arbeit überdecken. Doch auch wenn er zuweilen mißverstanden und vergleichsweise mit wenig Lohn bedacht wurde, ist er doch in seiner künstlerischen Evolution fortgefahren.«[506]

Und hier noch ein Exzerpt aus dem Hamburger Interview vom März 1992:

Na sicher hab' ich mich verändert, ich meine, ich *hoffe*, ich habe mich verändert. Ich möchte natürlich nicht immer so spielen wie vor 20 Jahren. Ganz egal: Immer gleich gespielt habe ich allenfalls insofern, als ich mir immer treu geblieben bin. Aber was immer ich gespielt habe, es ist erledigt, vorbei, es gehört der Vergangenheit an. Und was morgen ist, mh, wer weiß das schon. Du weißt ja noch nicht mal, ob es ein Morgen gibt, wir wissen nicht, wie lange wir noch hier sind. Und darum versuche ich dem Moment treu zu bleiben, dem Augenblick und dem, was ich währenddessen fühle und mich *da*mit zu beschäftigen.

Gibt es noch den »Johnny McLaughlin Electric Guitarist«?

Natürlich. Er war die ganze Zeit über da.

Ist er nicht überwiegend ein Akustikspieler geworden?

Wie kannst du das sagen!? Weil ich mit dem MIDI-Interface neue elektrische Klänge versuche, auf andere Weise natürlich, aber –

John McLaughlin, Ende der 60er Jahre vielleicht so etwas wie Englands Antwort auf Coryell, wandte sich indischem und weitergehend asiatischem Glauben und Denken zu und erweiterte damit seinen musikalischen Horizont entscheidend. Fest im Blues verwurzelt, reflektiert seine individuelle Entwicklung die des Jazz insgesamt. Ganz andere Grenzen überwindet er im Duo mit Katia Labeque und als Komponist von Gitarren-Konzerten

Die Neuerer: Vom Bop zur Fusion

Nein, aufgrund der letzten Auftritte.

Nein, nein der »Electric Guitarist« ist da, gesund und munter. Ich suche nur ständig nach neuen Formen, weil – wir verändern uns unablässig, jeden Tag, wir sehen jeden Tag anders aus. Also: Ich will nicht an irgendwas klebenbleiben, nur weil es »funktioniert«

– was ein sehr kommerzieller Aspekt wäre...

– na klar. Und ich bin lange Zeit in Probleme hineingerasselt, zum Beispiel als ich mit dem ersten Mahavishnu Orchestra Schluß gemacht habe, dann mit dem zweiten, um Shakti zu machen – das *gab* Probleme, mit der Plattenfirma, mit den Agenten, mit den Medien, die sagten: »Mann, was *machst* du denn da plötzlich, elektrische Gitarre mit drei Indern?!« Was ich *mache*? Ich mache da was, wo meine musikalischen Bedürfnisse es verlangen. Aber das verstehen die nicht. Wenn ich glaube, ich muß mir treu bleiben und tun, was ich tun muß, dann muß ich das eben tun und die Konsequenzen akzeptieren, basta. Und so werde ich weiterleben. Und wer's nicht mag, der braucht's sich ja auch nicht anzuhören. Aber trotzdem lebe ich natürlich auch aus der Hoffnung, weil es blöd wäre, als Musiker ohne diese Hoffnung zu leben.

Kurzum: *a man in motion*, ein überzeugter, stilvoller Fechter wider den künstlerischen Geist des Konservativismus, ein Mann aber auch, der fast verletzt wirkte, wollte man ihn der Vergeßlichkeit gegenüber seinen Wurzeln zeihen:

Aber nein, wie kannst du so was sagen?! Wenn du aufmerksam die neue Platte[507] hörst – ich liebe R&B. Und »Jack Johnson«[508] ist R&B, vielleicht ein bißchen seltsamer R&B, aber das ist es, aber ich liebe R&B, und zwar sehr. R&B ist für mich Jazz, das ist genau das gleiche wie wenn du Charles Mingus' *Blues'n'Roots* hörst oder das Jimmy Smith Trio mit Grant Green und Bobby Blue Bland, Brother Jack McDuff und George Benson. Das ist Jazz, und es ist R&B, egal, wie man es nennen will. Und wenn du die neue Platte hörst, dann hörst du R&B, vielleicht etwas anderen als sonst, elftaktigen Blues zum Beispiel, was sich ein bißchen dümmlich anhört, weil wir halt 12taktigen Blues kennen, aber trotzdem ist das für mich R&B, etwas moderner vielleicht, aber immer noch R&B. Also: Ich verspüre nicht die geringste Neigung, mich abzuschneiden von dem, woher ich komme. Ich weiß sehr genau, woher ich komme, ich liebe R&B und James Brown und bis heute Funk. Du *hörst* das. Das ist ein Teil von mir selbst, ein Teil meiner Vergangenheit, Teil meiner Wurzeln, und ich bin damit sehr glücklich. Aber natürlich habe ich in der Zwischenzeit, also etliche Jahre, dazugelernt und allerhand an Erfahrungen mit unterschiedlichen Musikarten gemacht, und ich habe Blues überall entdeckt, in der indischen Musik, im Flamenco. Und wenn man sich darum kümmert, dann findet man ihn in der bulgarischen Musik wie in der der Aborigines – du findest ihn überall. Ganz einfach, weil Blues menschlich ist.

Johns Mutter war Geigerin, aber der Filius bekam, als er neun war, Klavierunterricht, der ihm, wie er in Hamburg sagte, insbesondere beim orchestralen Komponieren noch heute von großem Nutzen ist. Mit elf kam er zur Gitarre, blieb Autodidakt, spielte noch mit dem Banjoisten Pete Deuchar Ragtimejazz, bevor er nach London zog, um, mittlerweile absorbiert in Bluesheroen wie Broonzy, Waters und Leadbelly, in verschiedenen Rock- und Bluesgruppen zu arbeiten. Die Mitte der 60er Jahre in London waren gottlob nicht ausschließlich Jahre der Beatmusik, sondern auch des Blues – Claptons, Mayalls, Jeff Becks, Big Jim Sullivans und Jimmy Pages. Mit letzteren beiden nahm er dann schon auf (*Twice As*

Much), spielte dann bei Alexis Korner, Georgie Fame und den Blue Flames (*Third Face of Fame*, 1968), bei Graham Bond (*Solid Bond*, 1970) und Brian Augers Trinity. Dann folgte ein halbes Jahr bei dem Göttinger Multiinstrumentalisten Gunter Hampel – letzte Etappe vor McLaughlins erster eigener LP, der noch heute hoch geachteten *Extrapolation*.[509] die auf einen Schlag den »Vorsprung« Larry Coryells als Oberpfadfinder im Fusion-Gelände auf Null herunterbrachte. Das war ein beträchtlicher Bonus, und als sein Landsmann, Bassist Dave Holland, ihn dem derzeitigen Miles-Davis-Drummer Tony Williams empfahl, der im Begriff war, eine eigene Gruppe zusammenzubauen, konnte nichts mehr scheitern. Beide spielten auf *In A Silent Way*[510] mit, einem Schrittmacher-Album für Davis. Ein Vierteljahr später saß er fest in Tony Williams' Lifetime, und zusammen mit Organist Larry Young wurde die erste *Emergency*[511] endlich zu dem wahrhaftigen Zaunbrecher in Sachen Jazzrock – mit einem McLaughlin, der ähnlich wie auf *Jack Johnson* hier ganz dem Geist Jimi Hendrix' anheimgegeben ist, einem seiner Heroen bis heute, mit dem er übrigens – zusammen mit Dave Holland und Drummer Buddy Miles – Aufnahmen gemacht hat, die bedauerlicherweise nie veröffentlicht worden sind. Weitere Aufnahmen mit Lifetime folgten, dann nahm er teil an Miroslav Vitous' nicht weniger geschichtswirksamer *Infinite Search* und spielte fast gleichzeitig auf Miles' legendärer *Bitches Brew*,[512] dem endgültigen Bückling des Herrn mit dem Horn vor dem, was Coryell und McLaughlin vom Zaun gebrochen hatten. Davis immerhin taufte eines der Stücke »John McLaughlin«, was der dem düstren Meister zehn Jahre später heimzahlte, mit »Miles Davis« auf seinen *Electric Dreams*.[513] Dann nahm McLaughlin, mittlerweile völlig auf der indischen Schiene, seine »Great Expectations« auf, ein Mammutwerk mit ihm, Khalil Balakrishna und Bihari Sharma an Sitar bzw. Vina plus Billy Cobham, dr, mit dem er wenig später das Mahavishnu Orchestra gründete. Die »Expectations« tauchten dann in anderer Fassung auf – auf Davis' *Big Fun*,[514] mit Balakrishna, el-sitar, und Sharma, tampura. Trostbonbon auf der Platte: »Go Ahead, John«, ein Tribut an McLaughlin, aufgenommen während der *Jack-Johnson*-Tage, aber entschieden jazziger, mit Steve Grossman, ss, Holland, DeJohnette, Miles und John. 1970 arbeitete er, gemeinsam mit Sharrock, an Wayne Shorters *Super Nova*[515] mit, assistierte Jack Bruce bei dessen *Things We Like*, nahm teil – wie erwähnt – an Coryells legendärer *Spaces*, jenem Sahnestück mit Vitous, Cobham und Corea, kooperierte mit Zawinul und weiter mit Miles (»Duran«, »Willie Nelson«). Dann kam *Jack Johnson*... McLaughlin, mittlerweile Schüler des Guru Sri Chinmoy Kumar Ghose, nannte sich Mahavishnu, nahm seine wunderbare, zum Teil solistische *My Goal's Beyond*[516] auf, mit dem hinreißenden Mingus-Tribut »Porkpie Hat«, der Poesie von »Hearts and Flowers« und damit der nicht mehr zu ignorierenden Botschaft, daß er immer auch akustischer Spieler sei, und produzierte dann – vornehmlich mit der ersten seiner beiden Doppelhals-E-Gitarren – Platte auf Platte mit seinem Mahavishnu Orchestra mit Jerry Goodman, viol, Cobham, Rick Laird, b, und Jan Hammer, keyb. *The Inner Mounting Flame,*[517] ein Album so schön wie sein Titel, gilt noch immer als – relativ später – Archetyp dessen, was man Rockjazz-Gitarre nannte.

Der volle Swing zur Akustik kam 1975 mit der Gründung von Shakti, McLaughlins außer ihm selbst all-indische Gruppe, in der er nun versuchte – nicht immer ganz erfolgreich – die indische Raga als improvisierte und doch nach festen Gesetzen »funktionierende« religiös grundierte Form mit der Improvisation des Jazz zu verbinden. Hier setzte er seine von Abe Whecter (der damals noch bei Gibson war, heute selbständiger Gitarrenbauer ist und ihm auch seine neueste Flattop gebaut hat) speziell für ihn entwickelte *Dronestring*-Gitarre ein, ein fälschlich so geheißenes Wunderding mit schräg unter den normalen Saiten überm Schalloch verlaufenden kürzeren Saiten, die er beim normalen Spiel so mit einem Plektron auf dem kleinen Finger anschlug, daß sie – je nach Raga-Tonart gestimmt – sitarähnliche Effekte erzielte, die auf den normalen sechs Saiten noch dadurch intensiviert wurden, als diese über einem Griffbrett mit sogenannten »skallopierten« Bünden gespielt wurden – Bünden, die konkav ausgehöhlt sind, so daß die *action*, vulgo: die Saitenlage, ungefähr der einer Vina entspricht, der Urmutter aller Sitars.[518] 1978 stellte er dann seine One Truth Band zusammen, in der er nun Jazz-, Rock- und indische Elemente mit modalen Coltrane-Einflüssen verband, wieder elektrisch, bis in den Anfang der 80er Jahre hinein. Er lebte zu dieser Zeit in Paris (von wo aus er später nach Monaco umsiedelte, wo er mit der klassischen Pianistin Katia Labèque zusammenlebt und -arbeitet), nahm dort seine beiden »französischen« Alben *Belo Horizonte* und *Music Spoken Here* 1981 bzw. 1983 auf, Alben, die behutsam klassische Randgebiete, aber auch den schon lange Zeit verehrten Flamenco berührten – durch die Mitarbeit des Violinisten Augustin Dumay bzw. Paco de Lucias. Im selben Jahr wie *Belo* kam die Live-LP des akustischen Supertrios mit DiMeola und Freund Paco heraus, im Jahr von *Music Spoken* folgte des Trios Studio-Album *Passion Grace & Fire*. Unbesehen des vorausgegangenen Bruchs mit Coryell traf McLaughlin mit Larry immer wieder ebenso wie mit Christian Escoudé zu Konzert-Gigs zusammen. 1984 ließ er das Mahavishnu Orchestra in renovierter Fassung wieder aufleben, nun mit Saxmann Bill Evans (bei dem heute Chuck Loeb spielt), erst Cobham und dann Danny Gottlieb, dr, Mitch Forman, p, Jonas Hellborg, e-b, und als Gästen Zakir Hussain und (Flötist) Hariprasad Chaurasia. McLaughlin setzte hier zum ersten Male das Synclavier ein, übrigens eines, das Pat Metheny jahrelang benutzt hatte: »Zur Zeit gibt es nur fünf oder sechs ernst zu nehmende Spieler, die Gitarren-Synthies einsetzen«, sagte John 1986, aber bald werden es fünf- oder sechsausend sein. Hier entwickeln sich die Dinge exakt in derselben Richtung wie bei den Keyboards, und zwar nicht auf Kosten der akustischen oder elektrischen Instrumente... Wir Gitarristen kommen nur deshalb da etwas spät hin aufgrund der technischen Probleme, die die Anpassung des Gitarren-*pitch* an elektronische Informationen mit sich bringt. Glücklicherweise lassen sich diese Probleme aber immer leichter lösen.«[519] Bereits ein Jahr zuvor hatte er gesagt:

Die Grenzen zwischen Instrumentalisten existieren nicht mehr in dem Maße, wie das früher der Fall war, was wunderbar ist. Wir alle brauchen Bereicherung, und wenn wir irgendeine Art von Fortschritt machen wollen, dann benötigen wir Inspiration. Das trifft insbesondere für den Austausch zu, der zwischen Jazz- und klassischen Spielern stattfindet. Da herrscht ein hohes Maß an gegenseitigem Respekt, und beide Genres suchen nach frischem Blut. Es ist toll, daß ein Musiker wie Wynton Marsalis, der beide Stile spielt, von klassischem *und* Jazzpublikum gleichermaßen akzeptiert wird. Chick Corea und Keith Jarrett sind intensiv involviert in klassischer Musik. Auf der klassischen Seite gibt es Musiker wie den Geiger Gidon Kremer, der mit Keith aufgenommen hat. Gidon hat mich gebeten, ihm ein Stück zu schreiben. Auch Yo Yo Ma hat da Interesse bekundet...[520]

Diese weisen Worte kamen keineswegs von ungefähr. Denn schon seit Anfang der 80er Jahre hatte McLaughlin sich auf ein Terrain begeben, das denn doch für diesen Mann vergleichsweise ungewöhnlich war. Schon 1972 hatte er zwar unter dem Titel *Apocalypse* ein relativ großes Werk angepackt, das ihn und seine Gruppe in einen sinfonischen Kontext stellte und für CBS seinerzeit unter dem Dirigat Michael Tilson Thomas' mit den Londoner Sinfonikern aufgenommen worden war. Tilson Thomas hat das Werk dann auch noch mit der Buffalo Philharmonic aufgenommen. Weiter im O-Ton: »Etliche Jahre vergingen, bevor ich wieder die Möglichkeit hatte, für ein Sinfonie-Orchester zu schreiben. Das geschah 1981, nach einem Konzert in der Hollywood Bowl (die Pianistinnen Katia und Marielle Labèque traten im selben Programm auf), als wir anschließend mit Ernest Fleischman, dem Direktor der Los-Angeles-Philharmoniker beim Dinner saßen. Während des Essens fragte mich Ernest, ob ich nicht wiederkommen wolle, um Rodrigos berühmtes Konzert für Gitarre und Orchester [das Concierto de] ›Aranjuez‹ zu spielen. Ich fühlte mich sehr geschmeichelt, antwortete aber zum Spaß, ich käme nur, wenn ich ein neues Stück schreiben könnte. Zu meiner großen Verwunderung war er sofort einverstanden. Seinem ungebrochenen Enthusiasmus, für den ich ihm auf ewig verpflichtet bin, ist es zu verdanken, daß das Stück geschrieben und [im] November 1984 in Los Angeles uraufgeführt wurde.«[521]

Das war also nun doch neu, solch ein Konzert für Gitarre und Orchester, dreisätzig, »Rhythmic«, »Slow« und »Animato«, wie es dann auch am 6. Dezember 1988 in Frankfurts Alter Oper zur Aufführung gelangte, McLaughlin mit übergeschlagenem Bein wie stets, im Frack, vor den Sinfonikern des Hessischen Rundfunks, ein natürlich stahlsaiten-jazzig phrasierender Solist vor anderthalb Dutzend routinierten Klassikspielern – ein Werk noch der Brüche, noch tastender als das schon kurz danach vorgestellte Nachfolgewerk *Europa*, Jazzdynamik gegen vergleichsweise starrere Tutti gesetzt, die aber doch Einblicke in die musikalische Empfindungswelt des Gitarristen bieten konnten: Impressionistische Harmonien, zuweilen wunderschön geschichtete Akkorde, Bläser und Streicher, die große Form, die für ihn natürlich eine Herausforderung gewesen, wie er schon 1985 bestätigte: »Die Herausforderung beim Schreiben des Stücks bestand darin, eine dramatische Entwicklung zu schaffen und eine Struktur entstehen zu lassen, die nicht auch auf eine kleine Gruppe zurückgreifen kann. Obwohl ich mir das Privileg zubillige, kein ›klassischer Musiker‹ zu sein, glaube ich dennoch, klassische Musikregeln beachten zu müssen. Mein Appetit ist jetzt erst so richtig angeregt, und ich denke, ich werde bald ein weiteres Orchesterstück schreiben...«,[522] was er denn auch tat: Europa wird Ende des Jahres 1992 aufgenommen werden.

Und er hörte nicht auf, immer möglichst seine gesamte Bandbreite auf beinah einen Schlag zu servieren: Ein »irgendwie« geläuterter McLaughlin ist derjenige der beiden Trio-Platten von 1989 und 1992. Das ist der, der auf der *Mediterranean*-Platte auch die wunderschönen Duos mit Katia Labèque bot, sensible, zarte, sparsame Preziosen, die nun – endlich – gar nichts mehr zu tun haben mit dem schier unablässig rasend schnellen Techniker McLaughlin, der mit seinen perkussiv akzentuierten, maschinengewehrschnellen Linien, wie er 1991 sagte, eine expressive Coltrane-Idee verfolgte,[523] aber damit manchen potentiellen Anhänger auf Dauer ermüdet hatte. Er werde nun wohl auch ruhiger, meinte er in Hamburg, introspektiver, doch wenn man so will, kann man die Arbeiten mit den neuen Trios durchaus ansehen als »Bilanzen«: Sie bieten den »ganzen McLaughlin«, einen höchst inventiven, unaufhörlich voranschreitenden Künstler, der das Instrument technisch derartig »bezwungen«, ausgelotet hat, daß ihm nun, nach dreißig Jahren öffentlich gemachter Praxis, ein unvergleichlicher Reichtum an purem Ausdruck zur Verfügung steht, auf akustischen und elektrischen Instrumenten gleichermaßen.

Der Ausdruck, diese Palette. Wunderbar unakademisch, ganz so, wie es besser zu der Person seines Themas nicht passen kann, hat der Hamburger Jazzpianist und Chef der NDR-Jazz-Redaktion Michael Naura beschrieben, worum es eigentlich geht: »Die meisten Gitarren-Jünglinge sind doch Derby-Veranstalter. Da finden auf der Klampfe Abfahrtsläufe statt. Wer ist der Schnellste? Vielleicht John McLaughlin? **Pat Metheny** nimmt an diesem Rennen nicht teil. ›Es gibt Hunderte, die besser Gitarre spielen als ich‹, sagt er, ›aber nur ganz wenige haben ihr eigenes Profil‹... An Pat Metheny aufzublicken, heißt eine Musikalität zu bewundern, die in ihrem Kern heiter ist und lieb... ›Montgomerys Klarheit und rhythmische Sicherheit werden immer mein Kompaß bleiben.‹ Dankbar ist Pat Metheny auch zwei Musikern aus seiner High-School-Zeit, dem Trompeter Gary Sivils und dem Schlagzeuger Tommy Ruskin. Sie brachten dem erwachenden Gitarristen die Kunst des Weglassens bei: ›Hör dir den Saxophonisten Lester Young an und lerne von ihm, daß Musik machen bedeutet, eine Geschichte auf dem Instrument zu erzählen.‹ Und Lester Youngs unbestechlicher Sinn für die Melodie, für das Intakte wird durch Metheny an eine Generation weitergegeben, die bisher denken mußte, Musik wird auf dem Amboß gemacht.«[524]

Pat Metheny, 1954 in Lee Summit, Missouri, geboren, ist zum Liebling geschaffen, Idol nicht nur des frisch gegründeten »Pat Metheny Fan Club« in Fuldabrück, sondern zum Synonym gar nicht so sehr für das moderne Instrument, als eher für eine Musikrichtung, an der ganz einfach nichts verkehrt ist und die man auf Anhieb erkennt. Er ist der »Apoll der Gitarre«, der hübsche Junge von nebenan mit dem Wuschelhaupt, dem Ringelshirt und diesem unvergeßlichen Gesicht mit den markant gezeichneten Brauen, das gleichsam jeden Ton, jeden Akkord nachbildet, Lehrer, Schrittmacher und phantastischer Horizonterweiterer, dessen Platten sich kaum unter 200 000mal verkaufen und der, »im Kern heiter und lieb«, mit schier wunderbarer Leichtigkeit auch die Herzen keineswegs jazzgitarristisch fixierter Insider zu erobern versteht – ein sanfter Gigant mit zarten Gliedern, die sich weich und elastisch bewegen wie seine Musik auch, und ein musikalischer Proteus, der seit den 70er Jahren, als auf ECM seine Trio-LP *Bright Size Life* mit Bob Moses und Jaco Pastorius, dann *Watercolours* mit Lyle Mays, keyb, und Drummer Dan Gottlieb, dem Kern der dämmernden Metheny Group, dann die *Pat Metheny Group*, die Solo-LP *New Chautauqua* und das Doppelalbum *80/81* erschienen waren, alles Zeug zur Kultfigur hat. Die *Group*-LP hielt sich, auch nicht alltäglich, ein respektables Jahr in den *Billboard*-Charts. Das zweite Gruppenalbum *American Garage* erklomm im Nu den ersten Platz, und dem nächsten Album, einer Trio-Unternehmung mit dem kongenialen Mays und Nana Vasconcelos, *As Falls Wichita, So Falls Wichita Falls*, erging es ganz genauso.[525]

Die Gitarre ist eines dieser Instrumente, auf der Leute leicht lernen können, schnell zu spielen – eine Menge Noten und so –, aber manchmal kann das auch täuschen, weil man sehr genau erkennen kann, daß es Spieler gibt, die nicht wirklich *hören*, was sie selbst spielen. Die lassen ihre Finger einfach die Arbeit machen, ohne daß sie ihren Kopf und ihre Empfindungen daran teilhaben lassen. Auf einem Horn kann man so was niemals tun, weil die Töne aus einem selbst kommen. Da muß man den Ton wirklich ausatmen, so daß genau das Bläsern eine bestimmte Art von Fokus gibt, den Gitarristen, Schlagzeuger oder Pianisten manchmal eben nicht haben... Aber auf der anderen Seite gibt es Leute wie Charlie Haden, der sehr einfach spielen kann, aber dabei soviel mitteilt. Und natürlich gibt es für diese Art von Gitarre auch Beispiele. Jim Hall ist ein ausgesprochen ökonomischer Spieler, und trotzdem ist er *extrem* expressiv...[526]

Doch gemach: So spricht keiner, der womöglich technisches Unvermögen hinter einer gut klingenden Künstlerphilosophie verbergen müßte. Methenys stets triumphale Konzerte sind Mal für Mal Demonstrationen unbändiger Spiellust, dreistündige Nonstop-Orgien, in denen der Junge aus Lee Summit alles gibt, was er zu geben hat – »wenn wir erst mal auf der Bühne sind, machen wir so lange, wie wir ein Publikum binden können« –, wundervoll fließende Hommagen an Wes Montgomery und seinen Lieblingssaxophonisten Stanley Turrentine auf seiner alten, geliebten ES-175D mit der notorischen Zahnbürste am Unterbügelknopf, Bebop-Explosionen, Jazzrock-Exkursionen, auch schon mal mit einer Epiphone mit 335-Korpus, richtig »schiefe«, drollige Märsche, trötende, wilde Synclavier-Feste oder solistische Flattop-Balladen, allein oder mit durchweg kongenialen Musikern: Jahrmarkt, Blaskapelle, Rock'n'Roll und Tin Pan Alley, Half Note und Sportpalast, alles vereint die Musik dieses Genius, und es ist, als erklinge in einer einzigen Harmonie der Gruppe um den kleinen Riesen die ganze Geschichte nicht nur des Jazz, sondern aller nord- und südamerikanischen Musik, inklusive Sousa, Scott Joplin, Ives, Jimi und die Großen von Samba, Bossa und Tango.

Kurz nach acht jault der Gitarrensynthesizer auf, Metheny kommt aus dem Off, schwarze Jeans, schwarzes T-Shirt diesmal, weiße Tennisschuhe; und hinter ihm all die anderen aus seiner Gruppe, behängt mit Trommeln, Pfeifen und Tuben zum schräg-fröhlichen »Forward March«, dem Auftaktstück einer seiner letzten Platten. Dann noch ein frühes Stück, gefolgt von einem »neuen, noch ohne Titel«. Und dann mündet die fünfköpfige Band federleicht in Charlie Hadens »Blues for Pat« – Reverenz des kleinen Giganten mit seiner geliebten, ramponiert aussehenden Gibson ES-175-Gitarre an die »roots«, die Wurzeln des Jazz... Er spielt einfach alles: Fingerstyle [auf] einer überraschend jazzig klingenden Ovation wie auf der Guild-Gitarre, die er nur mit hohen Saiten bespannt hat; jazzrock-ähnliche Attacken auf diversen E-Gitarren; Hommages an die Väter wie Jim Hall oder Wes Montgomery auf der ES-175; bizarre Trickharmonien mit raffinierten Vorhalten und simplen Sextakkorden, die durch die Überlagerung mit Lyle Mays' Harmonien zu tiefbewegenden Superchords werden.[527]

Aber über und vor allem ist es der *Klang* der Metheny'schen Gitarre, der die Bestseller und ausverkauften Häuser macht – ein schwebender Sound, der jedem im Ohr bleibt, der ihn nur einmal vernommen, als fühle man jede einzelne Sinusschwingung als umherwandernde Woge im Raum, auf scheinbar rätselhafte Weise zugleich luftig leicht und doch erdverbunden, von nie greller Höhe und doch von jazziger runder Tiefe. Und wo die Improvisationen McLaughlins häufig Tiefernstes, irgendwie »Bestimmendes« bergen, leuchten die Impromptus des Amerikaners wie Aphorismen eines Lichtenberg, wie helle Gliederketten intelligenter Gedankengänge, die die Welt betrachten, als wäre sie eine Landschaft Dalís. Pats Spiel ist keine Rhetorik, wie das DiMeolas, es erzählt ohne Oberflächlichkeit, ohne erhobenen Zeigefinger und ohne Hoppla-jetzt-komm-Ich: Wenn Metheny zu spielen beginnt, geschieht das mit der ihm natureigenen Eleganz, unprätentiös, Eric Dolphy weit näher als dem philosophischen

Pat Metheny, der »Gitarren-Apoll«, hier mit seiner unverwüstlichen blonden ES-175, auf der er vornehmlich erstklassigen Bop spielt – nicht selten deutliche Hommages an Wes Montgomery. Pat ist so etwas wie die Geschichte der Jazzgitarre in Personalunion: Keiner der Stile ist ihm fremd. Und er hat, selbst, wie man sieht, keinesfalls kopflos, der Musik wiedergegeben, was ihr in quasi-akademischer Exklusivität oft fehlte: jungenhafte Fröhlichkeit – bei überaus reifer Meisterschaft

Coltrane-Traktat. Sein berückendes Spiel ist der Gesang der Lerche sommers überm Feld, und seine Poesie ist die weichste und doch bärenstarke in der gesamten zeitgenössischen Landschaft.

Mit 13, 14 Jahren fing Pat, der heute in Rio de Janeiro lebt, mit dem Gitarrespiel an, also vergleichsweise spät, von Anfang an unter dem starken Eindruck von Miles Davis und Wes Montgomery. Es seien die Klammern im Gebiß gewesen, die ihm nicht länger das Trompetespiel ermöglicht hätten, sagte er: »Ich hatte eine Gitarre, und ich hörte Wes Montgomery.« Er begann, acht Stunden täglich zu üben, und statt in Rock'n'Roll-Gruppen spielte er an der High School in Kansas City bereits in verschiedenen Jazzgruppen und gewann dann ein von der Zeitschrift *Down Beat* gestiftetes Stipendium für ein sommerliches Stage Band Camp, in dem er Attila Zoller traf, der so beeindruckt von dem Jungen war, daß er ihn nach New York einlud, um dort unter seiner Ägide die Jazzszene hautnah erleben zu können. Der »Big Apple« wurde lebensentscheidend: Pat beschloß, Jazzgitarrist zu werden. Als er mit der High School fertig war, schrieb er sich an der University of Miami ein im Fach Musik und im Hauptfach Gitarre, in dem er es allerdings nur auf ein »D« brachte: »Ich bin einmal hingegangen und dann nie wieder.« Trotzdem: Nach nur einem einzigen Semester als Studienanfänger, *freshman*, ernannte ihn die Fakultät schon zum Gitarrelehrer. Er war 19, als er an einem Jazzfestival in Wichita, Kansas, teilnahm, wo ihn der Vibraphonist Gary Burton hörte und so angetan war, daß er ihn ans Berklee College in Boston holte, wo Metheny Jazzimprovisation unterrichtete. Hier auch wurde er Mitglied des Burton-Quintetts, in dem zu jener Zeit Steve Swallow, b, Bobby Moses, dr, und Mick Goodrick an der Gitarre spielten. Pat blieb drei Jahre und ebenso viele LPs.[528] 1979 bekamen er und Lyle Mays Gelegenheit, Joni Mitchell auf ihrer *Shadows-and-Light*-Tournee und auf der dazugehörigen Platte[529] zu begleiten, und Metheny wirkte mit auf Paul Bleys *Jaco*,[530] tourte mit seiner Gruppe fast unaufhörlich durch kleine Klubs und Hallen für 5 000 Besucher, denen zusätzlich zur Musik in aller Regel eine eingängige Show aus perfekter Lichtregie und allerlei drolligen Einfällen geboten wird: Abgesehen von der Tour um die 1987er LP *Still Life (Talking)*,[531] die zusätzlich die beiden Vokalisten David Blamires und Mark Ledford zumeist als Harmonienanreicher einsetzte, sind die Platten und Konzerte der Gruppe reine Instrumental-Marathons: »Wir wollen die Aufmerksamkeit des Publikums festhalten.«

Das klappt mühelos, und es spricht jedermann an und hat beträchtlich geholfen, Hunderttausende nicht primär Jazzinteressierte über den hohen Zaun des Jazz-*oder*-Rock zu heben, gerade weil die Gruppe wenig exklusiv war, nirgends elitär oder sonstwie bevormundend daherkam und aufs Feinste zeigte, was eine organisch kerngesunde Gruppe ausmacht: Teamgeist, Gleichberechtigung, Interaktion, Interplay. Methenys Dialoge mit seinem Seelenbruder Lyle Mays gehören zum Beglückendsten im modernen Jazz überhaupt, von spritziger Intelligenz, Witz, Schlagfertigkeit und immer für die Ohren Dritter bestimmt, und alle anderen Gruppenmitglieder waren stets allererste Wahl, etwa Steve Rodby und Dan Gottlieb auf der 81er *Offramp*, Gottlieb, Pedro Aznar, perc/voice und Paul Wertico, dr, auf *First Circle* von 1984 und *Letter From Home* von 1989.[532]

Metheny lebt privat in Rio, und daher kommt es wohl, daß zunehmend südamerikanische, vor allem äußerst starke rhythmische Elemente in das Gruppenspiel einfließen: In einem Stück dreschen alle sechs auf irgendwas herum. Doch kein anderer Gitarrist verkörpert den »Schmelztiegel« Amerika so sehr, notabene: so anspruchsvoll wie er. In manchen ruhigeren Soli ahnt das Ohr gar Country-Techniken, wie sie sonst nur Herb Ellis im Mainstream genutzt hat... Am liebsten aber ist ihm der große Gesamtklang, Lyle Mays' Keyboard-Akkorde über seine, komplizierteste Unisoni mit Pat, Mays und Aznars Stimme. Dazu sättigt der wunderbare Bassist Steve Rodby die Kelleretagen, macht das Zusammenspiel von Percussionist Aramdo Marçal und dem offenbar durch nichts zu beeindruckenden Trommler Paul Wertico das dramatische Maß vieler Stücke bis obenhin voll...[533]

Die *roots*, ja, die *roots*. Keines der »vier M«, sieht man von dem früheren Pat Martino ab, legt sie immer wieder so lustvoll bloß wie *dieser* Pat M., in jedem Konzert, auf praktisch jeder Platte, oft lückenlos angeschlossen an ein anderes, moderneres Stück, so gleitet er, dann meist im Trio und mit Holzbaß, hinein in eine seiner hinreißenden Hommagen an Wes Montgomery oder überhaupt die Senioren des Mainstream oder des Bebop und zieht jedesmal auch das gerade da nicht allzu bewanderte Publikum unweigerlich in Bann. Solche Zugaben spielte er manches Mal, daß Menschen aus dem Publikum, schon längst wieder im Mantel, wie festgenagelt in den offenen Türen des Saales stehenblieben, um zu lauschen – fließenden, langen Singlenote-Linien über swingendem Rhythmus, Oktaven, Blockakkorde, kleine Zitate aus dem Großen Buch der Standards, unauffällige harmonische Verfremdungen oder Erweiterungen einfügend und mit einem Ausdruck im Gesicht, als wolle er nun gar nie wieder mit dem Spielen aufhören. Und so konnte es nicht verwundern, daß 1990 mit *question and answer*[534] Pat Methenys eindeutigste, durchgängigste Würdigung der Bop-Wurzeln erschien, eine LP nur im Trio mit Dave Holland und Roy Haynes, mit eigenen Stücken und, Auftakt, Miles' »Solar«, aber auch dem guten, alten »All The Things You Are« und dem Ornette-Coleman-Titel »Law Years«. Sein persönlichstes Album sei, sagte er 1992, sein neuestes, *My Secret Story*, ein von Jeremy Lubbock produziertes Metheny-Werk in äußerst ungewohnter Besetzung, die besteht aus Mitgliedern der Pat Metheny Group plus Nana Vasconcelos, voc, Pats Bruder Mike, tp, der Sängerin Akiko Yano, Drummer Steve Ferrone (ex-Clapton), Will Lee am Baß, Toots Thielemans, harm, und Mitgliedern des Chores des kambodschanischen Königspalastes. Welt-Musik? Sein Kommentar zu der neuen Platte kann als Teil seiner musikalischen Poetik stehen:

Die Neuerer: Vom Bop zur Fusion

Gewiß bin ich überall auf der Welt gewesen, und es ist auch wahr, daß ich gerne alle mögliche Musik fremder Kulturen höre, doch meiner Meinung nach impliziert »Weltmusik«, daß es eine zweigeteilte Welt gibt. Aus meiner Sicht: hier USA, da der Rest. Unabhängig von ethnischen Einflüssen oder direkt benutzten musikalischen Elementen ist es für mich eine sehr amerikanische Schallplatte. Wir haben es mit einer amerikanischen Rhythmusgruppe zu tun, mit amerikanischem Jazz und mit einem Orchestrationsansatz à la Aaron Copland. Klar, es gibt direkte und indirekte Anklänge nicht-amerikanischer Sounds, doch das Kernstück ist sehr amerikanisch.[535]

Die Avantgardisten: free style und Improvisation

Vater Derek...

Avantgarde – was ist das? In jedem Falle ein außerordentlich flüchtiger, relativer Begriff. Irgendwann war Christian Avantgarde, die *Poll Winners* waren Avantgarde, und in der guten alten Zeit war ohnehin alles sehr viel einfacher, weil: übersichtlicher. Brauchte man Orientierung, schlug man die *Billboard*-Jazzcharts auf oder schaute in *Down Beat*, wer für das laufende Jahr den Leser- oder/und den Kritiker-Poll eingestrichen hat, und die Welt war in Ordnung und auf höchstens eine Handvoll Namen beschränkt, aber damit sehr zufrieden. Denn die Namen und die Menschen und die Dinge hatten ihren Platz.

Heute gibt es keine Schubladen mehr, und sämtliche Etiketten von einst sind Makulatur geworden. Was Jazz sei, könnte nächtelange Diskussionen entfachen und so viele Resultate hervorbringen wie Meinungen. Die Grenzen, die Ende der 80er, Anfang der 90er Jahre in der Welt der Politik gefallen sind, fielen im Jazz, notabene: im Gitarrenjazz, bereits, bevor die Studenten in Berkeley, Berlin, Frankfurt, Paris und Tokio auf die Straßen gingen, also eigentlich nur vier, fünf Jahre, nachdem in Berlin die Mauer *errichtet* wurde. *Das* war *in sich* avantgardistisch, als Phänomen, unabhängig vom künstlerischen Stil, indem es den politischen Gegebenheiten um ein Vierteljahrhundert voraustrabte. Nur, indem – übrigens in fast allen Künsten – allmählich die klassischen Kategorien zerbröselten, die »Materialien zerfielen«, wie ein Kritiker im Zusammenhang mit Proust gesagt hatte, mußte sich inhaltlich der Begriff der Avantgarde notgedrungen ebenfalls in Nichts auflösen. Und just das ist das Problem: Seit nämlich ein Mann wie Jimi Hendrix im Alleingang die Rock- und die Jazzgitarre in eins brachte – so jedenfalls sehen es Leute wie McLaughlin, wenn sie den Blues als größten gemeinsamen Nenner implizieren –, ist kaum mehr zu bestimmen, wo »Avantgarde« anfängt oder aufhört. Aufhören kann sie nicht, es sei denn, die Kunst bliebe stillestehn: Sie ist ein Kontinuum, ein immer schneller fahrender Zug, auf den aufzuspringen für Chronisten deshalb fast unmöglich ist, weil sie in dem Moment abgeworfen zu werden drohen, da sie den Blick auf einen bestimmten Punkt fixieren. Insofern wird dieses letzte Kapitel kurz und diffus sein. Und es wird fragmentarischer sein als alle vorigen. *Und* es wird noch weni-

Die Avantgardisten: free style und Improvisation

ger über die Musik aussagen können. Hier scheint nämlich oft die Grenze zwischen Substanz und Scharlatanerie noch vager als sonstwo. Ich setze den Kursor auf Attila Zoller und sage: Seine Platte mit Don Friedman war der Beginn des Free Jazz für die Gitarre. Und ich meine Free Jazz, wenn ich von »Avantgarde« rede, bzw. Musiken, die man heute auch New Wave, New Jazz oder Improvised Music nennt: Namen sind Krücken, mehr nicht.

Attila verläßt Europa Mitte der 60er Jahre, genau zu der Zeit, als – schon da ist England, ausgerechnet das konservative post-Cromwell'sche Merry Old England, Vor-Läufer! – der 1932 geborene **Derek Bailey** mit Tony Oxley, dr, und Gavin Bryars, b, daheim in Sheffield im »The Grapes« im Trio spielt und mit seinen Partnern beschließt, nach London zu ziehen, um die dortigen größeren Karrierechancen zu nutzen. 1966 ist das. Und Baileys Umzug an die Themse ist für ihn auch der Startpunkt eines *never look back*, das fortan seine Musik transportieren wird. Derek beginnt bald, Platten zu machen, auf Incus 2 die *Derek Bailey Solo*, ein erster spürbar harter Schlag ins Gehege herkömmlichen Gitarrespiels, dann seine *Improvisations*, seine *Guitar Solos*, dann – auf dem Münchener ECM-Label – die *Improvisations for Cello and Guitar*, bis hin zu den *Drops*[536] und weiter, immer weiter bis zu seiner 1990er *Figuring* mit Barre Phillips. Er probiert diverse, immer kleine Besetzungen aus, im Frühjahr 1991 noch ein Trio mit Tristan Homsinger, ce, und Peter van Bergen sax/bcl; aber er konzertiert mit Vorliebe solistisch. 1977 bekommt er von *Down Beat* den Kritikerpreis als Gitarrist, der größere Aufmerksamkeit verdient, obwohl er, seltene Ehre, bis dato noch gar nicht in den USA aufgetreten ist. Und in *Impetus* versucht der Kritiker Kenneth Ansell des ES-175-Spielers völlig ungewohnten, frei improvisierten Jazz zu beschreiben:

> Er hat der elektrischen Gitarre ein einmaliges Vokabular erschlossen, das er in seine Solo- und Ensemblearbeit einbindet. Im allgemeinen bevorzugt er einen spröden, kargen Klang in seinen stets provokanten Vorträgen und eine gewisse Art des trockenen Humors, der fast unmerklich auf den Hörer überspringt. Er sitzt und konzentriert seine Energien auf sein Spiel und das der anderen um ihn und bringt einen stetigen Fluß an Einfällen hervor. Er benutzt trockene Akkorde, aggressiv angerissene Einzeltöne oder, durch eine Kombination von Wah-wah- und Volumenpedal, Klänge, die sich gleichsam in der Luft bilden, um wieder zu vergehen...[537]

Er selbst hat sich bereits drei Jahre zuvor geäußert, insbesondere hinsichtlich des Atonalitätsbegriffs, der in seinem Zusammenhang stets sehr schnell auftauchte:

Derek Bailey (geb. 1932), rechts neben Anthony Braxton, gilt als der Gitarren-Vater des Free Jazz, ohne den die Garde der Kaiser, Chadbourne, Frith & Co nicht denkbar wäre. Wer ihm lauscht, braucht die klassischen Harmonielehren nicht mehr parat zu haben – 70 Jahre nach den futuristischen Geräuschprovokationen in Italien und England

Die Avantgardisten: free style und Improvisation

Ich mag das Wort Atonalität nicht, weil es auf bestimmte enge Assoziationen eingrenzt: Schönberg und diese Art früher Zwanzigstes-Jahrhundert-Bäng-Bäng-Musik und Webern ebenso (Pscht-Pscht-Musik); ich denke statt dessen an *Non*tonalität. Ich glaube einfach, daß sehr wahrscheinlich heute der einzige Weg zu neuer Frische in der Musik durch die Improvisation führt. Es gibt aber noch etliche andere Gründe, warum ich an Improvisation interessiert bin, aber diese Sache von wegen »Musik des Augenblicks« – ich glaube, ich stimme da zu. Die temperierte Skala ist doch wirklich ein Witz. Ich hätte nie gedacht, daß einer die fünfzig Jahre lang ernst nehmen kann. Kein Jazzmusiker hat die ernst genommen, egal, ob bewußt oder nicht.[538]

»Jazz oder nicht Jazz?« fragen sich die Kritiker. Das erinnert an die Reaktionen auf den Bop in den 40er Jahren. Die Zeiten ändern sich; Kunst bedeutet Evolution. Die Neuigkeiten von gestern sind das Einwickelpapier von morgen«, schreibt Norman Mongan sehr treffend zu dem gesamten »Free«-Komplex. Kunst *ist* Evolution. Aber manchmal, manchmal ist sie auch *R*evolution. Bailey jedenfalls, der die Saiten kratzen und zischen ließ, hinter dem Steg anriß und Geräusche statt »Musik« hervorzubringen begann, trat eine Lawine los.

... einige Söhne...

Die *Village Voice* nannte ihn den »Jackson Pollock der Gitarre«, andere sagen, seine Musik klinge, als träfe Ornette Coleman auf die Hardrock-Gruppe Motörhead. Er selbst hält sich für einen Saxophonisten, den das Asthma zur Gitarre zwang und für einen Gitarrespieler, der als verhinderter Bläser am liebsten alle Akkorde vom Griffbrett vertreibt. Von gegriffenen Saiten hält er auch nicht so furchtbar viel; er meint, *drones*, ergo: Bordune oder leere Saiten, kämen einem Horn noch immer am nächsten. Und *wenn* er sich in Mehrstimmigkeiten verirrt, dann – auf einer seiner Les Pauls mit Jazz-Saitenlagen – macht er das so wie ein Coleman oder Mangelsdorff: als wär's Überblasen. Seine Poetik ist ähnlich »fraktal« gezimmert und damit, schlau, schlau, von jener amerikanischen Einfachheit, die notorisch, wie Gertrude Stein im Paris der Roaring Twenties auf ihren Dichterkollegen Ezra Pound bezogen monierte, *village explaining* hervorbringt: Pseudo-Gescheites für reichlich Doofe: Schönheit stecke in allem, spricht dieser Gitarrespieler bedeutungsschwer, »sei es die zerbrechliche Schönheit einer Schneeflocke oder die furchtbare Schönheit eines ausbrechenden Vulkans...«[539] Mark Dery gehört zu den Menschen, die damit offenbar viel anfangen können. Er schreibt:

Er hat jene unorthodoxe Schönheit mit unorthodoxen Techniken gesucht, ungefähr auf jene Weise, in der ein Sammler einen seltenen Schmetterling mit einem besonderen Netz verfolgt. [Er] ist ein musikalischer Polyglott, und sein Stil trägt die Prägung ungefähr eines runden Dutzends Einflüssen. Mit einem schweren *lap-steel bar slide* stößt er maschinengewehrhafte *doublestops* aus, die sich nach Blind Willie Johnson anhören, und wimmernde

...einige Söhne...

Glissandi, die das Quieken und Winseln von Pharoah Sanders' Saxophon paraphrasieren. Sein schwer akzentuiertes, stark synkopiertes Durchschlagen erinnert an Bo Diddley, seine shuffle-artigen behind-the-beat-Rhythmen an den ›stride‹-Pianisten Professor Longhair aus New Orleans. In seinen Einzeltonlinien kombiniert er Volumen, Verzerrung und perkussiven Anschlag, um Höhen zu erreichen, die so reich an Obertönen sind, daß sie sich fast akkordisch anhören und an die multiphonen Melodien von Saxmann Ornette Coleman erinnern.[540]

Der Mann, der alles für schön erklärt und damit konsequenterweise auch das eigene Gitarrespiel meinen muß, heißt **Warren Harding (»Sonny«) Sharrock** (*1940) aus Ossining, New York, und ist ein Mann, an dem sich die Geister allenthalben recht heftig scheiden – in vehemente Zustimmung und Bewunderung und jene Ablehnung, die man auf Scharlatanerieverdacht gründet. Sonny trieb sich erst in der Harlemer Gang-Szene herum, sang dann in einer Doo-Wop-Gruppe eine Musik, für die er heute noch ein Faible hegt, begrub mit reifen 20 Jahren den Wunsch, ein Jazzbläser zu werden und griff zur Gitarre, einer Harmony mit DeArmond-Pickup. Das Studium der öden Mel-Bay-Lehrbücher bekam er schnell dicke, spielte stattdessen lieber in einer Jazzgruppe ganz praktisch drauflos und erfuhr die Erleuchtung seines Lebens, als er im Radio eines nachts Miles' und Tranes »Kind Of Blue« hörte. 1961 zog er mit seiner neuen Guild-Archtop nach Berklee, wo es ihn gerade ein paar Monate hielt, als »der 24stschlechteste Spieler von 25.« Zurück nach Ossining zog es ihn und dann nach Kalifornien, wo er ein Weilchen in einer Gruppe Standards spielte. Am Silvesterabend 1962/63 erlebte er – Kreativschock seines Lebens – Coltrane, Albert Ayler und Cecil Taylor live in Manhattan. Über Taylors Altisten Jimmy Lyons geriet er an den Arrangeur Rheet Taylor, bei dem er bis 1964 Komposition studierte. Bei ihm traf er Sun Ra, den kosmomanischen Jazz-Futuristen, und über den kam er in das Ensemble des nigerianischen Perkussionisten Babatunde Olatunji. Sonny zog in die Lower East Side, nebenan übte Pharoah Sanders am offenen Fenster, Sonny übte Läufe zu Miles' rasend schneller »Milestones«-Fassung auf *Miles in Europe*. Und als er da mithalten konnte, war er technisch reif für Sanders und die Mitwirkung an dessen LP *Tauhid* (vergriffen), mit Dave Burrell, p, Roger Blank, dr, und Harry Grimes, b: Sharrock schabt und kratzt wie Fred Frith und entfacht mit dem Slide-bar wahre Höllen. »Ich bin ein Romantiker«, sagt er, »aber es gibt bestimmte Gefühle, die mächtig verletzen können; und das ist es, was ich erreichen will. Ich möchte mit dem, was ich spiele, ein Gefühl erzeugen, irgendwas, das verletzt.« Das klappte seither ganz wunderbar, wenn man von den fünf Jahren bei Herbie Mann 1969/74 absieht, mit dem er u. a. die *Memphis Underground* und die Live *At The Whiskey A Go Go* einspielte. Von 1966 an hatte er mit seiner nachmaligen (und später geschiedenen) Frau, der Free-Vokalistin Linda (dann Lynda) Chambers zusammengearbeitet und Platten wie *Black Woman* (auch vergriffen) gemacht, schön verletzende Kollektivimprovisationen voller artikulierter rassischer Ängste, in Duos

Die Avantgardisten: free style und Improvisation

und Gruppen, und dann spielte Sharrock bei Don Cherry mit (*The Eternal Rhythm*), bei Wayne Shorter (*Super Nova*), mit Vitous und Steve Marcus und auf der B-Seite der *Jack Johnson*-LP von Miles:»McLaughlin benutzte einen Wah-Wah, und ich hatte den Echoplex, und Chick [Corea] bastelte 'rum, als ich dran war, fummelte mit dem Band 'rum und manipulierte die Geschwindigkeit«, erinnerte er sich.[541] Als seine Ehe welkte, zog Sonny sich zurück und kehrte zwei Jahre später wieder, auf Vermittlung von Bassist/Produzent Bill Laswell, und zwar als Anheizer für James»Blood« Ulmer. Das gab neuen Anschub,»der alte Mann der ›out‹-Gitarre« legte eine ganze Reihe Platten vor, u.a. die Enemy-LP *Guitar*. Er führte sein eigenes Sextett, spielte mit Laswell, Ronald Shannon Jackson und Peter Brötzmann in Last Exit und machte kürzlich ein Album mit dem Gitarrenkollegen **Nicky Skopelitis**, der neben normalen Solidbodies auch Ud, Saz, elektrische Sitar und Banjo zupft.[542]

»Down South, da gab's zwei Arten Blues«, sagt ein anderer,

eine, die verboten war und eine, die's nich' war. Mr. Johnny Wilson und Mr. Alton Smith spielten beide Blues. Alton Smith wohnte bei mir, und Mr. Johnny Wilson wohnte die Straße 'rauf – er hatte Zwillingstöchter, mit denen ich prima längs kam. Mr. Johnny Wilson spielte immer irgendwelchen Scheiß auf der Gitarre, der einen richtig *bums*geil machte, und Mr. Alton Smith spielte 'n Blues, der vollkommen anders war. Ich hörte Mr. Johnny Wilson so gerne Blues spielen, und dann bin ich immer da hoch und hab' versucht, ihm zuzuhörn. Bloß jedesmal, wenn ich Mama was davon erzählte, gab's 'n Arschvoll, bloß weil ich Johnny Wilson zugehört hab'. Wenn ich Alton Smith zugehört hätte, hätt' ich nie'n Arschvoll gekricht – weil, bei ihm klang's nich' so rauh.[543]

Ganz klar, **James Ulmer** (*1942) mag den *dirty* Blues von Johnny Wilson extrem lieber, und weil das so, wurde der Mann aus St. Matthews in South Carolina später auch die gitarristische Symbolfigur der Knitting Factory, diesem Synonym für *free as free can*. Immerhin war dieser wirkliche schräge Vogel sogar der Nachrichtenbibel *Newsweek* eine Coverstory wert, und von *Rolling Stone* bis *Down Beat* lab(t)en die Fachgazetten sich an des Wilden Mannes seltsamem Musikspiel, das als einflußreich für ihr eigenes durchwegs Rockgitarristen bezeichnen, Andy Summers, Vernon Reid & Co. *Newsweek*, nun nicht gerade ein Hort für schreibende Jazzexperten, nannte ihn 1982 immerhin »den originellsten Gitarristen seit Jimi Hendrix und Wes Montgomery«, was immer dieses »originell« zu bedeuten hatte. Allerdings – hi, Wes! – spielt James mit dem Daumen, das ja.»Stilt« Ulmer, aus dem nach der Schulzeit in der Nähe von Pittsburgh »Youngblood« dann »Blood« wurde, ist für den »Jazz« ungefähr das, was die Drei-Akkord-Rocker für die Punkmusik sind: simpel, krude bis zum Gehtnichtmehr und der Blenderei unter allen Zupfern am meisten verdächtigt: Man mag dem aufsitzen oder nicht: Bahnbrechend ist Blood Ulmer, der noch nach 30 Berufsjahren nicht Gitarre spielen kann, just dieserhalb, und daran ändern auch die Nähe zu Ornette Coleman und Prädikate wie »funky«, »hardrockig«, »atonal« oder »harmolodisch« nichts, wobei letzteres, ein Begriff aus der Theoriesprache Colemans, »eine disziplinierte, prozedurale Ausführung der sogenannten freien Improvisation« sei, »welche die Bewegung durch unterschiedliche Tonarten oder tonale Zentren ohne Rückkehr zu regulären, vorprogrammierten Akkordstrukturen einbezieht.«

Angefangen hat der jazzende Spökenkieker ganz anders, nämlich als Popspieler bei Gruppen wie den Savoys und dann den Del-Vikings, die später den Bindestrich ab- und sich den Sänger Gus Backus zulegten, der noch später in West Germany mit einfältigen Liedchen von Bohnen »in die Ohren« und ähnlichem für provinzielle Hitparaden-Erbaulichkeiten sorgte. Da sang er noch zu seiner Silvertone, aber nicht lange, denn »[D]amals bekam die Gitarre nicht das Solo – der Gitarrist war nichts weiter als ein Backup-Mann. Man mußte einfach Akkorde und Rhythmus schrubben, um den Job zu kriegen.«[544] Pittsburgh, das war auch George Bensons Stadt, und als Blood ihm begegnete, änderte sich sein Kurs. »Jedesmal, wenn er mich sieht, erinnert er mich daran, daß er mir das Gitarrespielen beibrachte. Und er hat das wirklich.« Blood war damals ungefähr 18 und Benson 13, 14. Da Ulmer aus dem Süden war, verstand er einiges vom Blues, nichts aber vom Jazz-Comping. Und noch immer schätzt er Grant Green, Kenny Burrell und die Gitarristen bei Jimmy Smith vor allem wegen des Comping. Und durch George war er vom Daumenplektron ab und auf den kahlen Daumen gekommen und dann über eine Strat zu einer Gibson Byrdland, die er – neben einer zweiten – noch heute spielt. 1963 lebte er in Columbus, Ohio, wo er seine eigene Crew namens »Blood and the Bloodbrothers« hatte, die Chuck Jackson, Dionne Warwick und andere Gäste des örtlichen 502 Club beehrten. Zwei Jahre später stieg er bei Organist Hank Marr ein, der ihn mitnahm nach Europa, wodurch er den Saxisten George Adams kennen- und schätzenlernte: Zuvor hatte er noch kein von Miles und Coltrane geprägtes Free-Spiel erlebt, und mit Hornspielern tat er sich offenbar grundsätzlich schwer, bzw. sie mit ihm. Woody Shaw jedenfalls habe, als Blood 1973 kurz bei Art Blakey spielte, laut und deutlich gesagt: »Kann mal jemand diesen Motherfucker ein Stück 'runterdrehn?« Dann zog er weiter, nach Detroit, wo er am Metropolitan Art Complex Gitarre unterrichtete und sich als Live-Spieler in völlig entgegengesetzten Gefilden betätigte: Im James Ulmer Trio machte er »kommerziellen Jazz«, in seiner nagelneuen Truppe Focus Novii (mit tp und tb) pflegte er das, was ihn heutzutage zum gefeierten und/oder verdammten Gitarren-Outlaw macht. Und bei Focus Novii kam er auf den Trichter seiner »Unisono-Stimmungen«, angeblich um die Oberschwingungsquinten zu melken und dichte polyrhythmische Bordunwirkungen mit seinem Daumen erzielen zu können: E-E-H-e-h-e', D-D-A-d-a-d' und ähnliches. Seine solistische Blue-Note-LP *America, Do You Remember The Love* bietet etliche Beispiele. »Ein *drone* [i.e. Bordun] ist für mich wie eine Tonart. Du bist im Unisono, du hast keine Akkorde. Aber du kannst das tonale Zentrum der Gitarre bewegen; und wegen

Die Avantgardisten: free style und Improvisation

der Dicke der Saiten klingt jedes tonale Zentrum anders. Das einzige, was ich mache, ist, das Tonartzentrum zu verändern, indem ich auf der tiefen E-Saite spiele.« D. h., die hat er, je nach Song, je nach Tonart, zuvor entsprechend hinunter- oder hinaufgestimmt.

Detroit verließ er dann auch, angeblich aus »musikalischer Frustration« und weil wohlmeinende Leute ihm gesagt hatten, geh nach New York, da findest du die richtigen Leute und Jobs. Das war auch so: erst Blakey, dann mit eigener Gruppe Sechs-Nächte-die-Woche-Job im Minton's, wo sie eigentlich Blues spielen sollten, aber immerzu irgendwelche tonalen Zentren verschoben, nach Focus-Novii-Manier. Durch seinen Bassisten traf er den Ex-Coltrane-Drummer Rashied Ali, der einstieg. Und als der Minton's-Job herum war, spielte Ulmer in Alis Quintett, in dem er Skeptiker zumindest als überzeugender Polyrhythmiker besänftigte. Mit Blakey gelangte er zum Montreal Jazz Festival, und – Ornette Coleman verschoß sich in seine Musik. Ulmer zog gar bei Coleman ein, um seine harmolodische Theorie zu büffeln, kam dann mit der Coleman-Gruppe nach Europa, stieg bei Paul Bley ein und nahm mit Larry Young und Joe Henderson und dann weitere eigene Platten auf, von den (vergriffenen) *Tales Of Captain Black* bis zu der genannten *America, Do You...* und etlichen Platten, auch bei großen Labels wie Columbia, aber auch, mit Odyssey, auf dem deutschen Moers-Music-Label, dem Dorado der Avantgardisten...

Als *inventor of guitars and improvisor* hat sich der vielleicht überzeugendste, allemal faszinierendste und nachdrücklich eindrucksvollste Gitarrenmeister der neuesten Musiksprache, der Deutsche **Hans Reichel**, selbst bezeichnet.[545] Daß er dem amerikanischen Fachblatt *Guitar Player* mittlerweile schon zwei Features wert war, spricht Bände; daß das Zentralorgan der deutschen Jazz-Intelligenzija, *Jazzthetik*, ihm letztjährig ein Interview einräumte, erweist ihm Ehre durch Gnade mit Snob-Appeal. Immerhin: Sehr viel weiter gebracht hat es ein Gitarrist deutscher Provenienz insgesamt bisher noch nicht; und recht und billig ist es auch. Denn in Hans Reichel vereinen sich nicht nur ein außerordentlich »gitarristischer«, sensibler Spieler, der offenkundig sehr viel mehr einem eigenen, schwebend-meditativen, zuweilen durchaus asiatisch anmutendem Klangideal als dem spektakulären Effekt zustrebt *und* in der Tat ein »Erfinder«, der in seinen Anfängen vor rund 22 Jahren – er ist 1949 geboren – »Pfuscher genug war, um überhaupt zu berücksichtigen, wie Gitarren *eigentlich* aussehen und klingen *sollen*«, so daß er sich »unvermittelt in der Situation fand, das Konstruieren von Gitarren von Grund auf neu zu überdenken, in der Hoffnung auf etwas Un-Erhörtes.«[546]

Die Hoffnung *ward* erhört. Hans, der mit neun Jahren die Geige spielte, später zum Baß überwechselte, dann in Rockbands im Einzugsbereich seiner Geburtsstadt Wuppertal erste Gruppenerfahrungen sammelte und seit ungefähr 1970 hauptsächlich improvisierte Musik spielt, produzierte dann schon 1974

...einige Söhne...

auf einer kräftig veränderten Doppelhals-Gitarre mit dem elektrischen Rasierer neue Töne, stellte im selben Jahr eine Eigenkonstruktion mit zusätzlichem Pickup am *Sattel* vor und schuf Un-Erhörtes auf seiner 1978er »Vollbund-Gitarre«, einem gewöhnlichen Konzertinstrument mit über die gesamte Mensurlänge – also zwischen Sattel und dem ca. 63 cm weiter entfernten Steg – reichenden Bünden, und zwar auf seiner 1980er Platte *The Death of The Rare Bird Ymir*,[547] einem ersten überregional-deutschen Ausflug in Klangwelten, wie es sie so nirgendwo gab und geben sollte. Der Kritiker Ulrich Ohlshausen kürte den Gitarristen in einer enthusiastischen Rezension der Platte denn auch zum zweiten Anwärter – neben Albert Mangelsdorff – auf den Thron des »originellsten« (*sic!*) Jazzmusikers im Lande. Bei Reichel habe

eine stete Entwicklung zu besserer Technik und größerem Formenreichtum stattgefunden. Er baut seine Musik aus skurril wuselnden Kleinmotiven auf, die aber nicht Selbstzweck sind (wie in manchen Beispielen der Minimal Art), sondern als Elemente einer zerklüfteten Architektur verwendet werden. Die Assoziationsfülle und das Spiel mit kulturgeographisch und -psychologisch völlig verschieden besetzten musikalischen Mustern sind phantastisch. Wie Glockengeläut klingt da vieles, ein Flamenco-Akkord schleicht sich dazwischen, insistierende Borduntöne grundieren das musikalische Geschehen, von einem sich einspielenden Gamelan-Orchester scheint der Wind eine Brise Klang herüberzuwehen. Geräuschteile schieben sich in den Vordergrund, unser temperiertes System wird zerstört, um plötzlich in irgendeinem »normalen« Akkord wieder irritierend hervorzuflakkern.[548]

Im selben Jahr noch, 1980, trat Hans Reichel dann beim Nürnberger Ost-West-Jazzfestival auf, auf gleicher Etage wie Burrell und Metheny, und bestach mit seinen »Gamelan«-Klängen und seinem »Glockengeläut«, die in Wahrheit erst durch die Flageolett-Möglichkeiten seiner neuartigen Gitarre formbar geworden waren: Das Entree eines »Erfinders«, der zugleich der einzige Nutznießer und Erforscher der eigenen Erfindungen bleiben sollte.[549] Er erfand weiter, so 1986 sein äußerst eigenartiges »Dachsophon«, ein vollkommen saitenloses Klangwerkzeug, bestehend aus hölzernen Zungen, die an einer Tischplatte befestigt werden. Darüber streicht der Spieler mit einem Cellobogen, während er mit der anderen Hand ein edles Stück Holz mit neun kräftig verjüngten und skallopierten Bünden mit diesen nach unten über die Holzzungen führt und so erstaunliche Obertöne erzeugen kann:

In einer Hand habe ich eine Einrichtung mit leicht gekrümmter Oberfläche und weich auf einer Seite, so daß ich *sliding notes* spielen kann, indem ich einen Holzstab berühre, während er gestrichen wird. Auf der anderen Seite des Geräts befinden sich Gitarrenbünde, so daß man deutlich abgesetzte Noten spielen kann. Das ist alles. Wenn man mit diesem Gerät den Stab berührt, während man ihn streicht, kann man jedes simple Eßstäbchen damit zum Leben erwecken und es Klänge produzieren lassen, die man ihm nie zugetraut hätte.[550]

Und ihn reizte immer mehr die Erzeugung von Tönen *jenseits* der Mensur. Hatte er früher den Pickup am Sattel, so waren seine vorletzten Erfindungen hinter dem Sattel spielbare (und mit Bünden versehene) Instrumente, das eine fast wie ein *Stick*, die anderen wie kräftig variierte Pauls ausschauend. Seine bislang jüngste Schöpfung nun ist eine Vier-Hals-Gitarre, ein nicht minder ungewohnt anmutendes, seit langem geplantes Wunderding mit je zwei Hälsen zu beiden Seiten des Korpus und zusammen 23 Saiten:

Ich mußte für diese Arten von Gitarren eine neue Spieltechnik finden, eine Art *hammering*, eigentlich etwas dem Klavierspiel Ähnlicheres. Bei dem die linke und die rechte Hand etwas Gleiches machen, beide Hände kombiniert werden, um sehr seltsame Akkorde hinzukriegen. Ich habe niemand anderes dieses *tapping* spielen sehen – das war um 1977...[551]

Larry Coryell nennt ihn »einen der besten Gitarristen der Welt, und ich übertreibe nicht« – ein großes Kompliment für seinen Tokioter Kollegen **Kazumi Watanabe** (*1953), den Hauptexponenten des im Kirschblütenreich sehr breit gepflegten Free Jazz.[552] Im Alter von 13 Jahren fing er mit der Gitarre an, zuerst beeindruckt von Shadows und Ventures, dann von Hendrix und Clapton und dann von Reinhardt, Benson, Coryell und McLaughlin – ein ordentlicher »dante'scher« Aufstieg. Er hatte sechs Jahre Klavier hinter sich und später auch klassischen Gitarrenunterricht, der ihm seine Liebe für Bach, Tansman, Weiss und Villa-Lobos bis heute gesichert hat, und er war gerade 17, als er daheim in Japan sein erstes Album *Infinte* aufnahm. Insbesondere seine auch hier leidlich bekannte 1980er LP *To Chi Ka*[553] präsentierte ihn als harmonisch unglaublich raffinierten Spieler, der nur scheinbar mitten im Solo seine Ausgangstonart in nichts aufdröselte, um ebenso scheinbar zufällig wieder in ihr zu landen: Watanabes perfektes harmonisches Bewußtsein steuert ihn – Beispiel: ein beliebiges Stück in Cm – mit schlafwandlerischer Sicherheit durch hochbrisante Turnaround-Varianten wie

$Cm - E^bm - A^bm - D^{b7} - Cm,$

$Cm - A^bj^7 - G^bj^7 - B[=H]^7 - Cm$ oder auch durch

$Cm - B^bsus4 - A^bsus4 - Gsus4 - Cm.$

1984 wurde er mit den beiden Alben *Mobo I* und *Mobo II*[554] einer breiteren amerikanischen Öffentlichkeit bekannt, nun nicht nur mehr als ein Solist, der Flat- und Fingerpickings gleichermaßen virtuos beherrschte, sondern auch den Roland GR-700 mit besonderer Delikatesse zu nutzen wußte. Jim Ferguson schreibt: »Man stelle sich einen Spieler vor mit dem melodischen Einfallsreichtum eines John Scofield und Al DiMeolas verfeinerter Technik, und dann hat man eine *ungefähre* Vorstellung dessen, um was es bei Kazumi geht.« Bemerkenswert mag – apropos Ulmers »tonale Zentren« – sein, was Kazumi selbst zu seinem Spiel zu sagen hat, einem meist elektrischen, äußerst gespannten, provozierend kraftvollen und tonal sicheren Spiel, das bei aller Freiheit niemals den Eindruck sorgloser Formlosigkeit assoziiert:

Masayuki Takayanagi, bei dem ich mit 17 zweieinhalb Jahre studiert habe, ist ein ausgezeichneter Jazzgitarrist in den Fünfzigern. Zu jener Zeit hatte er zwei Gruppen. Eine spielte traditionell – bop-orientiert –, während die andere Seite seines Spiels auf der Linie Derek Baileys lag... Ich war sehr fasziniert von der Improvisation, und Jazz ist sehr komplex, besonders die Richtungen von Larry Coryell und John McLaughlin... Als ich Jazz zu spielen begann – improvisierte Musik –, war ich am meisten daran interessiert, wie man über ein *key center* hinausgehen kann. Ich hörte Pianisten wie Herbie Hancock und McCoy Tyner und Saxophonisten wie Wayne Shorter und Joe Henderson mehr, als ich Gitarristen hörte. Auf diese Weise habe ich meine Kenntnisse moderner Theorie kultiviert und gelernt, einen Halbton von einem Tonartzentrum weg zu spielen oder A im lokrischen Modus statt C^7 zu benutzen...

... und jede Menge Enkel

Und noch mal ein bißchen *name-dropping*, als da wären: in den USA und Kanada **Bruce Johnson**, **Sarnie Garnett**, **Bruce Wallace** und Lloyd Garber unter den jüngsten Free-Exponenten zuzüglich **Reggie Lucas** und seine Miles-erfahrenen Kollegen **Pete Cosey** und **Dominique Gaumont**; dann **Mark Lampariello** bei **Hank Roberts'** Birds Of Prey und Roberts selbst, solange er noch Gitarre spielte, bevor er das Cello bevorzugte; bei Henry Kaiser noch Jim O'Rourke wie bei Fred Frith (*Just Guitars*) die Gitarristen **Mark Howell**, **René Lussier** und **Nick Didkovsky**. In Deutschland oder mit deutschen Kollegen verbunden sind oder waren **Achim Knispel** (*Strapse*), der seit jener LP für FMP offenbar nichts mehr vorgelegt hat, am Rande zum Rock auch **Peter Wölpl** auf der bereits genannten *Global-Guitar*-CD, **Wädi Gysi** und **Katzuhisha Uchihasi** in ihrer jüngsten Kooperative mit Hans Reichel, dann **Rudi Trögl** und, bei Acoustic Adventure, **Heinz Affolter**, sowie *last not least* der höchst erstaunliche junge **Kalle Rademacher** als Interpret eigener Kompositionen.

Und dann die »Exoten« – **Jin Hi Kim**, der bei Eugene Chadbourne eine sechssaitige Changgo spielte, **Erkan Ogur** aus der Türkei, der mit einem E-Bow[555)] den Ney-Klang seiner Heimat imitiert. **Keith Rowe** bearbeitet seine auf dem Tisch liegende Gitarre als *table guitar*, wozu der Leipziger New-Jazz-Experte Bert Noglik schrieb:

Als Keith Rowe an einem Silvesterabend beschloß, die Gitarre im nächsten Jahr nicht mehr zu stimmen, war es nicht nur um die musikalische Temperatur geschehen. Auch das Koordinatensystem der übernommenen Spieltradition war aus den Fugen geraten. Von da aus bedurfte es nur eines Sprunges zur Table Guitar, zur Präparation, zum Umgang mit Präparation und Transistorradios. Von ungewöhnlichen Spieltechniken bis zur Umgestaltung und Neudefinition des Instrumentariums, Vermischung zufälliger und gesteuerter Sounds. Collagen und Objets trouvés, abstrakter Expressionismus und Colourdripping im Bereich der Klänge...[556)]

Die Avantgardisten: free style und Improvisation

Und dann wären da noch **Nguyen Lé** in Andy Emlers Megaoctet und **Tim Donahue**, der *fretless* spielt; **Enver Izmailov** strebt Synthesen aus Free Jazz und türkischer Percussion an. Aus Mali kommen **Fotigui Keita, Fanta Mady** und **Djelimady Tounkara**, aus Südafrika **Albert »Nkaka« Khumalo**, derweil in Italien **Lucilla Galezzi** freies Spiel mit freier Vokalistik kombiniert (»Il Trillo«). In Litauen improvisiert **Juozas Milasius**, in Polen mit dem Gitarrensynthesizer **Janusz Poplawski**. Yoshiaki Masuo, der 1975 die die p/g-Duoplatte *111 Sullivan Street* (East Wind/Phonogram EW-8020) vorlegte, hat inzwischen bei Sonny Rollins gespielt, in Israel fällt mehr und mehr der Ethno-Tüftler **A. A. Strauss** auf, in Holland probiert **Wiek Hijmans** zwischen Klassik, Rock und Fusion auch alles an frei improvisierter Musik auf akustischer wie E-Gitarre aus; und bei Lester Bowie spielt zur Zeit **Jean P. Bourelly**.

Von Williams via Wittwer zu Kropinski...

Warum sollten Gitarristen nicht probieren, was Poeten, was Maler, was Theater-Autoren schon Dekaden vor ihnen probiert hatten, indem sie ein verführbares, nach Neuem gierendes Publikum qua Kulturschocks selig stimmten? Hört man **Davey Williams** (*1953), dann wird sehr deutlich, wie sehr die Gitarrenmusik etwa den futuristischen Protuberanzen der Marinetti & Co. hinterherhinkt: knappe 80 (in Lettern: *achtzig*) Jahre. Davey kam ganz aus dem Blues, verließ aber, orientierungslos geworden, Johnny Shines' Band 1971:

> Von 1974 bis 1977 habe ich keine einzige Note angeschlagen... In jener Zeit gehörte ich einer surrealistischen Gruppe an, die sich Glass Veal Group nannte, und im Prinzip haben wir Musik ohne Regeln veranstaltet, indem wir systematisch Wohnungseinrichtungen zerdeppert haben. Wir gingen einfach 'rüber zu Leuten in deren Wohnung und haben Zeug zerschmissen. Wir nannten das »Kopfschmerzmusik«. Wir waren ernsthaft beeinflußt von den surrealistischen und den Dada-Prozeduren in der Kunst und der Literatur und versuchten, diese Art von Hysterie ins Musikmachen zu übertragen. Wir probierten, was man einen »automatischen« Zustand nannte, spielten fast unbewußt und versuchten, uns auf den Augenblick einzustimmen, ungefähr so, wie Tristan Tzara, der Dada-Poet, das gemacht hat.[557]

Noch heute kombiniert Davey gern die Lektüre eines Buches mit dem Üben von Läufen, um jedes Vor-Denken der Töne auszumerzen, derweil er in seiner anschaulicherweise so genannten »Spottdrossel-Methode«, die er auf dem Cover seiner LP *Criminal Pursuits*[558] erläutert hat, versucht, einen Riff ohne nachzudenken zu spielen und ihn dann so oft wie möglich zu wiederholen: »Ich habe versucht, mit ihnen [den Spottdrosseln im Süden der USA] mitzuspielen, aber die sind mir *meilen*weit voraus – so schnell, daß es schon unglaublich ist, mit diesen Zwei-Oktaven-Sprüngen und plötzlichen Tonveränderungen.« Und dann stieß er bei einem Freund auf einen polierten Stein, einen *egg beater*, und kam auf seine Idee der »Objekt-Gitarre«: Erst mit dem Stein und dann mit diversen anderen Objekten erzeugt er dadurch nie vernommene Laute, daß er die Objekte in direkten Kontakt mit dem Gitarren-Pickup bringt und dann darüber mit einem Bogen streicht. »Etwas, das ich von Man Ray, dem surrealistischen Fotografen – der seine Fotos so weit vergrößerte, daß nichts mehr darauf zu erkennen war – gelernt habe, ist, daß man auf dem Tonabnehmer ganz winzige Geräusche machen kann, die, wenn genügend laut verstärkt, völlig verwandelt würden.«

Aus Norwegen kommt ein höchst erbaulicher neuer Gitarrist, dessen Suche nach neuen Wegen sich Debussy-haft fragil auf elektrischen, impressionistisch schön auf akustischen Instrumenten vollzieht, auf letzteren beinah modern-klassisch, außerordentlich überzeugend in Stimmführung, Artikulation und Harmonisierung, dicht, komplex, nie zufällig anmutend und deshalb bei aller freien Modernität so »greifbar«, so kommunikativ, daß man sich unwillkürlich fragt, warum solch anspruchsvoll-schöne Art von Gitarrespiel heutzutage so selten anzutreffen ist. **Odd-Arne Jacobsen**s »Story I« beispielsweise, von seiner CD *Autumn Rain in May,*[559)] wäre durchaus denkbar als übernehmbar von Gitarristen wie Leo Brouwer, John Williams, Elliott Fisk oder ähnlich aufgeschlossenen Meistern ins »bürgerliche« Konzerthallen-Repertoire. Zum anderen bleibt sein sehr schönes Zusammenspiel mit Zheng Hong-Hong auf der 23saitigen Chêng (oder Zheng), einem der kleineren Kou Chêng mit ihren nur neun Saiten ähnlichen chinesischen Vorfahren der japanischen Koto-Harfe, nie im bloßen *Versuch* der Synthese stecken, sondern gehört zum Vollkommensten, was an solcherart instrumentalen Begegnungen je zu hören war, egal, ob Odd-Arne zur Chêng den Roland-GR-707-Controller, den GR-50-Gitarrensynthie oder das natürliche Holzinstrument spielt. Diese Musik zielt so gut wie nie auf Effekt oder Schock, sondern mit Vorliebe auf Meditation, auf jene garantierte innere Ruhe, wie sie einst Tony Scott in den Trialogen mit Koto und Shakuhachi auf seiner überwältigenden *Music For Zen Meditation* pionierhaft vorgestellt hatte. Der Reife, der Vollkommenheit des Spiels der Instrumente je für sich wie im Zusammenwirken ist nicht zu widerstehen, sie zieht in Bann und vermittelt eine harmonische Grundstimmung, die so ganz dem avantgardistischen Provo-Zeitgeist à la Knitting Factory widerspricht – eine Offenbarung für Emotionsästheten, ohne ätherische Abgehobenheit und ohne jeden Anhauch von New-Age-Flachsinn, überraschend in ihrer Makellosigkeit, die auch die elektrische Gitarre immer als ein Instrument mit Wurzeln aus purem, warmem Holz zu verstehen scheint.

Als gäbe es Heinz Affolter bzw. Pierre Cavalli nicht: »Unter den vielen guten Schweizer Gitarristen (Christy Doran, Giancarlo Nicolai, um nur die zu nennen) ist **Stephan Wittwer** seit Jahren der radikalste, wildeste, ungebärdigste. Ein Fundamentalist des elektronisch manipulierten Saitenmaterials, viel zu explosiv,

Die Avantgardisten: free style und Improvisation

um auf Vorbildern wie Sonny Sharrock oder James ›Blood‹ Ulmer behaftet zu werden, die in den Anfängen des Autodidakten wohl eine Rolle gespielt haben mögen«, schrieb Peter Rüedi in der *Weltwoche* und fuhr fort:»Wittwer war viel zu neugierig auf die *ganze* Musik, den ›Rhythm and Blues‹ ebenso wie die Neue Musik, von dem, was auf der Jazzgitarre sich von Charlie Christian oder Django Reinhardt bis John McLaughlin ereignete, einmal abgesehen.« Und: »Wittwer ist einer der letzten Mohikaner einer Avantgarde, die nicht in säuerlicher Publikumsverachtung ihre Erfolglosigkeit zum trotzigen Lebensgefühl umstilisiert..., sondern gegen die voreiligen Versöhnungen anrennt, weil sie nicht anders kann...«[560]

Ach ja. Stephan Wittwer (*1953) hat jedenfalls mit Hans Reichel, Buschi Niebergall, Paul Lovens und Radu Malfatti gespielt, hat Ende der 70er noch – mit Diplom 1980 – klassische Gitarre gelernt, dann mit Ernst Thoma, Andres Bosshard und Alfred Zimmerlin zwischen 1980 und 1984 in der Gruppe Polyphonie Zürich und dann mit Christy Doran und Fredy Studer in der Formation Red Twist And Tuned Arrow, aber auch mit Irène Schweizer und John Zorn gearbeitet – eine beachtliche Musikerbiografie.»Ich finde, man kann es so darstellen, daß die Musik, wie ich sie verstehe, wirklich etwas grundsätzlich Sinnloses ist«, meint Wittwer selbst, und dann noch:

Ganz jung habe ich nur E-Gitarre gespielt. Aus allen Schulen rausgeflogen, beschloß ich schon sehr früh, Musiker zu werden; allerdings hätte ich damals, mit 15, nie daran gedacht, aufs Konservatorium zu gehen. Das Konsi war gewissermaßen der Feind und hatte mit der Musik, die mich interessierte, fast nichts zu tun. Ich war eher auf der Seite Untergrund, Sechziger-Jahre-Subkultur.[561]

Irgendein Kritiker jedenfalls reagierte auf Wittwers Live-Album *World Of Strings*[562] mit dem schönen hilflosen Begriff vom»Noise Rock Free Jazz«, und in einem Züricher Wittwer-Feature schrieb Patrick Frey dazu:»Aber dieses Schlickige, die Hetzjagden über die Riffgebirge des Trivialen, sind ernst zu nehmen, und zwar gerade dann, wenn sie mit erbarmungsloser Präzision Aspekte des Vulgären oder Billig-Brutalen hörbar machen.«[563] Na bitte, so kann man das sehen: Die genannte Platte allerdings ist nichts anderes als vorsätzlich nervenzerrüttend, von den bis zur Unerträglichkeit und nicht mehr zu überbietenden Banalität wiederholten, groben *rasguedas* in»The Rite of String« quer über alle Saiten bis hin zu der 15-Minuten-Zumutung»Down Home« mit ihren bis zur Unkenntlichkeit zersetzten Pseudo-Arpeggios mit Up- und Downstrokes: So etwas hört man maximal einmal, die krude Provokation wenigstens ist gelungen, die Sinnfrage erstickt – Trash, nicht beispielsweise zu vergleichen mit James Emerys Spiel im *String Trio of New York:*[564] Emery kam aus Youngstown, Ohio, zog nach Cleveland um, und dort spielte er erst klassisch und dann Blues, Rock und Jazz und musizierte schon 1973, nun fest in New York, mit Leroy Jenkins, Jerome Cooper und Anthony Braxton, durch die er zu dem Violinisten/Flötisten Billy Bang stieß. Erfahrungen auch im Human Arts Ensemble machten ihn dann zu einem idealen Partner von Bang und Bassist John Lindberg, mit denen er auf dieser Platte – auf normaler und eine Oktave höher gestimmter Soprangitarre – von Jazz, Folk, Klassik und sogar Popmusik interagierend ausschwärmt zu Freiheiten des »kollektiven Theaters«, wie Nat Hentoff das auf dem Cover nannte, gespickt mit einer sehr kommunikativen Mixtur aus Humor, Romantizismus und Poesie, die auch dort noch deutlich durchschlägt, wo Emery sehr wild und sehr elektrisch wird – kollektive Improvisation der stets zugänglich bleibenden Art.

Diese beiden stellten sozusagen die unangefochtene Spitze des jazzgitarristischen »Eis«bergs der DDR dar und bilden mit Hans Reichel und dem jungen Kalle Rademacher *das* nunmehr gesamtdeutsche Kleeblatt im Bereich neuer Gitarrenmusik, das sich den Erfolg bis hinein in die Seiten des amerikanischen Magazins *Guitar Player*, einer Art »Spiegel«, »Time« oder »Newsweek« der Zunft, erspielt hat. Der eine, **Helmut (Joe) Sachse** spielte in der DDR noch Ende der 70er Jahre in der Gruppe Osiris um den Saxophonisten Manfred Hering und zog dann das Musizieren in Trio- oder Quartettformationen vor.[565] Doch erst in den letzten Jahren ging Joe diesen Weg ganz bis zu Ende und landete im elektrischen wie akustischen *Solo*-Vortrag, wie er das auf seiner Live-CD *European House*[566] demonstriert, ohne Tricks und doppelte Böden. »Was zu hören ist, wurde live eingespielt«, schrieb Noglik dazu, »ohne Overdubs und ohne Effektgeräte. Im Wechsel von rhythmisch-perkussiven, harmonischen und melodischen Bauelementen, oft auch in enger Verknüpfung und Überlagerung unterschiedlicher Methoden und Spielweisen scheint Sachses Persönlichkeit durch. Leichtigkeit und Geläufigkeit, ja eine beinahe artistische Beweglichkeit verbinden sich mit Hintersinn und Formbewußtsein... Ein Gitarrenspieler [und Flötist] mit der Expressivität eines Saxophonisten – erprobt beispielsweise im Duo mit Peter Brötzmann«, aber auch im Spiel mit Reichel und John Russell, David Moss, George Lewis, Jon Rose, Tadashi Endo wie Jack Bruce oder in den Gruppen Doppelmoppel und Joint Adventure. Sachse balanciert waghalsig, mit dem Mut zum ganz bodenständigen »dirty«-Spiel, zwischen Blues- und Jazz-Wurzeln und einer Freiheit in der Artikulation und im Vokabular, das auf eigenartige Weise zugleich vertraut und »*way out*« wirkt, dabei die technisch- und anatomisch-gitarristischen Möglichkeiten nach bestem Vermögen ausnutzend, inklusive *tapping*, nie zu starker Anzerrung, *dropped tunings* und »bongo«-artigem Korpusspiel: Indem Sachse musikalisch behutsame Schritte voraus tut, wird er alldem, was das Urtypische des Instruments angeht, erstaunlicherweise immer gerechter, so daß sich bei ihm wie sonst nirgendwo so janusköpfig die saitenkratzende Ursprünglichkeit klassischer Delta-Spieler mit modernen Erkundungen verbindet, bewußt ungeschliffen, »unfrisiert«, völlig unprätentiös, »down home«, ganz entspannt im Hier und Jetzt und dazu offenbar weiter vom Ausprobieren elektronischer Zusatzeffekte entfernt als zu 80er DDR-Zeiten.

Die Avantgardisten: free style und Improvisation

Sein damaliger wie heutiger Landsmann und zeitweiliger Kollaborateur bei den Bauer-Brüdern heißt **Uwe Kropinski** (*1952), und auch er widmet sich immer intensiver dem Solospiel. Uwe begann mit 14 das Gitarrespiel, machte von 1967 bis 1975 hauptsächlich Rockmusik und studierte zwischen 1973 und 1977 an der Ostberliner »Hanns Eisler«-Hochschule für Musik. Von ihr aus führte ihn der Weg ins Conny-Bauer-Quartett und dann -Trio, und bereits im ersten Frühjahr nach der Hochschule gab Kropinski sein erstes Solokonzert, um sich hernach mit Drummer Peter Gröning in eine Duo-Besetzung zu begeben, wie sie Jazzern allenfalls durch das Tandem Jack Marshalls und Shelly Mannes in Kalifornien bekannt sein dürfte. Daneben musizierte er – vor Toto Blanke – im Duo mit Rudi Dašek und dann auch im eigenen Quartett und unterrichtete selbst an der »Hanns Eisler«-Musikhochschule. Kropinskis Modernität lauert zum einen im Detail, in der kleinen Wendung einer unterlegten zweiten Linie, einem *chord change*, einem überraschend plazierten Pralltriller, einem kontrapunktischen Baßlauf, wie in dem Stück »Für Alle« aus seinem bislang jüngsten Album, das möglicherweise in Anlehnung an Ellis' und Byrds damalige Duo-Begegnung nun *guitar guitar* heißt,[567] zum anderen, wie in »Wiener Blues«, im ganzen Stück, der Komposition, der milden »Schrägheit« der Overdubs, aus denen diese Platte besteht – ein akustisches Fest, ein subtiles, raffiniertes und äußerst anspruchsvolles Vergnügen, aus dem ebenso Gismonti hervorlugt wie Eisler und Weill, etliche Spanier, fast die gesamte akustische Tradition bis hin zu Adrian Legg und den neuen Franzosen, aber auch jene Modernisten und Post-Modernen, denen die überaus *gitarristische* Schönheit in Instrument und Sujet zu bewahren am Herzen liegt. Damit ist Uwe eindeutig der traditionellere, unrevolutionärere der beiden Compatrioten, dafür aber einer von schier unglaublichem Sinn für die ästhetischen Möglichkeiten seines Instruments. Ein Titel wie »Adam's Lullaby« ist unwiderstehlich, sehr zart, sehr, sehr schön. Er changiert meisterhaft zwischen *tongue-in-cheek*-Schalk und einem Ernst (»With A Little Help From My Girlfriend«), der ihn fast näher an die Gitarrenklassik seit den 20er und 30er Jahren als an den Jazz bringt; doch wer ihn von seinen Jazz-Ohren her besser beurteilen zu können meint, muß nur sein »Blues Again« hören – ein intensiv swingendes, mit vorzüglichem Comping geliefertes Stück voller Drive und exquisiter schneller Läufe auf seinen von dem Holländer Theo Scharpach gefertigten Gitarren, Maccaferri- oder Favino-ähnlichen »Django«-Instrumenten mit über das »Brötchen«-Schalloch noch hinweggezogenem Griffbrett. Der Klang ist weicher als bei den Maccaferris und Favinos, einigen Gitarren Klaus Röders ähnlicher. Kurzum: Dies ist im weitesten und treffendsten Sinn Gitarrenmusik, wobei die Betonung mal auf »Gitarren«, mal auf »Musik« liegen kann, exquisite Kostproben einer Kunst, die sich in kultiviertester Weise zwischen die vermaledeiten E- und U-Stühle begeben hat.

...und dann von Cusak bis zu Kaiser

»Ich glaube nicht, daß die Tatsache, ein Improvisator zu sein, notwendigerweise irgendwelche stilistischen Konnotation mit sich bringt. Ich weiß, daß man beim Sprechen von ›improvisierter Musik‹ an Derek Bailey denkt, an seinen Stil improvisierter Musik; aber ich würde sagen, daß es eine Menge anderer Stile gibt, die nicht wie Baileys und trotzdem improvisierte Musik sind. Man nehme beispielsweise Keith Rowe, der von Derek Bailey weit entfernt ist, oder **Steve Berringer**, der eine Unmenge populärer Titel als Grundlage nimmt für das, was er macht. Und heute gibt es eben eine andere, jüngere Generation, die aus der zeitgenössischen Musik kommt, von der die meisten älteren Spieler gar nichts gehört haben«, sagt der britische Free-Spieler **Peter Cusak**,[568] der auf einer Aria-Nylonstring, die er häufig *lapstyle* spielt, mit Vorliebe Naturgeräuschen in Wald und Flur nachspürt und durch Zuhilfenahme bestimmter Objekte dem Klang der japanischen Koto nachspürt, indem er beispielsweise ein rundes Stück Gartenbambus so auf den Saiten plaziert, daß die *über* das Bambusstück vorzugsweise im XI. Bund hinweggeführte D-Saite es festhalten kann. Das tut er zur Zeit in seiner Gruppe Kahondo Style, auf deren NATO-Platte *Green Tea And Crocodiles* er sein Talent in dieser Hinsicht ebenso deutlich zeigt wie auf *Bird Jumps Into Wood*.[569] Zuweilen auch montiert Peter, der als Kind leidenschaftlich gerne »bird watching« betrieb, sehr gern eigene Instrumentalparts in Liedform mit Tonbandaufnahmen aus Gottes freier Natur. Mit der Gitarre hatte er mit 15, 16 begonnen, hatte zuvor Klavier und Klarinette gespielt und sich dann autodidaktisch weitergebildet. Schon seit den 70er Jahren wird er zu Englands Improvisationsszene gezählt, traktiert indes seine Gitarren nicht mit allerlei Krimskrams, höchstens mal mit zwei Streichhölzern unter den Saiten dicht am Steg, um einen gamelan-artigen Sound zu erzeugen. »Was ich vor allem zu erreichen versuche, ist nicht nur eine Tonhöhenstruktur, sondern auch eine Struktur im Timbre. Ich bin genauso daran interessiert, wie beispielsweise Dreiklänge im Timbre klingen wie im *pitch*.« Skalen benutzt er nicht bewußt. Was er erreicht hat, kam durch »trial and error«, sagt er, nicht durch Theorie.

Und wer Bailey sagte, mußte seit den 70er Jahren immer gleich auch **Fred Frith** sagen. Frith hat in England, anders als je Bailey, als einer der ersten auf der präparierten Gitarre verfremdete Klänge ausprobiert. Er setzte Verzerrer und Echo Delays relativ selten ein, ließ statt dessen einen in der Greifhand gehaltenen Taschenspiegel über die Saiten gleiten, die er zum Teil mit Krokodilklemmen besetzte, addierte eigene Atem- und Fußgeräusche zu seinem Spiel, das er teilweise – wie in dem Stück »No Birds« auf seiner 1974er LP *Guitar Solos*[570] – praktizierte. In Moers und anderswo trat er 1991 mit seiner neuen Gruppe (mit René Lussier an der 2. Gitarre, Bob Ostertag, sampler, Zeena Parkins, harp, p/keyb, Edmond Hosdikan, sax, und Charles Hayward, dr) auf und

Die Avantgardisten: free style und Improvisation

enttäuschte den Kritiker im *Jazz Podium* als zum Neo-Minimalisten degenerierter Pseudo-Avantgardist.[571] Tatsächlich: Solistisch hatte Mr. Frith etliches mehr zu sagen. Nur – 1992 kam er dann an gleichem Ort wieder mit *pomp and circumstances* auf die Bühne: mit drei Gitarristenkollegen **Richard Peter**, **Christophe Costabel** und **Laurent Luci**.

David Fulton (*1952) dagegen, einst im Duo mit **Elliott Sharp** stärkstens geprägt von Derek Baileys Duos mit Anthony Braxton, hatte zuvor Jeff Beck, die Yardbirds und dann McLaughlin, Coltrane und Dolphy gehört, aber auch die Fingertechnik John Faheys und die modernisierte japanische Instrumentalmusik Toru Takemitsus studiert und ist später zum Obertontüftler geworden, der zugleich sehr darauf achtet, ein rhythmisches Spiel durchzuhalten, das er in Teilen in ein Delay füttert, um dieses dann ad lib zu bearbeiten. Für seine Platte *Don't Ask*[572] nutzte er dann »das Studio selbst als Improvisations-Werkzeug«, wie er acht Jahre später erklärte. Heute spielt Dave, der übrigens vor Jahren beim Bau einer Lautsprecherbox den linken Zeigefinger bis hinunter zum Knöchel einbüßte, eine völlig neu verkabelte Strat mit selbstgebautem Hals, eine Fretless-Strat, eine Fender Jaguar mit Tremolohebel und Saitendämpfer und eine kleine Gretsch Rambler, hält aber nichts von »über die Saiten gehängten Kruzifixen oder Eieröffnern«,[573] sondern zieht lieber die Saiten innerhalb gegriffener Akkorde. Und ansonsten denkt er »im Grunde gar nicht mehr an individuelle Musiker«, sondern

was mich wirklich interessiert, ist das Wie menschlichen Zusammenwirkens. Ich bin es leid, Gitarrenvirtuosen oder Saxophonvirtuosen zu hören. Ich meine, wer braucht so was? Soll das richtige Musik sein? Es gibt ein paar wenige Musiker, die es bringen, aber zum größten Teil wird das nach einer Weile reichlich bedeutungslos. Leute zu erleben, wie sie ihre individuellen Wünsche sublimieren und zwei- oder dreistimmige Melodien spielen, wie im Balinesischen *gamelan* – das ist für mich das Größte.

Und dann ist da der kanadische Akustik- und Elektrogitarrist und Banjoist **Eugene Chadbourne** (*1954), ein außerordentlich witziger Mensch, der nichts musikalisch so schwer nimmt, das ihn oder seine Hörer in allzu tiefer »Bedeutung« erdrücken müßte. »Der Rube Goldberg der Undergroundgitarre«, wie Mark Dery ihn nennt

– ist ein erstklassiger akustischer Fingerpicker mit Wurzeln in Folk und Blues, nur daß da irgendwas (oder noch viel mehr) krumm geraten ist. Jeder Spieler, zu dessen Einflüssen Louis Armstrong, Chuck Berry, Jimi Hendrix, Derek Bailey und Muzak gehören – dazu noch moderne Komponisten und experimentelle Jazzer wie John Cage, Conlon Nancarrow, Iannis Xenakis, Karlheinz Stockhausen, Frank Lowe und Leo Smith – kann kaum anders, als reichlich verrückt zu sein, und Chadbourne ist vor allem erst mal genau das... low-tech.[574]

Ist Chadbourne, anders als sein ebenso atonal-konzessionsloser Landsmann **Lloyd Garber**, mehr der ulkige Knochen, der – dringend willkommene – Witzbold des Genres, der allein durch Auftreten und Gimmicks jeden Anflug akademischer Verspannung im Keim erstickt und trotz seines experimentellen *approach* vielleicht in der Gruppe der Frith, Kaiser & Co. der »angenehmste«, der kommunikabelste Gitarrespieler sein dürfte, so handelt es sich bei **David Torn** (*1953) um einen Avantgarde-Vertreter, der eher an die Seite der New-Jazz-Gitarristen à la Watanabe, Ryo Kawasaki oder Bill Connors gehört als an die der Streichholzklemmer, Spiegelrutscher und Koto-Imitatoren.»Mit Bill Frisell, Steve Tibbetts und dem Norweger Terje Rypdal[575] gehört Torn zu den jüngeren Gitarristen, die ECMs Kursänderung in den 80ern markieren, indem sie das Stigma des Labels – wie sehr gerechtfertigt auch immer – als eine Zufluchtsstätte für kavernenartig aufgenommenen, recht stimmungsvollen Kammerjazz erodiert haben«, wie Joe Woodard schrieb.[576] Torn selbst meinte allerdings, »Frisell war da schneller als ich. Er ist viel flexibler als ich, weshalb er einfach auch mehr Projekte in Angriff nehmen konnte.«

Der Letzte in diesem Bunde ist aller Wahrscheinlichkeit nach der hypnotisierendste, von seiner Musikalität her beeindruckendste, mal sehr erheiternde, mal tief beängstigende Gitarrist – **Henry Kaiser** (*1952) aus Oakland, Kalifornien. Der Vater starb 1961 an Multipler Sklerose, die Mutter kam bald darauf in ein Pflegeheim, der Junge kam in ein vom Militär geführtes Internat und konnte dann, dank eines College-Fonds, den der Vater hinterlassen hatte, seine Ausbildung abschließen und sich währenddessen ausreichend um seine Gitarre kümmern und sich gar ein Studio leisten. Als der Betriebswirtschaftler nach verkürztem Studiengang Harvard verließ, verdiente er sich seinen Unterhalt als Filmemacher, als Filmlehrer und, vor allem, als experimenteller Gitarrist, der nie die Top-40-Charts gemocht hatte – ein Einzelgänger in Jugendjahren, der die Nase lieber in Bücher steckte, als mit den anderen Kids zu spielen. Heute kann Kaiser auf über 60 Alben verweisen, die er produziert, und auf ungefähr 25 oder 30, an denen er musikalisch mitgewirkt hat, und das umfaßt ein Spektrum, das von dem indischen Sarod-Meister Ali Akbar Khan bis zu diversen Punkgruppen reicht. Er hat den indischen Slidegitarristen **Brij Bhushan Kabra** so gut wie entdeckt, hat Gitarre unterrichtet und, unter anderem, mit Bill Frisell und eine Solo-LP mit Synclavier aufgenommen, mit Fred Frith ebenso und mit dem Sänger/Gitarristen Richard Thompson auch, bei dem Henry in einem Stück auch eine *san-shin* spielt, ein sino-japanisches banjoähnliches Drei-Saiten-Instrument mit Schlangenhautresonator, zu dem Thompson im Okinawa-Dialekt singt. Typisch Kaiser – kaum festlegbar und doch wohl der Doyen der Neuen Gitarre, dessen jüngste Platte seit *Hope You Like Our New Direction*(Reckless # 21) die Duo-Produktion *Tomorrow knows where you live*mit Jim O'Rourke, g, zum Beeindruckendsten gehört, was man von und mit Kaiser je hören konnte,[577] ein hochbemerkenswertes Unternehmen mit beklemmenden Baßgrundierungen, nahezu romantischen Klangteppichen, dichten, faszinierenden Clustern und einem Gitarrespiel, das – meist auf akustischen Instrumenten ausgeführt – mal provozie-

Die Avantgardisten: free style und Improvisation

rend atonal, mal überraschend, ja betörend »traditionell« klingt, voller Klangschichtungen meist von nahezu atemberaubender Suggestivkraft und Reife zwischen kammermusikalischer Sanftheit und quasi-symphonischer Kraft, die gleichsam den gesamten Körper in Schwingung versetzt, in Konsonanz mit einem Gitarristen, der weit mehr zu bieten hat als »new-age background music«, wie Dan Forte urteilte. »... und schließlich wurde ich Ausbilder im Fach Unterwasser-Forschung an der UC Berkeley... Ich bin ein sehr visueller Mensch, und an Musik denke ich viel in visuellen Begriffen. Ich sehe Musik als Formen und Farben«, sagte Henry 1987:[578)]

Man nennt mich zwar einen experimentellen Gitarristen, aber ich spiele und höre viele unterschiedliche Arten von Musik, und ein großer Teil meiner Zeit wird darauf verwandt, ein breites Spektrum an Material aus anderen Ländern und Kulturen zu suchen und zu sammeln, darunter Aufnahmen aus Afrika, Indien, China, Vietnam, Korea, Japan, Polynesien, Okinawa, Osteuropa, Nordamerika und Skandinavien. [579)]

Und das ergänzte er drei Jahre später so:

Ich war fasziniert von der Spielweise Derek Baileys, der der König der experimentellen Avantgarde-Gitarre in Europa war. Ich glaube, er brachte soviel Neues ins Vokabular der Gitarre ein wie, sagen wir, Jimi Hendrix, nur daß das alles noch nicht assimiliert worden ist, weil es schwierig zu handhabendes Zeug ist. Zweitens: Ich habe den Blues wirklich sehr gemocht – sowohl Delta-Blues, der schwieriger zu spielen ist, als auch urbanen Blues, der leichter zu spielen ist. Zum dritten war ich wirklich fasziniert von Captain Beefhearts Musik, ungefähr die bis 1972... Das waren die drei anfänglichen Bereiche, und ich mochte auch Grateful Dead sehr – die Idee langer, melodischer, psychedelischer Gitarrensoli wie die von Jerry Garcia. Plus: Ich habe immer alle Art von Weltmusik gehört und *outside jazz* und Blues, besonders den rhythmisch exzentrischen wie den von Hubert Sumlin und Robert Pete Williams, dem regulären Jazz vorgezogen... Ja, ich glaube, [Multiinstrumentalist David] Lindley ist ein großes Genie und ein Meister...[580)]

»Weltmusik« – nun, vielleicht sind es wirklich die Kaisers, die vor allen anderen Anspruch darauf haben, das Streben nach einer universellen (gitarristischen) Sprache verwirklicht zu haben. Zumindest sind sie, die Zerspieler der letzten Grenzen, auf dem allerbesten Wege dazu, die Kropinskis, die Tronzos, Loebs, Jacobsens, die kreativen Jünger eines Derek Bailey. Wieweit das nun wirklich noch »Jazz« ist, bleibt dahingestellt. Liebhabern der *Gitarre* kann das auch gleichgültig sein. Keineswegs gleichgültig sein dürfte ihnen, daß es *ihr* Instrument ist, das sich – Leonard Feather hatte das ungefähr so auch verstanden – wie kein anderes evolutionär entwickelt hat. Er hatte nur versäumt hinzuzufügen: ... und das wie kein anderes die Musik als *Sprache der Welt* evolutioniert hat.

Die Instrumente im Jazz

Das wäre, bei den Wörtern genommen, eine Überschrift für ein ganzes Buch über Gitarren, und sie entspricht den Tatsachen auch sehr viel mehr als das schöne, assoziationsträchtige Wort »Jazzgitarren«. Denn es ist so, und Norman Mongan sieht das in seiner *History of the Guitar in Jazz* genauso: »Jazzgitarren« gibt es nicht. Es gibt nur Musiker, Vertreter bestimmter Stile, in deren Händen im Prinzip jedes Stück Holz oder Fiberglas mit Saiten drüber zur »Jazzgitarre« werden kann — eine Halbresonanz-335, populär geworden durch B. B. King, Larry Carlton, Lee Ritenour oder auch John Scofield, ebenso wie die klassische Konzertgitarre, wie sie Charlie Byrd, Jan Akkerman oder Laurindo Almeida spielen, Flattops in den Gypsy-Gruppen, die Telecaster von Ed Bickert, die Les Pauls von Joe Sachse oder die superflachen Hamer-Solidbodies, wie sie Frank Gambale in Chick Coreas Elektric Band spielt, weil sie für High-Volume-Situationen optimal geeignet sind; oder man nehme die Siebensaiter von Juraj Galan, die Noch-mehr-Saiter von Egberto Gismonti oder Pat Martino und gar die zum Teil phantastisch anmutenden Hi-Tech-Geräte wie Synclavier oder Synthaxe: Der Vielfalt ist kein Ende; ein kurzer, prüfender Blick auf Methenys Bühne reicht: Da ist beinahe alles vertreten. Denn als der Gitarrenjazz wie aller anderer Jazz seit Mitte der 60er Jahre auszog, sich zu renovieren, zu diversifizieren und mit anderen Musiken zu assimilieren, war auch die Vorherrschaft jener Gitarren beendet, die man bis dato ganz exklusiv gemeint hatte, wenn man von »Jazzgitarren« sprach. Verkehrte Welten auch: Heute sieht man sie, die schönen, edlen Damen, beinahe häufiger in Punk-, Trash- oder Nostalgie-Rockgruppen als vor den Brustkästen jüngerer Jazzmusiker. Dort sind sie zu Statussymbolen geworden über die Stilgrenzen hinweg, zu Prestigeobjekten, Teil des Showbiz, und hier sind sie die Domäne vor allem älterer Jazzspieler oder solcher, die, indem sie sie spielen, auf Wurzelbewußtsein verweisen wollen: Auf seiner alten ES-175 würde Pat Metheny kaum *way out* spielen. Das hat tatsächlich traditionelle Gründe. Denn vor allem waren es die der Gitarre allgemein eigenen Lautstärkeprobleme, erst die Notwendigkeit, in Dance-Bands zumindest überhaupt noch hörbar begleiten zu können, dann, auch in kleineren Gruppen, der Bedarf an größerem Volumen und besserer Projektion.

Die Instrumente im Jazz

Der Kult der Gitarre kam relativ früh in den Jazz, und dies scheint schon in sich bemerkenswert, weil das Instrument so neu war – noch unerprobt und offen für den Erfindergeist. Gitarren – eigentlich Saloninstrumente – hatte es seit Jahrhunderten gegeben, und eine ganze musikalische Literatur hatte sich um sie herausgebildet; aber die Stahlsaiten-Gitarre war noch immer ein nicht allzugut beleumundeter Sproß und etwas spezifisch Amerikanisches dazu, kaum ein, zwei Jahrzehnte alt. Die Gitarre im Jazz war wie unkartographiertes Terrain, das jegliche ernsthafte Erforschung noch vor sich hatte, so wie es die elektrische Gitarre für die Musik in den 60er Jahren wurde. Lag ihre Attraktivität in dem instrumenten eigenen Charisma, oder war sie ein Abbild der Jugendlichkeit des Jazz selbst – noch frisch, gedeihlich, zugänglich?[581]

Kurzum: Auch wir erliegen dem ganz besonderen Charisma und beschränken uns trotz des Gesagten in unserer kurzen Betrachtung auf jene Instrumente, die man, so falsch es ist, »Jazzgitarren« zu nennen pflegt – auf die *Archtops*.[582]

Das Banjo war bekanntlich – aber auch nur, weil die bis zur Jahrhundertwende gebauten Gitarren noch zu schwach waren – das erste Bundinstrument im Jazz, alsbald in den großen Orchestern und Post-Dixieland-Bands verdrängt zunächst von den nun schon lauteren Flattops (Lang, Johnson) und viersaitigen Gitarren (Condon), denen wiederum Archtops folgten, die eigentlichen »Jazzgitarren«, großkörperige Instrumente mit dünner Decke, ergo: größerem Volumen und besserer Projektion. Sie waren erforderlich geworden, weil Spieler wie Lang, Kress und McDonough die *musikalischen* Restriktionen des Instruments ignorierten und es zur Solostimme zu verfeinern begannen. »Die Rede ist von... den *(Cello-)archtops oder auch carved tops*, Instrumente[n] mit geigen-oder celloähnlich gewölbten Decken und Böden, wie sie hauptsächlich in Jazz und Tanzmusik üblich [waren]. Denn erst diese Wölbungen konnten den Gitarren jene Projektion verleihen, mit der sie die in größeren Ensembles üblichen Tenor- oder Plektronbanjos ablösen konnten.«[583]

»Carved top« bedeutete die handgeschnitzte, »graduierte« Fichtendecke, deren Dicke von ihrer Mitte hin zu den Korpusseiten (Zargen) abnahm – ein Rezept, das zurückgeht bis auf die italienischen Geigenbaumeister seit dem 15., 16. Jahrhundert und das in Amerika ein Mann übernahm: Orville Gibson (1856–1918). In dessen Tagen wurden Mandolinenkörper noch nach neapolitanischer Manier wie Boote gebaut, indem mehrere vorgebogene Holzstreifen zu einem schalenförmigen »Rumpf« zusammengeleimt, die Decken indes maschinell gewölbt und gepreßt wurden. Mr. Gibson hatte die Erleuchtung: Der Rücken seiner Instrumente – zunächst Mandolinen – sollte genau wie die Decke aus einem einzigen Stück Holz gefertigt werden, und zwar von Hand geschnitzt. Und ebenso sollten die Seiten (Zargen) aus einem einzigen vorgebogenen Stück gefertigt werden. Das sollte dann auch für die ersten Gitarren dieser Art gelten, etwa die 0-3 von ca. 1906 mit aufgeleimtem Steg, die einfachere L-1 von 1908/09, das berühmte 1921er »O«-Artist-Modell mit der markanten, von den Mandolinen übernommenen linken Schneckenschulter bis hin zu den Archetypen der großen Familie der L-5er-Instrumente. Und die Unterschiede zu

Die Instrumente im Jazz

den Flattops waren beträchtlich: Nicht nur mußte/konnte man unter den gewölbten Decken auf die für flache Decken aus Gründen der Stabilität und der Schallprojektion unentbehrlichen Verbalkungen – die berühmten »X«- oder »Fächer«-Verbalkungen – verzichten; man begann auch, nach und nach, den Steg, der die freie Saitenstrecke körperseitig begrenzt, nicht mehr aufzuleimen, sondern nur noch aufzusetzen, weil er durch den Druck der gespannten Saiten auf der Decke gehalten werden konnte, wodurch die Decke als nicht nur poröse, schalldurchlässige, sondern auch schalleitende Fläche weniger beeinträchtigt bleiben konnte. Das aber bedeutete, daß man die Saiten anders befestigen mußte, weil sie nun nicht mehr in einem Knüpf- oder Knöpfchensteg endeten: Man hielt sie korpusseitig fest mit einem sogenannten *tailpiece* oder Saitenhalter, der seinerseits in der Mitte der Unterbügelzarge befestigt war. Und Schritt für Schritt mutierten die zunächst (wie heute noch ungefähr auf »Django«-Instrumenten der alten Maccaferri-Art) großen ovalen Schallöcher zu immer kleineren und dann zu klassisch runden, aus denen dann, den klassischen europäischen Bogeninstrumenten von der Violine bis zum Kontrabaß abgeschaut, die »f«-Löcher wurden, die ihren Teil zur inneren Festigkeit der Wölbdecken beitrugen. Dazu kam, daß die bis 1908 auffallend breite, »knollige« Korpusform etwas abgemildert wurde.

1902 übernahm ein Konsortium von Geschäftsleuten aus Kalamazoo von Orville Gibson dessen Firma. Orville blieb dem Unternehmen, das unter seiner Ägide 1903 mit der Produktion von Archtops begonnen hatte, noch bis 1907 tätig verbunden. Zu seiner Zeit gab es zwei *production lines*, die »O«- und die »L«-Serie, wobei das »O« sehr wahrscheinlich auf Gibsons Vornamen wies und das »L« – nachträglich – auf den Namen des genialen Gitarristen und Ingenieurs Lloyd Loar bezogen wurde, des eigentlichen Vaters aller bis heute üblichen Archtop-Jazzgitarren, der von 1919 bis 1924 dem Hause angehörte und in diesen fünf Jahren das Gesicht der Gibson-Gitarren entscheidend modernisierte. George Gruhn weist darauf hin, daß die Gibson-Instrumente *bis* 1910 zwar nach wie vor aufgrund ihres innovativen Designs und ihrer ästhetischen Schönheit für Spieler etliche Wünsche offenließen. Loar erst war es, der die Instrumente bis 1923 spielbarer machte, und zwar zunächst hauptsächlich für Ragtime, Blues und frühe Jazzstile, und die runden Schallöcher zugunsten der f-Löcher ablöste: Die goldene Zeit der Gibson-Archtops – Anfang der 30er Jahre bis in den Zweiten Weltkrieg hinein – war vorbereitet.[584)] Und Lloyd zur Seite stand Lewis A. Williams, ebenfalls ein erfindungsreicher Geist (und führender Anteilseigner) und Begründer der »Master Model«-Familie, der physikalisch-technische Möglichkeiten auftat, die Körper der Gitarren samt Innenleben regelrecht zu »tunen«, also ihren Eigenfrequenzen gemäß zu stimmen, indem er die Luftsäulen im Korpusinneren durch Einbau von *tone bars* oder »Klangstreben« genannten Längsbalken unter den Decken manipulierte. Ende 1922 vorgestellt und seit 1924 im Handel, war dann endlich die weltberühmte Gibson L-5, der

Die Instrumente im Jazz

Prototyp der verbreitetsten Jazzgitarre überhaupt und Urmutter einer fast nicht überschaubaren Familie von Unter- und Nebentypen und Varianten. Sie ist ein Hybrid aus L-1 und L-3 und wurde in der Non-Cutaway-Version bis 1958, als L-5C mit Cutaway bis 1982 produziert – 60 Jahre lang, eine 40,64 cm (in der Ende 1934 vorgestellten »Advanced«-Version 43,18 cm) breite Schönheit mit 53,3 cm langem Korpus, maximal fast 9 cm tiefer Zarge, 20 Bünden und einer Mensur von stattlichen 64,7 cm, einem Virzi Tone Producer im Leib, einer ganz entfernt den Dobro-Resonatoren ähnelnden (hölzernen) Klangverstärkungseinrichtung, trapezförmigem Saitenhalter, dreifach eingefaßter Decke und ebensolchem Boden und *pickguard* (auch *scratchboard*, d. i. Schlagbrett) und Wirbelbrett, erst noch spitz zulaufendem, später rechtwinkligem Griffbrettabschluß überm Körper und Punkteinlagen vom V. Bund an. Hier wie gesagt gab es dann etliche Variationen, etwa ab 1925 vergoldete Metallteile und Ahorn-Rükken und -Zargen, Punkteinlagen ab dem III. Bund ab 1927, ab 1929 blockartige Bundmarkierungs-Einlagen und sechs Einzelwirbel, die Korpusverbreiterung ab 1934, eingefaßte f-Löcher ab 1936, den berühmten vergoldeten Saitenhalter mit den drei eingravierten Rhomben ab 1937, ab 1939 statt der Korpuseinfärbung im braunen Cremona-*sunburst* nur noch Naturholz und im selben Jahr parallele Deckenverbalkungen – und so fort. Dazu kamen der von Ted McHugh entwickelte Verstellstab im Halsinneren, eine *truss-rod* genannte Einrichtung, die es erlaubt, Halsverziehungen durch Lockern oder Steigern der Spannung auszugleichen, dann der höhenverstellbare Steg und der XIV. Bund am Korpusrand statt wie bisher der XII. Die L-5 war ab 1931 zum Luxusinstrument geworden, mit Vergoldungen, Perlmutteinlagen – und einer ganzen Armada von Abkömmlingen dazu: der hinreißenden L-5CES,[585] der L-7, L-10, der seltenen L-12, an der Gibson 1947 sein erstes Cutaway ausprobierte, den ES-175-Varianten inklusive der L-4CES und der recht neuen Super V CES, der flachzargigeren »Byrdland«, einem Entwurf der Gitarristen Billy Byrd und Hank Garland, wie ihn mit Vorliebe James »Blood« Ulmer spielt und, natürlich, der großen Familie der Super 400s, der alleredelsten und größten Abkömmlinge der »5«, 45,72 cm breit und im Ersterscheinungsjahr 1934 erst ab 400 $ zu haben, viel Geld damals...[586]

1942 war auch Gibson dazu verdonnert worden, zumindest einen Teil seiner Produktionskräfte dem Kriegsgott Mars unterzuordnen. Als in Europa und dann auch in Asien die letzten Schüsse verhallt waren, konnte das Unternehmen sich in einer veränderten Welt wieder ganz und gar auf seine Instrumente konzentrieren. Veränderte Welt: Was für Countrypicker und Hawaii-Gitarristen schon vor dem Krieg fast selbstverständlich geworden war, drängte nun – dank Charlie Christian – ganz vehement auch ins Jazzlager hinein – die Nachfrage nach elektrisch verstärkbaren Archtops. Zwar hatte das Haus schon 1935/36 (den Jahren, in denen Durham elektrischen Jazz zu spielen begann) eine ES-150 mit dem legendären, von Walt Fuller entwickelten und nachmals »Charlie Christian«-Pickup genannten Tonabnehmer vorgestellt, obwohl Guy Hart, Vorgänger von Ted McCarty auf dem Stuhl des Gibson-Präsidenten, das Patent für den PU erst Juli *1937* hielt. Doch durchsetzen konnte sich dieses Instrument nicht, obwohl es noch bis 1965 weiter gebaut worden ist, inklusive Kriegslücke 1942–1946. Die ES-Reihen aber, »*Electric Spanish*«, wurden die ersten regulären elektrischen Archtops im Hause Gibson, etwa die kleine EST-150 (1937), die ES-100 (1938), die ab 1941 als ES-125 weiter produziert und verbessert wurde, die ES-250 und die 300, die ES-350 und die ES-5, die ab Ende 1955 als die berühmte »Switchmaster« Karriere machte, dann die schon häufiger erwähnte und als preiswertere Gitarre konzipierte ES-175 ab 1949, die D-Version mit zwei Pickups ab 1953, die leider nur von 1978–79 produzierte ES-175CC mit dem Christian-PU, ebensowohl wie die ES-140 im 3/4-Format, dann die hochwohlgeborenen L-5CES seit 1951, die V CES seit 1978 und die V/BJB ebenfalls seit 1978, bis hin zur Super 400 CES seit 1951, die 175-Variante ES-295, die kleine ES-135, die L-4CES und die zwischen 1969 und 1975 hergestellte ES-150DC mit doppeltem Cutaway, die zu den »name models« führt, speziell auf die Wünsche namhafter Gitarrespieler zugeschnittenen *custom*-Modellen wie die Double Cutaway Barney Kessel Custom bzw. Regular, die Trini Lopez Deluxe, die Chet-Atkins-Modelle Tennessean und Country Gentleman, die Johnny Smith, die Howard Roberts Custom und Artist sowie die Tal Farlow, die eine Zeitlang mit verkürzter Mensur gebaut worden ist, von der Tal dann aber wieder abkam.[587]

Und dann gibt es – Van Hoose, der 400-Sammler und Autor des bislang einzigen und wohl unübertrefflich schönen Buches über eine einzige Jazzgitarre, nennt sie so – die vielen »Competitors« der Super 400, die Konkurrenten, wenn man es breiter fassen will, der 5er-Familien. Der Erfolg der L-5 hatte logischerweise andere Firmen auf den Plan gerufen.[588] Die Vega Company erinnerte sich, bereits in den 1880er Jahren ganz ähnliche Instrumente gebaut zu haben, kam dann mit ihrer »Vegaphone« und mit der außerordentlich ernst zu nehmenden 400er-Konkurrentin »Sultana Grande« auf den Markt; Gretsch, vor allem mit den Namen Chet Atkins' und Duane Eddys, also eher mit Country- und countrynaher Musik assoziiert, verfügt auch heute noch über das breiteste Typenspektrum an elektrischen Archtops nach Gibson, darunter die »Orchestra«-, »Fleetwood«-, »Eldorado«- und »Synchromatic«-Modelle. Gretsch baute entweder Ende der 30er Jahre oder 1943/44 zum ersten Male seine 400 Synchromatic;[589] Guild, 1952 gegründet von dem Gitarristen und Gitarrenhändler Alfred Dronge, profitierte 1957 kräftig aus dem Verkauf von Epiphone an C.M.I. (Gibson), weil etliche Epiphone-Gitarrenbauer zu Guild wechselten. Dort schufen sie u. a. die vergleichsweise recht populär gewordene Guild Artist Award (1965–69 produziert). Die Firma Martin, heute längst wieder Beherrscherin des Flattop-Marktes vor allem für Country- und Folk-Kundschaft, präsentierte Anfang der 30er Jahre ihre »C«-Series und mit den »F«-Modellen (der

Die Instrumente im Jazz

1, 2, 7 und 9) sogar noch größere als die Super 400. Insider nennen nach Gibson immer zuerst die Firma Epiphone, die 1873er Gründung des eingewanderten Griechen Anastasios Stathopoulo, dessen Sohn Epi mit seinen beiden Brüdern die Firma bis 1957 weiterführte, die somit zu Zeiten des größten Archtop-Booms noch nicht von Gibson geschluckt worden war und mit den Gitarren »Emperor« (1946), »Emperor Deluxe«, »Broadway«, »Triumph« und »Zephyr Emperor Regent« (1953) nah an die Dimensionen der größten Vega heranreichte. Und neben den großen Firmen – sogar Fender bot einige Zeit Archtop-Modelle an – wurden es dann zunehmend die kleinen, die ganz feinen Edel-Gitarrenbauer, die vor allem für professionelle Gitarristen produzierten, wenige Stücke insgesamt, extrem teuer und edel in der Wahl des Materials wie des Designs, und vor allem drei Namen haben da den ganz besonders erlesenen Klang, läßt man neuere wie die von John Monteleone, Steve Anderson, Bruce Ross oder Richard Hoover (Santa Cruz Guitars) beiseite: Stromberg und D'Angelico bzw. D'Aquisto und Benedetto. Elmer Stromberg beispielsweise baute um 1938 seine legendäre »Master 400«. Der Name sagt's schon: Sie sollte Gibsons Super 400 übertreffen, und sie tat's um Längen und Breiten, mit mächtigen 110 cm Länge, 55,5 cm Korpuslänge, klassischer 63-cm-Mensur, aber den erstaunlichen Körpermaßen von 33,5 – 27,6 und 48,5 cm (Oberbügel, Taille, Unterbügel), und das bei einer Zargenhöhe von 9 cm außen und 11,8 in der Korpusmitte! Lowe, Galbraith, Fred Guy, Ashby und Freddie Green spiel(t)en Strombergs, und zwar fast durchweg normale Noncutaway-Modelle: Elmer fertigte seine Schätzchen nur auf ganz besonderen Wunsch mit Cutaway. John D'Angelico hat zwischen 1932 und 1951 – in dem Jahr übernahm der berühmte James D'Aquisto, der u. a. für Kenny Burrell und Jim Hall baute, die Ein-Mann-Firma – eigentlich nur vier verschiedene Modelle geschaffen, die »A«, »B« bis Anfang der 40er Jahre, dann die »Excel« und die bekannteste, die »New Yorker« (1947), von diesen vieren zusammen allerdings die Kleinigkeit von 1164 Stück, also durchschnittlich in weniger als einer Woche eins! Jimmy D'Aquisto baut die »Excel« und die »New Yorker« bis heute auf Bestellung weiter, hat aber der Produktpalette eigene Entwürfe wie die der D'Aquisto Classic und der D'Aquisto Avant-Garde hinzugesellt. Und Robert Benedetto, jünger als die Genannten, hat mit seinen »Fratello«- und »Cremona«-Modellen Archtops geschaffen, in denen sämtliche Erfahrungen seiner älteren Kollegen aufs Allerfeinste Eingang gefunden haben...

P. S.: Mehr als ein weiterer »Überflug« konnte auch das nicht werden; natürlich hätte man Mario Maccaferris Resonator-Wunderwerk, wenigstens einige der Semiacoustics wie die »335« und ihre engsten Verwandten vorstellen *sollen*, hätte man a priori so etwas wie thematische Vollständigkeit angestrebt. Dann hätte man Flattops mit einbeziehen müssen, die keineswegs mehr die Domäne der Folklore und der Countrymusik sind; man hätte die heute weltweit hochge-

Die Instrumente im Jazz

schätzten Ovation-Typen zumindest am Rande zur Sprache bringen sollen, Mehrhälser, Bastard-Typen, flacher gebaute Archtops wie die ES-175D-Varianten, natürlich heute auch die Solidbodies. Anhänger des Gitarrenjazz und/ oder verwandter Musikarten aber werden es wissen: Wer sich heute uninformiert fühlt, hat selbst schuld. Der Satz hat grundsätzlich Gültigkeit, und er gilt damit allemal auch für dieses Thema. Fachzeitschriften und besondere Verlage für die Herausgabe zum Teil durchaus spezialisierter Literatur bieten in Fülle Einblicke in historische Aspekte des Themas der Instrumente und stellen laufend (und en detail) neue Produkte vor. Dazu gehören die Instrumente, und dazu gehört der ständig wachsende Markt an Zubehör, vom Kabel über den Tonabnehmer oder den *whang bar* bis hin zum Verstärker und zum ganzen Computer.

Insofern kann im Rahmen eines solchen Buches, in dem es vornehmlich um die *Menschen* geht, die Jazzgitarre spiel(t)en, das Instrument als gesondertes Thema tatsächlich nur noch eine marginale Rolle spielen. Tolerantere Geister als der des Autors werden monieren, daß die Archtops schon lange nicht mehr *die* Jazzgitarren sind; und sie haben damit wohl recht. Aber wenn im Hauptteil des Buches zumindest versucht worden ist, wenigstens *einigermaßen* vielseitig zu sein – schwierig genug angesichts der heutigen Überlappung stilistischer Grenzen –, dann mag dem Autor hinsichtlich der Instrumente seine persönliche Vorliebe vielleicht doch nachgesehen werden.

Die Abbildung auf der folgenden Seite zeigt die L-5CES von Siegfried Schwab, unter den Abkömmlingen der Super-400er-Familie neben der älteren »Switchmaster« das anspruchsvollste und bewährteste Instrument aus der äußerst vielfältigen L-5-Reihe

Anhang

Vorbemerkung zur Auswahl-Diskographie

Sisyphos am Berge, ratlos. Wenn man seit fast genau 30 Jahren systematisch Jazzgitarre auf Platten, Kassetten, dann auch auf CDs, auf vorgefertigten Videos und aus Radio- und Fernsehsendungen sammelt, mittlerweile gut und gerne über 3.000 der Rundlinge im Archiv stehen hat und durch die journalistische Mitarbeit an einschlägigen Blättern ständig Neues auf den Tisch bekommt, dann bleibt unter der Qual der Wahl eigentlich nur noch die Kugel. Folgte man indes gänzlich der Subjektivität, dann sparte man den Gnadenschuß: Man kommt doch immer wieder auf ein gutes Dutzend Platten zurück, fügt zeitweise die eine oder andere Neuerscheinung dem eigenen Lieblingsprogramm hinzu, aber bleibt ja doch ständig in relativ engen Grenzen.

Hier hat der Kummer ein anderes Gesicht: Wie kann man eine Auswahl treffen, die den progitarristischen Einsteiger ebenso zufriedenstellen kann wie den Insider? – Kaum machbar, bei über 600 Namen im Text.

Verlag, Lektorat und Autor haben sich, um zu retten, was zu retten ist und zugleich der fast eigengesetzmäßig expandierenden Textmenge des ganzen Buches irgendwo doch Einhalt zu bieten, für den besten Kompromiß entschlossen, der»drin« war: uns, soweit möglich, auf die sogenannten *heavies* zu beschränken, deren *heaviness* recht leicht an der Häufigkeit ihrer Nennungen im vorangegangenen Text erkennbar war. Insgesamt gehen wir in diesem Buch nicht nur von dem bislang bewährten Verlagskonzept der Monographie ab, sondern – notgedrungen – damit auch von dem, was die Monographien so nützlich gemacht hatte: Wir liefern keine kommentierte Diskographie mehr, sondern lediglich alle diskographischen Daten *ausschließlich*der Titelnennungen. Ausnahmen stellt anfangs das gute halbe Dutzend *Anthologien*dar. Von denen gibt es allzuviele und wie in der belletristischen Literatur neben einem Haufen unbrauchbarer Querschnitte – oft Kopplungen minderen oder »verbrauchten« Materials – seit den 80er Jahren gottlob aber auch eine ganze Reihe, die das Prädikat »besonders wertvoll« verdienen.

Diese Anthologien werden *mit* allen Titeln angezeigt, mit dem Hintergedanken, daß viele dieser Titel so etwas wie einen thematischen Grundstock des ge-

Anhang

samten Mainstreamgitarren-Repertoires darzustellen vermögen. In den personellen Angaben habe ich nur in kontextrelevanten Fällen darauf hingewiesen, ob elektrische (e-g) oder akustische (ac-g) Gitarre (bzw. Baß) gespielt wurde. Ansonsten blieb ich bei (g) für Gitarre allgemein.

Stellte sich für bestimmte Künstler hinsichtlich *musikalisch* gleichwertiger Alben die Frage: Aktualität oder historische Relevanz?, dann entschied ich häufig zugunsten der Aktualität – Beispiele: Sal Salvador einst und jetzt, Sharrock/Skopeletis oder Van Eps/Alden – oder solcher Tonträger, von denen ich glaubte, ihnen *landmark*-Charakter zubilligen zu dürfen, weil sie mehrere Gitarristen von Format vereinigen.

Ein Unter-Kummer aber bleibt unheilbar: Diskographische Angaben altern so schnell wie Wörterbücher. Je nachdem, durch welche Firma der jeweilige Tonträger seinerzeit vertrieben wurde oder, wenn man Glück hat, noch immer vertrieben wird, kann man dem Interessierten Daten bieten, mit denen er erfolgreich einkaufen kann oder eben nicht. Zudem gibt es Firmen, die im Laufe der Zeit und unabhängig von Vertrieben in anderen Ländern die Plattennummern aus bestimmten Gründen selbst geändert haben. Der Bellaphon Import Service, von Anfang an Betreuer des für uns so ungeheuer reichhaltigen Concord-Labels beispielsweise, bietet da keinerlei Irritationen: Er vertreibt seine ausländischen Tonträger seit eh unter deren originalen Angaben. Andere Firmen geben beide an, die originale wie die jeweils neueste, die mir vorliegt. Dritte wiederum geben ausschließlich deutsche (oder beispielsweise japanische) an. Noch andere Firmen haben vom Vorgänger-Vertrieb übernommenes Material schlicht mit neuen Nummern überklebt. PolyGram Jazz will sich möglicherweise des seit Jahren brachliegenden MPS-Katalogs annehmen, derzeit arbeitet man dort noch mit hoffnungslos veralteten MPS-Nummern. Ganz allgemein helfen kann zum Beispiel das Jahrbuch der Branchen-Zeitschrift *Der Musikmarkt*, das Lizenzgeber und -nehmer in übersichtlicher Weise getrennt aufführt, so daß der Suchende nur noch im Lizenz*geber*-Teil nachschlagen muß, um zu wissen, welche Originalfirma von welcher hierzulande vertrieben wird. Der »Bielefelder«, nach besten Kräften aktuell und sich der Unmöglichkeit von Gesamtschauen bewußt, bleibt eine weitere Hilfe.

Andererseits hat die Erfahrung gezeigt, daß Jazzsammler, hochtalentierten Kriminalisten nicht unähnlich, immer wieder Pfade aus dem diskographischen Dschungel freizuschlagen wissen. Es gibt genügend Platten-Versandunternehmen, die in regelmäßig erscheinenden Info-Broschüren alles Benötigte liefern.

Was *vergriffene* Platten angeht – Lenny Breaus zum Beispiel –, nimmt der Kummer radikalste Züge an. Da bleibt kaum anderes übrig als darauf zu hoffen, daß irgendwann die eine oder andere Reissue aus Japan (oder sonstwoher auf CD) angeboten wird. Oder aber – weil in jedem Freak auch ein Missionar steckt – die Möglichkeit, sich über den Verlag an den Autor zu wenden, um auszutüfteln, ob es im einen oder anderen Falle nicht auch Kassetten-Überspielungen täten. Die Erfahrung aber hat sehr wohl gezeigt, daß Geduld eine feine und lohnende Tugend ist: Es gibt heuer kaum etwas, das es nicht (demnächst) gibt. Gerade die CD hat hier schon soviel Wunderbares bewirkt, daß Hoffnungen dieserart – in Bezug auf Van Eps oder Billy Bauer zum Beispiel – durchaus berechtigt sein dürften.　　　　　　　　　　　　　　　　　　　　　　　A. S.

Each his/her own: Eine Auswahl-Diskographie

Anthologien

Guitar Player Magazine presents Legends of Guitar Vol. 1
CD: Guitar Player/Rhino Records R2 70717, 1990

Frankie Trumbauer & His Orchestra; 13. Mai 1927: Eddie Lang (g): I'm Coming, Virginia

The Kansas City Six; 19. September 1938: Freddie Green (rh-g) Eddie Durham (e-g): Countless Blues

Jack Teagarden & His Orchestra; 5. Mai 1939: Allan Reuss (g):
Pickin' For Patsy

George Barnes Quartet: Bill Hunnington (g) Bill Moore (b) Duney Warren (ts) George Barnes (e-g); 16. oder 17. Februar 1940: I'm Forever Blowing Bubbles

Thelonious Monk (p) Nick Fenton (b) Kenny Clarke (dr) Kermit Scott (ts) Don Byas (ts) Joe Guy (tp) Hot Lips Page (tp) Charlie Christian (e-g); ca. 1941: Up On Teddy's Hill

The Cats & The Fiddle: Herbie Miles (g) Austin Powell (g) George Steinbeck (b) Ernie Price (tipple) Tiny Grimes (e-g); 10. Oktober 1941: Stomp Stomp (Fox Trot)

Charlie Parker All Stars: Dodo Marmarosa (p) Red Callender (b) Don Lamond (dr) Charlie Parker (as) Howard McGhee (tp) Barney Kessel (e-g); 26. Februar 1947: Relaxin' At Camarillo

Lennie Tristano & His Sextette: Tristano (p) Arnold Fishkin (b) Denzil Best (dr) Warne Marsh (ts) Lee Konitz (as) Billy Bauer (e-g); 16. Mai 1949: Intuition

Laurindo Almeida Quartet: Harry Babasin (b) Roy Harte (dr) Bud Shank (as) Almeida (g); 15. April 1954: Blue Baiao

Tal Farlow (e-g) Barry Galbraith (rh-g) Oscar Pettiford (b) Joe Morello (dr); 11. April 1954: Gibson Boy

Howard Roberts (e-g) Marty Paich (p) Red Mitchell (b) Al Stoller (dr) Bob Enevoldsen (tb/vtb); November 1956: Serenata Burlesca

Wes Montgomery (e-g) Buddy Montgomery (p) Monk Montgomery (b) Tony Bazley (dr) Harold Land (ts); 18. April 1958: Montgomery Funk

Lenny Breau (e-g); 30. April 1960: Mercy, Mercy, Mercy

Larry Coryell (e-g) John McLaughlin (e-g) Chick Corea (p) Miroslav Vitous (b) Billy Cobham (dr); ca. 1971: Spaces

John Scofield (e-g) Steve Swallow (b) Adam Nussbaum (dr); ca. 1982: Shinola

Derek Bailey (g); 1985: Scaling

The Jazz Guitar
6 LP: Joker C 76/6, 1983

Lonnie Johnson & Eddie Lang (g); New York 7. Mai 1929: Guitar Blues

Eddie Lang (g) Joe Venuti (viol); New York 27. Januar 1927: Wild Cat

Eddie Lang (g) Don Murray (cl/bs) Joe Venuti (viol) Frank Signorelli (p) Justin Ring (cymb); New York 28. März 1928: Dinah

Carl Kress & Eddie Lang (g); 1932: Pickin' My Way

Tony Mottola & Carl Kress (g); Kearny, New Jersey 18. April 1918: Fun on the Frets

Dick McDonough & Carl Kress (g); 1934: Danzon

Floyd Smith (g solo) Harry Lawson/Paul King/Earl Thompson (tp) Ted Donnelly (tb) Don Byas (ts) John Harrington (as/cl) Dick Wilson (ts) Andy Kirk (bs) Mary Lou Williams (p) Booker Collins (b) Ben Thigpen (dr); New York 16. März 1939: Floyd's Guitar Blues

Al Casey (g) John Hamilton (tp) Gene Sedric (cl/ts) Fats Waller (p) Cedric Wallace (b) Slick Jones

353

(dr); New York City 1. Oktober 1941: Buck Jumpin'

Slim Gaillard (g/voc) Dizzy Gillespie (tp) Charlie Parker (as) Jack McVea (ts) Dodo Marmarosa (p) Sam Brown (b/voc) Zutty Singleton (dr); *Los Angeles Dezember 1945:* Flat Foot Floogee

T-Bone Walker (g/voc) Jack Trainor/George Orendorf oder Teddy Buckner (tp) Bumps Myers (ts) Willard McDaniels (p) Billy Hadnot (b) Oscar Lee Bradley (dr); *Ende 1947:* Triflin' Woman Blues

Teddy Bunn (g) Charlie Shavers (tp) Jimmie Noone (cl) Pete Brown (as) Frank Smith (p) Wellman Braud (b) O'Neil Spencer (dr), Spencer & Band (voc); *New York 1. Dezember 1937):* Four Or Five Times

John Collins (g) Buck Clayton/Charlie Shavers (tp) Coleman Hawkins (ts) Harry Carney (bs) J. J. Johnson (tb) Teddy Wilson (p) Chubby Jackson (b) Shadow Wilson (dr); *4. Dezember 1946:* Buckin' The Blues

Lightnin' Hopkins (g) Jimmy Bond (b) Earl Palmer (dr) Dan Crawford (harm); *n. d.:* Guitar Lightnin'

Big Bill Broonzy (g/voc) Seger Ellis (bj); *n. d.:* Glory Of Love

Eddie Condon (g) Bobby Hackett (corn) Georg Brunis (tb) Pee Wee Russell (cl) Bud Freeman (ts) Jess Stacy (p) Artie Shapiro (b) George Wettling (dr); *New York City 17. Januar 1938:* Love Is Just Around The Corner

Django Reinhardt (g) und der HCdF; *22. April 1937:* Runnin' Wild / Ain't Misbehavin'

Django Reinhardt (g) und der HCdF: Joseph Reinhardt statt Marcel Bianchi, 2. g + Freddy Taylor, (voc); *15. Oktober 1936:* Shine

Django Reinhardt (g) und der HCdF; *15. Oktober 1936:* Swing Guitars

Django Reinhardt und Dicky Wells and his Orchestra: Bill Dilard/Bill Coleman/Shad Collins (tp) Dicky Wells (tb) Richard Fullbright (b) Bill Beason (dr); *7. Juli 1937:* Bugle Call Rag

Herb Ellis (g); *Toronto Juli 1958:* Nuages (g solo)

Herb Ellis (g) Oscar Peterson (p) Ray Brown (b); *Toronto Juli 1958:* Easy Listening Blues

Les Paul (g); *n. d.:* Deep In The Blues

Freddie Green (g solo) und die Kansas City Six: Buck Clayton (tp) Lester Young (cl/ts) Eddie Durham (tb/e-g) Walter Page (b) Jo Jones (dr); *New York City 27. September 1938:* Countless Blues / Way Down Yonder In New Orleans

George Barnes (g) and his Octet: Bob Morton/ Eddie Swan (cl, bcl) Phil Wing (engl-h/cl/ob) Tommy Miller (cl/a-fl, fl, pic) Jack Fascinato (p) Earl Backus (rh g) Hal Taylor (b) Frank Rullo (dr/ vib); *1946:* I Can't Give You Anything But Love /Somebody Loves Me

George Van Eps (g); *1949:* Once In A While / Kay's Fantasy

Laurindo Almeida (g) Bud Shank (as) Harry Babasin (b) Roy Harte (dr); *n.d.:* Baa-Too-Kee

Charlie Christian (g), Benny Goodman and his Orchestra; *4. Februar 1941:* Solo Flight

Charlie Christian (g), Benny Goodman Sextett; *2. Oktober 1939:* Rose Room

Charlie Christian (g), Benny Goodman and his Orchestra; *22. November 1939:* Honeysuckle Rose

Charlie Christian (g) and the Edmond Hall Celeste Quartet; *New York City 5. Februar 1941:* Profoundly Blue

Charlie Christian (g) and the Benny Goodman Octet; *[rehearsal] 28. Oktober 1940:* I Never Knew

Tiny Grimes (g) Art Tatum (p) Slam Stewart (b); *n. d.:* I Would Do Anything For You

Tiny Grimes (g) and his Rocking Highlanders: Red Prysock (ts) (rh-section unknown); *n.d.:* Tiny's Boogie

Oscar Moore (g) Nat King Cole (p) Johnny Miller (b); *Los Angeles 23. Mai 1945 bzw. 1. November 1945:* Sweet Georgia Brown/This Way Out

Irving Ashby (g) Nat King Cole (p) Joe Comfort (b) Jack Costanzo (bongos); *New York City März 1949:* Laugh! Cool Clown/Bop Kick

Toots Thielemans (g) und das George Shearing Quintet; *n. d.:* East Of The Sun/Little White Lies (live)

Barney Kessel (g) und das Stan Hasselgard Sextet; *18. Dezember 1947:* Swedish Pastry

Barney Kessel (g), Charlie Parker All Stars: Parker (as) Howard McGhee (tp) Wardell Gray (ts) Dodo Marmarosa (p) George »Red« Callender (b); *26. Februar 1947:* Carvin' The Bird

Barney Kessel (g) Oscar Peterson (p) Ray Brown (b); *Los Angeles Februar 1953 [live]:* C Jam Blues

Johnny Smith (g) Stan Getz (ts) Sanford Gold (p) Eddie Safransky (b) Don Lamond (dr); *11. März 1952:* Moonlight In Vermont

Jimmy Gourley (g) Stan Getz (ts) René Urtreger (p) Jean Marie Ingrand (b) Kenny Clarke (dr); *Paris (?) 1959 [live]:* Lady Bird

Each his/her own: Eine Auswahl-Diskographie

Attila Zoller (g); 1961 [live]: Darn That Dream

Mary Osborne (g), Coleman Hawkins' 52nd Street All Stars; New York (?) 27. Februar 1946: Spotlite

Charlie Byrd (g) Gene (»Joe«) Byrd (b) Bill Reichenbach (dr); 1961 [live]: Satin Doll/Manha De Carnaval

Jimmy Raney (g) Stan Getz (ts) Al Haig (p) Teddy Kotick (b) Tiny Kahn (dr); 20. Oktober 1951 [live]: Move

Chuck Wayne (g), Coleman Hawkins and His Orchestra; 11. Dezember 1947: Jumping For Jane

Bill de Arango (g) und das Slam Stewart Quintet: Red Norvo (vib) Johnny Guarnieri (p) Slam Stewart (b) Morey Fields (dr); New York 10. Juli 1945: The One That Got Away

Les Spann, Dizzy Gillespie Quintett: Gillespie (tp) Junior Mance (p) Art Davis (b) Les [sic!] Humphries (dr); 1959 [live]: Be Bop

Tal Farlow (g) Red Norvo (vib) Charles Mingus (b); Los Angeles 13. April 1951 bzw. Chicago 31. Oktober 1950 bzw. Los Angeles 3. Mai 1950 bzw. Chicago 31. Oktober 1950: This Can't Be Love / September Song / Night And Day / Zing! Went The Strings Of My Heart

Grant Green (g) Gene Taylor (p) Connie Kay (dr); 1961 [live]: Blues In Green

Billy Bauer (g) Lee Konitz (as); 7. April 1950: Rebecca

Billy Bauer (g) Lee Konitz (as) Sal Mosca (p) Arnold Fishkin (b) Jeff Morton (dr); 7. April 1950: Palo Alto

Billy Bauer (g) J. J. Johnson, Kai Winding (tb) Charles Mingus (b) Kenny Clarke (dr); 24. August 1954: What Is This Thing Called Love

Billy Bauer (g) Lee Konitz (as) Lennie Tristano (p) Arnold Fishkin (b) Shelly Manne (dr); 11. Januar 1949: Progression

Kenny Burrell (g) Billy Taylor (p) Gene Taylor (b) Connie Kay (dr); 1961 [live]: Blues

Wes Montgomery (g) Johnny Griffin (ts) Wynton Kelly (p) Paul Chambers (b) Jimmy Cobb (dr); Berkeley, California 25. Juni 1962: Full House/Come Rain Or Come Shine

Wes Montgomery (g) Paul Chambers (b); Berkeley, California 25. Juni 1962: I've Grown Accustomed To Her Face

Sal Salvador (g) Eddie Costa (vib/p) Jimmy Gannon (b) Jimmy Campbell (dr); New York, 9. Oktober 1954: Autumn In New York/Boo Boo Be Doop

Sal Salvador (g) Eddie Costa (vib/p) Kenneth O'Brien (b) Joe Morello (dr); New York 21. Juli 1954: Yesterdays

George Benson (g) Ronnie Cuber (bs) Lonnie Smith (org) Gene Taylor (b) Billy Kaye (dr); 1962 [live]: Godchild

Mickey Baker (g) Jean Claude Pellettier (org) Pierre Sim (b) Jacques David (dr); 1960 [live]: Robin's Nest

Welcome To The Jazz-Club: Guitar
CD: Verve 840 035-2, 1989

Les Paul (g) Billy May (tp, arr) Murray McEachern (tb) Willie Smith (as) Arnold Ross (p) Ed Mihelich (b) Nick Fatool (dr); Los Angeles, Kalifornien 2. Mai 1945: Moten Swing

Chuck Wayne (g) George Shearing (p) Marjorie Hyams (vib) John Levy (b) Denzil Best (dr); New York 27. Juli 1949: Conception

Billy Bauer (g) Lennie Tristano (p) Clyde Lombardi (b); New York 8. Oktober 1946: Interlude, Take I

Herb Ellis (g) Roy Eldridge (tp) Stan Getz (ts) Ray Brown (b) Stan Levey (dr); Los Angeles 11. Oktober 1957: Patti Cake

Barney Kessel (g) Jimmy Wyble (g) Marty Corb (b) Shelly Manne (dr); Los Angeles 23. Januar 1953: Heat Wave

Jimmy Raney (g) Richard Davis (b) Alan Dawson (dr); 21. Juli 1974: Nobody Else But Me

Tal Farlow (g) Bob Enevoldson (vtb) Bill Perkins (ts) Bob Gordon (bs) Monty Budwig (b) Lawrence Marable (dr); Los Angeles August 1955: You Came Along (From Out Of Nowhere)

Wes Montgomery (g) Roger Kellaway (p) Bob Cranshaw (b) Grady Tate (dr) Candido Camero (cng); Englewood Cliffs Mai 1965; Tear It Down

Kenny Burrell (g) Roger Kellaway (p) Joe Benjamin (b) Grady Tate (dr); New York zw. 4. u. 12. April 1965: Downstairs

Joe Pass (g) Eberhard Weber (b) Kenny Clarke (dr); Villingen Juni 1970: Lil Darling

Baden Powell (g) Stave Swallow (b) Bobby Moses (dr); Berlin 5. November 1967: Samba Triste

George Benson (g) Clark Terry (tp) Garnett Brown (tb) Arthur Clarke/George Marge (ts, fl) Paul Griffin (ce) Chuck Rainey (e-b) Leo Morris (dr); New York November 1968: Song For My Father

355

Anhang

Charlie Byrd (g) Stan Getz (ts) Gene (»Joe«) Byrd (g) Keter Betts (b), Bill Reichenbach (dr); Washington, D.C. 13. Februar 1962: O Pato

John McLaughlin (g) John Surman (bs/ss) Brian Odges (b) Tony Oxley (dr); London 1968: Extrapolation

Larry Coryell (g) Philip Catherine (g) Stephane Grappelli (viol) Niels-Henning Ørsted-Pedersen (b); Stuttgart zw. 19. u. 21. Januar 1979: Blues for Django and Stéphane

Jim Hall (g) Jimmy Woode (b) Daniel Humair (dr); Berlin 27. od. 28. Juni 1969: Up Up And Away

Grant Green (g) Harold Vick (ts) Larry Young (org) Ben Dixon (dr) Candido Camero (cng/bgs); Englewood Cliffs 26. Mai 1965: Cantaloupe Woman

classic jazz guitar
3 CD: Sequel Jazz Records NXT 174/1-3, 1991

Django Reinhardt (g) Stéphane Grappelli (viol) Jack Llewellyn/ Alan Hodgkiss (rh-g) Coleridge Goode (b); London 1. Februar 1946: Nuages / Love's Melody

Joe Pass (g) John Pisano (g) Jim Hughart (b) Colin Bailey (dr); Hollywood 1964: Django / Django's Castle / Nuages

Reinhardt & QHCdF (Grappelli, Chaput/Vées); London 31. Januar 1938: Honeysuckle Rose

Barney Kessel (g) Claude Williamson (p) Monty Budwig (b) Shelly Manne (dr); Los Angeles, Kalifornien 1. Juli 1954: A Foggy Day

Kessel (g) Red Mitchell (b); Los Angeles 4. Dezember 1956: Laura

Grant Green (g) Hank Mobley (ts) Wynton Kelly (p) Paul Chambers (b) Philly Joe Jones (dr); New York 26. März 1961: Smokin'

Hank Garland (g) Gary Burton (vib) Joe Benjamin (b) Joe Morello (dr); Nashville 27. Oktober 1960: Riot-Chorus / Move / Always

Kessel (g) Jimmy Rowles (p) Al Hendrickson (g) Harry Edison (tp) Georgie Auld (ts) Red Mitchell (b) Irv Cottler (dr); [Los Angeles?] 26. Juli 1955: Indiana

dies. ohne Edison/Auld: Don't Blame Me

Stanley Jordan (g); n. d.: My Favorite Things

George Benson (g) Clarence Palmer (org) Ron Carter (b) Jack DeJohnette (dr); New York 3. Februar 1971: Ode To A Kudu

Benson (g) Lonnie Smith (org) Ronnie Cuber (bs)

Blue Mitchell (tp) Harold Ousley/King Curtis (ts) Pucho (perc) Melvin Sparks (g) Charlie Persip (dr); New York 1966: Minor Truth

Tal Farlow (g) Bob Enevoldson (tb) Bill Perkins (ts) Bob Gordon (bs) Monty Budwig (b) Lawrence Marable (dr); Los Angeles 3. Mai 1955: On The Alamo

Reinhardt (g) Grappelli (viol) Pierre Ferret/Marcel Bianchi (g) Louis Vola (b); Paris 22. April 1937: Body & Soul

Pass (g) Clare Fisher (p) Ralph Pena (b) Larry Bunker (dr); Hollywood 1963: You Stepped Out Of A Dream / But Beautiful

Kenny Burrell (g) Stanley Turrentine (ts) Major Holley jr (b) Bill English (dr) Ray Barretto (cng); New York 7. Januar 1963: Mule / Chitlins Con Carne

Burrell (g) Phil Woods (as) Ron Carter (b) Grady Tate (dr); New York Dezember 1966: A Smooth One / I Surrender Dear

Burrell (g) Gil Evans Orchestra; New York 4. Dezember 1964 bzw. 6. April 1964: Last Night When We Were Young / Greensleeves

Grant Green (g) Ike Quebec (ts) Sonny Clark (p) Sam Jones (b) Louis Hayes (dr); New York 11. Dezember 1961: Back In Your Own Back Yard / My One & Only Love

Green (g) Quebec (ts) Paul Chambers (b) Philly Joe Jones (dr); New York 16. Dezember 1961: Blues For Charlie

Charlie Byrd (g) Joe Byrd (b) Bertell Knox (dr); Redondo Beach, Kalifornien März 1974: Chiquilin de Bachin

Jim Hall (g) Freddie Hubbard (tp) Bill Evans (p) Percy Heath (b) Jones (dr); New York 17. Juli 1962: I'll Never Smile Again

Hall (g) Bob Brookmeyer (vtb) Jimmy Giuffre (cl) Dave Bailey (dr) Joe Benjamin (b); [1965?]: Ja Da

Hall (g) Chet Baker (tp) Paul Desmond (as) Roland Hanna (p) Ron Carter (b)) Steve Gadd (dr); New York 16. April 1975: You'd Be So Nice To Come Home To / Two's Blues

Laurindo Almeida (g) Bud Shank (as) Gary Peacock (b) Chuck Flores (dr) Los Angeles März 1958: Carioca Hills

Kessel (g) Joe Gordon (tp) Art Pepper (cl) Jimmy Rowles (p) Jack Marshall (g) Budwig (b) Manne (brushes on suitcase!); Los Angeles 30. März 1959: Sweet Sue

Wes Montgomery (g) Johnny Griffin (ts) Wynton

Kelly (p) Chambers (b) Cobb (dr); Berkeley, Kalifornien 25. Juni 1962: Come Rain Or Come Shine

Green (g) Kenny Drew (p) Ben Tucker (b) Ben Dixon (dr); New York 4. Juni 1961: Sunday Mornin'

Herb Ellis (g) Harry Edison (tp) Charlie Mariano (as) Giuffre (cl/ts/bs) Oscar Peterson (p) Ray Brown (b) Alvin Stoller (dr); Los Angeles 3. Januar 1956: Detour Ahead

Ellis (g) Pepper/Shank (as) Richie Kamuca (ts) Giuffre (ts/bs) Lou Levy (p) Hall (g) Joe Mondragon (b) Stan Levey (dr); Los Angeles 26. März 1959: When Your Lover Has Gone

Montgomery (g) Jonny Pate Orchestra; New York 16. November 1964: Caravan

Byrd (g) Getz (ts) Gene (= Joe) Byrd (g) Keter Betts (b) Buddy Deppenschmidt od. Bill Reichenbach (dr); Washington, D. C. 13. Februar 1963: Desafinado

Johnny Smith (g) Getz (ts) Sandford Gold (p) Eddie Safranski (b) Don Lamond (dr); New York 11. März 1952: Moonlight In Vermont /Jaguar

George Van Eps (g) Jess Stacy (p) Mory Cobb (b) Nick Fatool (dr); Los Angeles 28. Juni 1950: Can't We Be Friends?

Hall (g) John Lewis (p) Percy Heath (b) Chico Hamilton (dr); Los Angeles 10. Februar 1956: Skylark

Ed Bickert (g) Desmond (as) Carter (b) Connie Kay (dr); New York 25. September 1974: Squeeze Me

Kessel (g) Brown (b) Manne (dr); Los Angeles 18. März 1957: Green Dolphin Street

Benson (g) Smith (org) Ronnie Cuber (bs) Jimmy Lovelace (dr); New York 1966: Flamingo

Charlie Christian (g) Benny Goodman & his Orchestra; New York 4. März 1941: Solo Flight

Berlin Festival Guitar Workshop
LP: SABA SB 15 146 St, 1968

Elmer Snowden (6str bj) Jack Lesberg (b) Don Lamond (dr); West-Berlin 5. November 1967 [live]: Lazy River / Elmer's Boogie

Buddy Guy (g/voc) dies.; ebd.: First Time I Met The Blues / Drinking Muddy Water

Barney Kessel (g) dies.; ebd.: On A Clear Day / Manha de Carnaval

Jim Hall (g) Steve Swallow (b) Bobby Moses (dr); ebd.: Careful

Hall (g) Kessel (g); ebd.: You Stepped Out Of A Dream

Baden Powell (ac-g); ebd.: The Girl from Ipanema / Samba Triste / Berimbau

Guitar Player – An Album of Contemporary Styles By Modern Masters
2 LP: MCA 2-6002, 1977

Lee Ritenour (g) Ernie Watts (ts) Patrice Rushen (keyb) Bill Dickensen (b) Wilson Q. Wilson (dr) Steve Foreman (perc); Hollywood 23. September 1976: Valdez In The Country / Bertha Baptist

B. B. King (g) Bobby Forte (ts) Milton Hopkins (rh g) Joe Turner (b) John Starks (dr) James Toney (org/p) Leonard Feather (p); San Francisco 11. Dezember 1976: Guitar Player/Counting My Tears

Joe Pass (g); Universal City 18. Oktober 1976: Django / Two Track Trip / Allison II

Herb Ellis (g) Barney Kessel (g) Pete Jolly (p) Monty Budwig (b) Jake Hanna (dr); Universal City: Two More For The Blues / Tea For Two / Contrary-Ness

Larry Coryell (g); Universal City 11. Oktober 1976: Toronto Under The Sign Of Capricorn / Spain / Autumn In New York

Laurindo Almeida (g) Monty Budwig (b) Jake Hanna (dr); Universal City 4. Oktober 1976: Feelings / Samba Da Sarah [sic!]

Laurindo Almeida (g); ebd.: Lament In Tremolo Form

Irving Ashby (g) John Collins (g) Hampton Hawes (p) John Heard (b) Billy Higgins (dr); Hollywood 23. November 1976: Shivers / Funkville U.S.A.

The Jazz Guitar Album
2 LP: Verve 2683 065,
MC: Verve 3507 018, 1957-69

Howard Roberts (g) Bill Holman (ts) Pete Jolly (p) Red Mitchell (b) Stan Levey (dr); Los Angeles 1957: Relaxin' At The Camarillo

Kenny Burrell (g) Roger Kellaway (p) Joe Benjamin (b) Grady Tate (dr) Willie Rodriguez (cong); 5. April 1965: Terrace Theme

Billy Bauer (g) Andrew Ackers (p) Milt Hinton (b) Osie Johnson (dr); New York City Mai 1956: It's A Blue World

Les Spann (g), Dizzy Gillespie Quintet: Gillespie (tp) Julian »Junior« Mance (p) Sam Jones (b) Lex Humphries (dr) Patato Valdes (cong); New York City 20. Februar 1959: Wrap Your Troubles In Dreams

Anhang

Charlie Christian (g), Benny Goodman Sextet: Goodman (cl) Lionel Hampton (vib) Fletcher Henderson (p) Artie Bernstein (b) Nick Fatool (dr); New York City 27. November 1939: AC-DC Current

Barney Kessel (g) Jimmy Wyble (g) Morty Cobb (b) Shelly Manne (dr); Los Angeles 23. Januar 1953: All The Things You Are

Herb Ellis (g) Vic Feldman (p/vib) Leroy Vinnegar (b) Ronnie Zito (dr); Los Angeles 13. Oktober 1961: Gravy Waltz

Jim Hall (g) Bill Evans (p); New York City 7. April 1966: All Across The City

Bola Sete (g) Sebastian Neto (b) Paul Hino (dr); 1966: Soul Samba

Grant Green (g) Harold Vick (fl) Larry Young (org) Ben Dixon (dr) Candido Camero (bong/cong); New York City 26. Mai 1965: That Lucky Old Sun

Tal Farlow (g) Claude Williamson (p) Red Mitchell (b) Stan Levey (dr); Los Angeles 17. Januar 1955: I Remember You

Laurindo Almeida (g) Stan Getz (ts) [unknown] (p) George Duvivier (b) Dave Bailey (dr) José Soorez, Luis Pargam, José Paulo (perc); New York City März 1963: Samba Da Sahra

Django Reinhardt (g) Paul d'Houdt, George Clais, Raymond Chantrain (tp) Jean Damm, Sus Van Camp, Jean Doulliez (tb) Louis Billen, Jo Magis (as) Jack Demany, Arthur Saguet (ts) John Ouwerckx (p) Chas Doine, Van Der Jeught (g) Tur Peeters (b) Jos Aerts (dr) 8 piece strings unident.; Brüssel 8. Mai 1942: Nuages

George Benson (g) Herbie Hancock (p) Ron Carter (b) Billy Cobham (dr) Johnny Pacheco (cong); 1968: What's New

Wes Montgomery (g) Wynton Kelly (p) Paul Chambers (b) Jimmy Cobb (dr); New York City 22. September 1965: Four On Six

Johnny Smith (g) Hank Jones (p) George Duvivier (b) Don Lamond (dr); New York City 30. November 1967: Sweet Lorraine

Oscar Moore (g) Carl Perkins (p) Joe Comfort (b) George Jenkins (dr); Los Angeles 1955: Oscar's Blues

Jimmy Raney (g) Buddy DeFranco (cl) Kenny Drew (p) Teddy Kotick (b) Arthur Taylr (dr); New York City 27. Februar 1952: Buddy's Blues

Charlie Byrd (g) Stan Getz (ts) Gene (»Joe«) Byrd (g/b) Keter Betts (b) Buddy Deppenschmidt, Bill Reichenbach (perc); Washington D. C. 13. Februar 1962: Samba Triste

John McLaughlin (g) John Surman (bs) Brian Odges (b) Tony Oxley (dr); London 1969: Binky's Beam

The Historic Town Hall Concert Featuring Seven Of The World's Greatest Guitarists
2 LP: CBS Columbia KG 31045, 1972

Charlie Byrd (g) Larry Ridley (b) Al Harewood (dr); New York City 14. August 1971: It Don't Mean A Thing / You've Got A Friend / Jitterbug Waltz

Joe Beck (g) Ridley (b) Harewood (dr); ebd.: All Blues / The Things We Did Last Summer / Down Under

Bucky Pizzarelli (g) George Barnes (g); ebd.: Blue Skies / Eleanor Rigby/Here, There And Everywhere / Satin Doll / Rose Room / Theme From »Love Story« / Honeysuckle Rose

Tiny Grimes (g) Ridley (b) Harewood (dr); ebd.: Frantic / Watermelon Man / Blues For Connie / Food For Thought/ Threequarter Moon

Chuck Wayne (g) Joe Williams (b) Harewood (dr); ebd.: Softly, As In A Morning Sunrise / What's New / All The Things You Are

John McLaughlin (g) Eve McLaughlin (autoharp/voc); ebd.: Devotion

The Concord Jazz Guitar Collection Volumes 1 and 2
CD: Concord Jazz CCD-4160, 1981

Kenny Burrell (g) Reggie Johnson (b) Carl Burnett (dr); März 1977: La Petite Mambo

Charlie Byrd (g) Joe Byrd (b) Wyne Philipps (dr); August 1978: Isn't It A Lovely Day?

Howard Roberts (g) Ray Brown (b) Ross Tompkins (p) Jimmie Smith (dr); August 1977: Dolphin Dance

Eddie Duran (g) Dean Reilly (b) Benny Barth (dr); März 1979: Zigeuner

Joe Pass (g) Ray Brown (b) Jake Hanna (dr); Juli 1973: Prelude To A Kiss

Barney Kessel (g) Herbie Steward (reeds) Victor Feldman (vib) Jimmy Rowles (p) Chuck Domanico (b) Jake Hanna (dr) Milt Holland (perc); April 1975: I'm On My Way

George Barnes (g) Joe Venuti (viol) Ross Tompkins (p) Ray Brown (b) Jake Hanna (dr); Juli 1977: I Can't Get Started

Remo Palmier (g) Lou Levy (p/org) Ray Brown (b) Jake Hanna (dr); Juli 1978: Side Track

Herb Ellis (g) Ross Tompkins (p) Ray Brown (b) Jake Hanna (dr); Juli 1979: Georgia On My Mind

Cal Collins (g) Larry Vuckovich (p) Bob Maize (b) Jeff Hamilton (dr); April 1979: Blues On My Mind

Tal Farlow (g) Hank Jones (p) Ray Brown (b); August 1976: You Don't Know What Love Is

Laurindo Almeida (g) Bob Magnussen (b) Jeff Hamilton (dr); September 1978: Claire De Lune Samba

Ellis (g) Joe Pass (g) Ray Brown (b) Jake Hanna (dr); Juli 1973 [live]: Seven, Come Eleven

Barnes (g) Duncan James (g) Dean Reilly (b) Benny Barth (dr); April 1977: When Sunny Gets Blue

Ellis (g) Freddie Green (g) Ross Tompkins (p) Ray Brown (b) Jake Hanna (dr); Mai 1975: Orange, Brown and Green

Byrd (g) Almeida (g) Bob Magnussen (b) Milt Holland (dr); Dezember 1980: Don't Cry For Me Argentina

The Concord Jazz Guitar Collection Volume Three
CD: Concord Jazz CCD-4507, 1992

Ed Bickert (e-g) Neil Swainson (b) Terry Clarke (dr); Januar 1989: Band Call

Larry Coryell (g) Emily Remler (g); August 1985: Joy Spring

Bruce Forman (g) Billy Childs (p) Jeff Carney (b) Eddie Marshall (dr); Oktober 1988: Count Down

Howard Alden (g) George Van Eps (7str-g) Dave Stone (b) Jake Hanna (dr); Februar 1991: Too Marvelous For Words

Jim Hall (g) Gil Goldstein (keyb) Steve LaSpina (b) Terry Clarke (dr); Mai 1989: Beija-Flor

Peter Leitch (g) Neil Swainson (b) Marvin »Smitty« Smith (dr); Februar 1991: The Song Is You

Martin Taylor (g); Juli 1981: Skye Boat Song

Bickert (e-g) Lorne Lofsky (g) Neil Swainson (b) Jerry Fuller (dr); Dezember 1989: Ecaroh

Chris Flory (g) Mike LeDonne (p) Phil Flanigan (b) Chuck Riggs (dr); Januar 1988: Avalon

George Van Eps (7str-g); Februar 1991: Ain't Misbehavin'

Emily Remler (g) Hank Jones (p) Buster Williams (b) Marvin »Smitty« Smith (dr); Mai 1988: East To Wes

Lorne Lofsky (g) Neil Swainson (b) Jerry Fuller (dr); Dezember 1989: The Star Crossed Lovers

Grant Geissman (g) Tom Ranier (keyb) Bob Magnussen (b) Steve Schaeffer (dr); Februar 1978: There Will Never Be Another You

Howard Alden (g); April 1991: Reflections in D

Eddie Lang und Lonnie Johnson

Eddie Lang
Jazz Guitar Virtuoso
LP: Yazoo 1059, o. J.

Eddie Lang (g); 1927;

Lang (g) Arthur Schutt (p); 1927

Lang (g) Frank Signorelli (p); 1927/28

Lang (g) Signorelli (p) Justin Ring (chimes); 1928

Lang (g) Rube Bloom (p); 1928

Lang (g) Lonnie Johnson (g); 1929

Lang (g) Carl Kress (g); 1932

Lonnie Johnson
The Originator of Modern Guitar Blues
LP: Blues Boy BB-300, 1980

Lonnie Johnson (g/voc) Lil Armstrong/Blind John Davis/John Hughes/Herman Smith/Frank Payne/ Simon Hatch/Jimmy Robinson/Todd Rhodes (p) Andrew Harris/Ransom Knowling/Roy Coulter/ Monte Morrison/Edwyn Conley/Paul Parks/Clarence Mack/Joe Williams (b) Jerry Lane (g) Nelson Burton/Calvin Shields/Bill Benjamin (dr) Charlie Hooks (tp) Holley Dismukes (as) Louie Stephens (tp) Teddy Buckner (bs); Chicago 7. Februar 1941, 13. Februar 1942, 14. Dezember 1944, 2. Juni 1947, New York City 15. Juli 1946, Cincinnati 10. Dezember 1947, 13. August 1948, 9. April 1949, 14. + 20. September 1950, 26. Oktober 1951, 3. Juni 1952

Kress, McDonough, Mottola und Van Eps

Fun on the Frets
Early Jazz Guitar
LP: Yazoo 1061, o. J.

Carl Kress (g) Tony Mottola (g); 1941: Fun On The Frets / Jazz In G / Sarong Number / The Camel Walks / Blonde On The Loose / Serenade / Squeeze Box Swing / Sharp As A Tack / Nobody's Idea / Boogie Woogie For Guitar

Anhang

Carl Kress (g) Dick McDonough (g); 1934, 1936: Danzon / I've Got A Feeling You're Fooling

Carl Kress (g); 1939: Peg Leg Shuffle / Sutton Mutton (Taking It On The Lamb)

George Van Eps (g) [unident] (b); 1949: I Wrote It For Jo / Kay's Fantasy / Tea For Two / Once In A While

Durham und Christian

Eddie Durham
LP: RCA LPL1 5029, 1974

Eddie Durham (g) Raymond Tunia (p) Leonard Gaskin (b) Herman Bradley (dr/voc); New York City 13. Februar 1974

Durham (tb, g) Jimmy Nottingham (tp) Lawrence »Snub« Mosley (tb) Earl Evans (ts) Red Richards (p) Thomas Barney (e-b) Wilbert Kirk (dr); ebd. 10. Juli 1973

Durham (g) same rh-group, no brass; ebd.

Charlie Christian Memorial Album
3 LP: CBS/Sony Japan 56AP 674-6 Monaural, 1977

Charlie Christian (g), Benny Goodman Sextet, Benny Goodman Ochestra, Charlie Christian Quintet, Benny Goodman Sextet feat. Count Basie, div. Rehearsal Sessions; New York et al 1939–1941

Djangologie

Django Reinhardt
Pêche à la Mouche
The Great Blue Star Sessions 1947 + 1953
3 CD: Verve/PolyGram Jazz 835 418-2, 1991

Django Reinhardt et son Quintette: Reinhardt (g) Michel de Velles (as) Eddie Bernard (p) Joseph Reinhardt (g) Willy Lockwood (b) Al Craig (dr); Paris 16. April 1947

Django Reinhardt et son Orchestre du »Bœuf sur le Toît«; ebd.

Django Reinhardt et Le Quintette du Hot Club de France: Reinhardt (g) Hubert Rostaing (cl) Joseph Reinhardt (g) Ladislas Czabanyck (b) André Jourdan (dr); Paris 6. Juli 1947

Django Reinhardt et Le Quintette du Hot Club...: Reinhardt (g) Rostaing (cl) Eugène Vées (g) Emmanuel Soudieux (b) Jourdan (d); Paris 18. Juli 1947

Django Reinhardt et Le Quintette...: Reinhardt (g)

Rostaing (cl) Joseph Reinhardt (g) Soudieux (b) Jourdan (dr); Paris 4. Oktober 1947

Django Reinhardt, Rex Stewart Quintet: Reinhardt (g) Rex Stewart (corn) Rostaing (as) Czabanyk (b) Ted Curry (dr); Paris 10. Dezember 1947

Django Reinhardt et ses Rythmes: Reinhardt (g) Maurice Vander (p) Pierre Michelot (b) Jean-Louis Viale (dr); Paris 10. März 1953

the les paul trio
LP: Glendale/Legend 6014, 1978

Les Paul (g) [unident.] (g) [unident] (b); Anfang 40er Jahre

Diz Disley and the Soho String Quintette
Zing! went the strings...
LP: Waterfront Records WF 031, 1987

Diz Disley (g) Johnny Van Derrick (viol) Nils Solberg, Geoff Green (g) David Etheridge (b); Juli 1986

Brother Meeting
André Condouant
LP: Disques DEBS HDD 523, 1971

André Condouant (g) Edd Lou (p) Percy Heath (b) Connie Kay (dr); Paris ca. 2. od. 3. November 1970

John Lewis & Sacha Distel
Afternoon In Paris
LP: Atlantic 1267, 1959?

John Lewis (p) Sacha Distel (g) Barney Wilen (ts) Pierre Michelot (b) Connie Kay (dr); Paris 1958?

Lewis (p) Distel (g) Wilen (ts) Percy Heath (b) Kenny Clarke (dr); ebd.

Philip Catherine
Guitars
LP: WEA/Atlantic ATL 50 193, 1975

Philip Catherine (ac/ e-g/ bj/ e-b/ p/ tarang/ 12str-g) John Lee (b) Gerry Brown (dr) Rob Franken (strings); Brüssel August 1975

Catherine (g) dies. abzgl. Franken; ebd.

Catherine (g) dies. + Charlie Mariano (ss/as); ebd.

Catherine (ac/e-g/bj/e-b/p/tarang/12str g); ebd.

Catherine (g) Mariano (ss/as); ebd.

Catherine (g) Mariano (ss/as) Jasper van't Hof (p); ebd.

Catherine (g) Brown (dr); ebd.

Boulou Ferré & Niels-Henning Ørsted Pedersen & Elios Ferré
Trinity
LP: SteepleChase SCS 1171, 1983

Boulou Ferré (g) Elios Ferré (g) Niels-Henning Ørsted Pedersen (b); Kopenhagen 18. November 1982

Bireli Lagrene
Highlights
CD: jazzpoint jp 1027, 1989?

Bireli Lagrene (g) Philip Catherine (g); Frankfurt/Main Juli 1981

Lagrene (g); Ludwigsburg April 1981

Lagrene (g) Vic Juris (g); Staufen Juni 1985

Lagrene (g) Larry Coryell (g) Miroslav Vitous (b); Hunziken/Schweiz Mai 1986

Lagrene (g) Gaiti Loeffler (rh-g) Tschirglo Loeffler (rh-g) Jan Jankeje (b); März 1982

Lagrene (g) Jörg Reiter (p) Gaiti/Tschirglo Loeffler (rh-g) Jankeje (b); Ludwigsburg Mai 1980 [live]

Lagrene (g) dies.; Ludwigsburg April 1981

Lagrene (g) Jaco Pastorius (b) Vladislav Sendecki (keyb/synth) Serge Bringolf (perc) Peter Lübke (dr); Stuttgart März 1986

Lagrene (g) Pastorius (b) Sendecki (keyb/synth) Jankeje (b) Lübke (dr); ebd.

Bireli Lagrene
Foreign Affairs
CD: Blue Note CDP 7 90967 2, 1988

Bireli Lagrene (e-g/e-b/voc) Koono (keyb) Jeff Andrews (e-b/frl b) Jürgen Attig (frl b) Dennis Chambers (dr) Café (perc); New York City 10.–12. August 1988

Elektrische Erbwahrer (Mainstream, Bop, Cool)

Swing, Guitars
2nd George Barnes Quartet
LP: Famous Door HL-100, 1974?

George Barnes (g) Dick Hyman/Hank Jones (p) Jo Jones (dr) Milt Hinton (b); New York 3. August 1972 u. 31. Januar 1973

Barney Kessel
The Poll Winners
LP: Contemporary S7535, 1957

Barney Kessel (g) Ray Brown (b) Shelly Manne (dr); Los Angeles, Kalifornien 18. + 19. März 1957

Barney Kessel: The Poll Winners Ride Again!
LP: Contemporary C3556, 1958
dies.; ebd. 19. + 21. August 1958

Poll Winners Three!
LP: Contemporary M3576, 1960
dies.; ebd. 2. November 1959

The Poll Winners:
»Exploring The Scene«
LP: Contemporary S7581, 1961
dies.; ebd. 30./31. August und 1. September 1960

Straight Ahead
The Poll Winners
LP: Contemporary S7635, 1976
dies.; ebd. 12. Juli 1975

Barney Kessel
Live At Sometime
CD: Storyville/Trio STCD 4157, 1988

Barney Kessel (g) Kunimitsu Inaba (b) Tetsujiroh Obara (dr); Tokio 23. Februar 1977

Al Casey
Genius of the jazz guitar
LP: JSP Records 1062, 1983

Al Casey (g) Gene Rogers (p, voc) Len Skeat (b) Ronnie Verell (dr), London 1982

Casey (g) Jay McShann (p) Kenny Baldock (b) Robin Jones (dr), ebd.

Casey (g) Mike Carr (p) Paul Sealey (b) Jones (dr)

The Oscar Moore Trio
Dedicato a Nat »King« Cole
LP: i dischi del quadrifoglio VDS 213, 1970

Oscar Moore (g) Joe Comfort (b) Gerald Wiggins (p); 1966

Now And Then
Mary Osborne
LP: Stash Records ST215, 1982

Mary Osborne (g) Steve LaSpina (b) Charlie Persip (dr); [1979?] Osborne (g) Tommy Potter (b) Jo Jones (dr) Tommy Flanagan (p) Danny Barker (g); 1959

Anhang

Remo Palmier
LP: Concord Jazz CJ-76, 1979

Remo Palmier (g) Lou Levy (p/org) Ray Brown (b) Jake Hanna (dr); San Francisco, Kalifornien Juli 1978

The Oscar Peterson Trio At The Stratford Shakespearean Festival
LP: Verve 2304 223, o.J.

Oscar Peterson (p) Herb Ellis (g) Ray Brown (b); Stratford, Ontario 8. August 1956

Nothing But The Blues
Herb Ellis
LP: Verve MV 2529, o. J.

Herb Ellis (g) Roy Eldridge (tp) Stan Getz (ts) Ray Brown (b) Stan Levey (dr); Los Angeles 11. Oktober 1957

The Great Guitars Of Tal Farlow, Sal Salvador & Lou Mecca
CD: Blue Note Japan CJ28-5127, 1989

Tal Farlow Quartet: Farlow (g) Don Arnone (g) Clyde Lombardi (b) Joe Morello (dr); Hackensack, New Jersey 11. April 1954

Sal Salvador Quintet: Salvador (g) Frank Socolow (ts) John Williams (p) Kenny O'Brien (b) Jimmy Campbell (dr); ebd. 24. Dezember 1953

Lou Mecca Quartet: Mecca (g) Jack Hitchcock (vib) Vinnie Burke (b) Jimmy Campbell (dr); ebd. 25. März 1955

The Sal Salvador Quintet
In Our Own Sweet Way
LP: Stash ST-224, 1983

Sal Salvador (g) Nick Brignola (saxes) Don Friedman (p) Butch Miles (dr) Gary Mazzaroppi (b); New York November 1982

Moonlight in Vermont
with Johnny Smith featuring Stan Getz
LP: Roost Records/Sonet 2211,n. d.

Johnny Smith (g) Stan Getz (ts) Don Lamond (dr) Eddie Safranski (b) Sanford Gold (dr); n. d.

Smith (g) dies. Zoot Sims statt Getz; n. d.

Smith (g) Lamond (dr) Gold (p) Paul Quinchette (ts) Arnold Fishkin (b); n. d.

The Return Of Tal Farlow/1969
LP: Prestige 7732, 1970

Tal Farlow (g) John Scully (p) Jack Six (b) Alan Dawson (dr); Bergenfield, New Jersey [?] 23. September 1969

Billy Bauer
Billy Bauer plectrist
LP: Verve Mono MV 2678, 1956

Billy Bauer (g) Andrew Ackers (p) Milton Hinton (b) Osie Johnson (d); [1954?]

Billy Butler
don't be that way
LP: black and blue 33.104, 1976

Billy Butler (g) Wild Bill Davis (org) Oliver Jackson (dr) spec. guest: Eddie »Lockjaw« Davis (ts); Paris 1. Februar 1976

Billy Mackel
at last
LP: Black And Blue 33.117, 1978?

Billy Mackel (g) Eddie Chamblee (ts) Milt Buckner (org) Michel Gaudry (b) Frankie Dunlop (dr); Paris 25. März 1977

Red Norvo Trios with Jimmy Raney or Tal Farlow and Red Mitchell
2 LP: Prestige P-24108, 1982

Red Norvo (vib) Jimmy Raney/Tal Farlow (g) Red Mitchell (b); Hollywood? September 1953, Detroit März 1954, Hollywood Oktober 1955

Kenny Burrell
God Bless The Child
LP: CTI 6011, 1972?

Kenny Burrell (g) Don Sebesky (arr/cond) Ron Carter (b) Billy Cobham (dr) Freddie Hubbard (tp) Hubert Laws (fl) Ray Baretto (perc); New York City April/Mai 1971

Kenny Burrell
Ellington Is Forever Vol. Two
2 LP: Fantasy F-79008, 1977

Kenny Burrell (g) Nat Adderley/Snooky Young (tp) Gary Bartz/Joe Henderson/Jerome Richardson (reeds) Jimmy Smith/Roland Hanna/Jimmy Jones (keyb) Quentin Jackson (tb) Ernie Andrews (voc) George Mraz/Stanley Gilbert/Monk Montgomery (b) Philly Joe Jones/Jimmie Smith (perc); Berkeley, Kalifornien 1977?

Kenny Burrell
When Lights Are Low
LP: Concord Jazz CJ-83, 1979

Kenny Burrell (g) Larry Gales (b) Carl Burnett (dr); San Francisco, Kalifornien September 1978

Tapestry
Chuck Wayne Trio
LP: Focus P-6176 A, 1980

Chuck Wayne (g) Ernie Furtado (b) Jimmy Campbell (dr); n. d.

Each his/her own: Eine Auswahl-Diskographie

Kenny Burrell and the Jazz Guitar Band
Pieces of Blue and the Blues
Kenny Burrell (g) Rodney Jones (g) Bobby Broom (g) Dave Jackson (b) Kenny Washington (dr); New York City 24./25. Oktober 1986

Guitar Groove
René Thomas Quintet
LP: Jazzland/Riverside JLP 927S, 1982

René Thomas (g) J. R. Monterose (ts) Hod O'Brien (p) Teddy Kotick (b) Albert Heath (dr); New York 7./8. September 1960

Good Friday Blues
The modest Jazz Trio
LP: Pacific Jazz K23P 6716, 1960

Jim Hall (g) Red Mitchell (p) Red Kelly (b); [März od. April 1960]

»live« at the half-note
the art farmer quartet
featuring jim hall
LP: Atlantic SD 11421, 1966

Art Farmer (flh) Jim Hall (g) Steve Swallow (b) Walter Perkins (dr); New York [1965?]

Jim Hall
Live In Tokyo
LP: Paddle Wheel/King GP 3217, 1980

Jim Hall (g) Don Thompson (b) Terry Clarke (dr); Tokio 28. Oktober 1976

Jim Hall Trio
Circles
LP: Concord Jazz CJ-161, 1981

Jim Hall (g) Don Thompson (p/b) Rufus Reid (b) Terry Clarke (dr); New York City März 1981

George Shearing & Jim Hall
First Edition
CD: Concord Jazz CCD 4177

Jim Hall (g) George Shearing (p); New York September 1981

Howard Roberts
H.R. Is A Dirty Guitar Player
LP: Capitol ST 1961, 1964

Howard Roberts (g) Burkley Kendrix (org) Chuck Berghoffer (b) Earl Palmer (dr); Hollywood, Kalifornien 3.–5. Juni & 16. Juli 1963

The Mundell Lowe Quartet
exciting modern guitar
LP: Riverside RLP 12-204, 1975

Mundell Lowe (g) Dick Hyman (p/org) Trigger Alpert (b) Ed Shaughnessy (dr); New York 27. August/4. Oktober 1955

Ted Dunbar
Jazz Guitarist
LP: Xanadu 196, 1982

Ted Dunbar (g); New York 29. Juli 1982

Eddie Duran
Ginza
LP: Concord Jazz CJ-94

Eddie Duran (g) Dean Reilly (b) Benny Barth (dr); San Francisco März 1979

The Genius Of
Wes Montgomery
3 LP: Riverside 109561/563, ca. 1975

Wes Montgomery (g) Johnny Griffin (ts) Wynton Kelly (p) Paul Chambers (b) Jimmy Cobb (dr); n.d., [live][1]

Montgomery (g) Buddy Montgomery (p) Monk Montgomery (b) Bobby Thomas (dr); New York 3. Januar 1961 [2]

Montgomery (g) Tommy Flanagan (p) Percy Heath (b) Albert Heath (dr); New York 26./28. Januar 1960 [3]

1) = LP Full House; 2) = LP Groove Yard – The Montgomery Brothers; 3) = LP The Incredible Jazz Guitar Of Wes Montgomery

Jimmy and Wes
The Dynamic Duo
LP: Verve V6-8678, 1967?

Oliver Nelson (arr/cond) Clark Terry (tp) Grady Tate (dr) Phil Woods (ts/cl) Richard Davis (b) Ray Baretto (perc) Jimmy Cleveland (tb); 21./28. September 1966

Wes Montgomery
Guitar On The Go
LP: Riverside 9494, o. J.

Wes Montgomey (g) Melvin Rhyne (org) George Brown/Paul Parker (dr); [ca 1962?]

Movin' Wes
Wes Montgomery
LP: Verve 2304 377, 1965

Wes Montgomery (g) Johnny Pate (arr/cond) Clark Terry/Snooky Young (tp) Jimmy Cleveland/ Quentin Jackson/Urbie Green (tb) Bobby Scott (p) Bob Cranshaw (b) Grady Tate (dr) Willie Bobo (perc); New Jersey 11./16. November 1964

Anhang

Sounds of Synanon
featuring Arnold Ross, Joe Pass, Dave Allan, Greg Dykes, Ronald Clark, Bill Crawford, Candy Latson
LP: Pacific Jazz/Liberty LLJ-70035, n. d.

Arnold Ross (p) Joe Pass (g) Dave Allan (tp) Greg Dykes (bhorn) Ronald Clark (b) Bill Crawford (dr) Candy Latson (bgs); Hollywood 1961

jazz winds from a new direction
introducing the modern guitar of hank garland
LP: CBS JCS 8372 Columbia Collectors' Series, 1974

Hank Garland (g) Joe Morello (dr) Gary Burton (vib) Joe Benjamin (b), Nashville, Tennessee, 1961

Grant Green
Oleo
LP: Blue Note GXK 8169, 1962

Grant Green (g) Sonny Clark (p) Sam Jones (b) Louis Hayes (dr); New Jersey 31. Januar 1962

Feelin' The Spirit
Grant Green
LP: Blue Note BST-84132, ca. 1980

Grant Green (g) Herbie Hancock (p) Butch Warren (b) Billy Higgins (dr) Garvin Masseaux (tamb); New York [vor 1967]

The electric guitar of the eclectic Elek Bacsik
LP: Fonatana Jazz 885.512 TY, 1963

Elek Bacsik (g) Pierre Michelot (b) Kenny Clarke (dr); Paris 1962

Bacsik (g) Michel Gaudry (b) Daniel Humair (dr); ebd.

»Leblon Beach«
The Al Gafa Quinteto
LP: Pablo 2310 782, 1977

Al Gafa (g) Kenny Barron (p) Ben Brown (b) Al Foster (dr) Azzedin Weston (perc); New York 8. April 1976

»Chops«
Joe Pass and Niels-Henning Ørsted Pedersen
LP: Pablo 2310 830, 1979

Joe Pass (g) Niels-Henning Ørsted Pedersen (b); London 19. November 1978

Joe Pass
Live at Long Beach City College
LP: Pablo 2308-239, 1984

Joe Pass (g); Long Beach, Kalifornien 20. Januar 1984

Joe Pass
University of Akron Concert
LP: Pablo Live 2308-249, 1986

Joe Pass (g); Kent, Ohio März 1986

Beyond The Blue Horizon
George Benson
LP: CTI 6009, 1971

George Benson (g) Ron Carter (b) Jack DeJohnette (dr) Clarence Palmer (org) Michael Cameron, Albert Nicholson (perc); New York City Februar 1971

Ernest Ranglin
Ranglypso
LP: MPS 20 22677-8, 1975

Ernest Ranglin (g) Monty Alexander (p) Eberhard Weber (b) Kenny Clare (dr); 25. Oktober 1974

George Benson
In Concert – Carnegie Hall
Guest: Hubert Laws
LP: CTI 63.012, 1975?

George Benson (g) Hubert Laws (fl) Ronnie Foster (keyb) Wayne Dockery / Will Lee (b) Marvin Cappell / Steve Gadd / Andy Newmark (dr) Ray Armando/Johnny Griggs (perc); New York 11. Januar 1975

Tommy Tedesco
Autumn
LP: Trend Records TR-514, 1978

Tommy Tedesco (e/ac-g) John Kurnick (e-g) Paul Capritto (e-b) Frank Severino (dr); Burbank, Kalifornien 11. Juli 1978

Louis Stewart Solo Guitar
Out On His Own
LP: Livia LRLP 1, 1977

Louis Stewart (g); n. d.

Bridges
Gene Bertoncini with Michael Moore
LP: MPS 0068.176, 1977

Gene Bertoncini (g) Michael Moore (b); [1976?]

Joe Diorio
Solo Guitar
LP: Spitball Records SB 2, 1975

Joe Diorio (g); [Miami?] 1975?

Each his/her own: Eine Auswahl-Diskographie

Ed Bickert/Don Thompson
LP: Sackville 4005

Ed Bickert (g) Don Thompson (b); [Toronto?] 22. Januar 1978 [live]

Lenny Breau
Live!
LP: RCA LSP-4199, 1969

Lenny Breau (g) Ron Halldorson (b) Reg Kelln (dr); Hollywood n.d.

Lenny Breau
Five O'Clock Bells
LP: AdeLPhi 5006, 1979

Lenny Breau (g/voc); New York City Oktober/November 1977, Januar 1978

Lenny Breau:
Lenny Breau
LP: Direct-Disk Labs D.D-112, 1979;

Lenny Breau (g) Don Thompson (b) Claude Ranger (dr); Nashville, Tennessee 1978 [?]

Soirée
The guitar of Frank Evans
LP: Blue Bag BB102, 1978

Frank Evans (g); [Bristol?] 5.–7. Mai 1977

Introducing Doug Raney
LP: SteepleChase SCS 1082, 1978

Doug Raney (g) Duke Jordan (p) Hugo Rasmussen (b) Billy Hart (dr); Kopenhagen 28./29. September 1977

Eric Gale
In A Jazz Tradition
CD: EmArcy/Nippon Phonogram 836 369-2, 1988

Ron Carter presents: Eric Gale (g) Houston Person (ts) Lonnie Smith (org) Ron Carter (b) Grady Tate (dr); Englewood Cliffs, New Jersey 29./ 30. November 1987

Thorgeir Stubø
Notice
LP: Odin LP01, 1981

Thorgeir Stubø (g) Terje Bjorklund (ac/e-p) Henning Gravrok (ts/ss) Bjorn Alterhaug (b) Ernst-Wiggo Sandbakk (dr); 20./21. August 1981

Live At Jazz Alive
Thorgeir Stubø
LP: Odin LP 11 ncb, 1984

Thorgeir Stubø (g) Bernt Rosengren (ts) Egil Kapstad (p) Terje Venaas (b) Egil Bop Johansen (dr); 7./8. September 1983 [live]

Cal Collins
in San Francisco
LP: Concord Jazz CJ-71, 1978

Cal Collins (g) Monty Budwig (b) Jeff Hamilton (dr); San Francisco 1977?

Cal Collins
By Myself
LP: Concord Jazz CJ-119, 1980

Cal Collins (g); San Francisco Dezember 1979

Terry Smith With The
Tony Lee Trio
British Jazz Artists Vol. 2
LP: Lee Lambert LAM 002, 1977

Terry Smith (g) Tony Lee (p) Martin Drew (dr) Tony Archer (b); London März 1977

Martin Taylor
skye boat
LP: Concord Jazz CF-184, 1982

Martin Taylor (g) Peter Ind (b) Jimmie Smith (dr); San Francisco, Juli 1981

Bruce Forman
River Journey
LP: Muse MR 5251, 1981

Bruce Forman (g) Russell Ferrante (p) Bob Magnussen (b) Scott Morris (dr); San Francisco, 10. März 1981

Forman (g) Frank Martin (p) Rich Girard (b) Babatunde (perc); ebd.

Forman (g) wie ganz oben/Richie Cole (as); ebd.

Up Late
Jeff Linksky
LP: Concord Picante CJP-363; 1988

Jeff Linsky (requinto) Steve Kujala (fl) John Leitham (b) Gary Cardile (perc) Luis Conte (perc) Chris Trujillo (perc) ; Hollywood, Kalifornien Februar 1988, Los Angeles Mai 1988

Howard Alden Trio
Misterioso
CD: Concord Jazz CCD-4487, 1991

Howard Alden (g) Frank Tate (b) Keith Copeland (dr); New York City April 1991

365

Anhang

It Could Happen To You
Lorne Lofsky: Guitarist
LP: Pablo today 2312-122, 1981

Lorne Lofsky (g) Kieran Overs (b) Joe Bendzsa (dr); Toronto 15. April 1980

Reg Schwager Trio
Resonance
LP: Justin Time Records JUST 13, 1986

Reg Schwager (g) Michael Lambert (dr) Dave Piltch (b); Montreal 2./3. Dezember 1985

Peter Sprague
Musica Del Mar
LP: Concord Jazz CJ-237, 1984

Peter Sprague (ac/e-g) George Cables (p) Bob Magnussen (b) Eddie Moore (dr); San Francisco September 1983

Richie Hart
Remembering Wes
CD: Blue Flame Jazz 40222, 1990

Richie Hart (g) Ron Carter (b) Dr. Lonnie Smith (p/synth) Kenneth Washington (dr); Englewood Cliffs, New Jersey [George Benson's Studio] 1988/89

Hart (g) Jimmy Cobb (dr) Gary Mezzaroppi (b) Peter Tomlinson (p); ebd.

Hart (g); ebd.

Hart (g) Mezzaroppi (b) Tomlinson (p) Fuku Tianaka (dr); ebd.

Rodney Jones/Tommy Flanagan Quartet
My Funny Valentine
CD: Timeless SJP 162, 1990

Tommy Flanagan (p) Rodney Jones (g) Major Holley (b) Jesse Hameen (dr); New York 21. Dezember 1981

Peter Leitch
Trio/Quartet '91
CD: Concord Jazz CCD-4480, 1991

Peter Leitch (g) Neil Swainson (b) Marvin »Smitty« Smith (dr) John Swana (tp/flh) ; New York 23./24. Februar 1991

John Schröder Quartet
Deep Well
LP: Trion 3210, 1983

John Schröder (g) Christof Lauer (ss/ts) Thomas Heidepriem (ac/e-b) Jo Thönes (dr); Frankfurt/Main September/November 1982

Dieter Ilg, John Schröder, Wolfgang Haffner
CD: Mood Records 33.629, 1989

Dieter Ilg (b) John Schröder (g) Wolfgang Haffner (dr); Ludwigsburg 10. – 12. Januar 1989

Emily Remler Retrospective, Volume Two
»Compositions«
CD: Concord Jazz CCD-4463

Emily Remler (g) Eddie Gomez (b) Bob Moses (dr) [aus LP Catwalk CJ-265]; Concord, Kalifornien August 1984

Remler (g) Jean d'Earth (tp) Gomez (b) Moses (dr) [aus LP Transitions CJ-236]; ebd. Oktober 1983

Remler (g) James Williams (p) Don Thompson (b) Terry Clarke (dr) [aus LP Take Two CJ-195]; ebd. Juni 1982

Remler (g) Hank Jones (p) Buster Williams (b) Marvin »Smitty« Smith (dr) [aus LP East To Wes CJ-356]; ebd. Mai 1988

Remler (g) Jones (p) Bob Maize (b) Jake Hanna (dr) [aus LP Firefly CJ-162]; ebd. April 1981

Heiner Franz
Gouache
CD: Jardis JRCD 8904, 1989

Heiner Franz (g) Thomas Kirsch (b) Uwe Heitz (dr); n. d.

Mark Whitfield
Patrice
LP: Warner 7599-26659-1, 1991

Mark Whitfield (ac/e-eg) Kenny Barron (p) Alvin Batiste (cl) Ron Carter (b) Jack DeJohnette (dr) Manolo Badrena (perc), Group Five (voices); New York 1991

Akustiker

Laurindo Almeida Quartet
featuring Bud Shank
LP: World Pacific WP-1204, 1957

Laurindo Almeida (g) Bud Shank (as) Harry Babasin (b) Roy Harte (dr); n. d.

Bud Shank
holiday in brazil
LP: World Pacific WP-1259, 1959

Bud Shank (as/fl) Laurindo Almeida (g) Gary Peacock (b) Chuck Flores (dr); n. d.

Each his/her own: Eine Auswahl-Diskographie

Laurindo Almeida
Virtuoso Guitar
Limited Edition Direct to Disc Recording
LP (45 rpm) Crystal Clear Records CCS 8001, 1977

Laurindo Almeida (g) Chuck Domanico (b) Clare Fisher (ac/e-p) Chuck Flores (dr) Emil Richards (vib/mar) Aimé Maurice Vereeck (perc); n. d.

Laurindo Almeida
Outra Vez
CD: Concord Picante CCD-4497, 1992

Laurindo Almeida (g) Bob Magnussen (b) Jim Plank (perc); Pacific Beach, Kalifornien 5. Oktober 1991

Blues Sonata
Charlie Byrd
LP: Riverside OLP 3009, 1962

Charlie Byrd (ac-g) Keter Betts (b) Buddy Deppenschmidt (dr); New York 23. Oktober 1961

Byrd (e-g) same/Barry Harris (p); ebd. 24. Oktober 1961

Jazz Recital
Charlie Byrd
LP: Savoy SA 6011, o. J.

Charlie Byrd (g) Topm Newson (fl/ts) Al Lucas (b) Bobby Donaldson (dr); [vor 1962]

Charlie Byrd
at the Village Vanguard
LP: Riverside O LP 3008

Charlie Byrd (g) Keter Betts (b) Buddy Deppenschmidt (dr); New York ca. 1962 [live]

Byrd at The Gate
Charlie Byrd Trio & Guests
LP: Riverside RM 467, 1964

Charlie Byrd (g) Keter Betts (b) Bill Reichenbach (dr) Clark Terry (tp) Seldon Powell (ts); New York City 9./10. Mai 1963

Earl Klugh
Solo Guitar
LP: Warner 926 018-1
CD: 926 018-2, 1989

Earl Klugh (g); [1988?]

The Earl Klugh Trio
Volume One
LP: Warner 7599-26750-1, 1991

Earl Klugh (ac-g) Ralphe Armstrong (b) Gene Dunlap (dr); Dearborn, Michigan n. d.

Rhythmiker, Akkordiker, 7- und Mehrsaiter

Herb Ellis and Freddie Green
Rhythm Willie
LP: Concord Jazz CJ-10, 1975

Herb Ellis (g) Freddie Green (g) Ray Brown (b) Jake Hanna (dr) Ross Tompkins (p); Concord, Kalifornien 1975

2x7 = Pizzarelli
LP: Stash Records ST 207, 1980

Bucky Pizzarelli (g) John Pizzarelli (g); n. d.

Pat Martino
Desperado
LP: Prestige 7795, 1970

Pat Martino (12str e-g) Eric Kloss (ss) Eddie Green (e-p) Tyrone Brown (e-b) Sherman Ferguson (dr/bells); [1970?]

Egberto Gismonti
Dança Dos Escravos
CD: ECM 837 753-2, 1989

Egberto Gismonti (6strg/ Kontralt/ 10str/ 12str/ 14str, ac, g); Oslo November 1988

Juraj Galan/Norbert Doemling
Playing For Love
CD: Jeton J 140/1
LP: 22 87 049, 1987
CD: Bell Records BLR 84 026, 1991

Juraj Galan (ac/ e-g/ ac 7str/e 7str-g/progr) Norbert Doemling (e-b/ frl-b/bowed e-b/progr) Tony Latakos (ts) Carlos Albrecht (cowbell) Kuno Schmidt (effects); Ludwigsburg 6.–8./18./19. Januar 1987

Tango Brasileiro
Ahmed El-Salamouny / Gilson de Assis
CD: FSM FCD 97725, 1988

Ahmed El-Salamouny (g) Gilson de Assis (perc); Frankfurt/Main März + April 1988

Jibaro Jazz
Pedro Guzmán
CD: Tropical Music 68.949, 1990

Pedro Guzmán (cuatro/g) Ivan Martinez (bongo) Cándido Reyes (guiro) Maro César Rios (g) Javier Hernández (keyb/perc) Chorus (div) Gäste (div); Rio Pedras, Puerto Rico 1989?

Anhang

Duos, Trios und mehr

Guitars, Anyone?
George Barnes and Carl Kress
LP: Audiophile AP-87, 1981

George Barnes (g) Carl Kress (g); [Dezember 1962?]

George Barnes/Carl Kress
Town Hall Concert
LP: United Artists UAL 3335, 1963

George Barnes (g) Carl Kress (g); New York April 1963 [live]

Windflower
Herb Ellis/Remo Palmier
LP: Concord Jazz CJ-56, 1978

Herb Ellis (g) Remo Palmier (g) George Duvivier (b) Ron Traxler (dr); [1978?]

Seven, Come Eleven
Herb Ellis/Joe Pass
From their live performance at the Concord Summer Festival
LP: Concord Jazz CJ-2, 1974

Herb Ellis (g) Joe Pass (g) Ray Brown (b) Jake Hanna (dr); Concord, Kalifornien 29. Juli 1973

Howard Alden + George Van Eps
13 Strings
CD: Concord Jazz CCD-4464, 1991

Howard Alden (g) George Van Eps (g) Dave Stone (b) Jake Hanna (dr); Hollywood Februar 1991

George Van Eps & Howard Alden
Hand-Crafted Swing
CD: Concord Jazz CCD 4513, 1991

Howard Alden (g) George Van Eps (g) Dave Stone (b) Jake Hanna (dr); Hollywood 11. und 12. Juni 1991

Jimmy Raney & Doug Raney
Stolen Moments
LP: SteepleChase 1118, 1979

Jimmy Raney (g) Doug Raney (g) Michael Moore (b) Billy Hart (dr); Kopenhagen 19. April 1979

Laurindo Almeida – Charlie Byrd
Latin Odyssey
LP: Concord Picante CJP-211, 1983

Laurindo Almeida (g) Charlie Byrd (g) Joe Byrd/Bob Magnusson (b) Jeff Hamilton/Chuck Redd (dr); San Francisco, Dezember 1982

Ralph Towner   John Abercrombie
Five Years Later
LP: ECM 1207, 1982

John Abercrombie (ac/e-g, 12str e-g, mand-g) Ralph Towner (ac-g/12str ac-g); Oslo März 1981

George Benson/Earl Klugh
Collaboration
LP: Warner 925 580-1
CD: 925 580-2
MC: 925 580-4, 1987

George Benson (e-g) Earl Klugh (ac-g) Greg Phillinganis (keyb/synth) Marcus Miller (b) Harvey Mason (dr) Paulhino da Costa (perc) Paul Jackson (rh-g); [1977?]

Coryell-Khan
Two For The Road
LP: Arista 5N 058N-60169, 1977

Larry Coryell (ac/e-g) Steve Khan (ac/e-g); n. d. [1976?]

Larry Coryell/Philip Catherine
Guitar Duos
Twin-House
LP: WEA/Atlantic 50 342, 1977
CD: ACT 9202-2, 1992

Larry Coryell (ac-g/12str g) Philip Catherine (ac-g); London n. d. [1977?]

Martin Kolbe / Ralf Illenberger
Waves
LP: Mood Records 22900, 1978

Martin Kolbe (6/12strg-g/gong/voice) Ralf Illenberger (6/12str-g/voice) Wolfgang Dauner (p/synth) Eberhard Weber (b) Anne Haigis (voc); Stuttgart 20.–27. März 1978

After Hours with
Martin Taylor and Ike Isaacs
LP: JTC Records JTC-1, 1979

Ike Isaacs (g) Martin Taylor (g); Twickenham 28. Mai 1979

Guitarrissimo
Peter Horton / Siegfried Schwab
LP: Nature/Metronome 0060.131, 1978

Peter Horton (ac-g) Siegfried Schwab (ac-g/coral-g/arab lute); München Juli 1978

Tramontana
Toto Blanke   Rudolf Dašek
CD: entente 883 071-907, 1988

Each his/her own: Eine Auswahl-Diskographie

Toto Blanke (ac-g/g-synth) Rudolf Dašek (ac-g); April 1987

Vic Juris / John Etheridge
Bohemia
CD: jazzpoint jp 1023, 1988

Vic Juris (g) John Etheridge (g); March-Hugstetten 21. – 24. April 1988

Juris (g) Etheridge (g) Miroslav Vitous (b) Marcello Pellitteri (dr); ebd.

Attila Zoller & Jimmy Raney
Jim & I
Live At Quasimodo
LP: L+R Records 40.018, 1986

Attila Zoller (g) Jimmy Raney (g); [1980?]

Ed Bickert / Lorne Lofsky
This Is New
CD: Concord Jazz CCD-4414, 1990

Ed Bickert (g) Lorne Lofsky (g) Neil Swanson (b) Jerry Fuller (dr); Toronto Dezember 1989

Dialogue
Alexander Sputh / Paul S. Haltod
LP: Jazz Haus Musik JHM 06 ST, 1981?

Alexander Sputh (ac/ e-g/ scat voc/whistle) Paul S. Haltod (ac/e-g); Köln 20./21. Mai 1980

Helmut Kagerer / Helmut Nieberle
Takes two to tussle
CD: Musikverlag Burger & Müller CKM 019, 1991

Helmut Kagerer (g) Helmut Nieberle (g); Nürnberg 9./11. Januar 1991

Larry Coryell / Emily Remler
Together
LP: Concord Jazz CJ-289, 1985

Larry Coryell (g) Emily Remler (g); San Francisco August 1985

Jeff Richman
Fingerpaints
LP: MGI/IRS 942 611, 1990

Jeff Richman (e-g) Ricardo Silveira (ac-g) Louis Conte (perc); Granada Hills, Kalifornien Juni 1989

Richman (e-g) Wayne Johnsson (e-g); ebd.

Richman (e-g) Johnson (e-g) Alex Acuna (perc); ebd.

Richman (e-g) Mike Stern (e-g); ebd.

Richman (e-g) Stern (e-g) Acuna (perc); ebd.

Richman (e-g) Mike Miller (ac-g) Acuna (perc); ebd.

Richman (e-g) Scott Henderson (e-g); ebd.

Richman (e-g) Philip Giffin (e-g) Henderson (e-g) Silveira (ac-g) Miller (ac-g) Stern (e-g) Johnson (e-g); ebd.

Louis Stewart / Heiner Franz
Winter Song
CD: Jardis JRCD 9005, 1990

Louis Stewart (g) Heiner Franz (g) Fritz Heieck (b) Thilo Berg (dr); Spiesen-Elversberg 1990

Great Guitars
Charlie Byrd, Barney Kessel & Herb Ellis
LP: Concord Jazz CJ-4, 1975

Charlie Byrd (ac-g) Barney Kessel (e-g) Herb Ellis (e-g) Joe Byrd (e-b) John Ray (dr); Concord, Kalifornien 28. Juli 1974 [live]

Laurindo Almeida / Carlos Barbosa-Lima / Charlie Byrd
Music of the Brasilian Masters
CD: Concord Picante C CD-4389, 1989

Laurindo Almeida (g) Carlos Barbosa-Lima (g) Charlie Byrd (g) Larry Genadier (b) Michael Shapiro (dr); San Francisco Mai 1989

Larry Coryell
Tributaries
LP: Arista/Novus AN 3017 1980

Larry Coryell (g) John Scofield (g) Joe Beck (g); New York City 17./23. August, 17./ 19. September 1979

Friday Night In San Francisco
Al DiMeola / John McLaughlin / Paco de Lucia
LP: CBS/Philips 6302137
MC: 7144137, 1981

Al DiMeola (ac-g) John McLaughlin (ac-g) Paco de Lucia (ac-g); San Francisco 5. Dezember 1980

For Guitarists Only – Move
Rune Gustafsson
LP: CBS/Toledo INT 147.500, 1977

Rune Gustafsson (g) Jane Schaffer (g) Jojje Wadenius (g) Pekka Phjola (e-b) Mads Vinding (b) Ed Thigpen (dr); Stockholm? 1976?

Tony Rizzi & his Five Guitars plus Four
plays Charlie Christian
LP: Toledo/Milagro/Intercord INT 147.520, 1980

Anhang

Tony Rizzi (g) Tim May (g) Mike Rosati (g) Jimmy Wyble (g) Grant Geissman (g) Tom Ranier (p) Pete Christlieb (ts) Tom Azarello (b) John Perett (dr); New York [?] 12. Dezember 1975

Transitionen, Fusion, Ethno, Tapping...

The Horizon Beyond
Attila Zoller Quartet
LP: Mercury 138 145 MCY, 1965

Attila Zoller (g) Don Friedman (p) Barre Phillips (b) Daniel Humair (dr); West-Berlin 15. März 1965

Attila Zoller
Memories of Pannonia
LP: enja 5027, 1986

Attila Zoller (g) Michael Formanek (b) Daniel Humair (dr); [1985?]

Spellbinder
Gabor Szabo
LP: Impulse AS-9123, 1966

Gabor Szabo (g) Chico Hamilton (dr) Ron Carter (b) Victor Pantojo, Willie Bobo (perc); 6. Mai 1966

Jerry Hahn
and his Quintet
LP: Arhoolie 8006, 1967

Jerry Hahn (g) Michael White (viol) Noel Jewkes (ts/fl) Ron McClure (b) Jack DeJohnette (dr); Berkeley 3./4. April 1967

Karl Ratzer Group
Fingerprints
LP: CMP Records 7 ST, 1979

Karl Ratzer (g) Dan Wall (p/org/ synth) Neal Starkey (b) Al Nicholson (dr) Ray Mantilla (cga/perc); New York City, März 1979

Pat Martino/Live!
LP: Muse 5026, 1973?

Pat Martino (g) Ron Thomas (e-p) Tyrone Brown (b) Sherman Ferguson (dr); New York September 1972

Larry Coryell
Twelve Frets To One Octave
CD: Shanachie Records/Koch International/Guitar Artistry 322 657, 1991

Larry Coryell (g) Julian Coryell (g?) Murali Coryell (g?) ; n. d. [1991?]

John McLaughlin
Concerto for Guitar & Orchestra »The Mediterranean« / Duos for Guitar & Piano Katia Labeque
CD: CBS MK 45578, 1990

John McLaughlin (ac-g) London Symphony Orchestra / Michael Tilson Thomas, Katia Labeque (p); n.d.

john mclaughlin trio
qué alegría
CD: PolyGram Jazz/Verve 837 280-2, 1992

John McLaughlin (g) Trilok Gurtu (perc) Dominique di Piazza (4/5str e-b) Kai Eckhardt (e-b); Ludwigsburg 29. November – 3. Dezember 1991

Witchcraft
John Abercrombie/Don Thompson
LP: Justin Time 16, 1986

John Abercrombie (g) Don Thompson (b); Toronto 24./25. Juni 1986

Ralph Towner
Solo Concert
LP: ECM 1173, 1980

Ralph Towner (class g/12str ac-g); München/ Zürich Oktober 1979

Bill Connors
Swimming With A Hole In My Body
LP: ECM 1158, 1980

Bill Connors (ac/e-g); Oslo August 1979

Tristeza On Guitar
Baden Powell
LP: MPS 15 090 ST, 1967

Baden Powell (g) Copinha (fl/agogo) Sergio (b) Alfredo Bessa (atabaque/guica) Amauri Coelho (pandeiro/atabaque) Milton Banana (dr); Rio de Janeiro 1./2. Juni 1966

Jan Akkerman
It Could Happen To You
LP: Polydor 2374 210, 1982

Jan Akkerman (ac/e-g/g-synth) Kenneth Knudsen (keyb) Pablo Nahar (b) Ole Theill (dr); Kopenhagen März/April 1982

Volker Kriegel
Spectrum
LP: MPS/BASF CRM 847, 1971

Volker Kriegel (ac/e-g/sit) John Taylor (e-p) Peter Trunk (b/e-b/ce) Cees See (perc) Peter Baumeister (dr/perc); Villingen 1./2. Februar 1971

370

Each his/her own: Eine Auswahl-Diskographie

Volker Kriegel
Inside: Missing Link
2 LP: MPS 3321431-1, 1972

Volker Kriegel (ac/e-g/oct-g) Albert Mangelsdorff (tb) Alan Skidmore (ss/ts) Heinz Sauer (ts) John Taylor (e-p) Eberhard Weber (ac/ e-b/b-g/ tarang) Cees See (perc/ fl/ voice/ effects) John Marshall/Peter Baumeister (dr); Walldorf 20./21. März 1972

Lonesome Cat
Kazumi Watanabe
LP: Denon YX-7525-ND, 1978

Kazumi Watanabe (g) George Cables (p/e-p) Alex Blake (e-b) Cecil McBee (b) Lenny White (dr); New York City, 14. Dezember 1977

Volker Kriegel
Palazzo Blue
LP: Mood Records 28.662, 1988

Volker Kriegel (g) Thomas Bettermann (keyb) Christof Lauer (sax) Michael Schürmann (e-b) Thomas Alkier (dr); Bocholt August 87

Doran / Studer / Burri / Magnenat
Musik für zwei Kontrabässe, Elektrische Gitarre und Schlagzeug
CD: ECM 1436, 1991

Christy Doran (e-g) Bobby Burri / Olivier Magnenat (b) Fredy Studer (dr/perc); Luzern Mai 1990

Jörg Widmoser
Up – Night Delight
LP: Upsolute Music Records UMR 101, 1986

Peter Wölpl (g) Jörg Widmoser (viol/comp) Peter Christl (e/ac-b) Harald Rüschenbaum (dr) Alfred Mehnert (perc);
München August 1985/Juni 1986

Phil Upchurch
Midnite Blue
CD: Electric Bird KIJC 53, 1991

Phil Upchurch (g) Kirk Whalum (ts) Charles Meeks (b) Land Richards/Michael Baker (dr) Herman Jackson (comp progr/ keyb) Kevin Toney (keyb) Hamish Stewart/Durell Coleman/ Jeannette Hawes/ Pam Hutchingson/ Wanda Vaughn (voc); n. d.

Al DiMeola
Tour De Force – »Live«
LP: CBS 25121, 1982

Al DiMeola (g) Jan Hammer/Victor Godsey (keyb) Steve Gadd (dr) Anthony Jackson (b) Mingo Lewis (perc); Philadelphia, Pennsylvania 4. Februar 1982

Pat Metheny/Ornette Coleman
Song X
LP: WEA/Geffen 7599-24096-1, 1986

Pat Metheny (g/g-synth) Ornette Coleman (as/ viol) Charlie Haden (b) Jack DeJohnette (dr) Denardo Coleman (perc/dr); New York City 12. bis 14. Dezember 1985

Pat Metheny / Dave Holland / Roy Haynes
question and answer
LP: WEA/Geffen 7599-24293-1, 1990

Pat Metheny (g) Dave Holland (b) Roy Haynes (dr); New York 21. Dezember 1989

Gary Burton
Reunion
CD: GRP-9589-2, 1990

Gary Burton (vib/mar) Pat Metheny (g) Mitch Forman (p/keyb) Will Lee (e-b) Peter Erskine (dr); New York City 6. – 10. Mai 1989

Let's Call This
Steve Khan
CD: Polydor Japan 849 563-2, 1991

Steve Khan (g) Ron Carter (b) Al Foster (dr); New York City 19./20. Januar 1991

Terje Rypdal & The Chasers
Blue
LP: ECM LP 831 516-1
CD: 831 516-2, 1987

Terje Rypdal (e-g/keyb) Bjørn Kjellemyr (e/ac-b) Audun Kleive (dr/perc); Oslo November 1986

Nature's Revenge
Ryo Kawasaki Group feat. Dave Liebman
LP: MPS/Metronome 0068.191, 1978

Ryo Kawasaki (e/ac-g) Dave Liebman (ts/ss) Alex Blake (e-b/perc) Buddy Williams (dr/perc); Stuttgart März 1978

Michael Sagmeister
Two Is A Crowd
LP: Mood Records 28.643, 1985

Michael Sagmeister (ac/e/sit-g) Thomas Heidepriem (ac/e-b/synth); Stuttgart 24. – 26. September 1984

Jörg Niessner's Date
LP: squirrel jazz EMP 8261, 1982

371

Anhang

Jörg Niessner (g) Christoph Weller (e-p) Lucas Heidepriem (tb) Chris Hirson (ts) Thomas Fichter (b) Hiram Mutschler / Wolfgang Minarik /Rolf Kilchling (dr); Freiburg/Br. Februar 1982

Steve Tibbetts
CD: ECM 1335, 1986

Steve Tibbetts (g/ kalimba/ tapes) Marc Anderson (cng/stl dr/perc/ berimbau); St. Paul, Minnesota 1985/86

john scofield
time on my hands
CD: Blue Note CDP 7 92894-2, 1990

John Scofield (g) Joe Lovano (sax) Charlie Haden (b) Jack DeJohnette (dr); New York City 9. Oktober [oder 10. September] 1989

East Coast Blow Out
John Scofield
CD: Lipstick Records LIP 89007-2, 1991

John Scofield (g) Jim McNeely (p) Marc Johnson (b) Adam Nussbaum (dr) WDR Big Band; Köln September 1989

john scofield
grace under pressure
CD: Blue Note CDP 7 98167-2, 1992

John Scofield (e-g) Bill Frisell (ac/e-g) Charlie Haden (b) Joey Baron (dr); New York City Dezember 1991

Serious Business
John Thomas
LP: Nabel 8626, 1987

John Thomas (g) Gerd Breuer (dr) Claude Gouifé/Bert Thompson (b) Markus Becker (keyb) Christoph Erbstösser (DX7); Düsseldorf November 1986

Adrian Legg
Guitar For Mortals
CD: Relativity RR 9221-2, 1992

Adrian Legg (ac-g); Hollywood n. d. [1991?]

Mick Goodrick
Biorhythms
CD: CMP Records CD 46, 1990

Mick Goodrick (g) Harvie Swartz (b) Gary Chafee (dr); Kreuzau? Oktober 1990

Bill Frisell
Before We Were Born
CD: Elektra/East West 960 843-2, 1989

Bill Frisell (e/ac g) Arto Lindsey (e-g) Peter Scherer (keyb/dr progr) Joey Baron (dr) Kermit Driscoll (b) Julius Hemphill (as) Billy Drewes (as) Doug Wieselman (bs) Hank Roberts (ce/voice); New York City August 1988

Bill Frisell
Is That You?
CD: Elektra/East West 7559-60956-2, 1990

Bill Frisell (g / b / bj / uku / cl) Wayne Horvitz (keyb,
dr progr, moment b) Joey Baron (dr) Dave Hofstra (b); Seattle August 1989

Bill Frisell Band
Where In The World?
CD: Elektra/East West 7559-61181-2, 1991

Bill Frisell (g/uku) Hank Roberts (ce/jazz-a-phone fiddle) Kermit Driscoll (b) Joey Baron (dr); Seattle 1990/ New York City Februar 1991

Bill Frisell and Joe Lovano
with Paul Motian in Tokyo
CD: JMT 849 154-2, 1991

Bill Frisell (g) Paul Motian (dr) Joe Lovano (ts); Tokio 28./29. März 1991

Kevin Eubanks
Guitarist
LP: Elektra/Asylum 96.0213, 1983

Kevin Eubanks (ac/e-g) Ralph Moore (ts) David Eubanks (b) Ronnie Burrage/Roy Haynes/Tommy Campbell (dr); New York August 1982

Stanley Jordan
Standards Vol. 1
LP: Manhattan/Blue Note 064 24 0682-1
MC: 26 4 24 0682-4, 1986

Stanley Jordan (g); New York 1986

Stanley Jordan
Cornucopia
LP: Capitol BI 92356
CD: 7923562, 11990

Stanley Jordan (g) Kenny Kirkland (ac p) Charnett Moffett (b) Jeff Watts (dr)

Jordan (g/synth/b progr/dr progr) Bernard Wright (keyb/b progr/dr progr) Yossi Fine (b) J. T. Lewis / Michael Flythe / Kenwood Dennard (dr); New York City 21. März 1989 und 2. Dezember 1988

Peter O'Mara
Avenue ›U‹
LP: enja 6046, 1990

Each his/her own: Eine Auswahl-Diskographie

Peter O'Mara (g) Joe Lovano (sax) Roberto Di Gioia (p) Dave Holland (b) Adam Nussbaum (dr); New York City 11./12. Oktober 1989

basspartout for guitar
Thomas Stabenow / Lothar Schmitz
LP: Bassic-Sound 003, 1989

Lothar Schmitz (g) Thomas Stabenow (ac-b); Stuttgart 4./5. September 1988

Mike Stern
Time In Space
LP: Warner/Atlantic Jazz 781 840-1
MC: 781 840-4; 1988

Mike Stern (g) Bob Berg (ts/ss) Michael Brecker (ts) Jim Beard (keyb) Jeff Andrews (e-b/frl-b) Peter Erskine (dr) Don Alias (perc) Don Grolnick (org); New York Dezember 1987

Mike Stern
Odds Or Evens
CD: Atlantic Jazz 7567-82297-2, 1991

Mike Stern (g) Jim Beard (p/synth) Bob Berg (sax) Dennis Chambers (dr) Lincoln Goines (b) Anthony Jackson (b); New York 1990?

Harvie Swartz
In A Different Light
CD: Bluemoon R2 79153, 1990

Harvie Swartz (b) Mike Stern (g) Winard Harper (dr); New York City 3. Mai 1990

Swartz (b) John Scofield (g); New York 8. Februar 1990

Swartz (b) Gene Bertoncini (g); ebd.

Swartz (b) Mick Goodrick (g) Leon Parker (dr); New York City 7. April 1990

Swartz (b) Goodrick (g) Leni Stern (g) Parker (dr); ebd.

Wolfgang Muthspiel Trio
Timezones
CD: Amadeo 839 013-2, 1989

Wolfgang Muthspiel (ac/e-g/g-synth) Peter Herbert (ac/e-b) Alex Deutsch (dr/perc) Bob Berg (ts) Aydin Esen (p); Stoughton, Massachusetts Januar 1989

Leni Stern
Ten Songs
CD: Lipstick Records LIP 890092, 1992

Leni Stern (g) Bob Malach (ts) Billy Drewes (ss) Wayne Krantz (rh g) Gil Goldstein (keyb) Lincoln Goines/Mike Formanek (b) Alan Caron (6str-b)

Rodney Homes (dr) Don Alias (perc) Badal Roy (tabla/bells); New York City Oktober 1991

Frank Nimsgern
»Contrasts«
CD: Jazzline 11 127, 1989

Frank Nimsgern (6/12str ac-g/ e-g/ synth/ comp progr) Wolfgang N. Dahlheimer (p/synth) Jörg Kaufmann (ss/ts) Rüdiger Weckbacher (b) Roland Peil (perc) H. Peter Becker (dr) Ingolf Burkhardt (tp) Ludwig Goetz (tb); Düsseldorf Juli 1989

Nels Cline
Angelica
CD: enja 5063-47, 1988

Nels Cline (ac/e-g) Tim Berne (as) Stacy Rowles (tp/flh) Eric Van Essen (b) Alex Cline (dr); Burbank, Kalifornien 7./8. August 1987

Wayne Krantz
Signals
CD: enja 6048-2, 1990

Wayne Krantz (g) Jim Beard (keyb) Leni Stern (g) Anthony Jackson (cb-g) Hiram Bullock (b/dr progr) Don Alias (perc) Dennis Chambers (dr); New York City Mai/Juni 1990

Mitch Watkins
Underneath It All
CD: enja 5099-2, 1989

Mitch Watkins (g/g-synth) Rock Lockart (ts/wind synth/Oberhm expander) Paul Ostermayer (ss) Stephen Zirkel (tp/flh) Anthony Cox (ac-b) Arto Tuncboyaci (bakdav dr/perc/voice); New York Januar 1989

Mordy Ferber
All The Way To Sendai
CD: enja 6030 2, 1990

Mordy Ferber (ac/e-g, 12str-g) Tiger Okoshi (flh) Bob Mintzer (fl/ts/bcl) Brad Hatfield/Teese Gohl (keyb) Miroslav Vitous/Gilda Bocle (b) Marty Richards (dr); n. d.

David Hewitt
An African Tapestry
CD: Nektar/Tropical Music 68.944, 1990

David Hewitt (ac 6str/10str-g) Isaac Mtshali / Kevin Kruger (dr) Bakithi Khumaloo/ Denny Lalouette (b) Luis Moreira (tp) McCoy Mruibata (sax/fl) Ntokozo Zungu (e-g) Mzandili David (acc) Adolfo Waitzman (keyb) voices (div) Holy Jerusalem Church Choir / David B. Mulovhedzi Mark Holland (synth progr); n. d.

Anhang

Claude Bolling: Concerto Pour Guitare Classique et Piano Jazz
LP: EMI/Capitol 065-86 099, 1980
Angel Romero (g) George Shearing (p) Shelly Manne (dr) Ray Brown (b); [1980]

**Matthew Brubeck & David Widelock
Really!**
CD: jazzpoint jp 1030, 1990
Matthew Brubeck (ce) David Widelock (e-g/ac-12str-g); Los Gatos, Kalifornien April 1990

Avantgarde: Die große Freiheit

**James »Blood« Ulmer
Are You Glad to Be in America?**
LP: Rough Trade 6435 086
MC: 7106 085, 1980?
James »Blood« Ulmer (g) Amin Ali (e-b) Ronald Shannon Jackson/G. Calvin Weston (dr) David Murray (ts) Oliver Lake (as) Olu Dara (tp) William Patterson (rh-g); New York 17. Januar 1980

**Sonny Sharrock
Guitar**
LP: Enemy EMY 102, 1986
Sonny Sharrock (g); n. d.

**Nicky Skopelitis / Sonny Sharrock
»Faith Moves«**
CD: CMP Records 52, 1991
Sonny Sharrock (e-g) Nicky Skopelitis (e-g / ac-g / baglama / saz / coral sitar / tar, b); New York 1989/90

**Coco Bolo Nights
Hans Reichel**
CD: FMP/Helikon CD 10, 1989
Hans Reichel (g); West-Berlin Dezember 1988

**Stop Complaining / Sundown
Hans Reichel: Duos With Fred Frith
And Kazuhisa Uchihashi**
CD: FMP 36, 1991
Fred Frith (g/voice) Hans Reichel (g/daxophone); Berlin 30. Juni 1990 [live]
Kazuhisa Uchihashi (g) Hans Reichel (g/daxophone); Kobe 25. Januar 1991 [live]

**111 Sullivan Street:
Yoshiaki Masuo**
LP: EW-8020, 1975
Yoshiaki Masuo (g) Bob Mover (as) Bob Cranshaw/Yoshio Suzuki (b) David Lee/Jim Lovelace (dr); New York City 27.-28. September 1975

**Joe Sachse
European House**
CD: FMP 41, 1991
Helmut »Joe« Sachse (g / fl / srewdriver / plastic bag/g-case); Berlin 14.–16. August 1991

Uwe Kropinski / guitar guitar
CD: ITM 1452, 1991
Uwe Kropinski (g/plastic bag); Köln Mai 1991

**Henry Kaiser
Marrying For Money**
LP: Minor Music 1010, 1986
Henry Kaiser (e-g) Hilary Hanes (e-b) John Hanes (dr); San Francisco n. d.

**Henry Kaiser / Jim O'Rourke
Tomorrow knows where you live**
CD: Victo 014, 1991
Henry Kaiser (g) Jim O'Rourke (g); Victoriaville, Québec 3. März 1991

**Chuck Loeb
Balance**
CD: dmp CD-484, 1991
Chuck Loeb (e-g/ac-g/synth/comp progr) Jon Werking (ac p/keyb) Marc Johnson (b) Paul Socolow (e-b) Zach Danziger (dr) ‚Carmen Cuesta (voc) Bob Mintzer (ts/bcl) Nelson Rangell (as); Stamford, Connecticut 5.–7. Februar 1991 [live]

**Allan Holdsworth
Secrets**
MC: Intima Records 7 73328-4, 1989
Allan Holdsworth (e-g, synthaxe) Jimmy Johnson (b) Vinnie Colaiuta (dr) Rowanne (voc) Alan Pasqua (p) Steve Hunt (keyb) Bob Wackerman (b) Chad Wackerman (dr/keyb) Clair Holdsworth (voice) Jeffrey Ocheltree (hammer); n. d. [1989?]

**Fredrik Søegaard
Solo Guitar Improvisation**
CD: Olufsen Records DOCD 5076, 1988
Fredrik Søegaard (ac/e-g); [Kopenhagen?] 15./16. August 1988

**Fredrik Søegaard
Ballads**
CD: Olufsen Records DOCD 5160, 1992
Fredrik Søegaard (ac/e-g) Frank Jensen (p/fl/perc) Ivan Roth (ac b) Lars Juul (dr/perc); Oslo März 1991

Anmerkungen

Vorbemerkung

1) Frederic V. Grunfeld, *The Art and Times of the Guitar,* New York/London 1978

Von Europa nach Amerika, von Afrika nach Amerika: Einige telegrammatische Voraussetzungen

2) Franz Jahnel, *Die Gitarre und ihr Bau,* Frankfurt/M. 1977
3) Norman Mongan, *The History of the Guitar in Jazz,* New York/London 1983
4) Ein Großteil der Informationen ist meinem *Gitarrenbuch* (Frankfurt 1982) entnommen, vielerorts korrigiert, anders akzentuiert und vor allem komprimiert. Auf Mongan, der anfangs für solch eine Zusammenfassung am geeignetsten schien, weil er auch ohne große Kraftverschwendung auf »Präliminarien« auf sein Zentralthema zielt, ist allerdings hier – wie überhaupt, was Namensschreibungen und Daten nicht nur nichtangelsächsischer Provenienz angeht – wenig Verlaß. Richtig abschreiben kann, es stimmt doch, *kein* Angelsachse.
5) Schmitz, *Gitarrenbuch* a.a.O.
6) Michael H. Price, »Jazz Guitar and Western Swing« in James Sallis, *Jazz Guitars,* New York 1984
7) Price in Sallis, a.a.O.
8) *Guitar Player* 4/90
9) Price in Sallis a.a.O.

Vom Blues zum Jazz, vom Rag zum Jazz

10) *Gitarrenbuch* a.a.O.
11) ebd.
12a) ebd.
12) ebd.
13) *Guitar Player* 11/89
14) Dan Lambert, »From Blues to Jazz Guitar« in Sallis a.a.O.
15) zur Geschichte der Nationals und Dobros vgl. *Gitarrenbuch* insbes. pp 306ff
16) *Guitar Player* 7/91
17) ebd.
18) ebd.
19) Lambert, a.a.O.
20) *Big Bill Blues,* New York 1956
21) Paul Oliver, *The Story of the Blues,* London 1970
22) Lambert, a.a.O.
23) Hughes Panassié, *The Real Jazz,* New York 1966
24) Bill Simon, *The Jazz Makers,* ed. Nat Shapiro/Nat Hentoff, New York 1957
25) New York 1974
26) Sallis, *Eddie Lang,* in Sallis, a.a.O.
27) ebd.
28) Stanley, Baron (Hsg.) *Benny Goodman, King of Swing,* New York 1987
29) Hadlock, a.a.O.
30) Maurice J. Summerfield, *The Jazz Guitar – Its evolution and its players,* Newcastle upon Tyne 1978
31) Albert McCarthy, *Jazz on Record,* New York 1968
32) zit. in Sallis, »Eddie Lang«, a.a.O.
33) Mongan, a.a.O.

Von den Anfängen bis zu Durham / Christian oder: Vom Banjo zur Gitarre

34) in Sallis' Vorbemerkung zu Obrecht/Lucas, »Nick Lucas« in Sallis, a.a.O.
35) *Guitar Player* 6/78
36) zit. n. Mongan, a.a.O.
37) Sal Salvador in *Guitar Player* 8/82
38) Gunther Schuller, in *Jazz,* ed. Nat Hentoff/Albert McCarthy, New York 1975
39) in einem unveröffentlichten Bunn-Interview von Pete Tanner für *Melody Maker* 1966
40) *Jazz Hot,* Mai 1972
41) Hadlock, a. a. O.
42) Stanley Dance, *The World of Swing,* New York 1974
43) Price in Sallis, a.a.O.
44) *Guitar Player* 4/86
45) Gespräch 1./2. Mai 1991 in Harburg
46) Interview in *Guitar Player* Juni 1975
47) Interview mit Mark Gardner, *Melody Maker* Mai 1970
48) *Guitar Player* 8/83
49) *Down Beat* 2/60
50) Ich beziehe mich auf diesbezügliche Äußerungen von allen dreien anläßlich eines gemeinsamen Essens am 5. 10. 1978 in Hamburg
51) Lieberson, »Swing Guitar: The Acoustic Chordal Style«, in Sallis a.a.O.
52) zu Stanley Dance, in *Down Beat* 7/62
53) Dance, *World of Swing,* a.a.O.
54) *Gitarrenbuch* a.a.O.
55) *Guitar Player* 1/89
56) *Guitar Player* 1/85
57) Ashby im Gespräch mit Harvey Siders, *Guitar Player* 9/74
58) ebd., *passim*
59) *terminus technicus,* der jene Post-Swing-Spielweise meint, bei der nicht mit 4/4 begleitet, sondern tatsächlich nach Art der Big-

Anhang

band-Bläsersektionen Einwürfe gebracht, Akzente gesetzt werden. Sein Hinweis auf F. Green sagt genau das aus.
60) Interview in *Jazz Hot* Mai 1972
61) Mongan, a.a.O.
62) Interview mit George Clinton, *Guitar Player* 8/76
63) *Jazz Hot*, a.a.O.
64) Ich habe ihn an der Gitarre nicht »abgehört«, sondern unter dem Eindruck neuerlichen Hörens der Platte wenig später gewissermaßen aus dem »intuitiven Gedächtnis« rekonstruiert und gebe ihn deshalb auch nur in der Tonart, in der ich ihn beim eigenen chord improvising »gefunden« habe.

Eddie Durham und Charlie Christian

65) andere Quellen nennen als sein Geburtsjahr 1916. Einigkeit scheint da noch immer nicht erreicht worden zu sein.
66) Auf diese Entwicklungen bin ich ausführlich im *Gitarrenbuch* eingegangen und in konziserer Form in *Die Gitarre*, Hamburg 1988.
67) *Die Gitarre*, a.a.O.
68) Information aus dem Hüllentext zu *Eddie Durham* RCA LPL1 5029.
69) Interview mit Valerie Wilmer im *Jazz Magazine* 2/76
70) ebd.
71) Leonard Feather, *The Book of Jazz*, New York 1965
72) ebd.
73) in seinem eigenen »Opener«. Die LP übrigens, im Mai 1969 in Rom aufgenommen, erschien sechs Jahre später sogar in der ehemaligen DDR, auf Amiga 8 55 447, allerdings unter dem weniger angelsächsisch anmutenden Titel *Barney Kessel*.
74) Feather a.a.O.
75) Ralph Ellison, *Shadow and Act*, New York 1964
76) Ellison a.a.O.
77) Bob Reisner, *Bird: The Legend of Charlie Parker*, New York 1974
78) *Guitar Player* 2/74
79) Simon, *Jazz Makers* a.a.O.
80) *Jazz – Geschichte und Persönlichkeiten der afro-amerikanischen Musik*, dt. Egino Biagioni, München/Berlin 1978
81) Hammond, *Down Beat* 8/58
82) ebd.
83) Rudi Blesh, *Combo USA*, Philadelphia 1971
84) ebd.
85) Mongan a.a.O.
86) auf Epic SN 6044
87) Blesh a.a.O.
88) ebd.
89) ebd.
90) Nat Hentoff/Nat Shapiro, *Hear Me Talkin' To Ya*, New York 1957
91) L. Feather, *Inside Jazz*, New York 1949
92) in der Transkription Mundell Lowes in *The World's Greatest Jazz Solos – Guitar*, Hollywood 1978

Django und seine Vettern

93) Simon, *Jazz Makers* a.a.O.
94) Charles Delaunay, *Django Reinhardt*, New York 1961
95) Dan Lambert, *Django's Blues*, in Sallis a.a.O.
96) Simon in *Jazz Makers* a.a.O.
97) A. Schmitz/P. Maier, *Django Reinhardt – Sein Leben – Seine Musik – Seine Schallplatten*, Gauting 1985: Am 2. November 1928 kehrte DR frühmorgens von einem Auftritt im »Java« in den Familien-Wohnwagen zurück. Seine schwangere Frau schlief wie üblich zwischen Bergen von Zelluloidblumen, die für einen Friedhofsbesuch am selben Tag vorgesehen waren. Django hielt einen brennenden Kerzenstummel in der Hand, dessen Docht sich aus der Kerze löste und rasend schnell die Kunstblumen in Brand setzte. DR schlüpfte schnell unter eine Decke und schützte mit der linken Hand zusätzlich sein Gesicht, indem er die Decke damit weit genug hochzog.Seine Frau konnte mit brennendem Haar entkommen; DRs Linke aber wurde grausam verstümmelt. Das Reinhardt-Kapitel nährt sich in Bezug auf Biografisches und Stilistisches im wesentlichen aus dem ersten Teilen des o. a. Buches.
98) im Prinzip: sich möglichst auf Blockakkorde zu beschränken, angenehme, leicht verschiebbare Griffe wie z.B. den genannten 7/9er u.ä.
99) was im Jazz heutzutage längst gang und gäbe, wenn auch von zahllosen anderen Jazzund – erst recht – Klassikgitarristen als »grotesk« und ästhetisch unfein verpönt ist. Kessel tut es, Pass tut es nicht. M. E. sollten da ästhetische Gesichtspunkte vernachlässigt werden, wenn es um den Zweck geht, der die Mittel heiligt. Daß der Daumen ein wunderbarer Bassist sein kann, ist nun mal nicht anzuzweifeln.
100) im *Melody Maker* v. 2. Februar 1954
101) im *Guitar Player* 3/86
102) Duke Ellington, *Music is my Mistress*, New York 1973
103) in *Guitar Player* 8/82
104) Polillo, *Jazz – Geschichte...* a.a.O.
105) Das [o] korrigiere das Zitat in unserem *Reinhardt* a.a.O.
106) in *The Guitar – A Guide for Students and Teachers*, Michael Simpson, ed., Oxford/New York 1988

107) Welding, »Jazz: Guitar like a Horn« in *The Guitar – The History –The Music – The Players,* Allan Kozinn / Pete Welding / Dan Forte / Gene Santoro (Hrg.), New York 1984
108) der in unserem *Reinhardt*-Buch versehentlich genetisch zum Linkshänder umgemendelt wurde!
109) Coryell in *Guitar Player* 1/84
110) ebd.
111) Hüllentext *Skye Boat*
112) in *Down Beat* 5/74
113) 8/70
114) *Down Beat* 8/70
115) ebd.
116) *Down Beat* 5/75
117) *Guitar Player* 9/76
118) *Frets* 12/83
1219 3/86
120) wozu angemerkt sei, daß meine Verlautbarung in *Die Gitarre* p 45, L. habe in den Staaten auch einen Gig mit den Great Guitars gehabt, offenbar ein Gerücht und also falsch war. Barney Kessel verneinte das jedenfalls mir gegenüber am 1.5.91: »Aber es stimmt, daß Emily Remler mit uns gespielt hat.« Mit Coryell hingegen *hat* Lagrene gespielt.

Die Bewahrer des Erbes: Die Elektriker

121) »[i]n dieser bürgerlichen Sekundärwelt entfaltete die Hochkunst eine sehr diffizile Formensprache und eine äußerste Verfeinerung. Sie befriedigte Bedürfnisse des Besitzbürgertums, für das ein Interesse an Kunst in letzter Instanz zum Statussymbol geworden war, das sie von der Masse abhob. Sozial degenerierte die Kunst damit zu einer anspruchsvollen Freizeitgestaltung und zu einer weiteren Kategorie des Habens. Die Ausgrenzung der Mehrheit von allen ästhetischen und schöpferischen Freuden lief parallel zu ihrer Reduktion auf die rohsten materiellen Lebensbedürfnisse. Bei alldem verstand sich das gebildete Bürgertum in seinem Kunstsinn als unpolitisch und erhaben über alle Klasseninteressen. Beschäftigung mit Kunst war reinster ›Idealismus‹. Gerade in der Aussperrung aller anderen aus dem kulturellen Leben fand der Bürger eine Daseinsberechtigung, denn allein die Oberschicht verkörperte jetzt noch die ›höheren Werte‹ und das Niveau der Kultur. Die schaffenden Künstler selber – politisch desinteressiert und finanziell abhängig – ließen sich (bis auf wenige Ausnahmen) von diesem zutiefst ideologischen und ausbeuterischen Kulturverständnis vereinnahmen und stürzten die Kunst damit in ihre lange Sinnkrise, die in der *Spaltung zwischen E- und U-Kunst* bis in die heutigen Tage weiterwirkt« (M. Herv.) Eva Hesse, *Die Achse Avantgarde–Faschismus. Reflexionen über Filippo Marinetti und Ezra Pound,* Zürich 1991
122) s. S. 197f
123) Tops 1532
124) und Mitte bis Ende Februar 1983 in der Bundesrepublik mit einer faszinierenden Altherren-Mannschaft gastierte, zu der Tal Farlow gehörte, der hier zum ersten von zwei Malen ausgiebig in unseren Landen seine enorme Akkord-Flageolett-Virtuosität im *Solo* beweisen konnte. Das zweite Mal tat er das, nicht ganz so flageolett-intensiv, dafür aber harmonisch-akkordisch nicht minder beeindruckend, 1988 in einem Konzert-Feature für das ZDF, bei dem er Charlie Byrd bei den Great Guitars vertrat.
125) »Richie«, CJ 41
126) auf CJ 94; als Sideman auf CJ 206, 271
127) Salvador: »... zweifellos eine der schwersten Sachen, die ich je zu spielen hatte, mit fürchterlich zu greifenden Intervallen... Es war eine Band-Begleitung, über die wir beide *counterlines* – Chase-Linien – legten wie in einer Bach-Invention plus Jazzidiom« (*Guitar Player* 10/72).
128) *Jazz Hot* 5/72
129) s. Auswahl-Diskographie
130) Sallis, *Jazz Guitars* a.a.O.
131) in Mongan a.a.O.
132) auf *Making It* (Decca 9206) und *Take Your Pick* (Decca 9212)
133) Interview in *Jazz Magazine* 9/58
134) HMV (E) CLP 1318
135) Carosello CLE 21040
136) *Buddy Fite!*, *Changes* und *Buddy Fite and Friends*, alle 1970
137) Im gepreßten Zustand habe ich das Werk, »The Blue Coral«, nie gesehen; es ist mir 1980 freundlicherweise von dem damals zuständigen Label-Manager bei der Metronome in Hamburg, Horst Hohenböken, von einem Band für mein Archiv kopiert worden. Ich gehe davon aus, daß daraus in der BRD keine LP gemacht worden war und weiß ebenso wenig, ob die LP in der damaligen UdSSR oder wo sie sonst erhältlich gewesen sein mag.
138) z.B. von *A System of Tonal Convergence for Improvisors, Composers, and Arrangers* oder *New Approaches to Jazz Guitar*
139) s. S. 210 ff
140) *Guitar Player* 5/81
141) zit. ebd.
142) ebd.
143) in *Guitar Player* 1/88
144) ebd.
145) vgl. auch S. 206

Anhang

146) und nach WMs Tod nicht wenige seiner Aufnahmen nach Strich und Faden auswrang. Man denke bspw. an die »Willow Weep For Me«, eine herrliche Quartett-LP, der später skrupellos Streicherbrei untergejubelt wurde...
147) 1/72
148) *Down Beat* 9/76
149) was 1960 noch gestimmt haben mag. Kurz danach hat ihm in Kalifornien Tommy Tedesco mühelos den Rang abgelaufen, als der konkurrenzlose Doyen *aller* Studio-Pro's überhaupt. Zum Thema der chronisch unterschätzten Studiogitarristen vgl. insbesondere *Gitarrenbuch* a.a.O.
150) CJ 29
151) Sackville 4005
152) die, Kanadas bester und wohl auch einziger ernst zu nehmen Export-»Artikel« in Sachen klassischer Gitarre, noch nie unter sonderlichen Berührungsängsten gelitten hat. In den 70er Jahren machte es ihr ebenso wenig aus, in ausverkauften Rock- und Folkrock-Stadien in Vorprogrammen rein Klassisches darzubieten, wie – 1979 – mit Chet Atkins, John Pell und John Knowles im (mehrheitlich mit Klassikern besetzten) *First Nashville Guitar Quartet* mitzuspielen. Insofern sie als Frau es der Mehrheit der Männer in Sachen Grenzüberschreitungen nicht schlecht zeigt...
153) Columbia CX10739
154) gegenüber Dan Sawyer im *Guitar Player* 12/72
155) ebd.
156) d.i. der »Rausschmeißer« der Platte (Verve/Polydor 2304 233)
157) einer der ebenso unzähligen Gründe, warum die Diskographie am Ende des Buches nur eine *Auswahl*-Diskographie sein kann.
158) s. Diskographie
159) *Guitar Player* 4/75
160) *Guitar Player* 8/82
161) *Guitar Player* 7/84
162) in einem Interview mit Bill Lee, *Guitar Player* 10/70
163) ebd.
164) ebd.
165) ebd.
166) Contemporary C3511, also auf BKs Stamm-Label, das er einige Zeit in den 80er Jahren zugunsten von Concord verließ. Ende der 80er war er aber wieder dort, wo er begonnen hatte.
167) *Jazz Hot* 5/72
168) Reprint eines Gesprächs mit Ralph Gleason, *Guitar Player* 8/75
169) Mongan a.a.O.
170) im *Melody Maker* 10/62
171) *Guitar Player* 4/75

172) der ältere Bruder Bill, der sich seiner besonders annahm, spielte ebenfalls Gitarre
173) *Down Beat* 6/72
174) Sallis a.a.O.
175) im Interview mit Phil Woods (*Jazz Magazine* 9/69). Ich habe dieses Zitat aus Mongan a.a.O.
176) *Guitar Player* 1/84
177) *Guitar Player* 4/88
178) *Gitarre & Baß* 2/92
179) *Guitar Player* 1/90
180) *Guitar Player* 12/83
181) *Guitar Player* 2/81
182) *This Is New* CCD-4414
183) *Gitarrenbuch*pass.
184) *Guitar Player* 3/87
185) *Guitar Player* 9/81
186) vgl. Diskographie
187) wie er in einem Gespräch in Buxtehude 1990 ankündigte. Dort lieferte er ein Solo-Konzert auf seiner neu erworbenen, kostbaren alten L5, die er ohne Pickup spielte – Fingerstyle Jazz, der die Spuren, die Joe Pass bei Sammy hinterlassen hat, beim besten Willen nicht wegretouchieren kann (und nicht muß)
188) *Gitarrenbuch* a.a.O.
189) ebd.
190) trion 3210, mit Thomas Heidepriem, b, e-b, Christof Lauer, ss/ts und Jo Thönes, dr
191) auf MOOD 33.629, produziert von Wolfgang Dauner
192) ursprünglich auf Sonora, dann als CD auf Mobile Fidelity FCD 774
193) *Guitar Player* 4/91

Die Bewahrer des Erbes: Akustiker, Fingerstilisten

194) *Guitar Player* 3/74
195) s. Kap. X. Mir ist von seinen »prominenteren« Veröffentlichungen nur vor Jahren ein Stück aus der legendären Duo-LP mit Drummer Shelly Manne untergekommen. Diskographische Angaben aktuellerer Herkunft sind mir nicht erhältlich gewesen.
196) *Guitar Player* 5/75
197) *Bill Harris* Emarcy MG 36067
198) zit. ebd.
199) *The Earl Klugh trio volume one* Warner WB 7599-26750-1
200) *Guitar Player* 8/85
201) *Guitar Player* 10/82
202) ebd.
203) *Guitar Player* 8/85
204) *Guitar Player* 8/89
205) ebd.
206) *Guitar Player* 7/86
207) ebd.

208) nur über Post beziehbar für $.75 + $1.25 bei Prism Studios, 2217-C Michigan Ave., Arlington, TX, USA
209) *Guitar Player* 2/84
210) *China Boy* (33 081), *Steff and Slam* (33 076)
211) repr. in Sallis a.a.O.
212) vgl. *Gitarrenbuch* 86f, 328
213) leider war mir nicht mehr vergönnt, Bonfa als Solo-Jazzgitarrist zu hören, als eine Kostprobe (»The Rain on the Roof«), die mir ca. 1963/64 ein befreundeter AFN-Diskjockey in Berlin vorspielte. Der nachhaltige Eindruck führte immer wieder zu posthumen Vergleichen vor allem mit Almeida, nicht so sehr mit Byrd.
214) *Guitar Player* 11/83
215) ebd.
216) vgl. *Frets* 5/81, *Gitarrenbuch* 310f
217) 1987 widmete ihm eine 45minütige Fernsehsendung einen Beitrag.
218) s. *Gitarrenbuch* 391f
219) s. Kap. X.

Die Bewahrer des Erbes: Rhythmusspieler, Akkordsolisten

220) zit. n. *Gitarrenbuch*
221) ebd.
222) ebd.
223) Mongan a.a.O.
224) *Pee Wee Russell's Rhythm Makers* 1938, BYG 529-066
225) *Melody Maker* 8/53
226) Covertext *Rhythm Willie* CJ 10
227) *Guitar Player* 8/84
228) ebd.
229) Mongan a.a. O.
230) *Guitar Player* 8/82
231) *Guitar Player* 4/75
232) *Guitar Player* 1/82
233) zur Herkunft der 7saitigen Gitarre und ihrer Beliebtheit vor allem im Rußland der Jahrhundertwende ff. vgl. *Gitarrenbuch* 447 u. *pass.* und *Die Gitarre* 21 u. *pass.*
234) *Guitar Player* 8/81
235) *Guitar Player* 8/81
236) Mongan a.a.O.
237) *Down Beat* 7/64
238) *Guitar Player* 8/81
239) MR 5246
240) *Archtop – The Journal of Jazz Guitar* 4/87
241) ausführlich in *Gitarrenbuch* 413f
242) auf *2 x 7 = Pizzarelli* (Stash ST 207, 1980) bzw. *Green Guitar Blues* (Monmouth-Evergreen MES/7047, 1972, auf der Mary den 2. Gitarrenpart in »Chicken à la Swing« übernommen hat). Anfang 1992 ist John jr. mit Bruder Martin, b, und Ken Levinsky, p, im New Yorker Blue Note aufgetreten und hat fast gleichzeitig seine m.W. erste eigene LP – *All Of Me* – vorgelegt. Daten zu dieser Platte waren noch nicht erhältlich.
243) vgl. S. 197
244) s. m. Nachruf in *Jazz Podium* 3/85
245) *Guitar Player* 10/81
246) *Guitar Player* 5/79
247) *Guitar Player* 5/84
248) *Frets* 3/82

Duos, Trios und mehr

249) Mecca scheint überhaupt nur auf einer einzigen LP vertreten zu sein, die kürzlich übrigens auch – unter Blue Note CJ 28 5127 – als CD wiederaufgelegt wurde, die bekannte *The Great Guitars of Tal Farlow, Sal Salvador & Lou Mecca* mit Quartett- und Quintettaufnahmen von 1953-55 dieser drei. Mecca spielt *hier* indes kein Gitarrenduo, sondern sitzt in Jack Hitchcocks (vib) Gruppe. Dafür, äußerst ungewöhnlich für den Oktopus, hat Farlow hinter sich (außer Morello und Clyde Lombardi) als Rhythmusmann Don Arnone.
250) *Guitar Player* 3/74
251) mit George Duvivier, b, und Ron Traxler, dr, CJ 56
252) Vielleicht darf man an dieser Stelle, ohne sich des Delikts der Indiskretion schuldig machen zu wollen, bemerken, daß bei ihrer, Barneys und Joes, Begegnung im Hamburg-Harburger Rieckhof Anfang Mai 1991 auch nicht der Eindruck größter Sympathie entstand, eher der des distanzierten Respekts. Kessel jedenfalls scheint Pass, der nur fünf Jahre jünger ist als er, allerhöchstens zu kreditieren, daß er einiges von dem, was er, Kessel, »schon lange vorher« technisch erspielt hatte, weiterentwickelt habe. Vielleicht trifft es korrekt, wenn man sagt, daß das, was Pass technisch an Meisterschaft aufzubieten hat (den Fingerstyle), von Barney durch sehr viel mehr Temperament und Ausdruckskraft wettgemacht wird. Trotz der nur fünf Jahre Altersunterschied: Sie gehören vom Spielstil her unterschiedlichen Generationen an, ohne Zweifel. Ein Duo der beiden ist mir kaum vorstellbar.
253) zit. n. *Gitarrenbuch* a.a.O.
254) im Textbooklet zur CD-Version von *The Cal Collins Quartet – Ohio Style* CCD 4447. Es steht »harmonics« in dem Zitat, was aber unwahrscheinlicher klingt als »harmonies«, weil man nach einer Themenpräsentation kaum gleich in irgendwelche Flageoletts einzusteigen pflegt. »Harmonien und Akkordersetzungen« ergibt bei weitem mehr Sinn.

Anhang

255) von denen zusammen es meines Wissens keine Aufnahmen gab.
256) Sehr gerne hätte ich etwas gesagt über die Duos von Lee Ritenour und John Pisano und Pass mit Howard Roberts. Man kann sich vorstellen, wie sie ausgefallen sein mögen, wobei wohl jeweils der Erstgenannte in irgendeiner Weise den rhythmisierenden Job gehabt haben wird. Ich wüßte nicht, wie Ritenour, dieser immer irgendwie »farblos« und mit studioverdorbenem Hang zum Kommerziellen bzw. Top-Forty-Seichten musizierende Allrounder, mit Pisano womöglich im Interplay geschwelgt haben könnte.
257) MGI Records MGR 1011
258) auf Nordisk NORLP 326
259) auf STRATA-EAST SES-19772
260) Covertext; Palo Alto Records PA 8031-N. Am Rande bemerkt: daß das Gespann Abercrombie/Scofield das erste war, das den legendären Wes-Montgomery-Titel »Four on Six« von 1960 erneut aufnahm.
261) JHM 06 ST
262) Musikverlag Burger & Müller CKM 021
263) auf *FingerPrints – Acoustic Guitar Sampler* (CKM 015), 1989, eine Repräsentativauswahl des Müller/Burgerschen Labels für dessen Philosophie, die bei aller Brasilien-Geneigtheit auch jazzfreundlich zu sein scheint.
264) CKM 019
265) zit. n. *Gitarrenbuch* a.a.O.
266) Wenn ich mir hier die Blöße des »Konservativismus« in Sachen akustischem (Jazz-)Klang gebe, dann nehme ich das gern auf mich. Meine Abneigung gegen das Instrument ist beträchtlich, und ich will daraus gar keinen Hehl machen.
267) die ff Zitate n. *Gitarrenbuch* a.a.O.
268) *Brazilian Soul* CJP-150, *Latin Odyssey* CJP-211, *Tango* CJP-290
269) auf der Burrell gelegentlich auch sein »guitarjo« einsetzt – ein 6string banjo!
270) Phonogram/Philips 811 334-1
271) *Guitar Player* 3/81, vgl. Gitarrenbuch 284f
272) *Gajos In Disguise*, STUNT RECORDS STUCD 19001
273) Philips Japan FDX-333 Direct Cutting
274) RCA PL 40866, dt. Pressung
275) 1976 veröffentlicht, auf Intercord INT 147.520 1980 wieder aufgelegt
276) *Guitar Player* 12/76
277) a.a.O. 280ff
278) im *Guitar Player* 7/76
279) auf *smackwater jack*, AM 85810 IT. Was Richman betrifft, so hat dieser übrigens auf dem Album *The Way In* DiMeola, Lukather, Gambale und Abercrombie zu einer weiteren Orgie versammelt

280) *Django's Dream: Pierre Laurent et son Ensemble*, Barclay 950.046
281) zit. n. *Gitarrenbuch* 279f
282) *Concert au Totem*, Marge 10; hier sei darauf hingewiesen, daß Boni 1992 eine Upfront-CD auf dem Label Radio Nights / Chant du Monde / Vertrieb Helikon CLPC18 vorlegte, *Le Goût du Jour*, in größerer Besetzung u. a. mit André Jaume (mit dem er die Platte davor eingespielt hatte), Jean-Luc Capuzzo, tp, Geneviève Sorin, acc, und Pascal Loret, synth, – eine wirklich hörenswerte Probe seines panstilistischen Spiels. Und auf der Hat Art CD 6057 *(Linear B)* traf er für Joe McPhee, fl/tp/ss, Jaume und Urs Leimgruber, ss/ts mit dem Schweizer Christy Doran zusammen.
283) Pressemitteilung zum Album

Die Neuerer: Vom Bop zur Fusion

284) *Down Beat* 7/58
285) *Frets* 8/84. Vielleicht sollte man an dieser Stelle doch hinweisen auf die nun auch vorliegenden CD-Versionen der historischen Brasiliance-Aufnahmen, die 1980 auf World Pacific CDP 7963392 und 7961022 erschienen sind.
286) Stereophonic SP 8635
287) inzwischen auch als CD BLR 84 007 bei Bell Records
288) CJ 84; jetzt auch als CCD-4084; 1992 legte er seine Zusammenlegung von Beethoven und Monk erneut vor, diesmal mit Bassist Bob Magnusson auf Outra Vez (CCD-4497) – eine deutlich gelungenere Fassung des sehr viel präziser formulierenden Magnusson, einem alten Almeida-Weggefährten, der offenkundig besser weiß, worauf es ankommt.
289) CCS 8001, im Sextett mit Clare Fischer, p/e-p, Chuck Domanico, b, Chuck Flores, dr, Emil Richards, vib/marim, Aime Maurice Vereeck, perc bzw. im Trio mit Flores und Frederick Seykora, cello
290) auf der LP *Latin Guitar* (Dobre Records DR-1000)
291) CC-2001
292) *Frets* 9/81
293) ebd.
294) in *Jazz Hot* 5/72
295) ebd.
296) den bewährten Bluesgitarristen dieses Namens (1908-1969) kann er also nicht meinen. Ich bin nicht dahinter gekommen.
297) ebd.
298) *Guitar Player* 10/91
299) *Guitar Player* 5/83
300) United Artists VAJ 14003, Verve VLP 9145
301) Hentoff, *Jazz*, New York 1976
302) Horizon A & M SP-705

Anmerkungen

303) *Guitar Player* 10/91
304) *Guitar Player* 5/83
305) *Guitar Player* 10/91
306) Sallis, »Middle Gound: Herb Ellis, Howard Roberts, Jim Hall, Kenny Burrell, Joe Pass, Tal Farlow« in Sallis: *Jazz Guitars* a.a.O.
307) Im Hüllentext von *Sounds of Synanon*, Liberty Stereo LLJ70035
308) in der (französischen) Blue Note Re-Issue Series BNPP 25.100
309) samt und sonders auf World Pacific, die letztere unter WP1822
310) zit. n. Sallis a.a.O.
311) *Melody Maker* 4/75
312) *Guitar Player* 9/84 pass.
313) *Guitar Player* 2/90, 58 ob.
314) Aufgrund der mageren Informationssituation in Sachen A.Z. bediene ich mich im wesentlichen meines entsprechenden Abschnitts im Gitarrenbuch 398f
315) MPS 15-170
316) und dann auch die »Jazzgalerie« in West-Berlin, in der sich Spieler wie Leo Wright, Zoller, Lou Bennett, André Condouant, Joe Nay, Stephan von Dobczinski und Hans Rettenbacher die Klinken in die Hand gaben und Koller seine zum Teil eindrucksvollen, querformatigen Bilder ausstellte, eine glückliche Alternative zum »Blue Note »an der »Potse«, in dem Zoller noch 1965 so enttäuscht war...
317) Frankfurt/M. 1977
318) Mercury 138 146 MCY; übersetzt v. Siegfried Schmidt-Joos
319) L+R 40.006, L+R 40.009
320) Pannonton JL 108; auf der A-Seite wirkt Toto Blanke mit
321) Dale Zdenek/Belwin Mills, Melville, New York 1981
322) Spitball SB-2, SB-3, SB-1
323) Timeless CD SJP 125
324) Timeless CD SJP 162; 1992 legte er auf CD SJP 152 eine Quintett-Platte vor, *When You Feel The Love*, mit Fred Lipsius, Kenny Kirkland, Marcus Miller, Rick Cutler, Buddy Williams und anderen.
325) in *Down Beat* 11/77
326) *Solo Guitar Improvisation*, Olufsen Records DOCD 5076
327) vgl. Gitarrenbuch 242ff, vgl. Anm. 314
328) ebd.
329) CJ 119, mit Jerry Van Blair, flh, Lou Lausche, b, und Tony Sweet, dr. Bemerkenswert, daß – während er schon bei Concord war – das Label Famous Door 1979 zwei Platten im Quartett mit Carmen Leggio, ts, und John Buch, p, nachschob, *Slick Funk* (HL 118) unter Bunchs Namen und *Hi Boss Guitar* (HL 123) unter dem des Gitarristen!
330) Mongan a.a.O.
331) ebd.
332) Mercury MGW 122318
333) Verve VG 8689 bzw. Verve SVLP 9208
334) *Tristeza*, MPS 68.093, *Poema*, MPS 68.089, *Canto*, MPS 68.157, *Estudos*, MPS 68.092, *Images*, MPS 68.091, *Apaixonado*, MPS 68.090
335) *Stephane Grappelli/Baden Powell*, Festival FLD 634
336) aus d. Text e. Handouts zum Label Carmo, ECM, München 1991
337) M9054
338) *Frets* 8/88
339) eine M-28 mit Cutaway
340) *Guitar Player* 11/85
341) Polydor 2383 630
342) Nektar 68.944
343) Relativity/Roadrunner RR 9221-2
344) d.i. ein Cutaway, der nicht nur höhergezogen ist als die herkömmlichen venezianischen oder florentinischen Cutaways, sondern die Ferse, den *heel*, ersetzt, der den Hals mit dem Korpus zwischen Zarge und dem im Korpus befindlichen Oberbügelklotz nach dem Prinzip der Auflageflächenvergrößerung verbindet. Da der herkömmliche *heel* damit praktisch nicht mehr existiert, kann der Spieler ohne die Erfordernis extremer Handspreizungen die höchsten Lagen bequem greifen.
345) GRP GRD-9580
346) *Guitar Player* 5/86
347) Künstler-Biographie der JAM Productions, Hamburg
348) JMT 849 148-2
349) Bob Thiele Music BBL1-0556
350) Philips 600-048
351) Fontana 885.512 TY
352) vgl. *Chico Hamilton – Passin' Thru*, Impulse A29
353) vgl. z. B. *Gypsy 66*, Impulse A 9105
354) vgl. *Gitarrenbuch* 447f
355) *Guitar Player* 2/85
356) ein Prädikat, das für Europa zweifelsohne dem hier bedauerlicherweise unbekannt gebliebenen Holländer Leo Wijnkamp zukommen muß.
357) *Guitar Player* a.a.O.
358) H = hammer-on, S = slide, harm = Flageolett
359) *Guitar Player* 10/85
360) ebd.
361) *Guitar Player* 9/83
362) P = pull-off/Abzug; vgl. Anm. 358)
363) Kriegel und der bundesdeutschen Gitarrenszene insgesamt gilt ein Kapitel in *Gitarrenbuch* a.a.O., auf das ich mich in diesem Abschnitt wieder mal beziehe.

Anhang

364) Liberty LBS 83 065 I
365) *Gitarrenbuch* a. a. O.
366) ebd.
367) Munich 6802.634 M1, 1970
368) Vertigo 6360.623, 1975
369) Bellaphon BAC 2063
370) *Die Welt* v. 13.10.90
371) Ralf *Illenberger's Circle* (Biber Records/Vertrieb pläne # 586.66350, 1988) bietet mehr Illenberger, zwar nicht die gitarristische Quadratur des *Circle*, wohl aber ein Spektrum seiner akustischen (Takamine) wie elektrischen (Ibanez) Fähigkeiten, die solche Zeitungskritiken dann am besten ungeschrieben machen. Die 1989 vorgelegte Circle-CD *Heart And Beat* (Biber/Vertrieb in-akustik 66411) ist allerdings dann doch wieder fast durchgängig Tutti-Spiel, mit eher »braven« changes, der insgesamt dominierenden auf »Schönes« zielenden typischen Illenberger-Poetik, die das Schöne allerdings nach Kräften aus diversen Steckdosen und »Schneidetischen« holt, »ordentliches« Ensemblewerk, in dem man lechzend nach dem einen oder auch dem zweiten Solo schabt. Das geht dermaßen ordentlich zu, daß Langeweile nicht ausbleiben kann – die wahre Kehrseite der »Konzept«-Musik.
372) EGO Records 4008
373) veraBra records # 23, 1988
374) HOT WIRE HOT 9006 C
375) Bögershausen Musikverlag/Vertrieb Ariola 805 248-938; die CD *April* mit Reinhold Westerheide auf LAIKA 91-024
376) TREND Records TLP 019/ARIS Ariola Import 807 458-938
377) Die bekannteste dürfte die – gelegentlich auch noch von Pat Metheny genutzte – Coral electric sitar aus dem Ende der 60er Jahre sein, ein Bastard mit normalen sechs Saiten überm Griffbrett und zusätzlichen, auf dem Korpus zwischen zwei Sitarmatic-Stegen auf dem Unterbügel des Korpus oberhalb der tiefen E-Saite montierten, kurzen *drone strings*. Im unverstärkten Zustand erzeugt die breitere *bridge* direkt am Unterbügel zwar ungewollte Saitengeräusche; im verstärkten aber liefern die 13 in Halbton-Intervallen gestimmten Zusatzsaiten der Danelectro-Gitarre dann doch einen sitar-ähnlichen Gesamtklang.
378) MGI Records 986601/Intercord Vertrieb
379) sound aspects SAS 034
380) Amadeo/Polygram 839 013-2
381) Amadeo 847 023-2
382) *Guitar Player* 11/86
383) ebd.
384) *Upon A Time* (New Albion Records NA 020), ein im Jahre 1989 aufgenommenes »album of duets« mit George Marsh, dr/perc/ thumb p und Mel Graves, ac-b/e-b, ist, was das betrifft, vielleicht eines der aufschlußreichsten.
385) ECM 1272
386) ECM 1047 ST
387) ECM 1164
388) ECM 1311
389) ECM 1321
390) ECM 1390. Auf der LP befindet sich mit »Alice In Wonderland« eine Neufassung eines Titels von *Current Events*. Dgl. gilt für »Four On One«, einem Titel, der schon auf *Night* eingespielt worden war.
391) vgl. *I Sing The Body Electric* (Columbia KC31352), ein LP-Titel, der allerdings nicht für T. programmatischen Charakter haben würde.
392) Charles Mitchell, »Ralph Towner: A Chorus of Inner Voices«, in *Sallis* a.a.O.
393) ebd.
394) *Down Beat* 10/76
395) ECM 1436 (CD 847 941-2), mit Bobby Burri und Olivier Magnenat, b, und Fredy Studer, dr/perc
396) vgl. *Odyssey*, ECM 1067/68
397) Ich weigere mich, das schöne Wort, das alles sagt, zu übersetzen. Ich weiß nicht, ob die Vermutung, die man als nebenberuflicher literarischer Übersetzer immer mal wieder hat, es könnte durchaus symptomatisch sein, daß wir dem keine wörtliche Entsprechung entgegenzusetzen haben, richtig ist oder abgetan werden darf als neuerliche »Nestbeschmutzung«. Die Zitate sind aus *Guitar Player* 5/85.
398) ECM 1057 ST
399) vgl. *Of Mist And Melting*, ECM 1120, 1977. Zwei Jahre später allerdings legte Connors mit *Swimming In A Hole With My Body* (ECM 1158), ein LP-Titel, der ja wohl Signalwert hat, dann doch wieder ein Konzertgitarre-Album vor.
400) *Guitar Player* a.a.O.
401) Joseph Woodard, *Guitar Player* 4/85
402) erst *Fluid Rustle*, ECM 1-1137, später dann noch *Later That Evening*, ECM 1-1231
403) ebd., m. Herv.
404) ECM 1241
404a) im Interview in Hamburg am 5. Juni 1992
405) Radio Nights/Chant Du Monde/Vertrieb Helikon # HAT 6055
406) d. s. Solidbodies ohne Wirbelbrett (*machine heads*). Dort, wo sich sonst das Wirbelbrett befindet, endet der Hals mit dem Nullbund, hinter dem die Saiten lediglich eingehängt werden, während sie über sechs nebeneinanderliegende *knobs* am flachen Unterbügelzargen gestimmt werden.
407) *Guitar Player* 4/89
408) ECM 1139

Anmerkungen

409) Third Earth Productions/Hal Leonard, Distr., 8122 W. Bluemound Rd., Box 13819, Milwaukee, WI 53213
410) Ebenfalls '90 kam der leidenschaftliche Akustik-Bassist Swartz mit einer wahren Jazzgitarren-Orgie auf CD heraus: *In A Different Light* (Bluemoon/enja R2 79153) bietet Trios mit Winard Harper bzw. Leon Parker, dr, und wahlweise Mike Stern, John Scofield, Leni Stern, Gene Bertoncini und Mick Goodrick, der hier Swartz' »Equilibrium« und sein eigenes »Watson Part II« spielt, nicht minder großartig als die Trio-Aufnahmen seiner eigenen »Comeback«-Platte.
411) *Guitar Player* a.a.O.
412) *JP* 10/91
413) *Guitar Player* 2/83
414) *Guitar Player* 6/87
415) Gramavision 18-8508, 18-8702
416) Columbia FC 38991, FC 38657
417) Guitar Player 9/84
418) Michael Naura, *jazz-toccata – Ansichten und Attacken*, 1992
419) *Guitar Player* 6/87
420) vgl. *Bar Talk*, Arista AN 3022, *Shinola*, enja 4004 und *Out Like A Light*, enja 4038.
421) ECM 25040
422) *Guitar Player* 6/87
423) MGR CD 1017
424) enja 6046
425) *Guitar Player* 6/88
426) Toledo INT 147.500
427) Sonet SLP-2581
428) darunter *Eight Mile Road* (Nippon Phonogram 54S-5003/Weast Wind, *Prism* (ebd. 45S-5010) und die damals unterm Villinger MPS-Etikett erschienene *Nature's Revenge* (0068.191), die ihn einem kleinen interessierten Kreis dann auch hier bekannt machte.
429) dmp 476, 1990
430) Aus dieser Zeit stammen drei Circle-Alben, *Chet Baker: Live in Paris 1* und *2*, sowie *Nightbird*.
431) *Jazz Podium* 11/91
432) *Guitar Player* 6/89
433) MCA 5689
434) d. i. der heute übliche Name für das,was man früher »Vibratohebel« nannte, ein zuerst Mitte der 50er Jahre von dem Popgitarristen Duane Eddy (»Rebel Rouser«) eingesetztes Hilfsmittel, das sich seit den 80er Jahren in Pop- und Rockkreisen und in technisch verbesserter Form wieder hoher Beliebtheit erfreut – ein langer Hebel, der so mit dem modifierten Steg verbunden ist, daß er durch Hochziehen die Saite(n) während des Spiels aufwärts- und durch Drücken abwärts *benden* kann. Das übliche *bending* nach oben erfolgt sonst durch einfaches Ziehen der Saite quer zum Griffbrett, während negatives Saitenziehen eine umständliche Kunst war: Man mußte die Saite *erst* ziehen und *beim* Loslassen der Spannung anschlagen.
435) *Frets* 2/88
436) MCA 254 442-1, mit Terry Trotter, keyb, Abe Laboriel, b, John Robinson, dr, und Alex Acuna, perc
437) Atlantic 81 685
438) *Guitar Player* 9/88
439) ebd.
440) Atlantic Jazz 7567-82353, 1992
441) TIPTOE/enja 888806; der rätselhaften Zeitreise Auflösung lautet: 1982 erschien bei enja (4026) die LP *cowboys,cartoons & assorted candy*. Deren Stück »The Way We Used To Do« hieß da noch »...To Be«, und die meisten Titel der neuen finden sich in ihrer Urform auf ebender Platte. Das ganze lohnt einen Vergleich.
442) Elektra 6E-169
443) Warner 9 25647-1
444) einer 400er mit florentinischem, also spitz zulaufendem Cutaway. Das Urmodell hatte keinen, die verbreitetste Version der Gitarre, die noch immer als die Königin in Gibsons wunderbarer Archtop-Familie gilt, hatte den runden venezianischen Cutaway.
445) Der vorm korpusseitigen Halsende montierte Tonabnehmer liefert einen weicheren, runden, bassigeren, der Pickup am Steg dagegen einen härteren, helleren, spitzeren Sound. Jeder Gitarrist weiß, daß der Ton weicher ist, wenn er überm Schalloch und noch weicher, wenn er immer weiter zur Mitte der frei schwingenden Saitenstrecke (d. i. der XII.Bund) hin spielt, und daß er dicht am Steg – Vorliebe der Rocker – sehr scharf klingt.
446) *Guitar Player* 9/88
447) d. i. eines dieser schmucken Wörter, die auf feine Weise sehr Weltliches meinen: die werbende Tätigkeit zuvörderst von doch sonst über alles erhaben scheinenden Künstlern für bestimmte Firmen oder deren Produkte. Barney Kessel bspw. machte das für seine L-5-Variante,Gibsons »Barney Kessel«-Modell, mit der vor dem Busen er denn auch für das Cover seiner *Working Out*-LP posierte. Nur – gespielt hat er auf dem Modell nicht ein einziges Platten-Stück. So kann das gehen. Hans Haider z. B. *spielt* dagegen die Transducer-Takamines, für die er wirbt. So kann das auch gehen.
448) Arhoolie 8006
449) Changes LP 7001
450) nagara mix 1020 n, 1980
451) Supraphon 1 15 0843
452) JA&RO 003

Anhang

453) auf dem Label des Saitenkollegen Uli Bögershausen LAIKA 689012, 1989 bzw. *Streasm of Time*, 92-030, 1992
454) John McLaughlin nannte ihn in einem Gespräch am 18. März 1992 neben Mike Stern und Allan Holdsworth als den für ihn zur Zeit bemerkenswertesten Exponenten der »neuen Generation«.
455) im *Guitar Player* 10/86 gegenüber Mark Small, *pass.*
456) Passport Jazz PJ 88004
457) Atlantic ATC S 81276-1
458) Passport Jazz PJ 88010
459) *Guitar Player* 12/82
460) Enigma 72002-1
461) *Guitar Player* 6/86
461a) vgl. Tony Bacon, *The Ultimate Guitar Book*, London/New York/Stuttgart 1991. Fuji hatte bereits Casios MG500 MIDI Guitar gebaut, sowie die entfernt an Fenders Strat erinnernde 510, Nachfolgegeräte der Casio DG20 Digital Guitar von 1987 mit Trigger-»Saiten« aus Plastik, eingebautem Lautsprecher, Rhythmus-Einheit und MIDI-Ausgang
462) *Guitar Player* 3/90
463) *Guitar Player* 6/86
464) Intima Records 7 73328
465) *Guitar Player* 6/86
466) Epic PE 33947
467) Epic PE 34426
468) JVC VIDC-1, JVC VIDC-2 und -3
469) *Guitar Player* 5/79
470) Justin Time Records JUST-22
471) Ichiban Records ICH 1127; die Besetzungsangaben fehlen.
472) *Guitar Player* 3/87
473) enja 6048 2
474) enja 5099 2
475) enja 6063-47
476) enja 5092-2
477) enja 6030 2
478) jazzpoint jp 1026
479) dmp (Digital Music Products) CD-484. Besetzung: Jon Werking, p/keyb, Marc Johnson,b, Zach Danziger, dr, Paul Socolow, e-b auf nur zwei Stücken), Bob Mintzer, ts/bc, Nelson Rangell, as, und Carmen Cuesta.
480) *Man With The Horn*, Columbia PC-36790, *Star People*, FC-38657 und *We Want Miles*, C2-38005
481) *Guitar Player* 2/83
482) *Urban Earth*, Gramavision 18-8305-1, *Smart Moves*, 18-8607-1
483) Atlantic 7-81656-1
484) *Guitar Player* 3/87
485) Atlantic Jazz 7567-82297-2; mit Jim Beard, p/synth, Bob Berg, sax, Dennis Chambers, dr, Lincoln Gaines bzw. Anthony Jackson, b.
486) geführt in Hamburg, 18. 3. 92
487) *Frets* 2/83
488) ebd., *pass.*
489) *Fachblatt Musik Magazin* 4/92
490) *Where Have I Known You Before*, Polydor PD 6509, *No Mystery*, PD 6512, *Romantic Warrior*, Columbia PC 34076
491) Columbia PC 34074, PC 34461, Columbia C2X 36270, PC 35277, FC 37654, Manhattan/Columbia ST52011
492) Inakustik/Tomato 700772; mit Chris Carrington als zweitem Gitarristen: »[k]ein besonders guter Improvisator. Aber wie er sich als Unterstützung einmischt, spielt eine wichtige Rolle« (DiMeola).
493) *Fachblatt Musik Magazin* a.a.O.
494) *Guitar Player* 2/86
495) Inakustik/Tomato 7700782
496) *Guitar Player* 6/86
497) Prestige 7513
498) Prestige 7547
499) Cobblestone 9015, re-issue als *Footprints*, Muse 5096, 1975
500) nämlich nach *Desperado* (Prestige 7795, 1970) und *Live* (Muse 5026, 1972) die 1974er *Conscious* (Muse 5039), dann *Footprints* (Muse 5096, 1975) und Exit (Muse 5075, 1977)
501) Mongan, a.a.O.
502) Warner BS2977, 1976
503) *Down Beat* 2/69
504) *Guitar Player* 9/73
505) zit. in Lee Jeske, »Johnny McLaughlin, Acoustic Guitarist«, in Sallis, a.a.O.
506) *Guitar Player* 9/85
507) Er meint die 1992er CD *qué alegría* (Verve/Poydor 837 280-2,die zweite superbe Trio-Platte nach der 1990er *Live At The Royal Festival Hall November 27, 1989* (JMT 834 436-2) – zwei außerordentlichen Hommagen an das akustische Instrument, beide mit dem kongenialen Trilok Gurtu, perc, die erste (und zwei Stücke der zweiten) mit Bassist Kai Eckhardt (Karpeh) und die zweite mit Dominique di Piazza am Baß.
508) gemeint ist *Tribute to Jack Johnson* mit Miles Davis, Columbia KC 30455 bzw. CBS S 70089, der A-Seiten-Füller »Right Off«. Die B-Seite übrigens bestreitet an der Gitarre Sonny Sharrock. In unserm Gespräch beschriebt John sehr farbig die Entstehung des Stücks, dessen Existenz vermutlich dem allzu langen Aufenthalt Davis' in der Kabine des Toningenieurs zu verdanken war: »Und ich weiß zum Beispiel, daß sein absolutes Lieblingsstück aller Zeiten *Jack Johnson* war. Und *Jack Johnson* kam heraus, nein, wurde geboren, als wir im Studio waren, Billy Cobham und Michael Henderson am Baß und Herbie Hancock an ir-

Anmerkungen

gendso einem irrsinnig verrückten Ding mit Tasten, das den lausigsten Sound hatte, den man sich überhaupt vorstellen kann, auf dem er aber die wahnsinnigsten Sachen machte. Und Miles war in der Kabine und redete mit unserem Produzenten Teo Macero. Und er redete, und wir warn da im Studio und warteten, zehn Minuten, 'ne Viertelstunde. Und wir warteten und warteten, und dann fing ich einfach irgendwas an, weißt du, so eine Art Boogie, so einen etwas verrückten Boogie Woogie, in *E* auch noch, so einem Gitarrending, zum Sterben, und ich sagte zu Michael, mh, okay, und nach zwei Minuten hatten wir das Ding auf dem Weg und waren herrlich drauf, und Miles kam mit seiner Trompete ins Studio 'rübergerannt, und das rote Licht war an, und er ging schnurstracks zum Mikro, und wir spielten zwanzig Minuten.Und der größte Teil von *Jack Johnson* ist diese Jam Session. Und ich weiß es, ich war ihm bis zu seinem Tode sehr nah, daß es sein Lieblingsstück war und das erste,das er überhaupt auf diese Weise gemacht hatte. Denn normalerweise sagte er auch überhaupt nichts zu seinen Leuten oder nur irgendsowas wie [*flüstert rauh*] ›Yeah, mach' dieses Boop-di-Boop und yeah, pack's auf die Eins‹, sowas, immer nur zu jedem so ganz merkwürdige Anweisungen, die niemand kapierte, so daß die dann immer hinter vorgehaltener Hand murmelten: ›Was willa?‹ So, und wir *machten* einfach, und es war für ihn das erste Mal, daß alles einfach anfing und er dazukam und einfach bloß draufsprang,und er *weiß* es, und dann sagte er immer wieder, ja, *Jack Johnson* ist meine Lieblingsplatte.«
509) Polydor 231-018
510) Polydor PC 9857
511) Polydor 25-3001
512) Columbia PG 26 bzw. CBS S 66236
513) Columbia JC 35785
514) Columbia PC 32866
515) Blue Note LT 84332 bzw. BLP 84332
516) Elektra Musician K 53264 bzw. Douglas 9/500017
517) Columbia PC 31067 bzw. CBS S 647117
518) Das Instrument wäre ein Kapitel für sich. Speziell Interessierte verweise ich auf mein *in-depth*-Porträt der Gitarre im *Gitarrenbuch*, a.a.O., pp 228-233. Vielleicht sollte ich noch anmerken, daß McLaughlin außerdem eine semiakustische ES-345 mit *scalloped frets* spielte.
519) *Guitar Player* 6/86
520) *Guitar Player* 9/85
521) Info-Booklet zu der Platte *John McLaughlin Concerto for Guitar & Orchestra* »*The Mediterranean*«/*Duos for Guitar & Piano/Katia Labeque*, CBS MK 45578, 1990
522) *Guitar Player* 9/85
523) in der einstündigen Dokumentation »Through The Electric Age. Die Geschichte der elektrischen Gitarre« von 1991, einer Einführung zu der fünfteiligen Dokumentation des riesenhaften Gitarren-Festivals von *Sevilla '91*, ausgestrahlt in Frühjahr und Sommer 1992 auf 3Sat.
524) Michael Naura, *jazz-toccata – Ansichten und Attacken*, a.a.O.
525) in der Reihenfolge der Nennungen: ECM 1073, 1097, 1114, 1131, 1180/81, 1151, 1190
526) *Guitar Player* 12/81. Warum dieses ansonsten doch so maßgebliche Fachmagazin Metheny seitdem keine weitere Cover-Story gewidmet hat, ist schwer erfindlich. Mag sein, daß er dem Blatt, das sich außerordentlich schwertut, auch nichtamerikanischen Gitarristen verdiente Plätze zuzuweisen (Ausnahmen sind allerdings auch da die Regel, Lagrene, Sachse, Kropinski, Reichel, McLaughlin...), in gewisser Weise zu »europäisch« geworden ist. Michael Naura gebührt sehr wohl das Verdienst, Metheny erst durch seine sensationellen Auftritte im legendären Hamburger »Onkel Pö« und dann viele Male in seinem Sender – auch im Fernsehen – ganz entscheidend gefördert zu haben. Es gibt wohl kein besseres Gitarristenporträt made in Germany als Nauras »Pat Metheny in Deutschland«, eine 1985 ausgestrahlte 70minütige Dokumentation.
527) aus meiner Besprechung des Kieler Eröffnungskonzerts der 1988er Tour, *Die Welt v. 18.2.88*
528) *Ring*, ECM 1051, *Dreams So Real* mit Kompositionen von Carla Bley, ECM 1072 und *Passengers*, 1092
529) Asylum BB-704
530) Improvising Artists 373846
531) WEA/Geffen 924 145
532) ECM 1216, 1278, WEA/Geffen 924 245
533) aus m. Bespr. in *Die Welt*, Hamburg, 4.11.89
534) WEA/Geffen 7599 24293
535) Presse-Handout der WEA, Juni 1992

Die Avantgardisten: free style und Improvisation

536) Cramps CRSLP 6202, Virgin/Caroline C1518, ECM 1013, Ictus 003
537) *Impetus* 6/1977
537) *Guitar*, Juli 1974
539) *Guitar Player* 2/90
540) ebd.

Anhang

541) ebd.
542) Ob die Platte bereits erschienen ist, war nicht mehr zu ermitteln
543) *Guitar Player* 5/90
544) ebd., pass.
546) referiert in Patrik Landolts Info-Booklet zur CD Stop *Complaining/Sundown* – Hans Reichel – *Duets With Fred Frith And Kazuhisa Uchihashi*, FMP CD 36, 1991
546) *Guitar Player* 1/89
547) FMP 0640
548) zit. in *Gitarrenbuch*, a.a.O.
549) Details zu der Vollbund-Gitarre ebd., p 409
550) *Guitar Player* 7/88
551) ebd.
552) *Guitar Player* 4/86, pass.
553) *Better Days* YX-7265-ND, mit Kenny Kirkland, p/keyb, Tony Levin, b, Mike Mainieri, vib, und Steve Jordan, dr
554) Gramavision GR 8404, GR 8406, beide mit Marcus Miller *und* Robbie Shakespeare, b, wie mit Omar Hakim *und* Sly Dunbar, dr!
555) zit. n. *Die Gitarre*, a.a.O.:»Gerät, das, ohne sie zu berühren, als ›Energie-Bogen‹ über die Saiten geführt wird und zwischen sich und einer Saite jeweils ein pulsierendes Magnetfeld aufbaut. In diesem wird die Saite in eine andauernde Schwingung versetzt, solange der E. über sie gehalten bzw. geschoben wird. Der Klangeffekt des mit der Spiel- oder Anschlaghand geführten E. ist ein stehender Ton (sustain), wie er – auf mechanischem Wege – beispielsweise mit dem Gizmo durch rotierende gummiartige Plektronrädchen oder im Verstärker durch Übersteuerung (distortion) erzeugt werden kann.«
556) Zeitung zum Taktlos '92-Festival, Zürich/ Bern/Basel
557) *Guitar Player* 7/88, pass.
558) Trans Museq 8
559) OAJ Records OAJR 2-2, 1991
560) *Weltwoche*, Zürich, 13. 12. 90
561) in WoZ, Zürich, 30. 11. 90
562) Intakt CD 017/1990
563) WoZ, a.a.O.
564) Black Saint BSR 0058, 1982
565) Oder das solistische, wie sein Album *Solo* (Amiga 856425) bewies. Im *Gitarrenbuch*, a.a.O., pp 425ff wurde unter Zuhilfenahme der Auskunftsfreudigkeit Bert Nogliks so gut es ging die damalige Jazzgitarre-Szene behandelt.

566) FMP CD 41, 1991
567) ITM 1452, 1991
568) *Guitar Player* 7/88
569) Bead 22, mit Clive Bell; die genannte *Green Tea* ist hier noch nicht als Platte erhältlich.
570) Virgin/Caroline Records CI 508
571) *Jazz Podium* 7,8/91
572) Dossier ST 7535
573) *Guitar Player* 7/88 pass.
574) *Guitar Player* 2/86
575) dessen Trio-LP mit Vitous und DeJohnette (ECM 1192) übrigens seit April '92 auch als CD 847 333-2 vorliegt
576) *Guitar Player* 11/87
577) Editions Victoriaville VICTO cd014, 1991
578) *Guitar Player* 9/87
579) *Guitar Player* 12/84
580) *Guitar Player* 9/87

Die Instrumente des Jazz

581) Bruce Nixon im Vorwort zu Thomas A. Van Hoose, *The Gibson Super 400 – Art of the Fine Guitar*, San Francisco / Cupertino / Atlanta / Boston / Chicago / New York / Brüssel 1991.
582) Ich habe mich im *Gitarrenbuch* und in *Die Gitarre* ausführlicher mit dem gesamten Spektrum an Gitarrenarten zu beschäftigen versucht und beschränke mich deshalb hier mit verhältnismäßig gutem Gewissen auf die Archtops.
583) *Die Gitarre* a.a.O.
584) George Gruhn, Walter Carter, *Gruhn's Guide to Vintage Guitars*, San Francisco / Cupertino... 1991.
585) C für Cutaway. E für Electric und S für Spanish
586) Mehr zu den Varianten in *Die Gitarre*, a.a.O.
587) Vgl. dazu auch Tony Bacon, *The Ultimate Guitar Book*, London / New York / Stuttgart 1991, insbes. pp 124ff.
588) Das konkurrenzlose Buch, eine superbe Gesamtschau, bleibt Tom Wheeler, *American Guitars*, New York / Cambridge / Philadelphia / San Francisco / London / Mexico City / Sao Paolo / Sydney 1982.
589) Die Daten schwanken: Wheeler, a.a.O., meint Ende der 30er, ein anderer Fachmann, Dean Turner, nimmt die zweite Angabe an, und Gruhn, a.a.O., schreibt »by 1940«.

Bibliographie (Auswahl)

Bücher

Achard, Ken: *The History and Development of the American Guitar*, London 1979
Bacon, Tony: *The Ultimate Guitar Book*, London/New York/Stuttgart 1991
Bailey, Derek: *Improvisation*, London 1980, dt.: *Musikalische Improvisation – Kunst ohne Werk*, Hofheim 1987
Balliett, Whitney: *Improvising – Sixteen Jazz Musicians and Their Art*, insbes. Jim Hall: »The Answer Is Yes«, New York 1977
Baron, Stanley (Hrg.): *Benny Goodman, King of Swing*, New York 1987
Berendt, Joachim Ernst: *Ein Fenster aus Jazz*, Frankfurt/Main 1977
Bellow, Alexander: *The Illustrated History of the Guitar*, Long Island, New York 1970
Bishop, Ian C. *The Gibson Guitar from 1950*, Vol. 1, London 1977, Vol. 2, London 1979
Blesh, Rudi: *Combo USA*, Philadelphia 1971
Broonzy, W. L. C. [Big Bill]: *Big Bill Blues*, New York 1956
Brosnac, Donald: *The Electric Guitar – Its History and Construction*, London/New York/Sydney/Köln 1975
Dance, Stanley: *The World of Swing*, New York 1974/79
Delaunay, Charles: *Django Reinhardt*, New York 1961
Denyer, Ralph: *The Guitar Handbook*, London/Sydney 1982
Ellington, Duke: *Music Is My Mistress*, New York 1973
Ellison, Ralph: *Shadow and Act*, New York 1964
Evans, Tom und Mary Anne: *Guitars – From the Renaissance to Rock*, New York, London 1977
Feather, Leonard: *The Book of Jazz*, New York 1965
ders.: *The Pleasures of Jazz*, New York 1976
ders.: *The Encyclopedia of Jazz in the Sixties*, London 1978
ders.: *Inside Jazz*, New York 1949
Gibson, Inc., The: *Gibson Electrics*, Vol. I, Van Nuys 1982
Gruhn, George/Walter Carter: *Gruhn's Guide to Vintage Guitars. An Identification Guide for American Fretted Instruments...*, San Francisco / Cupertino / Atlanta / Boston / Chicago / New York/Brussels 1991
Grundfeld, Frederic V: *The Art and Times of the Guitar*, New York/London 1978
Hentoff, Nat/Albert McCarthy: *Jazz*, New York 1975
ders./Nat Shapiro: *Hear Me Talkin' To Ya*, New York 1957
ders.: *Jazz Is*, New York 1972/74
Ingram, Adrian: *Wes Montgomery*, Gateshead 1985
Jahnel, Franz: *Die Gitarre und ihr Bau*, Frankfurt/M. 1977
Jordan, Steve: *Rhythm Man: 50 Years in Jazz*, Ann Arbor 1991
Kozinn, Allan/Pete Welding/Dan Forte/Gene Santoro: *The Guitar. The History. The Music. The Players*, New York 1984
Mairants, Ivor: *My 50 Fretting Years*, Gateshead 1980
McCarthy, Albert: *Jazz on Record*, New York 1968
Mongan, Norman: *The History of the Guitar in Jazz*, New York/London 1983
Morgenstern, Dan/Ole Brask: *Jazz People*, New York 1976
Naura, Michael: *jazz-toccata. Ansichten und Attacken*, Reinbek 1992
Nicholson, Geoff: *Big Noises. Guitarists from Rock to Jazz*, London 1991 [inkl. Jeff Beck, Eric Clapton, Bill Frisell, B. B. King, Vernon Reid, Steve Vai, Frank Zappa]
Oliver, Paul: *The Story of the Blues*, London 1970
Palmer, Tony: *All You Need Is Love. Vom Blues zum Swing, von Afrika zum Broadway, vom Jazz zum Soul und Rock'n'Roll*, New York 1976, dt. München/Zürich 1977
Panassié, Hugues: *The Real Jazz*, New York 1956
Polillo, Arrigo: *Jazz – Geschichte und Persönlichkeiten der afroamerikanischen Musik*, dt. Egino Biagioni, München/Berlin 1978
Reisner, Bob: *Bird: The Legend of Charlie Parker*, New York 1974
Sallis, James: *Jazz Guitars*, New York 1984
ders.: *The Guitar Players*, New York 1982
Shapiro, Nat/Nat Hentoff (Hrg.): *The Jazz Makers*, New York 1957
Schmitz, Alexander: *Das Gitarrenbuch*, Frankfurt/Main 1982
ders.: *Die Gitarre*, Hamburg 1988
ders./Peter Maier: *Django Reinhardt – Sein Leben, Seine Musik, Seine Schallplatten*, Gauting-Buchendorf 1985
Schnepel, Norbert / Hellmuth Lemme: *Elektro-Gitarren made in Germany*, Dorsten 1987
Stimpson, Michael (Hrg.): *The Guitar. A Guide for Students and Teachers*, Oxford/New York 1988
Summerfield, Maurice J.: *The Jazz Guitar – Its Evolution and its Players*, Gateshead 1978

Anhang

Van Hoose, Thomas A.: *The Gibson Super 400. Art of the Fine Guitar*, San Francisco 1991

Viva. Luigi: *Pat Metheny – Biographie, Style, Instruments*, Paris 1990

Weinstein, Norman C.: *A Night In Tunisia – Imaginings of Africa in Jazz*, Secaucus 1992 [incl. Pierre Dorge]

Wheeler, Thomas H.: *The Guitar Book – A Handbook for Electric and Acoustic Guitarists*, London 1974

ders.: *American Guitars – An Illustrated History*, New York/Cambridge/Philadelphia/San Francisco/London/Mexico City/ Sao Paolo/Sydney 1982

Frets Magazine, San Diego, div. Jahrg.

Gitarre & Bass – Das Musiker-Fachmagazin, Köln, div. Ausg.

Guitar, The Magazine For All Guitarists, London, div. Ausg.

Guitar Player Magazine, Los Gatos bzw. Cupertino bzw. San Francisco, div. Jahrg.

Guitar World, New York, div. Ausg.

Jazz Hot, Paris, div. Ausg.

Jazz Journal International, London, div. Ausg.

Jazz Nu (spez. d. jährl. *gitaarnummer*), Amsterdam, div. Ausg.

Jazz Podium, Stuttgart, div. Ausg.

Melody Maker, div. Ausg.

Zeitschriften

Archtop – The Journal of Jazz Guitar, Wheatley, div. Ausg.

Down Beat, Chicago, div. Ausg.

Fachblatt Musik Magazin, Köln, div. Ausg.

Transkriptionen

Leone, Roland (Transkr./Joe Pass: *Joe Pass Plays The Blues*; Pacific 1987

Lowe, Mundell (Hrg./Transkr.): *The World's Greatest Jazz Solos – Guitar*, Hollywood 1978

Videographie – Mini-Auswahl[1]

Zachary Breaus
Roy Ayers at Ronnie Scott's 1988 (HEN 2162)[2]

Hiram Bullock *David Sanborn· Love & Happiness*, o. D. (077KJ)[2]

Eddie Condon
Eddie Condon All Stars: The Good Years of Jazz, 1962 (VVC 743)[2]

Larry Coryell
Meeting of the Spirits – Live in Concert at the Royal Albert Hall, 1982, (VCL 2770-50)

Diz Disley
Stephane Grappelli Live in San Francisco, 1982 (HEN 2193) [2]

Boulou und Elios Ferré
Django Legacy, o.D., mit Babik Reinhardt, The Gypsy Kings, The Stochelo Rosenberg Trio, Gary Potter und Serge Krief (KJ 093)[2]

Marc Fosset
Stephane Grappelli in New Orleans, 1989 (HEN 2263)[2]

Frank Gambale
Chick Corea Elektric Band: Inside Out, 1990 (GRV-9601)[2]

Freddie Green
Jazz Averty, Count Basie, 1961 + 1968 (665001)[2]

Jim Hall
Michel Petrucciani: Power Of 3, 1986 (MVP 9912553)[2]

Scott Henderson
Chick Corea Elektric Band: Live in Madrid, o.D. (CFV 06922)[2]

Stanley Jordan
Cornucopia, 1989 (MVP 9912543) s. auch Les Paul[2]

Ryo Kawasaki
Elvin Jones: Different Drummer, 1979 (043KJ)[2]

Barney Kessel
Barney Kessel – Jazz Guitar Improvisation, (Rumark Video Inc., Winnipeg, Manitoba, Canada, 1985)

Bireli Lagrene
Internationales Zelt-Festival Freiburg '87 Live – Hommage à Django, 1987 (M 1686)[2]

Mundell Lowe
Kiri Sidetracks – The Jazz Album. The Video Clip [m. Kri Te Kanawa, André Previn, Ray Brown] (Dt. Grammophon o.N.)

John McLaughlin
Meeting of the Spirits – Live in Concert at the Royal Albert Hall, 1982, (VCL 2770-50)

Videographie / Abkürzungen / Fotonachweis

Les Paul
He Changed The Music, o.D. (E 1307)[2)]
Babik Reinhardt
Django Legacy, o.D. (KJ093)[2)]
Lee Ritenour
Lee Ritenour/Dave Grusin – Live from the Record Plant, 1985, (Verve Video 081 7863)
ders.
GRP Live in Session, 1985 (GRV-9532)[2)]
John Scofield
Live 3 Ways, 1990 (MVP 9912703)

Martin Taylor
Stephane Grappelli Live From San Francisco, 1982 (HEN 2193)
Jean Toots Thielemans
Toots Thielemans in New Orleans, 1988 (HEN 2260)[2)]

[1)] Wir danken Norbert Ruecker für diverse ergänzende und aktualisierende Angaben.

[2)] erhältlich über Norbert Ruecker, Postfach 14, D-6384 Schmitten 1

Abkürzungsverzeichnis

arr	Arrangeur		ob	Oboe
as	Altsaxophon		org	Orgel
b	Baß		p	Piano
bcl	Baßklarinette		perc	Percussion
cga	Conga		sax	Saxophon
cl	Klarinette		ss	Sopransaxophon
cond	Dirigent		synth	Synthesizer
co	Kornett		tb	Posaune
dr	Schlagzeug		tp	Tenorsaxophon
e-b	elektr. Baß		ts	Trompete
e-g	elektr. Gitarre		v	Violine
e-org	elektr. Orgel		viol	Viola
e-perc	elektr. Percussion		vce	Violoncello
fl	Flöte		vib	Vibraphon
g	Gitarre		voc	Gesang
g-synth	Gitarre-Synthesizer		voice	Rezitation, Sprechgesang usw.
harp	Harfe		wood	Holzblasinstrumente
key	Keybords		xyl	Xylophon

Fotonachweis

Concord: 239
Frank Driggs Collection: 69
David Fischer (Concord): 153
William Gottlieb: 79
James Gudeman (ECM): 267
Hans Harzheim: 43, 95, 126, 129, 133, 144, 219, 224, 228, 233, 264, 310
Larry Hathaway (Concord): 187
Jazz Journal: 57

Klaus Mümpfer: 191
Privatsammlung: 117, 118, 123
Don Schlitten: 29
C.E.H. Smith: 33
Herbert Stolz: 205
Daniel Theobald: 254, 278, 293, 305
Val Wilmer: 2, 16, 47, 48, 63, 137, 147, 179, 319, 325
Inge Werth: 257

Anhang

Register 1: Gitarristen

Anmerkung: Die **fett** gedruckten Zahlen verweisen auf die Hauptnennung des jeweiligen Musikers.

Abercrombie, John 150, 204, **264-267**
Ackerman, Will 251, 261
Addison, Bernard **36**, 50, 71
Adrian, Alex 300
Affolter, Heinz **172f**, 333
Akers, Garfield 26
Akkerman, Jan **287**, 343
Albrecht, Joey 205
Alden, Howard 119, **149**, 185, 203
Aleman, Oscar **40**f, 42, 196
Allman, Duane 138
Almeida, Laurindo 20, 23, 109, 120, 162, 166, 203, 208, **217-220**, 343
Amat, Juan Carlos y 19
Andress, Tuck 146
Apel, Peter 12, 156
Apicella, Victor 213
Arango, Bill de **45**f, 130
Arienti, Angelo **113**
Arnspiger, Herman **22**
Ashby, Irving **54**ff, 103, 112, 134, 211, 348
Aslanian, Robert 304
Atkins, Chet 21, 23, **52**, 60, 136, 166, 192, 195, 202, 347
Auldridge, Mike 23, **172**, 196, 247f

Bacsik, Elek 91, 178, 249f
Bailey, Derek **324-326**, 333, 340, 342
Bain, Bob 162
Baker, Mickey **106f**, 164
Banacos, Charlie 301
Barbosa-Lima, Carlos **203**, 208
Barbour, Dave 45, 49
Barker, Danny **36**, 37
Barksdale, Everett **49**, 51
Barnes, George 38, **39**, 61f, 72, 89, 106, 178, 192, 197f, 206, 283, *pass.*

Barthélémy, Claude 215
Basho, Robbie 261
Bauer, Billy 54, **56**ff, 141, 183
Baumgartner, Henri **80**, 87
Bawelino, Joe 87
Baxter, Bob 177f
Bean, Billy 111, **112f**, 197
Beauchamps, George 61
Beck, Jeff 90, 152, 312, 340
Beck, Joe 208, 213, **282f**
Benson, George 10, 53, 100,**119f**, 140, 159f, 164ff, 245, 253, *pass.*
Benton, Tom 26
Berliner, Jay 210
Bernsen, Randy 156
Berringer, Steve 339
Bertoncini, Gene **114f**, 210
Best, Skeeter 176
Bevan, Boomer 178
Bickert, Ed 119, **122-125**, 151, 203, 210, 343
Bill, Casey **28**
Biondi, Remo 171
Birkett, Jim 156
Blackwell, Scrapper 28
Blake, Arthur »Blind« **27**, 164
Bland, Jack 41
Blanke, Toto 14, **206**, 258f, 288f, 338
Blevins, Leo 107
Bloomfield, Michael **27**, 185, 287
Boesser, Claus 261
Bogdanovic, Dusan 243
Bögershausen, Ulli 261
Boll, Laurant 93
Bonfa, Luiz 20, **171f**, 240
Boni, Raymond 215f
Bonnal, Jean 211
Boukas, Richard 172
Bourelly, Jean P. 334
Boyd, Liona 123, 125
Braswell, Frank **28**, 195
Breakstone, Joshua **158f**, 301
Breau, Lenny 167, 182, **192-194**, 195, 202, 365
Brooks, Sam 195
Broom, Bobby 208

Broonzy, Big Bill **27**f, 61, 195, 312
Brouwer, Leo 253, 335
Brown, Willie **26**, 195
Brozman, Bob 247
Bruning, Dale 273
Bryan, Mike 71
Bryant, Jimmy 281
Budimir, Dennis 115
Bueno, Gaston **41**, 196
Bueno, Luiz 203
Bullock, Hiram 284f
Bunn, Teddy 31, **39**, 42, 45, 50
Burrell, Bill 378
Burrell, Kenny 31, 112f, 121, **143-145**, 149, 160, 197, 208, 253, *pass.*
Butler, Billy 106
Byrd, Charlie 50, 95, 140, 164, 166, 169, 183, 200, 203, 207f, **220-223**, 240, 246, *pass.*

Caillat, Philippe 289
Caiola, Al 191, 214f
Cali, John 196
Carlton, Larry **283f**, 286, 297, 343
Carneiro, Nando 243
Carrington, Chris 384
Carter, Joe 11
Cartwright, Deirdre 11
Casey, Al 38, 49, **50**f, 52, 102, 132, 134
Cassamente, Al **214**
Castellón, Agustin s. Sabicas
Catherine, Philip **91**, 94, 97, 99, 173, 200, 258
Causey, Hayden 141
Cavalli, Pierre 91
Cerri, Franco 156
Chadbourne, Eugene 11, 333, **340f**
Chaput, Roger 80
Christian, Charlie 53, 54, 55, 56, 57, 60, **64-75** *pass.*
Clapton, Eric 90, 152, 270f, *pass.*
Cline, Nels 299

390

Register 1: Gitarristen

Coates, John 11
Collins, Cal 114, 202, **237-240**
Collins, Howie 190
Collins, John **53**f, 130, 164
Condon, Eddie **41**f, 344
Condouant, André 92
Connors, Bill **270-275**, 341
Cooder, Ry 248
Cook, Tommy 146
Copeland, Leonard 195
Coryell, Larry 10, 88, 92, **95-98**, 120, 150, 155, 198, 200, 208, 223, 244, 251, 259f, 262, 282, 303f, 313f, 332f
Cosey, Pete 333
Costabel, Christophe 340
Covey, Arnold 68
Cramer, Heinz **110**, 234
Crawford, Ray 107
Creighton, Pee Wee 106
Cropper, Steve 281
Crudup, Arthur »Big Boy« 28
Cullaz, Pierre 93, **213**
Curbion, Gérard 93
Cusak, Peter 339
Cyr, Johnny St. 29
Czak, Albin 168

Dadi, Marcel 195
Dašek, Rudi 14, 205, 206, 259, **288f**, 338
Dave, Johnny 37
Davis, Blind John 61
Davis, George 113
Davis, Reverend Gary 28
DeGrassi, Alex 251, 261
Degryse, Fabien 289
Delmore, Alton 195
Delmore, Rabon 195
Denigris, Cary 299
Dennis, Herley 244
Deschepper, Philippe 215
Didkovsky, Nick 333
Dietz, Stephan 260
Dillard, Bill 113
DiMeola, Al 53, 85, 92, 150, 157, 173, 207ff, 213, 276, 280, **303-306**, 314, 318
Diorio, Joe 203, **236**, 290
Disley, Diz 87f
Distel, Sacha **92f**, 211

Dixon, Charlie 38
Donahue, Tim 334
Doran, Christy **269**, 336
Dorge, Pierre 248
Dörner, Wolfgang 12
Douglas, K. C. 11
Ducret, Marc 248
Dunaway, Judy 12
Dunbar, Ted 114
Dunn, Blind Willie 195
Dunn, Bob 23, **60**
Duran, Eddie 107f
Durham, Eddie 31, 60, **62-64**, 66, 132

Eberson, Jon 204
Ebert, Raughi 204
Eddy, Duane 10, 60, 100, 347
Edwards, Cliff s. Ukulele Ike
Eliovson, Steve 203
Ellington II, Edward Kennedy 176
Elliott, Jack 178
Ellis, Herb 31, 50, 53, 95, 100, 103, **125-127**, 144, 148, 155, 159, 177f, 200f, 207f, 209, 229f, 238 pass
Ellis, Lloyd 43
Elloriaga, Luis 167
Emery, James 336f
Emmet, Rik 123, 125
Emmons, Buddy 22
Erquiaga, Steve 281
Eschete, Ron **189f**, 193f
Escoudé, Christian 93f, 203, 314
Estes, Sleepy John 28
Etheridge 85, **89f**, 151, 200
Etri, Bus 45, 49, 126
Eubanks, Kevin **246f**, 286
Evans, Frank 113

Fabro, Oliver 204
Falta, Bobby 87
Farlow, Tal 11, 53, 85, 94, 104f, 112f, 127, **128-131**, 140ff, 152, 178, 182, 192f, 207, 226, 232, 241, pass.
Farr, Karl 23f
Fays, Raphaël 93
Ferber, Mordy 299
Ferranti, Zani de 19
Ferré, Barreau 94

Ferré, Boulou **94**, 200
Ferré, Elios **94**, 200
Ferré, Matelot 94
Ferré, Sarane 94
Ferreira, Oscar 205
Ferret, Pierre 81
Finger, Peter 14, 173, **174f**
Fisk, Elliott 335
Fite, Buddy 42, **113f**
Flory, Chris 148f
Ford, Robben 203, **286**
Forman, Bruce 149f
Fosset, Marc 93
Fourie, Johnny 203
Francis, Wigmore 248
Franz, Heiner 10, 14, 87, **119**, 125, 206, 214
Freeman, George 111
Freichel, Louis **110**, 234
Fried, Fred 190
Frisell, Bill 246, **271-274**, 275, 279, 300, 341
Frith, Fred 333, **339f**
Frittel, Elmar 205
Fuller, Blind Boy 28
Fuller, Jesse 26
Fulton, David 340

Gafa, Al **115**, 200
Gaillard, Slim 102
Galan, Juraj 14, 156f, **190f**, 259, 343
Galbraith, Barry **102**, 185, 348
Gale, Eric **113**, 213, 282
Galezzi, Lucilla 334
Galloway, Charlie 26
Gambale, Frank **281**, 343
Gambetta, Beppe 12
Gannon, Oliver 156
Garber, Lloyd 340
Garcia, Dick **111f**, 197
Garcia, Jerry 342
Garland, Hank 22, 119, 120, **121f**
Garnett, Sarnie 333
Garrison, Arv **102f**, 130, 211
Gart, Mike 172
Gatton, Danny 276, **281**
Gaumont, Dominique 333
Geissman, Grant **148**, 212
Gelsley, Sam 211
Gerhard, Wolfgang 204
Ghiglia, Oscar 169

391

Anhang

Gidley, Weldon 22
Gimenez, Raymond 213
Gismonti, Egberto **243f**, 343
Giuliani, Mauro 19, 21
Glaser, Jamie 156
Gocke, Bert 261
Goldberg, Dave **113**, 236
Goodman, Geoff 156
Goodrick, Mick 92, **274-276**, 301, 320
Gourley, Jimmy 90, **109f**, 135, 141, 211
Green, Freddie 11, 41, 44, 57, 86, 176, **178–182**, 202, 209, 348
Green, Grant 120, 121, 138, **145f**, 152, 160, 192, 312, 329
Greene, Ted **188f**, 236
Greenwich, Sonny **297f**, 299
Gregory, Michael s. Jackson, Michael Gregory
Grimes, Tiny 31, 41, **42**, 53, 178, 282
Grinten, Maarten van der 214
Gromin, Nikolai 114
Grosz, Marty 32-34, 119, **122**, 196, 202
Gumplowicz, Philippe 215
Gunia, Alex 12
Gustafsson, Rune **208f**, 281
Guttuso, Tony 44, **196**
Guy, Buddy 272
Guy, Freddy **40**, 348
Gysi, Wädi 333

Haerter, Harald 11
Haggerty, Terry 156
Hahn, Jerry 262, **287**
Haider, Hans **87**, 241
Hall, Jim 10, 116, 125, 150, 152, 201, 213, **223, 227**, 234, 260, 265, 273, 276, 297
Haltod, Paul S. 205
Hand, Frederic 172
Hanlon, Allen **109**, 197, 214
Harris, Albert 196, **211**
Harris, Bill 42, **163f**, 165, 221, 240
Harris, Burnis 126
Harris, Jerome 246
Hart, Richie **159**, 307

Harvey, Roy **195**
Hedges, Michael 122, **251f**
Henderson, Doug 11
Henderson, Scott **289-291**, 303
Hendrickson, Al 23, **102**, 171, 210
Hendrix, Jimi 90, 97, 138, 152, 253, 272f, *pass.*
Herington, Jon 299
Hewitt, David 246
Hijmans, Wiek 334
Hill, Cameron 23
Hodgkiss, Allan 102
Hofmann, Robert 261
Holdsworth, Allan 90, 290, **291-296**
Holiday, Clarence 38
Holland, Bernie 156
Hooker, John Lee 25, **46**
Hopkins, Lightnin' 27, **46**, 115
Horton, Peter 174, **204**
House, Eddie Son **26**, 46
Howell, Mark 333
Howell, Michael 113, **244**, 297
Hurt, Mississippi John 27

Illenberger, Ralf 205, **259**
Ingram, Adrian 156
Isaacs, Ike 87, **88**, 198-200, 240f
Isbin, Sharon 208
Izmailov, Enver 334

Jacar, I[?] 12
Jackson, Charlton 178
Jackson, Michael Gregory 285f
Jackson, Paul 166
Jacobsen, Odd-Arne **335**, 342
James, Elmore 26
James, Nehemiah »Skip« **26**, 27
Jefferson, Blind Lemon **26f**, 30, 65
Jennings, Bill 49
Jobim, Antonio Carlos 20
Johnson, Bruce 204, 237, **333**
Johnson, Edward »Noon« **26**, 37
Johnson, Jessie 195
Johnson, Lonnie **29ff**, 34f,

36, 39, 40, 50, 180, 195, 196f, *pass.*
Johnson, Robert 26
Johnson, Steady Roll 30
Johnson, Wayne 203
Johnson, Will 38
Jones, Rodney 204, 208, **236f**, 240
Jordan, Stanley **253-255**, 305
Jordan, Steve **44**, 171
Juris, Vic 90, 99, **150f**, 200, 203

Kabra, Brij Bhushan 341
Kagerer, Helmut 190, **206**
Kaiser, Henry 333, **341**
Kawasaki, Ryo **281f**, 341
Keita, Fotigui 334
Keppard, Joe 26
Kessel, Barney 8, 12, 14, 31, 42, 44f, 49, 50, 73f, 84f, 88, 96, 100, 103, 110ff, 119, 125ff, 130, **131-136** *pass.*, 201f, 207f, 211, 240f
Khan, Steve 10, 97, 140, 200, **244f**, 284
Khumalo, Albert »Nkaka« 334
Kim, Jin Hi 333
King, B. B. 25, 34, 43, 44, 272, 286, 343, *pass.*
Kinman, Frankie 24
Kish, George 113
Klein, Oskar 269
Klugh, Earl 14, 163, **164-167**, 297
Knispel, Achim 333
Knopfler, Mark 53
Knowles, John 378
Kobayashi, Takeshi 282
Kolbe, Martin 173, 175, **205**, 259
Koning, Jeroen 12
Konishi, Toru 210
Krantz, Wayne 154, **299f**
Krause, Günter 156
Kress, Carl 19, 35, 36, **38**, 39f, 45, 51f, 84, 109, 163, 171, 196f, 202, 206, 222, 344
Kriegel, Volker 10, 13, 14, 157, **256-258**
Krikula, André 156
Krola, Henri 211

392

Register 1: Gitarristen

Kropinski, Uwe   205, 232, 342, **338**, 342
Kusnetzov, Aleksej   114
Kyed, Steen   209

Lafertin, Fapi   87
Lagoya, Alexandre   237
Lagrene, Bireli   77f, 84, **98-100**, 200, 203, 207, 232
Lake, Turk van   **44**, 171
Lamare, Nappy   **51**, 171
Lampariello, Mark   333
Lang, Eddie   23, **31f**, 34f, 36, 39, 57, 66, 103, 180, 195, 196f, 222, pass.
Lang, Peter   21
Lange, Ralph   12
Lanham, Roy   23
László, Attila   299
Laurent, Pierre   213
Lé, Nguyen   334
Leadbelly   26, 312
Leahy, Harry   156
Leavitt, William G.   276
Lebedinsky, Boris   114, **172**
Ledbetter, Huddie   s. Leadbelly
Legg, Adrian   **246**, 286, 338
Legnani, Luigi   19
Leitch, Peter   151
Lemaguer, Francis   213
Lie, Michael   189
Lieberson, Richard   50
Lifeson, Alex   123, 125
Limberger, Vivi   87
Lindley, David   342
Linka, Rudy   12
Linsky, Jeff   167
Livingston, Ulysses   **49**, 50f
Llabador, Jean-Pierre   156
Llobet, Miguel   20
Loeb, Chuck   309 od 310?, 314, 342, **300f**
Loeffler, Gaiti   **99**
Loeffler, Tschirgo   **99**, 100
Lofsky, Lorne   125, **151**, 203
Lopez, Trini   347
Lorimer, Michael   169
Lowe, Mundell   **105f**, 109, 128, 191, 197, 297, 348
Lucas, Reggie   333
Luci, Laurent   340
Lucia, Paco de   92, 96, **208f**, 213, 219, 246, 303ff, 14

Lucie, Lawrence   **38**, 62
Lukacz, Costa   282
Lukather, Steve   280
Lundquist, Bengt   189
Lussier, René   **333**, 339
Lütjens, Gustl   205
Lyons, Bob   26

Mackel, Billy   111
Mady, Fanta   334
Mairants, Ivor   86, **87**, 171, 211
Marais, Gérard   215f
Marrero, John   37
Marrero, Lawrence   37
Marron, Eddy   288
Marshall, Jack   110, **162f**, 203, 210ff, 215
Martín, Juan   246
Martin, Marie-Ange   93
Martino, Pat   150, 155, 281, 300, 302, **306-310**, 343
Marvin, Hank B.   90
Massaro, Salvatore   s. Lang, Eddie
Mastren, Carmen   **163**, 196
Masuo, Yoshiaki   168, **334**
Matthews, Stonewall   26
May, Tim   212
McAdams, Gary   44
McCoy, Joe   195
McCreary, Foley   280
McDonough, Dick   35, 36, **38**, 39, 41, 45, 51, 66, 103, 109, 163, 171, 180, 196, 222, 344
McFadden, Eddie   107
McGee, Sam   21
McLaughlin, John   14, 92, 96, 97f, 141, 157, 173, 198, 200, 203, 208ff, 213, 223, 261, 280, 282, 294, 303f, 308, **310-316**, 323, 328, 332, 336, 340
McTell, Blind Willie   26
Mecca, Lou   197
Mehegan, John   116
Melo, Fernando   203
Melzer, Michael   156
Memphis Minnie   195
Mennen, [?]   205
Metheny, Pat   10, 155, 157, 168, 223, 247, 262ff, 275f,

284f, 294, 300ff, 306, 314, **316, 322**, 331, 343
Milan, Luis   18
Milasius, Juozas   334
Miller, Duke   296f
Miller, Mike   203
Miller, Steve   53
Molin, Ole   281
Möll, Günter   87
Monbeck, Gene   23
Monge, Serranito   246
Monroe, Bill   21
Montgomery, Wes   10, 21, 40, 43, 86, 90, 94f, 106, 112, 120, 135, **136-141**, 145, 152, 157f, 244, 247, pass.
Moore, Oscar   31, **42f**, 54, 55, 58, 106, 109, 112, 144, 163f, 171
Morel, Jorge   171
Morgen, Howard   189
Mottola, Tony   35, **51f**, 191, 196, 185, 214
Mudarra, Alonso   18
Muldrow, Ronald   159
Müller, Lothar   12
Müller, Martin   205
Müller-Schroth, Axel   12
Mumford, Jeff »Brock«   26
Muthspiel, Wolfgang   262f

Nakamure, Sadanori   210
Nannetti, Roberto   156
Naoi, Takao   210
Naráez, Luis de   18
Nieberle, Helmut   **190**, 206
Nin-Nin   s. Reinhardt, Joseph
Nordso, Mikkel   209
Norris, Al   171

O'Connor, Mark   23, **196**, 248
O'Mara, Peter   280f
O'Neill, Michael   11
O'Rourke, Jim   333
Ogur, Erkan   333
Ortiz   18
Osborne, Mary   66f, **103**, 152
Overgaauw, Wim   172
Owen, Trefor   172

Page, Jimmy   53, 312
Page, Nathan   107

Anhang

Palermo, Eddy 156
Pallo, Lou 52
Palmier(i), Remo 11, 103, **104f**, 126, 127, 130, 185, 200f
Panisset, Jacques 215
Papas, Sophokles 164, 221
Parkening, Christopher 297
Pass, Joe 31, 127, 146, 148, 162, 167, 180, 201, 226, [**227-231** od **228-231**?], 273f, *pass.*
Patruno, Lino 178
Patton, Charley **26**, 28, 195
Paul, Les **52**, 61, 86, 96, 107, 195, 202, 211, 252, *pass.*
Pell, John 378
Peña, Paco 208
Pepl, Harry 206, **282**
Perez, Pierre 93
Peter, Gerd 12
Peter, Richard 340
Petit, Philippe 246
Pick, Richard 95
Pike, Harry 211
Pisano **111**, 113, 162, 197
Pizzarelli, John »Bucky« 44, 52, 181, **191f**, 197, 282
Pizzarelli jr, John 191
Pizzarelli, Mary 191
Polfus, Lester William s. Paul, Les
Pomeroy, Herb 273
Poplawski, Janusz 334
Postlewate, Charles 169f
Powell, Baden 20, **242**
Prat, Domingo 20
Pratt, Jimmy 11
Prince, Bill 290
Prince, Roland 113, 248
Proctor, Judd 11
Puma, Joe 11, **197f**, 300

Qualey, David 246
Quinn, Edwin McIntosh »Snoozer« **36**, 42

Rademacher, Kalle 232, 337, **333**
Rallo, Tony 213
Randall, Elliott 284
Raney, Doug 123, 143, **151f**, 202, 214

Raney, Jimmy 90, 105, 109, 130, 135, 140, **141-143**, 152, 197, 202, 226, 265, 289
Ranglin, Ernest 112f
Ratzer, Karl 262, **282**, 285
Ratzer, Christian 209
Red, Tampa 28
Rediske 234
Rediske, Johannes 110
Reed, Jerry 195
Reichel, Hans 232, **330-333**, 337
Reinhardt, Babik 82f
Reinhardt, Daweli 87
Reinhardt, Django 23, 31, 34, 39, 41, 49, 50, 52, 57, 66, **76-87**, 88, 90ff, 94f, 98f *pass.*
Reinhardt, Feigeli 87
Reinhardt, Forello 87
Reinhardt, Joseph **78**, 87
Reinhardt, Lulu 87
Reinhardt, Ricardo 87
Reinhardt, Sascha 87
Remler, Emily 11, 103, 97, 152, **154f**, 200
Renkl, Peter 204
Resnicoff, Richard 210
Reuss, Allan 42, **44**, 50, 72, 177, 185
Ricardo, Niño 246
Rice, Tony 23, **196**, 248
Richman, Jeff **203**, 213, 280
Rickfelder, J 204
Ritenour, Lee 162, 289, **296f**, 343
Rizzi, Tony 103, 106, 112, 162, 203, **211-213**, 215
Roberts, Howard 95, 100, **110f**, 162, 224, 297, 347
Roberts, Hank 333
Rodby, Steve 11
Roos, Randy 287
Rosati, Mika 212
Rose, Bobby 308
Rosenberg, Tornado 87
Rosenberg, Wolkli 87
Rotella, Thom 282
Rowe, Keith 333
Ruggery, Steve 287
Ryerson, Art 44, **197**, 214
Rypdal, Terje **269f**, 341

Sabicas 246
Sachse, Helmut »Joe« **337**, 343
Sagmeister, Michael **157f**, 262
Sainz de la Maza, Regino 19
Salvador, Sal 84, **108f**, 130, 142, 182, 197
Sambora, Rich 53
Sandole, Dennis 300, 307
Sane, Dan 195
Sänger, Gerald 205
Santana, Carlos 209, 308
Santiago, Willie 37
Sargent, Gene **103**, 211
Sassoon, Jean-Pierre 93, **211**
Sayles, Emmanuel **37**
Scaffidi, Mary s. Osborne, Mary
Schaffer, Jane **208**, 281
Scheit, Karl 268
Schippa, Jörg 156
Schmitz, Lothar 157
Schmitz, Volker 204
Schröder, John 157, **158**
Schrumpf, Jochen 261
Schultz, Arnold 21
Schumann, Coco 173
Schwab, Siegfried 14, **173f**, 204, 207
Schwager, Reg 156
Schwartz, Thornell 107
Scofield 100, 155, 208, 223, 274, **276-280**, 282, 299ff, 300ff, 306, 343
Scott, Bud **36, 37**, 196
Segovia, Andrés 19, 20, 32, 88, 164, 182, 222, 238, 241
Serrapi, Manuel s. Ricardo, Niño
Sete, Bola 20, **241**
Shackman, Al 178
Sharp, Elliott 340
Sharrock, Sonny 299, **326-328**, 336
Shines, Johnny **26**, 28
Shirley, Jimmy 170f
Silveira, Ricardo 203
Sindler, Jaroslav 12
Skopelitis, Nicky 328
Smeck, Roy **26**, 35
Smith, Eddie 109
Smith, Floyd **53**f, 64, 72, 106
Smith, George M. 45

394

Register 1: Gitarristen

Smith, Johnny 44, 53, 96, 130, 150, 170, **182-184**, 190, 192, 218, 265, 347
Smith, Terry 156
Snowdon, Elmar 35f
Søegaard, Fredrik 237
Söllscher, Göran 189, 244
Sor, Fernando 19
Souchon, Doc 196
Spann, Les **112**, 121, 249
Speerfechter, [?] 205
Spencker, Klaus 12
Sprague, Peter 167-169
Sputh, Alexander 205
Stall, Lorenzo 37
Stanislawski, Carsten von 12
Stern, Leni 152, 154, **299f**
Stern, Mike 152, 154, 203, 276, 280, 299, **301-303**
Stewart, Jimmy **95**, 110, 125, 200
Stewart, Louis **117-119**, 125 206, 214
Stockard, Ocie 22
Stokes, Frank **27**, 195
Stotzem, Jacques 172
Stowell, John **156**, 172
Strauss, A[?]. A[?], 334
Stryker, David 159
Stubø, Thorgeir 209, **156**
Sudler, Monette 103, **154**
Swinburne, Colin 215
Sye, Klaus 12
Sylvestre, Fréderique 93, 214f
Szabo, Gabor 95f, 200, **250f**

Tadic, Miroslav 92
Takayanagi, Masayuki 333
Tapajós, Sebastiao 20, **242**
Tárrega, Francisco 19
Taylor, Martin **88**f, 198-200,
Tedesco, Tommy 111, 134, 162, 173,
Tevelian, Meg 11
Thalhofer, Frank 156
Thiebergien, Benoit 215
Thielemans, Jean »Toots« 90, **91**, 94, 210, 213
Thomas, John (Blues) 27
Thomas, John (Jazz) 156
Thomas, René **90f**, 92, 106
Thompson, Richard 341
Thorogood, George 286

Tibbetts, Steve 341
Tico, Ray 171
Tillman, Floyd 60
Tollonen, Jukka 281
Torn, David 341
Tounkara, Djelimady 334
Towner, Ralph 97, 204, 227/228? 251, 265, **267-269**, 274
Traum, Artie 166
Traut, Ross 11
Travis, Merle 21, 52, 60, 166, 195
Trögl, Rudi 333
Tronzo, Dave **22**, 154, 342
Trueheart, John 38
Tunnell, Jimi 299

Uchihashi, Katzuhisha 333
Ukulele Ike 32
Ulmer, James »Blood« **328-330**, 336
Ulrich, Klaus 204
Upchurch, Phil 298f

Vaernes, Knut 203
Vahsen, Andreas 261f
Vai, Steve 14, 165, 292
Van Eps, George 23, 36, 39, 44, 84, 108f, 119f, 132, 49, 163, 165, 177, 180f, **184-189**, 191f, 203, 222, 226, 236, 238, 241, *pass.*
Van Halen, Eddie 53, 252f
Vées, Eugène 81
Victor, Frank 44
Viola, Al 162, **171**
Visée, Robert de 19
Vomacka, Sammy 14, **156**
Vöster, Ernst 206

Wadenius, Jojje **208**, 281
Wagner, Uli 261
Walker, »Daddy« Jim 66, 132
Walker, Aaron »T-Bone« **46**, 286
Walker, Willie 195
Wallace, Bruce 333
Ware, Effergee 66
Ware, Leonard 45
Warren, Quentin 107
Washington, Booker T. s. White, Bukka

Watanabe, Kazumi 282, **332f**, 341
Waters, Muddy 25, **46**-49, 145, 286, 298, 312
Watkins, Mitch 154, **299f**
Watson, Doc 178, 304
Wayne, Chuck 11, 112, 116, **197f**, 200, 232, 282
Weedon, Bert 88
Weedon, Paul **107**
Weinert, Susan **152**, 154
Weiss, Günter 12
Weiss, Häns'che 87, 206
Weiss, Spatzo 87
Weiss, Traubeli 87
West, Cedric 113
White, Bukka 26
White, Clarence 178, 304
White, Hy **37f**, 57, 109, 171
White, Josh 28
Whitfield, Mark 100, **159-161**, 301
Wijnkamp, Leo 122
Wilborn, Dave 36
Wilkins, Jack **116**, 150, 200
Willers, Andreas 262
Williams, Davey 334f
Williams, Jack 172
Williams, Jess 22
Williams, John 88, 246, 335
Winkel, Torsten de 260
Winter, Johnny 46
Winterstein, Titi 87
Wittwer, Stephan 335f
Wölpl, Peter 333
Wondra, Roland 87
Wright, Demsey 106
Wright, Wayne **178**, 196, 202
Wulf, Howlin' 25
Wyble, Jimmy **23**, 212
Wydh, Rykey **200**

Yamashita, Kazuhito 97, 200
Yandell, Paul 195
Yepes, Narciso 189, 244
Yokouchi, Shoji **210**

Ziegler, Uwe **204**
Zoller 143, 202, 206, 230, **231-235**, 250, 256, 311, 320, 324

395

Anhang

Register 2: Titel der *Platten*/Stücke

Anmerkung: Titel von Platten sind *kursiv* gesetzt, Titel von Stücken in normaler Schrift. Zahlen in **fetter** Schrift verweisen auf im Text abgebildete Notenbeispiele

111 Sullivan Street: Yoshiaki Masuo 334, 374
13 Strings: Howard Alden + George Van Eps 203, 368
1978 (R. Jones) 236
2x7 = Pizzarelli 367, 379
4/4 = 1 (Breakstone) 158
52nd Street Theme (Ellis) 127
6- and 12-String Guitar (Kottke) 251
80/81 (Metheny) 317

A Path Through The Haze (Zoller) 235
A Study in Brown (Cali/Guttuso) 196
Abercrombie Johnson Erskine 265
Abercrombie Quartet 265
African Tapestry (Hewitt) 246, 373
After Hours w. Martin Taylor and Ike Isaacs 368
After I Say I'm Sorry (Mastren) 163
Afternoon In Paris (Distel) 93, 360
Ain't Misbehavin' (Klugh) **165**
Ain't Misbehavin' (Reinhardt) 85
Akkerman, Jan: It Could Happen To You 370
Al Casey – Genius of the jazz guitar 361
Alexander's Ragtime Band (Byrd) 222
Alice In Wonderland (Abercrombie) 382
All Blues (Carlton) 284
All I Want (Upchurch) 298
All Of Me (J. Pizzarelli jr) 379
All The Things You Are (Metheny) 321
All The Way To Sendai (Ferber) 299, 373
Almeida/Barbosa-Lima/Byrd: Brasilian Masters 280, 369
Alone (Howell) 244
Alone But Never Alone (Carlton) 283
Amazonas (Schwab) 173
Amazonia (Almeida) 218
America, Do You Remember The Love (Ulmer) 329f
American Garage (Metheny) 317
amistad, La (Mercato) 204
Anatomy of the Guitar (Eberson/Vaernes) 204
Angel Eyes (Bacsik) 249
Angel Eyes (Dašek) 289
Angelica (Cline) 299, 373
Apaixonado (Powell) 242, 381

Apocalypse (McLaughlin) 315
April (Bögershausen) 261, 382
April Kisses (Lang) 32
Aranjuez, Concerto de (Lucia) 219
Aranjuez, Concerto de (Rodrigo) 19
aranjuez (Super Guitar Fusion) 210
Are-Be-In (Hahn) 287
Are You Glad to Be in America ? (Ulmer) 374
Articulation (R.Jones) 236
Arvore (Gismonti) 243
as cores do brasil (Duofel) 203
As Falls Wichita... (Metheny) 317
Association – Earwax (Blanke) 258
At The Monterey Jazz Festival (Sete) 241
autogen (Bögershausen) 261
Autumn Rain in May (Jacobsen) 335
Avenue ›U‹ (O'Mara) 280, 372f

Bahinia (Gafa) 116
Balance (Loeb) 300f, 374
Ballads (Søegaard) 237, 374
Bar Talk (Scofield) 383
Barbados (Kessel) 134
Barnes/Kress: Town Hall Concert 39, 368
Barney Kessel Live At Sometime 361
Bass Desires (Frisell/Scofield) 279
basspartout for guitar (L. Schmitz) 373
Bauer, Billy plectrist 362
Bayinia (Martino) 308
BBG (Big Band de Guitares) 216
Beautiful E (Frisell) 274
Because They're Young (H. Roberts) 101
Before We Were Born (Frisell) 372
Believe It (Holdsworth) 291
Belo Horizonte (McLaughlin) 314
Benson's Burner 160
Berlin concert live (Kropinski) 338
Berlin Festival Guitar Workshop 357
Besame Mucho Montgomery) 160
Beyond (Marron) 288
Beyond Borders (Bickert/Boyd/Emmet/Lifeson) 123, **125**
Beyond The Blue Horizon: George Benson 364
Bilder einer Ausstellung (Yamashita) 97
Bill Frisell: in Tokyo 372
Bill Harris 378
Billy Bauer, Plectrist 58
Billy Jack (Soundtrack) (Lowe) 105
Billy Mackel at last 362
Biorhythms (Goodrick) 275f, 372

Register 2: Platten / Stücke

Bird Jumps Into Wood (P. Cusak) 339
Bird of Paradise (Greenwich) 297
Birdland (Kolbe/Illenberger) 205
Bireli Swing 81 (Lagrene) 99
Birili Swing 1979 (Lagrene) 100
Bitches Brew (McLaughlin) 313
Black And Blue Bottom (Lang/Venuti) 32
Black Orpheus (Bonfa) 171
Black Woman (Sharrock) 327
Blonde On The Loose (Kress/Mottola) 51
Blue (Rypdal) 371
Blue Ball (Durham) 64
Blue Bash (Burrell) 145
Blue Benson 160
Blue And Lonesome (R. Ford) 286
Blue Boy (Kessel) **135**
Blue Coral, The (Kusnezov) 114
Blue Horizon (Gale) 113
Blue Matter (Scofield) 277
Blue Rondo A La Turk (Bacsik) 249
Bluesette (Thielemans) 91
Bluefields (Boesser/Wagner) 261
Blues Again (Kropinski) 338
Blues for Elek (Bacsik) 249
Blues For Ike (Reinhardt) 77
Blues for Pat (Metheny) 318
Blues for the last punk (László) 299
Blues For Wes (R. Jodnes) 236
Blues in the Closet (Zoller) 234
Blues Sonata – Charlie Byrd 222, 367
Bob Brookmeyer Small Band (Wilkins) 115
Bodies' Warmth (Juris) 150
Body Talk (Benson/Klugh) 166
Bola Sete At The Montery Jazz Festival 241
Boléro (Reinhardt) 821
Boogie Chillun (John Lee Hooker) 46
Brasiliance I & II (Almeida) 218, 380
Brazil (Reinhardt) 77
Brazilian Guitar Duos (Müller/Ferreira) 205
Brazilian Soul (Byrd/Almeida)) 380
Breezin' (Benson) 120, 298
Bridges – Gene Bertoncini w. Michael Moore 114f, 364
Bright Size Life (Metheny) 317
Brother Meeting – André Condouant 360
Buck Jumpin' (Casey) 50
Buddy Fite! 377
Buddy Fite and Friends 377
Bud Shank – holiday in brazil (Almeida) 366
Bumpin' (Montgomery) 139
Bundles (Holdsworth) 291
don't be that way (Butler) 106, 362
By Myself (C. Collins) 238

Byrd & Brass 222
Byrd at The Gate: Ch. Byrd Trio & Guests 222, 367
byrd in the wind 222

C. D. (M. Stern) 303
C-Jam Blues (Ellington II) 176
Cal Collins: By Myself 365
Cal Collins Cincinnati to L. A. 237f
Cal Collins in San Francisco 365
Cal Collins Quartet – Ohio Style, The 238, 379
California Dreamers (Szabo) 250
Canto (Powell) 381
Captain Fingers (Ritenour) 297
Casino (DiMeola) 305
Catch Me (Pass) 229
Chamber Jazz (Almeida) 219
Champion (S. Henderson) 290
Changes (Fite) 377
Charlie Byrd at the Village Vanguard 222, 367
Charlie Christian Memorial Album 360
Cheers Cheers Cheers (Kessel) 134
Chet Baker: Live In Paris 1/2 (Ratzer) 383
Chicken à la Swing (Kress/McDonough) 38
Chico Hamilton – Passin' Thru (Szabo) 381
China Boy (J. Shirley) 379
Chip (Muthspiel) 262
Chops: Joe Pass and N. H. Ørsted Pedersen 364
Church Street Sobbin' Blues 32
Cielo e Terra (DiMeola) 305
Circense (Gismonti) 243
classic jazz guitar 356
Coastlines (Søegaard) 237
Coco Bolo Nights: Hans Reichel 374
Collaboration (Benson/Klugh) 166, 368
Colouring The Leaves (Kolbe/Illenberger) 205
common cause (Zoller) 235
Communications No 9 (Coryell) 96
Concert au Totem (Big Band de Guitares) 380
Concert In Jazz, A (Garrison, Sargent, Rizzi...) 103
Concertino for Guitar and Piano (Almeida) 219
Concerto de Copacabana (Almeida) 219
Concerto pour Guitare Classique et Piano Jazz (A. Romero) 374
Concierto (Hall) 226
Concierto de Arajuez (Almeida) 219
Concierto de Aranjuez (de Lucia) 219
Concierto de Aranjuez (Hall) 226
Concord Jazz Guitar, The, Voll. 1 und 2 358
Concord Jazz Guitar Collection Volume Three 359
Conjunction (Zoller) 235

Anhang

Connors, Bill: Swimming With A Hole In My Body 370
Conscious (Martino) 384
Cornbread Blues (L. Johnson) 30
Cottontail (Guitars Unlimited) 213
Court And Spark (R. Ford) 286
cowboys, cartoons & assorted candy (M.G.Jackson) 383
Cowboys, Cartoons, And assorted Candy (M.Gregory) 286
Criação (Krikula) 156
Criminal Pursuits (D. Williams) 334
Current Events (Abercrombie) 265f, 382

Dança Dos Escravos (Gismonti) 367
Dark Horse (R. Ford) 286
Day in the Life, A (Montgomery) 139
Dealer, The (Coryell) 96
death of the rare bird Ymir, the (Reichel) 331
Decoy (Scofield) 277
Dedicato a Nat King Cole (Moore) 361
Deep In The Blues (Les Paul) 52
Deep Well (Schröder) 158, 366
Derek Bailey solo 324
Desperado (Martino) 308f, 367, 384
Devil Take The Hindmost (Holdsworth) **292**
DiMeola, Al – Tour de Force – »Live« 371
Dialogue (Sputh/Haltod) 205, 369
Dinah (F.Green) 180
Dinner For Three (de Winkel) 260
Disco Pacific (T. Rizzi) 211
Dizzy On The French Riviera (Bacsik) 249
Django (Guitars Unlimited) 213
Django (Super Guitar Fusion) 210
Django Reinhardt: Pêche à la Mouche 360
Django's Dream (Laurent...) 213, 380
Doldinger Goes On (Kriegel) 256
Don't Ask (D. Fulton) 340
Doxy (Forman) 150
Dream Bells (Zoller) 235
Drops (Bailey) 324
Dual Image Postlewate) 169
Dual Nature (Illenberger) 259
Duo Piedro Fabro, II (Fabro/Renkl) 204
Duologue (Zoller) 235
Duos For Guitar & Piano (McLaughlin) 385
Dust My Broom (Elmore James) 26

Earl Klugh Solo Guitar 367
Earl Klugh trio volume one 367, 378
Early To Rise (Bogdanovic) 243
East (Martino) 308
East Coast Blow Out – John Scofield 372

Ecaroh (Bickert) 359
Ed Bickert/Don Thompson 365
Eddie Durham 360, 376
Eddie Lang – Jazz Guitar Virtuoso 32, 359
Eddie's Twister (Lang) 32
Eddy Marron Solo – Por Marco 288
Eight Mile Road (Kawasaki) 383
Electric Dreams (McLaughlin) 313
electric guitar of the eclectic E. Bacsik, The 249, 364
Electric Rendezvous (DiMeola) 305
Electric Silence (Marron) 288
Elegant Gypsy (DiMeola) 304f
Ellington Is Forever (Burrell) 362
Emergency (McLaughlin) 312
Enigmatic Ocean (Holdsworth) 291
Enough Said (Barksdale) 49
Equilibrium (Goodrick) 382
Equinox (M. Stern) 302
Escoudé with Strings Plays Django Reinhardt 93
Estate (Lofsky) 151
Estudos (Powell) 381
Eternal Flame (Loeb) 301
Eternal Rhythm, The (Sharrock) 328
Europa (McLaughlin) 315
European House (Sachse) 337, 374
Everything Happens To That Dog (Muthspiel) 262
exciting modern guitar (Lowe) 363
Exit (Martino) 384
Expresso (Holdsworth) 291
Extrapolation (McLaughlin) 96 , 313

Fables (S. Henderson) 290
Fabulous Guitar (Schwab) 173
Fabulous Roy Lanham, The 23
Faith Moves (Sharrock) 374
Fantail (Guitars Unlimited) 213
Feelin' My Way (Lang/Kress) 35
Feelin' The Spirit – Grant Green 364
Feeling Free (Kessel) 136, 149
Fever (H. Roberts) 101
Figuring (D. Bailey) 324
Fingerpaints (J. Richman/M.Stern/S.Henderson) 203, 213, 369
Finger Picking (P. Finger) 174
Fingerprints (K. Ratzer) 370
FingerPrints (akustischer Sampler) 380
Fire Flower (J. Stewart) 95
Firefly (Remler) 154
First Circle (Metheny) 321
First Concerto for Guitar and... (Almeida) 220
First Course (Ritenour) 297
First Edition (Hall/Shearing) 224 , *363*

398

Register 2: Platten / Stücke

Fitzgerald and Pass ... Again 230
Five Guitars In Flight (Garrison, Rizzi & c) 103, 211
Five O'Clock Bells (Breau) 365
Five Years Later (Towner/Abercrombie) 368
Flat Foot Floogie (Gaillard) 102
Floyd's Guitar Blues (Floyd Smith) 53, 62, 64, 72
Fluid Rustle (Frisell) 382
Flying Home (Goodman/Christian) 67, 70
Follow your heart (Albrecht/Lütjens) 205
Footprints (Martino) 384
For Django (Pass) 229
Forecast (Gale) 113
Foreign Affairs (Lagrene) 361
Forward March (Metheny) 318
Four Brothers (Guitars Unlimited) 213
Four Freshmen and Five Guitars, The (Marshall) 210
Four On Six (Montgomery) 140
Four Seasons, The (Coryell/Yamashita) 97, 200
Frank Nimsgern: »Contrasts« 373
French Connection, dirty rats (Caillat) 289
Fretmelt (Legg) 246
Friday Night in San Francisco (DiMeola...) 208f, 369
Friends (Blanke) 259
From All Sides (Bullock) 284
From Twen With Love (Kriegel) 256
Für Alle (Kropinski) 338
Für Marcel Duchamp (Marron) 288
Full Circle (Forman) 149
Full House (Montgomery) 160, 363
Fun On The Frets (Kress/Mottola) 51, 196, 359

Gajos In Disguise (Ratzer/Kyed/Nordso) 380
Galan, Juraj/Norbert Doemling: Playing For Love 367
Ganshy (Sagmeister) 157
Gary Burton: Reunion (Metheny) 371
Gazeusel (Holdsworth) 291
Gemini (Les Spann) 112
Generation (Burrell/Jones/Broom) 208
Genius of Wes Montgomery, The 363
Gentle Thoughts (Ritenour) 297
George Benson Collection (Lukather) 280
George Benson In Concert – Carnegie Hall 364
Getting There (Abercrombie) 265
Giant Steps (Lofsky) 151
Giant Steps (R. Jones) 236
Ginseng Woman (Gale) 113
Ginza (Duran) 107, 363
Global Guitar (Richman/DiMeola/Lukather...) 280, 333

God Bless The Child (Burrell) 362
God Bless the Child (Søegaard) 237
Going Out of My Head (Montgomery) 139
Gone With The Wind (Goodman/Christian) 67
Good Friday Blues – The modest Jazz Trio (Hall) 363
Good Morning Blues (Durham) 62
Good Stuff (Geissman) 148
Goodbye, Porkpie Hat (McLaughlin) 313
Gouache (H. Franz) 119, 366
Gousti (Escoudé) 94
Goût du Jour, Le (G. Marais) 380
grace under pressure (Scofield) 372
Grant Green – Oleo 364
Grant's First Stand (G. Green) 145
Great Guitars of T. Farlow, S. Salvador, L. Mecca 362, 379
Great Guitars: Ch. Byrd B. Kessel & H. Ellis 136 pass., 369
Greatest Hits (Szabo) 250
Green Guitar Blues (Pizzarelli) 379
Green Street (Grant Green) 145f
Green Tea And Crocodiles (P. Cusak) 339, 385
Groove Brothers (Montgomery) 140
Groovin' High (Dunbar) 114
Groove Yard (Montgomery) 363
Guitar (Sharrock) 328, 374
Guitar Artistry of Charlie Byrd 222
Guitar Blues Odyssey (Gale/Hall/Joe Beck/Thielemans) 213
Guitar Boogie Shuffle (Gatton) 281
Guitar For Mortals (Legg) 246, 372
Guitar Groove – René Thomas Quintet 90, 363
guitar guitar (Kropinski) 338, 374
Guitar On The Go (Montgomery) 363
Guitar Player – An Album of Contemporary Styles 357
Guitar Session, The (Guitars Unlimited) 210
Guitar Solos (Bailey) 324
Guitar Solos (Frith) 339
Guitar/Guitar (Byrd/Ellis) 200
Guitarissimo (Horton/Schwab) 173, 204, 368
Guitars (Catherine) 360
Guitars And Other Cathedrals (Legg) 246
Guitars, Anyone? G. Barnes and C. Kress 368
Guitars, Guitars, Guitars (Caiola/Hanlon...) 214
Gypsy 66 (Szabo) 381
Gypsy Cry (Zoller) 235

Hand-Crafted Swing (Van Eps/Alden) 203, 368
Handmade (Qualey) 246

Anhang

Harvie Swartz: *In A Different Light* (M. Stern, Scofield, Beroncini, Goodrick) 373
Haunted Nights (Bunn) 40
Have Trumpet, Will Excite (Les Spann) 112
Hawaii Fünf-0 (Lowe) 105
Heart And Beat (Illenberger) 382
Hearts and Flowers (McLaughlin) 313
Helen's Song (Forman) 150
Henry Kaiser/Jim O'Rourke: Tomorrow knows... 341
Henry Kaiser: Marrying For Money 374
Herbie Mann At The Whiskey A Go Go (Sharrock) 327
Hi Boss Guitar (C. Collins) 381
High Noon-Theme (Salvador) 109
Highlights (Lagrene) 100, 361
Historic Town Hall Concert, The 358
Hittin' On All Six (Cali/Guttuso) 196
Hittin' The Bottle (Durham) 64
Hombre (Martino) 307
Honeysuckle Rose (Christian) **70**
Honeysuckle Rose (Kessel) 136
Honky Tonk (Butler) 106
Hope You Like Our New Direction (Kaiser) 341
Horizon Beyond, The: Attila Zoller Quartet 234, 370
Hot Mallets (Christian) 70
Hotel Bluefields (Boesser) 261
Howard Roberts Is A Dirty Guitar Player 110, 363
Humanimal Talk (De Winkel) 260

I Found A New Baby (Christian) 57
I Found a new Baby (Rizzi/Christian) 212
I Love You (Bacsik) 249
Images (Powell) 381
I Remember (Zoller) 235
I'll Be Ready When The Day Comes (Bunn) 39
I'll Never Be True To You (Søegaard) 237
Im Labyrinth (P. Finger) 174
Impetus (Bailey) 324
Impressions Of Paris (Petit) 246
Improvisations (Bailey) 324
Improvisations for Cello and Guitar (Bailey) 324
In A Different Light (Stern, Scofield et al) 382
In A Silent Way (McLaughlin) 313
In Line (Frisell) 273
In Passing (Goodrick) 275
In Praise Of Bass Desires (Goodrick) 276
In Tandem (Dunbar) 114
In The Silence (M. Howell) 244
Incredible Guitar of Wes Montgomery, The 139, *363*

Individual Choice (Holdsworth) 291
Infinite (Watanabe) 332
Infinite Search (McLaughlin) 313
Inner Mounting Flame, The (McLaughlin) 314
Inside: Missing Link (Kriegel) 256, 371
Inside Story, The (R. Ford) 286
Instrumentally Speaking (Floyd Smith) 53
Interactions (Puma/Wayne) 197
Intercontinental (Pass) 229f
Ilg/Schröder/Haffner 366
In A Jazz Tradition (Gale) 365
Interjazz (Dašek) 289
Intermodulation (Hall) 224
Interplay (Ellis/C. Collins) 202
Introducing Doug Raney 365
Invention for Guitar and Trumpet (Salvador) 109
I Sing The Body Electric (Towner) 382
Isn't It Romantic (Byrd) 222
Is That You? (Frisell) 274, 372
It Could Happen To You/Lorne Lofsky: Guitarist 151, 366
I Won't Dance (Reinhardt) 81

Jack Johnson, Tribute to (McLaughlin/Sharrock) 312, 313, 328, 384f
Jaco (Metheny) 320
Jazz From Paris (Reinhardt) 84
Jazz goes to Beat (Dašek) 289
Jazz Guitar Album, The 357
Jazz Guitar, The (6-LP-Box) 52f, 353
jazz on six strings (Dašek) 288
Jazz Raga (Szabo) 250
Jazz Recital – Charlie Byrd 222, 367
Jazz/Samba (Byrd) 221f
jazz winds from a new direction (Garland) 121f, 364
Jennifer's Waltz (Linsky) 167, **168**
Jerry Hahn And His Quintet 287, 370
Jibaro Jazz – Pedro Guzmán 368
Jim & I (Zoller/Raney) 202, 235
Jim & I Live At Quasimodo (Zoller/Raney) 235, 369
Jim & I Live in Frankfurt (Zoller/Raney) 235
Jim Hall Live 226
Jim Hall Live In Tokyo 363
Jim Hall Trio: Circle s 363
Jimmy and Wes: The Dynamic Duo 363
Joe Pass – 12 String Guitar 229
Jörg Niessner's Date 372
Johnny McLaughlin Electric Guitarist 311f
Jordu (Byrd) 222
Journey, The (Joe Beck) 282
Joyous Lake (Martino) 309 od. 310

Juris, Vic/John Etheridge – Bohemia 369
*Just Friends: A Gathering In Tribute To Emily
  Remler* 155
Just Guitars (Frith) 333
Just You (Sänger/Frittel) 205

K&K 3 In New York, The (Zoller) 235
Kevin Eubanks: Guitarist 373
Kessel, Barney: The Poll Winners Ride Again!
  361
Kiri Sidetracks (Lowe) 105
Kiss My Axe (DiMeola) 306
Kuarap (Gismonti) 243

Lament in E (Grosz/Wright) 196
Lament (Almeida/Rugelo) 218
Land Of Dreams (K. Ratzer) 282
Land Of The Midnight Sun (DiMeola) 305
Last Nite (Carlton) 284
Last Summer (Stryker) 159
Late News (Willers) 262
Later That Evening (Frisell) 382
Latin Bit, The (Grant Green) 160
Latin Guitar (Almeida) 380
Latin Impressions (Byrd) 222
Latin Odyssey (Almeida/Byrd) 368, 380
Laura (Guitars Unlimited) 213
Laurindo Almeida feat. Bud Shank 366
Laurindo Almeida – Virtuoso Guitar 219, 367
Layover (Hedges) 252
Leblon Beach – The Al Gafa Quinteto 116, 364
Lee Ritenour & Friendship 297
Lee's Blues (Flory) 148
Left Over Right (Willers) 262
Legends of Guitar Vol. 1 44, 353
Lenny Breau 365
Lenny Breau: Five O'Clock Bells 365
Lenny Breau Live! 365
les paul trio, the 360
Les Paul – The Legend and the Legacy 53
Let Your Fingers Do The Walking (Grosz/Wright)
  202
Let's Call This – Steve Khan 371
Letter From Home (Metheny) 321
Liberation of the Contemporary Jazz Guitar
  (B. Johnson/R. Jones) 204, 208
Life Colors (Loeb) 301
Linear B (Marais/Doran) 380
Line-Up (Eschete) 189
Little Love, A Little Kiss, A (Lang) 32
Live at Long Beach City College (Pass) 364
live at the half note: art farmer feat. jim hall 363
Living Guitar (Caiola-Serie) 214

Lobiana (Almeida) 220
Local Color (Khan) 245
Lonely Woman (Big Band de Guitares) 215
Lonely Woman (Søegaard) 237
Lonesome Cat (Watanabe) 371
Lonnie Johnson: The Originator of Modern Guitar Blues 359
Looking At You (Fosset) 93
Lookout For Hope (Frisell) 273
Lotus Revelation (Coryell) 98, **99**
Love Devotion Surrender (McLaughlin/Santana)
  209
Love Is Strange (Mickey Baker) 107
Love Me Or Leave Me (Van Eps) 186
Lovers' Lullabye (Goodman/Bus Etri) 45

Magic Fingers (Loeb) 301
Magic Touch (S. Jordan) 253, 305
makin' all stops (L. Schmitz) 157
Making It (Pisano/Bean) 377
Man With The Horn (M. Stern) 384
Manoir de mes Rêves (Reinhardt) 82
Marksman, The (Whitfield) 159
Matthew Brubeck & David Widelock: Really!
  374
McLaughlin, John: Concerto »Mediterranean«
  316, 370, 385
Mediterranean Sundance (DiMeola/de Lucia)
  209, 305
Melodic Travel (Caillat) 289
Melody Man's Dream (Lang) 32, 35
Memories of Pannonia (Zoller) 235, 370
Memphis Underground (Coryell) 96
Memphis Underground (Sharrock) 327
Metal Fatigue (Holdsworth) 294
Metheny, Pat/Ornette Coleman: Song X 371
Metheny/Holland/Haynes: question and answer
  321, 371
Midnite Blue (Upchurch) 371
Miles Davis (McLaughlin) 313
Minor Elegance (Diorio/R. Ford) 203
Minor Swing (Reinhardt) 85f
Mirrors (Illenberger) 260
Misterioso (Alden) 365
Misty (Analyse) 59
Misty Morning (Ellington/L. Johnson) 30
Mobo I, Mobo II (Watanabe) 332
Moonlight In Vermont w. Johnny Smith featuring Stan Getz 362
Moonlight in Vermont (J. Smith) 183, **184**, 307
Moonlight Serenade (Almeida) 219
More News For Lulu (Frisell) 274
Most Exciting Guitar, The (Roy Lanham) 23

401

Anhang

Move (Gustafsson/Schaffer/Wadenius) 208, 281, 369
Movin' Wes (Montgomery) 139, 363
Mozart in Samba Motion (Almeida) **220**
Mr.Day (R. Ford) 286
Music of the Brazilian Masters (Almeida/Byrd/Barbosa-Lima) 208
Music Spoken Here (McLaughlin) 314
Musica del Mar (Sprague) 168, 366
Musik für zwei Kontrabässe, elelektrische Gitarre & Schlagzeug (Doran) 269, 371
My Funny Valentine (Bertoncini) 115
My Funny Valentine (Muthspiel) 263
My Funny Valentine (R. Jones) 236, 366
My Goal's Beyond (McLaughlin) 313
My Guitar and All That Jazz (Distel) 92
My Hill (Muthspiel) 262
My Old Tennis Shoes (C. Ratzer/S. Kyed...) 209
My Secret Story (Metheny) 321

Naima (R. Hart) 159
Na Pali Coast (Spague) 168
Nagasaki (Reinhardt) 57
Nature's Revenge: Ryo Kawasaki Group 371, 383
Neesh (M. Stern) 302
New Chautauqua (Metheny) 317
New Fifty-Second Street Jazz (de Arango) 45
New Wave (Sete) 241
New View (Martino) 307
news from the front (Ducret) 248
Niemandsland (P. Finger) 175
Night (Abercrombie) 265, 382
Night And Day (Reinhardt) 77
Night In Tunesia (Arv Garrison) 103
Nightbird (Ratzer) 383
No Birds (Frith) 339
No Mystery (DiMeola) 304
No Mystery (Frisell) 384
Nothing But The Blues – Herb Ellis 125, 362
Now And Then – Mary Osborne 361
Nuages (B. + E. Ferré) 94
Nuages (Guitars Unlimited) 213
Nuages (Reinhardt) 77

Odds Or Evens (M. Stern) 302, 373
Odyssey (Rypdal) 382
Offramp (Metheny) 321
Of Mist And Melting (Connors) 399
On A Clear Day (Gustafsson) 281
On Solid Ground (Carlton) 283
On The Green Dolphin Street [sic!] (Bacsik) 249
One O'Clock Jump (Durham) 64

One, Two, Free... (Dašek) 289
Opus de funk (Guitars Unlimited) 213
Orange Blossom Special (Gatton) 281
Oscar Peterson Trio At The Stratford Festival (Ellis) 362
Out Like A Light (Scofield) 382
Outra Vez (Almeida) 367, 380
Overcome (Zoller) 235

Paducah (L. Johnson) **30**
Palazzo Blue (Kriegel) 257, 371
Paris Nostalgie (Caillat) 289
Passengers (Metheny) 385
Passion Grace & Fire (DiMeola/McLaughlin...) 209, 314
Pat Martino – Live 370, 384
Pat Metheny Group (Metheny) 317
Patrice (Whitfield) 159, 366
Pee Wee Russell's Rhythm Makers (F. Green) 379
Perfect (Lang) 35
Phoenix (Doran) 269
Picador (Martín) 246
Picasso Portraits (J. Martín) 246
Pickin' For Patsy (Reuss) 44, 72, 176
Pickin' My Way (Kress/Lang) 35
Pieces of Blue and the Blues (Burrell/Jones...) 208, 363
Pink Garage (Vahsen) 262
Poema (Powell) 381
Poll Winners Straight Ahead (Kessel) 135, 361
Poll Winners Three! (Kessel) 361
Poll Winners, The (Kessel) 134f, 323, 361
Poll Winners, The: »Exploring The Scene« (Kessel) 361
Portrait of Duke Ellington (Pass) 160
Portrait of Wes (Montgomery) 160
Possibilities (Breakstone) 159
Präludium in Cis (Rachmaninoff/E. Lang) 32, 55
Prism (Kawasaki) 383
Private Ear, The (Willers) 262
promise, the (Muthspiel) 263

qué alegria (McLaughlin) 370
Querelle (Lagrene) 100
Question Of Time, A (Holdsworth) 291

Rag (Frisell) 274
Rainforest (K. Ratzer) 282
Ralf Illenberger's Circle 381
Ralph Towner Solo Concert 370
Rambler (Frisell) 273
Ranglypso (Ranglin) 364
Rapport (Diorio) 236

Register 2: Platten / Stücke

Ray Mantilla (K. Ratzer) 282
Real Howard Roberts, The 110
Realities (Affolter) 172
Red Norno Trios w. Jimmy Raney or Tal Farlow... 362
Redneck Jazz (Gatton) 281
Reflections In Rome (Kessel) 64
Régime sans Celte (Big Band de Guitares) 216
Relaxin' at Camarillo (Kessel) 133
Relax and Enjoy (B. + E. Ferré) 94
Remembering Wes (R. Hart) 159, 366
Remembering Wes (R. Hart) 159
Remo Palmier 362
René's Theme (Coryell/McLaughlin) 97
René Thomas (Catherine) 92
Resonance (Schwager) 366
Retrospective Vol. 2 (Remler) 366
Return Of Tal Farlow/1969, The 104, 128, 362
Return, The (Martino) 307
Rhythm Willie (Green/Ellis) 367, 379
Richie (Lowe) 377
Right Off (Jack Johnson) (McLaughlin) 312
Ring (Metheny) 385
Rio (Escoudé) 94
Rite of String, The (Wittwer) 336
River Journey (Forman) 365
Roadsong (Juris) 150
Road Song (Martino) 307
Rob Roy (Frisell) 274
Romantic Warrior (Frisell) 384
Rose Room (Christian) 68
Round About Midnight (Almeida) 219
Round About Midnight (Powell) 242
Rundum (Sänger/Frittel) 205

Sagittaire (Big Band de Guitares) 216
Salvador, Sal Quintet, The: In Our Own Sweet Way 362
Samba De Una Nota So (Bacsik) 249
Sargasso Sea (Abercrombie/Towner) 204
Sarong Number (Kress/Mottola) 51
Satin Doll (Super Guitar Fusion) 210
Searcher, The (K. Eubanks) 247
Secret Love (Gatton) 281
Secrets (Holdsworth) 296, 374
Secrets (L. Stern) 299
September Man (Catherine) 92
Serenade (Kress/Mottola) 51
Serenade (Schoenberg/J. Smith) 183
Serious Business: John Thomas 372
Seven, Come Eleven (Ellis/Pass) 127, 229
Seven, Come Eleven (Goodman/Christian) 67, 70

Seven, Come Eleven: Herb Ellis/Joe Pass 127, 368
Shadow Prophets (K. Eubanks) 247
Shadows and Light (Metheny) 320
Shinola (Scofield) 382
Short Tales Of The Black Forest (DiMeola) 304
Sign of the Times, A (Farlow) 128
Signals (Krantz) 299, 373
Silencer (Cline) 299
Silhouettes (Blanke/Dašek) 206
Simplicity (Pass) 229
Singin' The Blues (Snoozer Quinn) 36
Singin' The Blues (Lang) 32
skye boat (M. Taylor) 89, 365, 377
Sleeping Girl (Martín) 246
Slick Funk (C. Collins) 381
Slim and Slam (Gaillard) 102
Slo Sco (Scofield) 276
smackwater jack (s. Guitar Odyssey) Smart Moves (M. Stern) 384
Smokin' at the Half Note (Montgomery) 139
So Much Guitar (Montgomery) 160
So What (Carlton) 284
Soft Shoe (Ellis/F. Green) 209
Softly, As In A Morning Sunrise (Franz/Vöster) 206
Soirée: The guitar of Frank Evans 365
Solar (Abercrombie/Scofield) 204
Solid Bond (McLaughlin) 313
Solo (Sachse) 385
Solo Flight (Christian) **75** pass.
Solo Guitar (Diorio) 236, 364
Solo Guitar (Stewart) 364
Solo Guitar Improvisation (Søegaard) 381, 374
Soloduo (Diorio) 236
Songbird (Martino) **308**
Song Book In Europe (R. Thomas) 90
Songs From A Pink Garage (Vahsen) 261f
sophistication (Connors) 270
Soprano Summit (Grosz) 122
Sounds of Synanon (Pass) 229, , 364, 380
Spaces (Coryell) 96f, 198
Spanish Nights (Catherine) 91
Spears (S. Henderson) 290
Spectrum (Kriegel) 370
Spellbinder – Gabor Szabo 250, 370
Spider's Dance (Blanke) 258
Splendid (Coryell/Catherine) 97
Splendido Hotel (DiMeola) 305
Squeeze Box Swing (Kress/Mottola) 51
St. Louis Blues (Reinhardt) 82
St. Louis Blues (Reinhardt/Christian) 66
St. Louis Blues (Stockard) 22

403

Anhang

Stairway to the Stars (Almeida) 218
Standing Ovation (Coryell) 98
Stanley Jordan: Cornucopia 372
Stanley Jordan: Standards Vol. 1 372
Star People (Scofield) 277, 384
Starsky And Hutch (Soundtrack) (Lowe) 105
Steff and Slam (J. Shirley) 379
Stella By Starlight (de Winkel) 260
Stella By Starlight (J. Raney) 142
Stephane Grappelli/Baden Powell 381
Stephane Grappelli meets Barney Kessel 136
Stephanova (Fosset) 93
Step It (Connors) 271
Steps (Thalhofer) 156
Steve Tibbetts 372
Still Life (Talking) (Metheny) 320
Still Warm (Scofield) 277
Stolen Moments (Raney/Raney) 368
Stomp Stomp (Grimes) 42
Stompin' At The Savoy (Auldridge) 172
Stompin' At The Savoy (Hall) 226
Stompin' at the Savoy (Super Guitar Fusion) 210
Stones Jazz, The (Pass) 229
Stop Complaining/Sundown – Hans Reichel – Duets With Fred Frith And Kazuhisha Uchihashi 385
Strapse (Knispel) 333
Stream Of Time (Caillat) 289, 383
Street of Dreams (Hall) 224
String Trio of New York (J. Emery) 336
Stringin' The Blues (Lang/Venuti) 32
Strings (Martino) 307
Stubø, Thorgeir Live At Jazz Alive 365
Stubø, Thorgeir: Notice 365
Study In Brown, A (Cali/Guttuso) 196
Stuttgart Aria (Lagrene) 100
Sugar Loaf Express (Ritenour) 297
Suite 16 (Klugh) 166
Summertime (Bacsik) 249
Summertime (Dunbar) 114
Sundance (C. Ratzer/Kyed/Nordso) 209
Sunday, April 2 (Angelo Arienti) 113
Super Nova (McLaughlin) 313, 328
Super Session (Mike Bloomfield) 27
Surfin' Pacific (T. Rizzi) 210
Swank Thing (Diorio/R. Ford) 203
Sweet Georgia Brown (Arango) 46
Sweet Sue (Aleman) 41
Sweet Sue (Reinhardt) 41
Swimming With A Hole In My Body (Connors) 382
Swing, Guitars (Barnes) 361
Symphonie (Reinhardt) 82

Take Five (Bacsik) 249
Take Five (Benson) 120
Take Love Easy (Pass) 230
Takes Two To Tussle (Nieberle/Kagerer) 190, 206, 369
Take Your Pick (Pisano/Bean) 377
Tales Of Captain Black (Ulmer) 330
Tales of Tomorrow (Blanke) 259
Talk To Your Daughter (R. Ford) 286
Tango (Byrd/Almeida) 380
Tango Brasileiro (El-Salamouny) 368
Tapestry (Wayne) 362f
Tauhid (Sharrock) 327
Tea For Two (Almeida) 218
Tea For Two (Christian) 68
Technopicker (Legg) 246
Ted Dunbar – Jazz Guitarist 363
Tenderly (Kessel) 134
Ten Songs (L. Stern) 373
Tequila (Montgomery) 139
Terry Smith w. Tony Lee Trio 365
Thank You Charlie Christian (Ellis) 159
Thema in Moll (Rediske) 110
Theme To The Guardian (B. Connors) 270
There's Frost on the Moon (Mastren) 163
The Way We Used To Be (m. G. Jackson) 383
The Way We Used To Do (M. Gregory) 383
Things We Like (McLaughlin) 313
Third Face of Fame (McLaughlin) 313
Third Floor Richard (Bickert) 125
This Is New (Bickert/Lofsky) 125, 369, 378
Three (Hall) 226
Time In Space (M. Stern) 373
Time Is The Key (Holdsworth) 291
Time Machine (Marron) 288
time on my hands (Scofield) 279, 372
Timeless (Abercrombie) 265
To Chi Ka (Watanabe) 332
Together (Remler/Coryell) 155, 369
Tommy Tedesco: Autumn 364
To Swing or not to Swing (Kessel) 134
Tony Rizzi & his Five Guitars... play Ch. Christian 211, 369f
Tony Rizzi & His Five Guitars... play Ch. Parker 212
Topsy (Durham) 64
Torsten de Winkel Acoustic Quartet 260
Touch Of Blue (S. Jordan) **255**
Touch Sensitive (S. Jordan) 253
Town Hall Concert (Beck/McLaughlin/Byrd/Wayne) 282
Tramontana: Toto Blanke Rudolf Dašek 368f
Tributaries (Coryell/Scofield/Beck) 208, 282, 369

404

Register 2: Platten / Stücke

Trinity (B. + E. Ferré) 94, 361
Trio Tune (Vahsen/Sagmeister) 262
Trio/Quartet '91 (Leitch) 151, 366
Tristeza on Guitar: Baden Powell 242, 370, 381
Turning Point (Eubanks) 247
Twelve Frets to an Octave (Coryell) 98, 370
Twice As Much (McLaughlin) 312
Twin House (Coryell/Catherine) 97, 368
Two For The Road (Coryell/Khan) 244, 368
Two Is A Crowd (Sagmeister) 371

[Übung Ex. 3] (Pass) **231**
U. K. (Holdsworth) 291
Undercurrent (Hall) 224
Underneath It All (M. Watkins) 299, 373
University of Akron Concert (Pass) 364
Up Late: Jeff Linsky 365
Up – Night Delight (Wölpl) 371
Upon A Time (Abercrombie) 382
Upside Downside (M. Stern) 302
Urban Earth (M. Stern) 384

Viking, The (Catherine) 91
Virtuoso (div., Pass) 230
Visit, The (Martino) 307
Voyages (Raphël Fays) 93

Waiting For You (Nannetti) 156
Waiting For You (Puma/Wright) 198, **199**
Watercolours (Metheny) 317
Watermelon Man (Montgomery) 140
Watson Part II (Goodrick) 382f
Waves (Kolbe/Illenberger) 205, 368
Way In, The (Richman) 203, 380
Way Kool (Bullock) 285
Way We Used To Do, The (Gregory [Jackson]) 285
We Want Miles (M. Stern) 384
Weekend in L. A. (Benson/Upchurch) 298
Welcome To The Jazz-Club: Guitar 354
West Coast Blues (R. Hart) 159

West Coast Blues (Montgomery) 140
When Lights Are Low (Burrell) 362
When The Red, Red Bobbin... (Breakstone) 158f
When You Feel The Love (R. Jones) 381
Where Are The Hebrew Children? (Byrd) 223
Where Have I Known You Before? (Frisell) 384
Where In The World? (Frisell) 274, 372
Where The Hammer Hangs (Marron) 288
Whisper Not (Super Guitar Fusion) 210
White Rabbit (Benson/Klugh) 166
Wiener Blues (Kropinski) 338
Willow Weep For Me (Montgomery) **140**
Windflower (Ellis/Palmier) 104, 200, 368
Window To The Soul, A (Franz) 119
Winooski Blues (Vahsen/K. Ratzer) 262
Windows (J. Wilkins) 116
Winter Song (Stewart/Franz) 119, 369
Witchcraft – John Abercrombie/Ralph Towner 370
With A Little Help From My Friends (Kriegel) 256
With A Little Help From My Girl... (Kropinski) 338
Without Words (Thom Rotella) 282
Wolfgang Muthspiel Trio: Timezones 262, 373
Working Out With The Barney Kessel Quartet 383
World Of Strings (Wittwer) 336
World Sinfonia (DiMeola) 305
Wozzeck (Berg/J. Smith) 183

Xanadu at Montreux, vol. 4 (Dunbar) 114

Yardbird Suite (Arv Garrison) 103
Yogurt Blues (T. Andress) **148**
You Can't Sit Down (Upchurch) 298
Yunta (Kobayashi) 282

Zing! went the strings... (Disley) 88
ZoKoMa (Zoller) 233
zuppa romana (Schröder) 158

———— ...einer der kreativsten Gitarristen... ————

SIGI SCHWAB

Das Warten hat sich gelohnt! Nach sechs Jahren nun endlich die Neue:

AMAZONAS

Bilder steigen auf, versinken wieder, Gerüche, Geräusche. Alles wird spürbar. Man ist mittendrin in der geheimnisvollen Welt des Amazonas. Alles verdichtet in einem großen musikalischen Bogen. Man versinkt, wird ein Teil der Natur – bis unsere Zivilisation einbricht, zerstört, vernichtet. Das reiche Einssein mit der Natur weicht Gefühlen der Schuld und Trauer – getragen von der Hoffnung, daß wir alles noch aufhalten könnten. Es sind hörbare Bilder, Zustände. Die durch **ANDREAS KELLER** und **THOMAS MÜLLER** erweiterte Percussion Academia mit **GUILLERMO MARCHENA** und **FREDDIE SANTIAGO** liefert dazu ein Feuerwerk an Klangfarben, Rhythmen, Einfällen in atemberaubender Präzision.

SIGI SCHWAB sucht den Dialog mit Dingen, mit der Natur, mit Menschen und vor allem mit Musikern. Die Zwiegespräche mit **MARCIO MONTARROYOS** und mit **EBERHARD WEBER** führen uns durch weite Bereiche voller Facetten und Nuancen, voller Überlegungen und Emotionen.

„Harmonischer Fluß, Spiellaune, Abwechslung – das ist einfach gitarrissimo."

„Größtmöglicher Reichtum an Klangfarben und Stimmungen."
HIFI VISION

Sigi Schwab & Percussion Academia

Live GS 706
Rondo a tre GS 703
Silversand GS 704

Sigi Schwab Solo

Meditation, Vol. I GS 701
Meditation, Vol. 2 GS 705
Guitaristics GS 702

„Höchste Musikalität und Virtuosität."
SÜDDEUTSCHE ZEITUNG

„Einziges Feuerwerk akustischer Leckerbissen."
STEREOPLAY

Haben Sie Schwierigkeiten, die in diesem Buch verzeichneten CDs zu bekommen? Oder suchen Sie Jazz-Aufnahmen, die hier gar nicht aufgeführt sind?
Wir haben ein breites Angebot und können möglicherweise Platten liefern, die Sie schon lange vergeblich suchen.

Hifi Visionen

Sternstunden für Ihre HiFi-Anlage:
CDs vom Feinsten. Klang pur. Spezialisten veredelten ausgewählte Musikstücke für die Pop-, Klassik- und Oldie-Editionen.
Fordern Sie Informationsmaterial an:

MeMedia GmbH · Postfach 610106 · 3000 Hannover 61

LUST AUF HIFI? NUTZEN SIE DIE TEST-ECKE. PROBEHEFT FOLGT.

VOLLES PROGRAMM

HIFI VISION-Tests sind keine Dutzendware.
HIFI VISION-Tests machen Lust auf HiFi.
Was Profis hören, untermauert das Meßlabor
mit modernster Technik und präzisen Daten.
In jedem Heft von HIFI VISION spielt die Musik.
Aktuell, kompetent und bunt, kritisch und fundiert.
Musik komplett und kompakt.
Jeden Monat gibt's das dicke Paket.

OREOS

**Test-Ecke
Gutschein für
ein Probeheft
von HIFI VISION.**

Name, Vorname

Straße, Hausnr.

PLZ, Ort

R. van Acken GmbH c/o Verlag Heinz Heise GmbH & Co KG, Helstorfer Straße 7, 3000 Hannover 61

JAZZ PODIUM

Die Zeitschrift für den Jazzfreund

Aktuelle Berichte von der Szene Musikerporträts · Interviews · Musikwissenschaft · News · Schallplatten- und Buchbesprechungen · Konzert- und Festivalberichte · Tourneedaten · Hinweise auf neue Jazzplatten Rundfunk-, Club- und Festivalprogramme

Dies und eine Vielzahl weiterer Informationen – kurz alles, was für den Jazzfreund wissenswert ist – finden Sie im *JAZZ PODIUM,* der einzigen seit 1952 bestehenden deutschsprachigen Jazz-Monatszeitschrift.

Möchten Sie das *JAZZ PODIUM* einmal kennenlernen? Dann fordern Sie einfach bei uns ein kostenloses und unverbindliches Probeexemplar an!

Oder Sie bestellen gleich ein preisgünstiges Jahresabonnement, dann bekommen Sie das *JP* regelmäßig zu Beginn eines Monats frei Haus zugeschickt!

Preis für ein Jahresabonnement inkl. Porto:
DM 46,20 (Inland)
DM 58,30 (Ausland)

Ihre Zuschrift erreicht uns unter folgender Adresse:

JAZZ PODIUM
Verlags GmbH
Vogelsangstraße 32
7000 Stuttgart 1

JPC liefert fast jede auf diesem Planeten erschienene Jazz-CD. Preiswürdig und direkt ins Haus. Auskunft über 45.353 CDs und Music-Videos gibt unser neuer „Jazz & Pop"-Katalog. Jeden Monat informiert der JPC-Courier umsonst über alles Neue. Inklusive vieler Sonderangebote. Anfordern bei:

Lübecker Straße 9
4504 Georgsmarienhütte
☎ 05401/ 85 12 22
Fax: 05401/ 85 12 33

Weil Sie sich mit klassischer Musik auch beschäftigen, wenn Sie nicht im Konzert sind.

FONO FORUM KLASSIK UND HIGH FIDELITY, die monatliche Zeitschrift für klassische Musik, Klassik-Schallplatten und adäquate Wiedergabetechnik. DM 7,80 (im Abbonnement DM 7,–)

FONO FORUM
KLASSIK UND HIGH FIDELITY

Die Jazz-Plakate von Niklaus Troxler kann man kaufen
Das Jazz Festival Willisau/Schweiz findet jedes Jahr statt
Verlangen Sie den Plakat-Prospekt und die Festival-Informationen bei:
Jazz in Willisau, Niklaus Troxler, Posfach, CH-6130 Willisau/Schweiz

COLLECTION JAZZ

**Bücher über die großen Musiker des Jazz.
Ihr Leben, ihre Musik, ihre Schallplatten.**

Die auf den folgenden 3 Seiten angezeigten Bücher können Sie über jede gute Buchhandlung beziehen.

Die lieferbaren Bände

Pressestimmen:

Die beim deutschen Oreos-Verlag erscheinende **Collection Jazz** ist über die Jahre bereits zu einer kleinen Bibliothek mit Monographien großer Musikerpersönlichkeiten herangewachsen.
Neue Zürcher Zeitung

Mit der **Collection Jazz** kann man sich eine ganze Sammlung erstklassiger Jazzliteratur zulegen. Die Autoren sind Spezialisten auf deren Gebiet und Sachkenner zur Person des Künstlers. Für die Freunde der klassischen Musik Nordamerikas ein sinnvoller Ausbau des Bücherregals.
Playboy

Die **Collection Jazz** des Oreos-Verlags hat sich mit seinen hervorragend recherchierten und aufgemachten Büchern zu einem für Musik- und speziell für Jazzfreunde mittlerweile unentbehrlichen Kompendium des Jazz entwickelt.
Solinger Morgenpost

Alexander Schmitz
Jazzgitarristen

416 Seiten mit ca. 50 Abbildungen, Hardcover DM 68,–
ISBN 3-923657-37-4

Dieses Buch widmet sich ganz den Jazz-Gitarristen, von den Uranfängen im Blues bis hinauf zu den Spielern der Pat-Metheny-Generation überall in der Welt.
Es liefert Kurzbiographien der bedeutendsten Gitarristen, charakterisiert ihre Stile, Spieltechniken und Besetzungen, beschreibt ihren jeweiligen Stellenwert in der Geschichte des Instruments im Jazz, empfiehlt ausgewählte Schallplatten der einzelnen Musiker und zielt so darauf, ein Vademecum, ein »Who's Who« der Jazzgitarristik zu sein, das bei aller Bemühung um informative Dichte lesbar und unterhaltsam sein will.

Joe Viera
Jazz
Musik unserer Zeit

232 Seiten mit 30 Abbildungen, Hardcover DM 48,–
ISBN 3-923657-38-2

Die kritische Bestandsaufnahme eines Jazzmusikers, der auch als Arrangeur und Komponist, als Dozent und Autor viele Erfahrungen gesammelt hat.

Inhaltsübersicht

1. Jazz und... ...Musik, ... Kunst, ... Gesellschaft.
2. Die Arbeit des Jazzmusikers: Selbstverständnis, Instrument, Repertoire, Terminologie des Jazz, Ensembleformen, Auftritte, Studio, Arbeitsbedingungen / Urheberschutz, Publikum, Kritiker
3. Elemente des Jazz: Rhythmus, Klang, Arrangement/Improvisation, Blues
4. Geschichte des Jazz

Verlangen Sie das kostenlose Gesamtverzeichnis!

OREOS VERLAG

Krottenthal 9 · D-8176 Schaftlach

Jeroen de Valk
Chet Baker
224 S., 67 Abb.
Hardcover DM 48,–
ISBN 3-923657-34-X

Seine Vita war der Stoff, aus dem Jazz-Legenden gestrickt sind. Mit dem Auf und Ab seiner Existenz kann nicht einmal die Prosa der Beat Generation-Literaten konkurrieren. Das intensiv recherchierte Buch vermittelt ein ebenso ungeschöntes wie von morbiden Mythen entkleidetes Bild eines großen Musikers des Cool Jazz.

Rainer Nolden
Count Basie
192 S., 127 Abb.
Paperback DM 36,–
ISBN 3-923657-30-7

Hannes Giese
Art Blakey
224 Seiten, 150 Abb.
Paperback DM 36,–
ISBN 3-923657-13-7

Peter Niklas Wilson
Ornette Coleman
192 Seiten, 93 Abb.
Paperback, DM 36,–
ISBN 3-923657-24-2

Gerd Filtgen
Michael Außerbauer
John Coltrane
224 Seiten, 137 Abb.
Paperback, DM 36,–
ISBN 3-923657-02-1
2. Auflage

Peter Wießmüller
Miles Davis
224 Seiten, 123 Abb.
Paperback, DM 36,–
ISBN 3-923657-04-8
2. Auflage

Hans Ruland
Duke Ellington
192 Seiten, 112 Abb.
Paperback, DM 36,–
ISBN 3-923657-03-X

Hanns Petrik
Bill Evans
192 Seiten, 133 Abb.
Paperback, DM 36,–
ISBN 3-923657-23-4

Rainer Nolden
Ella Fitzgerald
256 Seiten, 123 Abb.
Paperback, DM 36,–
ISBN 3-923657-15-3

Jürgen Wölfer
Dizzy Gillespie
200 Seiten, 116 Abb.
Paperback, DM 36,–
ISBN 3-923657-16-1

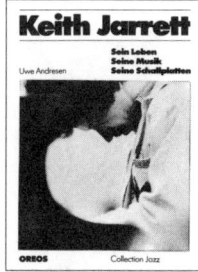

Uwe Andresen
Keith Jarrett
192 Seiten, 118 Abb.
Paperback, DM 36,–
ISBN 3-923657-09-9

Fortsetzung nächste Seite ➤➤

Horst Weber
Gerd Filtgen
Charles Mingus
184 Seiten, 102 Abb.
Paperback, DM 36,–
ISBN 3-923657-05-6

Thomas Fitterling
Thelonious Monk
180 Seiten, 93 Abb.
Paperback, DM 36,–
ISBN 3-923657-14-5

Peter Niklas Wilson
Ulfert Goeman
Charlie Parker
200 Seiten, 100 Abb.
Paperback, DM 36,–
ISBN 3-923657-12-9

Alexander Schmitz
Peter Maier
Django Reinhardt
244 Seiten, 134 Abb.
Paperback, DM 36,–
ISBN 3-923657-08-0

Peter Niklas Wilson
Sonny Rollins
224 Seiten, 136 Abb.
Hardcover, DM 48,–
ISBN 3-923657-33-1

Seine Aufnahmen der 50er Jahre machten ihn zum Saxophon- Titanen und zur Leitfigur des Hard-Bop.

»Wilsons Versuch, Leben, Charakter und stilistische Eigenheiten des großen Tenorsaxophonisten in Worte zu fassen, ist in hohem Maße gelungen.«
Neue Zürcher Zeitung

John Litweiler
Das Prinzip Freiheit
292 Seiten, 41 Abb.
Paperback, DM 36,–
ISBN 3-923657-22-6

Eine kompetente Darstellung der Entwicklung des Jazz seit 1958, über Miles Davis, Ornette Coleman und Cecil Taylor bis in die späten 80er Jahre.

»Das intelligent geschriebene und überzeugend argumentierende Buch bringt Licht in eine Ära des Jazz, die bisher durch engstirnige Kontroversen verdüstert wurde.«

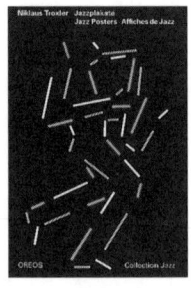

Niklaus Troxler
Jazzplakate
240 S., 104 Farbtaf.
Hardcover, DM 58,–
ISBN 3-923657-32-2

»Guter Jazz lebt von der guten Idee, und davon lebt auch dieses Buch. Niklaus Troxlers Liebe gehört dem Jazz, aber selber kreativ ist er als Graphiker. Diese Konstellation führte zu einer Reihe hervorragender Jazzplakate, die ihresgleichen suchen. Eine wahre Freude für Jazz- und Kunstgenießer.«
Westfäl. Nachrichten

OREOS VERLAG